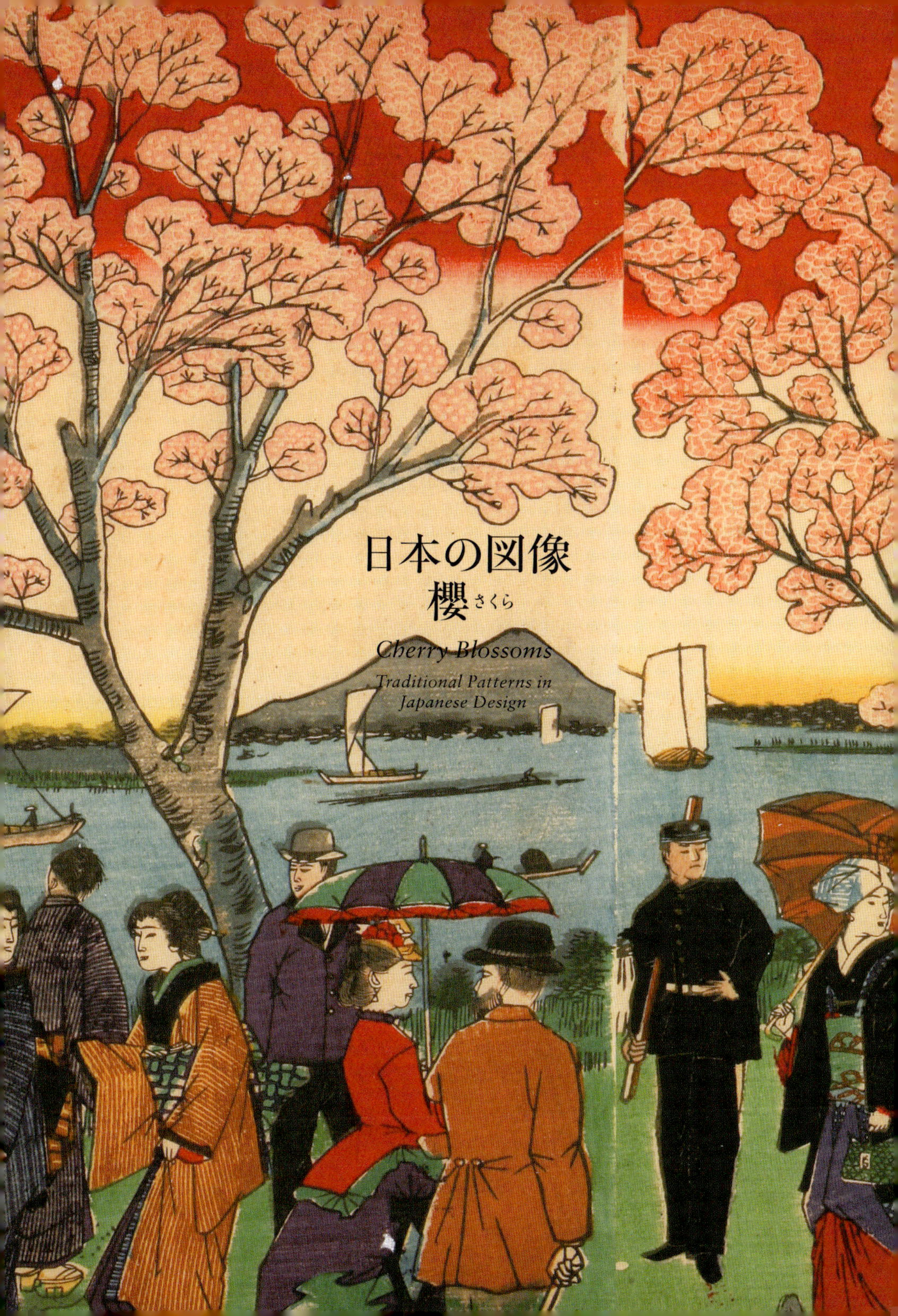

日本の図像

櫻 さくら

Cherry Blossoms

Traditional Patterns in Japanese Design

目次
Table of Contents

●———図版　Plates

絵画　Japanese Painting

浮世絵　Ukiyo-e

染織　Textiles

漆工　Lacquer Ware

陶磁　Ceramics

金工　Craft

装身具　Personal Ornaments

写真　Photo Works

●———解説　Text

はじめに

四季折々の風趣に恵まれ、自然とともに暮らしを営んできた日本人にとって、桜に寄せる想いはとくに深いものがあり、長く心象の世界に息づき愛玩してきた。そして桜ほど日本人の美意識においても共鳴する花はないと思う。

桜は日本のいたるところに分布し、人々はその開花の美しさや落花の風情の豊かさに心ひかれ、文学や絵画に描き多くの詩歌に詠んできた。

満開の桜樹の下、また遠くの山々に咲く桜花を眺めながら酒を酌み交わす花見の宴、咲き誇っていた花の寿命がおわり、散る花びらに心寄せるなど、桜に対する感情移入は自然に芽生え育まれてきた。

花宴（はなのえん）は日本独特の行動文化としてあり、平安時代には王朝貴族たちの春を彩る行事として、紫宸殿前庭にある左近の桜をめでる宴があり、また社寺での桜会（さくらえ）や王朝女性の花見などが盛行した。

桜花の咲く時分に行われた法会（ほうえ）に桜会というものがあった。平安時代から室町時代にかけて、東大寺、醍醐寺、仁和寺、賀茂社などで行われ、醍醐寺の桜会は終わりに観桜の宴を寺内の清滝宮で催し、最も華やかなものとされていた。

そして豊臣秀吉の華麗な吉野山花見につづき、慶長3年（1598）3月15日、醍醐寺の三宝院で催した豪華絢爛な花見は、史上最大の花見として知られる。この花見は正室北政所（きたのまんどころ）や淀君、秀吉の側室たちを慰めるためのもので、醍醐の山々には趣向を凝らした茶屋がもうけられた。鹿子（かのこ）絞や金銀摺箔などの技法を凝らした小袖や帯で、華麗に着飾った千数百人の女房衆が仮装行列を行った。

この時、この花見のために山上の上醍醐から麓の下醍醐までの桜馬場を中心に、大和などから3,000本の桜樹が移植されている。

元禄の江戸では、上野の花見は大変盛んなものになっていた。俳人・松尾芭蕉の『芭蕉七部集』の『炭俵』に弟子たちと上野へ花見に行ったことが記されている。この頃の花見は現代の花見のように、多くの人たちが飲み食い歌い踊る、どんちゃん騒ぎの花見が行われていたと書かれている。

当時の桜の名所は『江戸名所花暦』（文政10年・1827）によると、上野、隅田堤、飛鳥山、御殿山、伝通院、護国寺、大井村の桜、また小金井の桜などが知られている。

桜は奈良時代の『万葉集』などの和歌に詠われ、平安中期の物語『源氏物語』や随筆『枕草子』などの文学にも登場し、芸能の分野でも桜を主題とした能や歌舞伎が多く上演されている。

絵画においても、桜は古くから描かれており、平安時代に描かれた国宝「源氏物語絵巻」や「寝覚物語絵巻」などがよく知られる。工芸の分野においても大阪四天王寺に収蔵されている国宝「桜文飾金具錦包懸守」（平安時代に貴族の婦人が首にかけた錦の守袋）や京都・高台寺の「花筏蒔絵階段」に見られるように、古くから意匠に取り入れられ残っている。

本書では日本文化に特別な意味をもつ桜と、日本人の二千年にわたる美意識の系譜を、絵画、染織、漆工、陶磁、金工、装身具などの作品を通して紹介している。

The Japanese, living in a land blessed with the beauties of the four seasons and with a culture that stresses living in harmony with nature, love cherry trees and cherry blossoms—*sakura*. That affection runs deep and has been long cultivated in the world of the imagination. No flower resonates with the Japanese sense of beauty as powerfully as the cherry blossom.

Cherry trees grow throughout Japan, winning our hearts with the beauty of their flowers and the poetry of their falling petals. Prose, poetry, painting: these flowers are greatly celebrated in every medium.

A cherry-blossom-viewing party, sharing libations of sake, under cherry trees in full bloom or while gazing at distant mountains covered with them; the end of the blossoms' brief burst of glory; the scattered petals: we have grown and cultivated an empathic identification with these signs of spring.

Cherry-blossom-viewing parties are an activity unique to Japanese culture. In the Heian period, members of the imperial family and the aristocracy would hold feasts to admire the cherry tree on the left in the courtyard in front of the Shishinden, the central building of the imperial palace. Temples and shrines also celebrated the cherry blossoms, and cherry-blossom viewing was a popular activity among the women of the imperial court.

Buddhist memorial services held when the cherries were in bloom were called *sakura-e*, "cherry memorials." From the Heian to the Muromachi periods, *sakura-e* were held at, for example, the temples Todaiji, Daigoji, and Ninnaji and at the Kamo Shrine. At Daigoji, after the *sakura-e*, participants would repair to the Kiyotaka Shrine within the temple precincts for the most magnificent cherry-blossom-viewing party of the season.

Toyotomi Hideyoshi's 1594 cherry-blossom-viewing party at Yoshino is remembered as the most lavish ever. The largest, however, was the magnificent party Hideyoshi held at the Sanboin in Daigoji on March 15, 1598, for his concubines Kita-no-Mandokoro and Yodogimi. The party featured elaborate tea houses built on the hillsides of Daigo and a costume parade of over a thousand women of Hideyoshi's court, gorgeously attired in *kosode* kimono and *obi* on which the weaver's and dyer's arts, including fine shaped-resist tie-dying and applied gold and silver leaf, had been lavished. For the sake of that cherry-blossom viewing, about 3,000 cherry trees were transplanted from Yamato to the mountain where Daigoji is located.

In Edo, during the Genroku period (1688-1704), cherry-blossom viewing at Ueno was extremely popular. The poet Matsuo Basho's *Seven Part Collection* includes a poem on going with his students to see the cherry blossoms at Ueno. By that period, cherry-blossom viewing had become a popular custom, much as it is today, at which large groups of people would gather to eat, drink, sing, dance, and have a rousing good time.

According to the *Edo Meisho Hanagoyomi*, a guide to cherry-blossom viewing spots published in 1827, the most famous locations were Ueno, the banks of the Sumida River, Asukayama, Goten'yama, the temples Denzuin and Gokokuji, and the villages of Oi and Koganei.

The *Man'yoshu* collection of *waka* poems from the Nara period sang of the cherry blossoms. They figure in the mid-Heian *Tale of Genji* and *Pillow Book of Seishonagon* and are often themes in both Noh and Kabuki drama.

The cherry blossom has long been a subject favored in painting as well. The Heian-period *Illustrated Tale of Genji Scroll* (a national treasure) and the *Tale of Nezame Scroll* are vivid examples. The *Brocade Amulet with Cherry Blossom Motif and Gold Fittings*, a national treasure in the collection of the temple Shitennoji in Osaka is a beautiful example from the decorative arts; this protective amulet would have been worn as a pendant by a female member of the aristocracy in the Heian period. The temple Kodaiji in Kyoto is famed for its stairway decorated with cherry-blossom and log raft motifs in *makie* (sprinkled-picture lacquer).

This book introduces the cherry blossom, with its special significance in Japanese culture and aesthetics, through works of art in many media from two thousand years of history. Painting, textiles, lacquer ware, ceramics, metalwork, personal ornaments: cherry blossoms bloom everywhere.

日本の図像
櫻さくら

Cherry Blossoms

Traditional Patterns in Japanese Design

図版

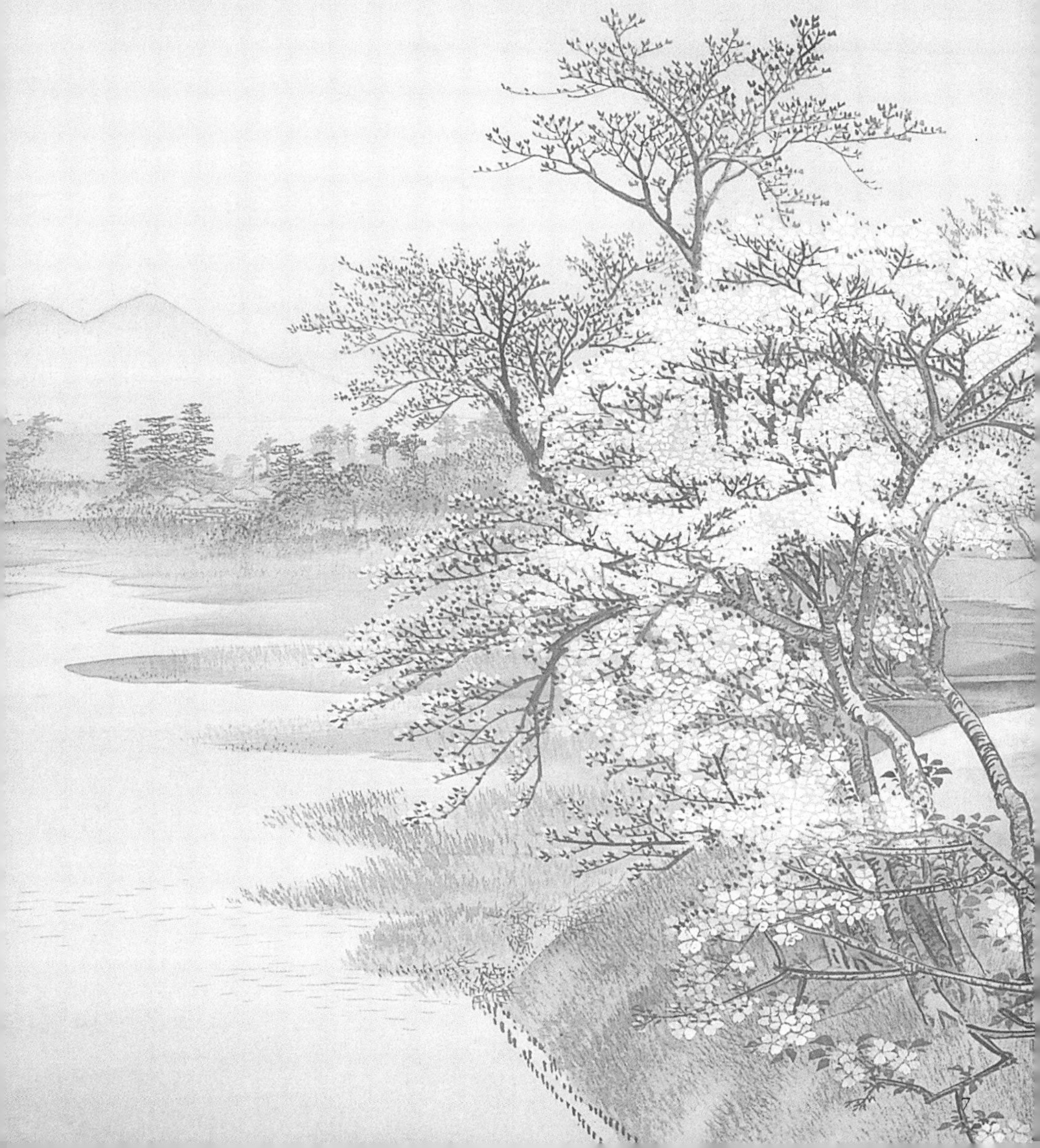

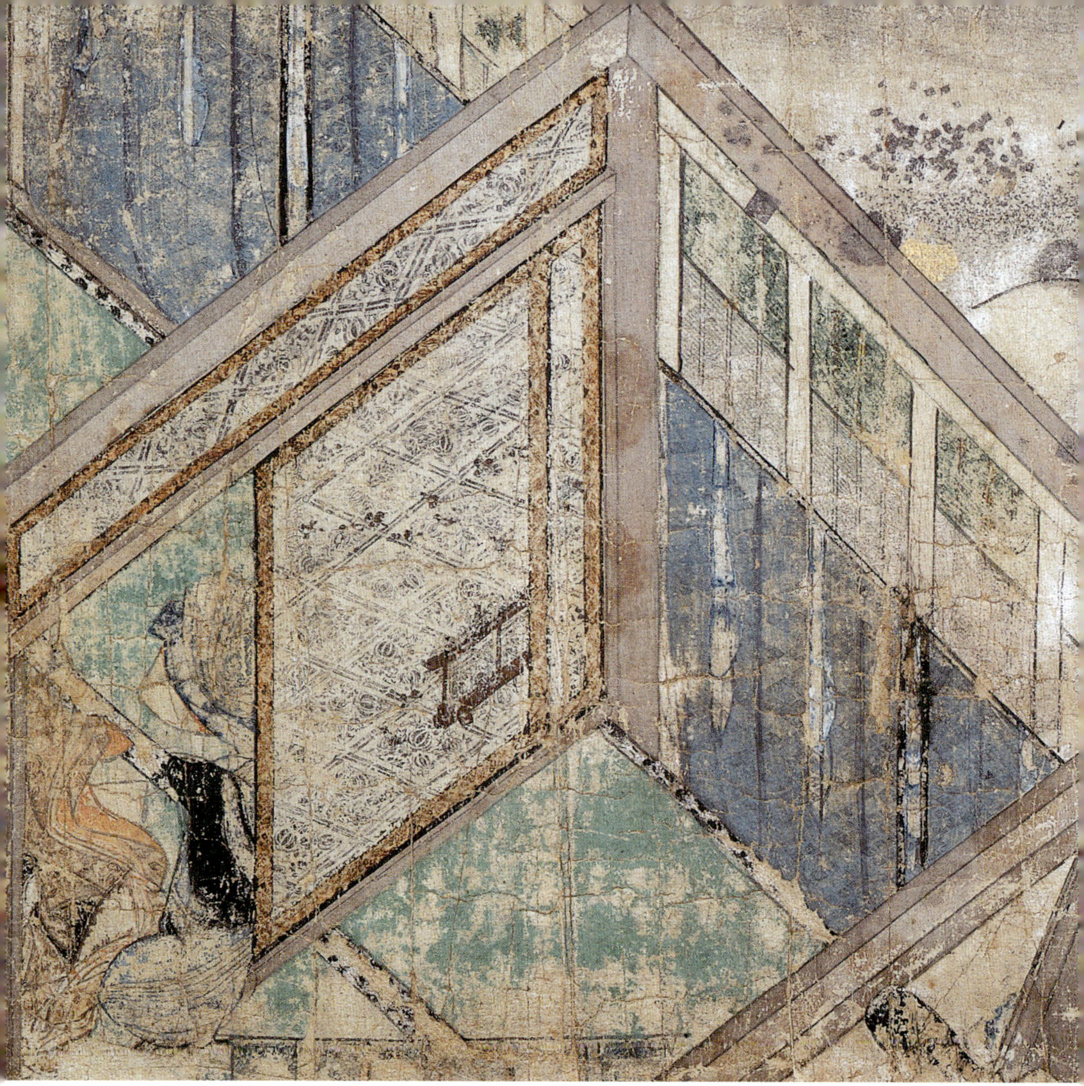

「寝覚物語絵巻」　国宝　平安時代末期　大和文華館蔵

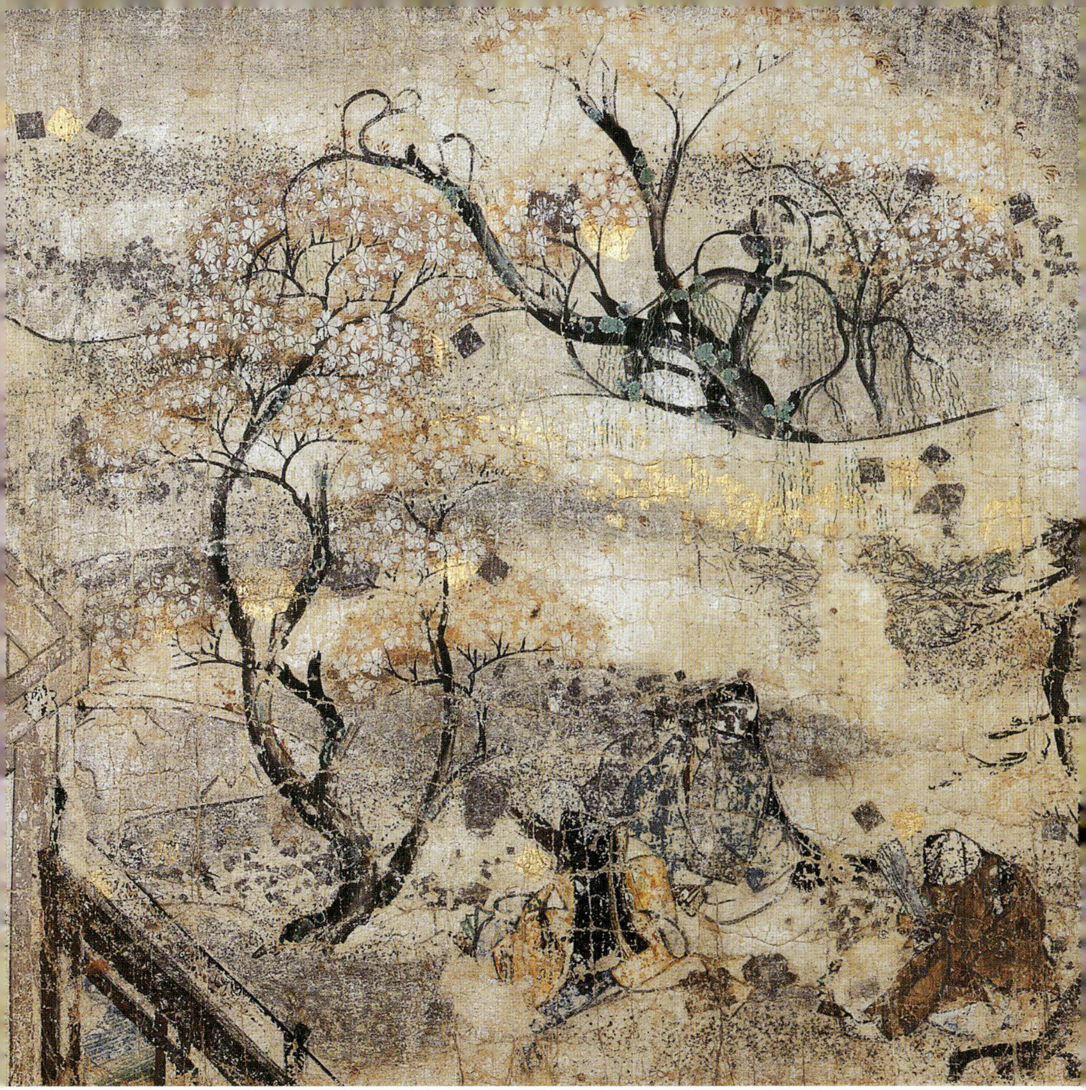

桜図を見る　—『俳諧類船集』にみちびかれて—

狩野博幸

いつ頃から始まったのだろうか。さほど昔のことではない。大学の文学部のひとつの学科の名称が国文学科から日本文学科に変ることが多くなって来た。僕が禄を食む大学ではいまだに国文学科の名が生きているが、新設の大学では日本文学科という名称をつけるのがほとんどではないだろうか。

単なる名称だという意見もあろうが、実のところ、ことはそう簡単ではない。言葉が精神を規定してしまう場合がある。

何ごとも相対化してやまない価値紊乱者の群れによって、『源氏物語』も『方丈記』も、そして『平家物語』も『太平記』も、わが国の歴史的な美意識の集積であることが忘れられ、言葉の意味の解釈が置き去られて、文章のいわば魂を見つめることが放擲され、言葉を単なる字の連なりと見るほかなくなって、数量の位相でしか理解しない研究が流行するようになった。たとえば「あはれ」の語の使われる頻度を作品ごとに数量化する、というがごとき〝学問〟の猖獗がそのことをよく示しているだろう。

絵においても事情は同じであるが、かかる傾向はさらに時代が遡る。

「日本画」という名称の登場である。明治以降、わが国の絵画は西洋画の対概念とされたことは誰しも知るところであるが、試みに手近の国語辞典で「日本画」を引くと、明治以降にヨーロッパから入った西洋画に対する語としながら、それは「墨や岩絵具を主として、若干の有機色料を併せ用い、絹・紙などの上に毛筆で描く」ものとしか説明されず、軽便な辞典の記述に半畳を投げる野暮を承知でいえば、ここには少なくとも〝西洋〟と〝日本〟との美意識の根源的な差異はいっさい考慮されていない。相対化されたときに、〝本質〟の相違は無化されてしまっているのである。「西洋画」と「日本画」は、絵具や材質の違いだけで説明してよいのだろうか。

このことにもう少しこだわって、江戸時代の前期に刊行された本を紹介してみることにしたい。原本にあたることは一般には困難と思われるので影印本を記しておく。

京都大学国文学科教授であった野間光辰氏が、その還暦記念に500部限定で発刊した『近世文藝叢刊』シリーズの第1巻に収載された『俳諧類船集』である。横本8冊。俳諧師・高瀬梅盛が延宝5年（1677）正月に、京都寺町二条上ル町の書肆・寺田与平治から発兌した俳諧の付合語集である。

連歌会の詠み捨ての余興として始まった「俳諧の連歌」においても、前句に対してどのように付けるかが大事な要点であったが、その場合に付合語をどれだけ知っているかによって、句の作域の幅が違って来る。そのため、俳諧の連歌における付合語をまとめて記した本が、近世になって数多く刊行された。『毛吹草』『世話焼草』『初本結』『便船集』などが代表的だが、そのあとを受けて出された『俳諧類船集』8冊は、それら先行書の収載語数をはるかに抜きんでた付合語集であり、つまり俳諧付合語の集大成といってよい。

連歌にしろ連俳にしろ、前句にどう付句をするかでその人の力量が試される。前句にあまり付きすぎても野暮であるし、また離れすぎても趣向倒れになってしまう。そこを助けるのが付合語集であって、そこを和歌や物語などの古典文学の連想を働かし、『俳諧類船集』を例にとると、たとえば「楊梅(やまもも)」の語が前句にあれば、「醍醐」「紀国」「下京」などの語を用いて付句をするのである。要するに付合語のあんちょこ集といえる。

永い時間をかけて醸成された言葉の連想ゲームである。文学のみならず絵画においても、この日本的感性による連想を愉しむことができる。

『俳諧類船集』成立からおよそ一世紀後の喜多川歌磨の錦絵の傑作と衆目の一致する「歌撰恋之部」シリーズの一枚「物思恋(ものおもうこい)」は、眉を剃った女の大首絵である。『俳諧類船集』を用いれば、「物思ふ夜」が「ふるき衾(しとね)」の付合語であることから、夜半、人妻が昔の男との房事を思い出しているすがた、という何ともアブナイ図ということになる。ちなみに、歌磨の幼少年時の育ての親と目される画家の鳥山石燕は、江戸座の俳諧師でもあった。

桜の話柄(わへい)になかなか辿りつけないが、日本的感性、日本人的連想を語る時間を、いま少し与えていただきたい。

江戸前期の京都狩野派の牽引者の狩野山雪の最高傑作「雪汀水禽図屛風」は、月の浮かぶ夜の水際(みぎわ)の光景、片隻は千鳥が飛び、いま一隻には鷗が飛ぶ。その美しさは比類ない。近年の研究では、図中に描かれた岩とそこに生える松に着目して、中国の蓬萊仙境のイメージがそこに反映しており、山雪の文人的境地を読みとる説が有力である。

ここにも『俳諧類船集』を援用してみようか。まず「千鳥」を見る。その付合語は数多いが気になるのは「入江の月」「塩風寒き」「あかし（明石）」「すま（須磨）の関」そして「鷗」である。では「鷗」を見ると、「汐風」「須磨」そして「都鳥」、さらには「汀(みぎわ)の雪」とあって画面をいま一度眺めれば雪景色―。もはや贅言(ぜいげん)を要すまい。無理矢理に蓬萊仙境思想などを持ち出さずとも、日本的感性・日本人的連想からすれば、この六曲一双の美しい屛風は須磨の浦と明石の浦の雪景色であり、月下の千鳥を描いた隻が明石、鷗の方が須磨と見なして何の問題もないということになるのであった。日本的感性・日本人的連想に支えられているからこそ〝日本画〟なのであって、墨や絵具、材質という視点のみでは〝中国画〟も変りはない。

さて、本書の主題である桜へと入ってゆかねばならない。

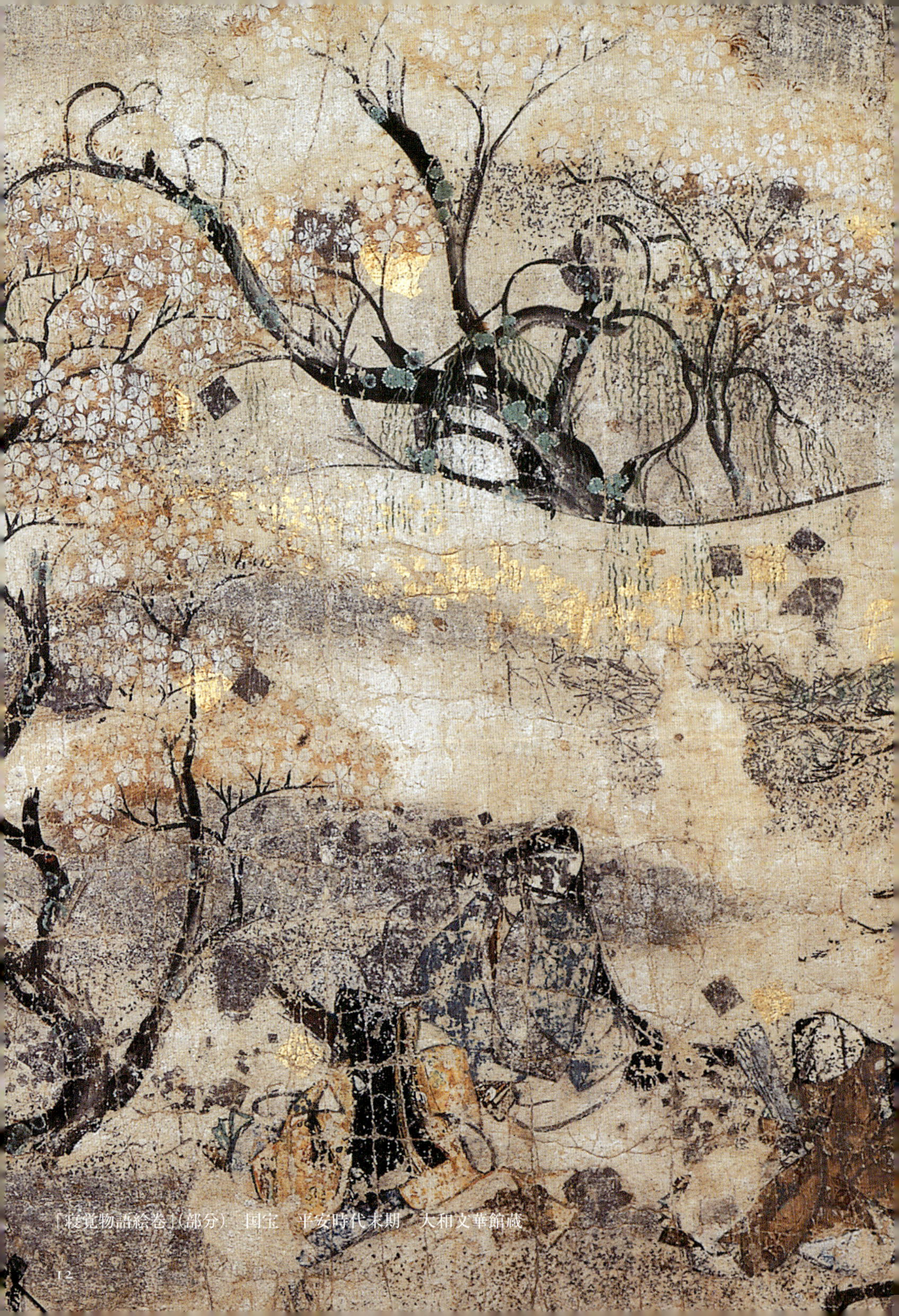

「寝覚物語絵巻」(部分)　国宝　平安時代末期　大和文華館蔵

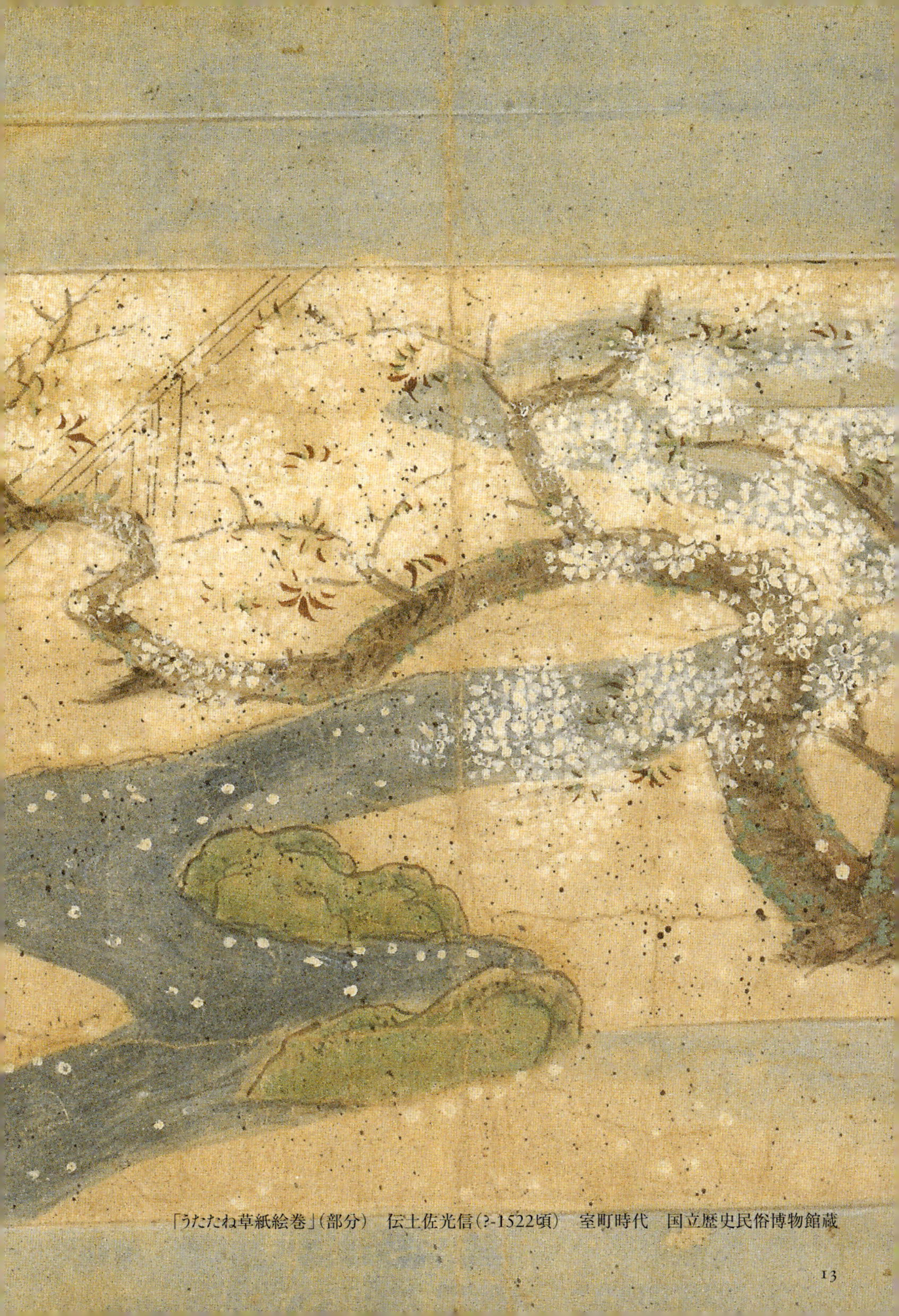

「うたたね草紙絵巻」(部分)　伝土佐光信(?-1522頃)　室町時代　国立歴史民俗博物館蔵

『俳諧類船集』では、「桜」は6巻の上に収蔵されている。

まず、桜の異名として、二日草・あだな（仇名）草・よしの（吉野）草・もよひ草・あけぼの草・いろみ（色見）草・夢見草・かさし（挿頭）草・たむけ（手向）草が挙がる。ちなみにかざし草はフタバアオイの古名ともいう。桜の異名の多さに愕くほかないが、日本人にとって桜がいかに好まれたかをそのことがよく示しているだろう。

ついでその付合語が列挙されるが、煩瑣をいとわず記してみる。

柳・山・尾上（峰の続く所）・鯛・うぐひ（石斑魚・鯉）・苔・貝・板木・双六盤・扇の色・珠数・刃・鞠場・千本念仏・彼岸・西行・馬場・南殿（紫宸殿）・祇園・清水・大内の庭・近衛殿の御所・佐野の雪・氷室・奈良の都・片野（交野）・布留・初瀬・志賀の山越・嵐山・高砂・筑波根・竜田・葛城・須磨・希なる人待、以上である。

すなわち、前句に「桜」とあれば、少なくとも『俳諧類船集』成立ののちにおいては、これだけの語を日本人は連想することが可能だったということだ。

「板木」とあるのに気づいたと思うが、版本や浮世絵版画で用いられる板木は桜の板を用いる。江戸の浮世絵版画の場合は、主として伊豆の桜の柾目板を使うのが通常である。葛飾北斎の「冨嶽三十六景」中の「本所立川」材木置場の場面では、浮世絵用の板木が立てかけられて

「冨嶽三十六景　本所立川」　葛飾北斎　山口県立萩美術館・浦上記念館蔵

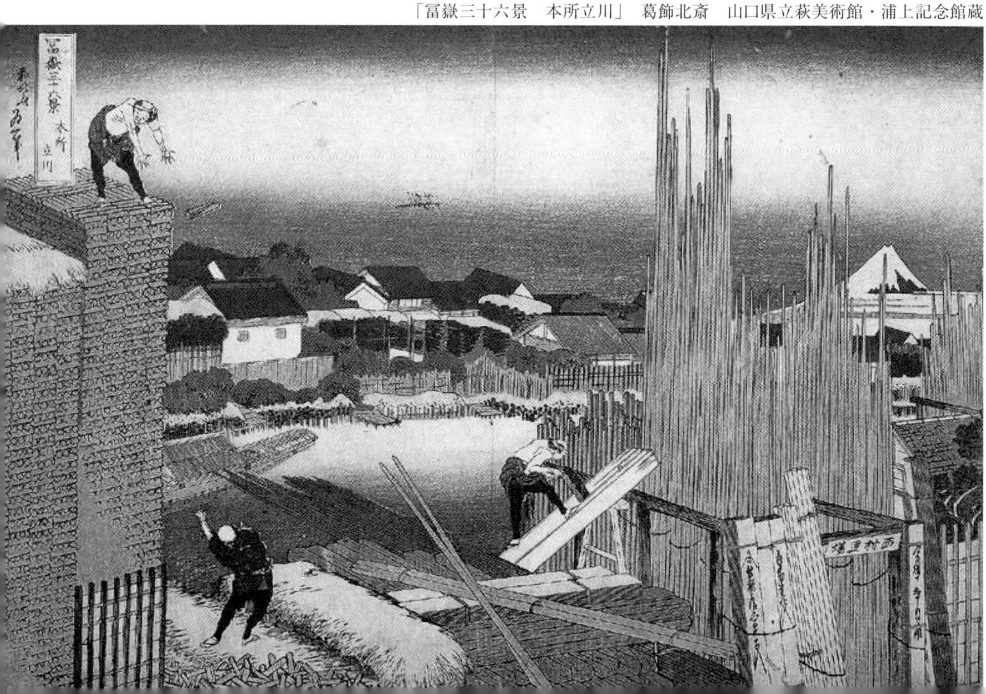

いるところが描かれているが、そこには「西村置場」と書かれている。「冨嶽三十六景」の版元が永寿堂西村屋与八である。

「鞠場」は蹴鞠用の庭のことで、普通は7間半四方を用いて、桜・柳・楓・松の木をそれぞれの隅に配する。『源氏物語』の「若菜」の巻は、蹴鞠に興ずる柏木が、走り出た猫をつないだ紐が簾を上げたため、光源氏の妻・女三宮を見てしまい、ついに密通することになる。多くの源氏絵では桜の花が印象的に描かれる。

「鞠場」に続く「千本念仏」。千本念仏で想起するのは、京の引接寺（いんじょうじ）（千本閻魔（えんま）堂）と大報恩寺（千本釈迦堂）で、いずれも西陣の近くにある寺であるが、桜の付合語としては千本閻魔堂の方がよりふさわしい。千本釈迦堂の念仏会はもとは2月に挙行されており、閻魔堂名物の念仏狂言はもと3月（現在は5月）の行事であるから、桜の付合語としての「千本念仏」は閻魔堂をさすだろう。狩野永徳筆の上杉家本「洛中洛外図屏風」では、その上京隻二扇目の上方に「千本ゑんまだう」が描かれている。念仏狂言がたけなわで桜が満開であるが、上京隻は基本的に秋・冬の光景であるはずで、その証拠に閻魔堂の上（つまり西）に描かれた金閣は雪景色。季節の配置を崩しても「千本ゑんまだう」の念仏狂言を描き込んだというわけだ。いずれにしても「桜」といえば多くの京都人は「千本念仏」を連想したのである。

「洛中洛外図屏風」といえば、内裏がかならず描かれているが、「南殿」は内裏の正殿である紫宸殿をさす。その紫宸殿の前庭には、左近の桜、右近の橘（たちばな）が植えられている。そこで「桜」の付合語として「南殿」が挙げられたわけで、「大内の庭」も同じ意味である。

「祇園」「清水」、すなわち祇園社（八坂神社）と清水寺のあたりは、東山の桜の名所であり、「洛中洛外図屏風」の春の光景を代表する。

「奈良の都」はいうまでもなく、「青丹よし奈良の都は咲く花の匂ふがごとく今盛りなり」からの連想であり、「片野（交野）」は今の大阪府枚方（ひらかた）の台地であり、古くより桜の名所として知られており、歌枕ともなった。嵐山と桜の連想も一般的で、本書中にも嵐山の桜を描いた図が数多く収載されているのだが、嵐山はしばしば紅葉の名所としても知られる。『俳諧類船集』の「嵐山」の項を見ると「桜」とともに「紅葉の錦」という付合語が載っている。

さて「桜」の付合語として「吉野」が選ばれていないのは、どうしたことだろうか。あまりに付きすぎているとして忌避されたともみられる。いま少し考えれば、「西行」の歌によって充分だということか。太閤秀吉による吉野花見を挙げるまでもないが、東山と吉野を組み合せた屏風で、桜花でつながりを示したものもある。

「竜田」に注目してみよう。「桜」から「竜田」を連想するのは、桜と紅葉ということであろう。

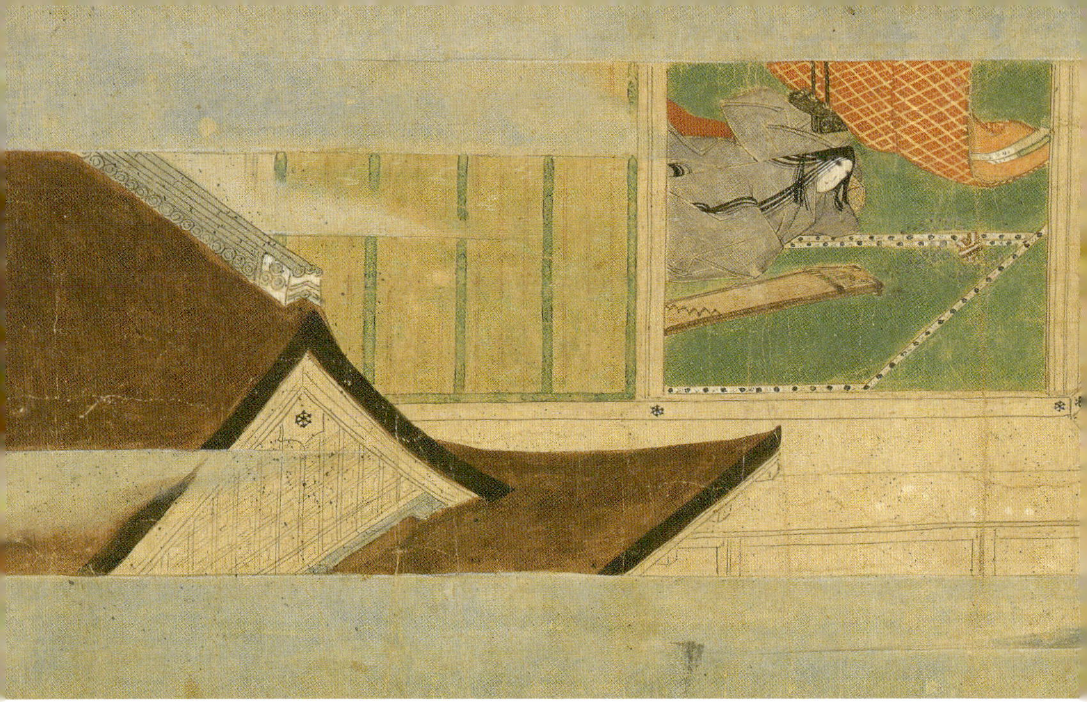

「うたたね草紙絵巻」　伝土佐光信（?-1522頃）　室町時代　国立歴史民俗博物館蔵

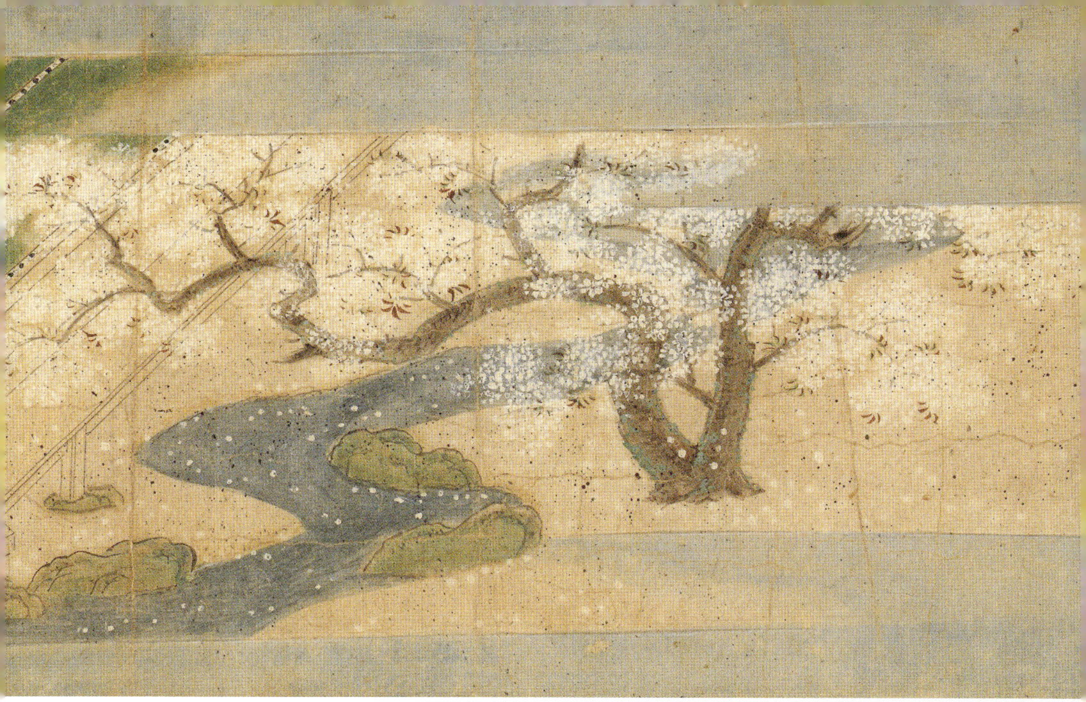

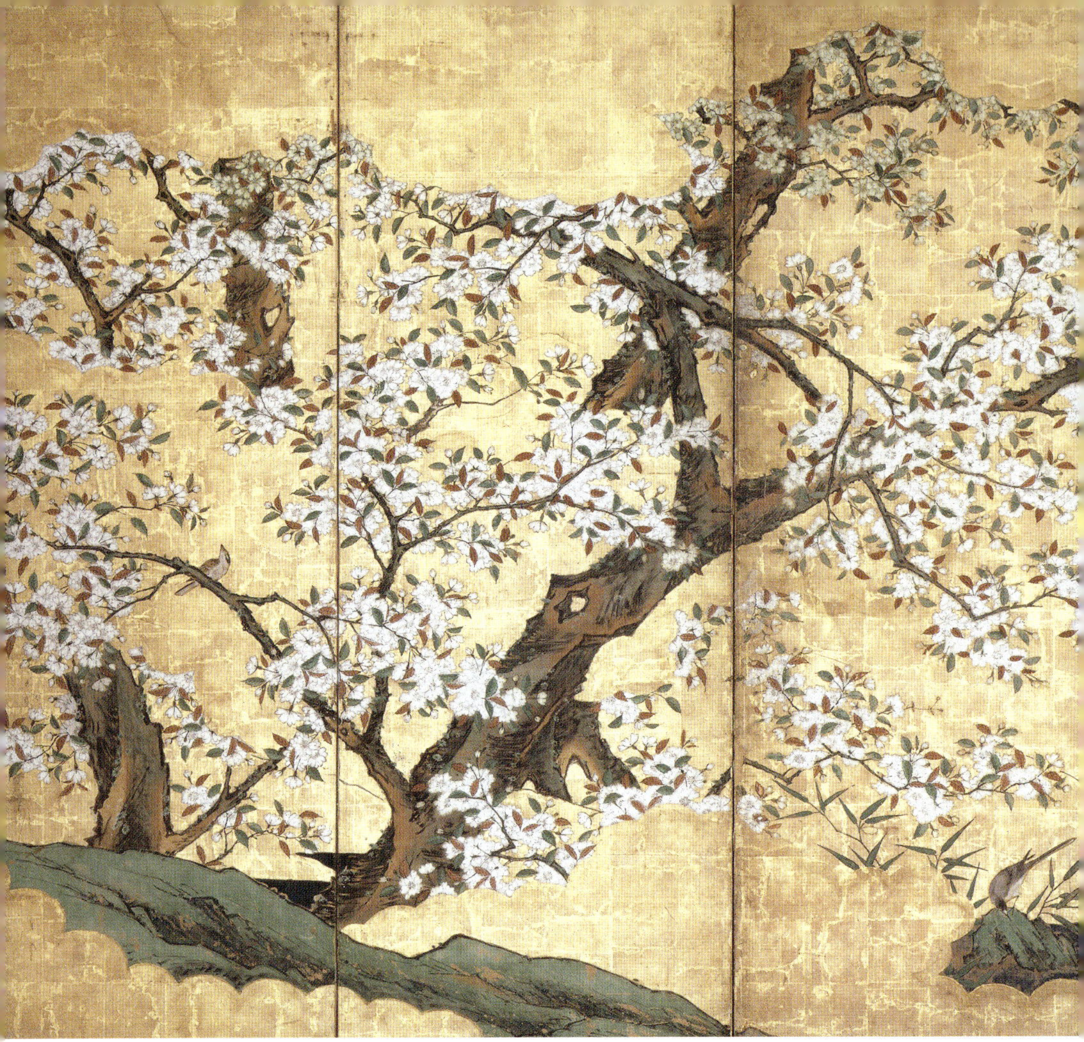

そこで『俳諧類船集』の「龍田」を引いてみると、その付合語に「紅葉」とあるのは当然として、「吉野」と「八重桜」とが載っている。「吉野」と「竜田」との連想はもはや問題ではないが、ここに「八重桜」があることによって、「桜」と「楓」の組合せが考えられる。長谷川等伯と久蔵父子による智積院障壁画は天下周知の例であるが、醍醐寺蔵の絢爛たる色彩表現で知るひとぞ知る京都の異色の画家・山口雪渓の「桜楓図屏風」六曲一双は、上記のごとき連想ゲームのよってしからしむる組合せということができるやもしれない。

『俳諧類船集』にみちびかれてここまで来たのだが、こうも考えられる。たとえば「月に桜図」という画題は、同書によれば「月」の付合語に「桜」はなく、「桜」の付合語に「月」はない。「桜」と「雉子」も同様である。そうすると、桜と月の組合せ、桜と雉子の組合せは、新しい表現感覚を

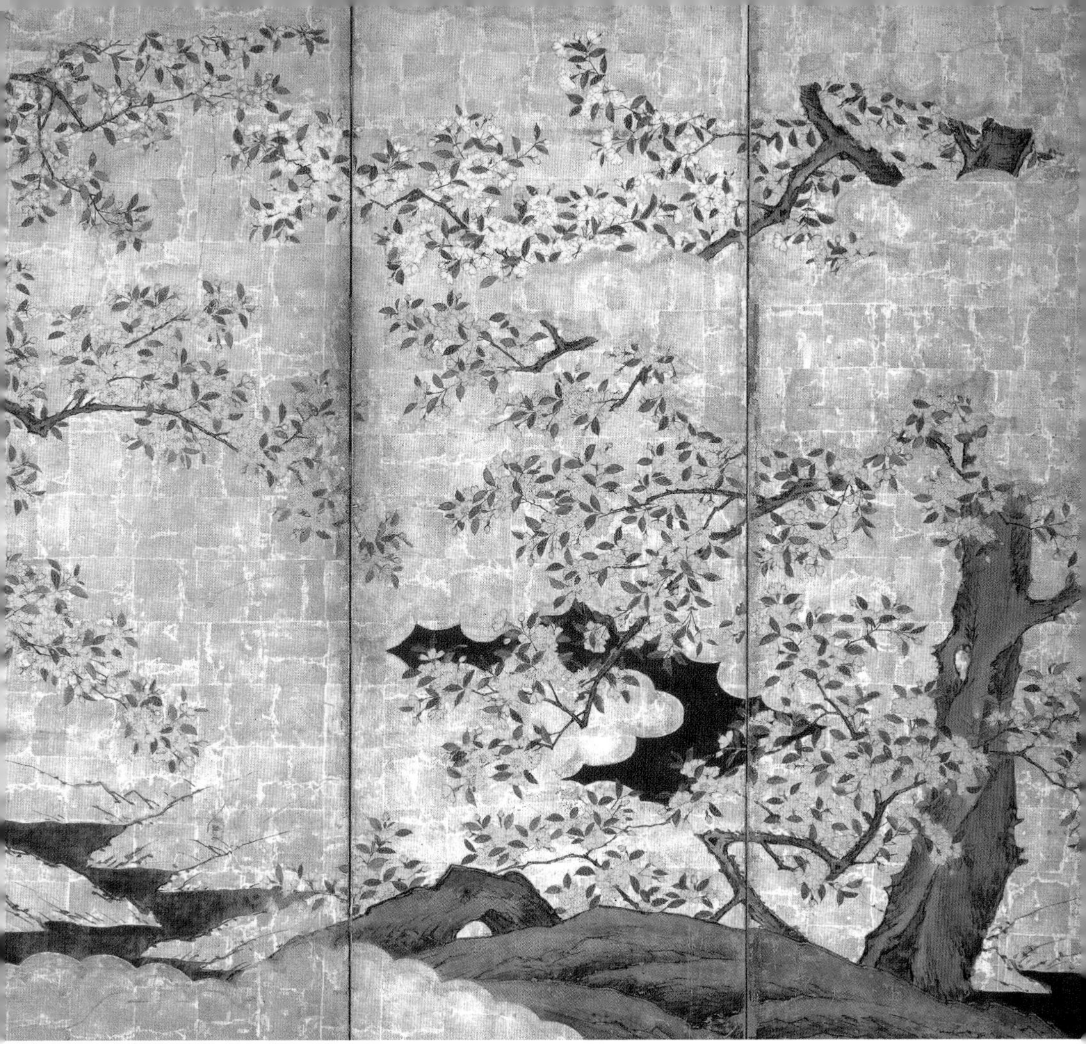

「桜楓図」右隻　山口雪溪　醍醐寺蔵

示しているのではないか、という推測を許すことになる。表現の平野が広がりを見せているのである。和歌や連歌によって作りあげられた連想世界が、俳諧によってさらに膨れあがり、そこに依拠していた絵画が自律的に連想を押し広げていったともいえる。

狩野博幸（かの・ひろゆき）
1947年、福岡県生まれ。九州大学大学院文学研究科博士課程中退。九大助手、帝塚山大学助教授を経て、京都国立博物館研究官、現在、同志社大学文化情報学部教授。主な著書に『伊藤若冲大全』（小学館）、『もっと知りたい曾我蕭白』（東京書籍）『異能の画家　伊藤若冲（トンボの本）』（新潮社）など。

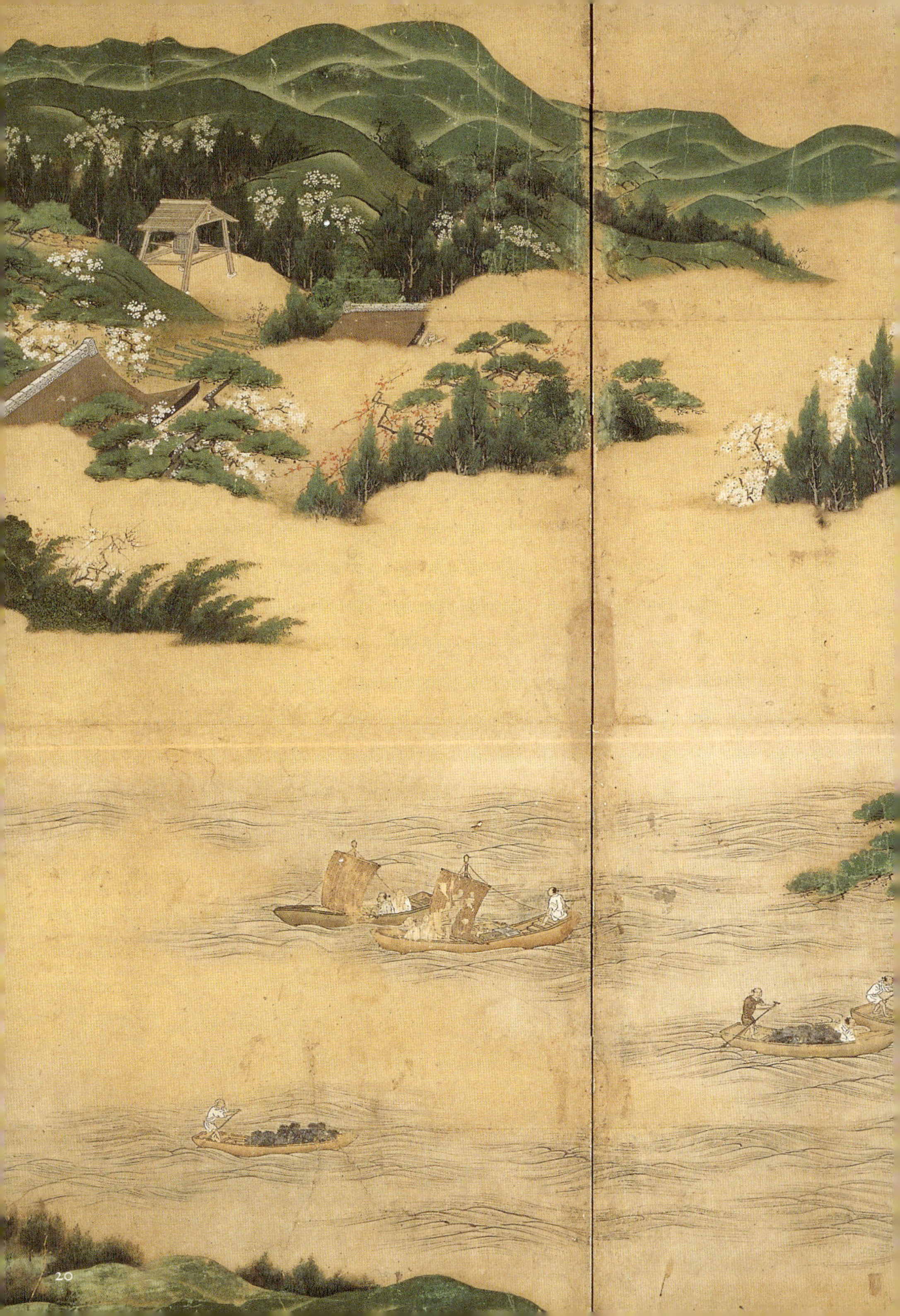

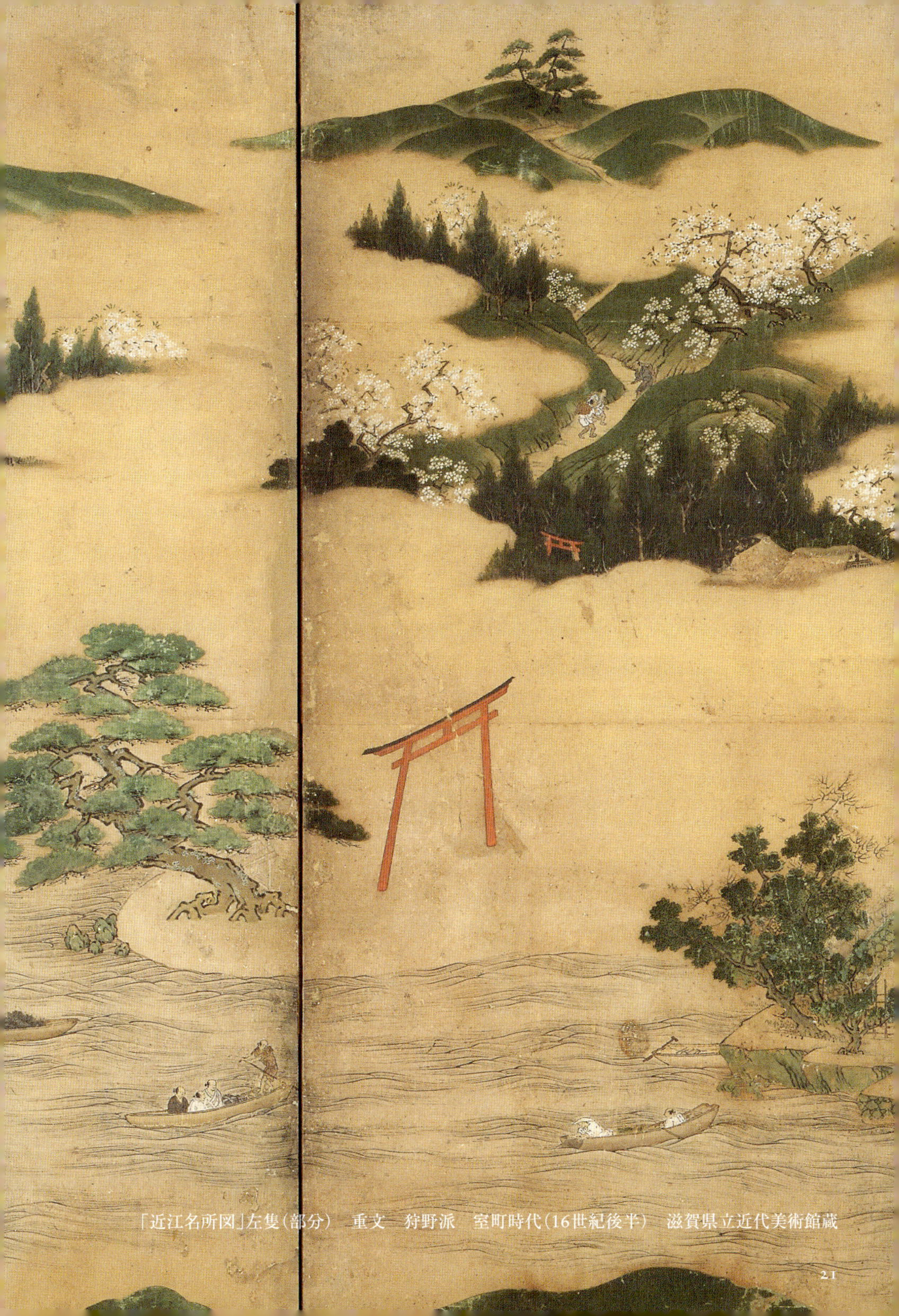

「近江名所図」左隻（部分）　重文　狩野派　室町時代（16世紀後半）　滋賀県立近代美術館蔵

On Paintings of Cherry Trees

Kano Hiroyuki

The Gion and Kiyomizu area of Kyoto-the part of the Higashiyama district near the Gion Shrine (Yasaka Shrine) and the temple Kiyomizu-dera-is famed for the beauty of its cherry blossoms, much celebrated in verse and painting. The *Sights in and around the Capital* screen, with its depiction of a spring scene, is an iconic example.

The phrase "*Nara no miyako*" (the capital at Nara) calls to mind the familiar *Man'yoshu* verse "As flowers in bloom glow in beauty and fragrance, the capital at Nara is now at the height of its splendor." Katano is an upland area (now Hirakata, in Osaka Prefecture) that has been known since ancient times for its cherry trees, so much so that a poetic reference to Katano now carries rich allusions to the beauty of its spring blossoms. Arashiyama in Kyoto is another area also commonly associated with cherry trees, and this book includes many paintings of the cherry blossoms there. Interestingly, Arashiyama is also known for its beautiful autumn foliage. The *Haikai ruisenshu*, a seventeenth-century *haikai* handbook elucidating linkages between poems, lists Arashiyama as associated with both cherry blossoms and autumn foliage.

Why was Yoshino, another spot famed for its cherries, not chosen as a word associated with cherry blossoms? Apparently it was simply too hackneyed. Perhaps Saigyo's poems were deemed to have provided more than enough of such linkages. We hardly need to bring up the great hegemon Hideyoshi's cherry blossom viewing expedition to Yoshino as another familiar example. Indeed, when Higashiyama and Yoshino meet in screen paintings, the link is cherry blossom viewing.

The place name Tatsuta bears consideration, for it is associated with both cherry trees and autumn foliage. Indeed, the *Haikai ruisenshu* entry for Tatsuta, unsurprisingly, gives autumn foliage as an associated term, but also lists Yoshino and *yaezakura*, double-flowered cherry trees. The connection between Tatsuta and Yoshino is not problematic, but the inclusion of *yaezakura* implies a combination of maple and cherry trees. Everyone knows of the Chishakuin temple wall paintings of maple and cherry trees by father and son Hasegawa Tohaku and Kyuzo. Even the *Cherries and Maples* pair of six-folding screens by Yamaguchi Sekkei, an unconventional Kyoto artist who is greatly appreciated by connoisseurs and whose screens with their vivid coloring is the pride of the Daigoji temple collection, may also be the fruit of the game of linked associations.

Going where the *Haikai ruisenshu* takes us has brought us this far, but now it is time to think again. Consider a painting entitled *Cherry Trees and the Moon*. The book tells us that cherry trees and the moon are not associated terms. Nor are cherry trees and pheasants. Thus, these combinations indicate, we may be permitted to infer, a new creative sensibility, an expansion in expressive possibilities. The world of linked associations created in Japanese poetry in the waka and renga (linked verse) forms was further enriched by the haikai poets. And painting rooted in those poetic traditions pushed the linkages further.

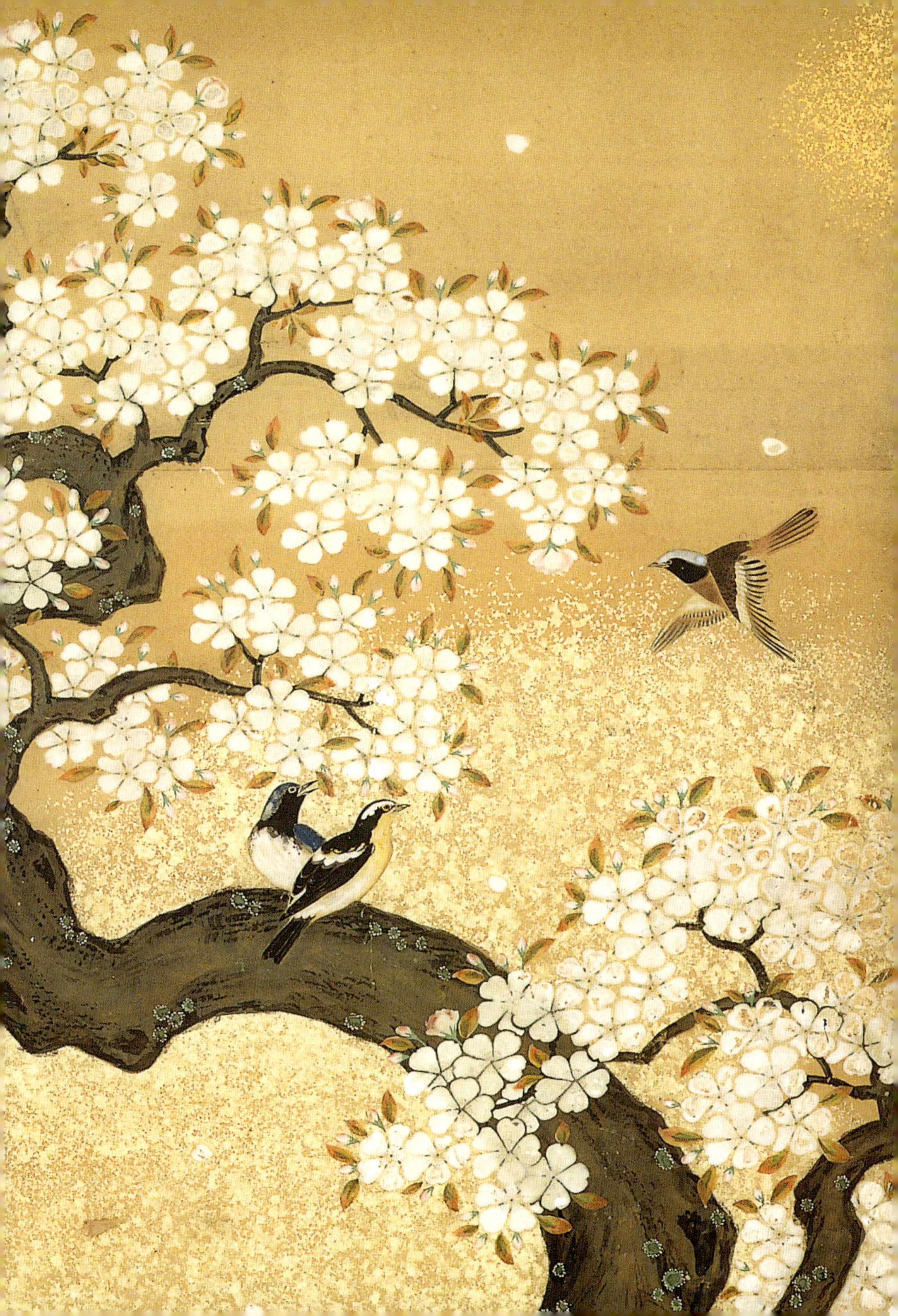

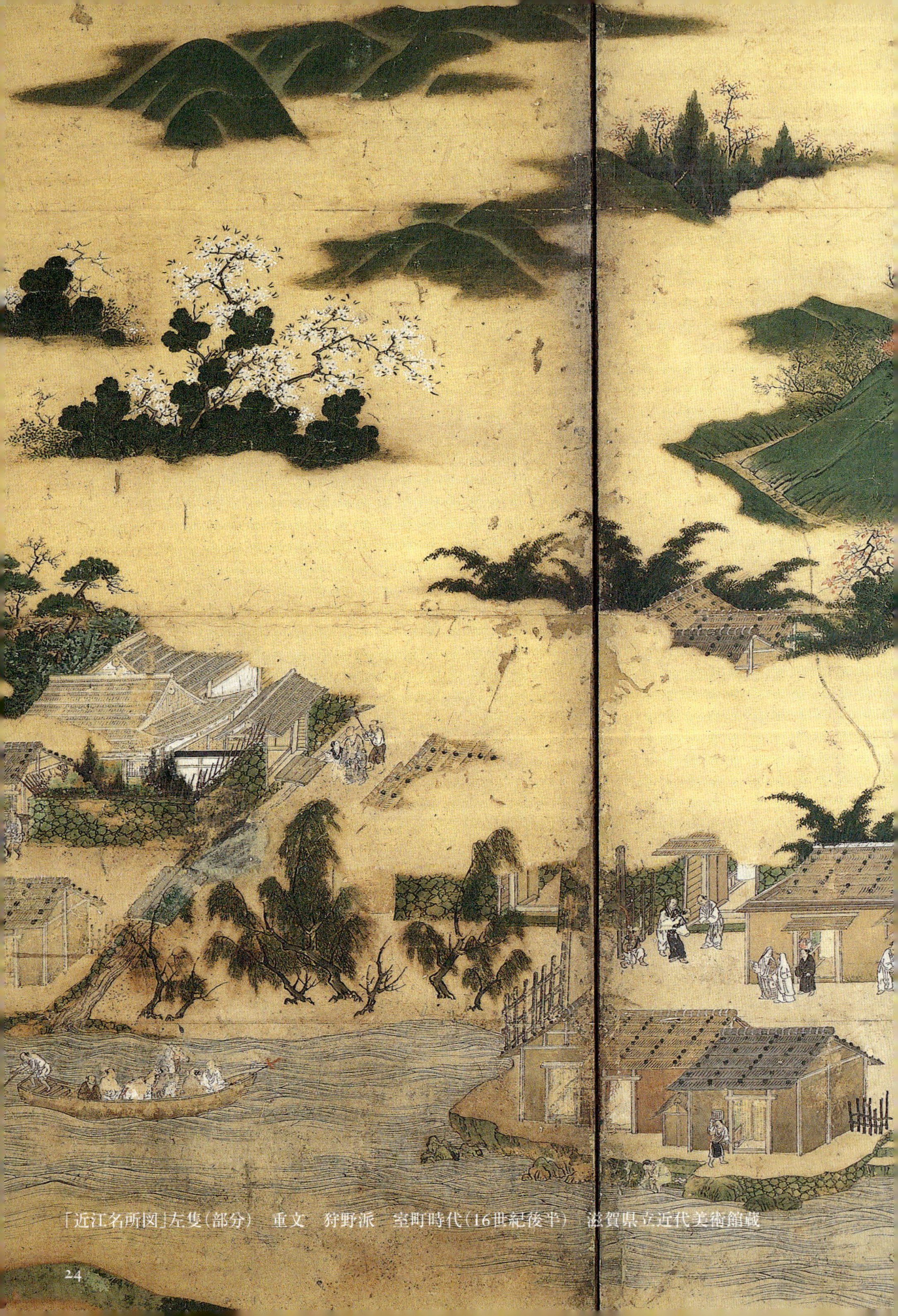

「近江名所図」左隻（部分）　重文　狩野派　室町時代（16世紀後半）　滋賀県立近代美術館蔵

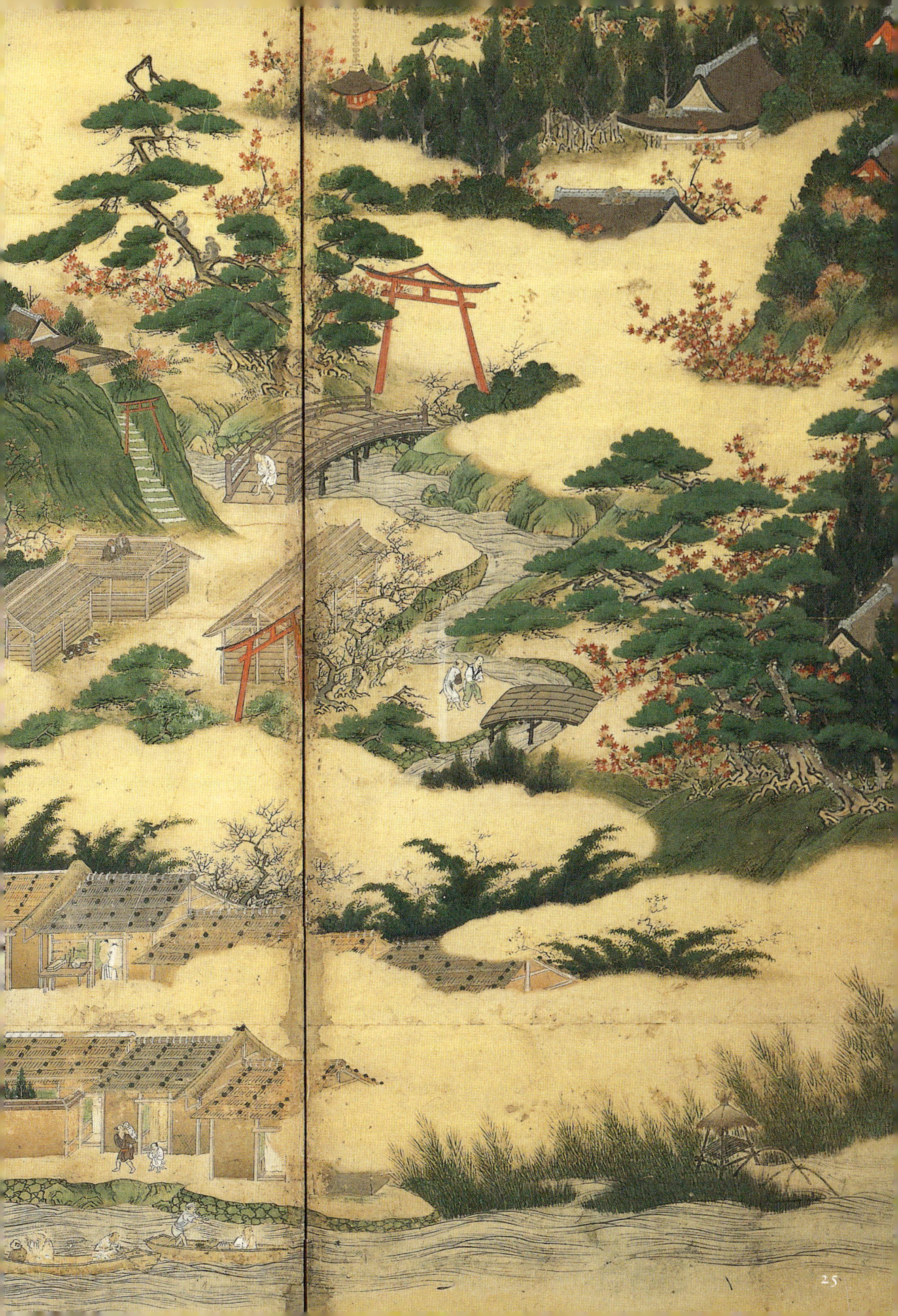

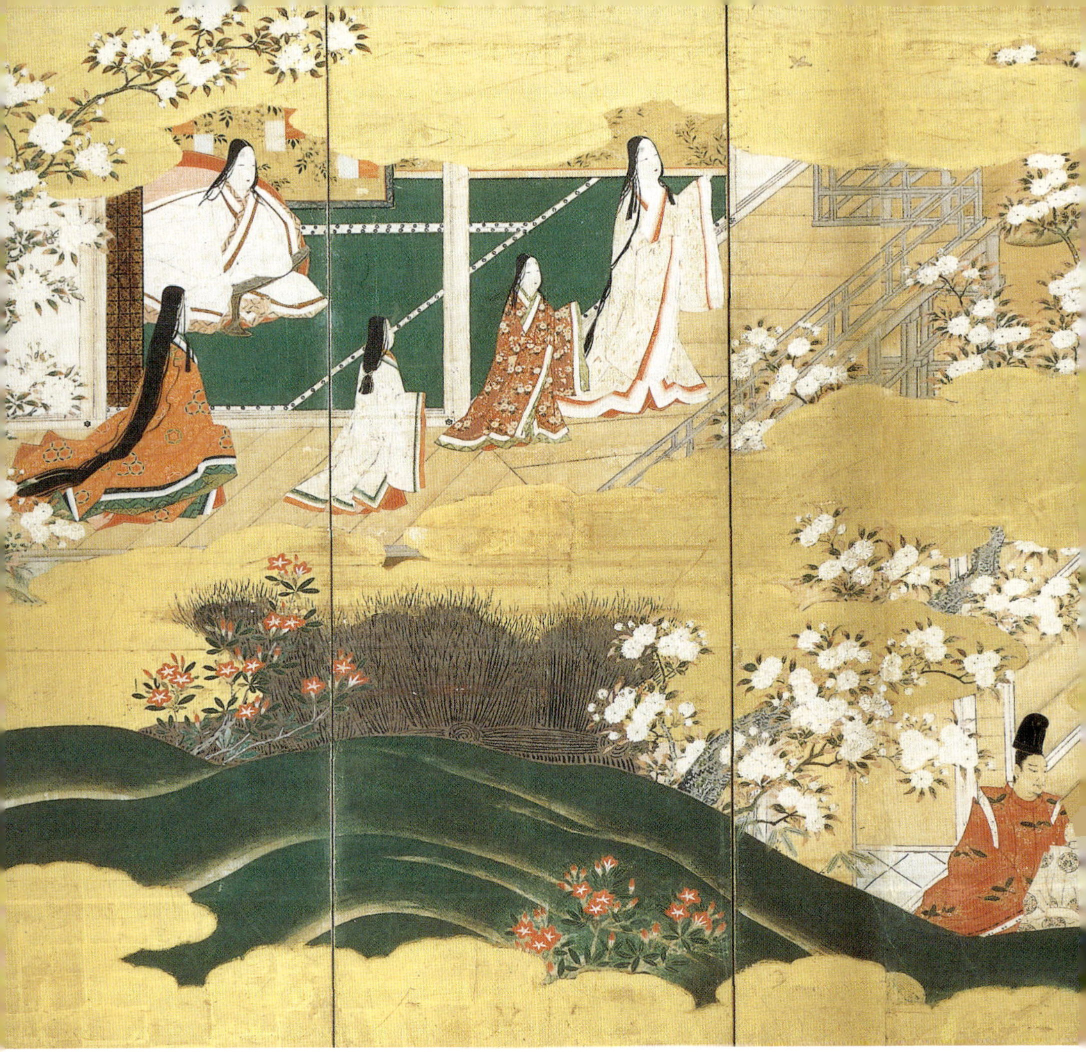

「源氏物語図屏風」左隻　伝狩野永徳(1543-90)　桃山時代　宮内庁三の丸尚蔵館蔵

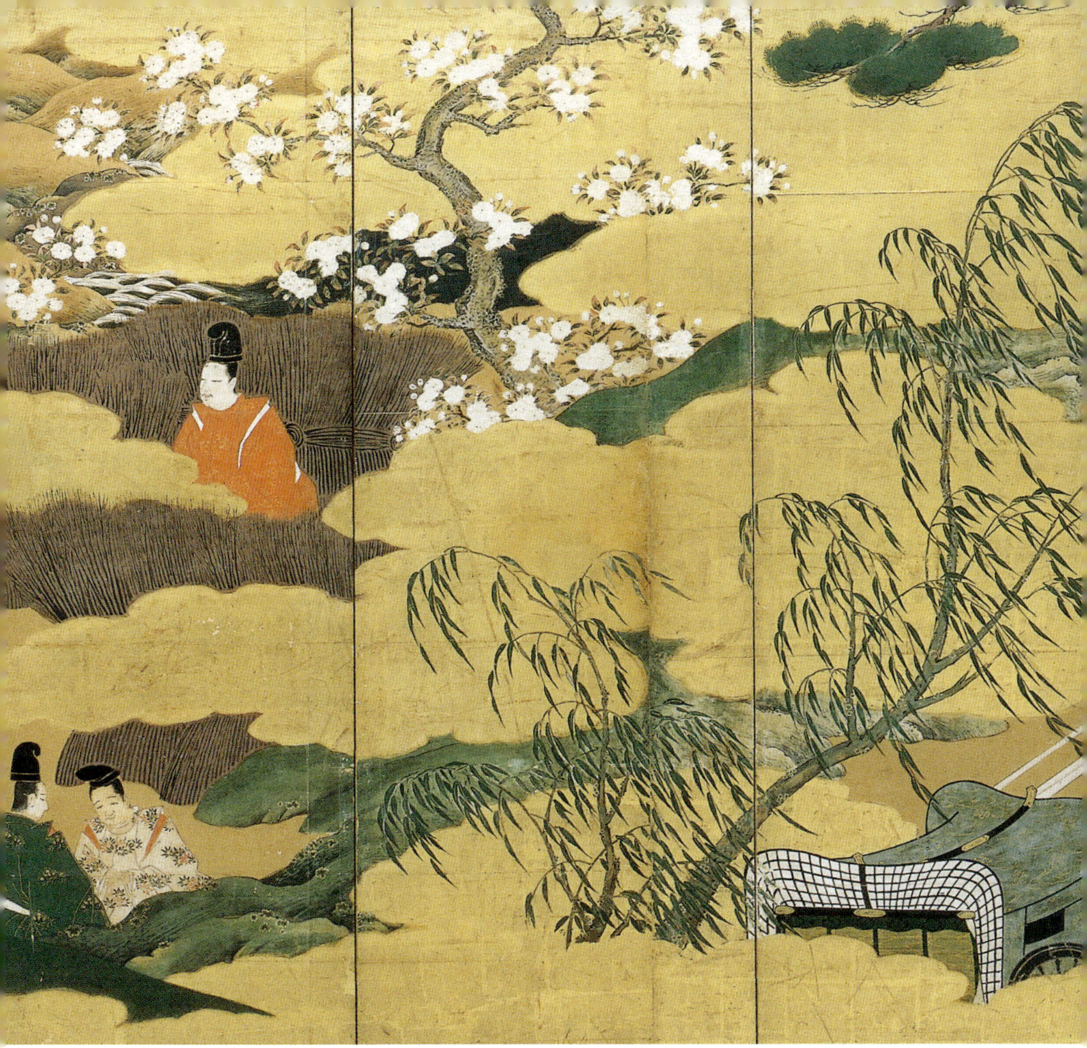

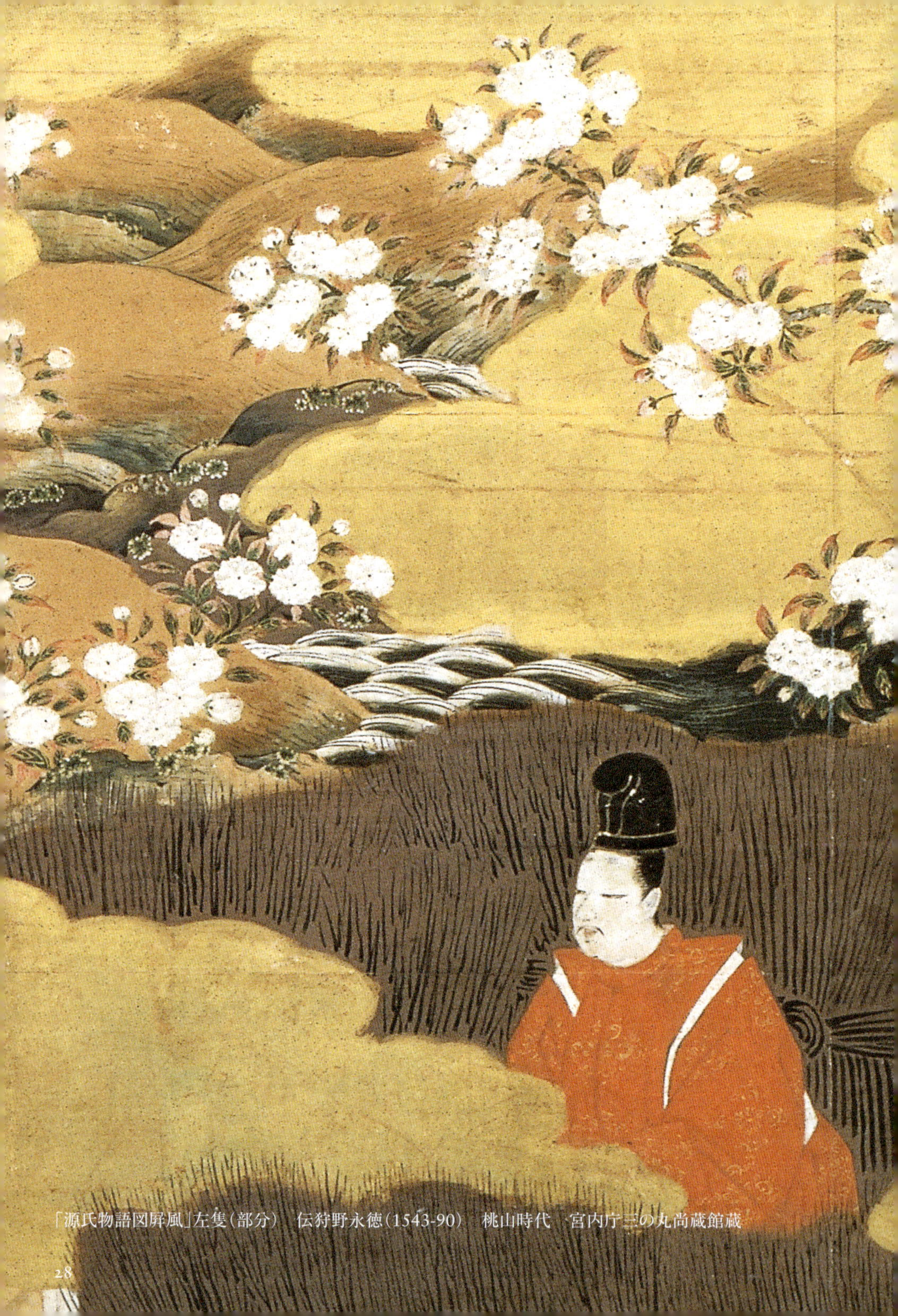

「源氏物語図屛風」左隻（部分）　伝狩野永徳（1543-90）　桃山時代　宮内庁三の丸尚蔵館蔵

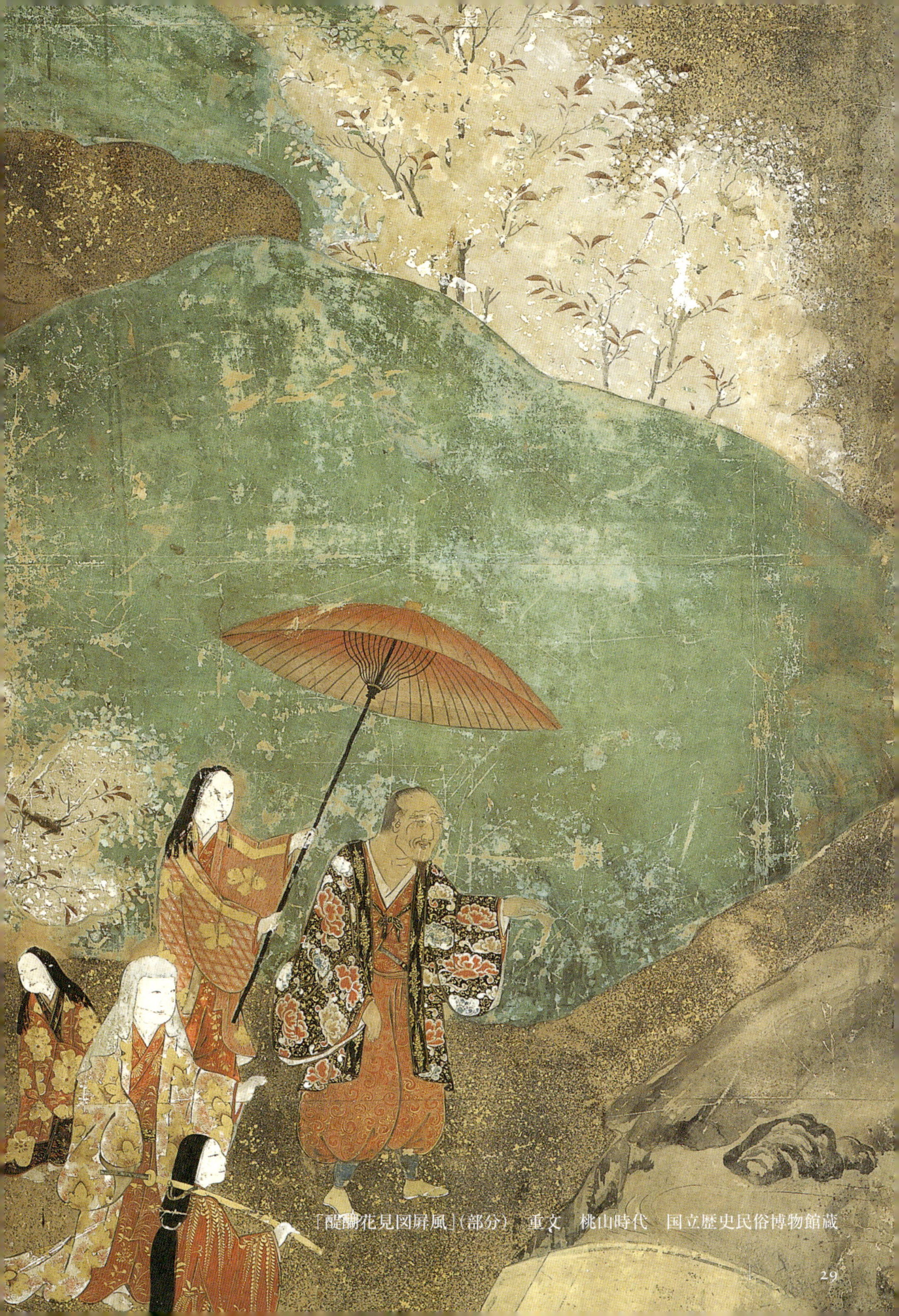

「醍醐花見図屛風」(部分)　重文　桃山時代　国立歴史民俗博物館蔵

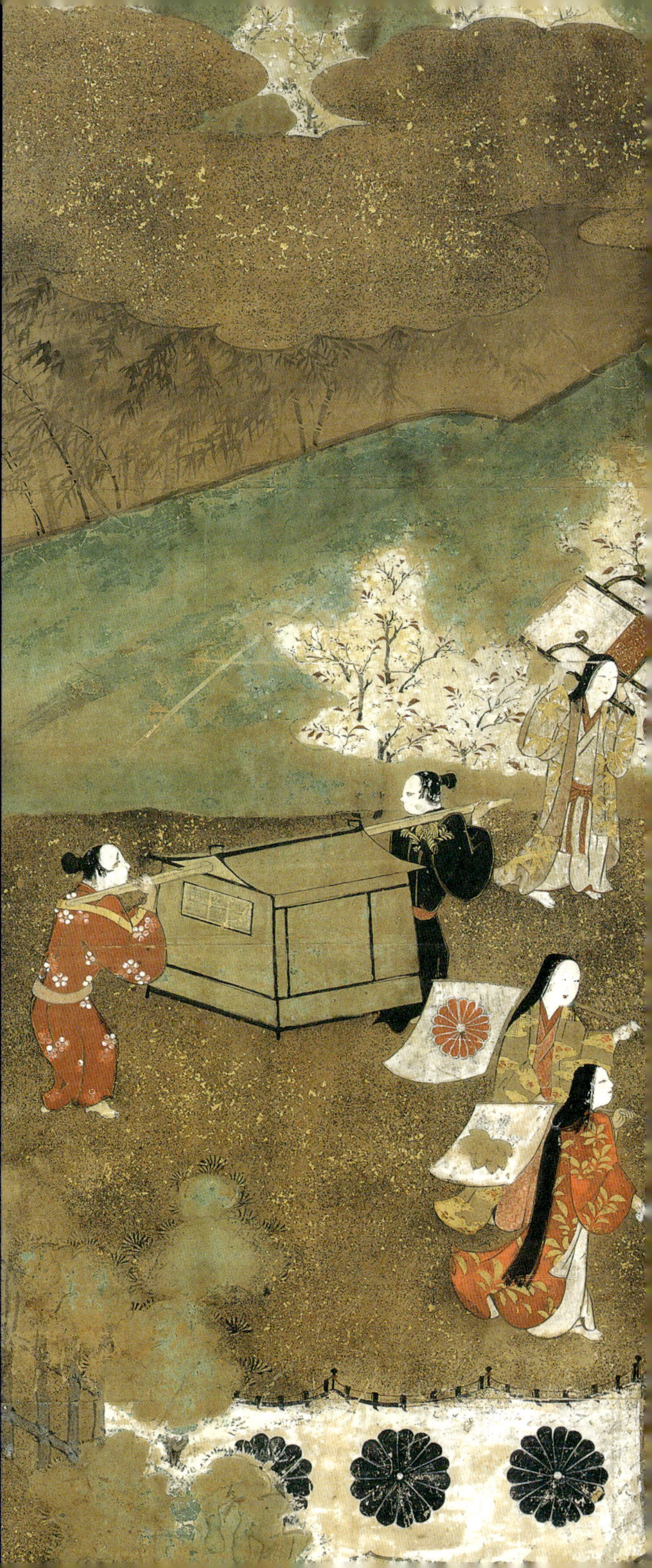

「醍醐花見図屛風」（部分）　重文
桃山時代　国立歴史民俗博物館蔵

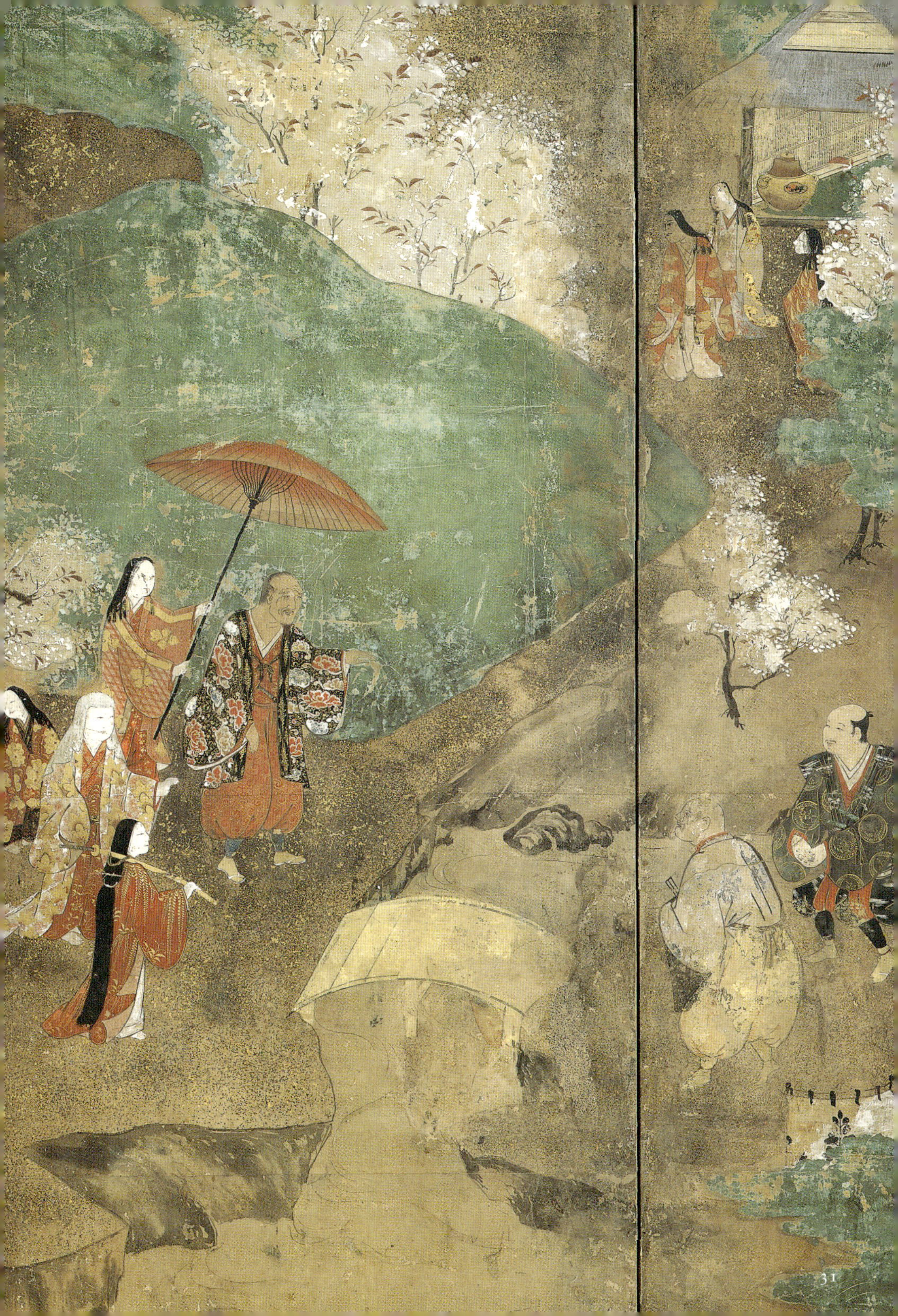

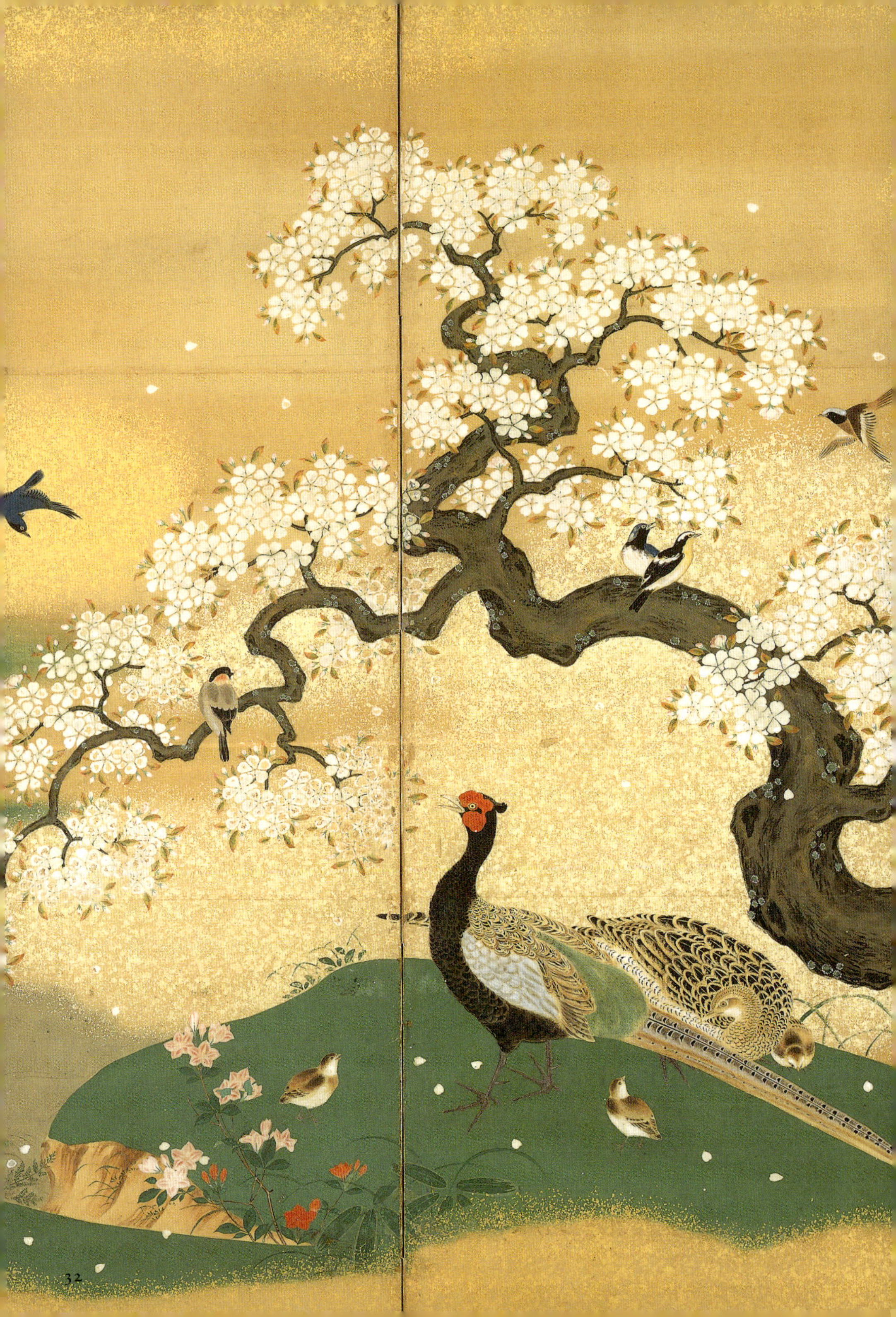

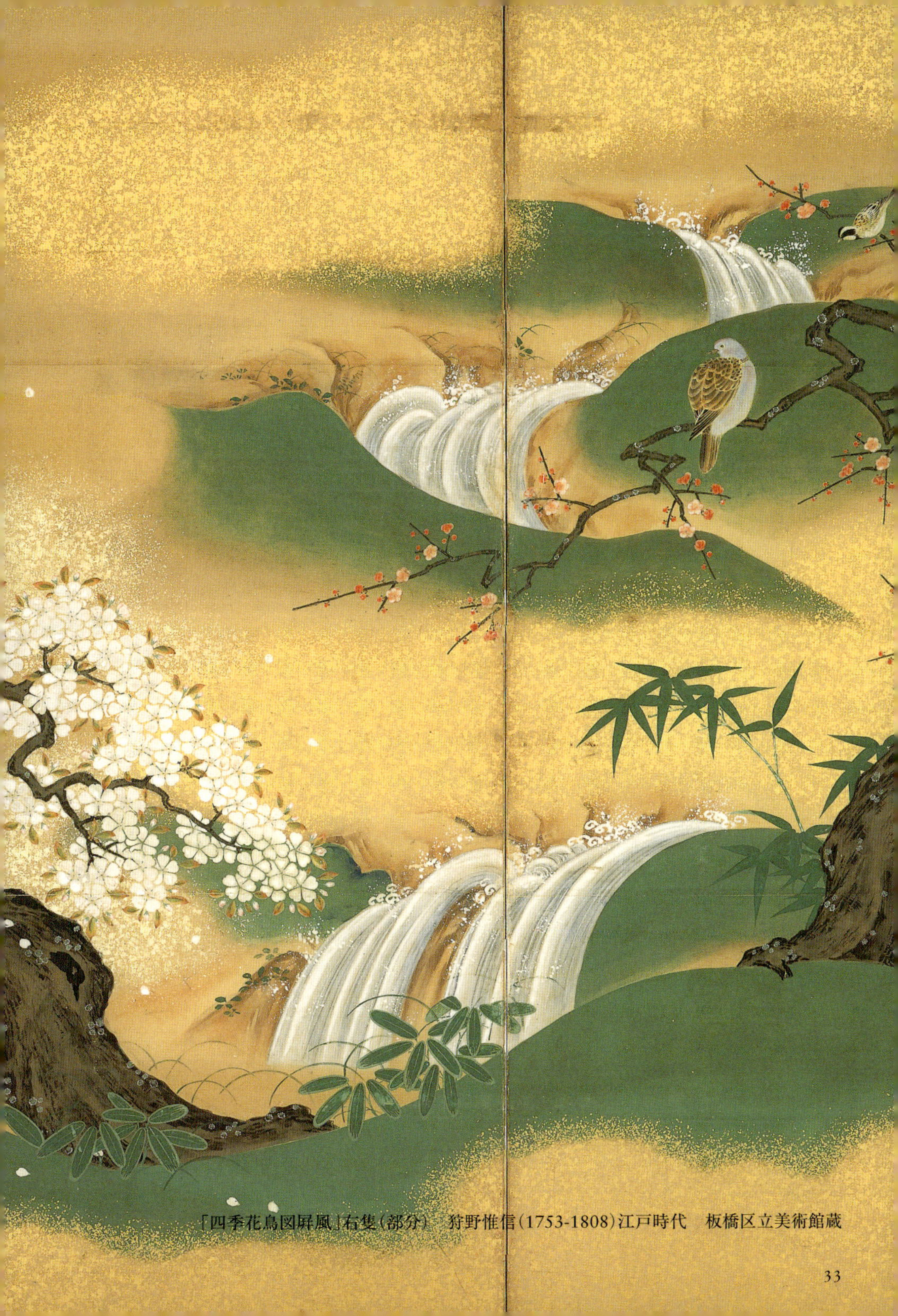

「四季花鳥図屛風」右隻(部分)　狩野惟信(1753-1808)江戸時代　板橋区立美術館蔵

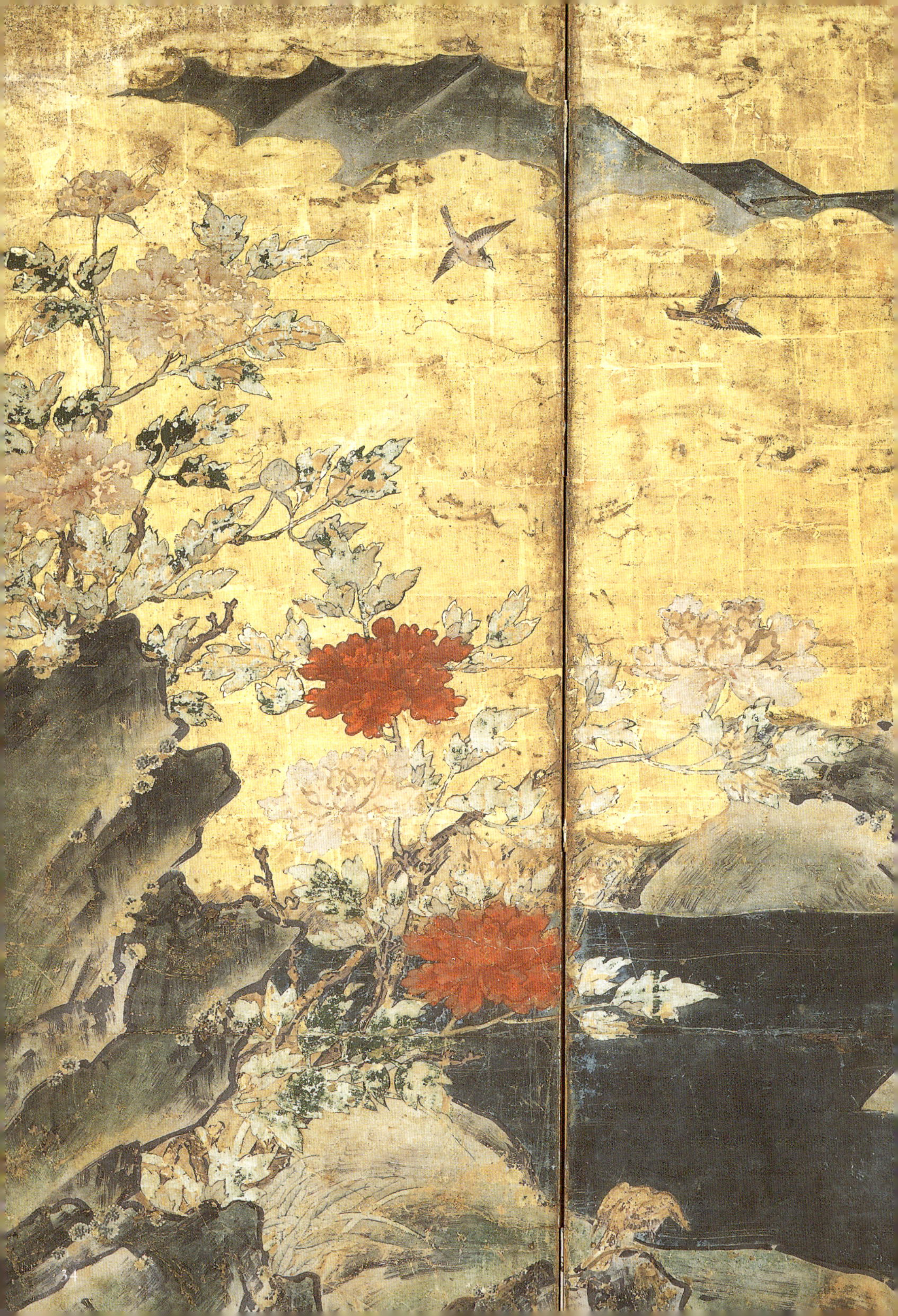

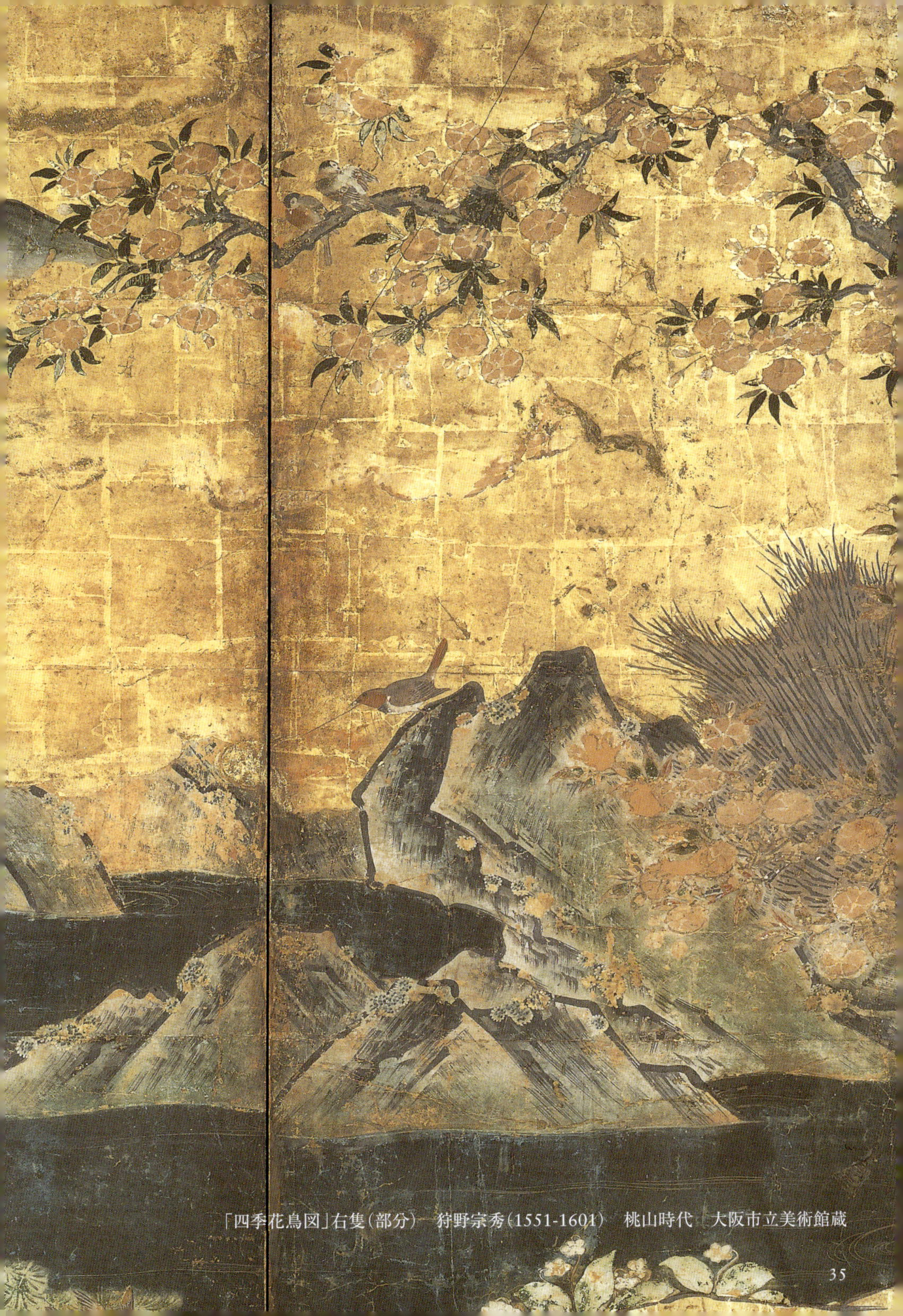

「四季花鳥図」右隻(部分)　狩野宗秀(1551-1601)　桃山時代　大阪市立美術館蔵

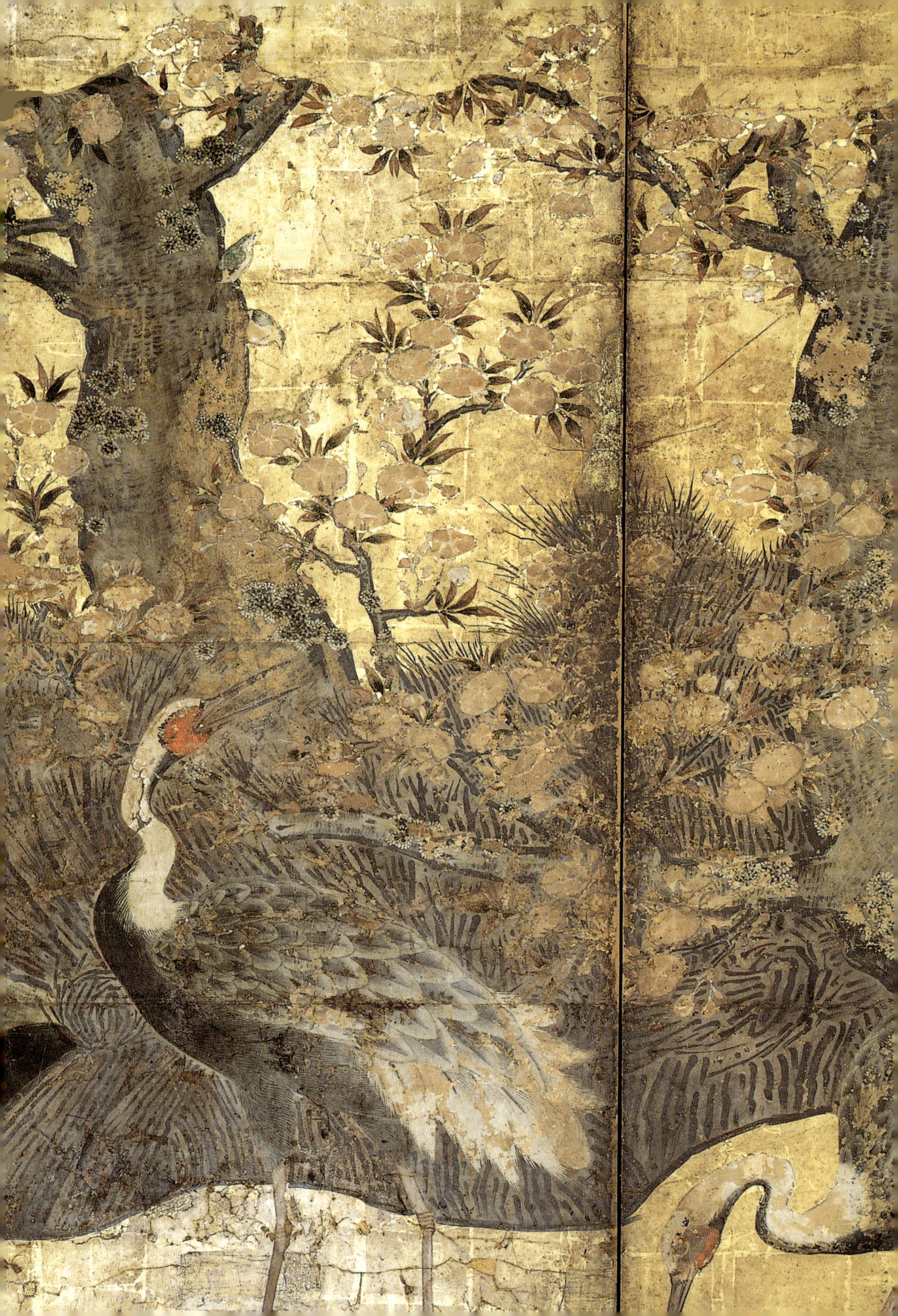

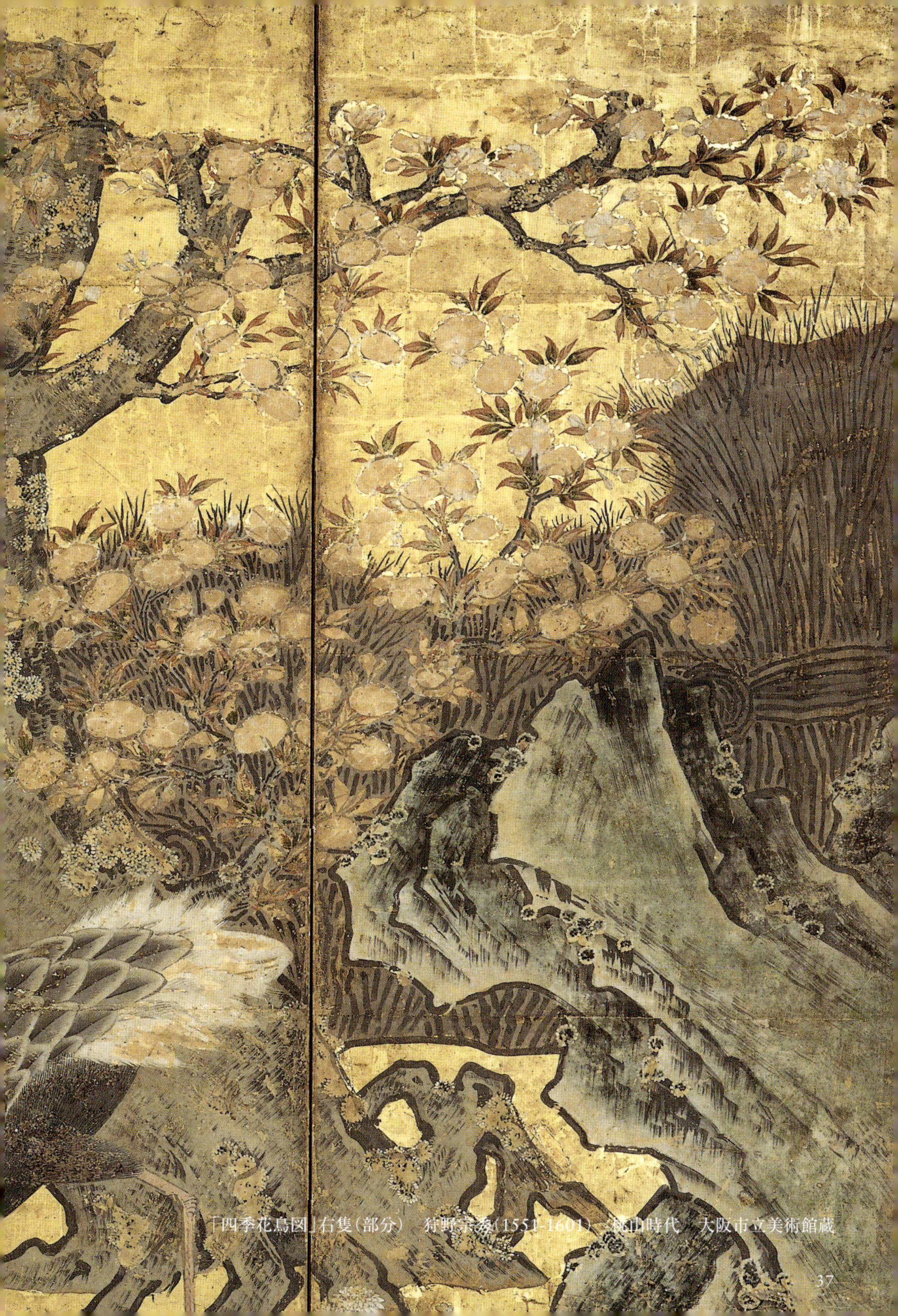

「四季花鳥図」右隻(部分)　狩野宗秀(1551-1601)　桃山時代　大阪市立美術館蔵

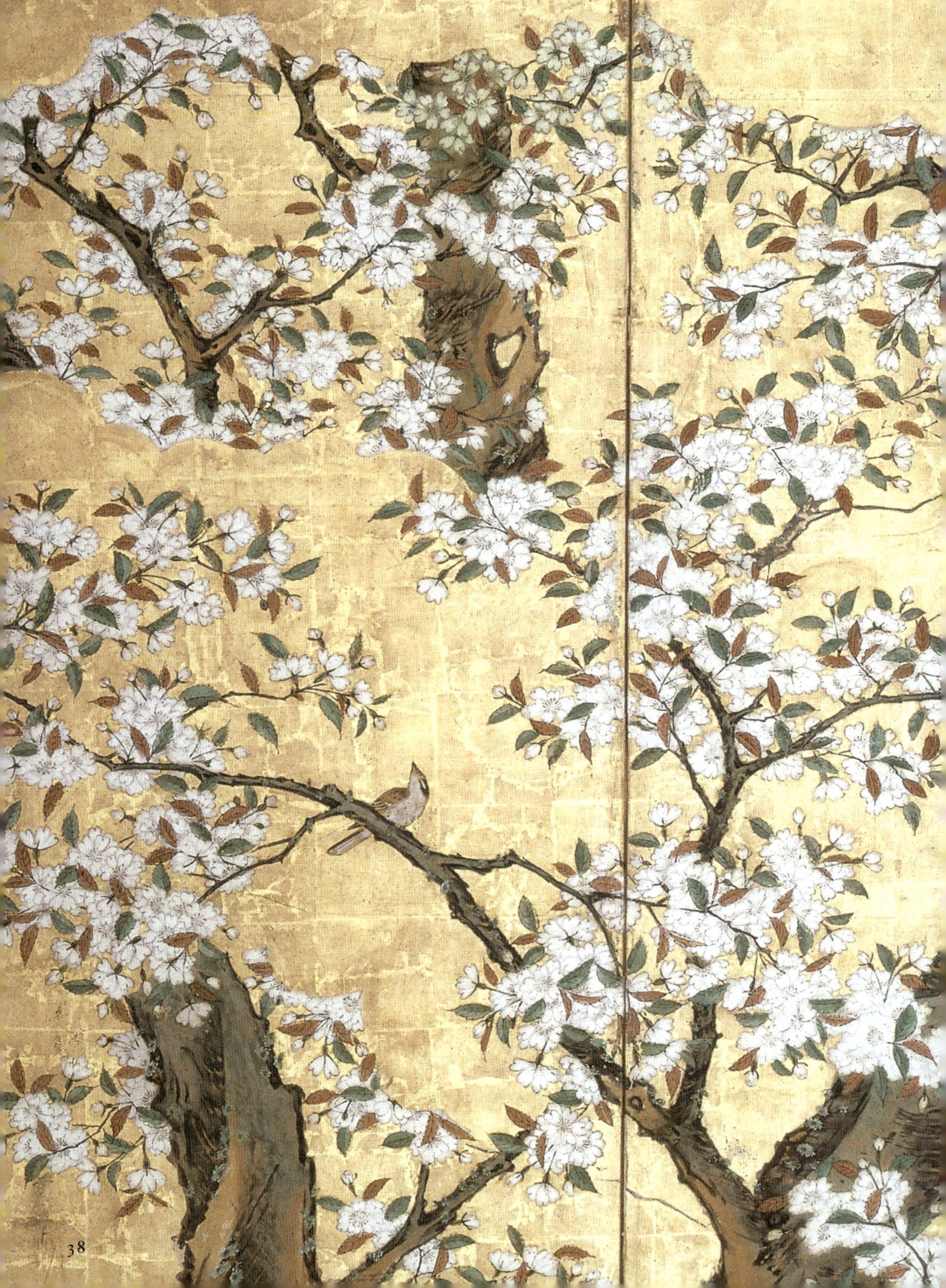

「桜楓図」右隻(部分)　山口雪溪(1648-1727)　醍醐寺蔵

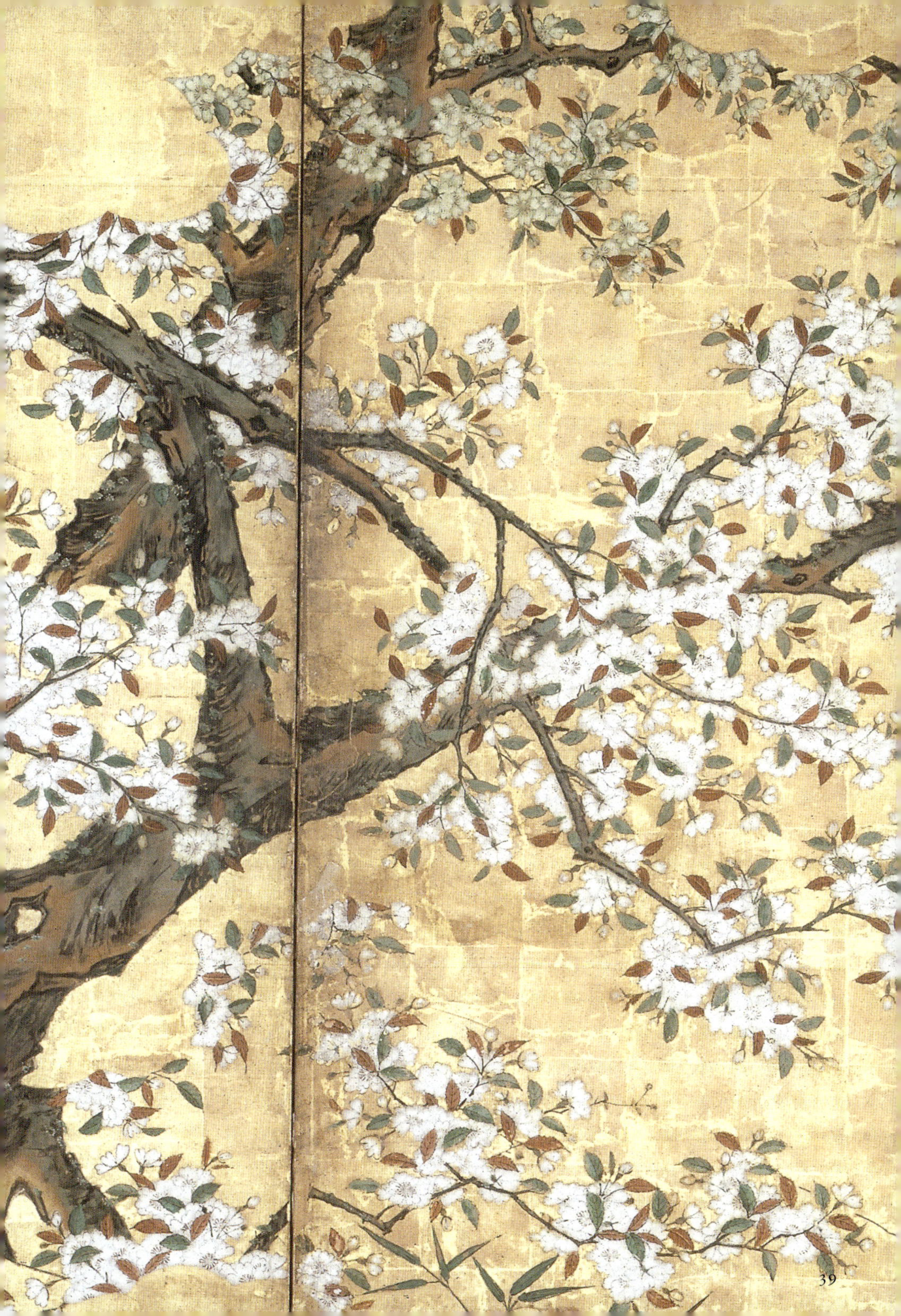

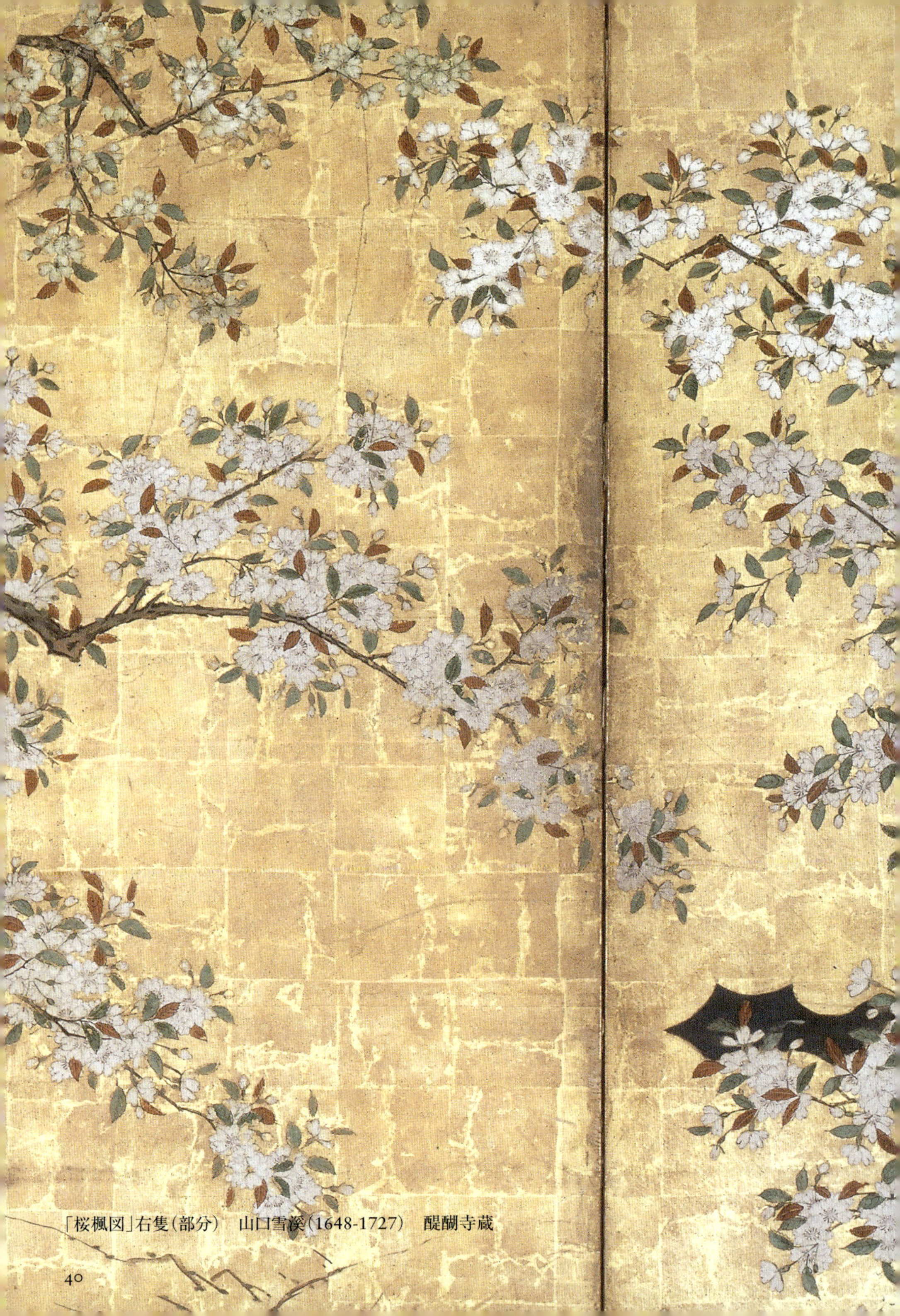

「桜楓図」右隻(部分)　山口雪渓(1648-1727)　醍醐寺蔵

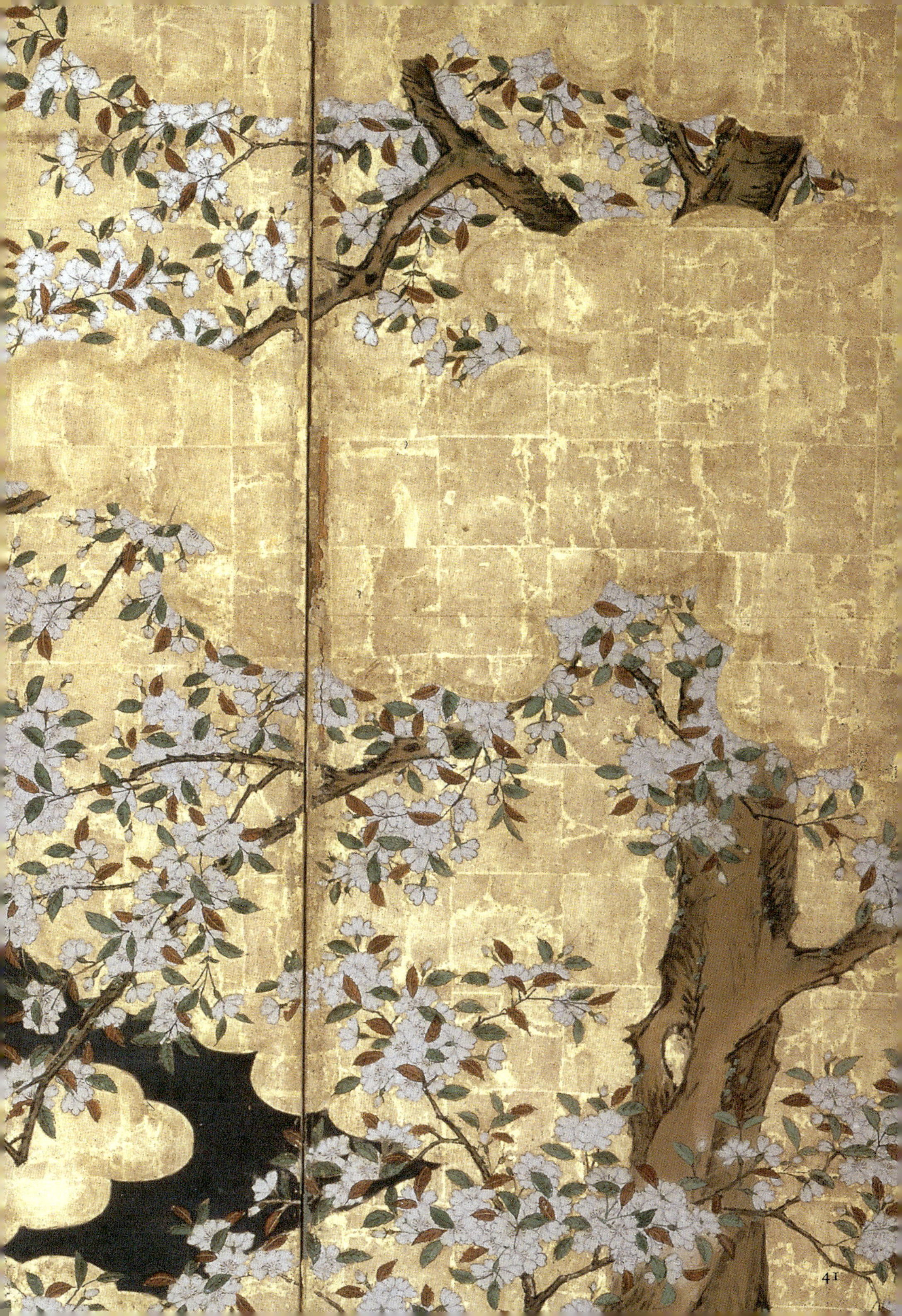

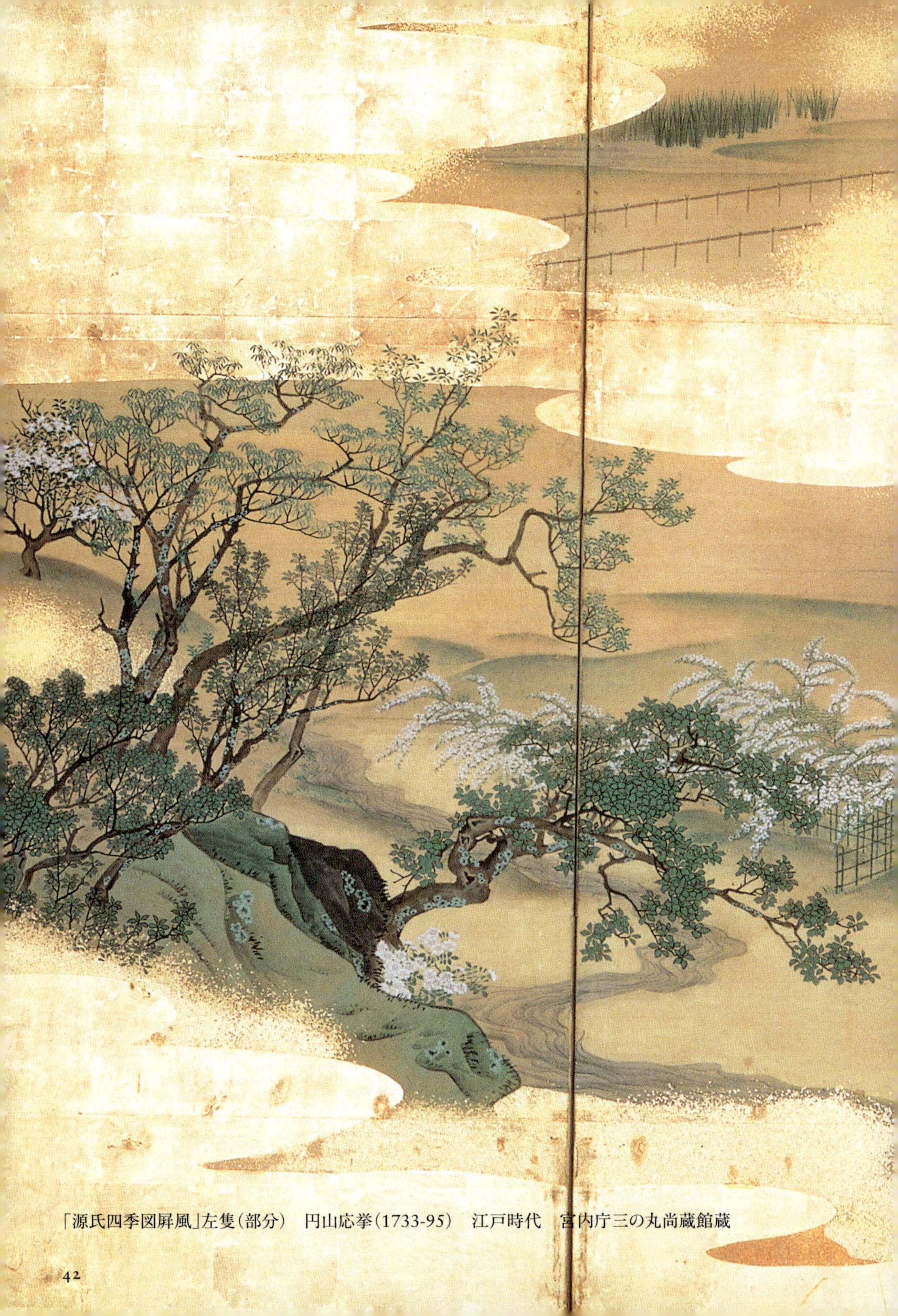

「源氏四季図屏風」左隻（部分）　円山応挙（1733-95）　江戸時代　宮内庁三の丸尚蔵館蔵

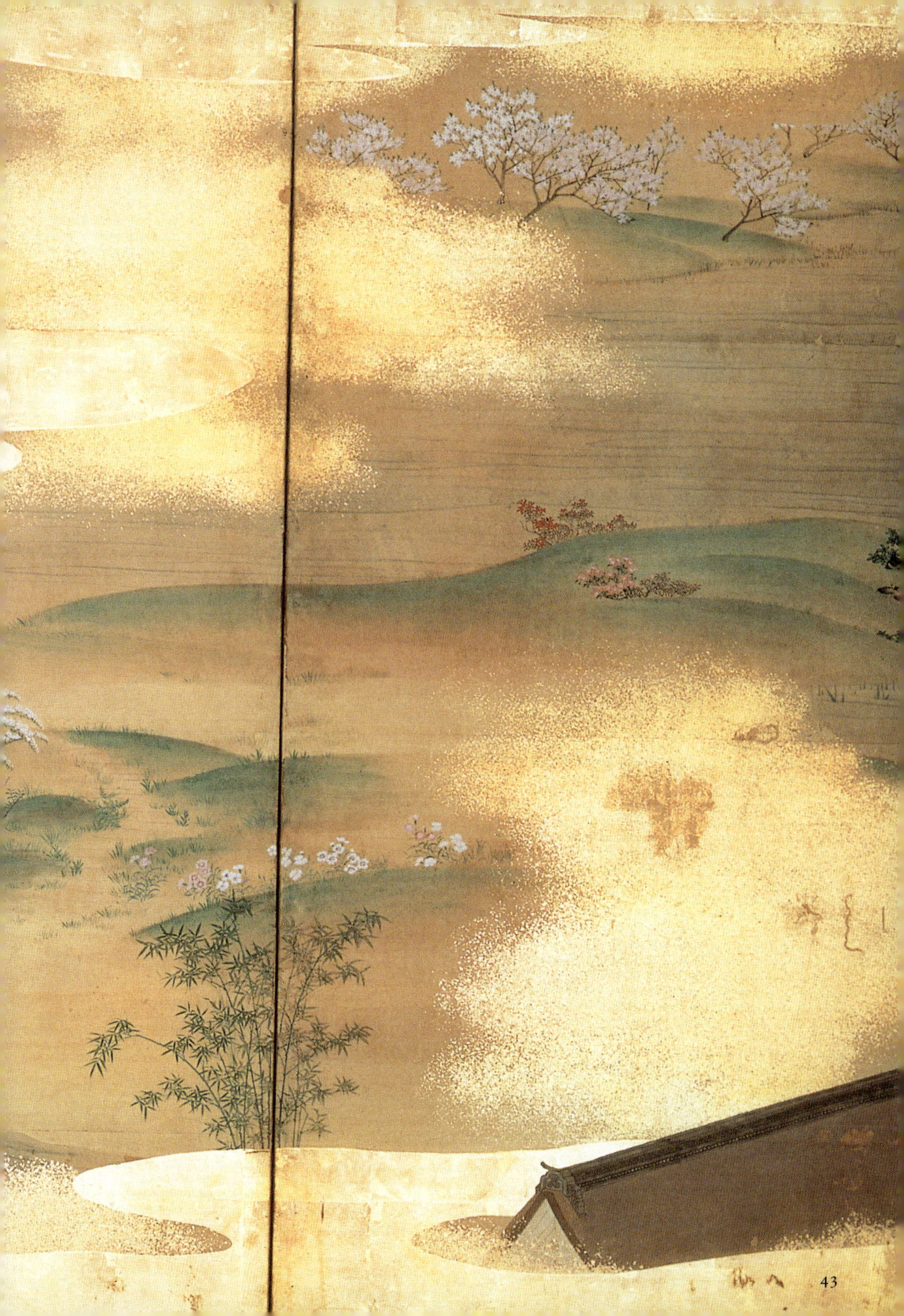

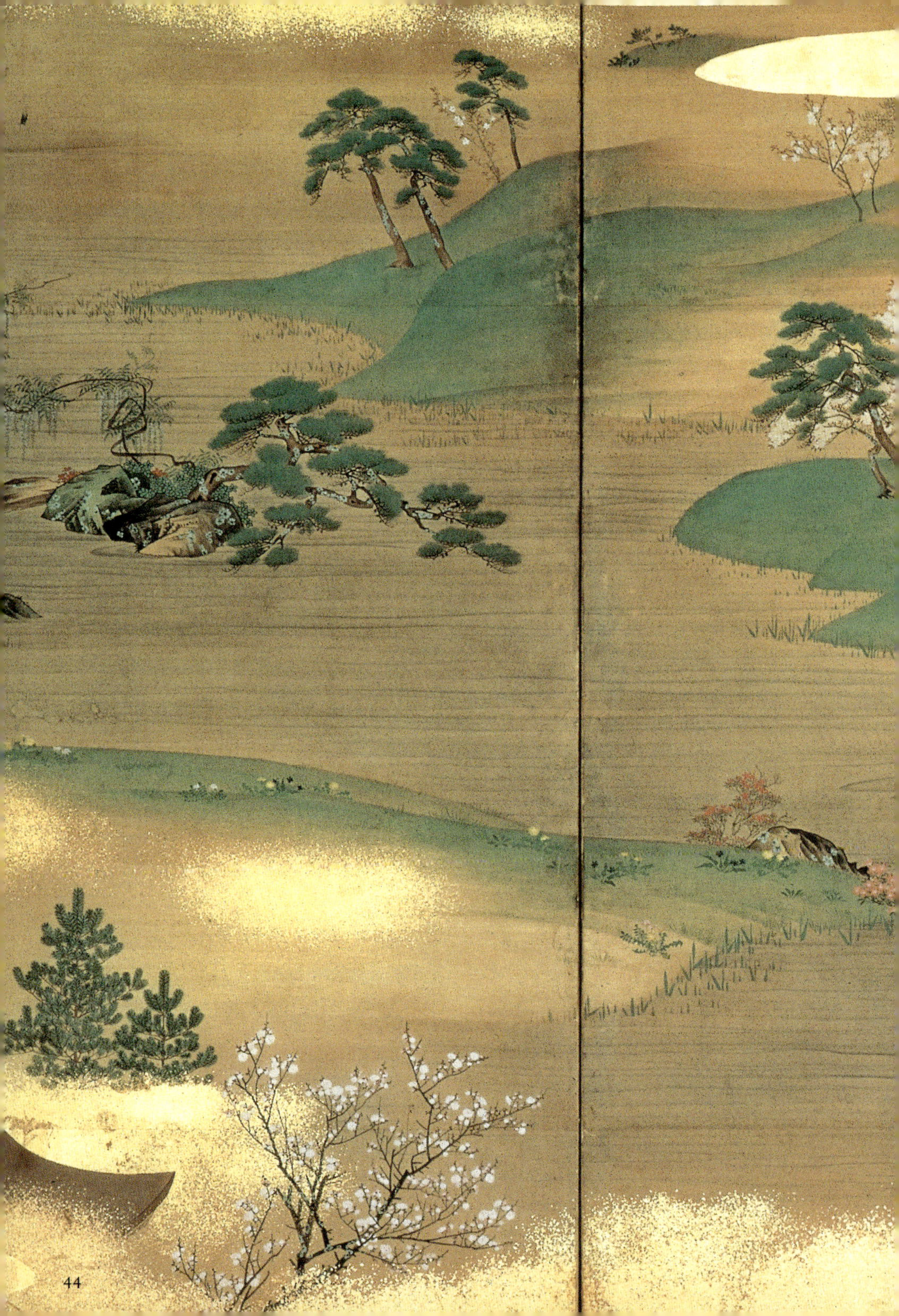

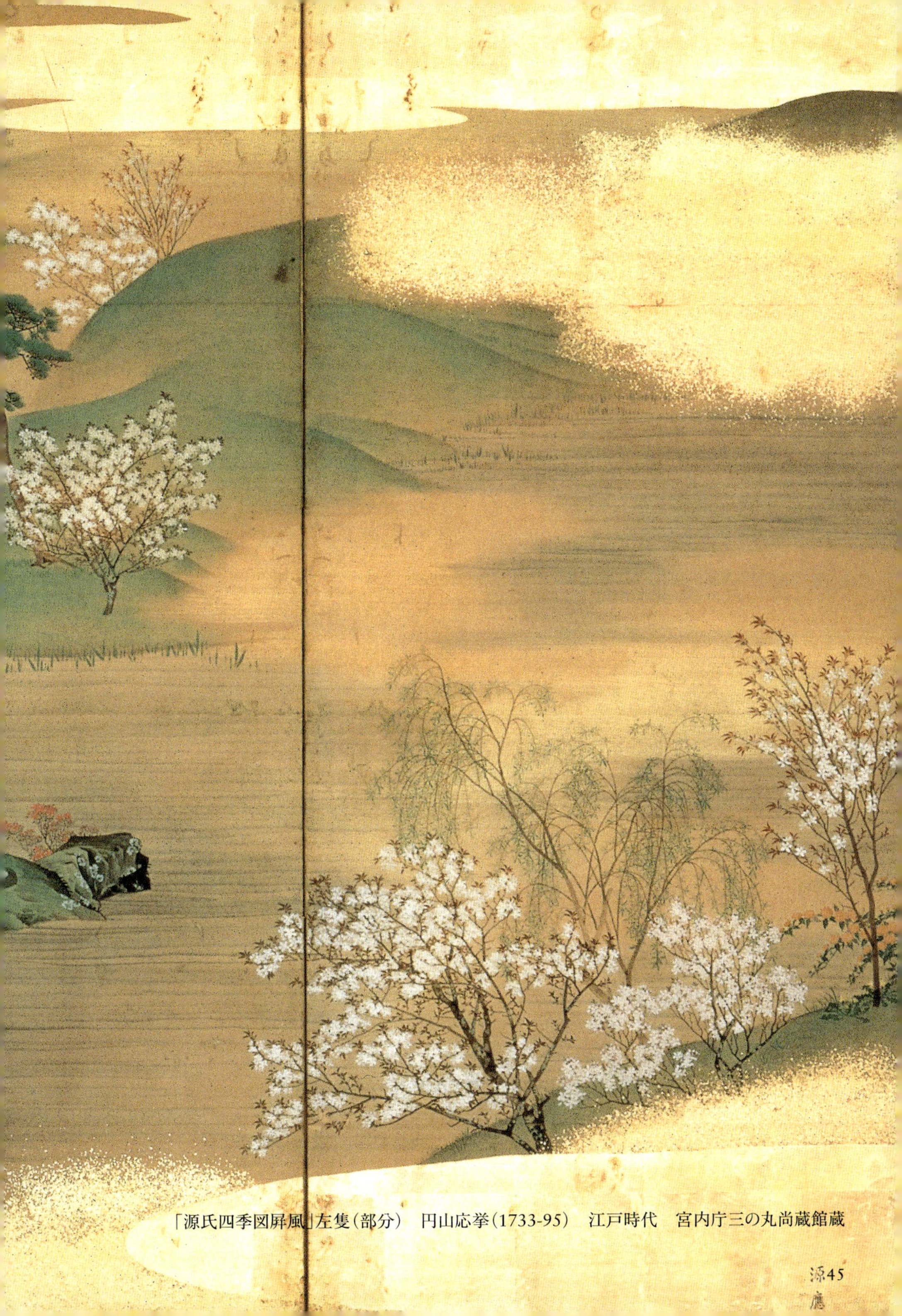

「源氏四季図屛風」左隻（部分）　円山応挙（1733-95）　江戸時代　宮内庁三の丸尚蔵館蔵

「牧馬図屏風」右隻（部分）　江戸時代　馬の博物館蔵

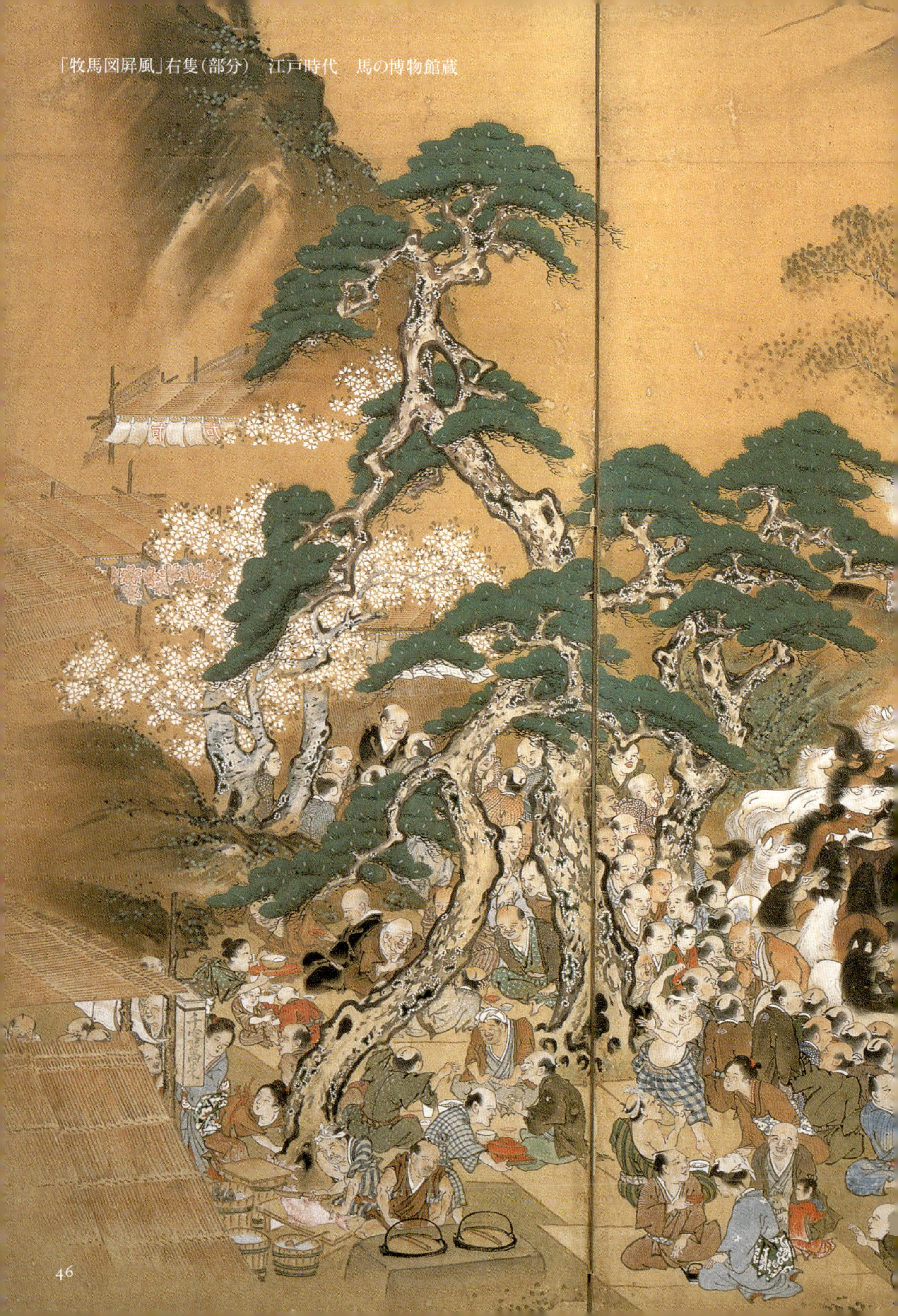

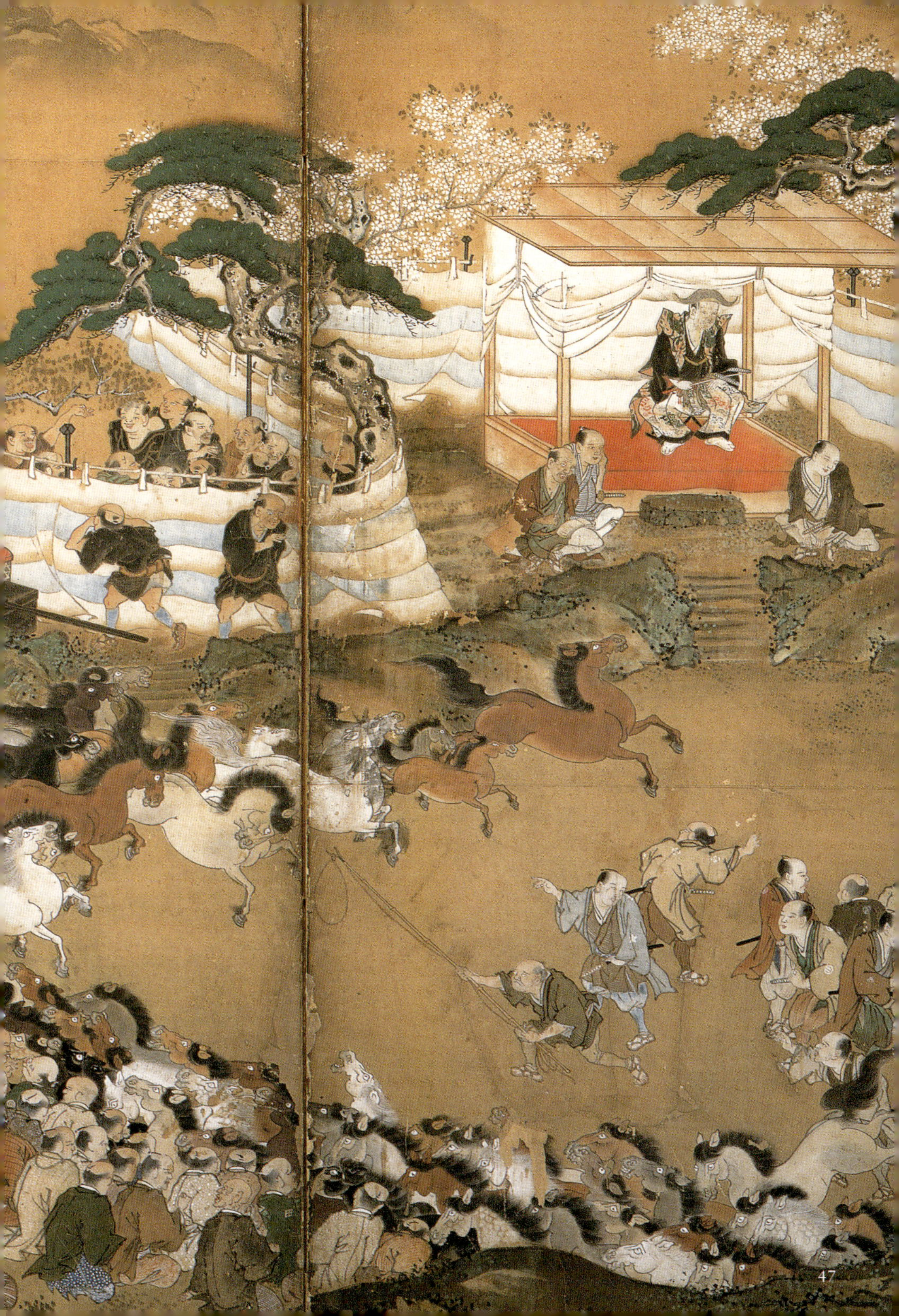

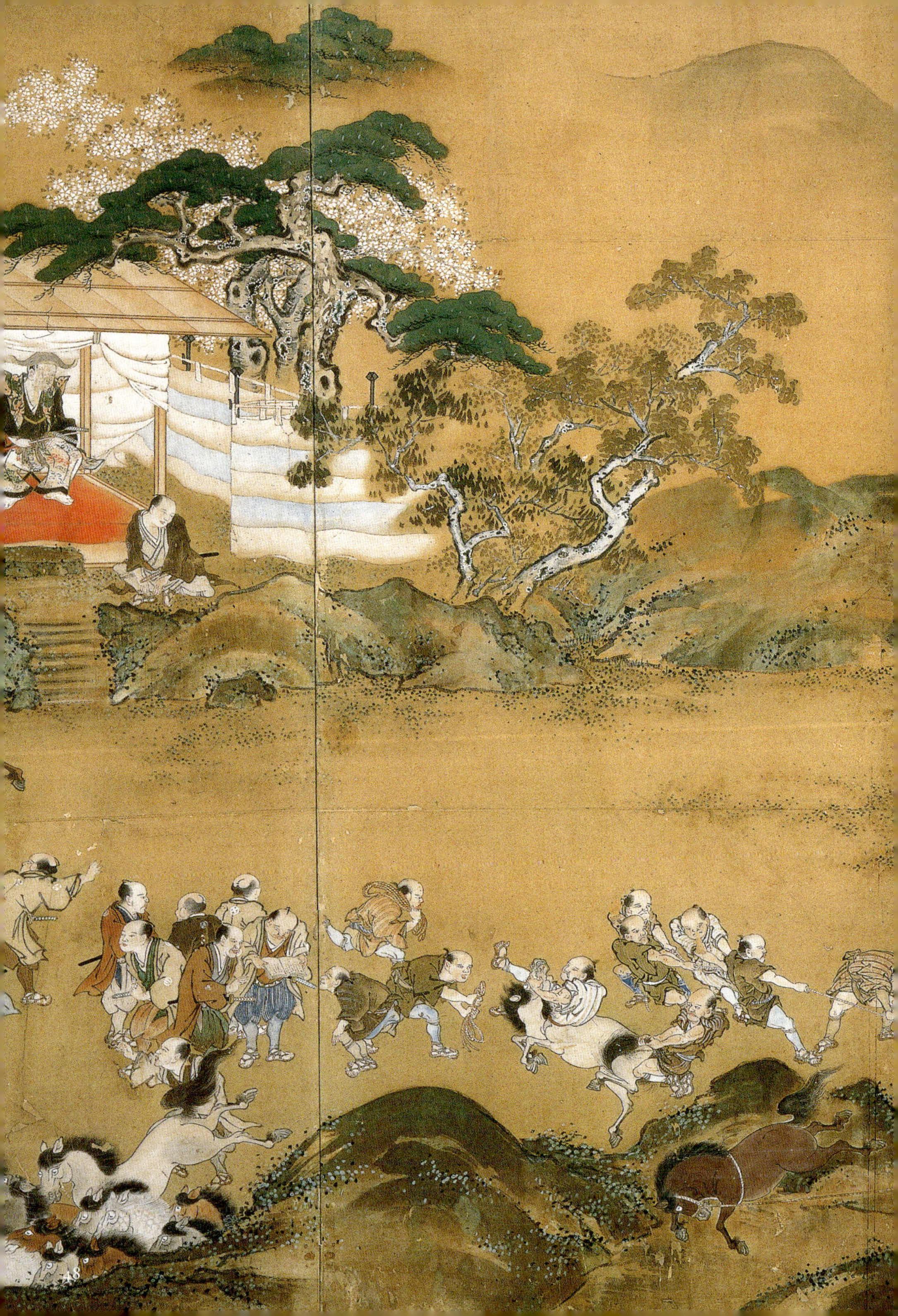

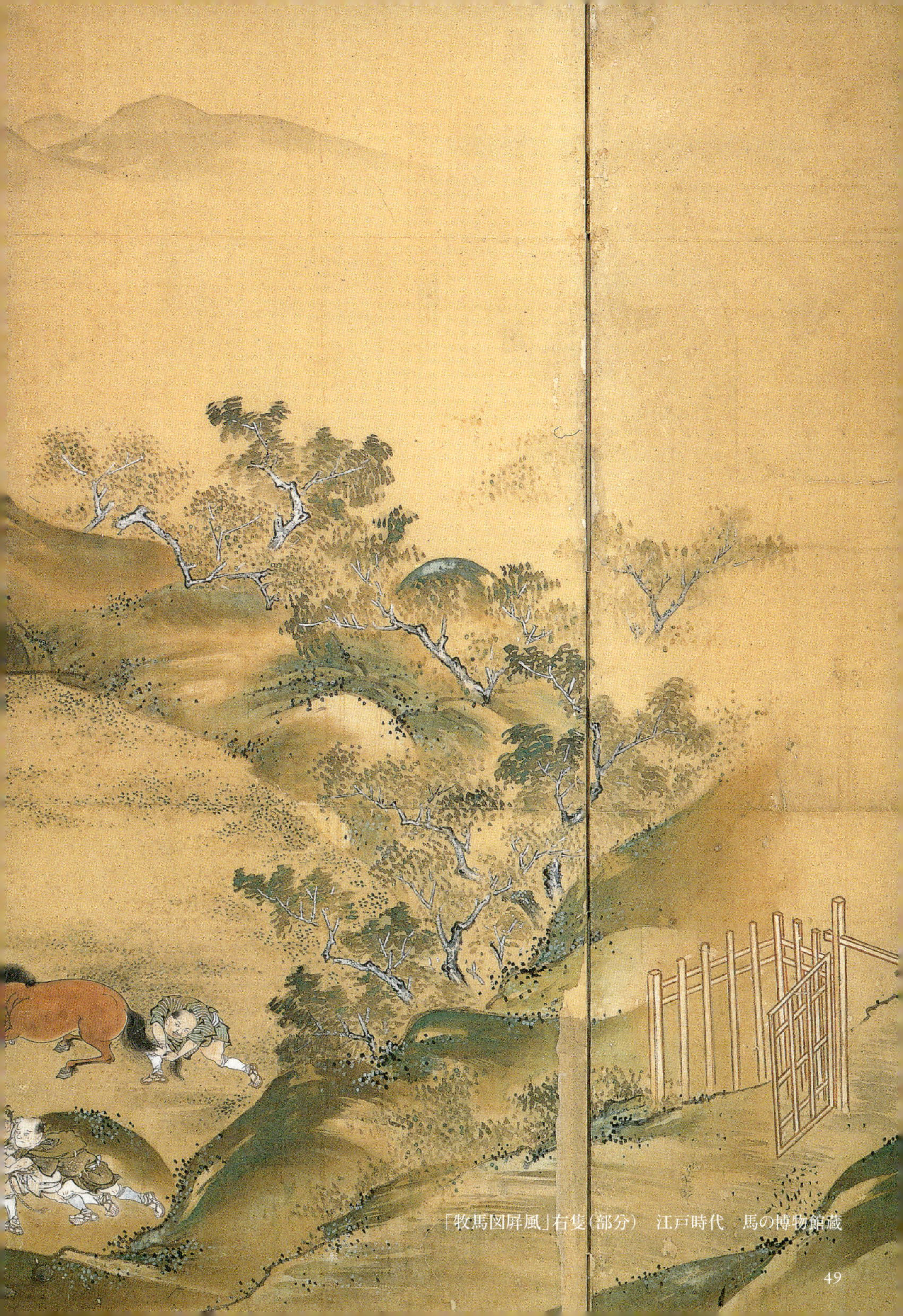

「牧馬図屏風」右隻（部分）　江戸時代　馬の博物館蔵

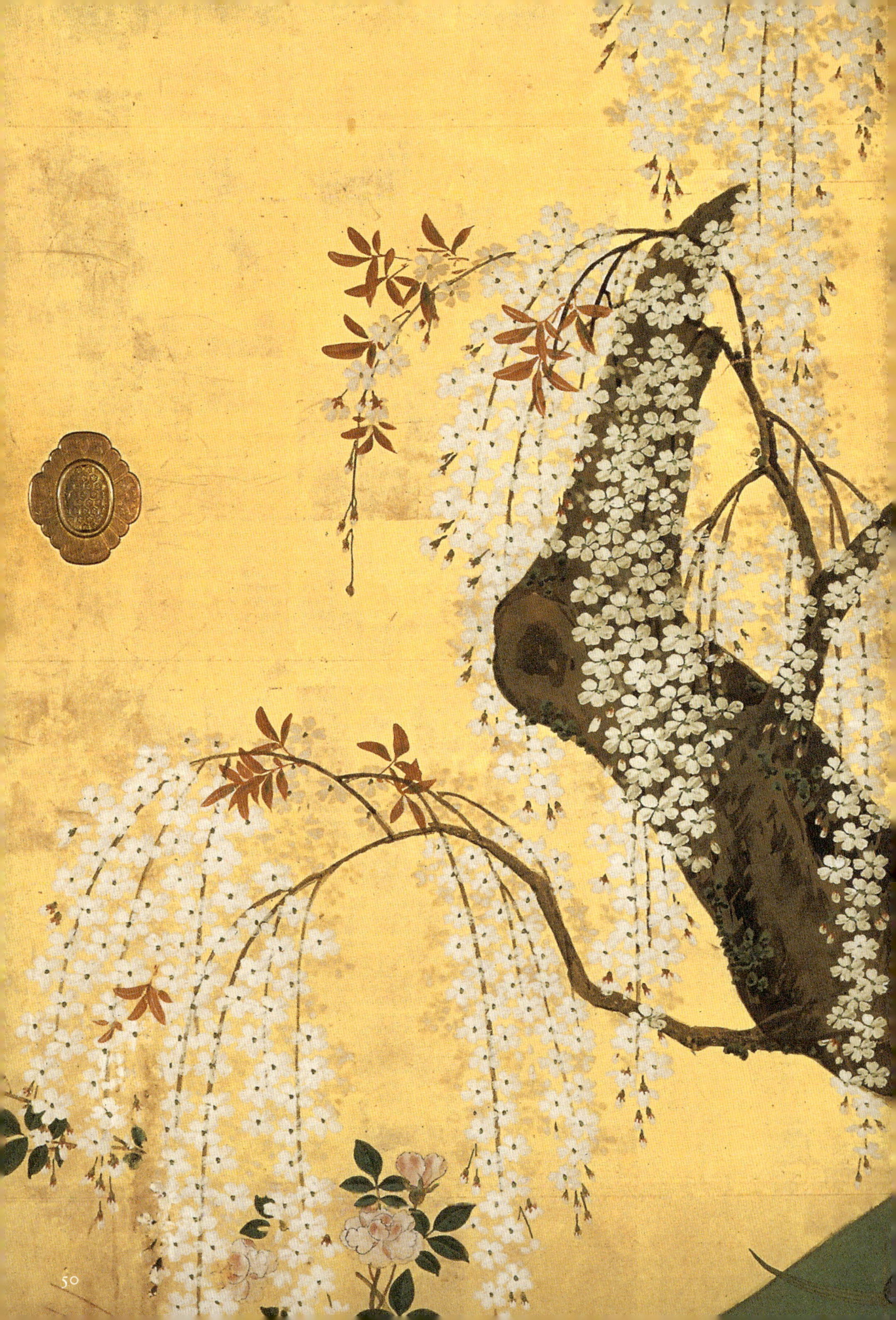

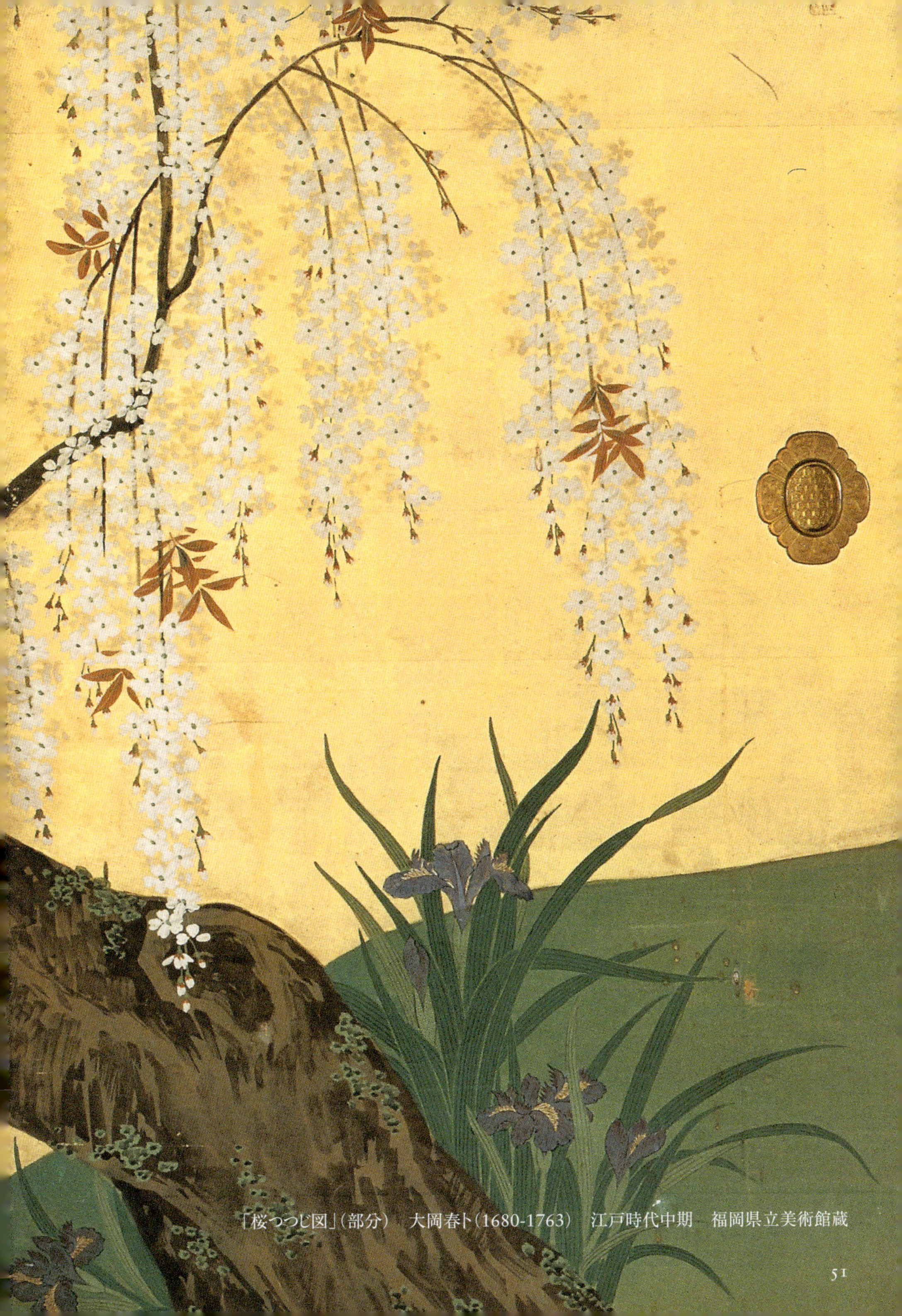

「桜つつじ図」(部分)　大岡春卜(1680-1763)　江戸時代中期　福岡県立美術館蔵

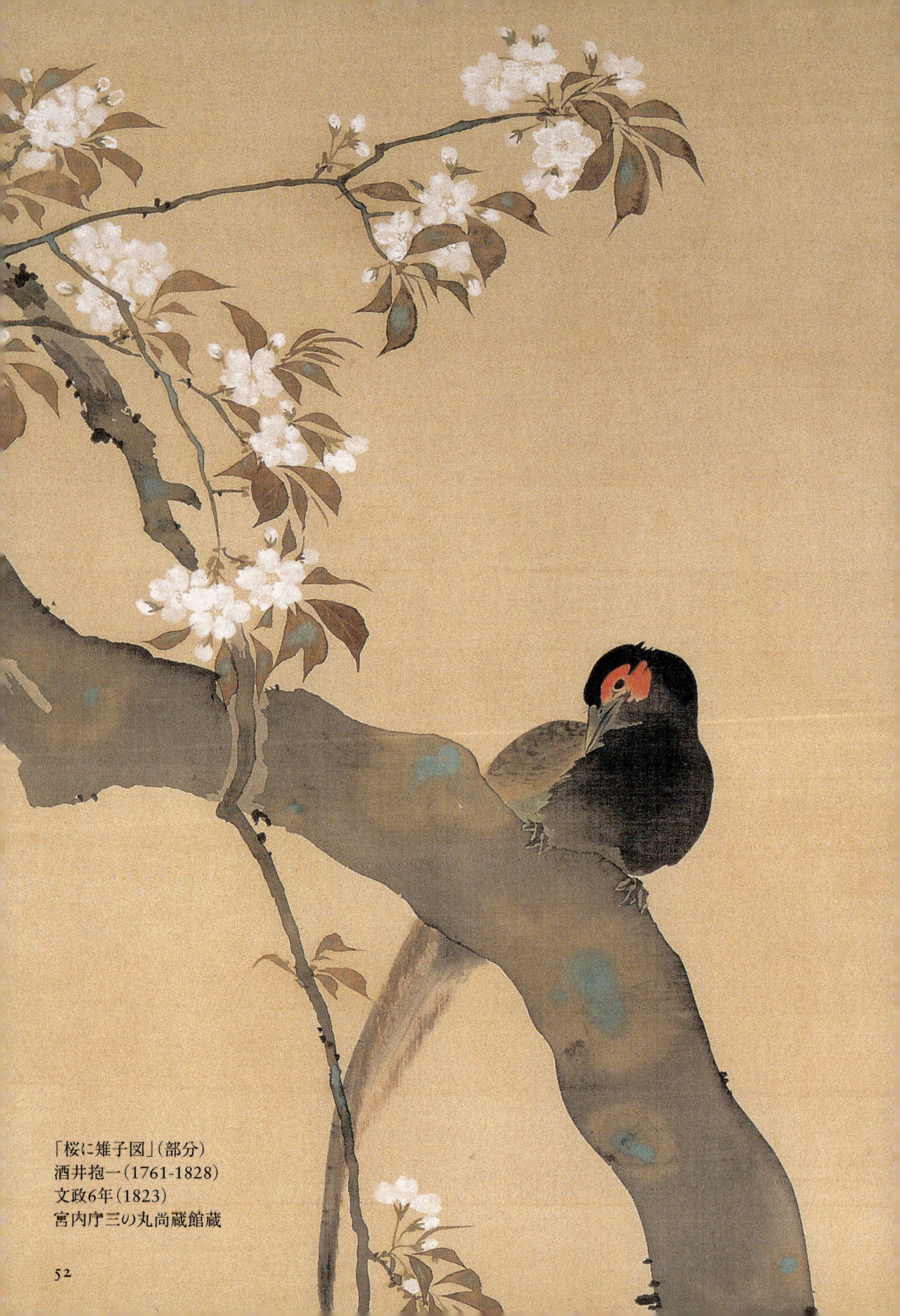

「桜に雉子図」(部分)
酒井抱一(1761-1828)
文政6年(1823)
宮内庁三の丸尚蔵館蔵

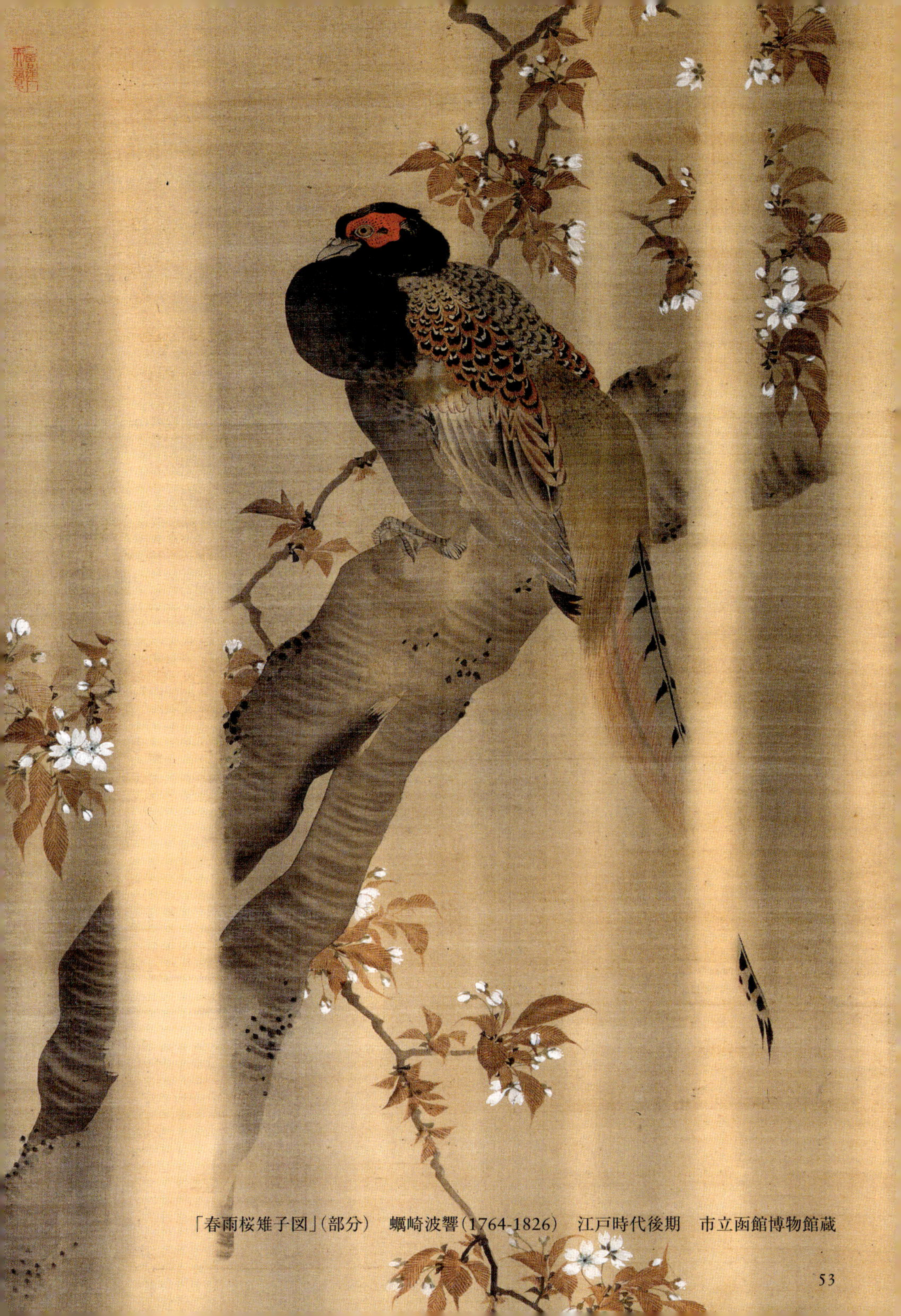

「春雨桜雉子図」(部分)　蠣崎波響(1764-1826)　江戸時代後期　市立函館博物館蔵

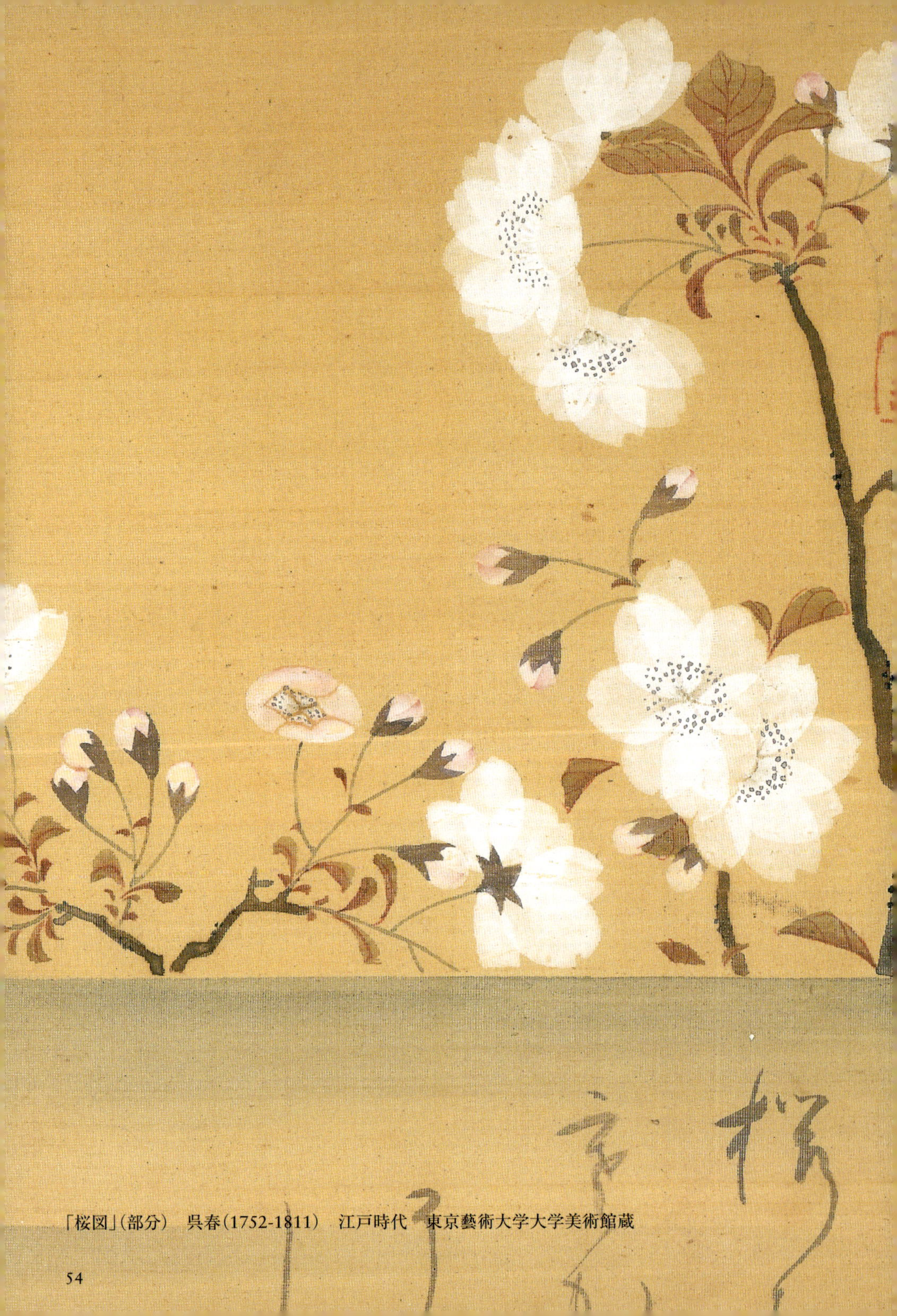

「桜図」(部分)　呉春(1752-1811)　江戸時代　東京藝術大学大学美術館蔵

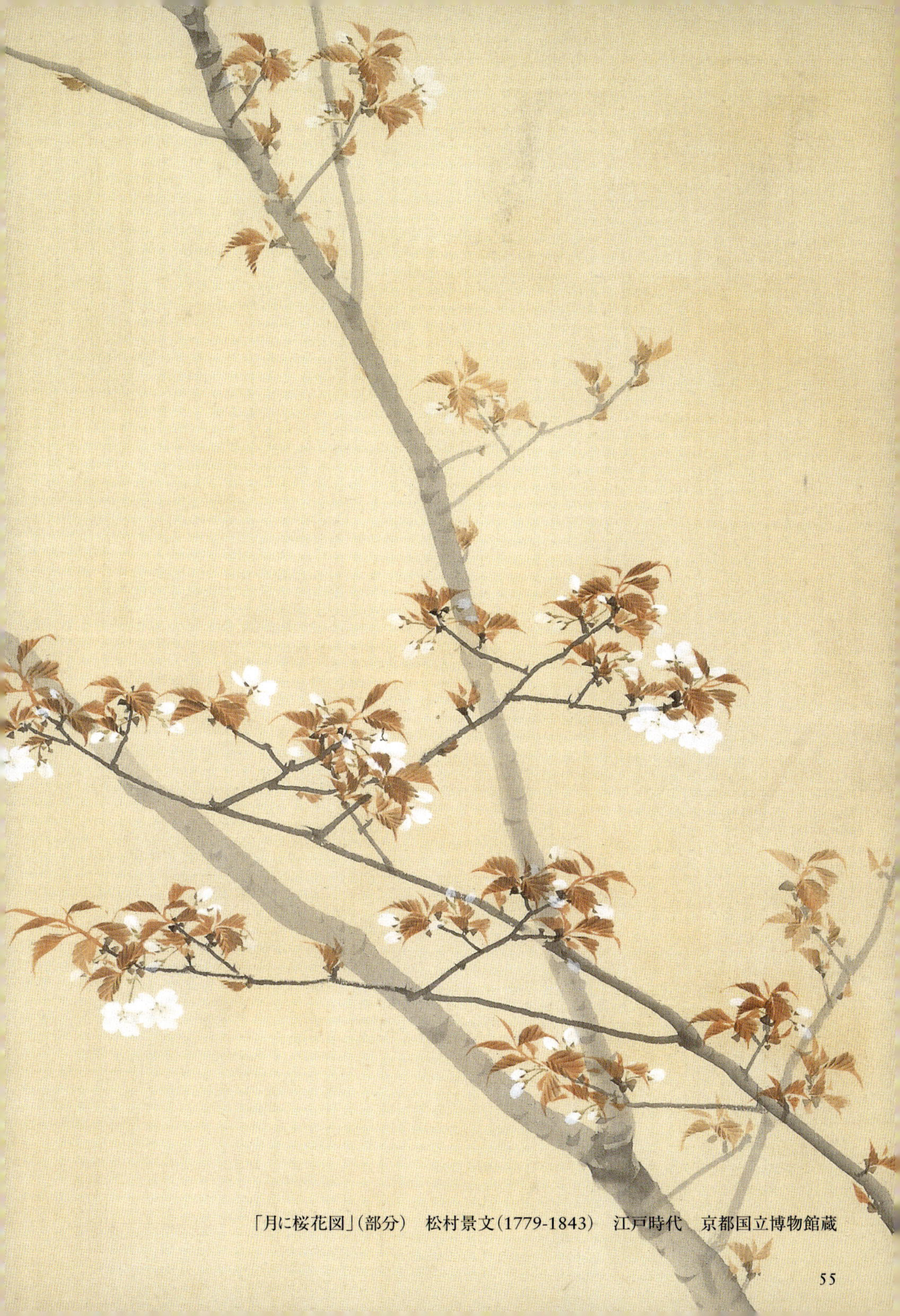

「月に桜花図」(部分)　松村景文(1779-1843)　江戸時代　京都国立博物館蔵

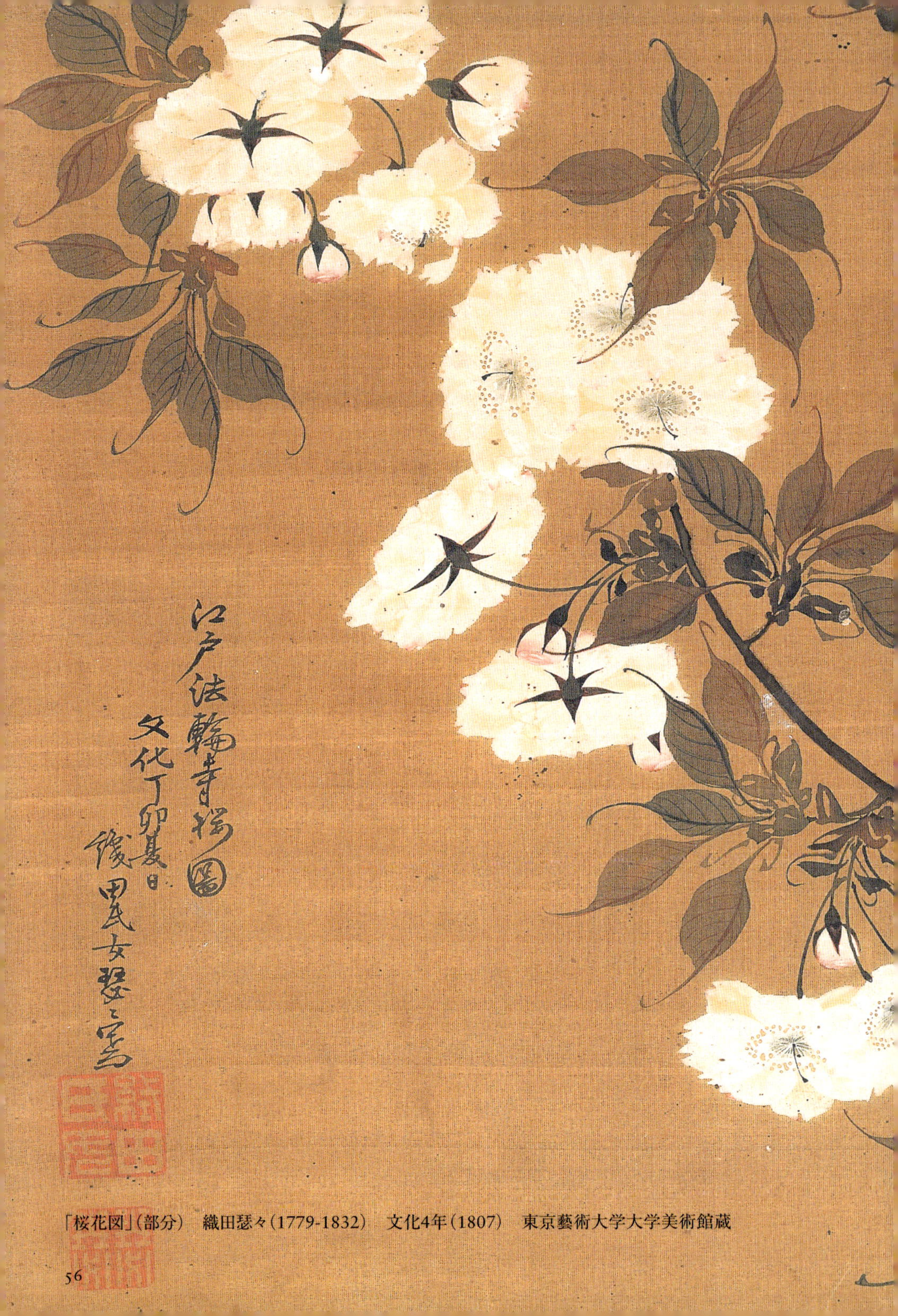

「桜花図」(部分)　織田瑟々(1779-1832)　文化4年(1807)　東京藝術大学大学美術館蔵

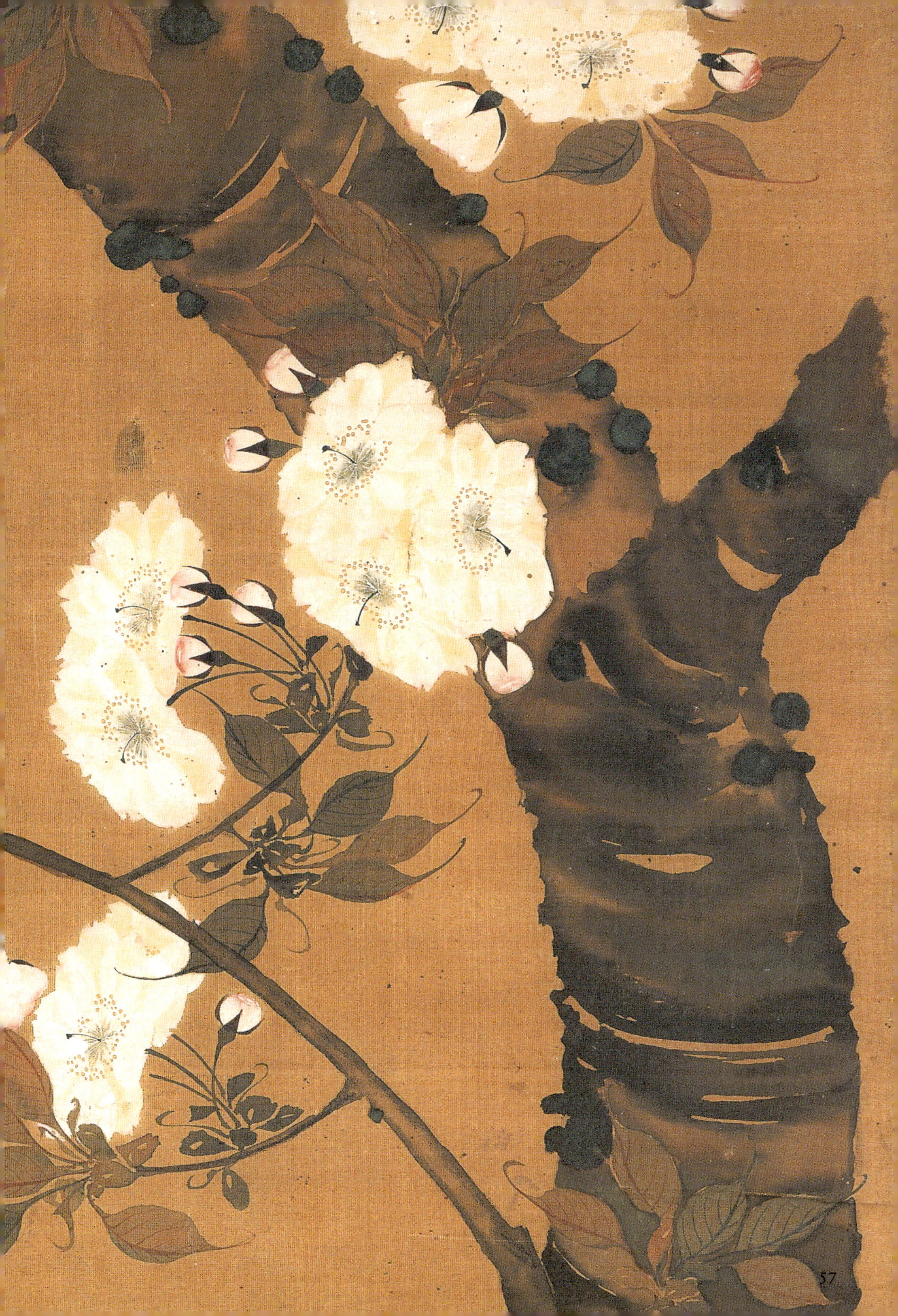

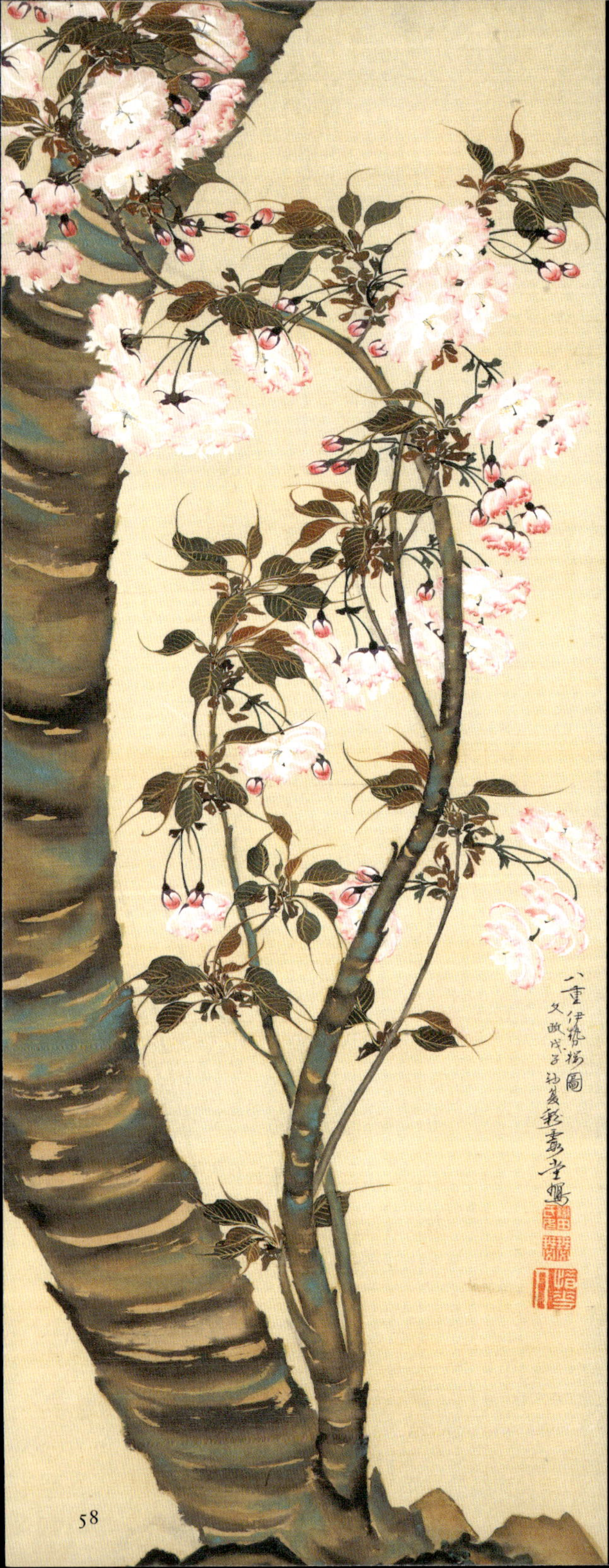

「八重伊勢桜図」
織田瑟々(1779-1832)
江戸時代
西宮市笹部桜コレクション
(白鹿記念酒造博物館寄

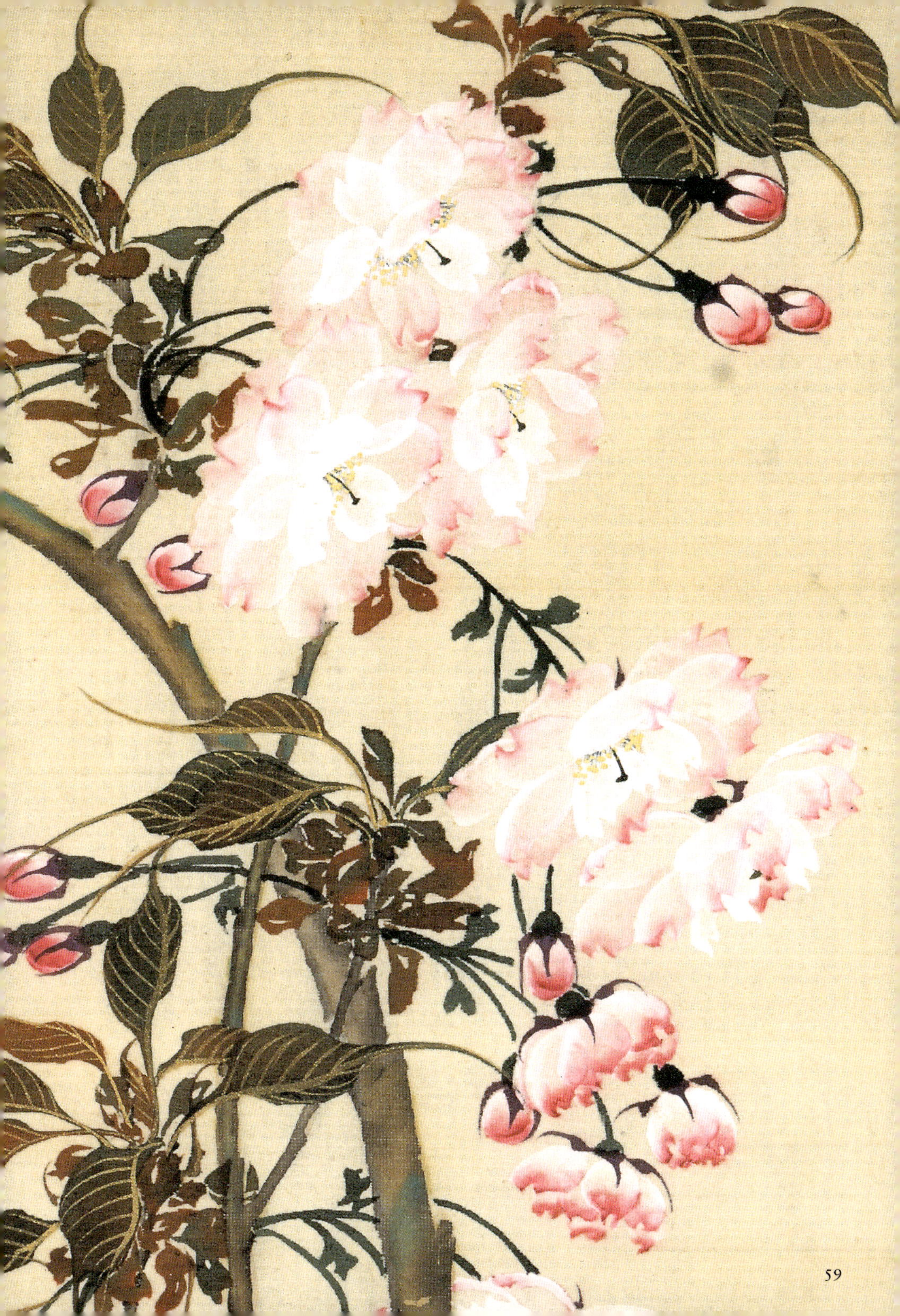

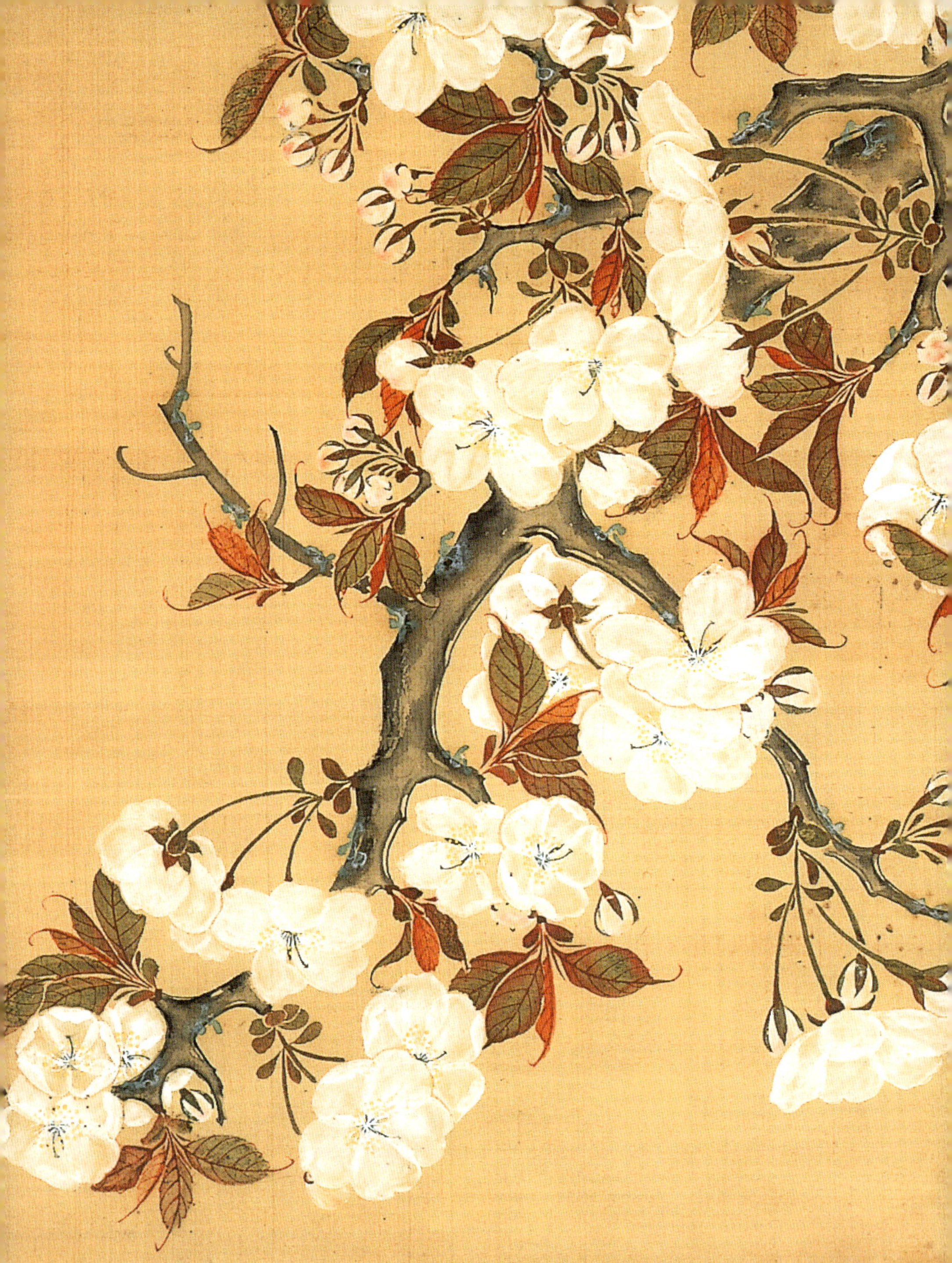

「単暁桜之図」(部分)　広瀬花隠(1772?-1849頃)　幕末　熊本県立美術館蔵

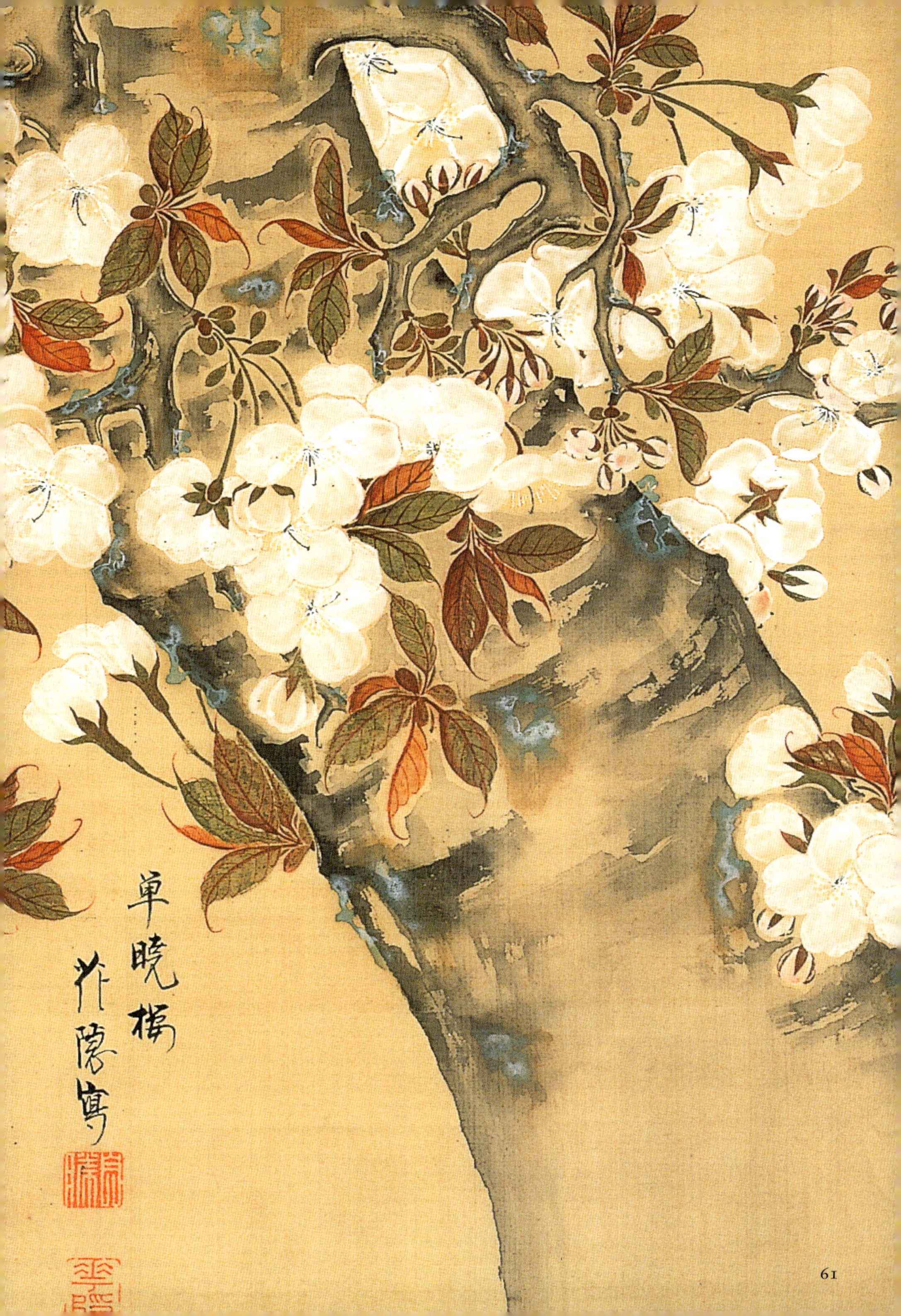
単暁桜

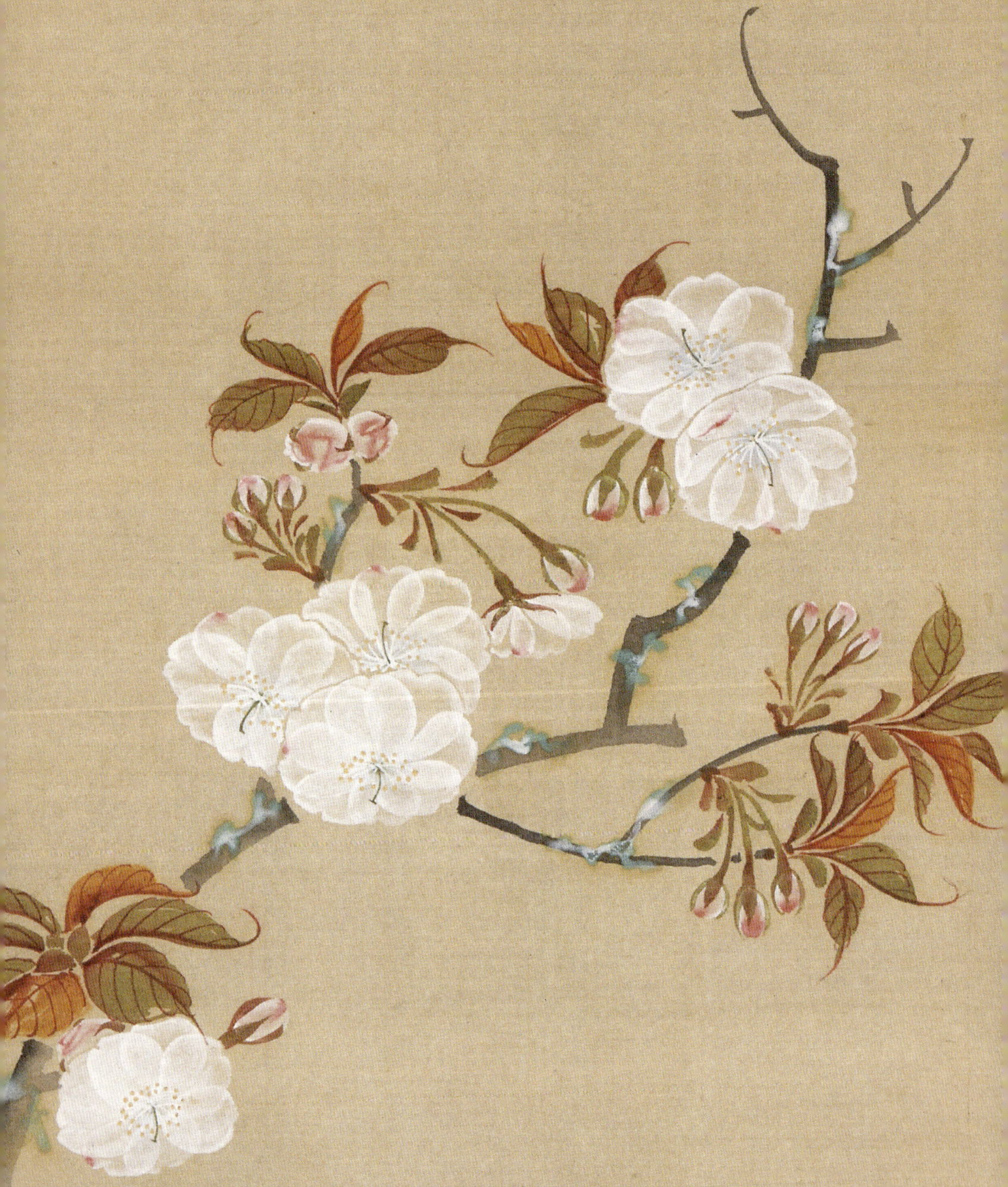

「洞中廊間桜図」(部分)　広瀬花隠(1772?-1849頃)
文政2年(1819)　西宮市笹部桜コレクション(白鹿記念酒造博物館寄託)

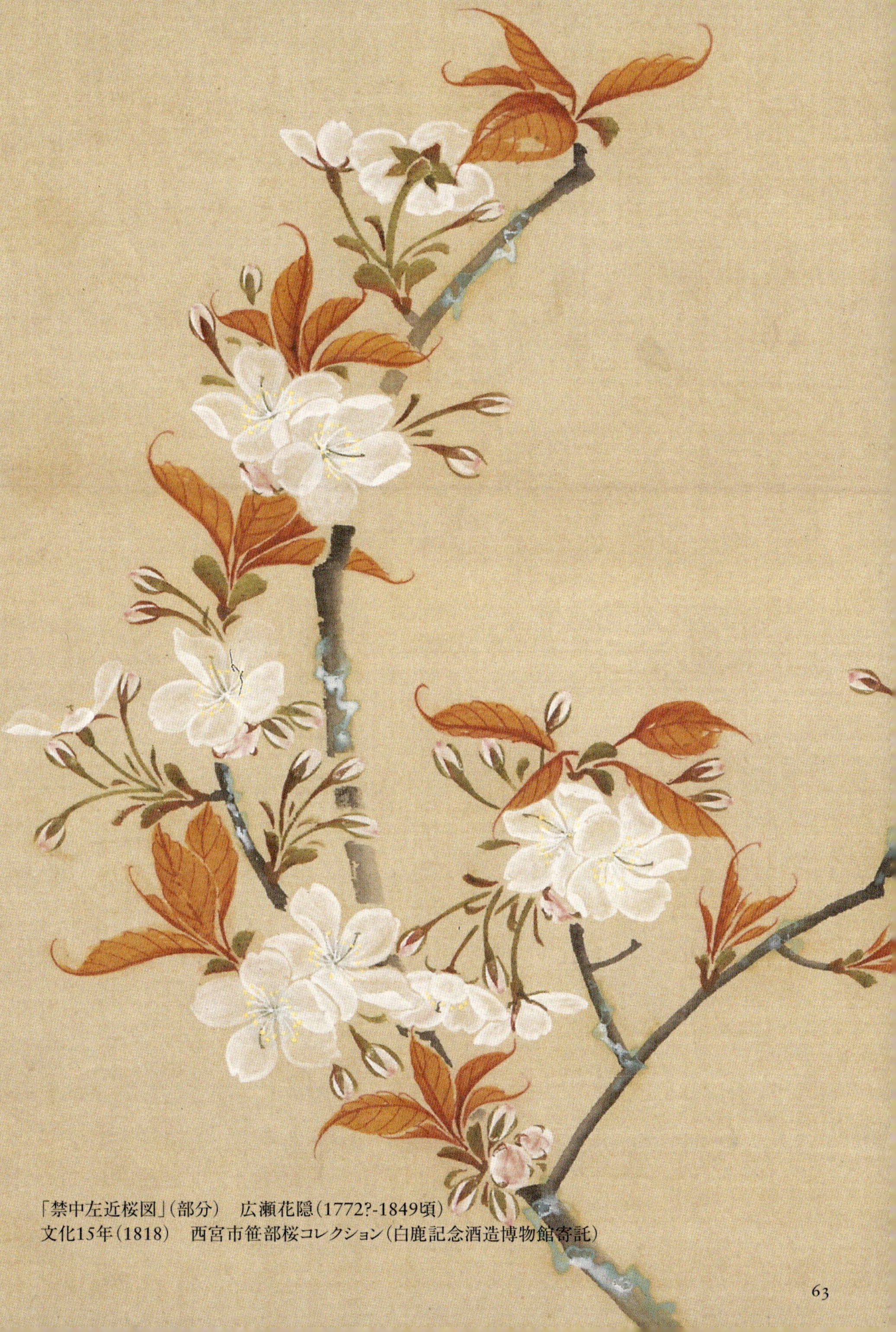

「禁中左近桜図」(部分)　広瀬花隠(1772?-1849頃)
文化15年(1818)　西宮市笹部桜コレクション(白鹿記念酒造博物館寄託)

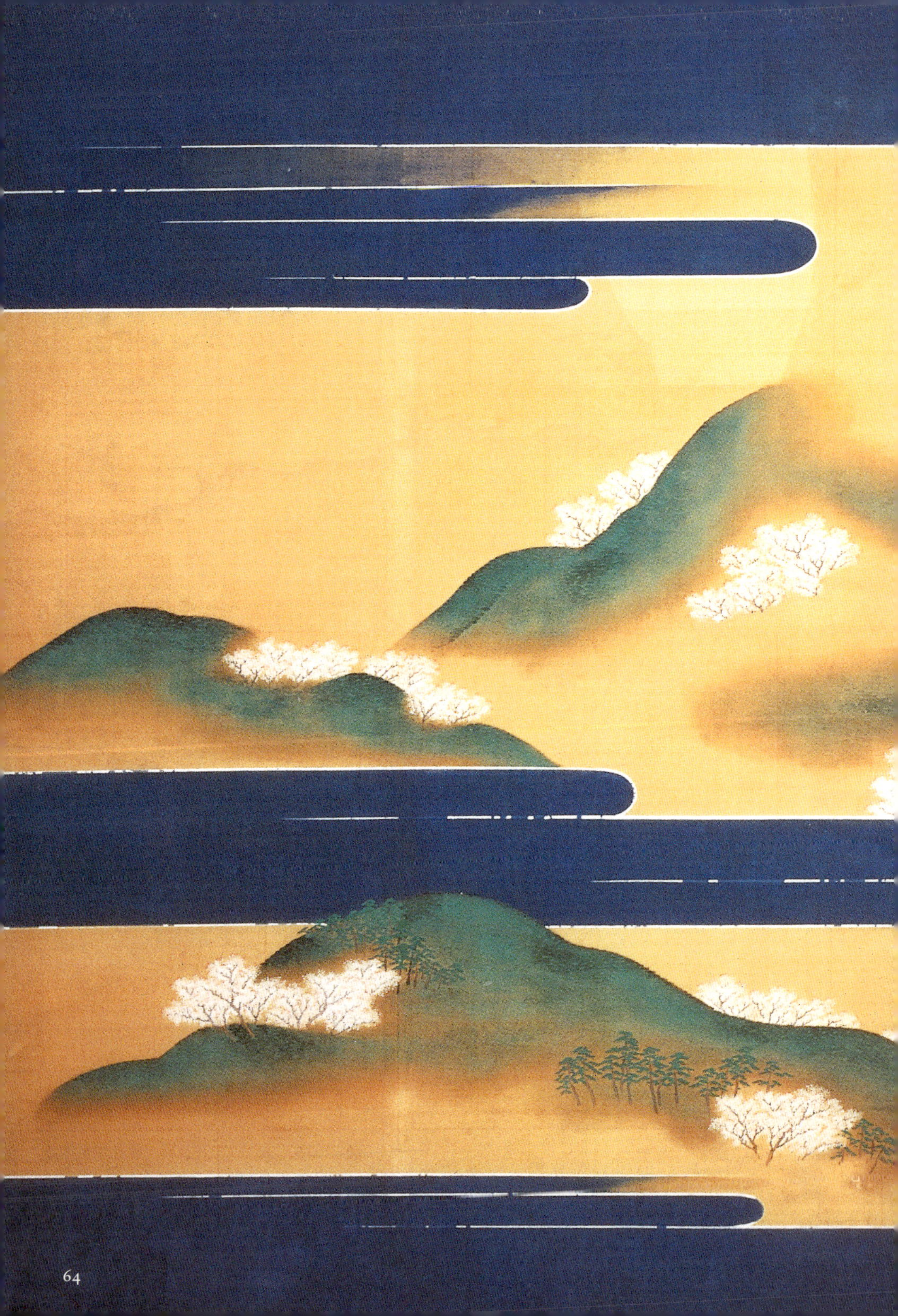

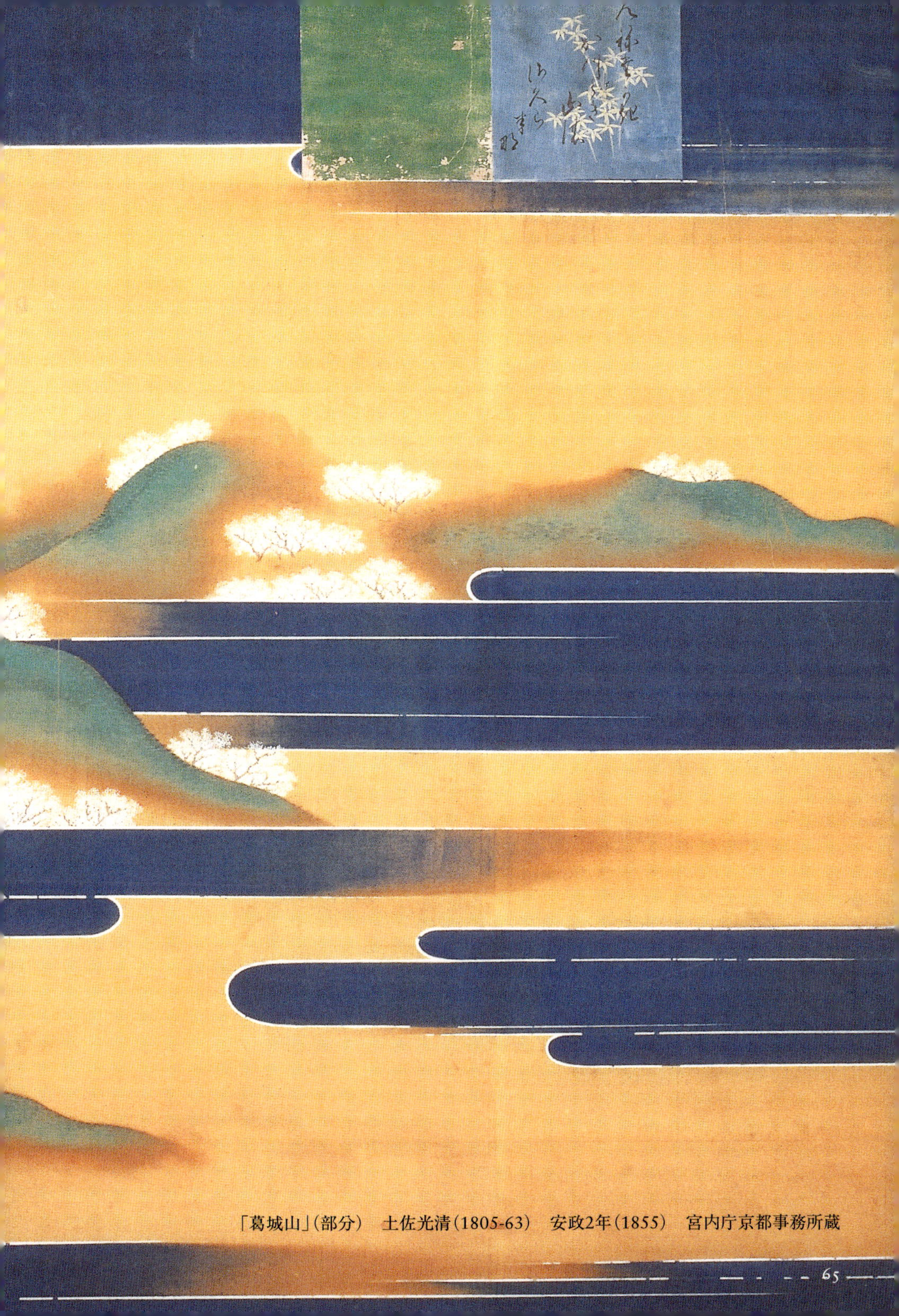

「葛城山」(部分)　土佐光清(1805-63)　安政2年(1855)　宮内庁京都事務所蔵

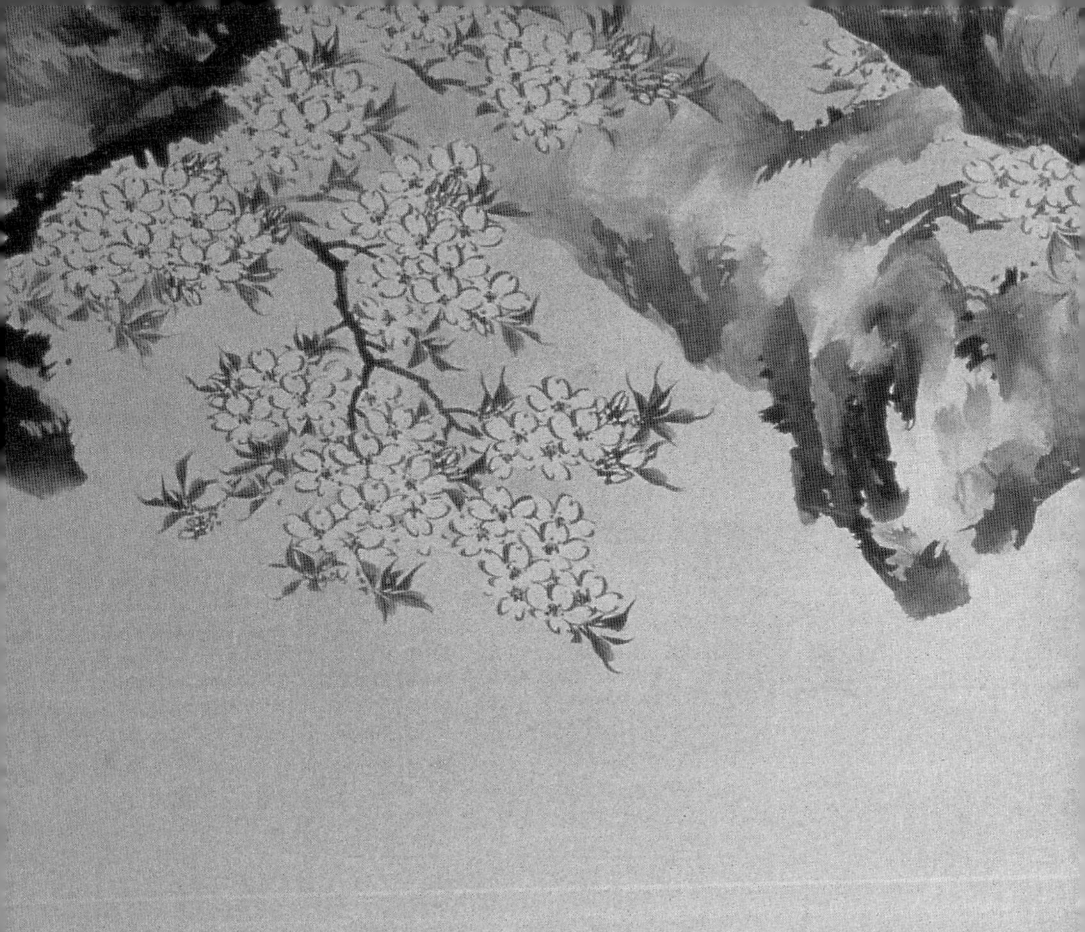

「桜」(部分)　原在照(1813-72)　安政2年(1855)　宮内庁京都事務所蔵

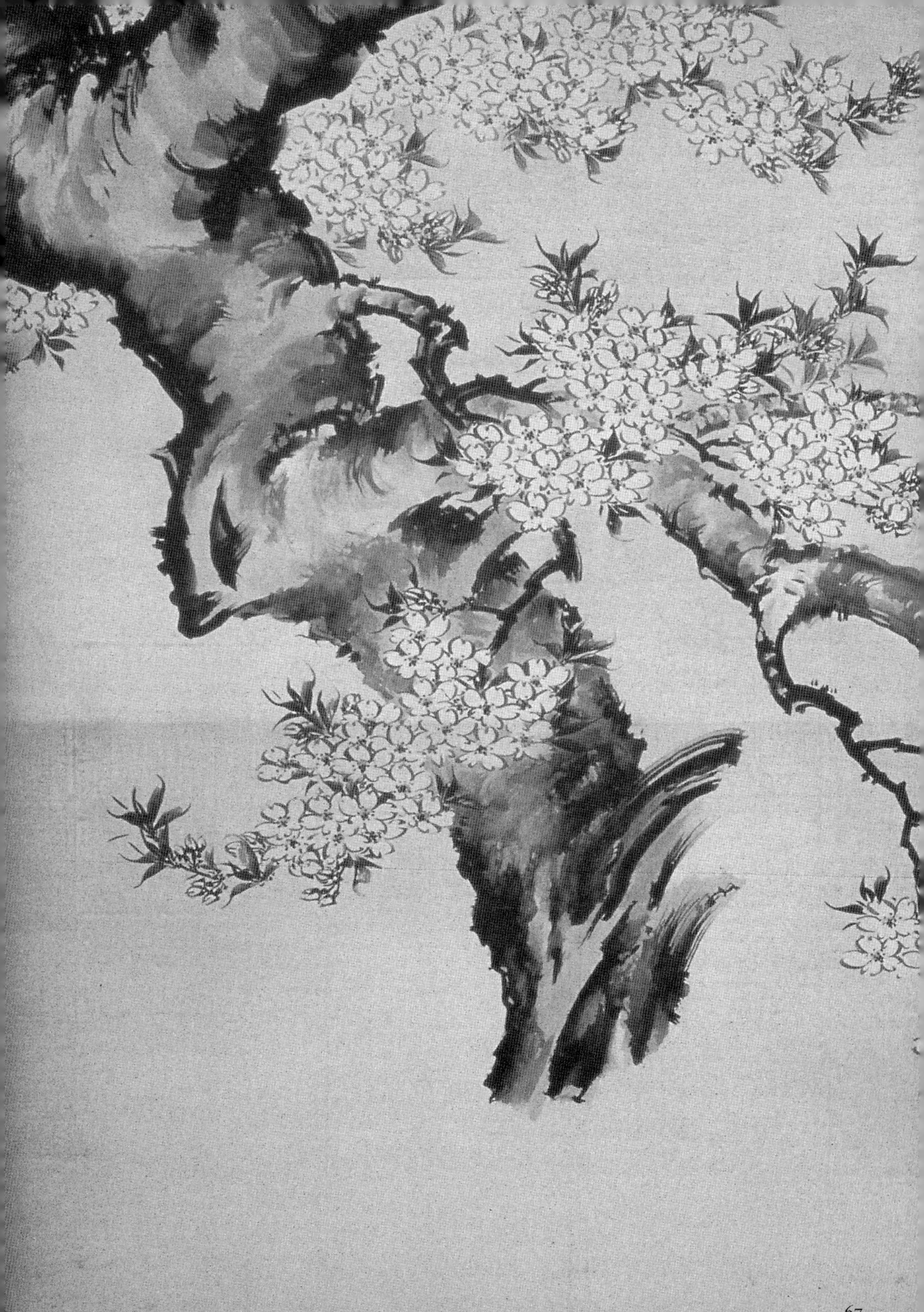

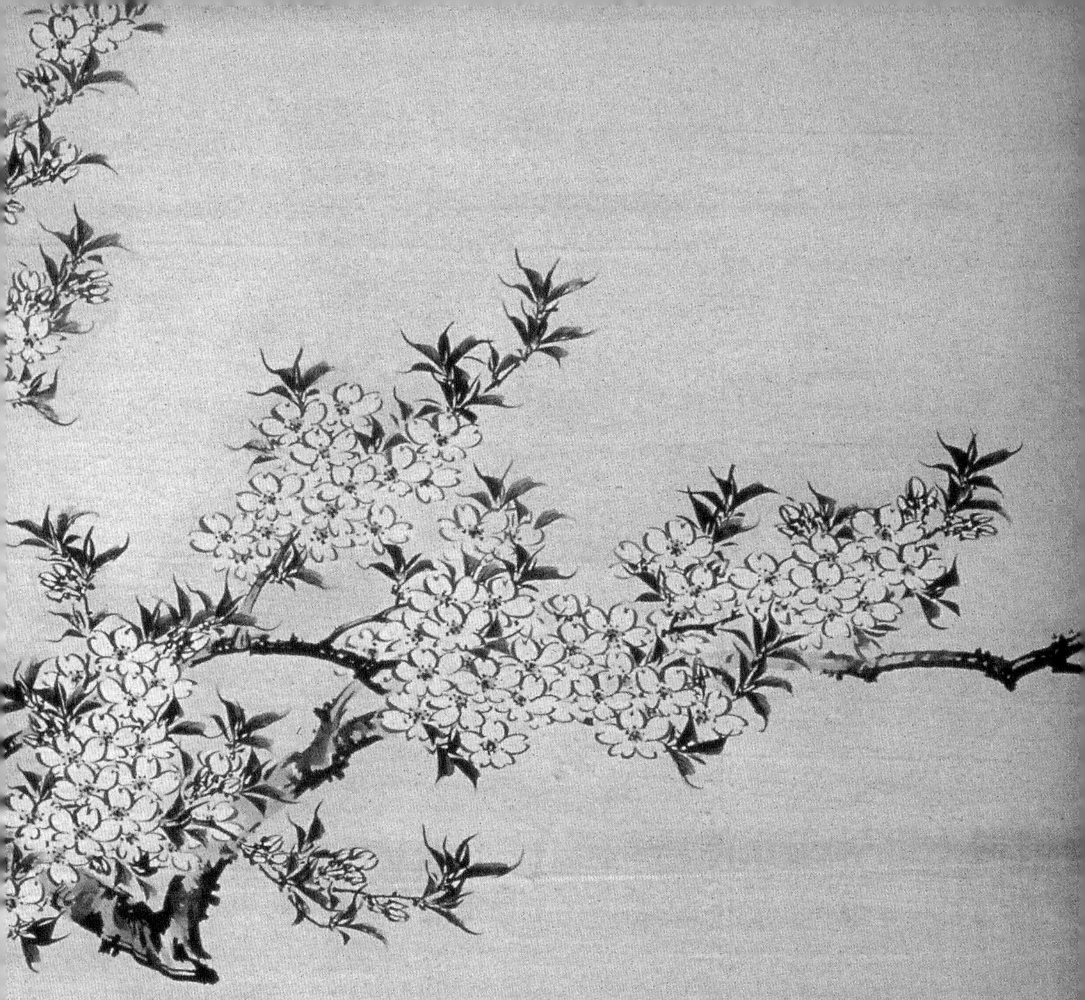

「桜」(部分)　原在照(1813-72)　安政2年(1855)　宮内庁京都事務所蔵

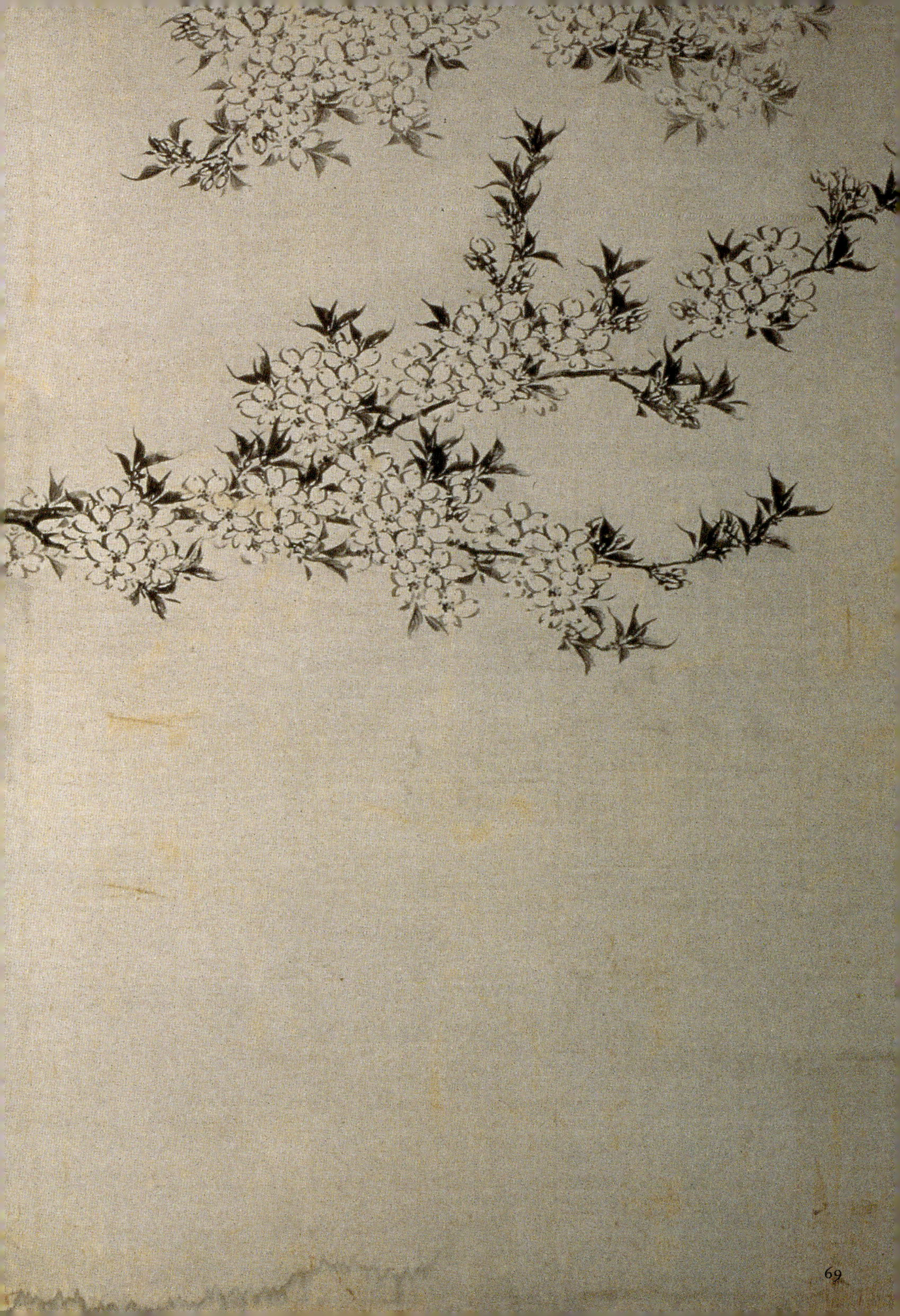

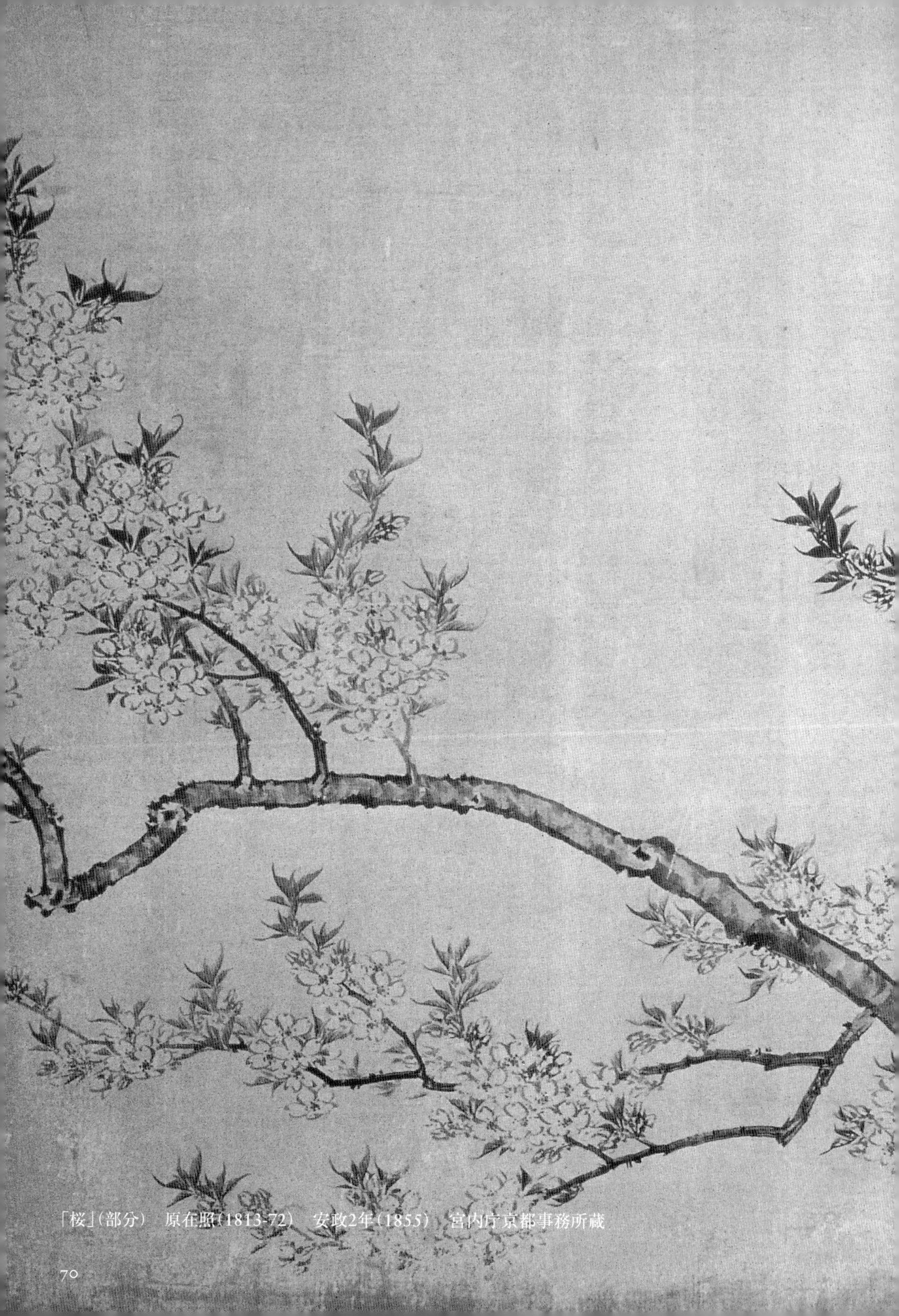

「桜」(部分)　原在照(1813-72)　安政2年(1855)　宮内庁京都事務所蔵

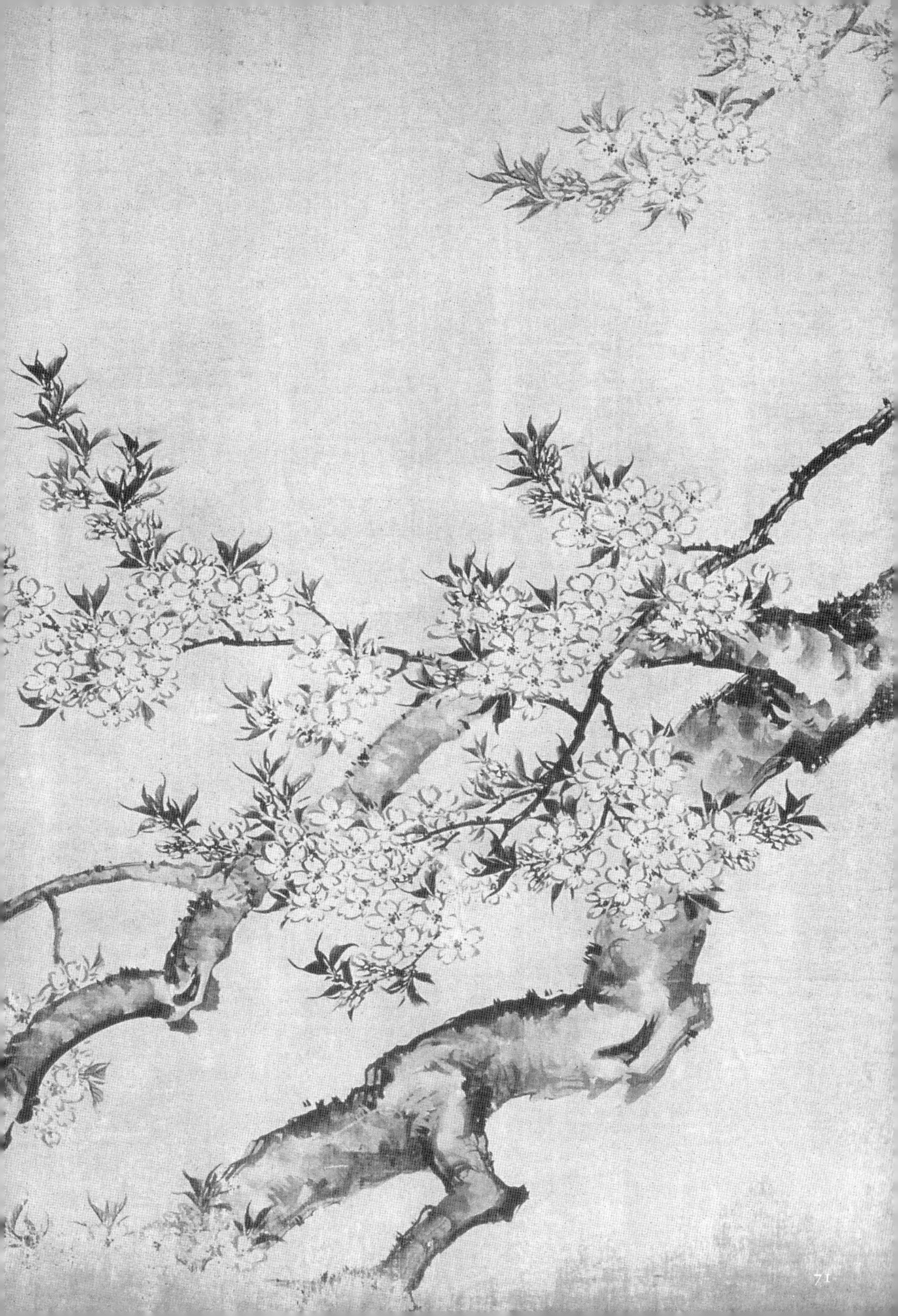

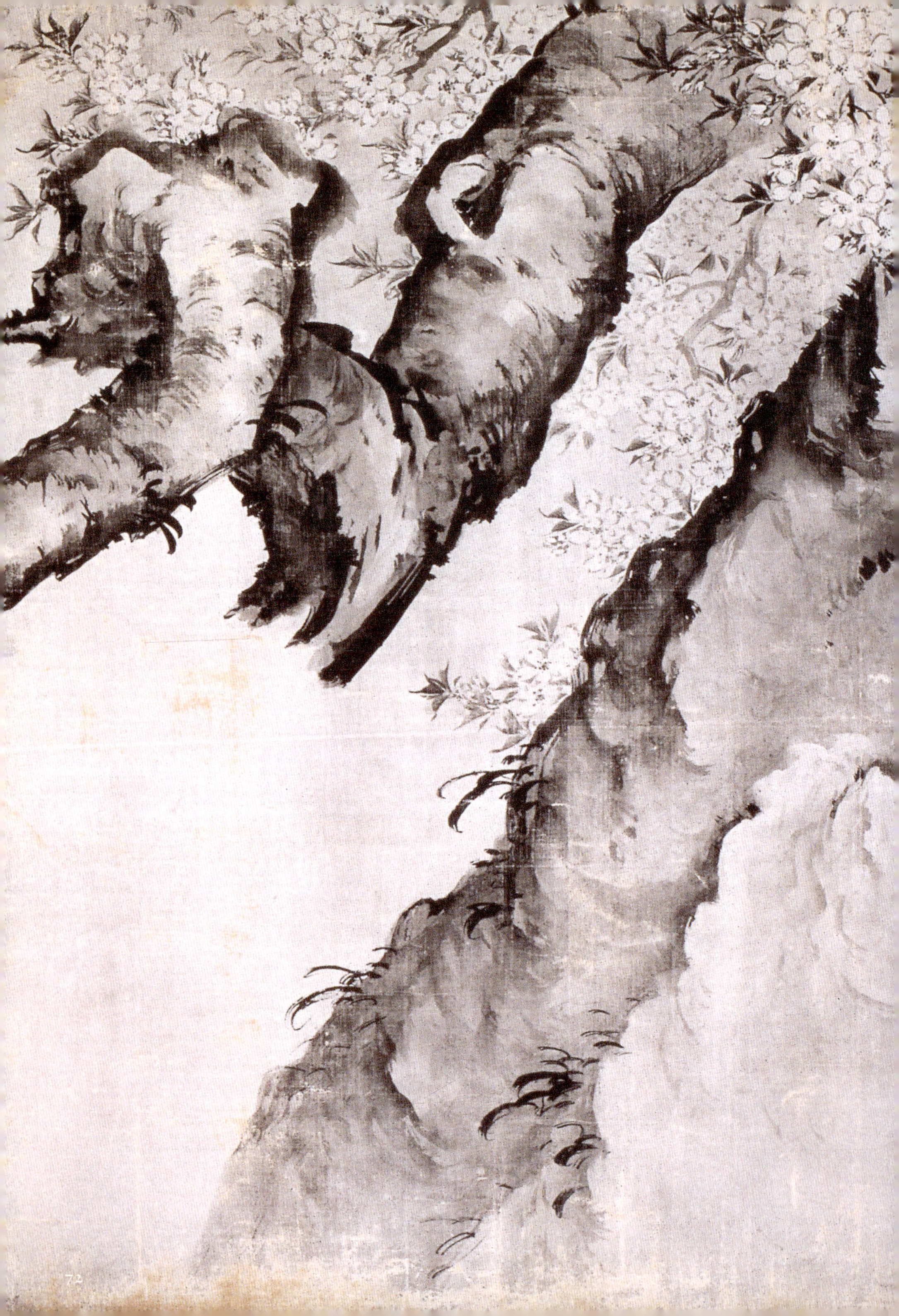

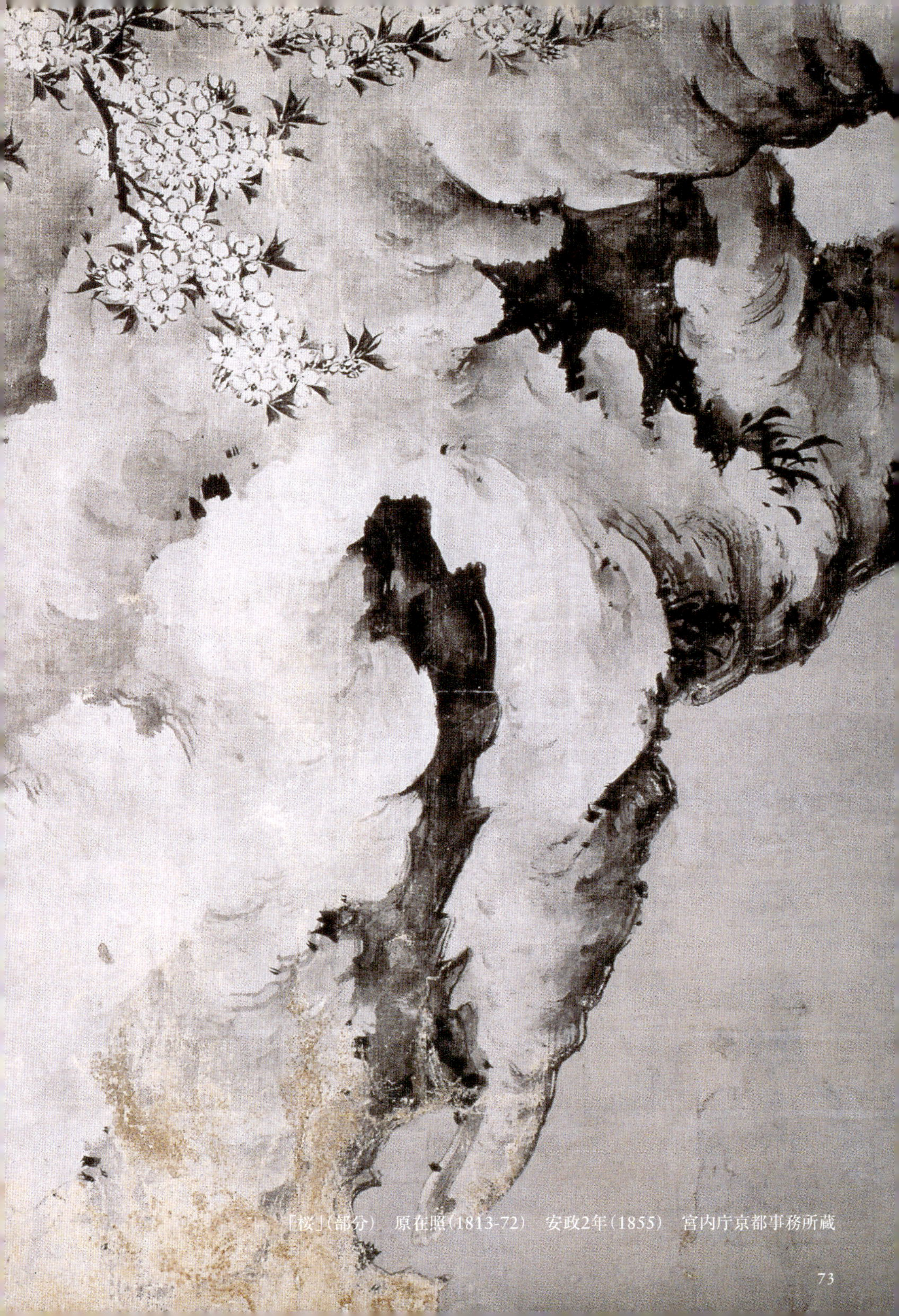

「桜」(部分)　原在照(1813-72)　安政2年(1855)　宮内庁京都事務所蔵

「花ニ鳴鶯図」(部分)　中島来章(1796-1871)　安政2年(1855)　宮内庁京都事務所蔵

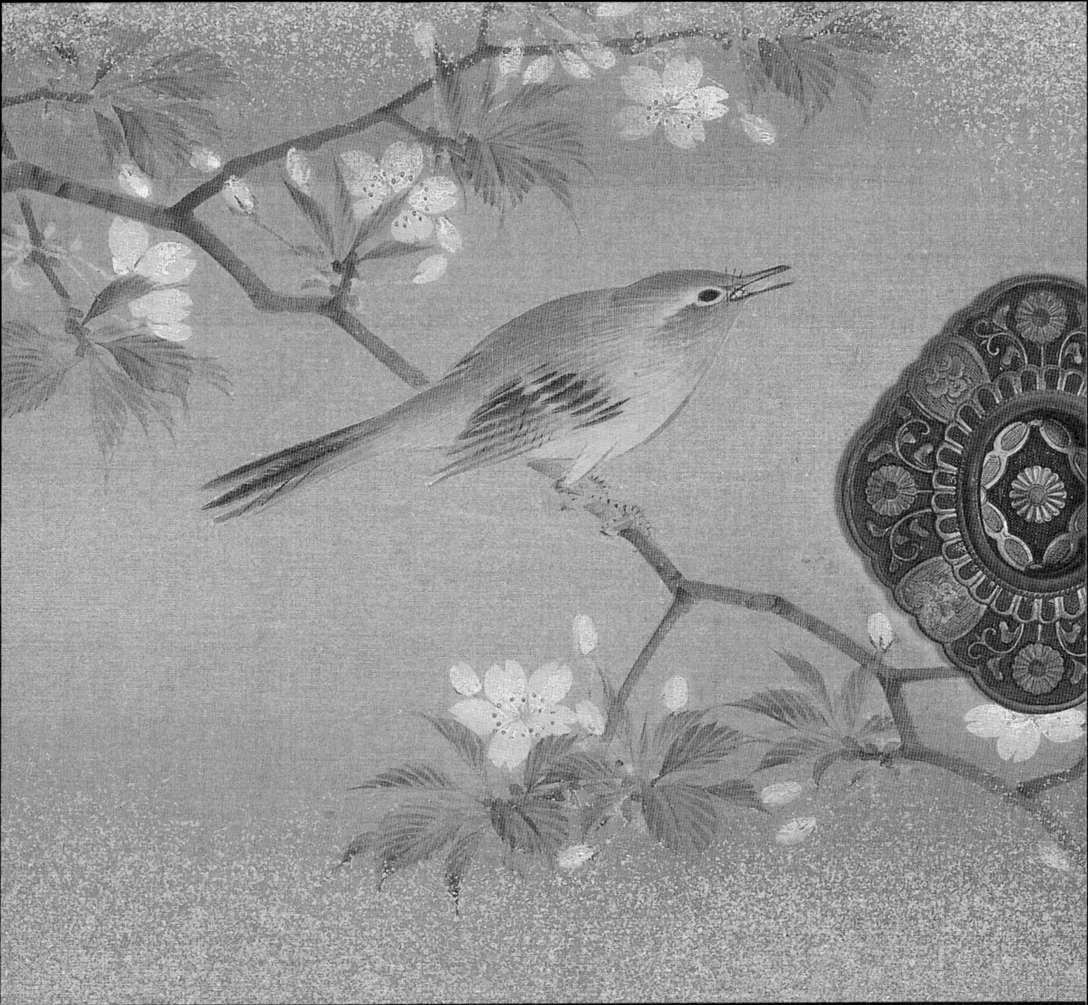

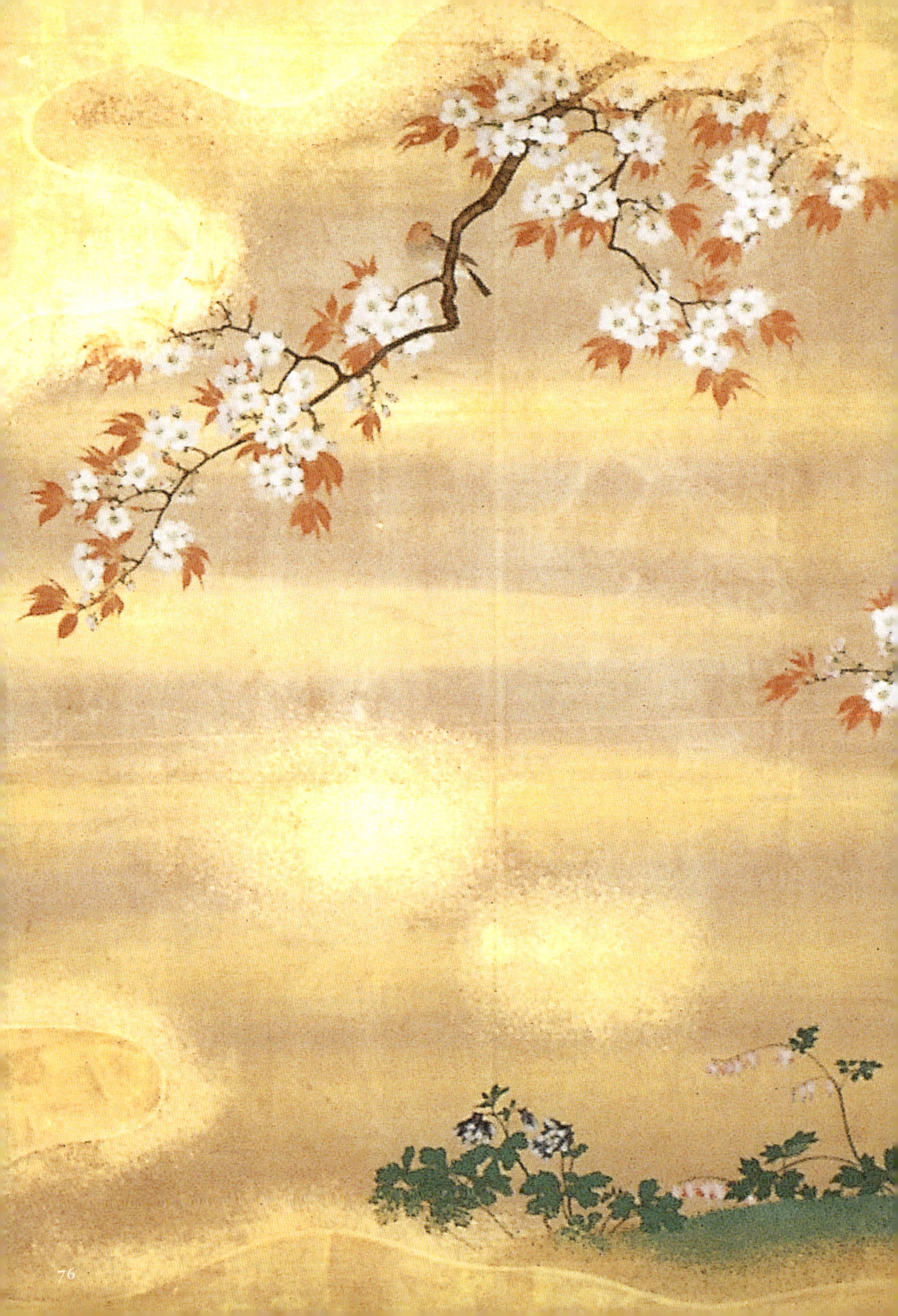

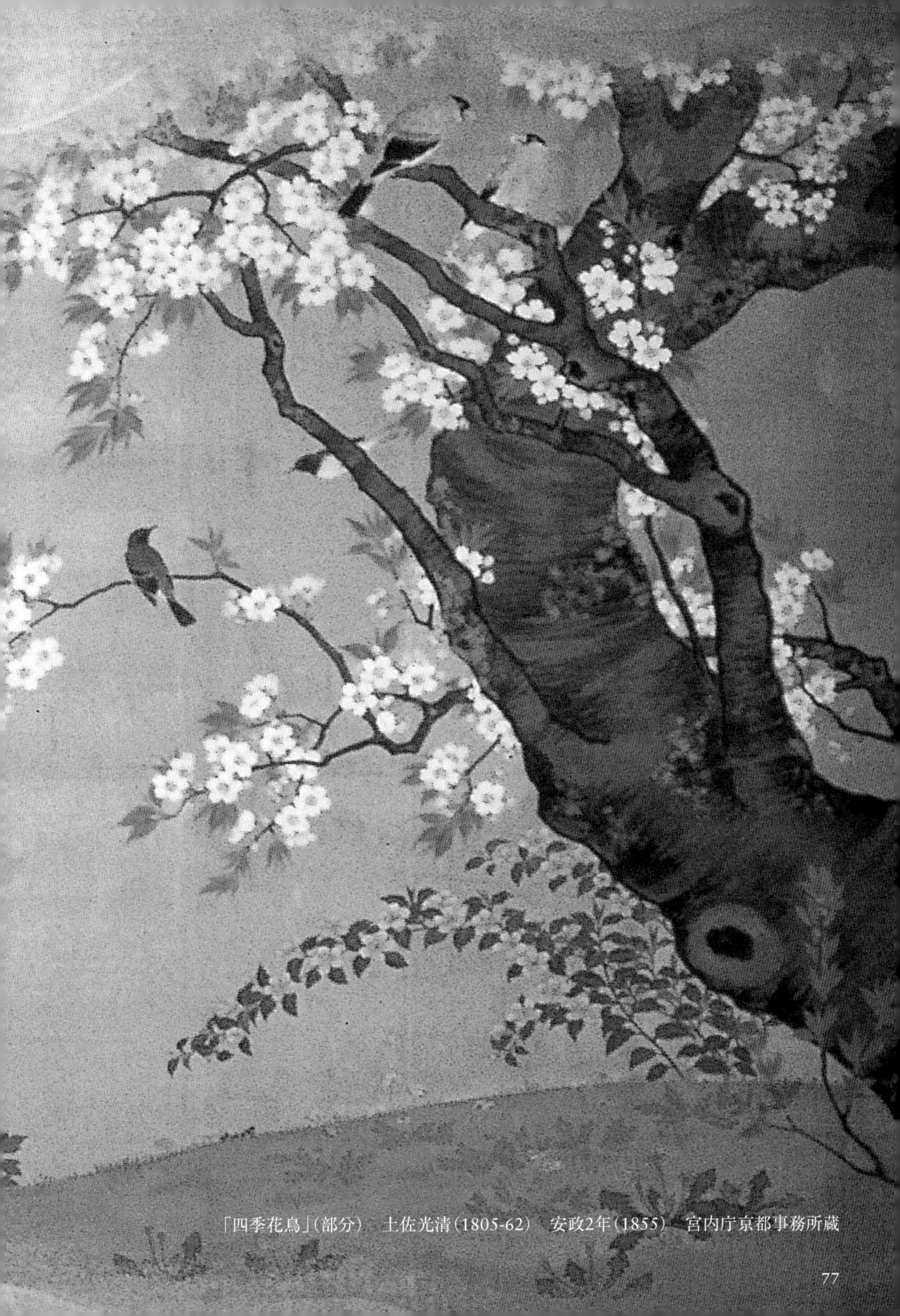

「四季花鳥」(部分)　土佐光清(1805-62)　安政2年(1855)　宮内庁京都事務所蔵

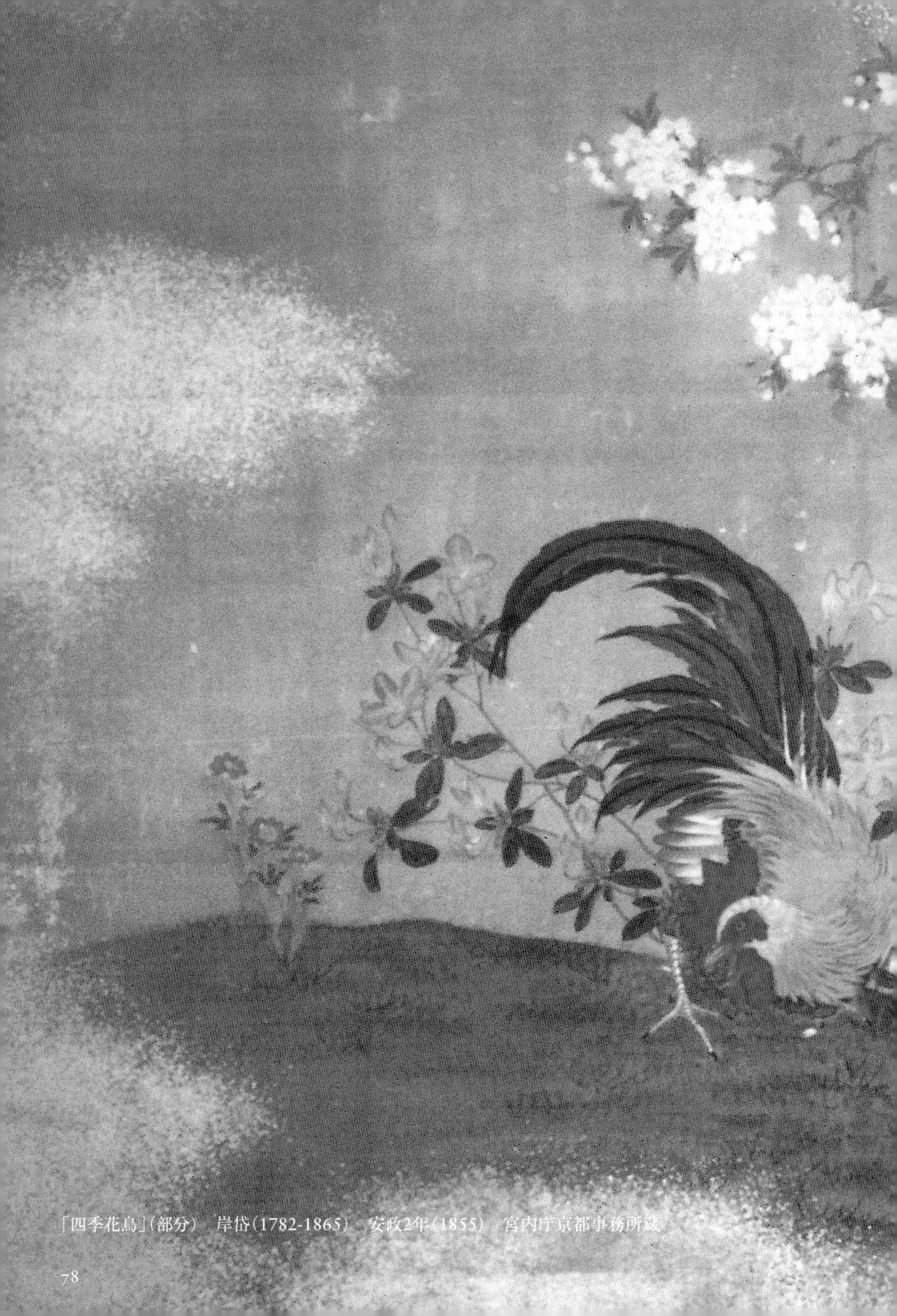

「四季花鳥」(部分)　岸岱(1782-1865)　安政2年(1855)　宮内庁京都事務所蔵

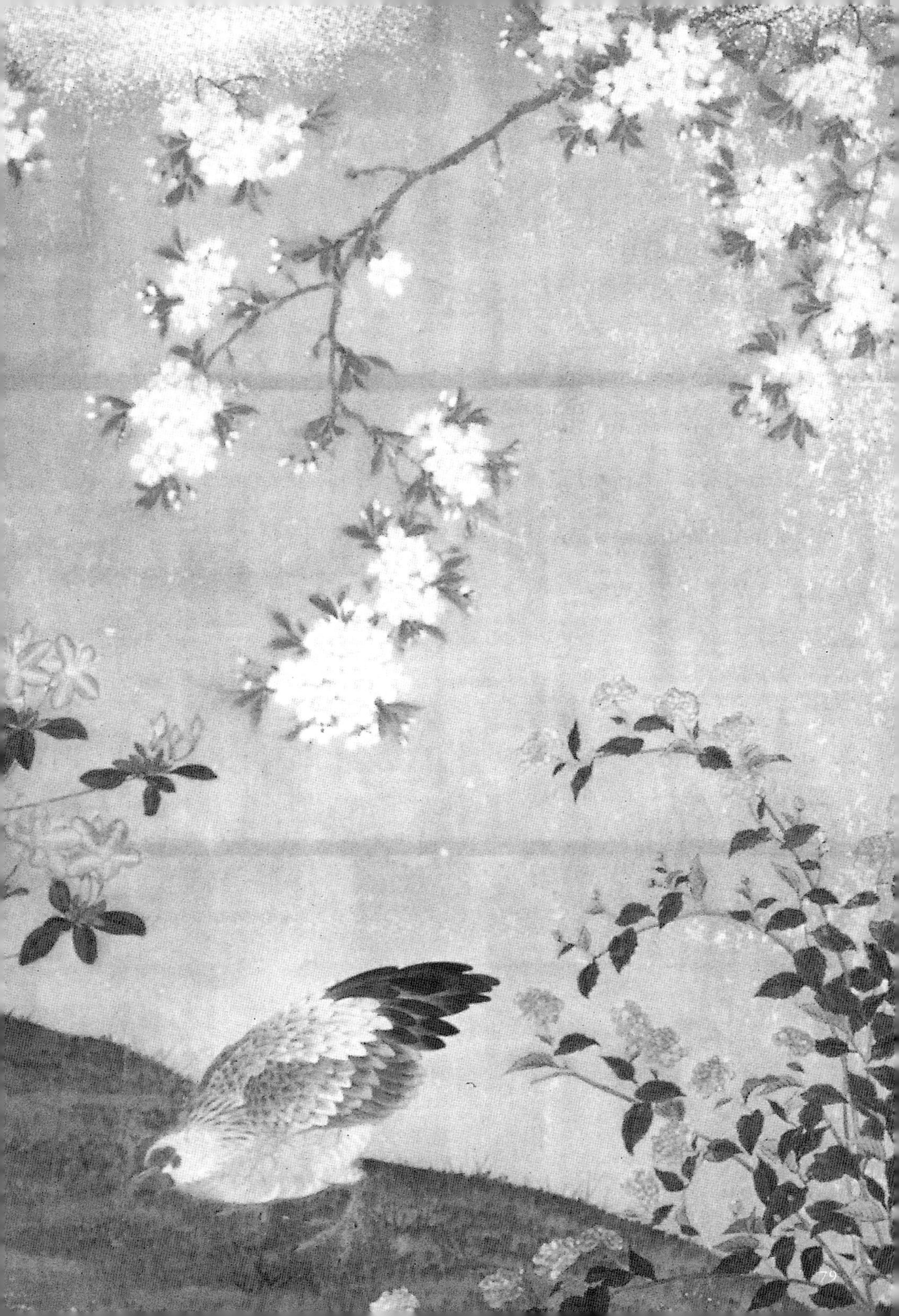

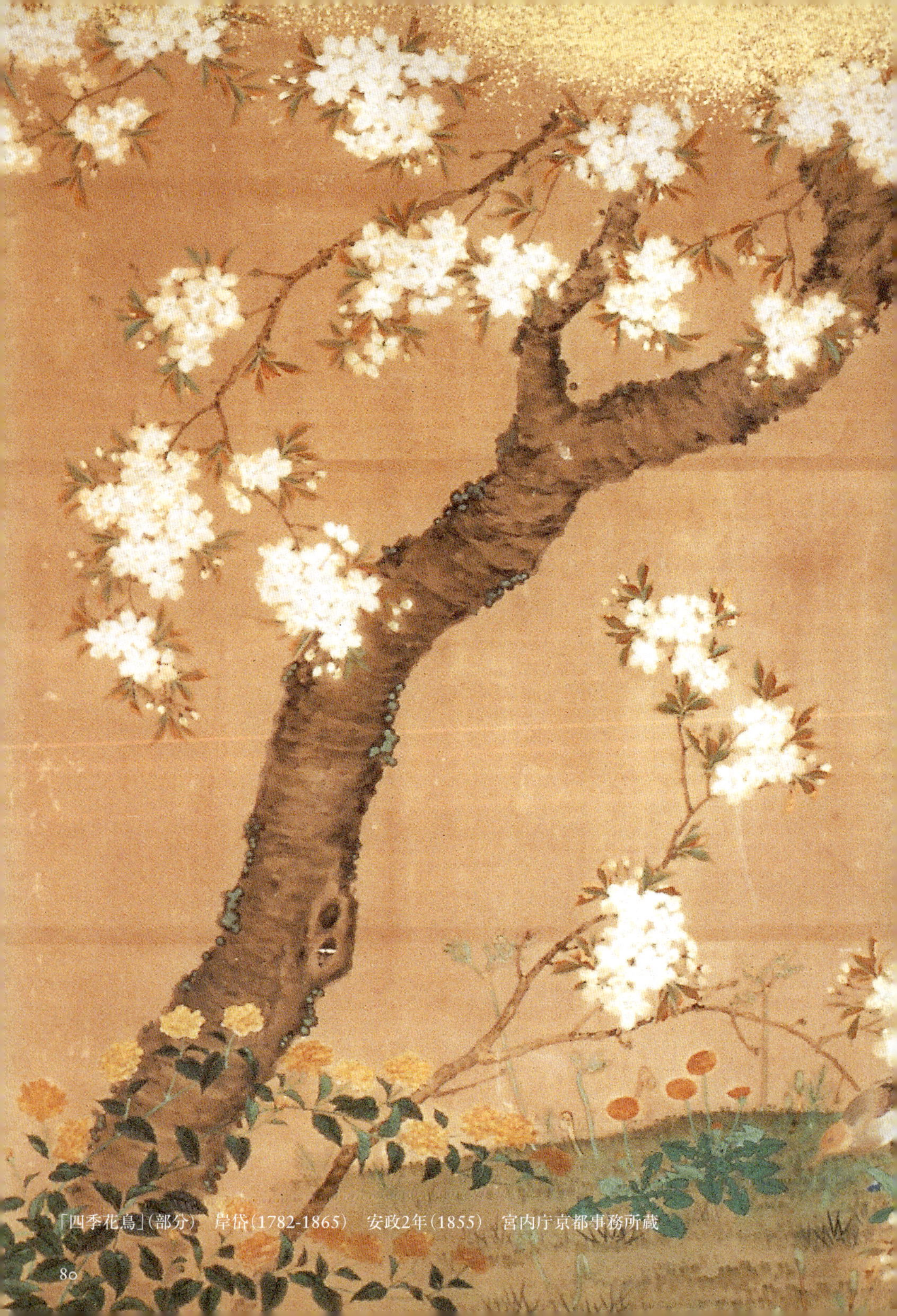

「四季花鳥」(部分)　岸岱(1782-1865)　安政2年(1855)　宮内庁京都事務所蔵

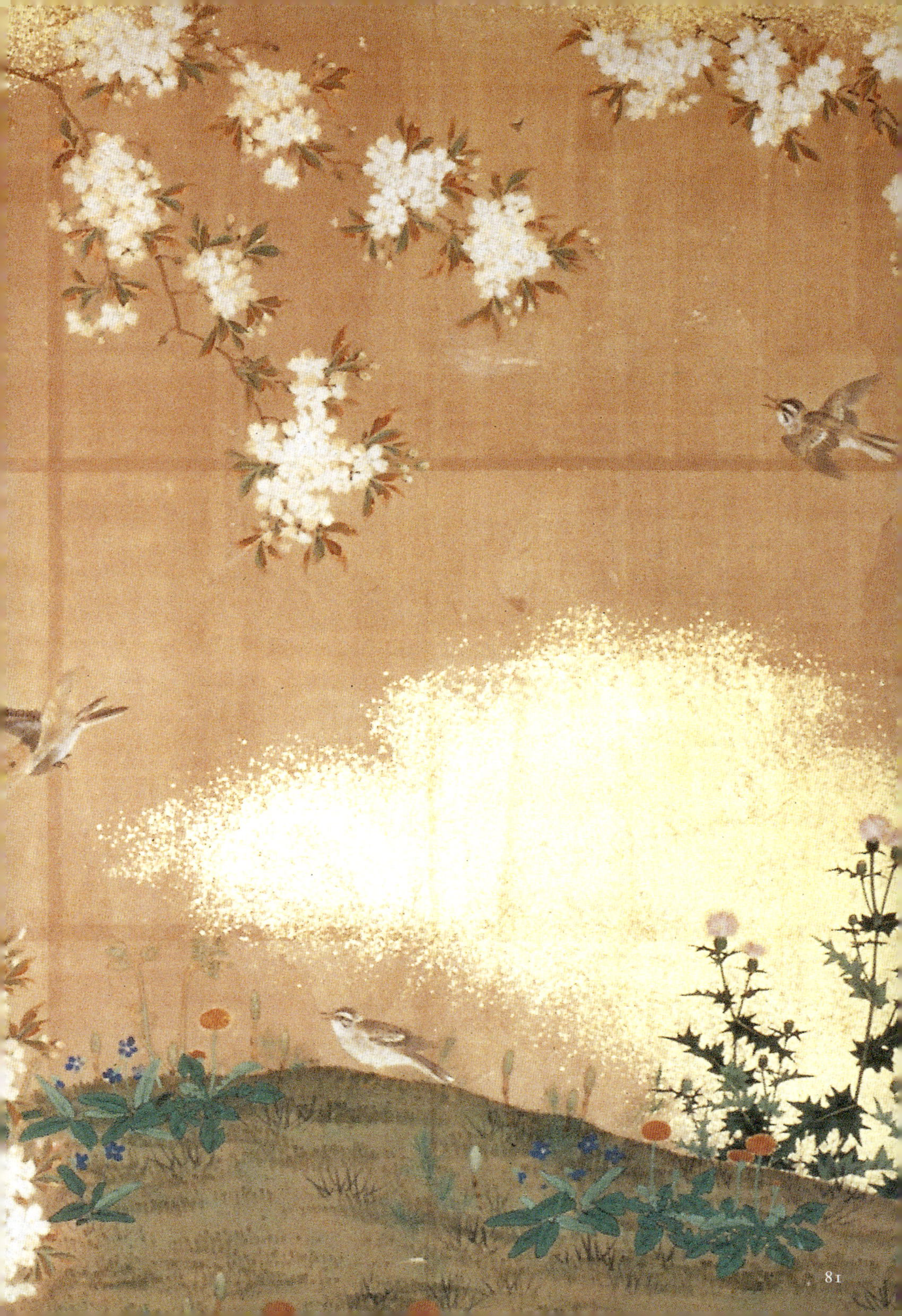

「桜」(部分)　嶋田雅喬(生没年不詳)　安政2年(1855)　宮内庁京都事務所蔵

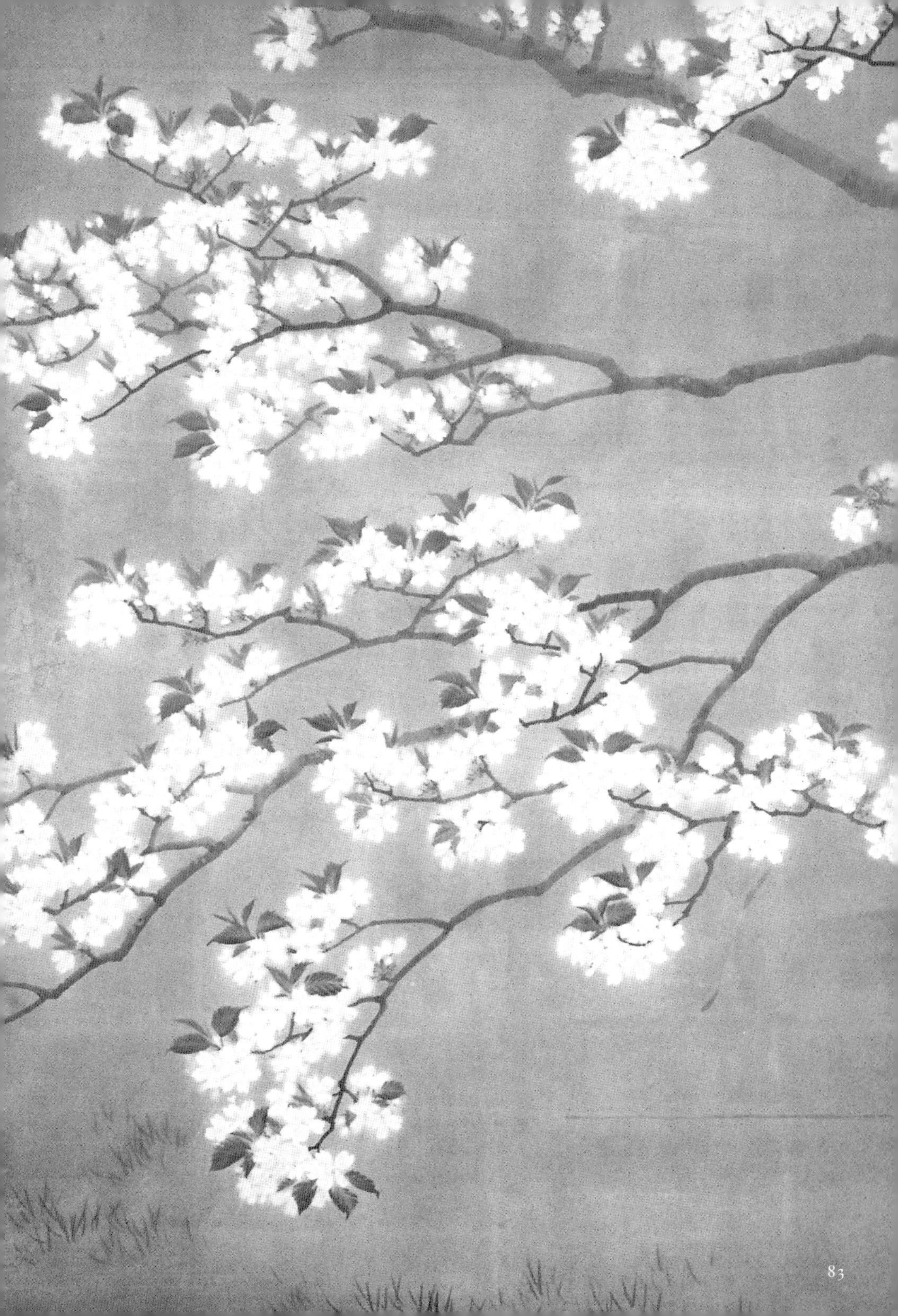

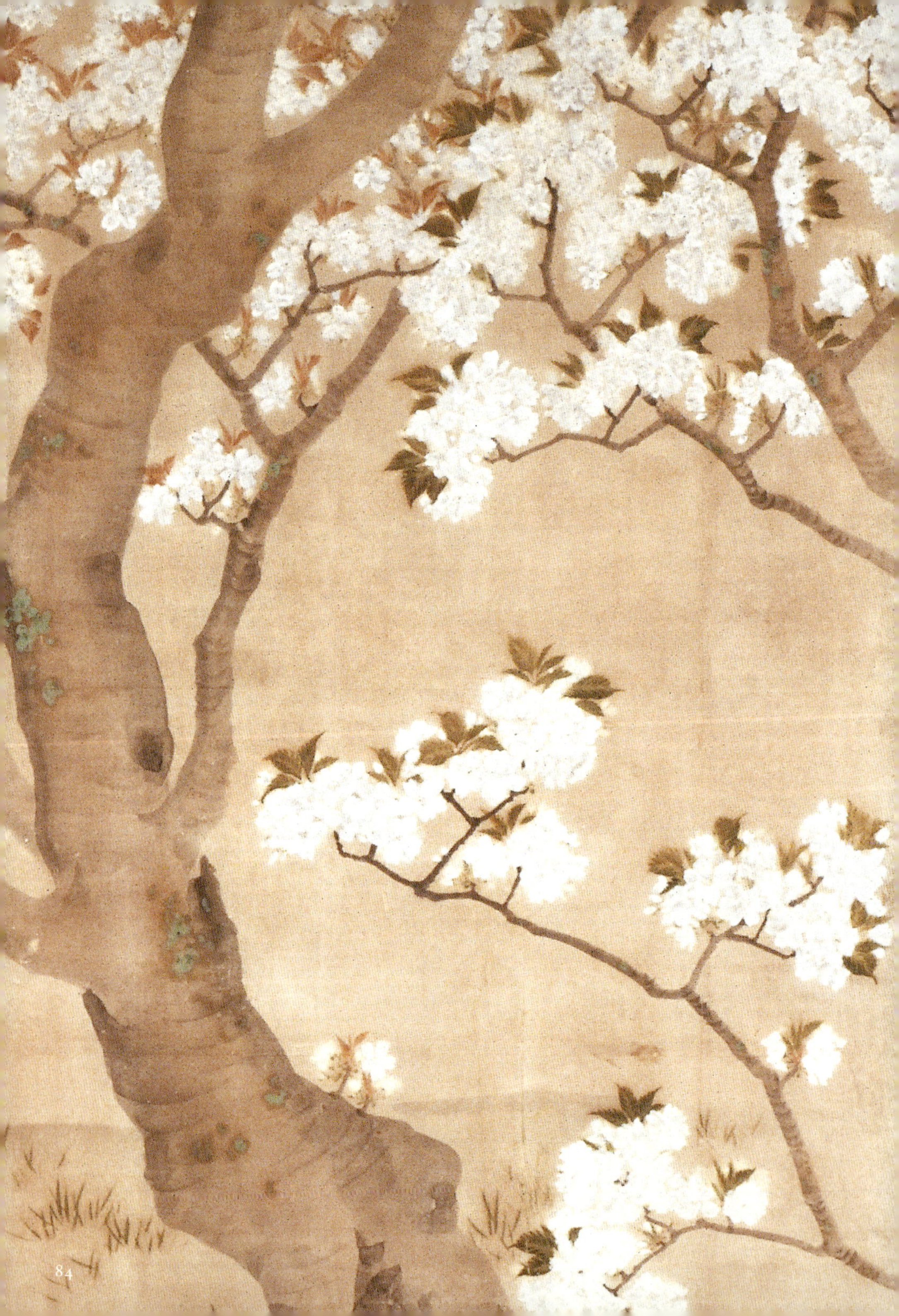

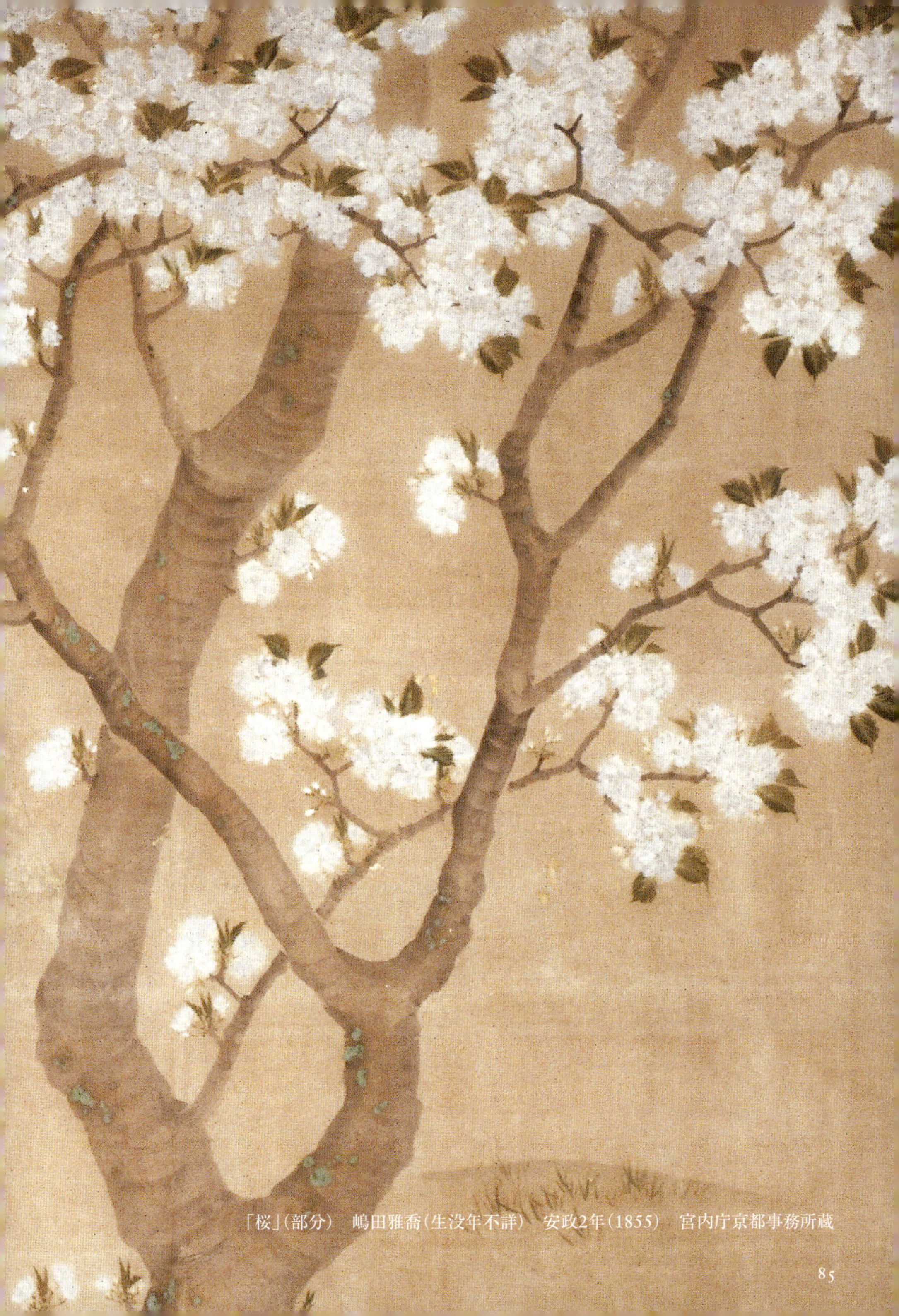

「桜」(部分)　嶋田雅喬(生没年不詳)　安政2年(1855)　宮内庁京都事務所蔵

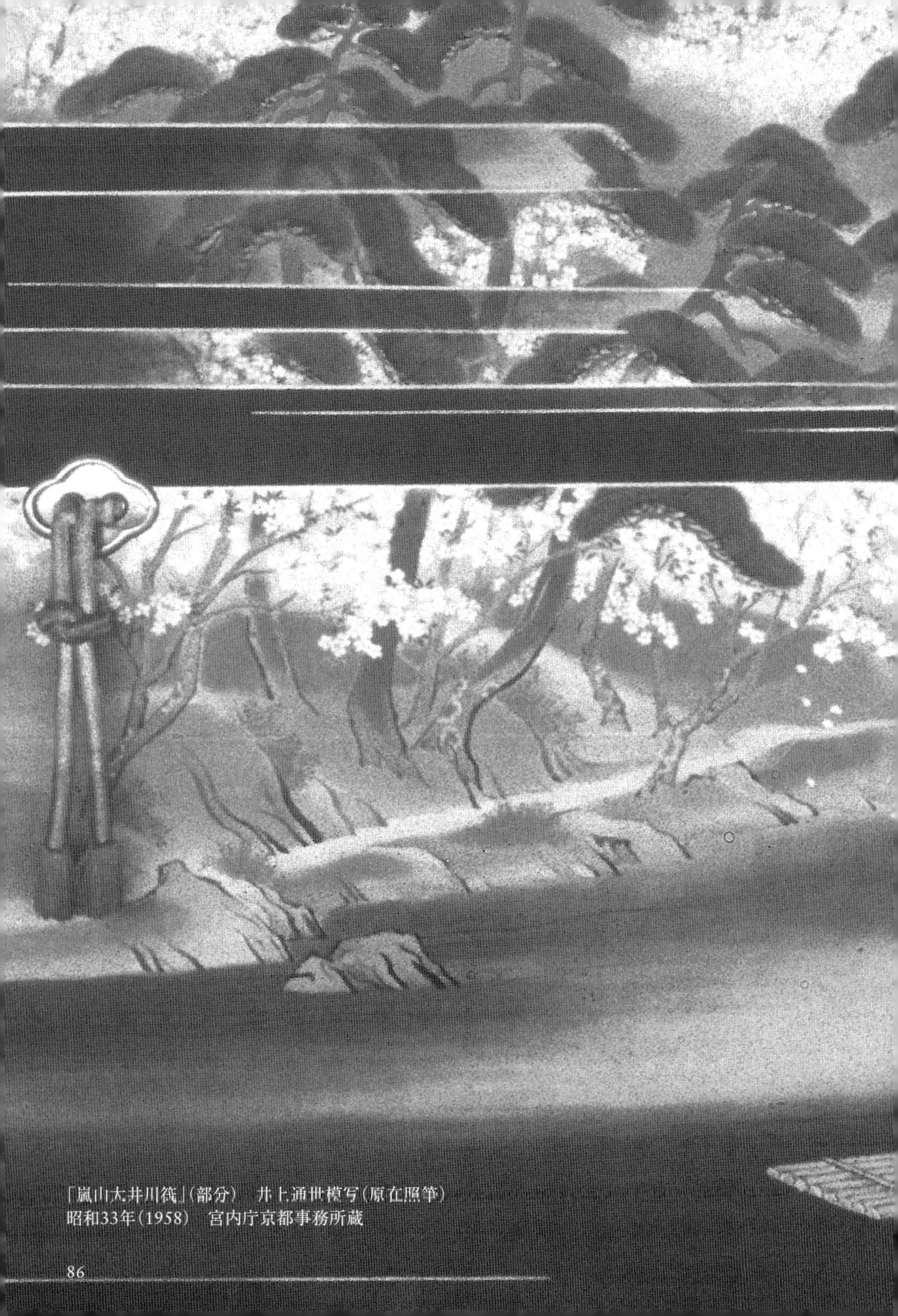

「嵐山大井川筏」(部分)　井上通世模写(原在照筆)
昭和33年(1958)　宮内庁京都事務所蔵

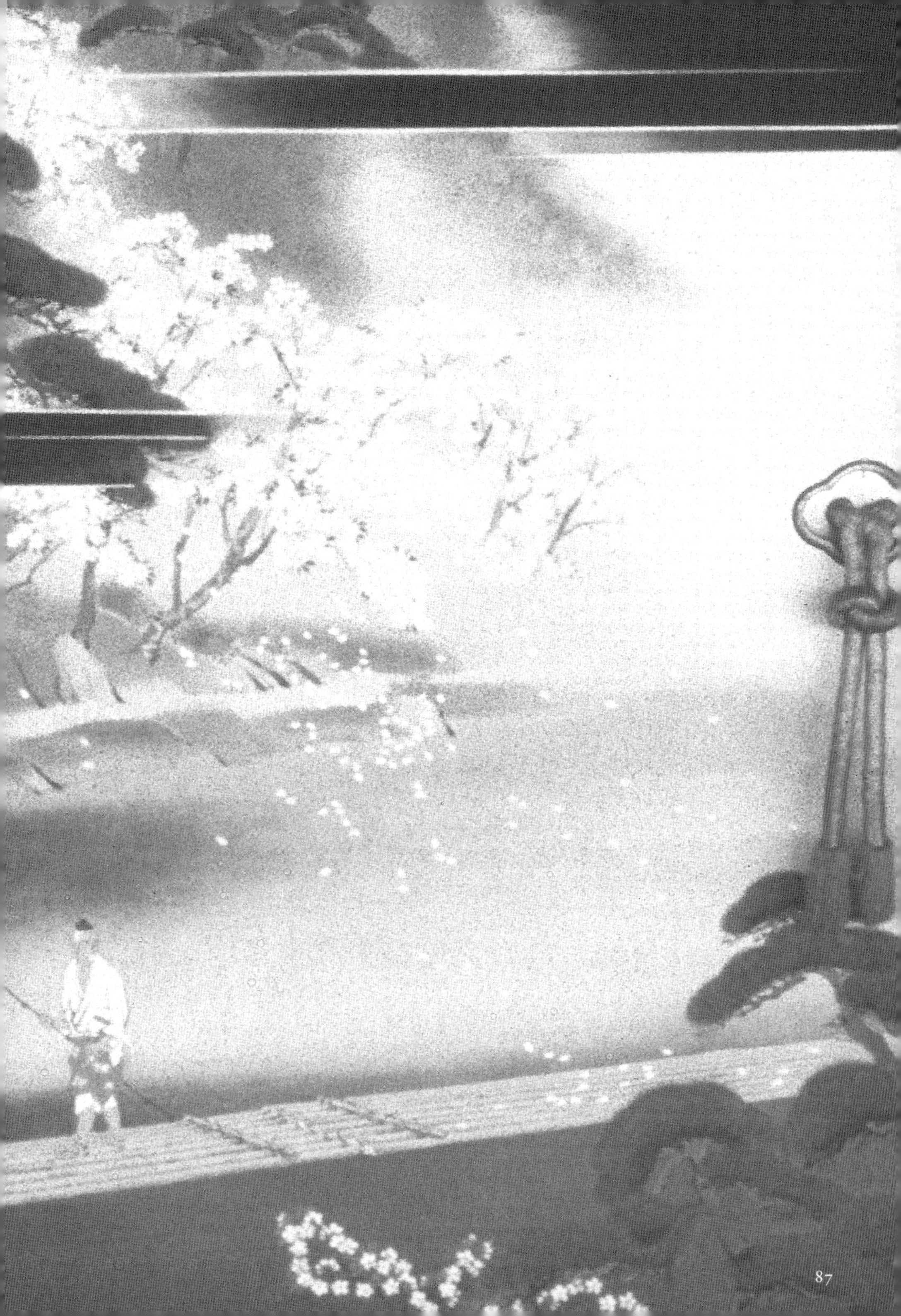

「四季花籠図」　狩野永悳（1814-1891）
明治20年（1887）　宮内庁三の丸尚蔵館蔵

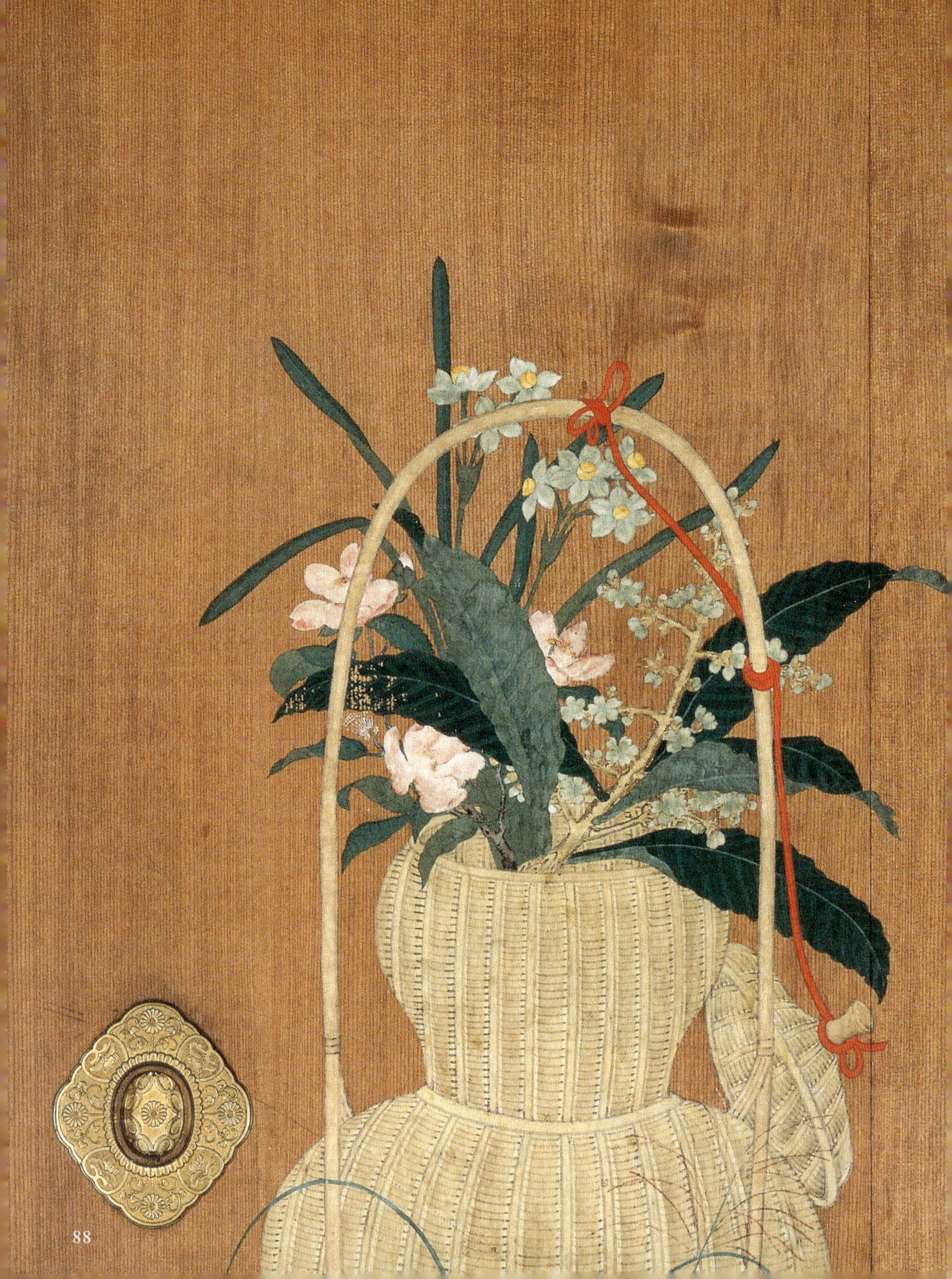

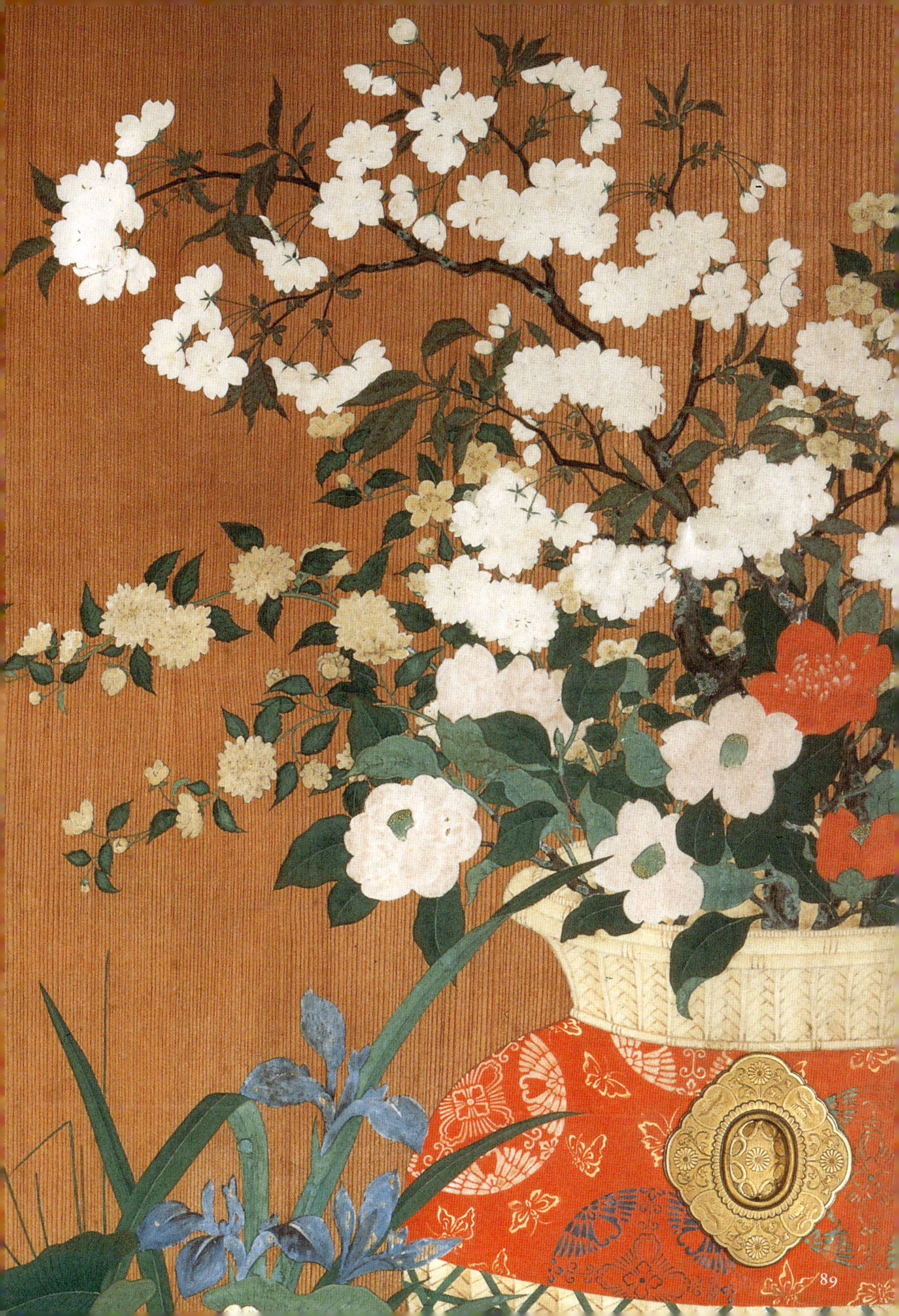

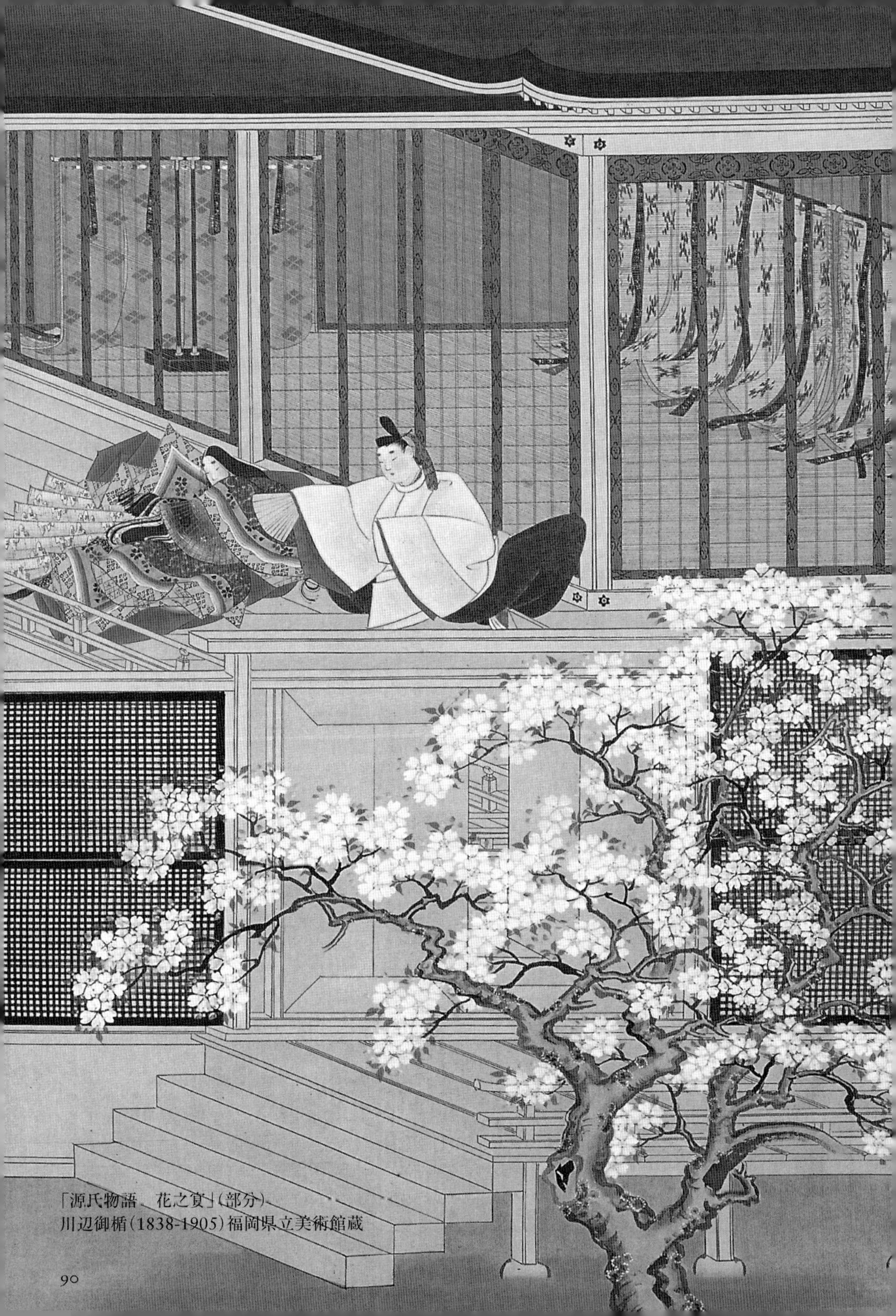

「源氏物語　花之宴」(部分)
川辺御楯(1838-1905)福岡県立美術館蔵

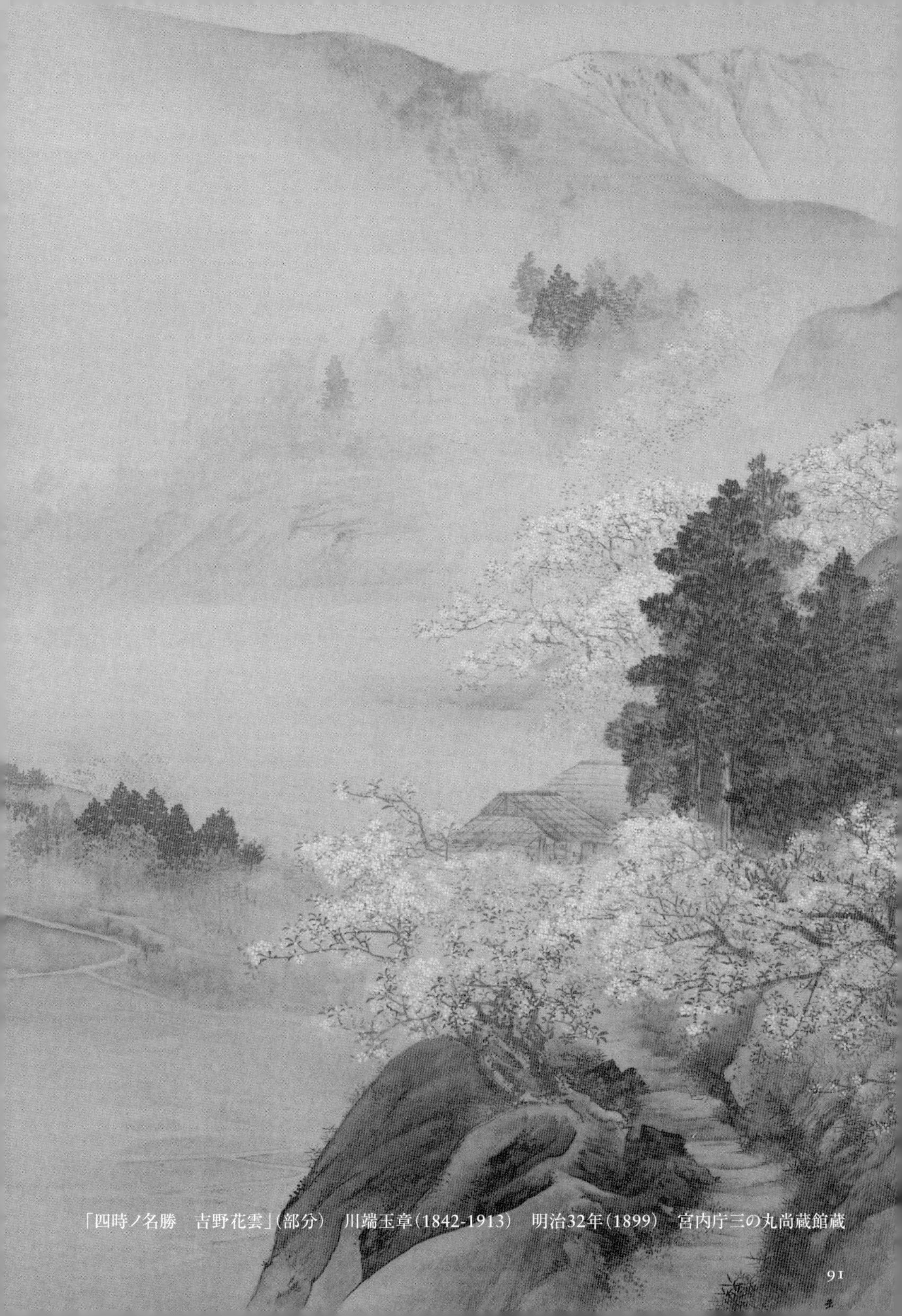

「四時ノ名勝　吉野花雲」(部分)　川端玉章(1842-1913)　明治32年(1899)　宮内庁三の丸尚蔵館蔵

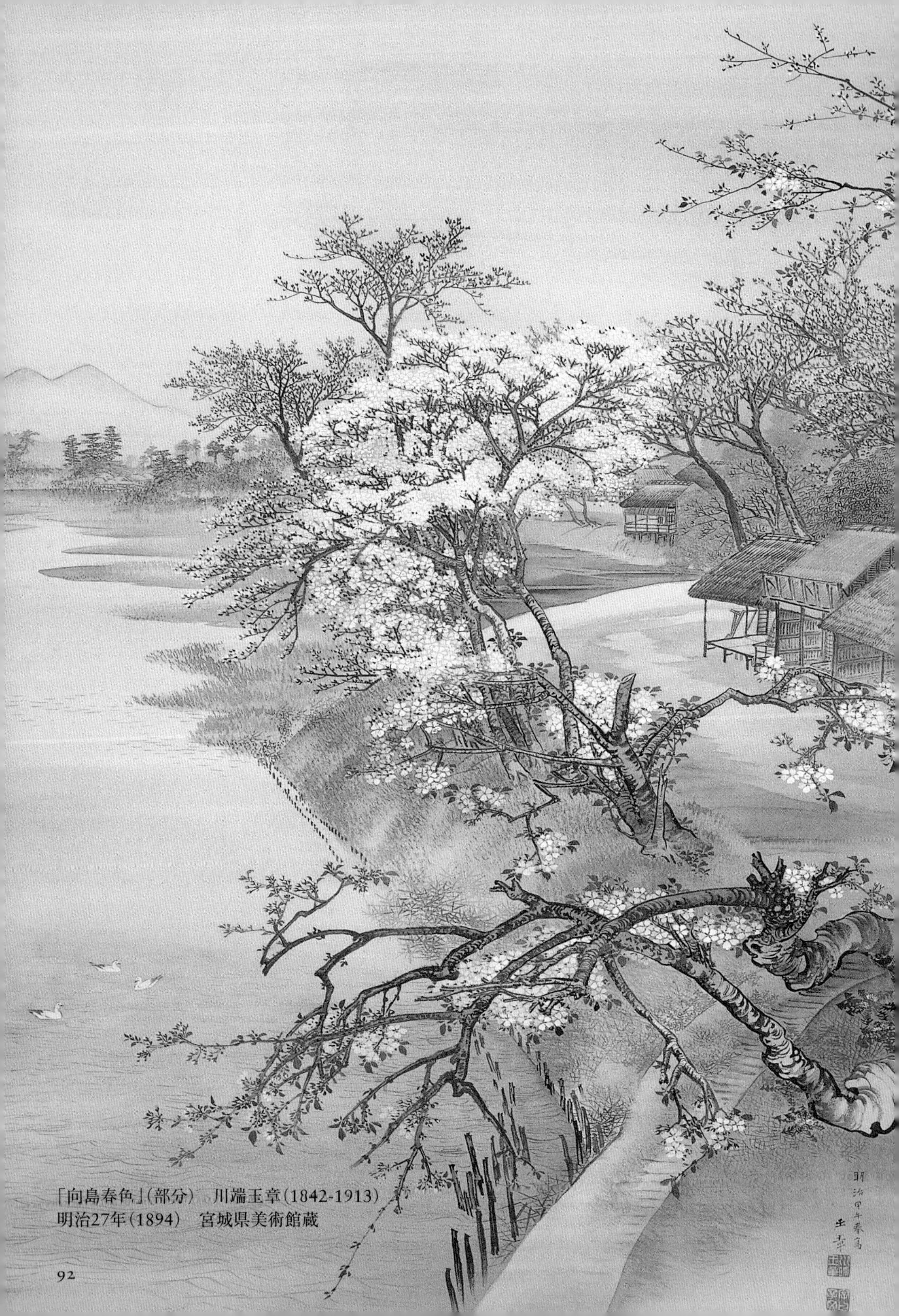

「向島春色」(部分)　川端玉章(1842-1913)
明治27年(1894)　宮城県美術館蔵

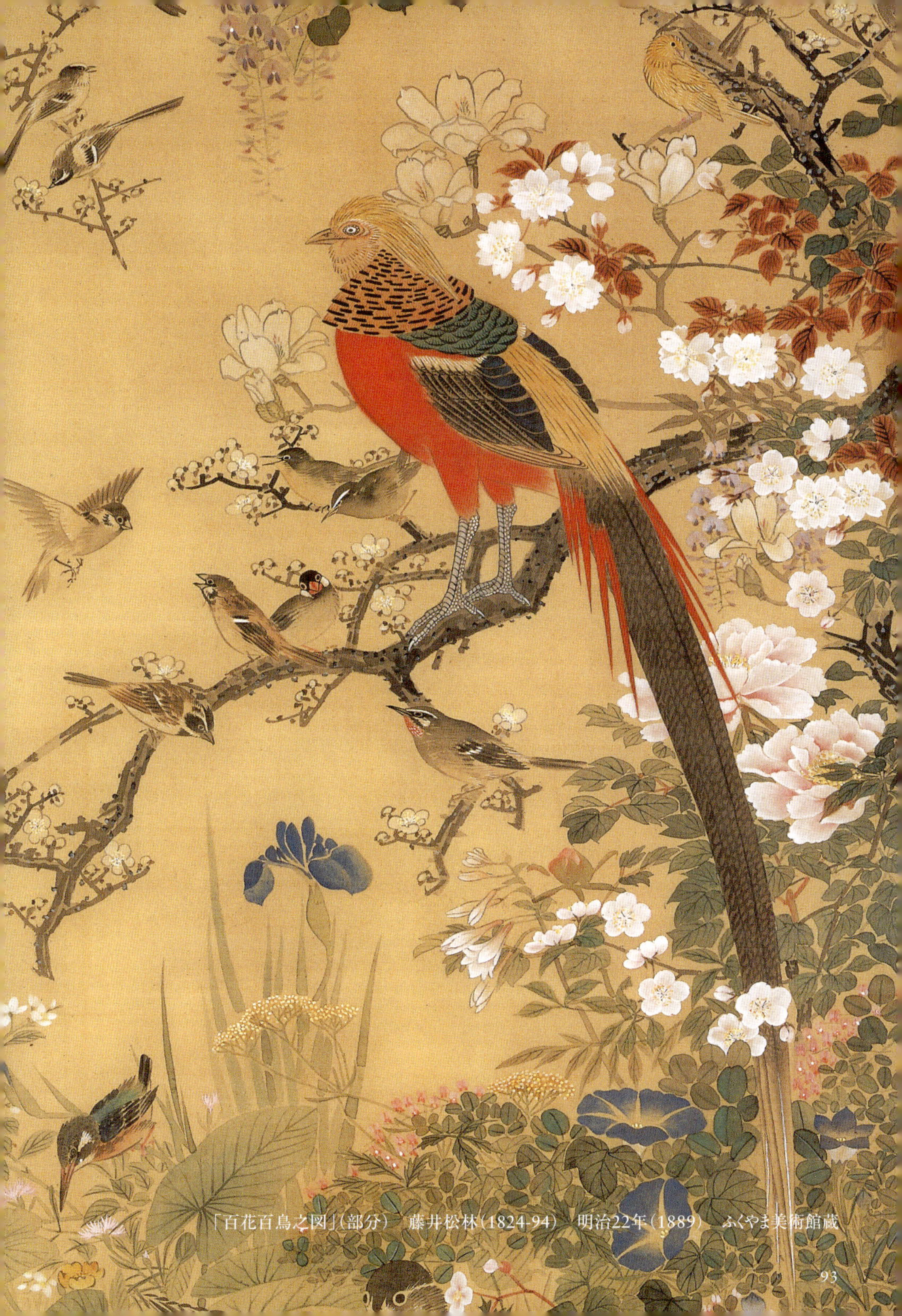

「百花百鳥之図」(部分)　藤井松林(1824-94)　明治22年(1889)　ふくやま美術館蔵

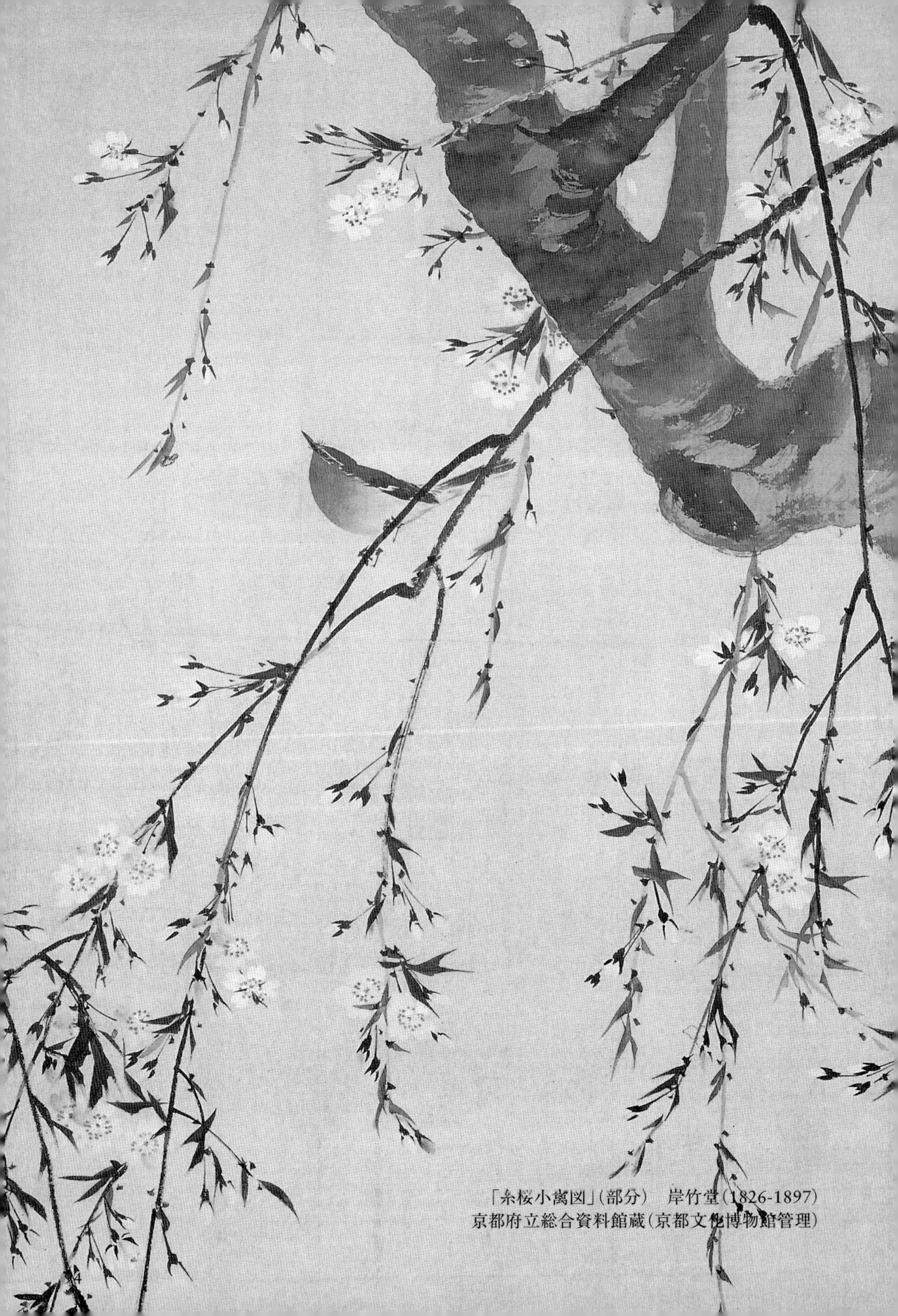

「糸桜小禽図」(部分)　岸竹堂(1826-1897)
京都府立総合資料館蔵(京都文化博物館管理)

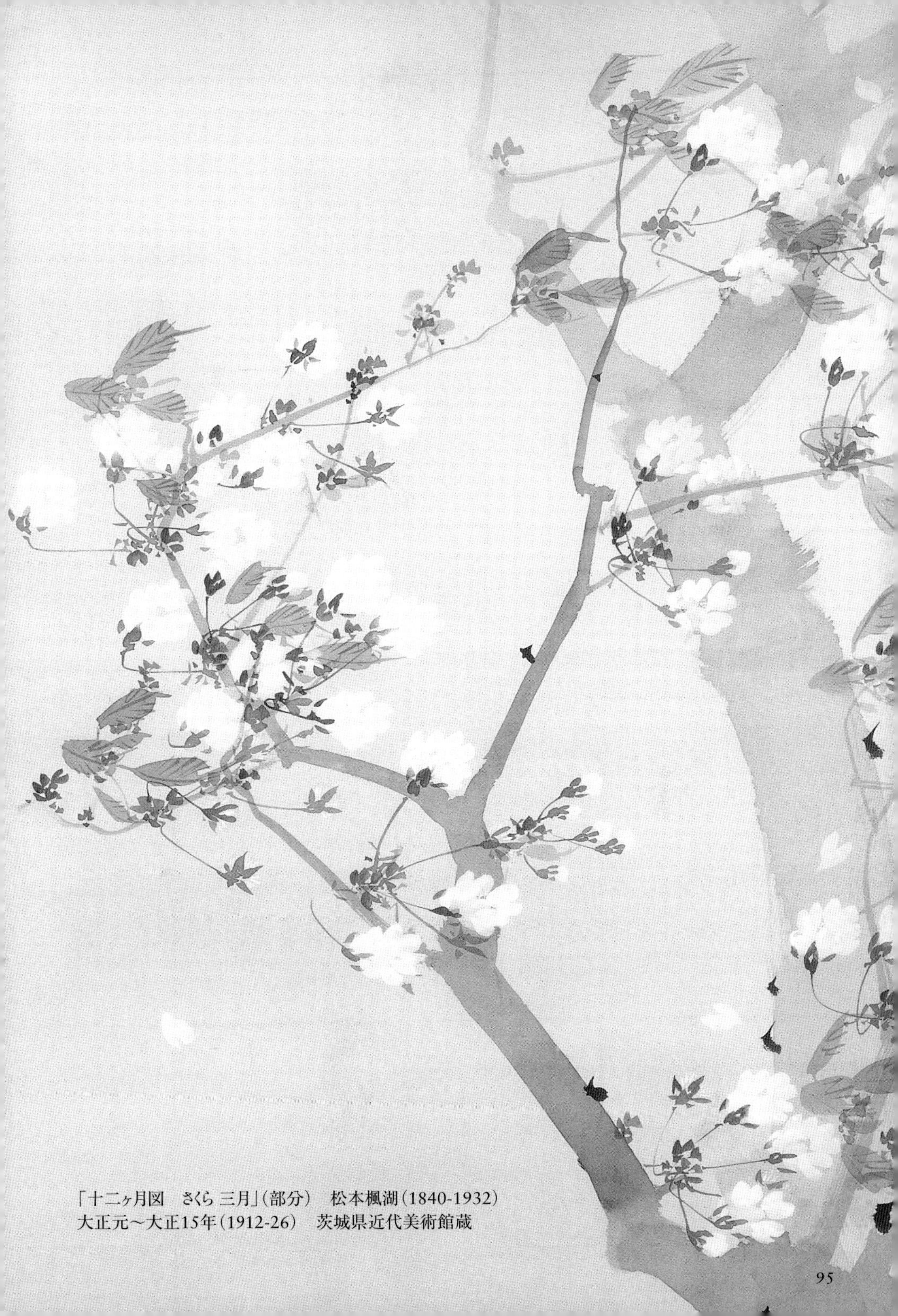

「十二ヶ月図　さくら 三月」（部分）　松本楓湖（1840-1932）
大正元〜大正15年（1912-26）　茨城県近代美術館蔵

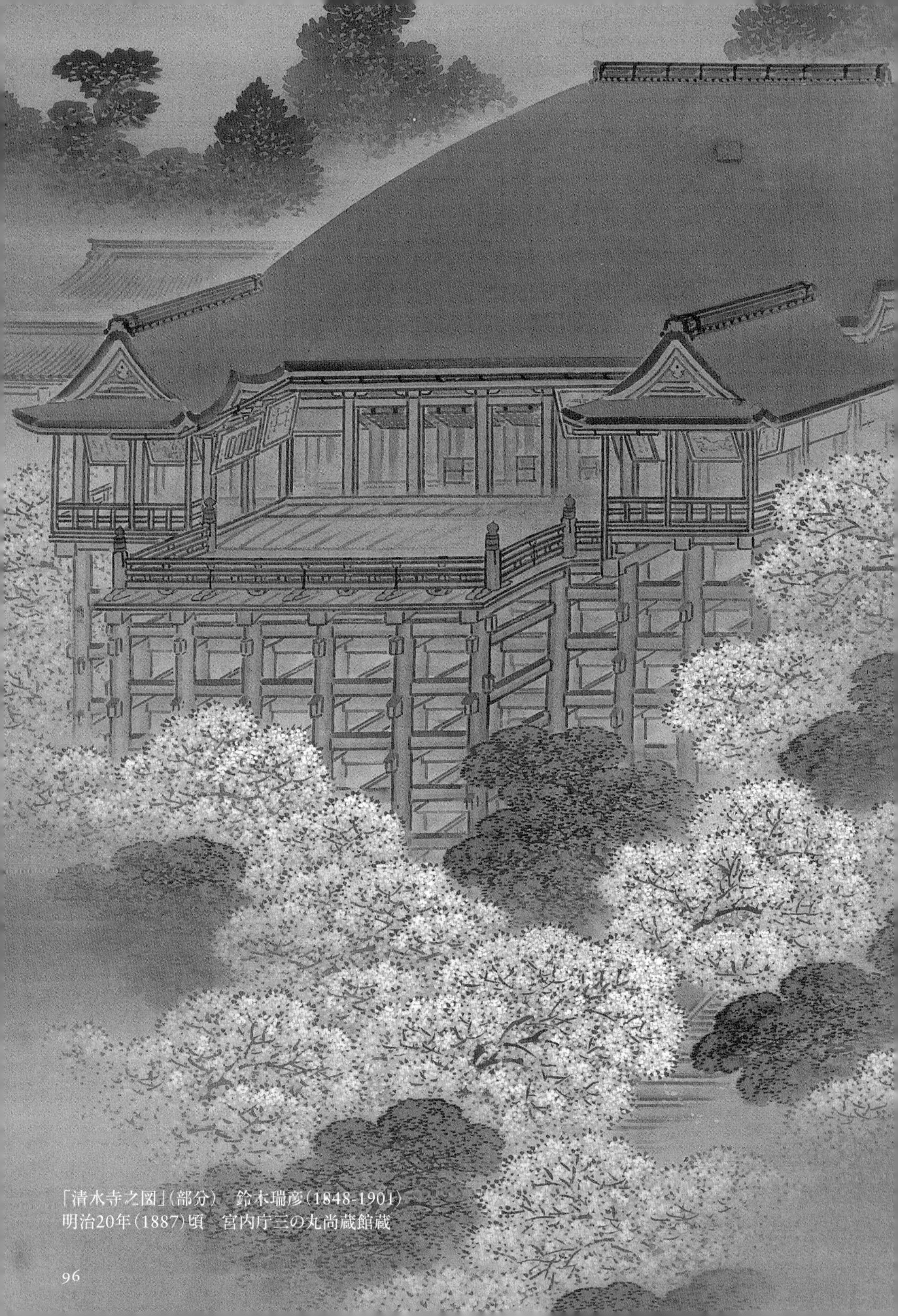

「清水寺之図」(部分)　鈴木瑞彦(1848-1901)
明治20年(1887)頃　宮内庁三の丸尚蔵館蔵

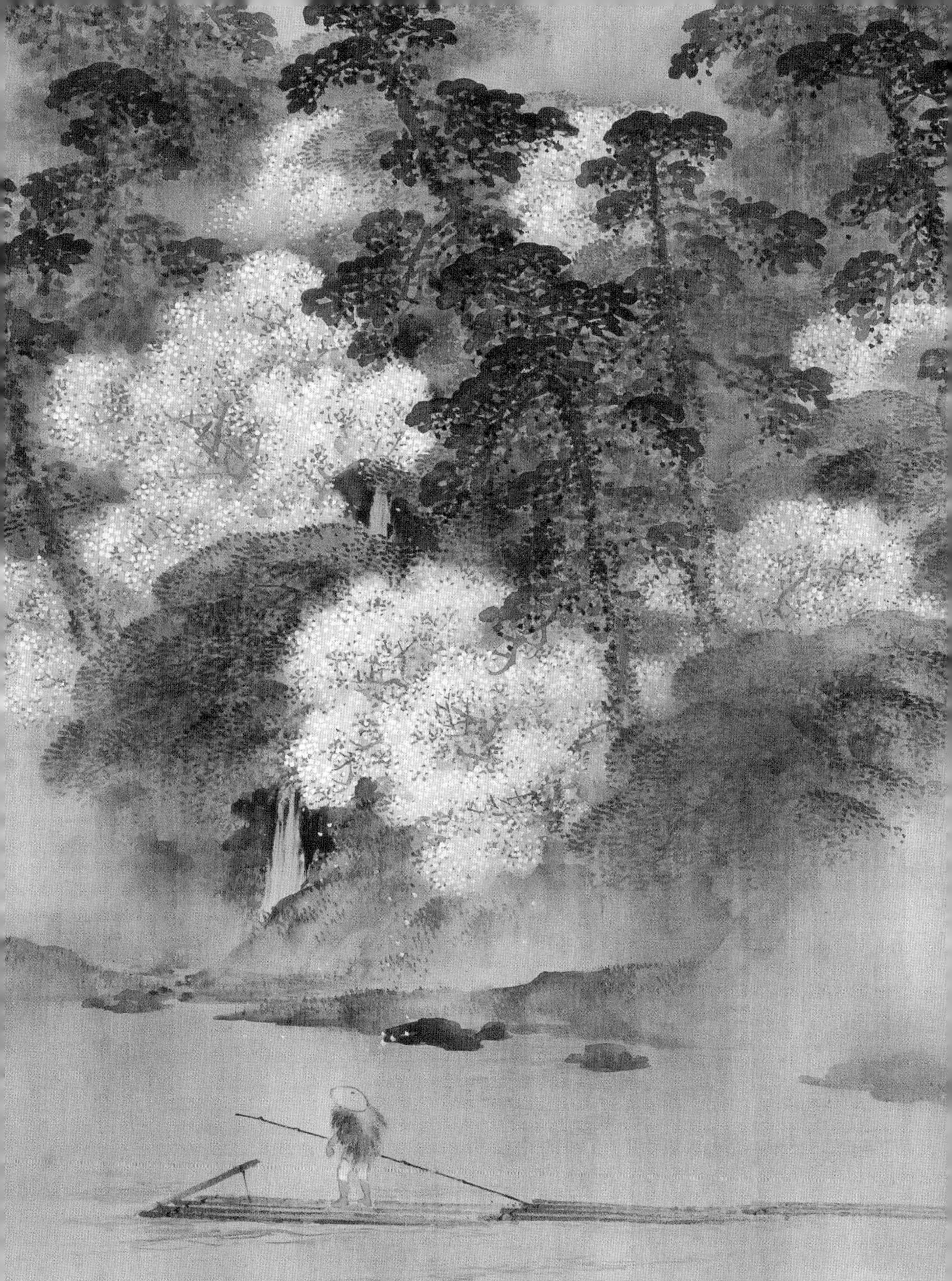

「雨中嵐山」(部分)　幸野楳嶺(1844-1895)　明治12年(1879)　宮内庁三の丸尚蔵館蔵

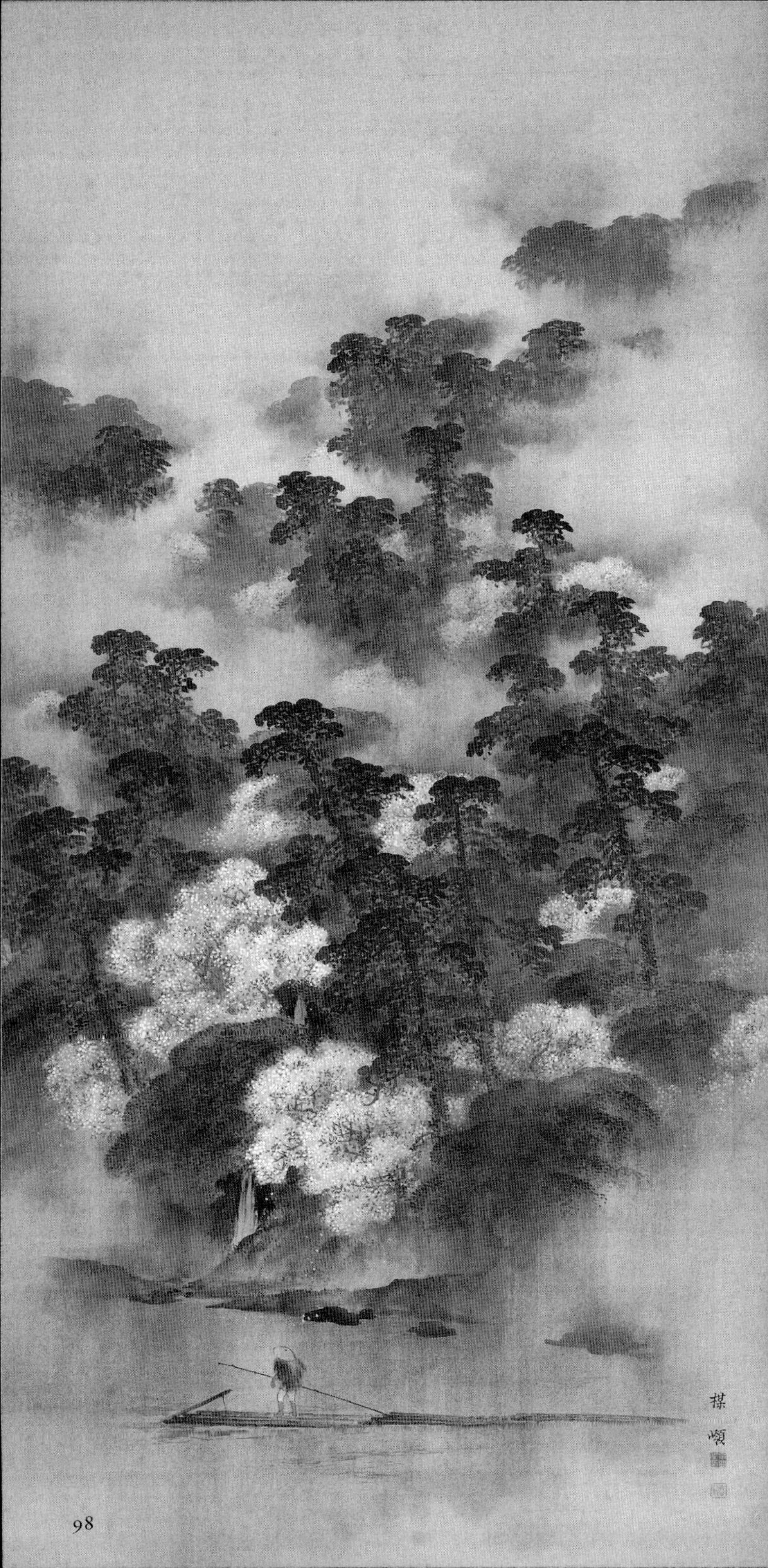

「雨中嵐山」
幸野楳嶺（1844-1895）
明治12年（1879）
宮内庁三の丸尚蔵館蔵

「櫻ニ雉子の図」
渡辺省亭（1851-1928）
佐久市立近代美術館蔵

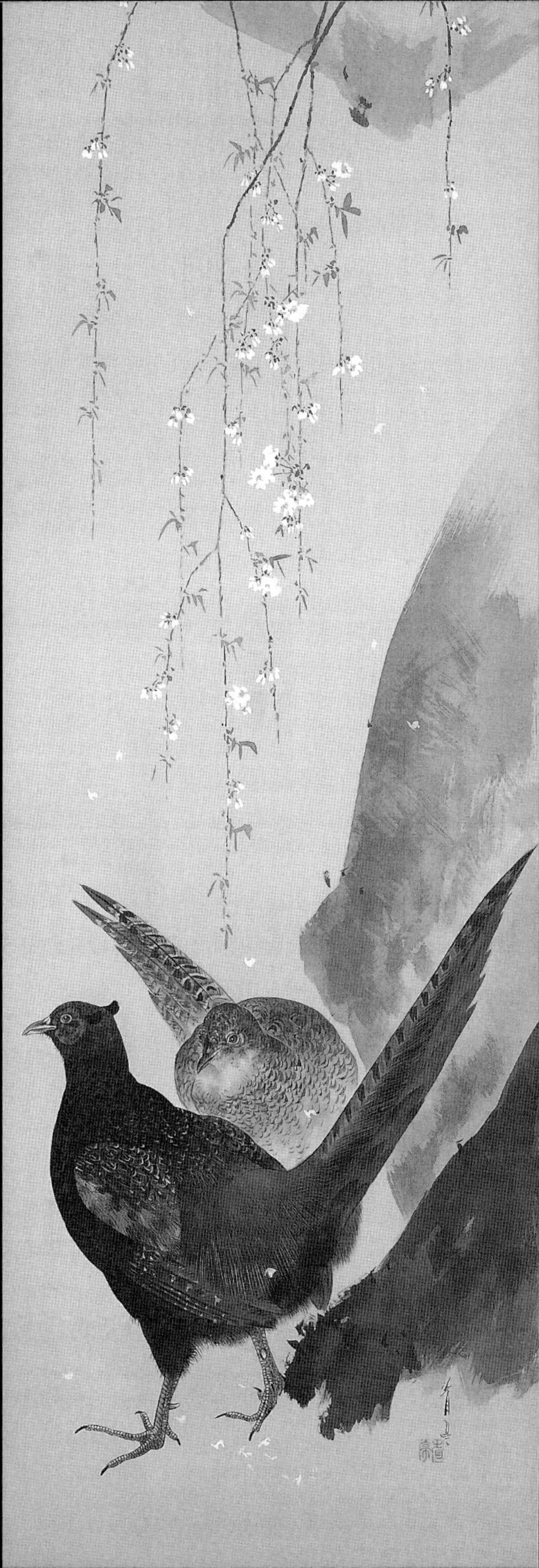

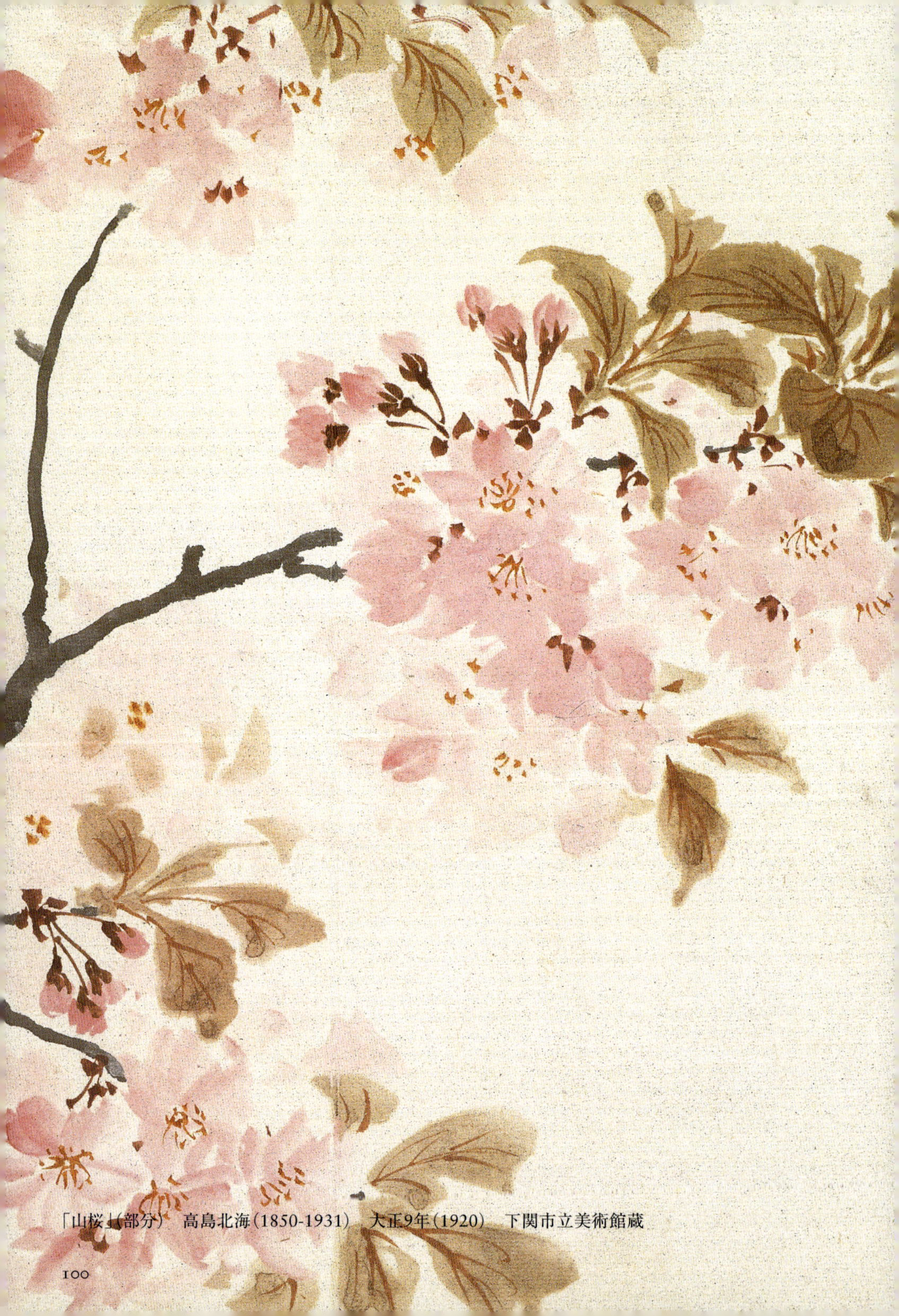

「山桜」(部分)　高島北海(1850-1931)　大正9年(1920)　下関市立美術館蔵

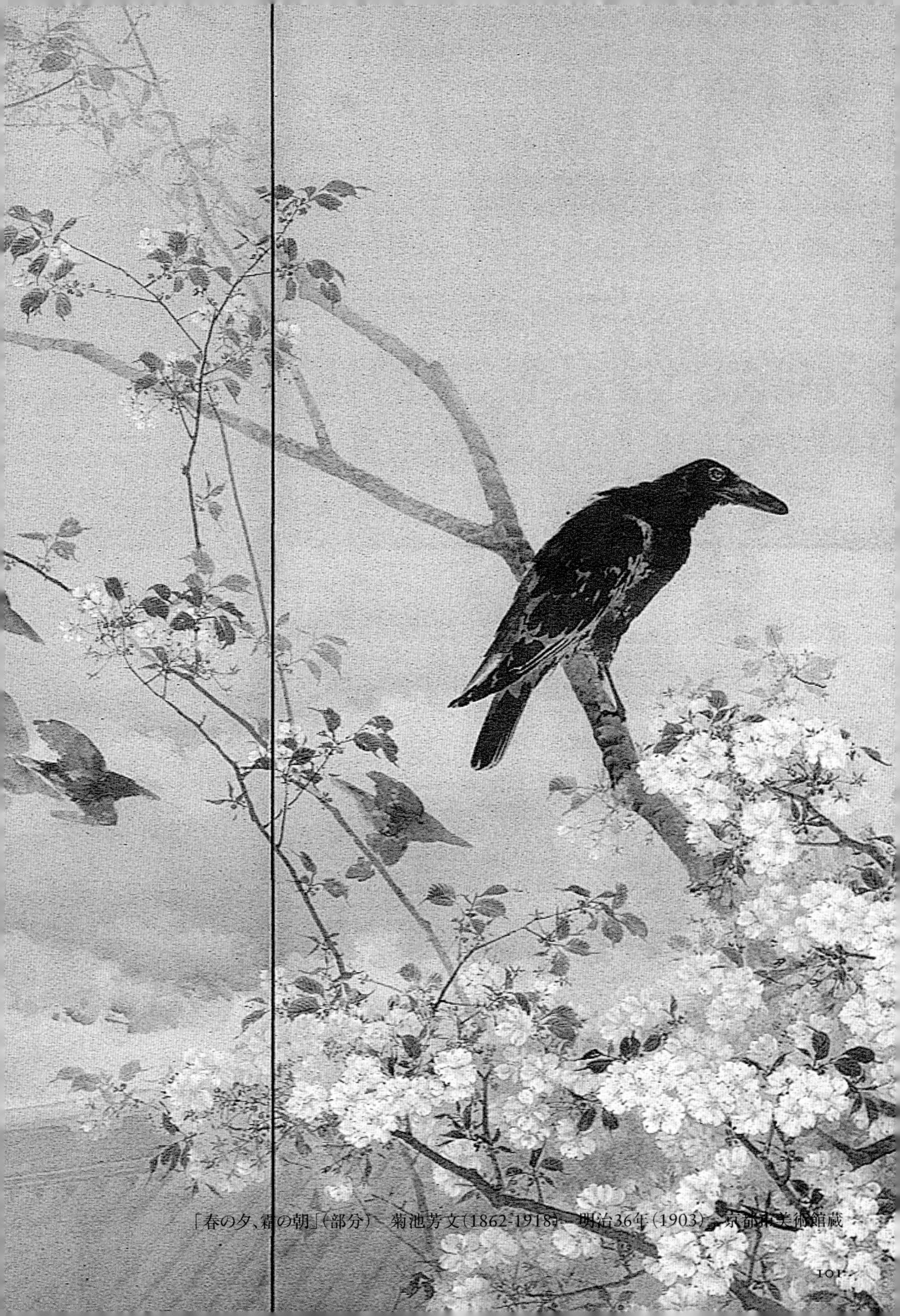

「春の夕、霜の朝」（部分）　菊池芳文（1862-1918）　明治36年（1903）　京都市美術館蔵

「春の夕、霜の朝」(部分)　菊池芳文(1862-1918)
明治36年(1903)　京都市美術館蔵

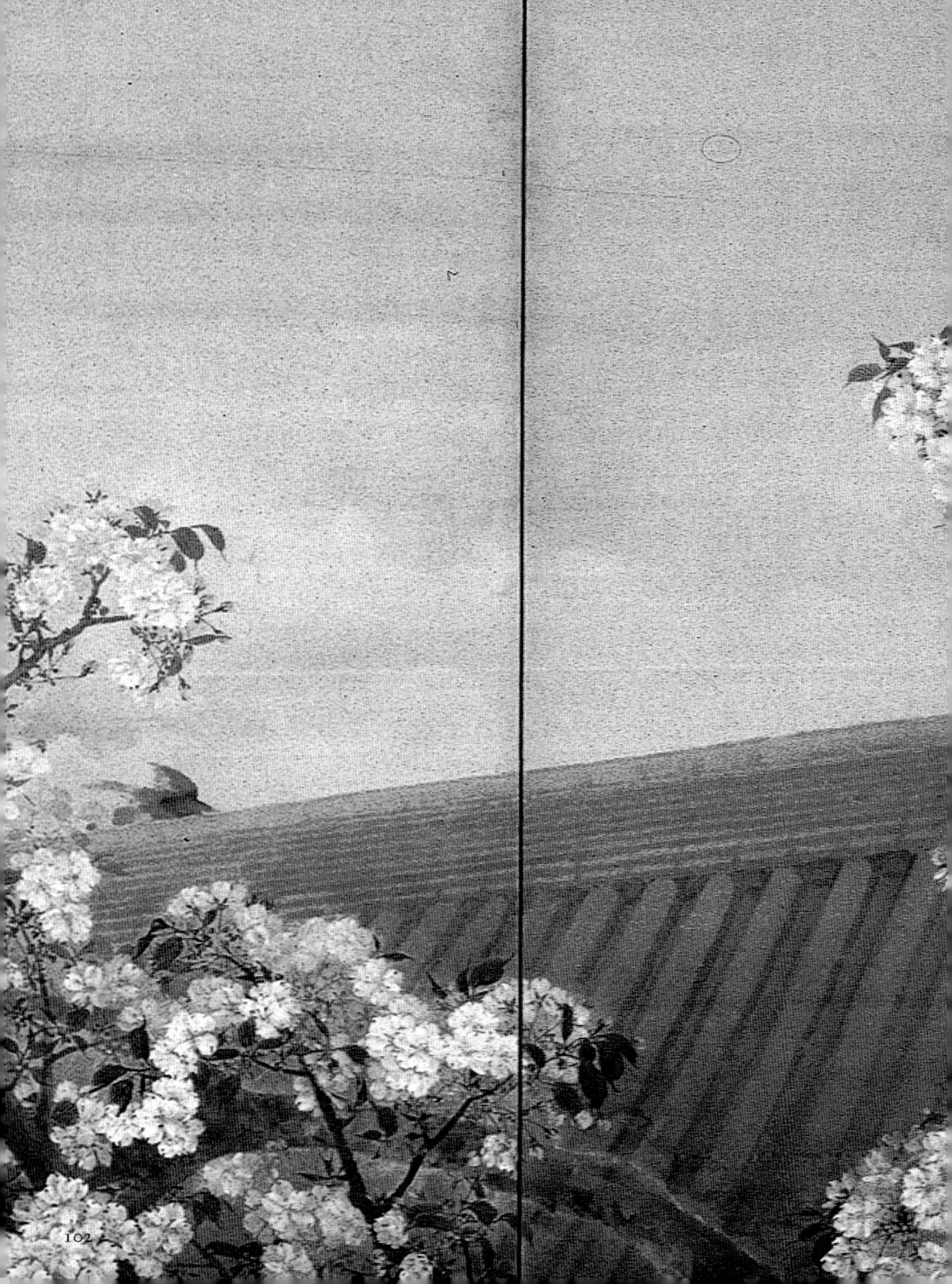

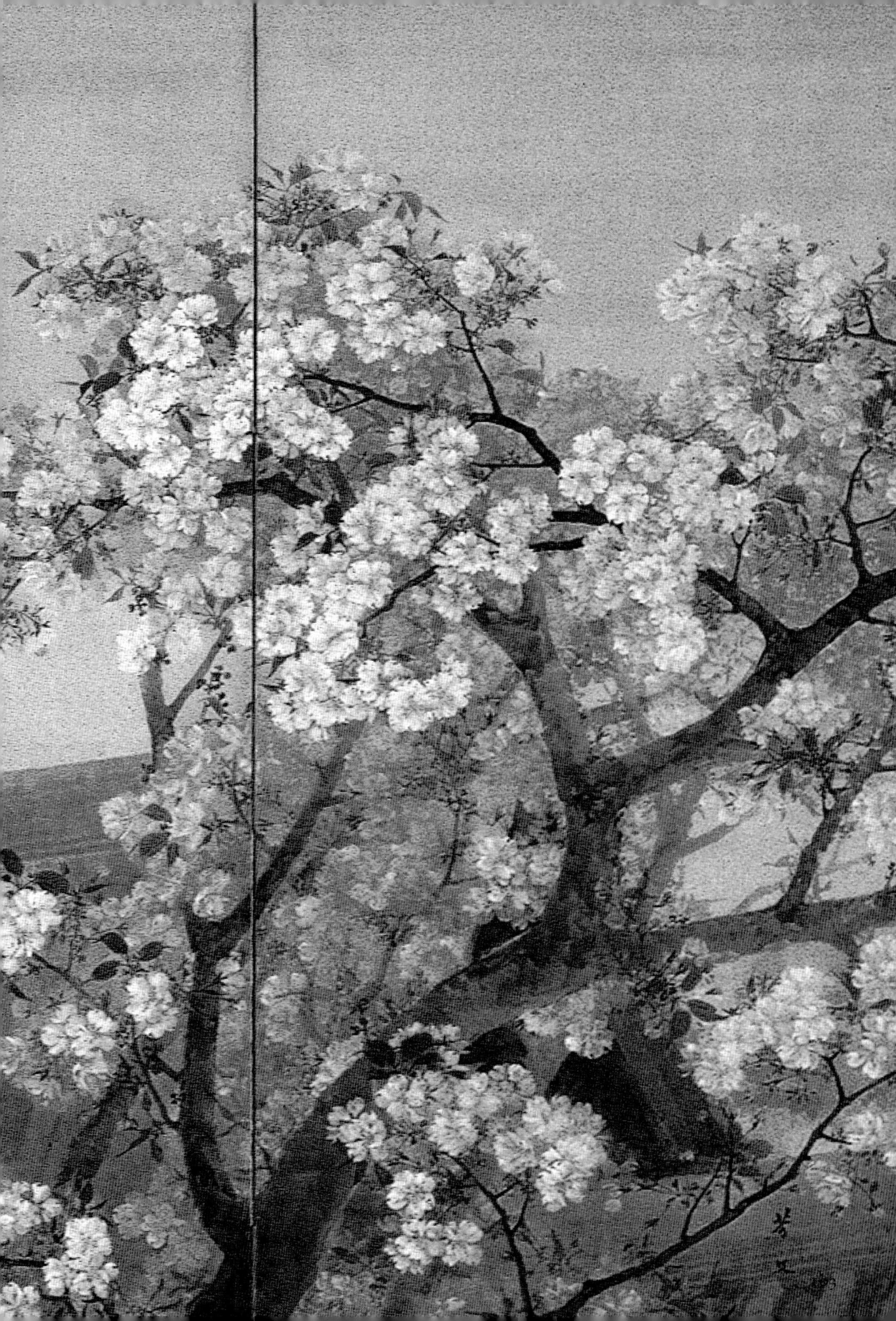

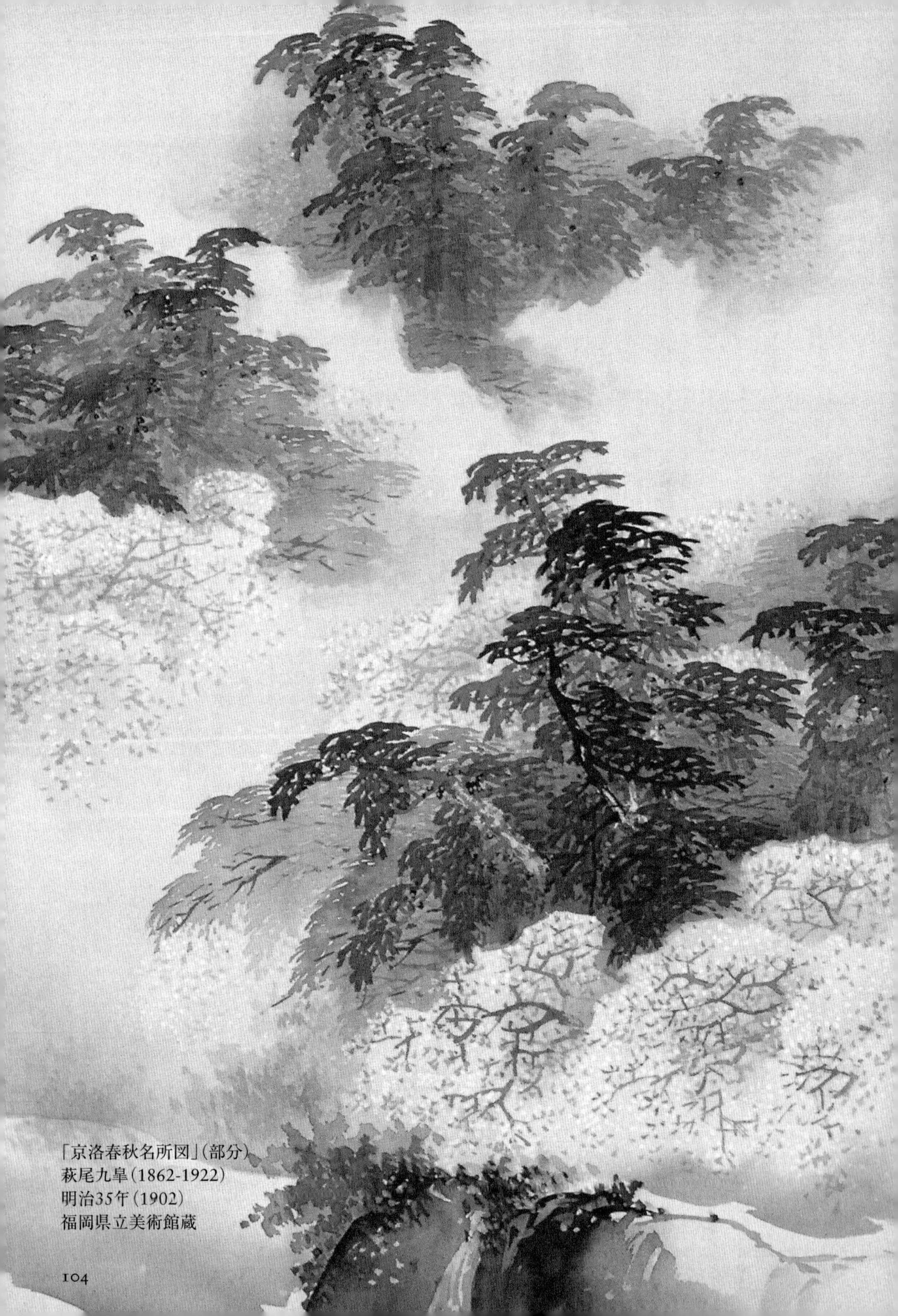

「京洛春秋名所図」(部分)
萩尾九皐(1862-1922)
明治35午(1902)
福岡県立美術館蔵

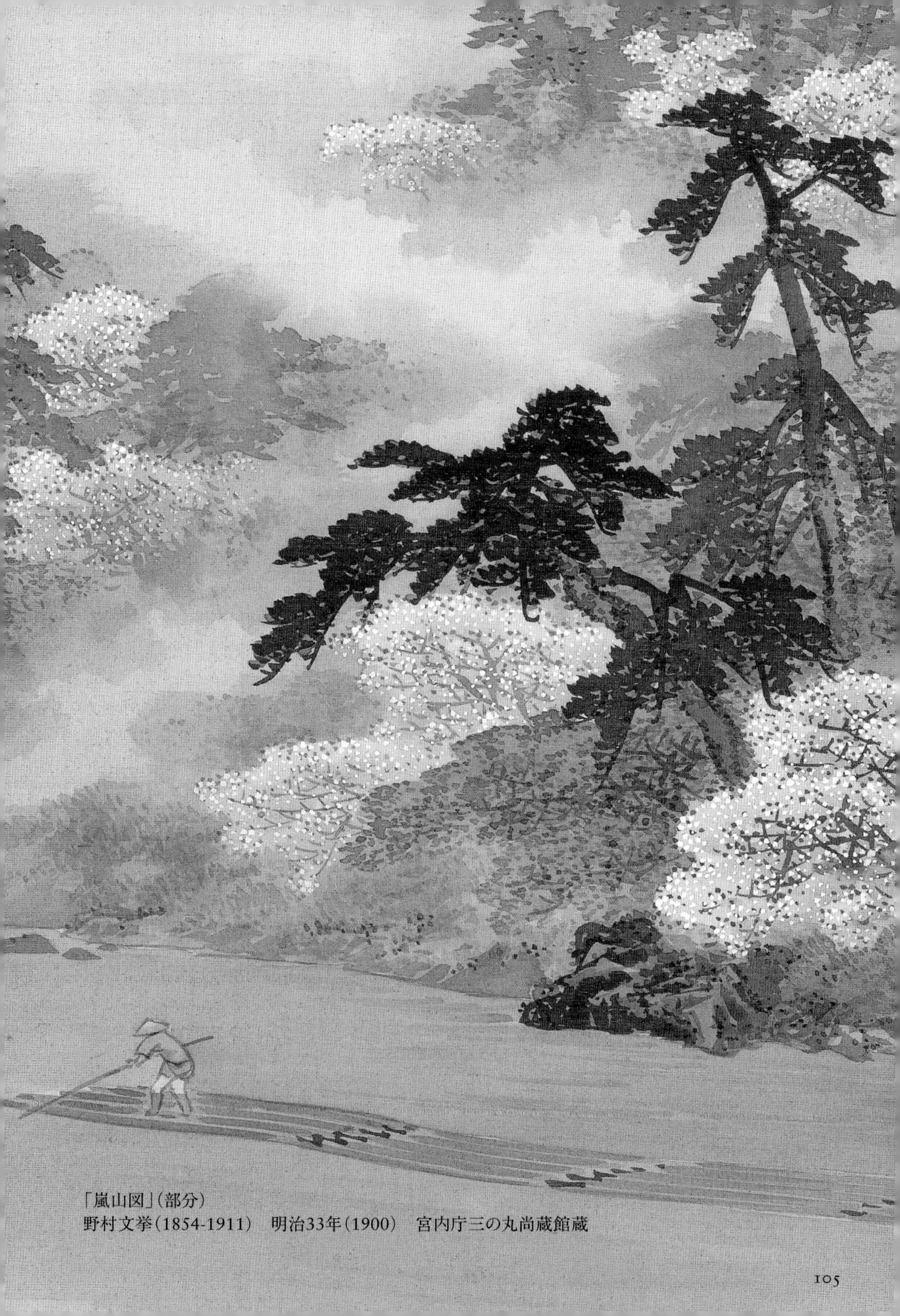

「嵐山図」(部分)
野村文挙(1854-1911)　明治33年(1900)　宮内庁三の丸尚蔵館蔵

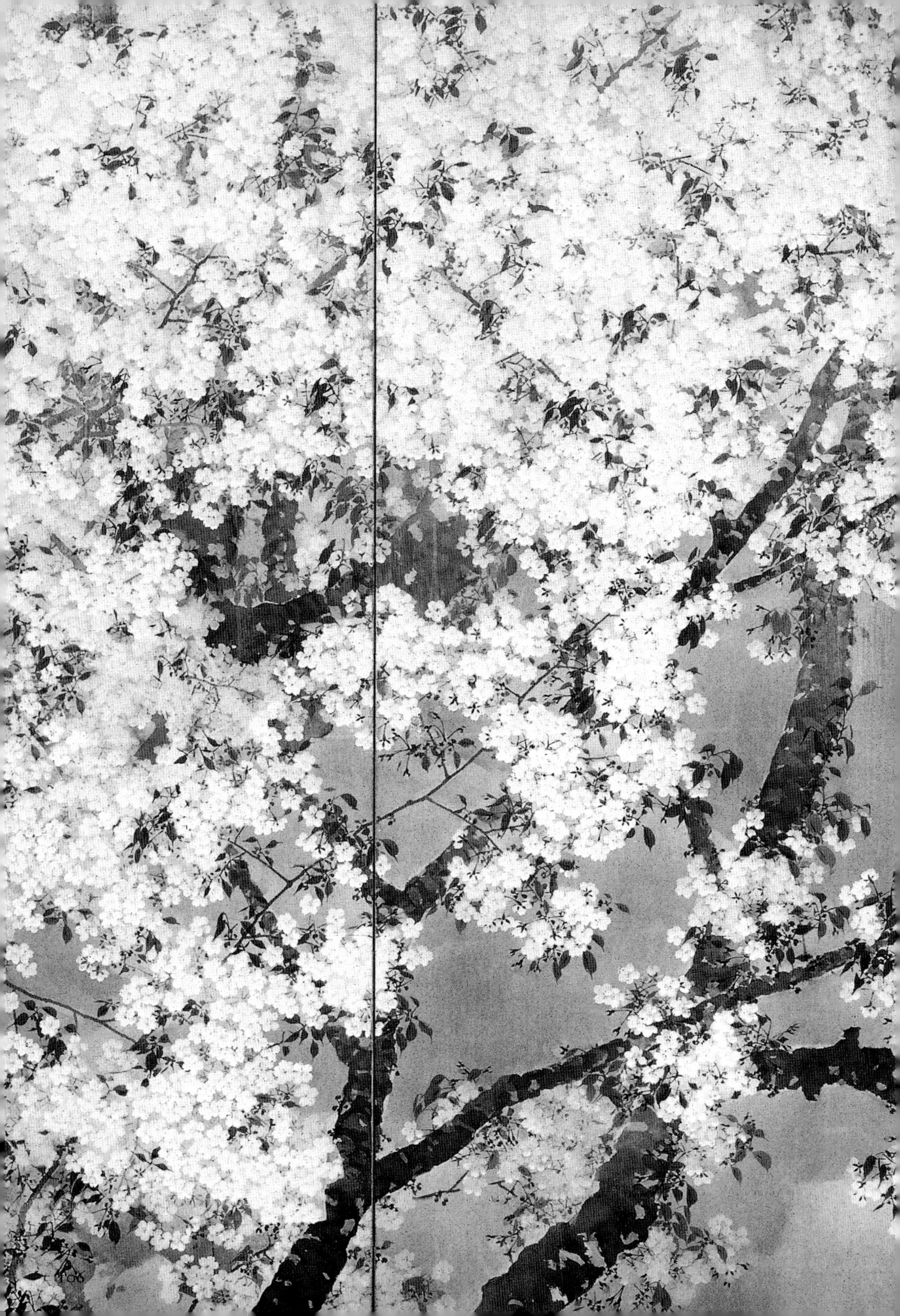

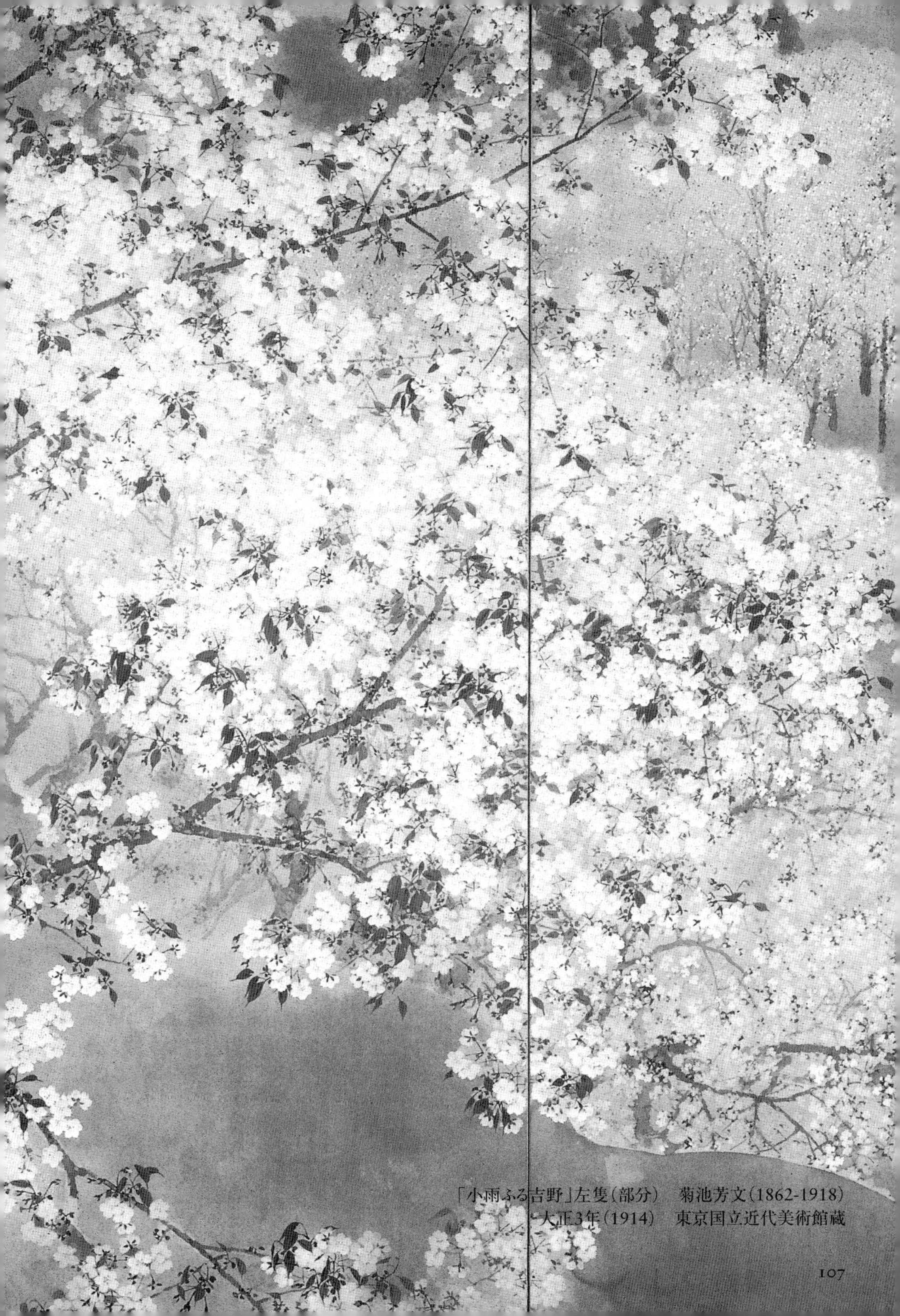

「小雨ふる吉野」左隻(部分)　菊池芳文(1862-1918)
大正3年(1914)　東京国立近代美術館蔵

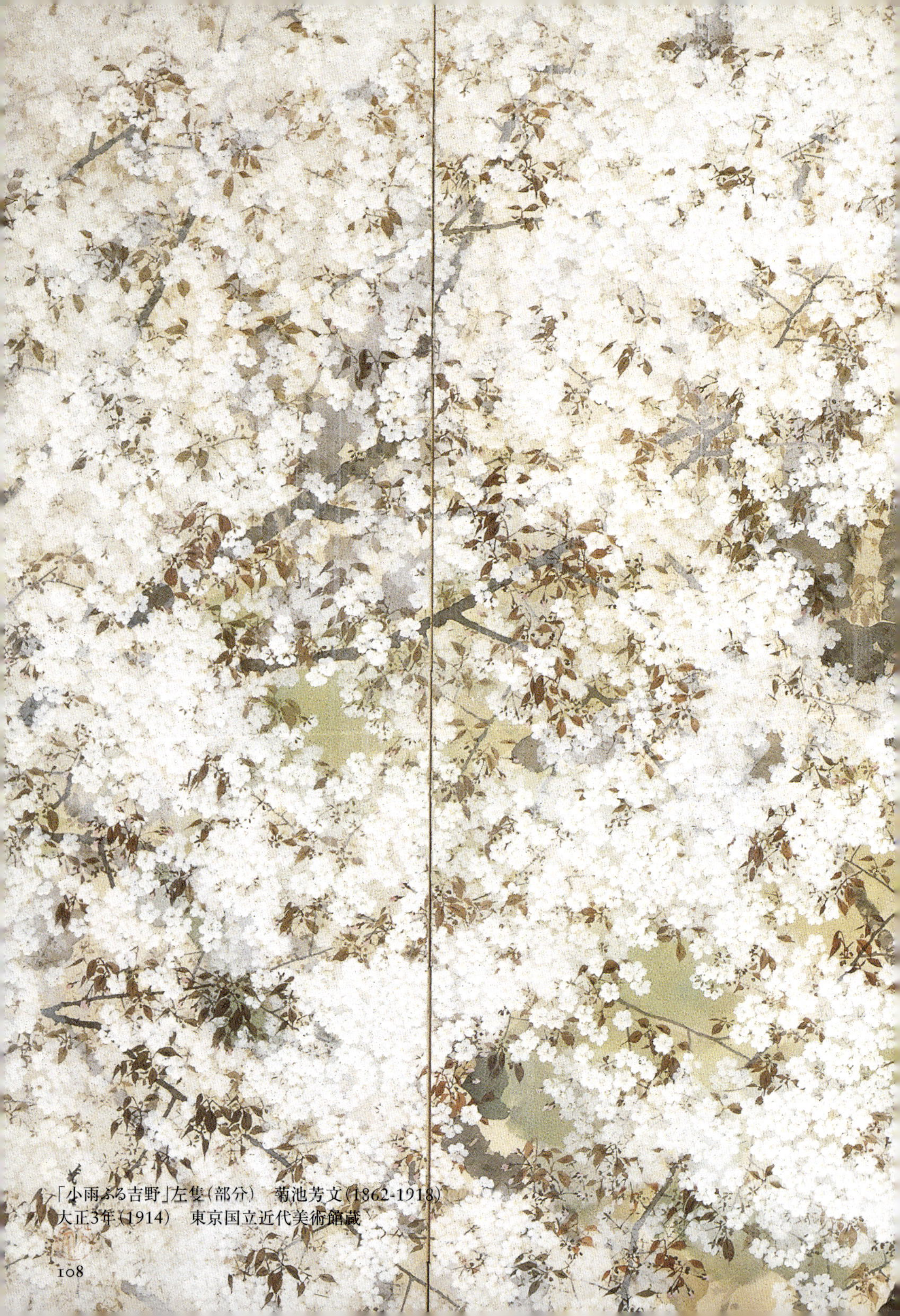

「小雨ふる吉野」左隻(部分)　菊池芳文(1862-1918)
大正3年(1914)　東京国立近代美術館蔵

「吉野の桜」(部分)　都路華香(1871-1931)　明治37年(1904)　髙島屋史料館蔵

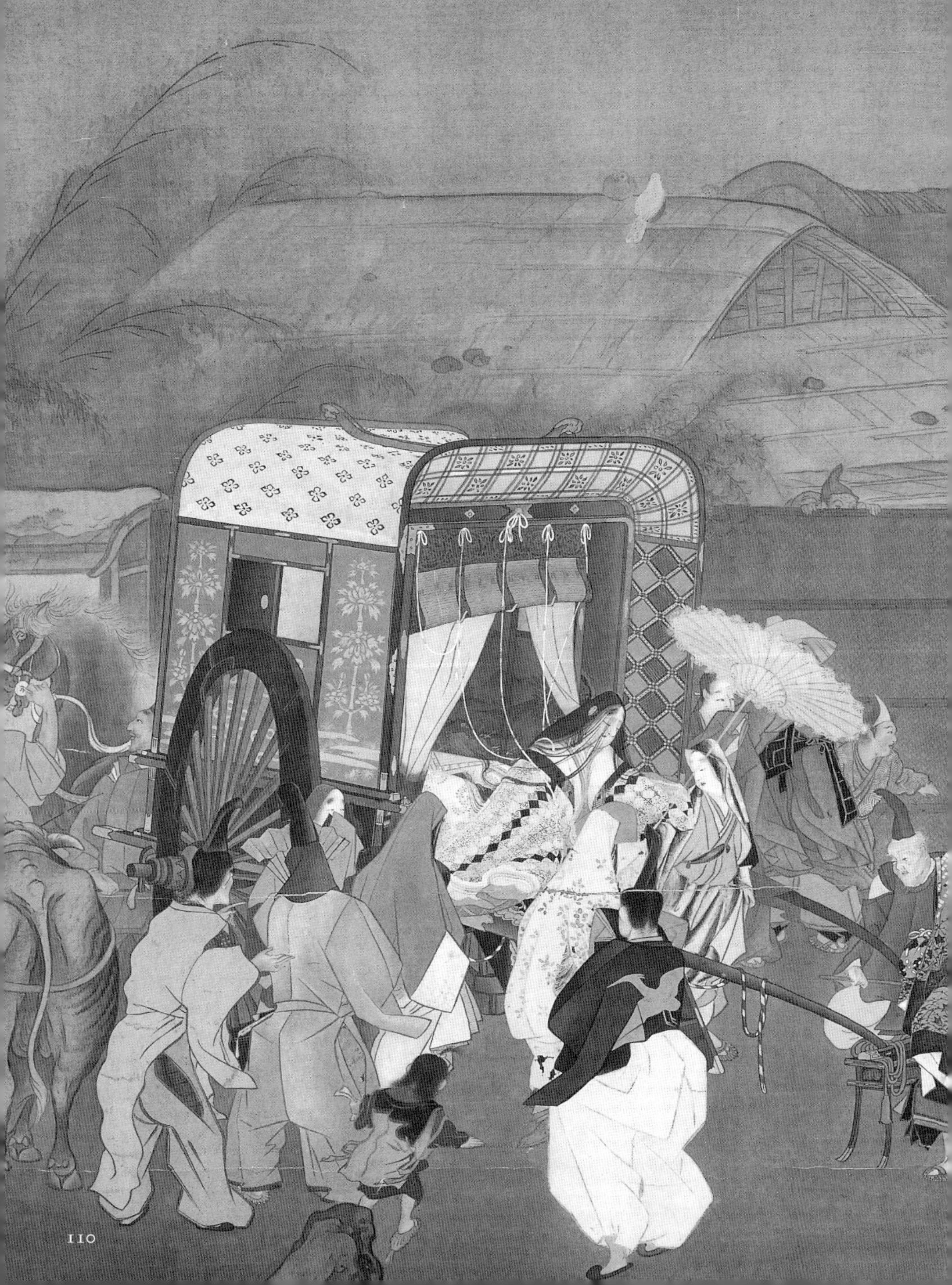

「熊野御前花見」(部分)　下村観山(1873-1930)
明治27年(1894)　東京藝術大学大学美術館蔵

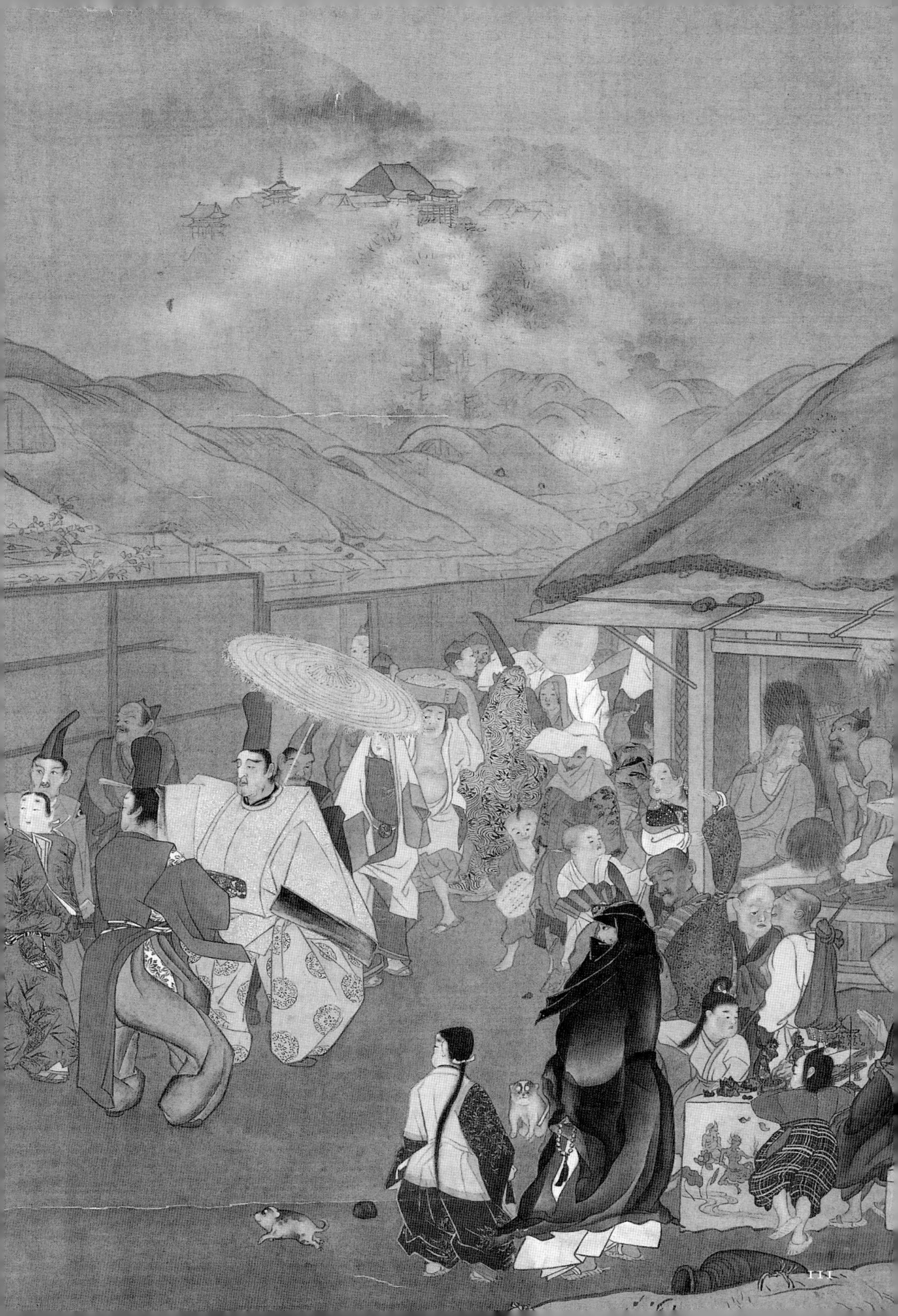

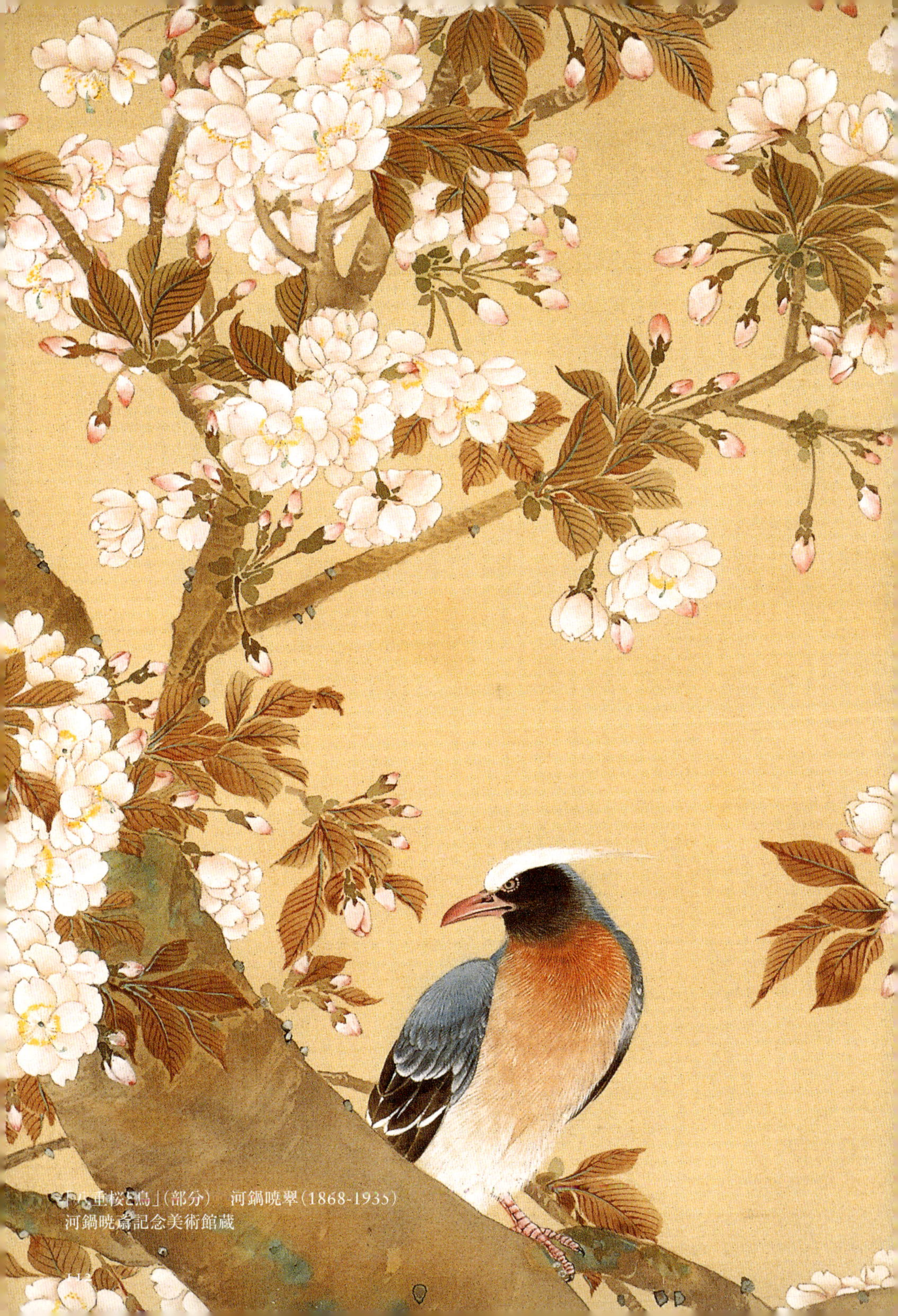

「八重桜と鳥」(部分)　河鍋暁翠(1868-1935)
河鍋暁斎記念美術館蔵

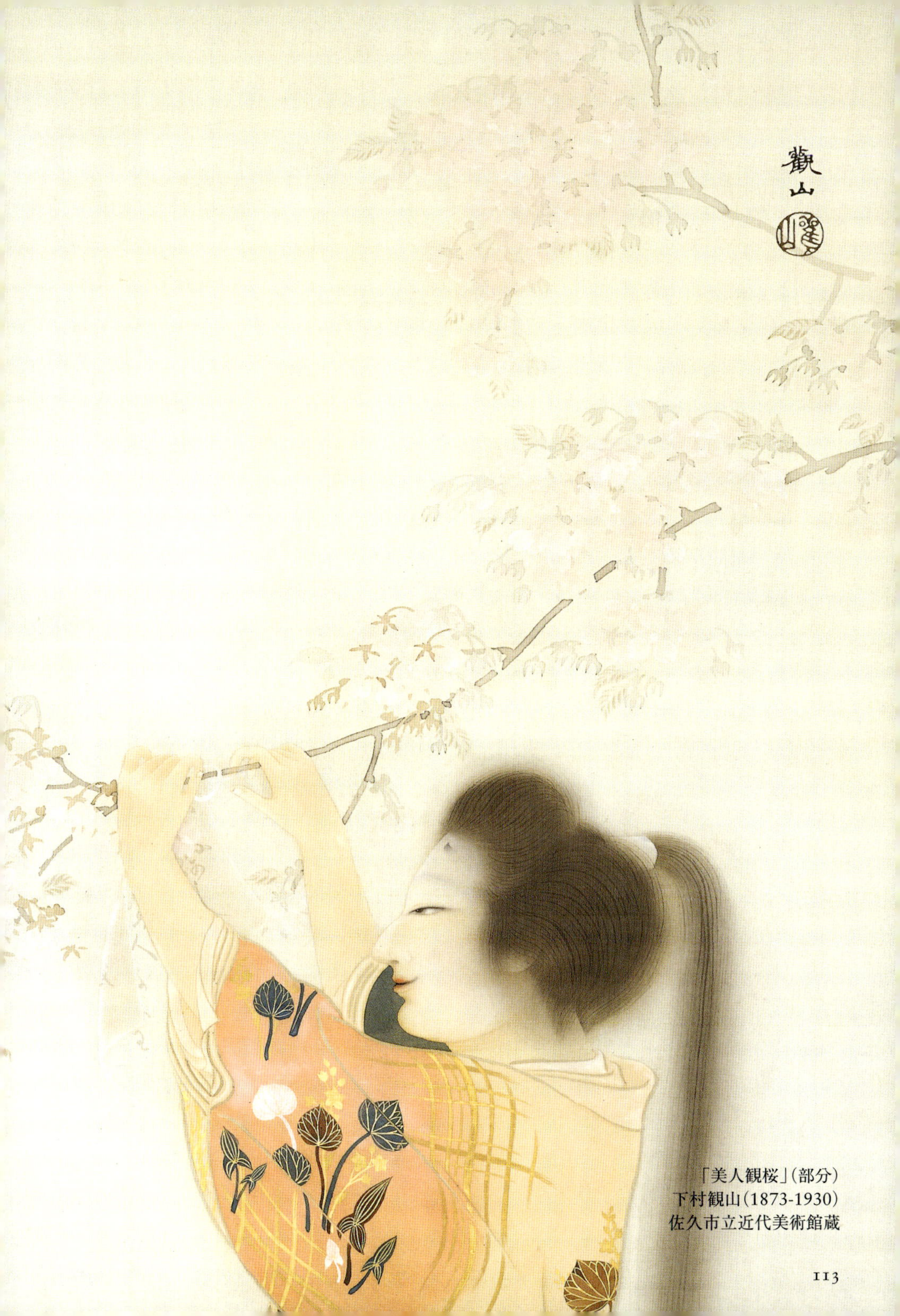

「美人観桜」(部分)
下村観山(1873-1930)
佐久市立近代美術館蔵

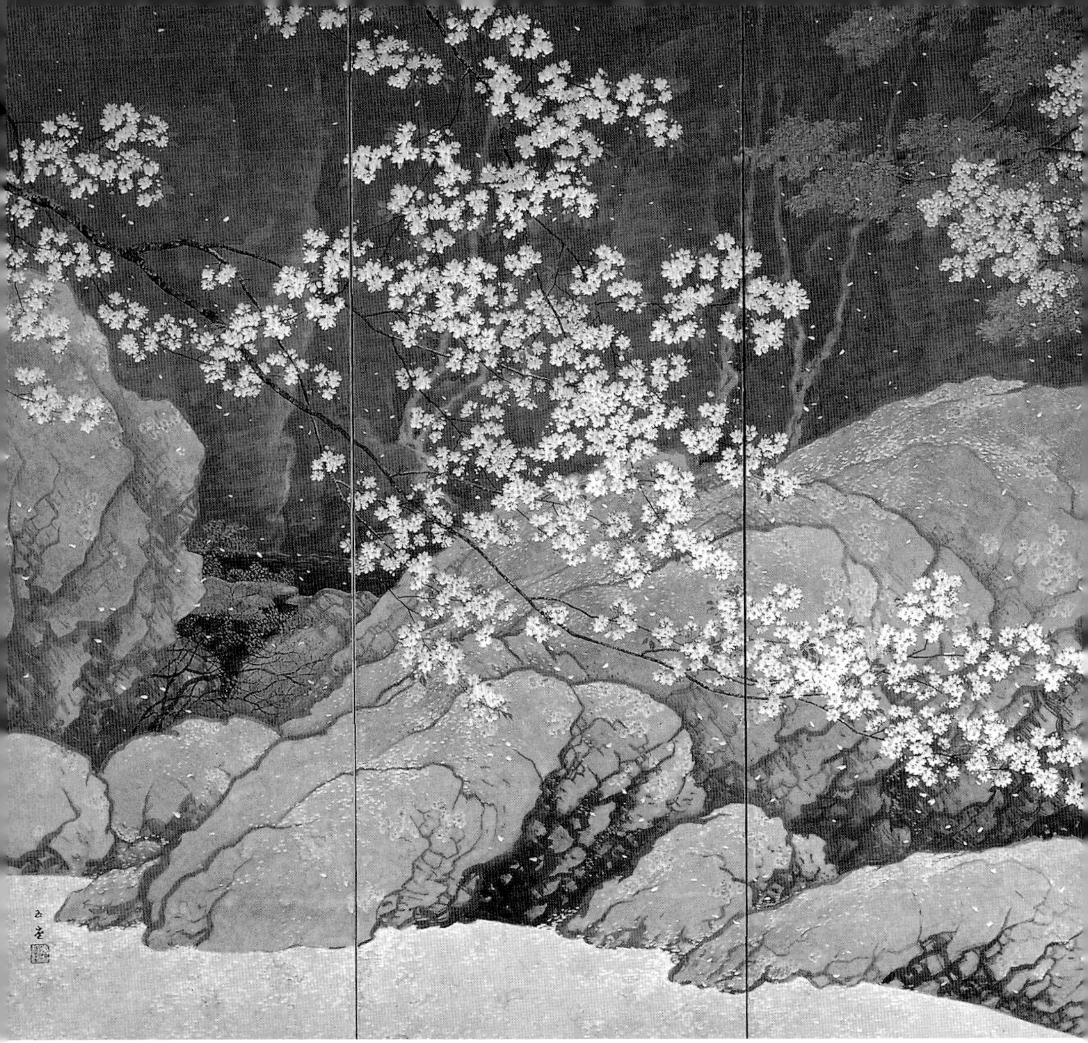

「行く春」左隻　重文　川合玉堂(1873-1957)　大正5年(1916)　東京国立近代美術館蔵

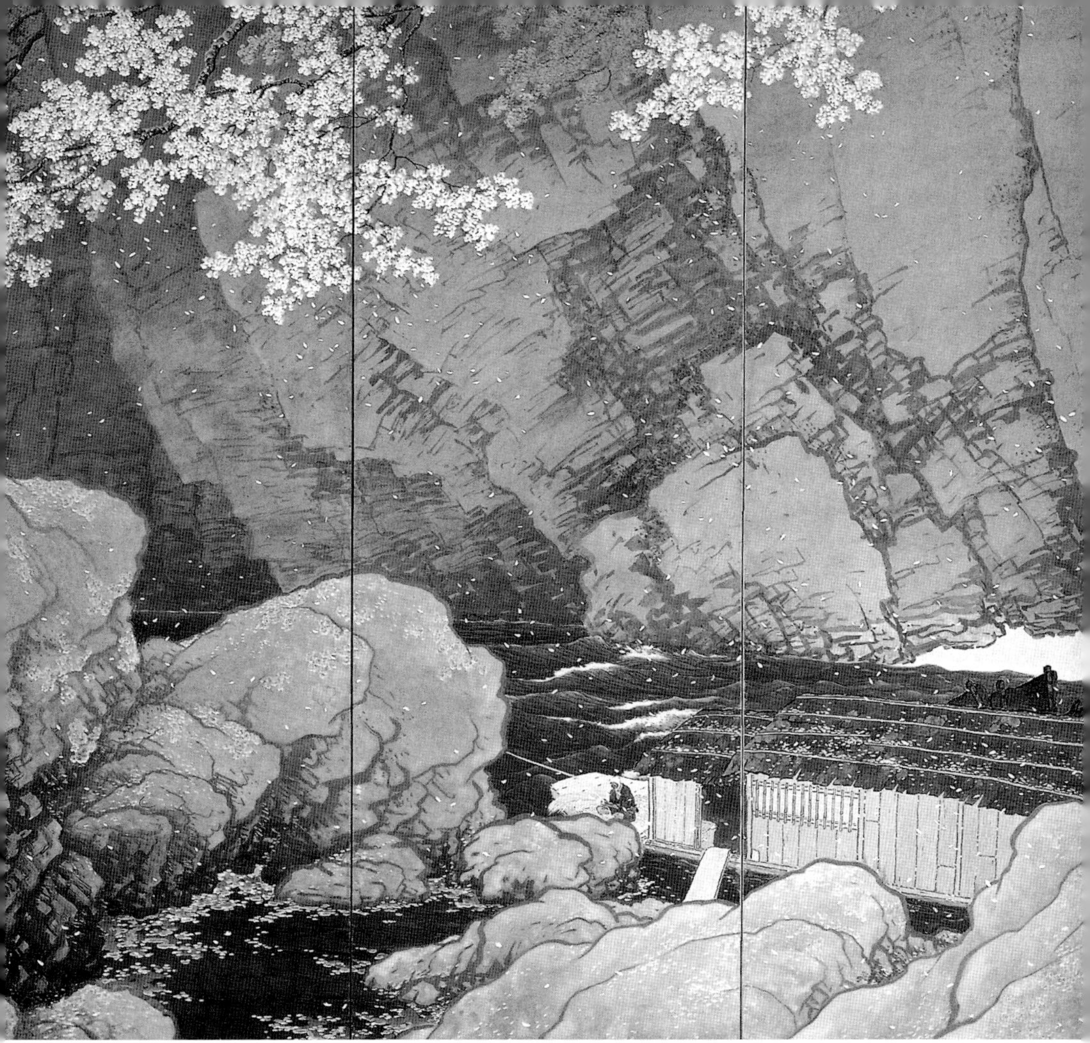

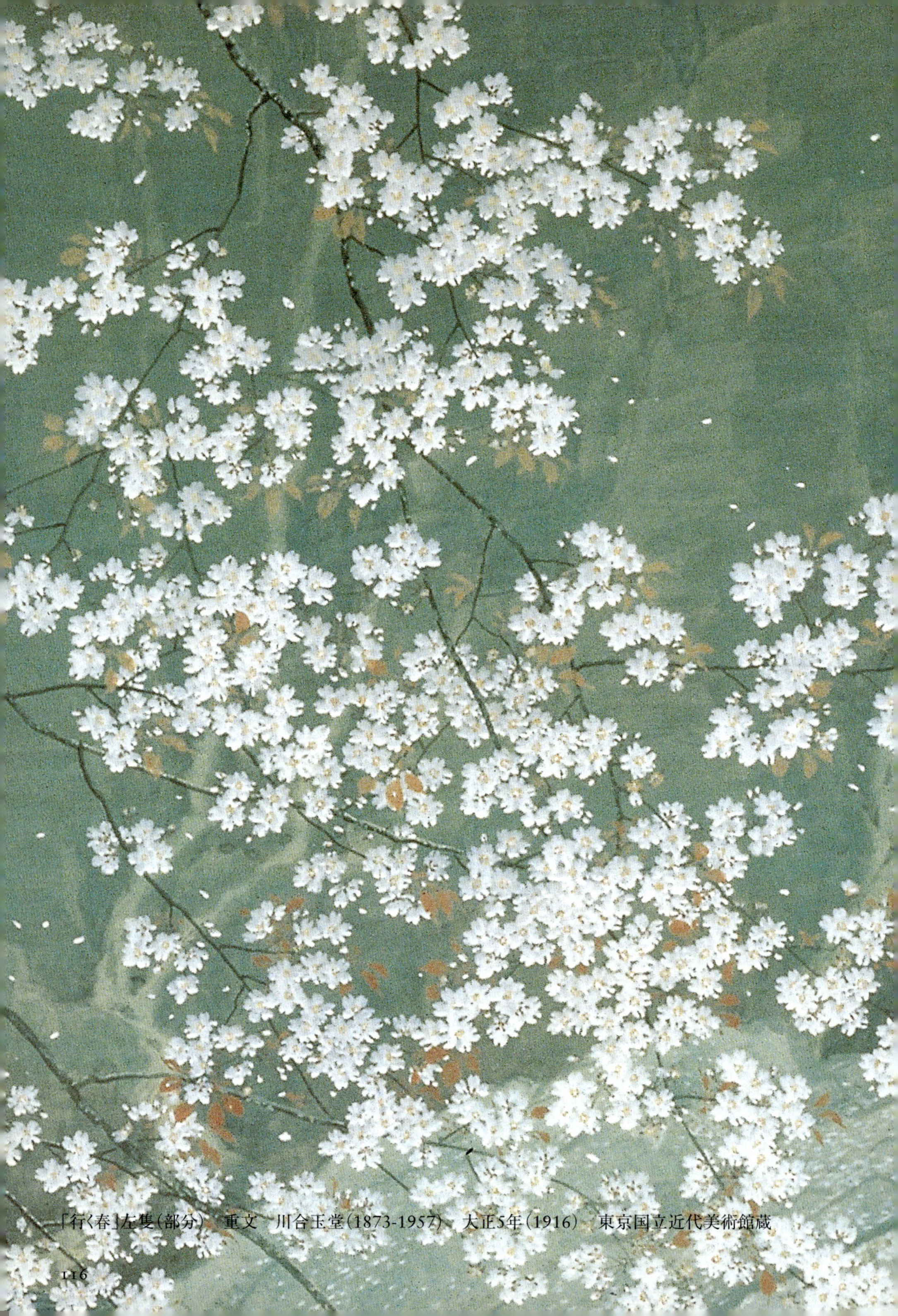

「行く春」左隻（部分）　重文　川合玉堂（1873-1957）　大正5年（1916）　東京国立近代美術館蔵

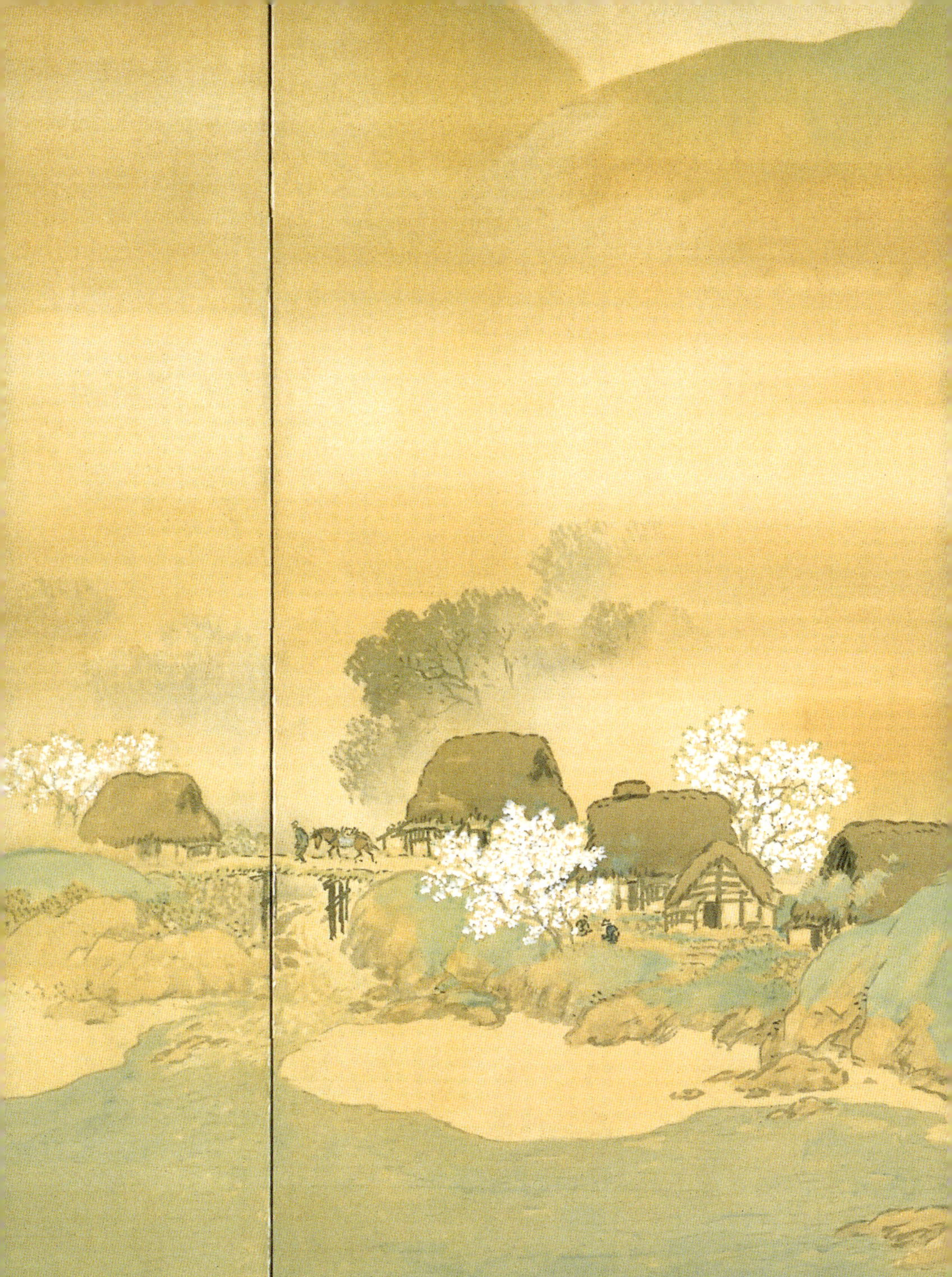

「春景山水」右隻（部分）　川合玉堂（1873-1957）　大正7年（1918）頃　岐阜県美術館蔵

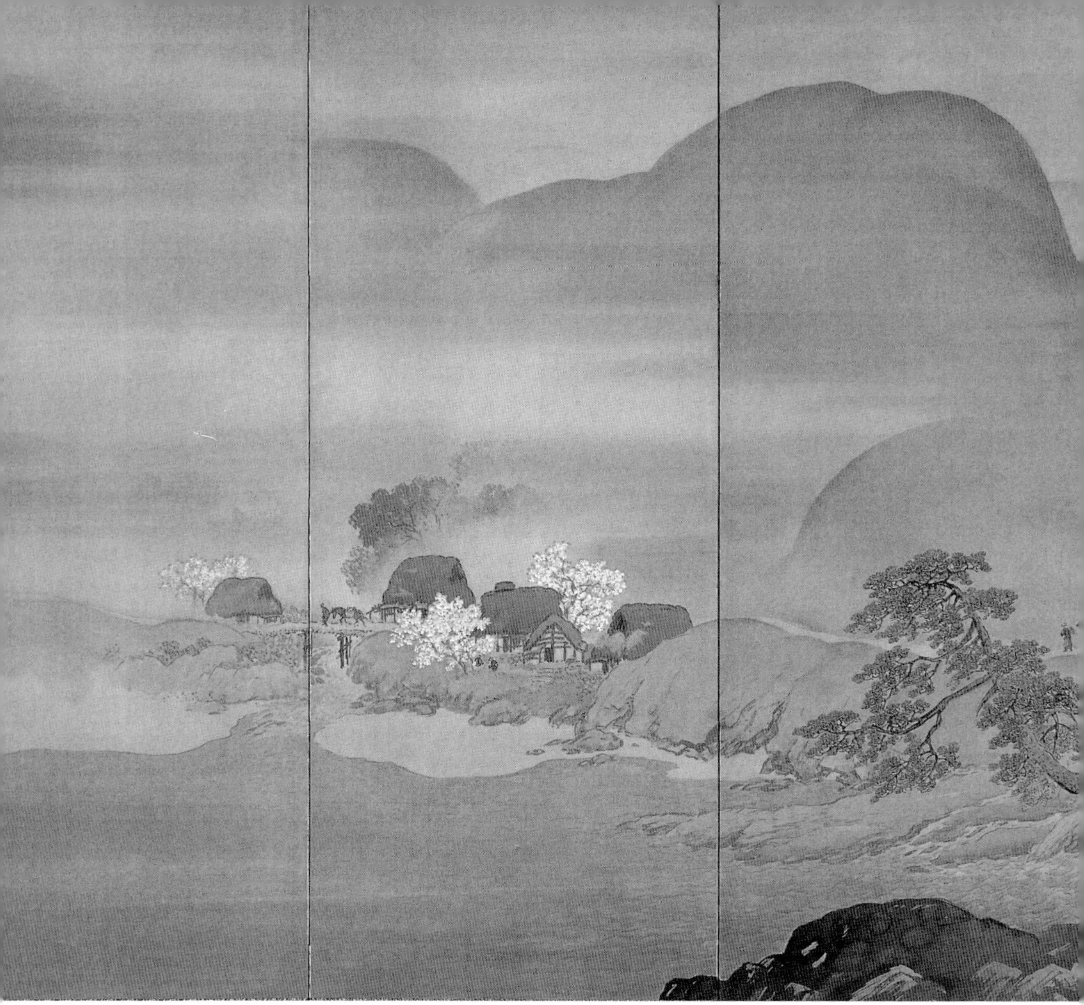

「春景山水」右隻　川合玉堂(1873-1957)　大正7年(1918)頃　岐阜県美術館蔵

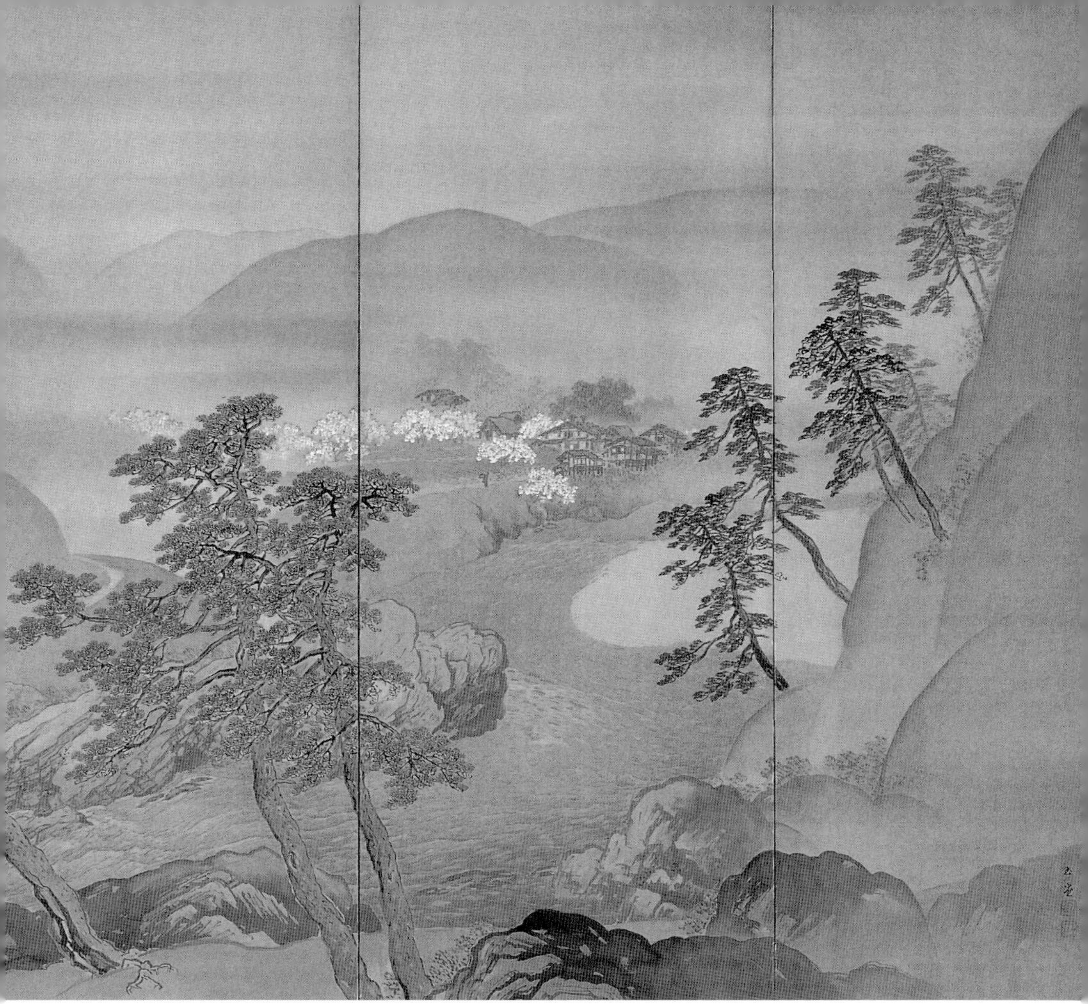

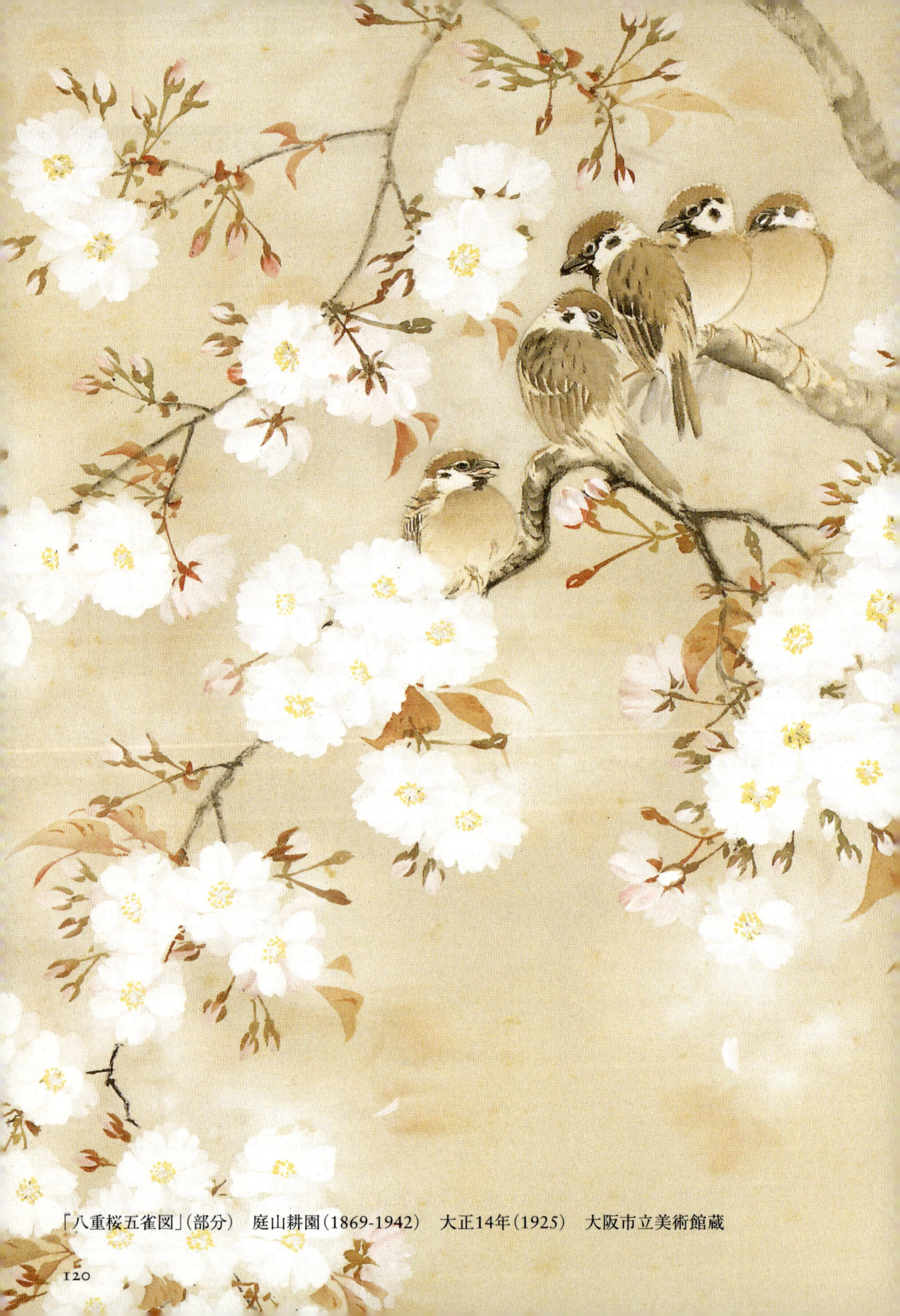

「八重桜五雀図」(部分)　庭山耕園(1869-1942)　大正14年(1925)　大阪市立美術館蔵

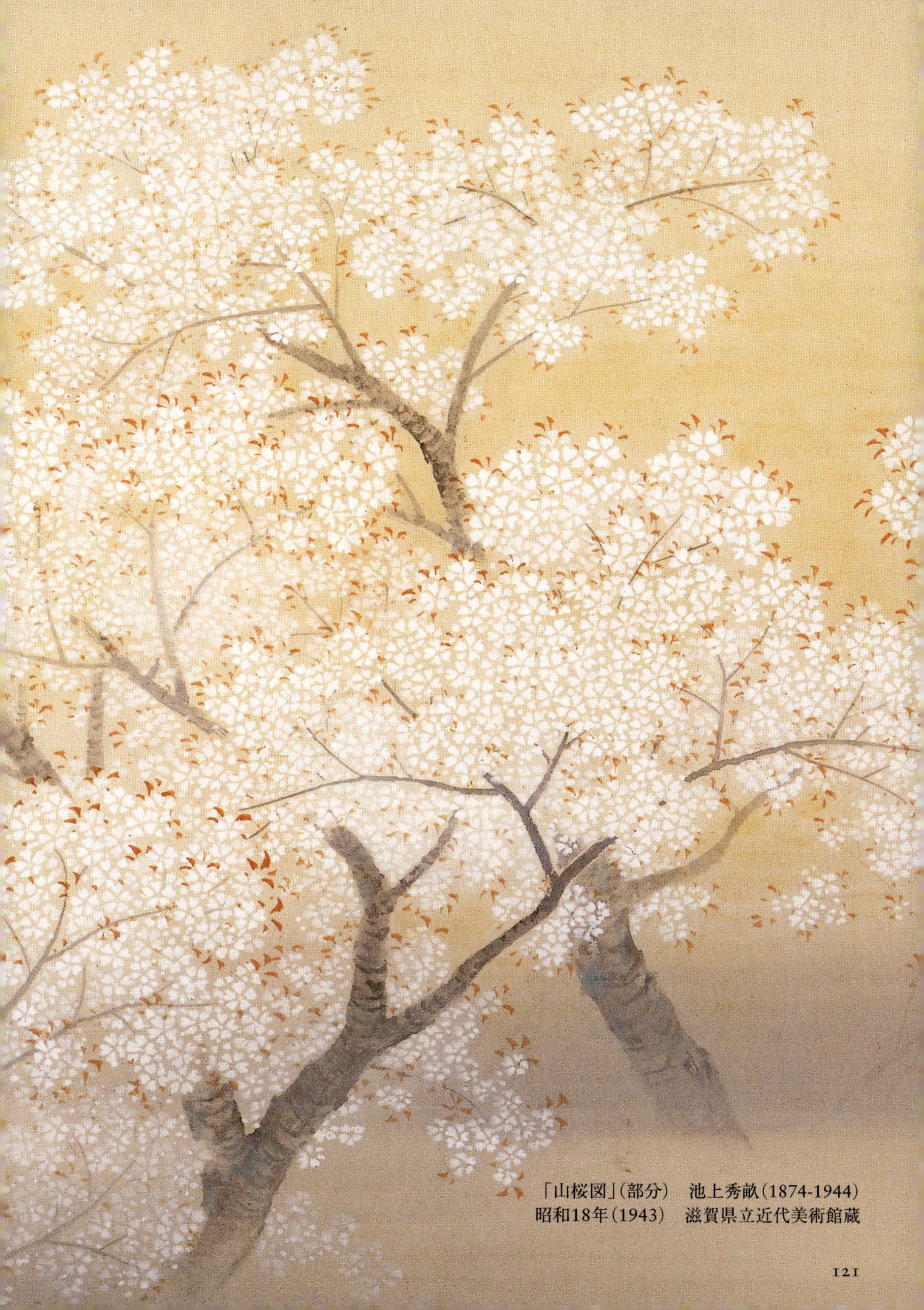

「山桜図」（部分）　池上秀畝（1874-1944）
昭和18年（1943）　滋賀県立近代美術館蔵

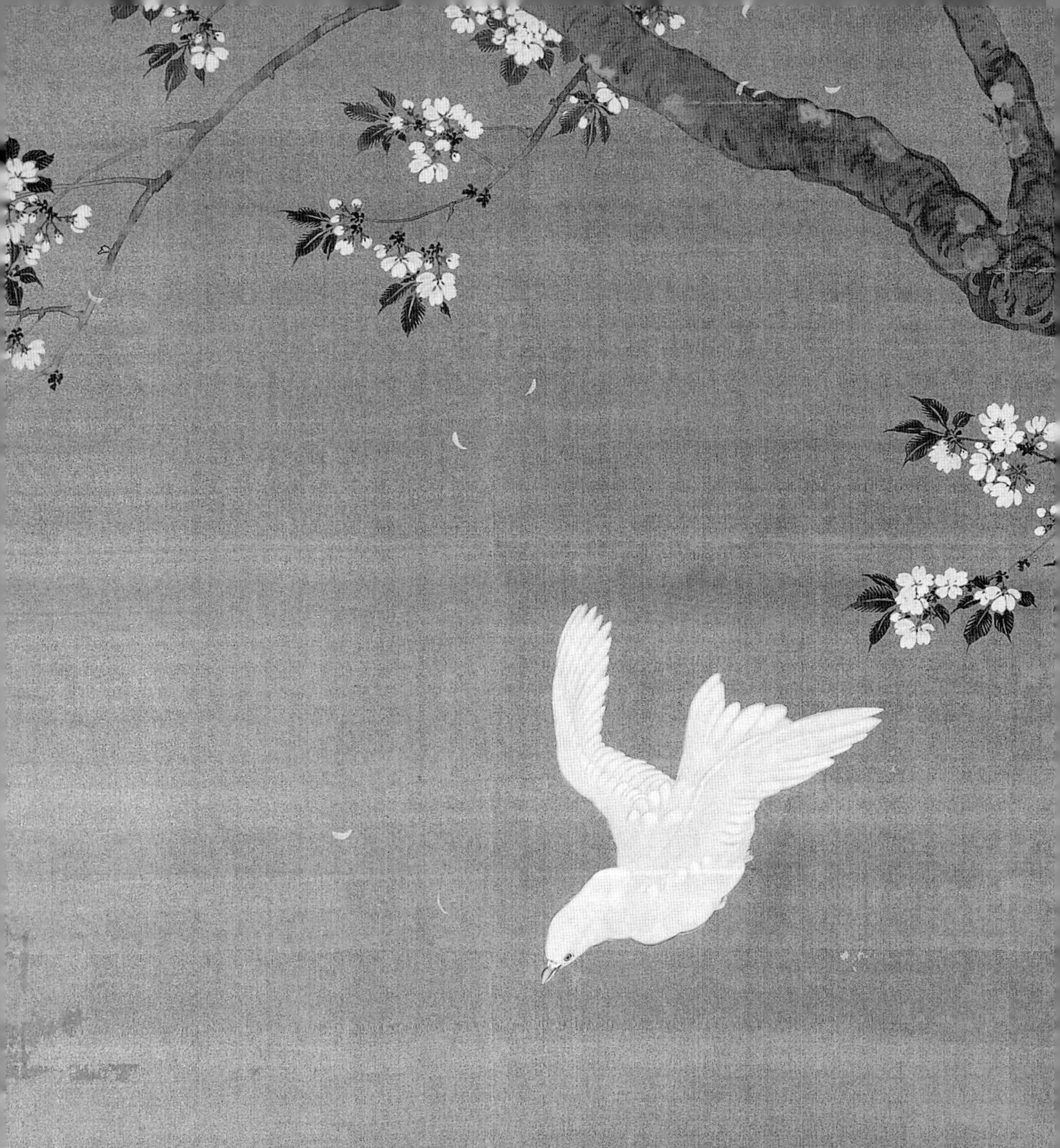

「桜花双鳩·秋草群鶏図」(部分)　池上秀畝(1874-1944)　大正10年(1921)　練馬区立美術館蔵

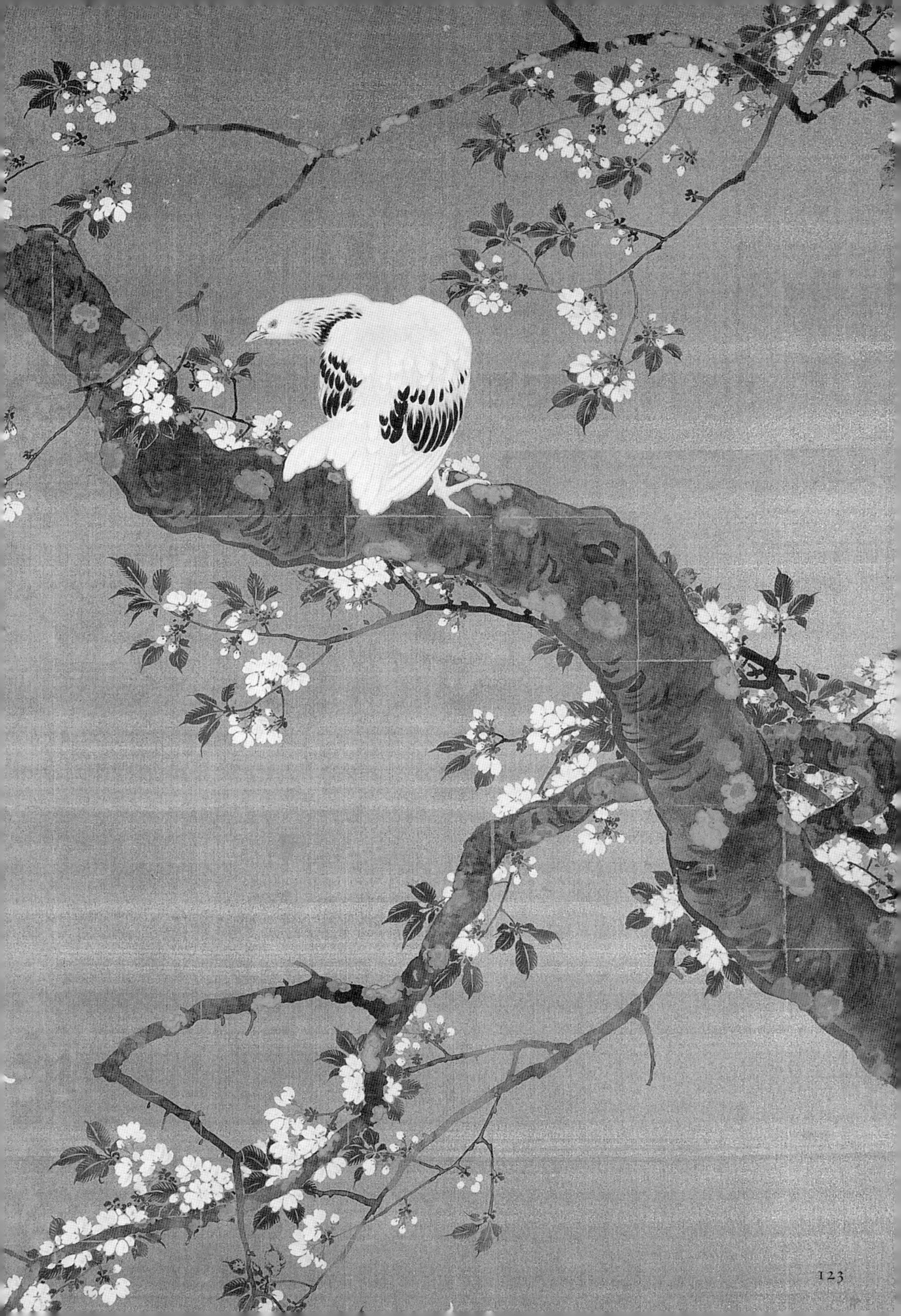

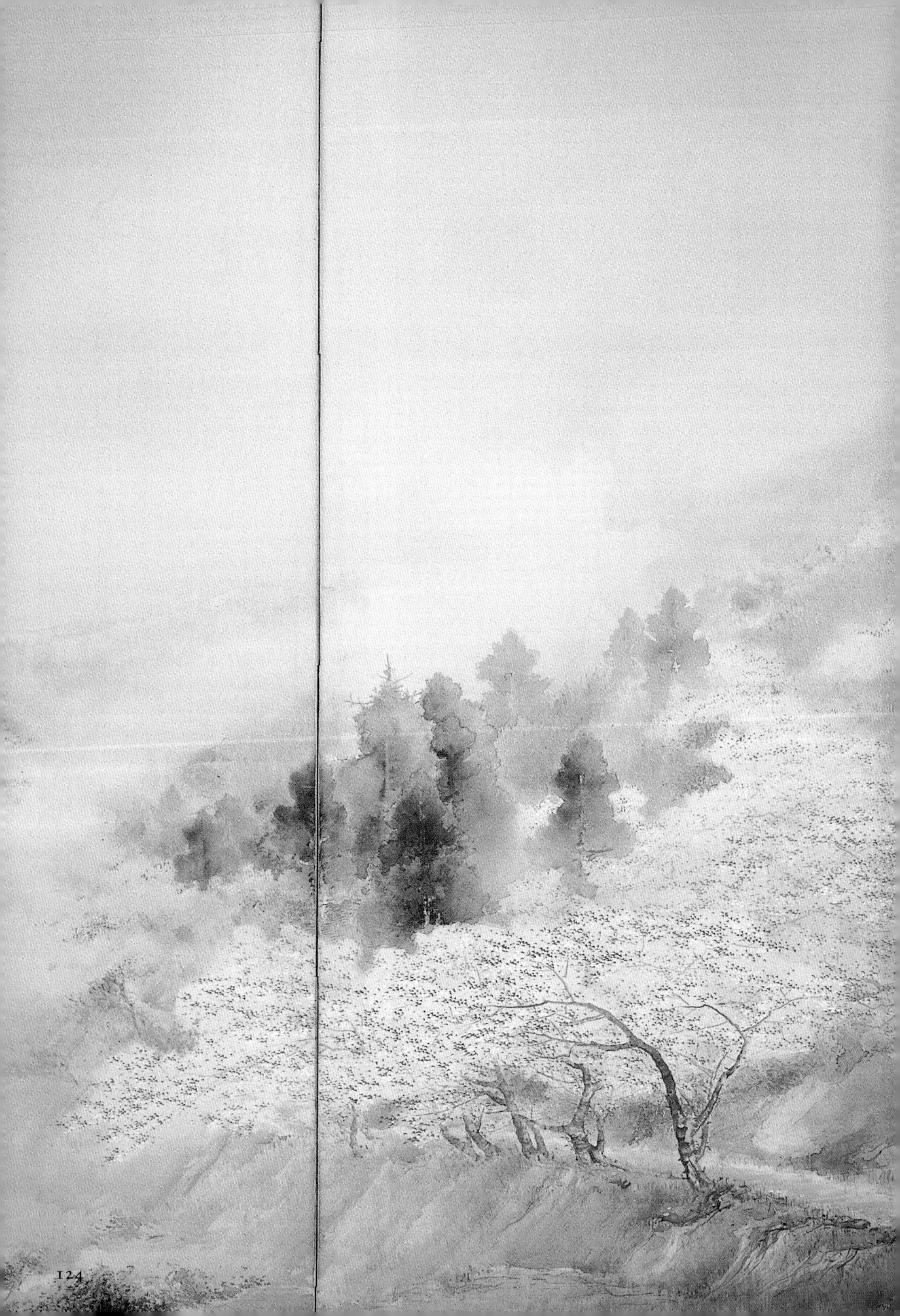

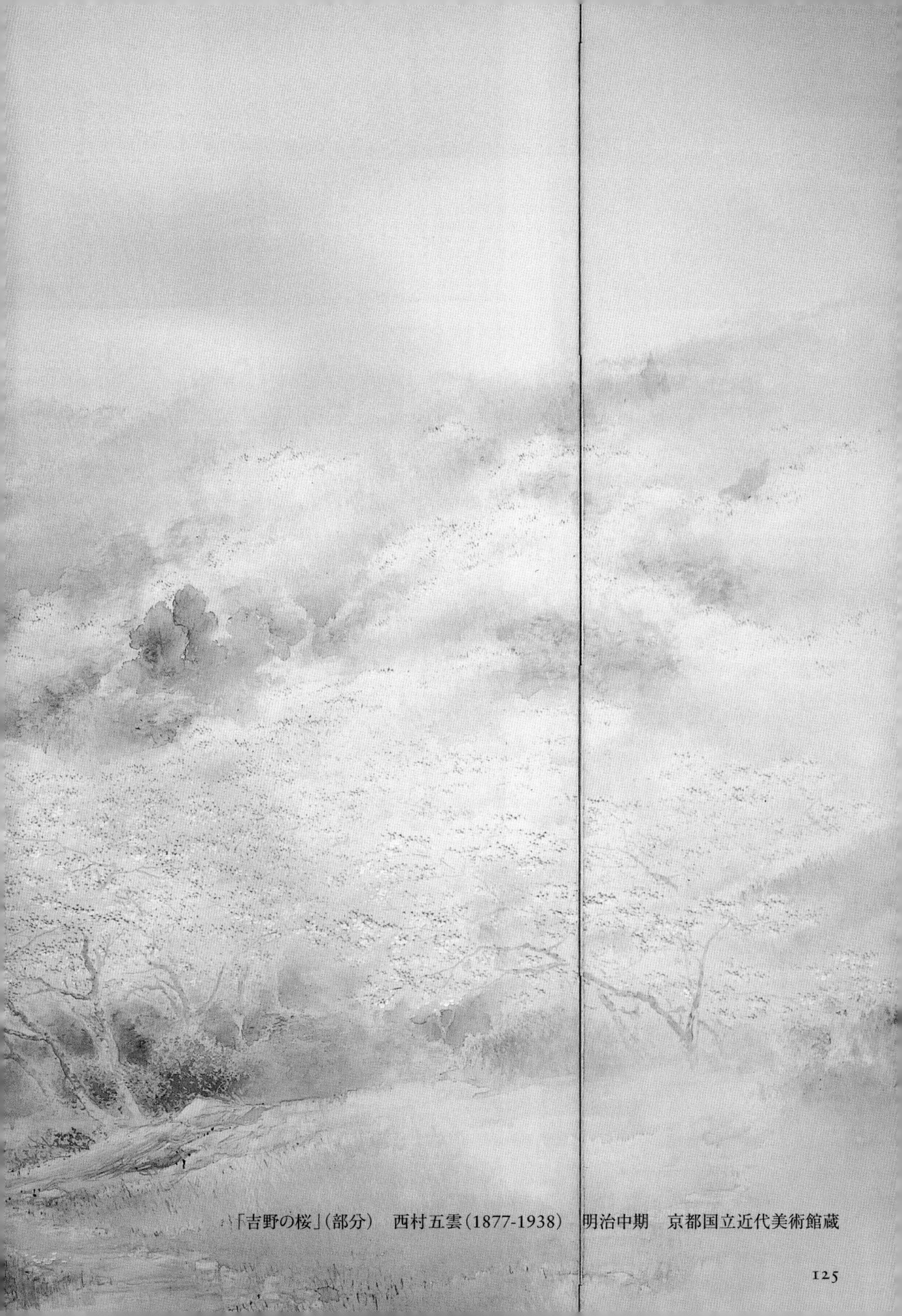

「吉野の桜」(部分)　西村五雲(1877-1938)　明治中期　京都国立近代美術館蔵

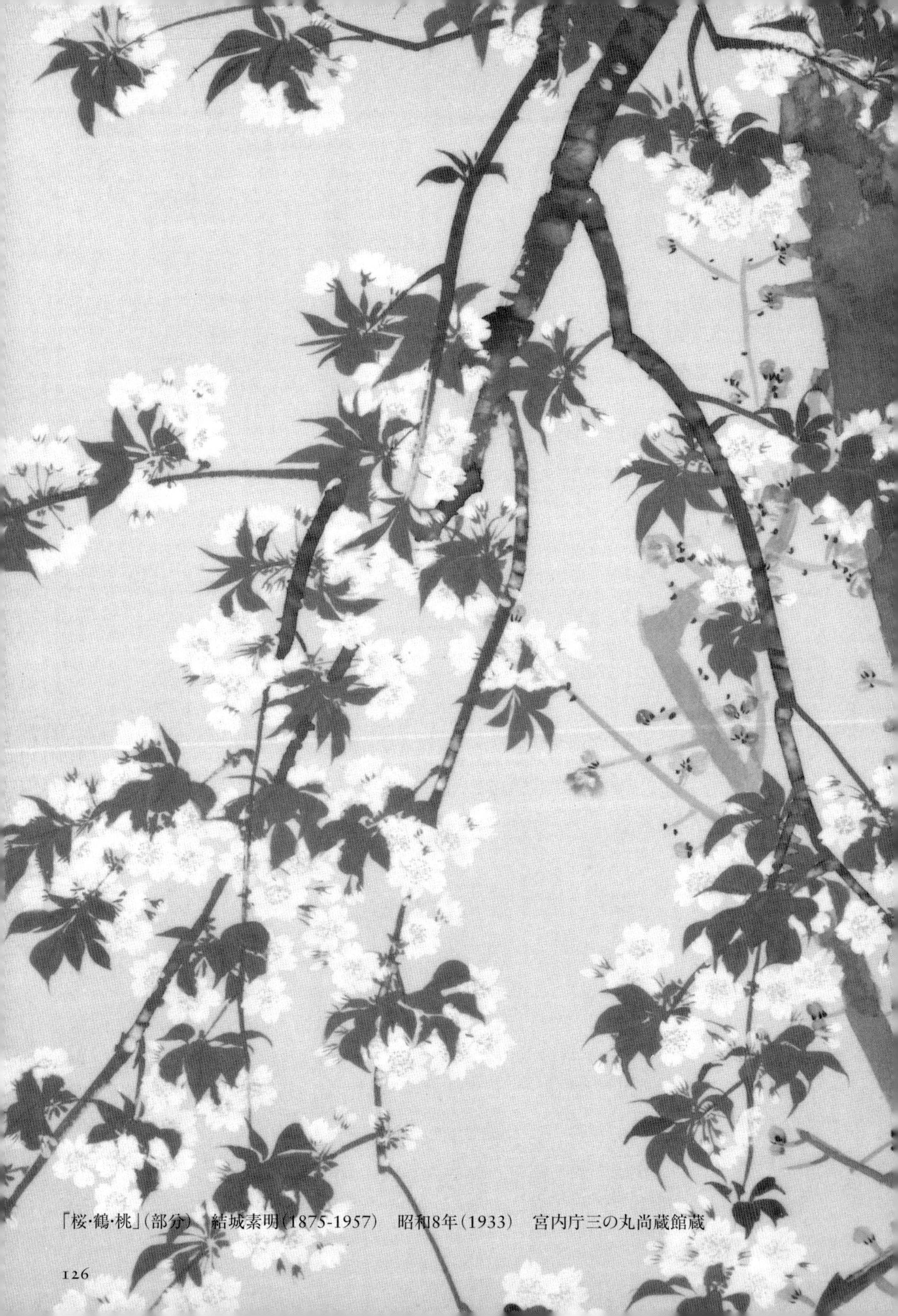

「桜・鶴・桃」(部分)　結城素明(1875-1957)　昭和8年(1933)　宮内庁三の丸尚蔵館蔵

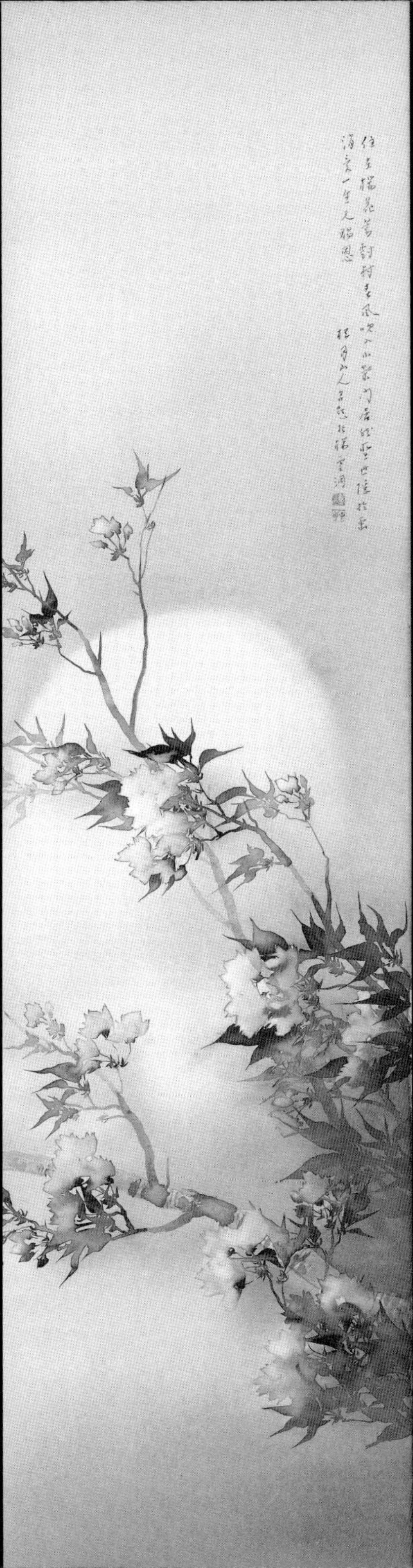

「春宵花影」
松林桂月(1876-1963)
昭和30年(1955)
埼玉県立近代美術館蔵

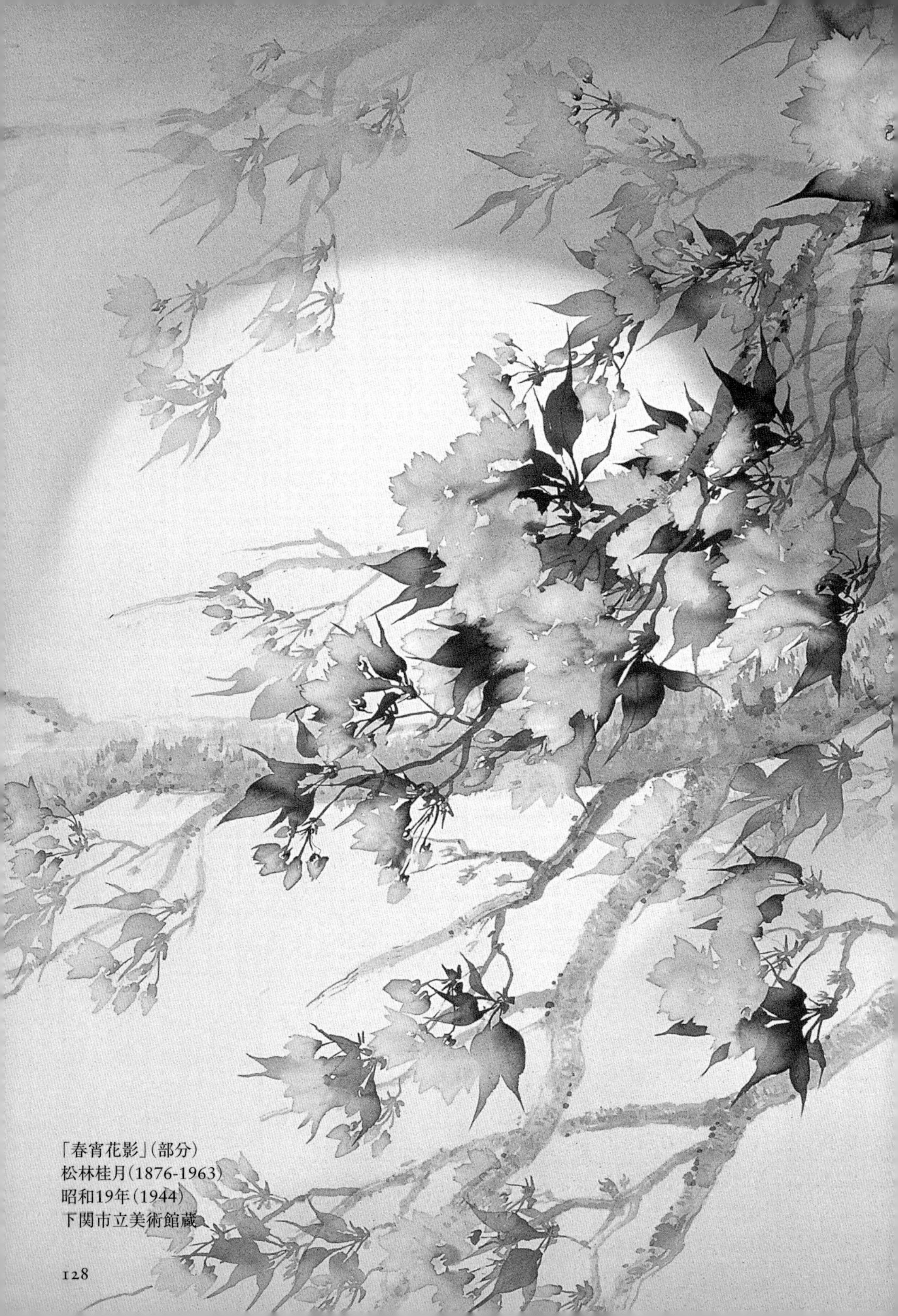

「春宵花影」(部分)
松林桂月(1876-1963)
昭和19年(1944)
下関市立美術館蔵

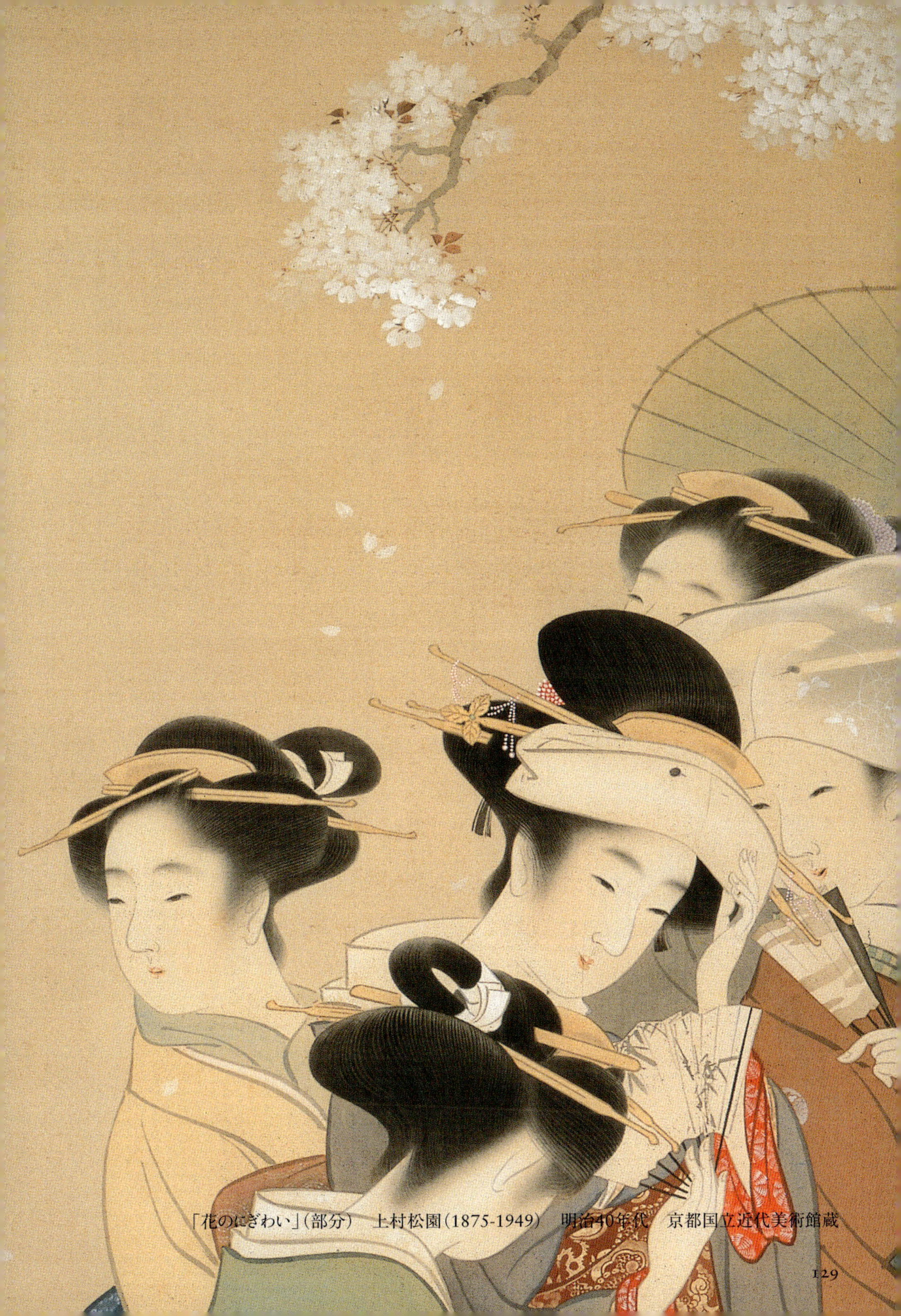

「花のにぎわい」(部分)　上村松園(1875-1949)　明治40年代　京都国立近代美術館蔵

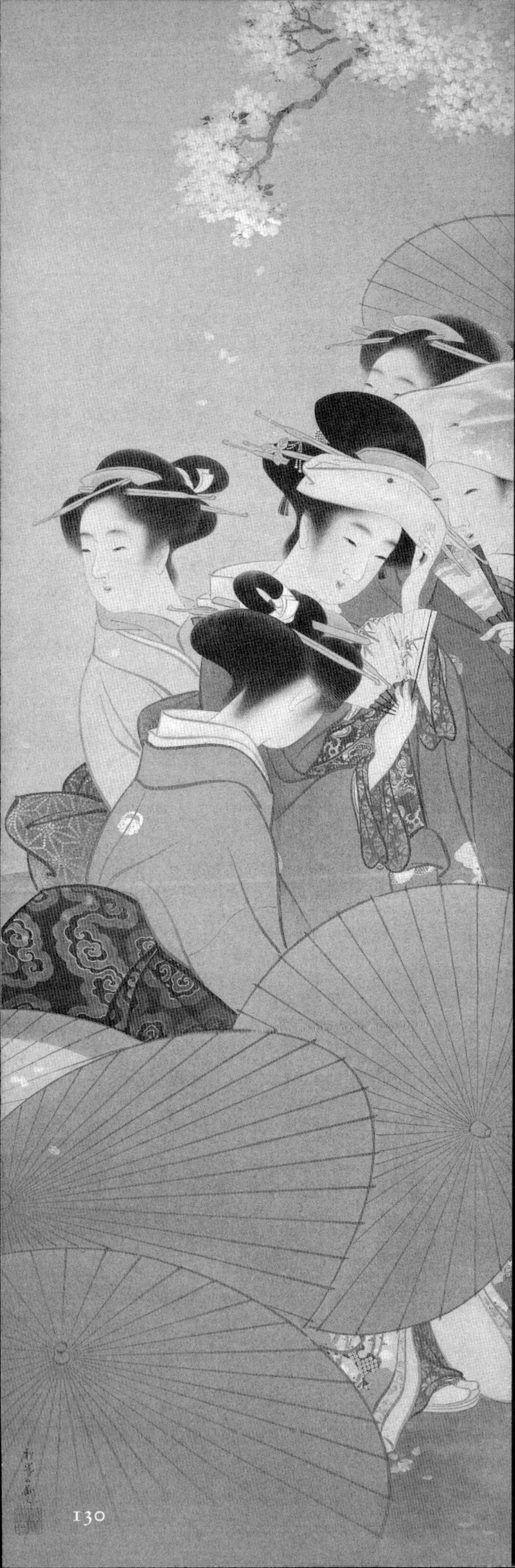

「花のにぎわい」
上村松園(1875-1949)
明治40年代
京都国立近代美術館蔵

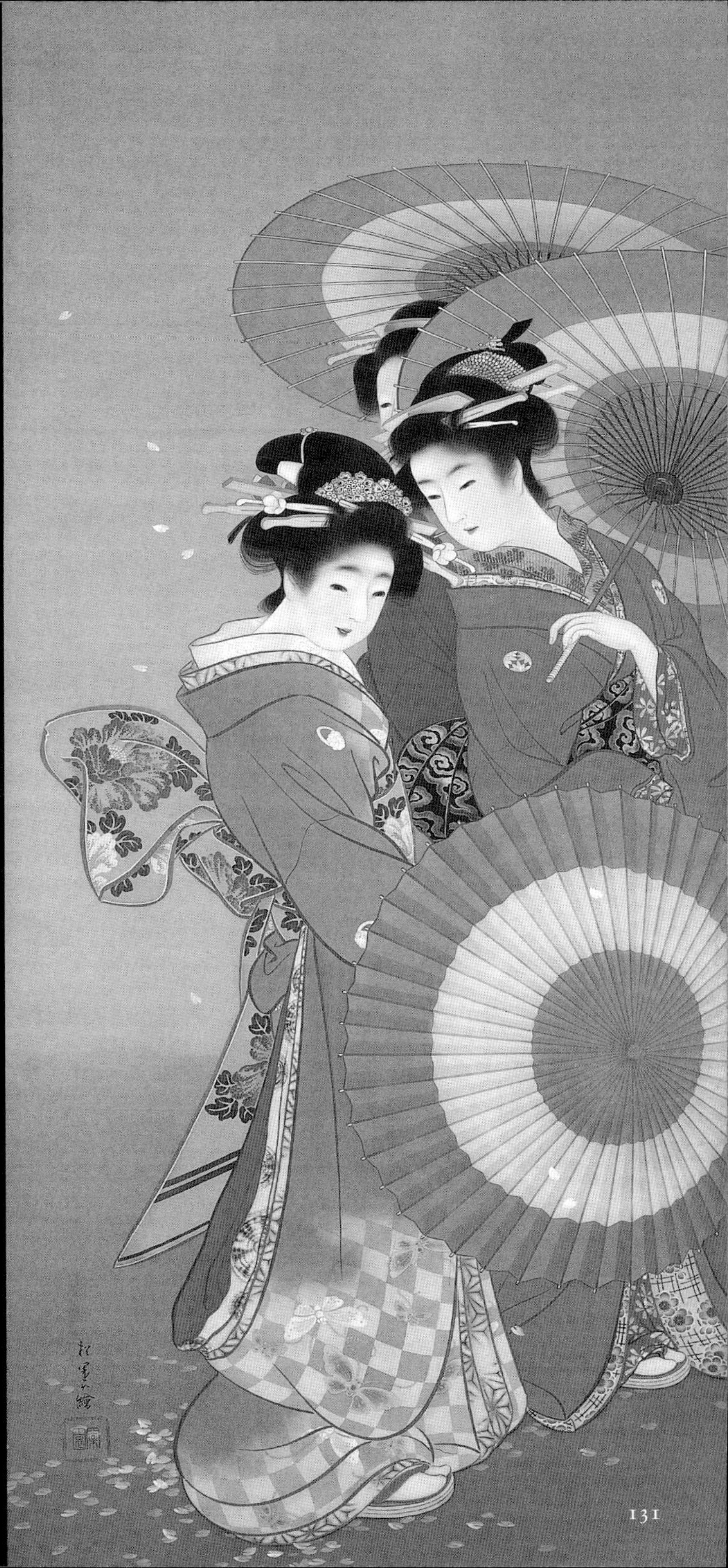

「花」
上村松園（1875-1949）
明治43年（1910）
姫路市立美術館蔵

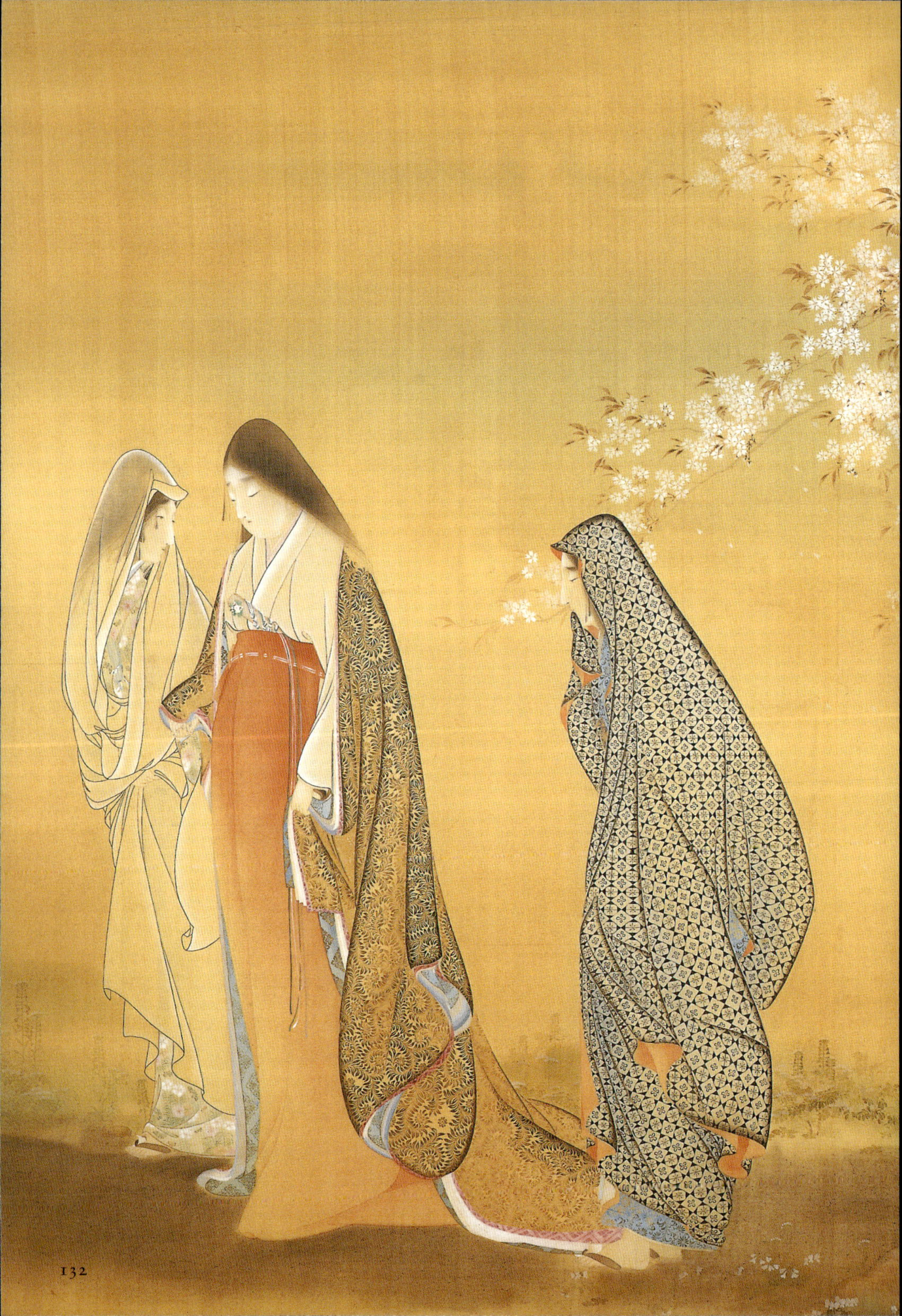

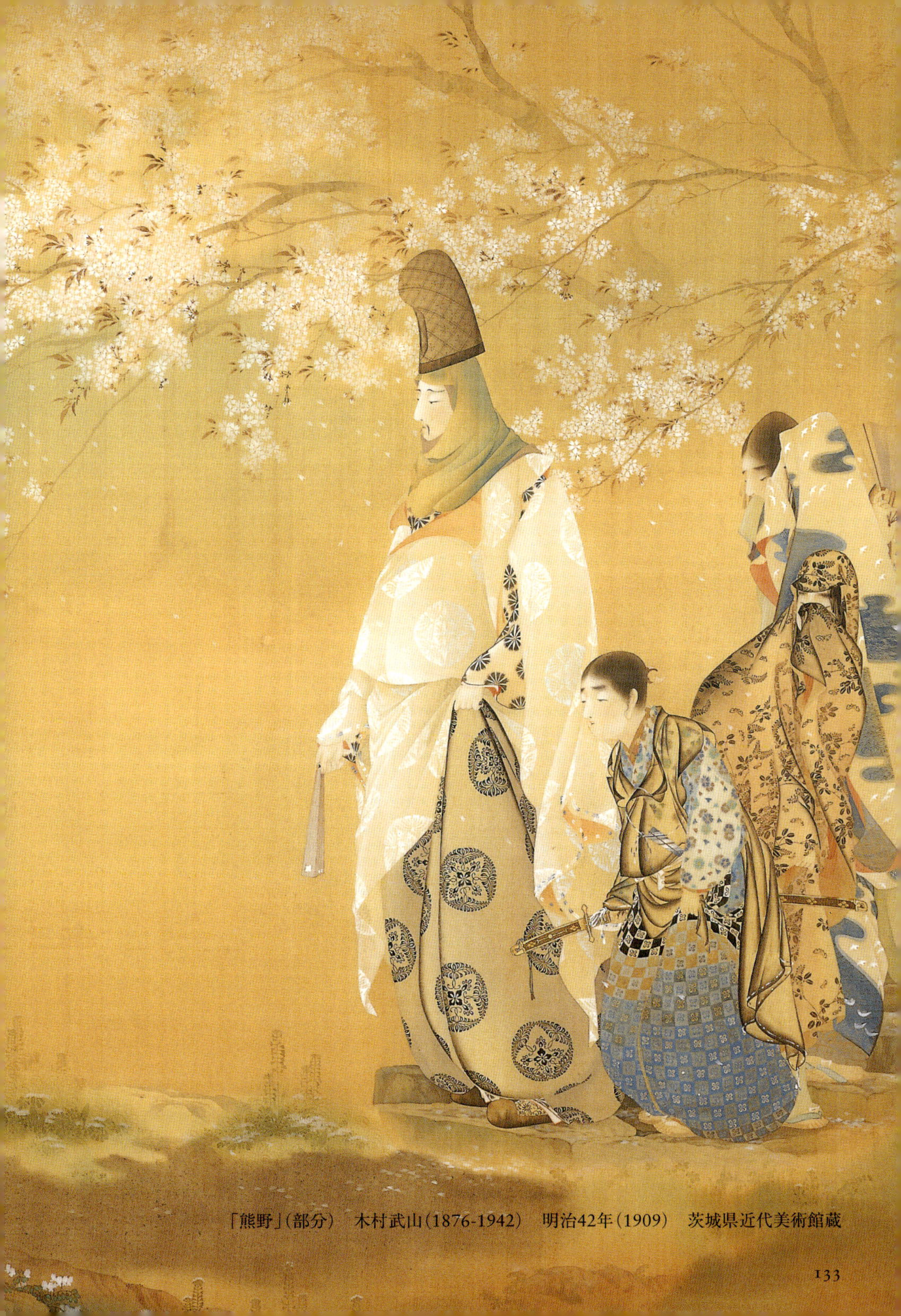

「熊野」(部分)　木村武山(1876-1942)　明治42年(1909)　茨城県近代美術館蔵

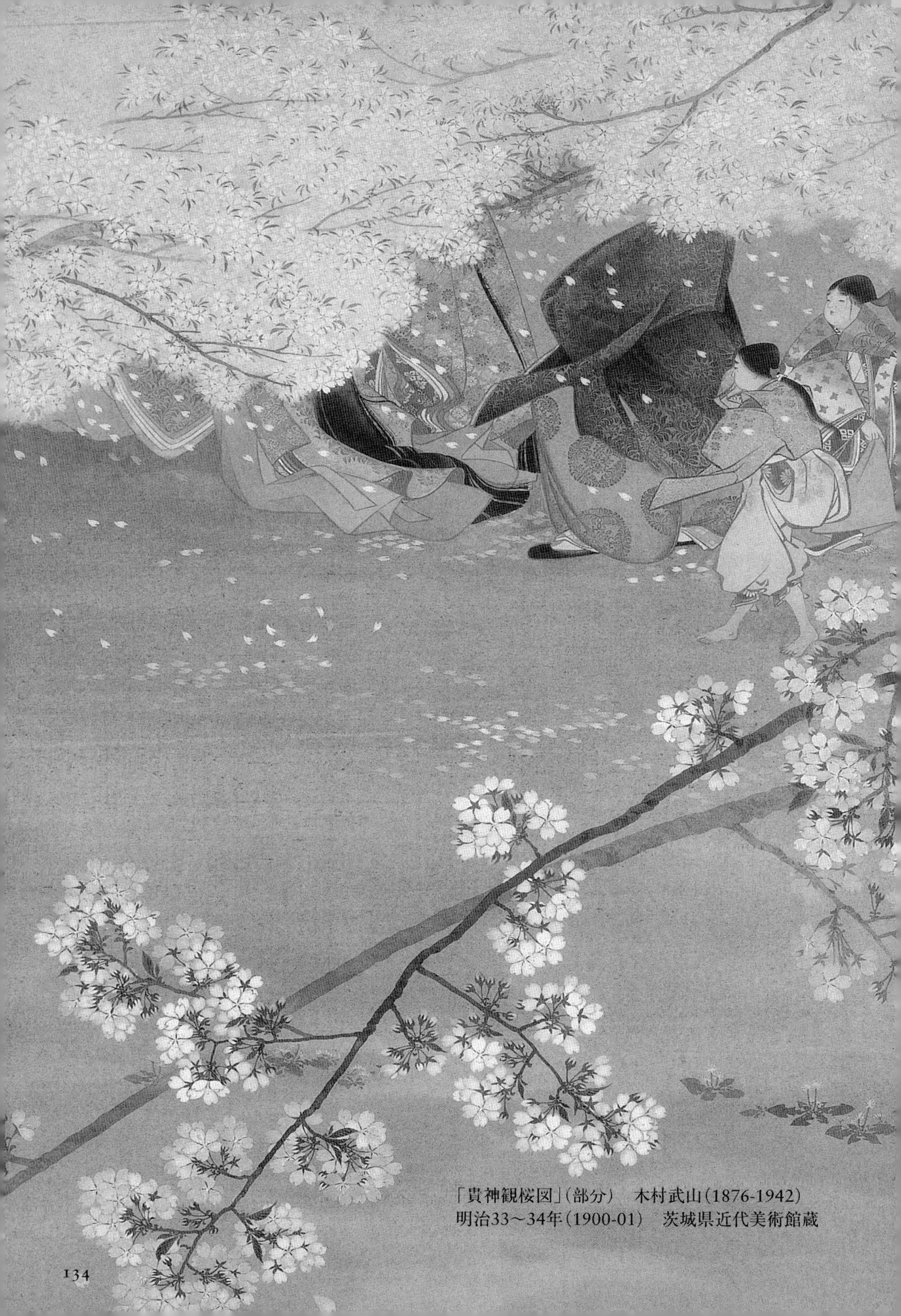

「貴神観桜図」(部分)　木村武山(1876-1942)
明治33～34年(1900-01)　茨城県近代美術館蔵

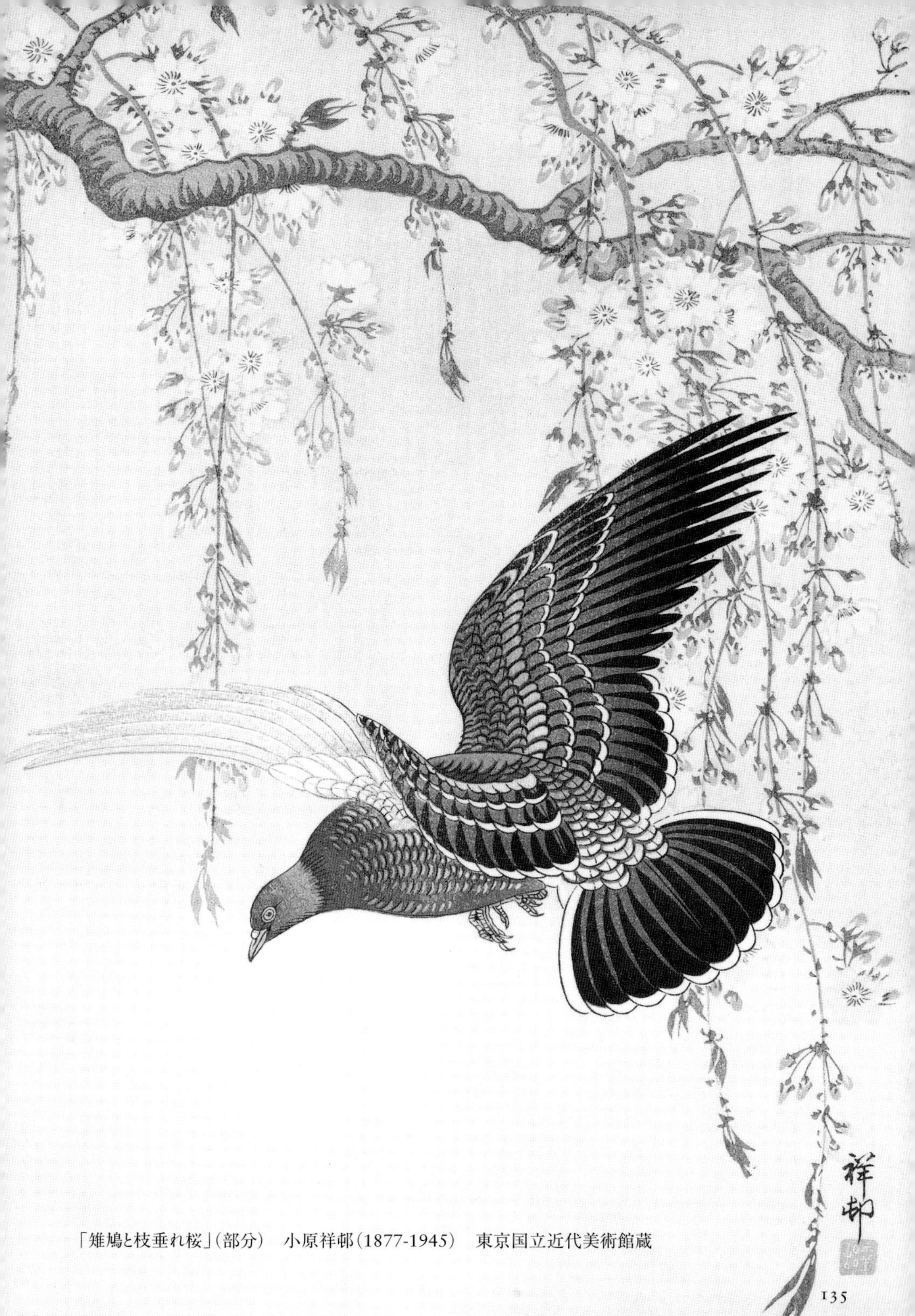

「雉鳩と枝垂れ桜」(部分)　小原祥邨(1877-1945)　東京国立近代美術館蔵

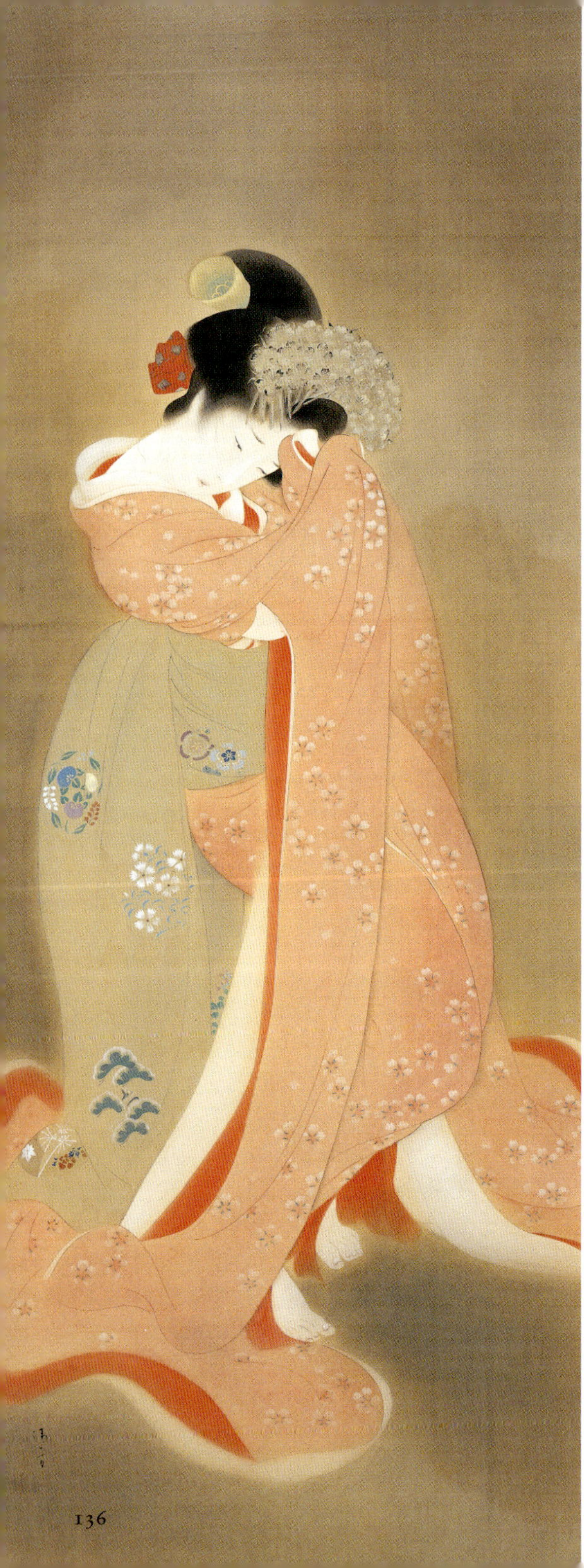

「桜姫」
鏑木清方(1878-1972)
大正12年(1923)
新潟県立近代美術館·万代島美術館蔵

「娘道成寺」
鏑木清方(1878-1972)
昭和3年(1928)
練馬区立美術館蔵

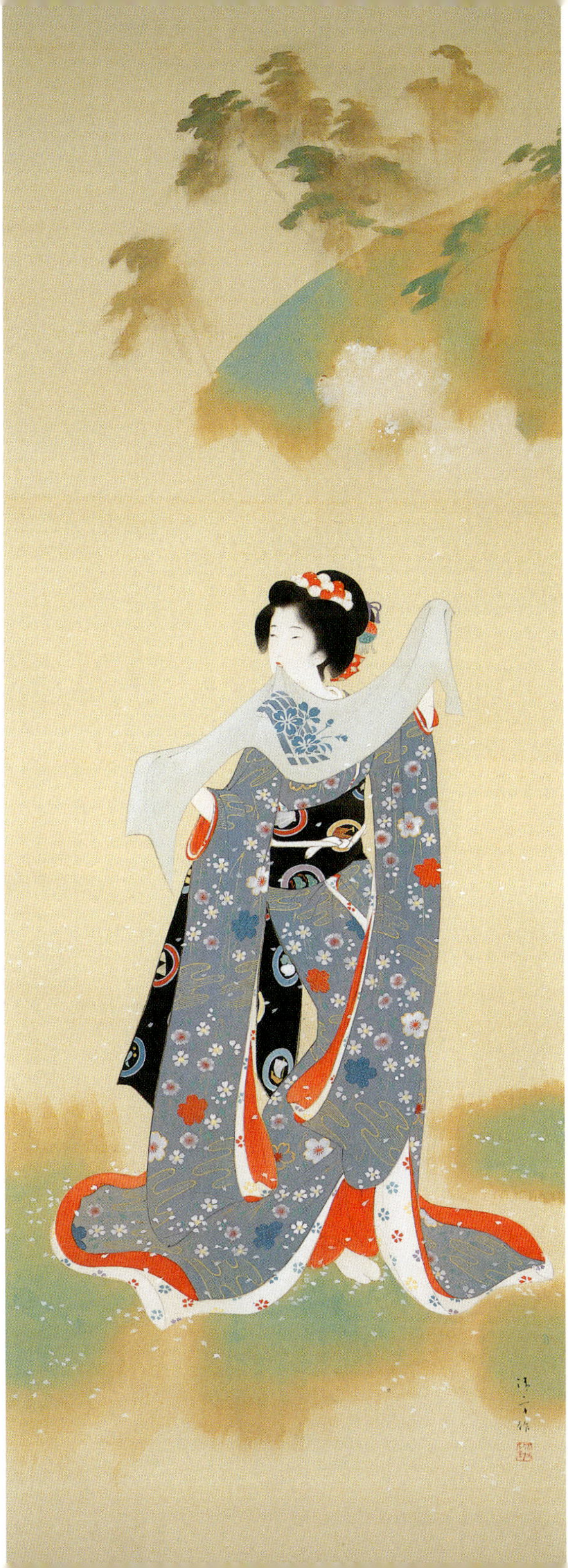

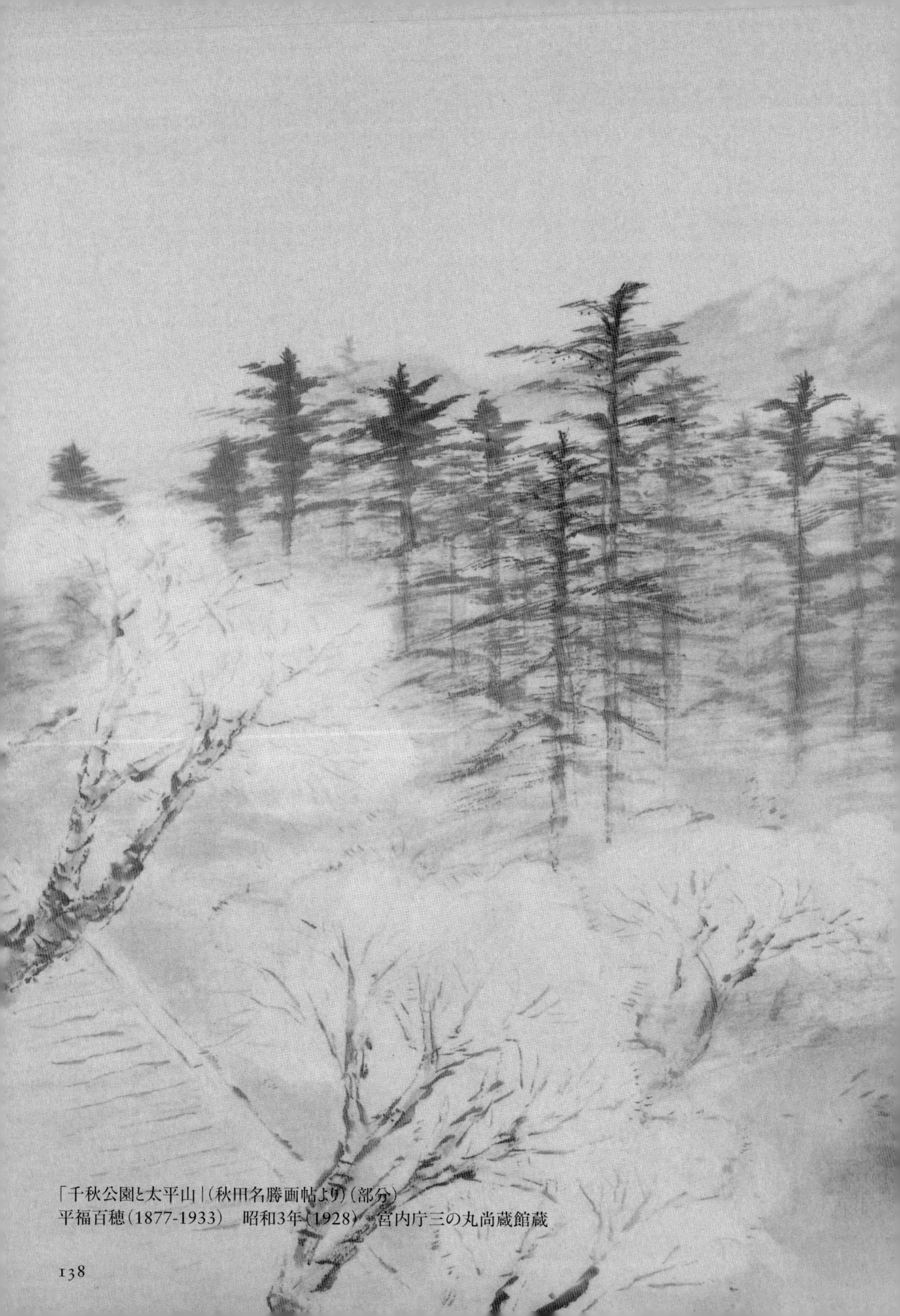

「千秋公園と太平山」（秋田名勝画帖より）（部分）
平福百穂（1877-1933）　昭和3年（1928）　宮内庁三の丸尚蔵館蔵

「春色」(部分)　菱田春草(1874-1911)
明治38年(1905)　豊田市美術館蔵

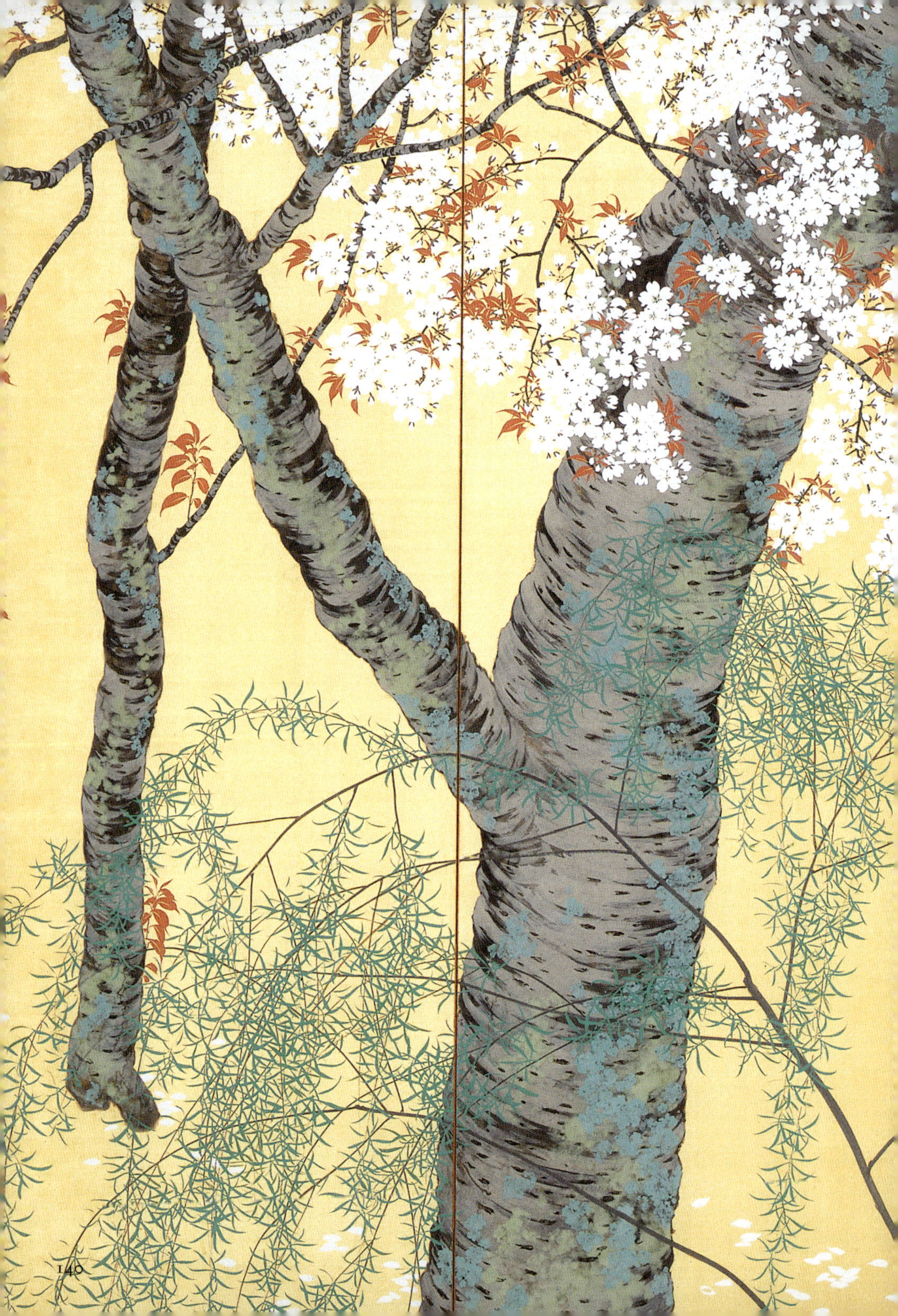

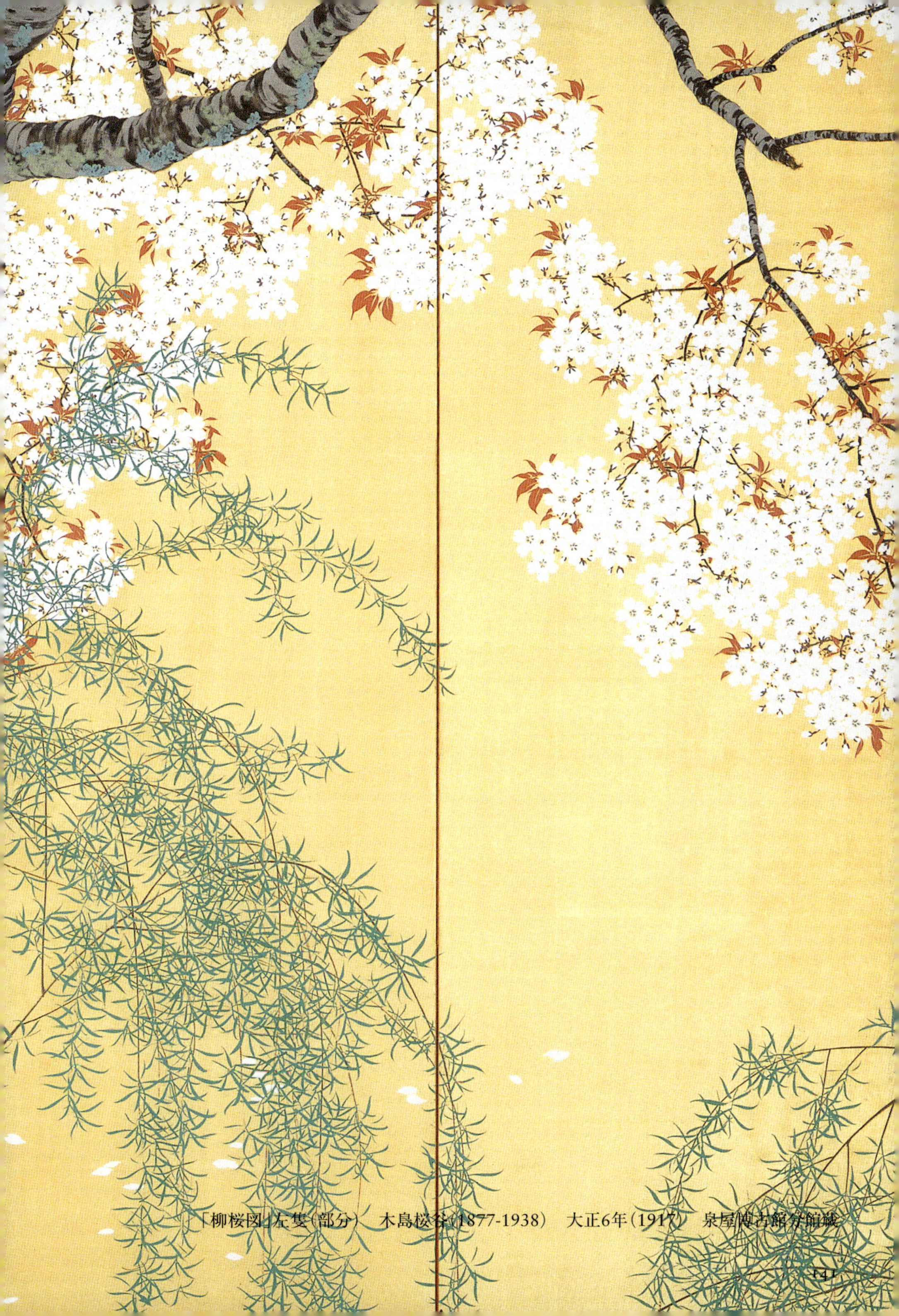

「柳桜図」左隻（部分）　木島桜谷（1877-1938）　大正6年（1917）　泉屋博古館分館蔵

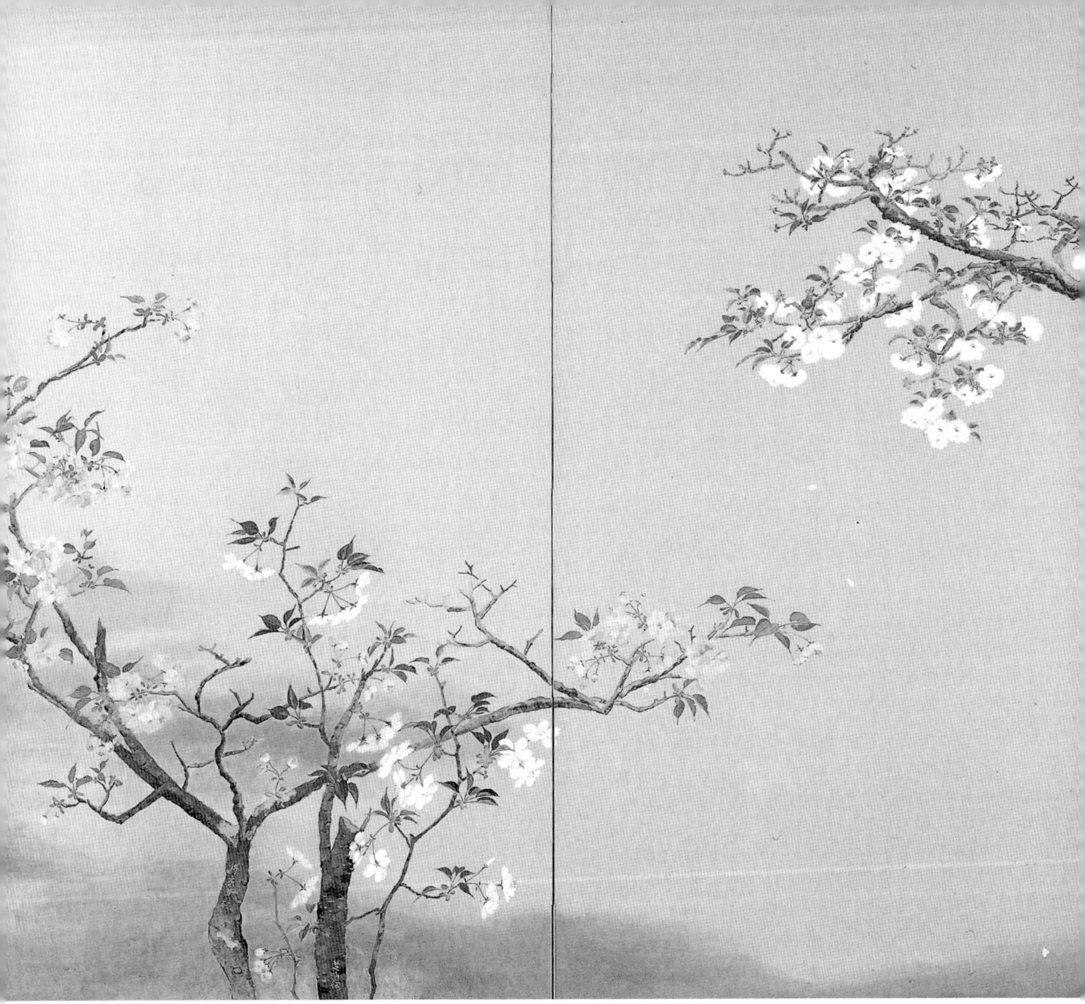

「御室の桜」(部分)　冨田溪仙(1879-1936)　昭和8年(1933)　福岡市美術館蔵

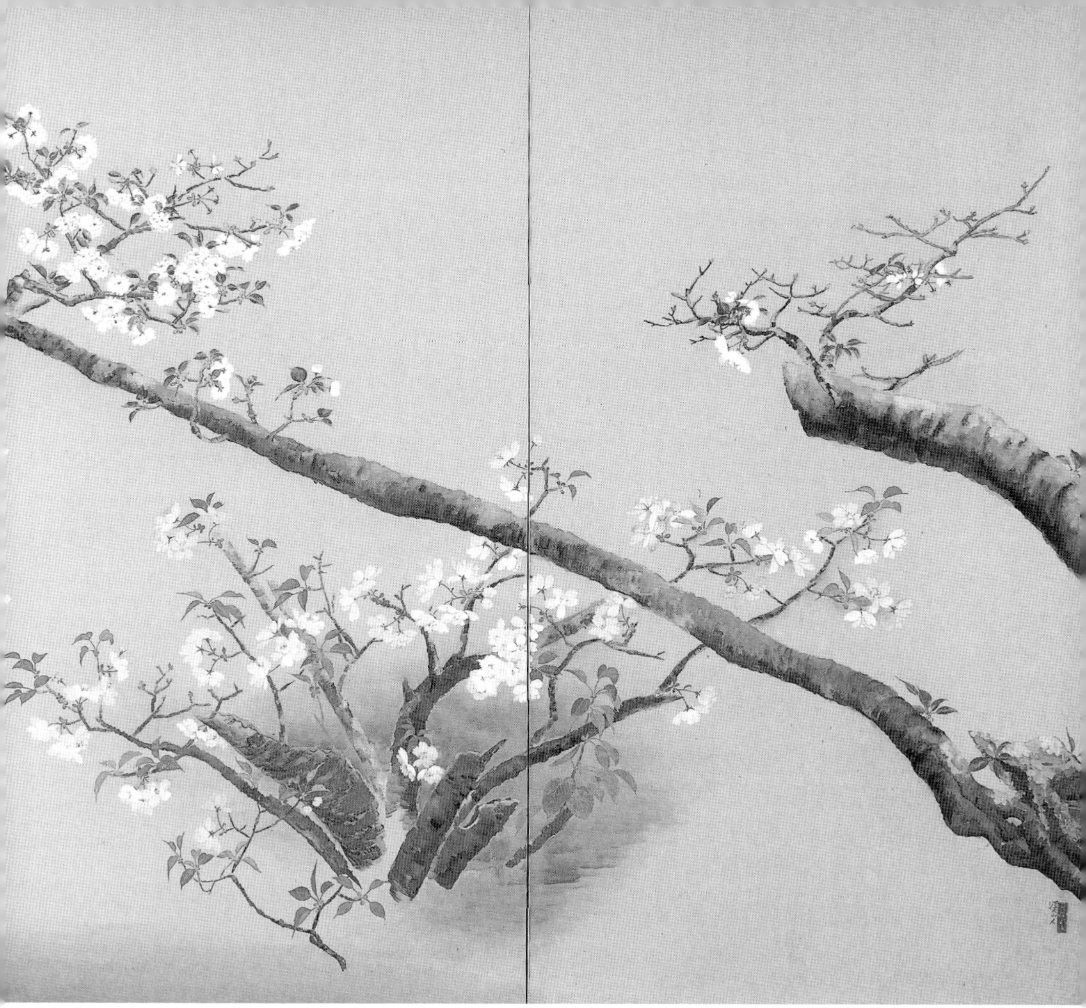

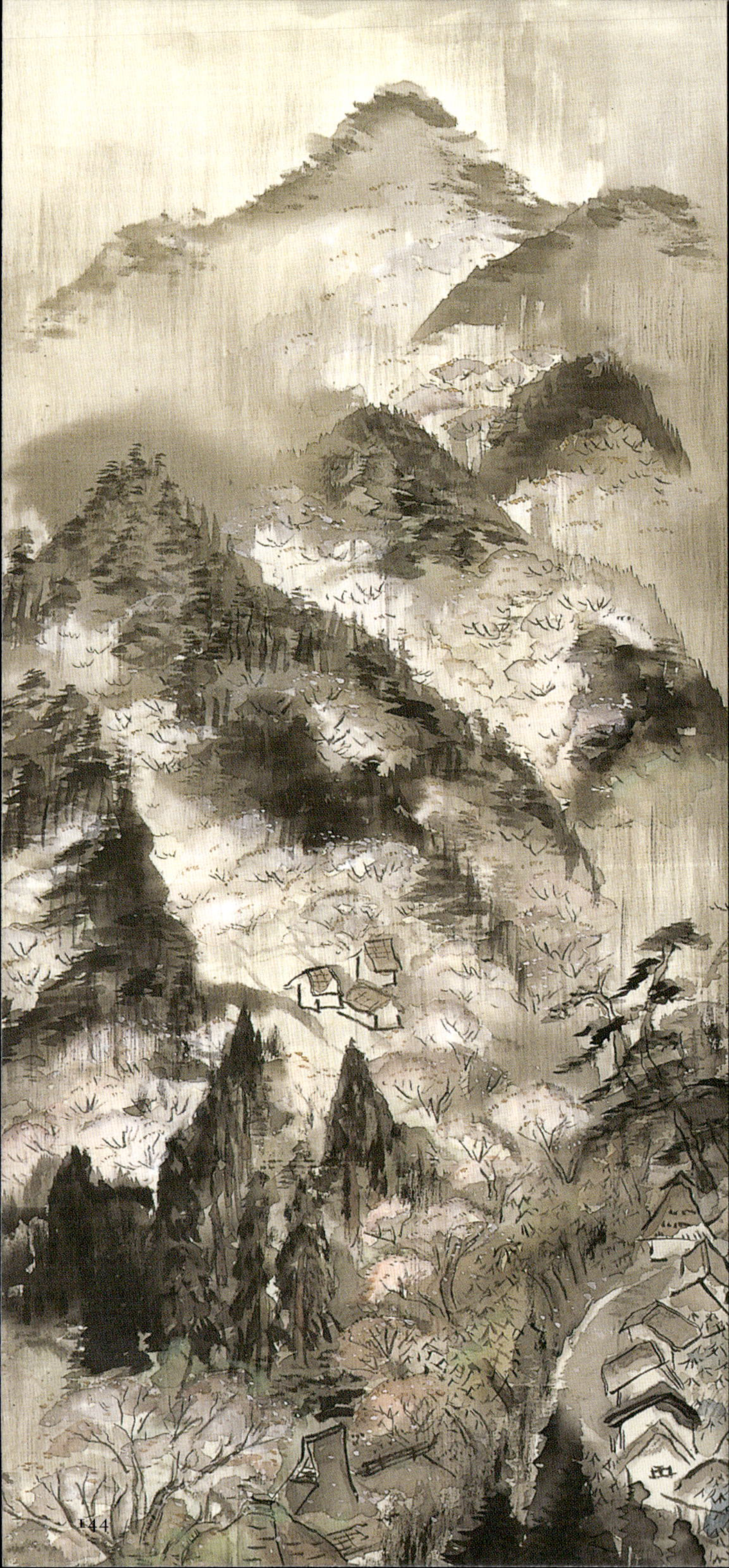

「吉野彩雨」(部分)
冨田溪仙(1879-1936)
大正15年(1926)
豊田市美術館蔵

「祇園夜桜図」(部分)
冨田溪仙(1879-1936)
滋賀県立近代美術館蔵

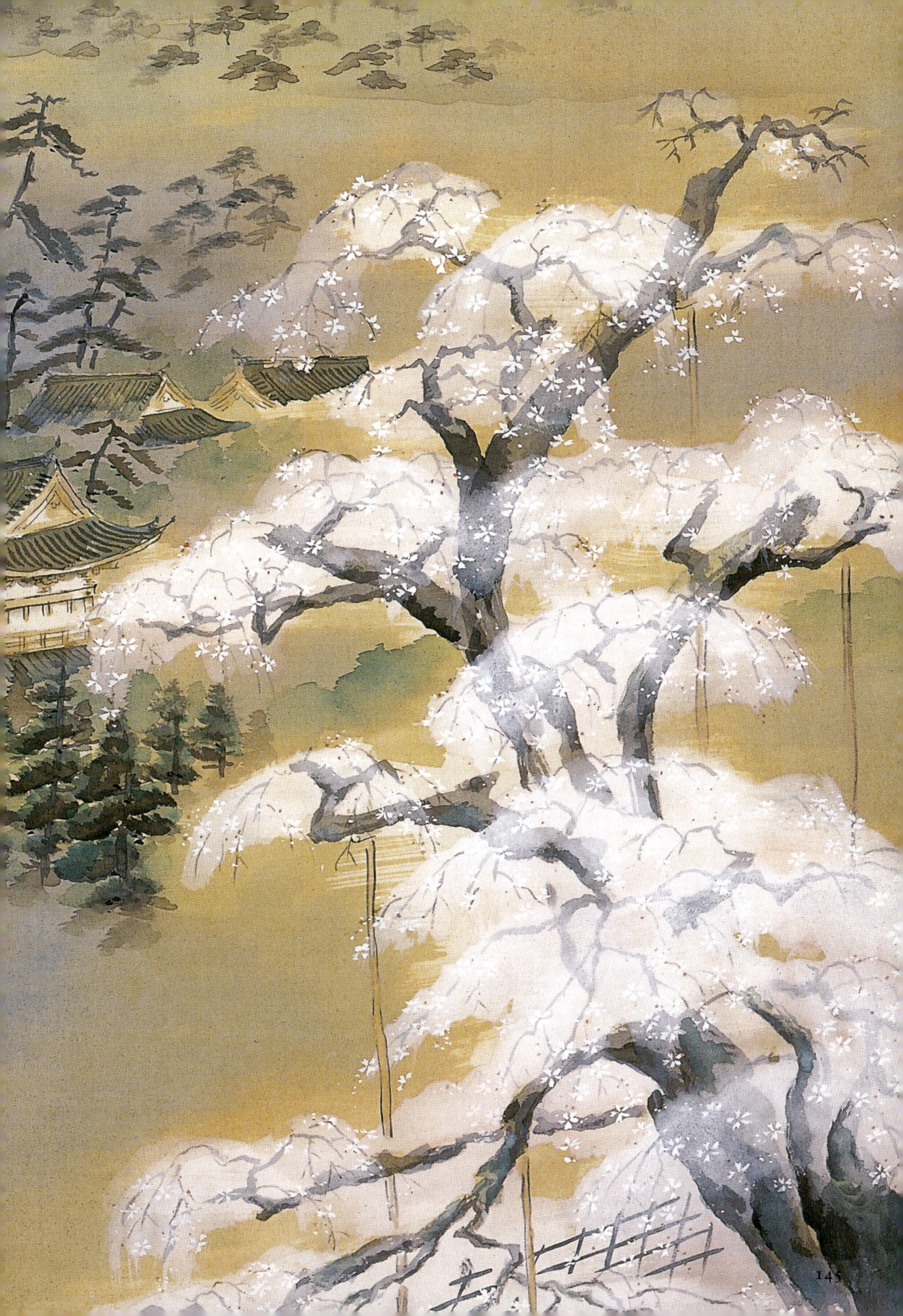

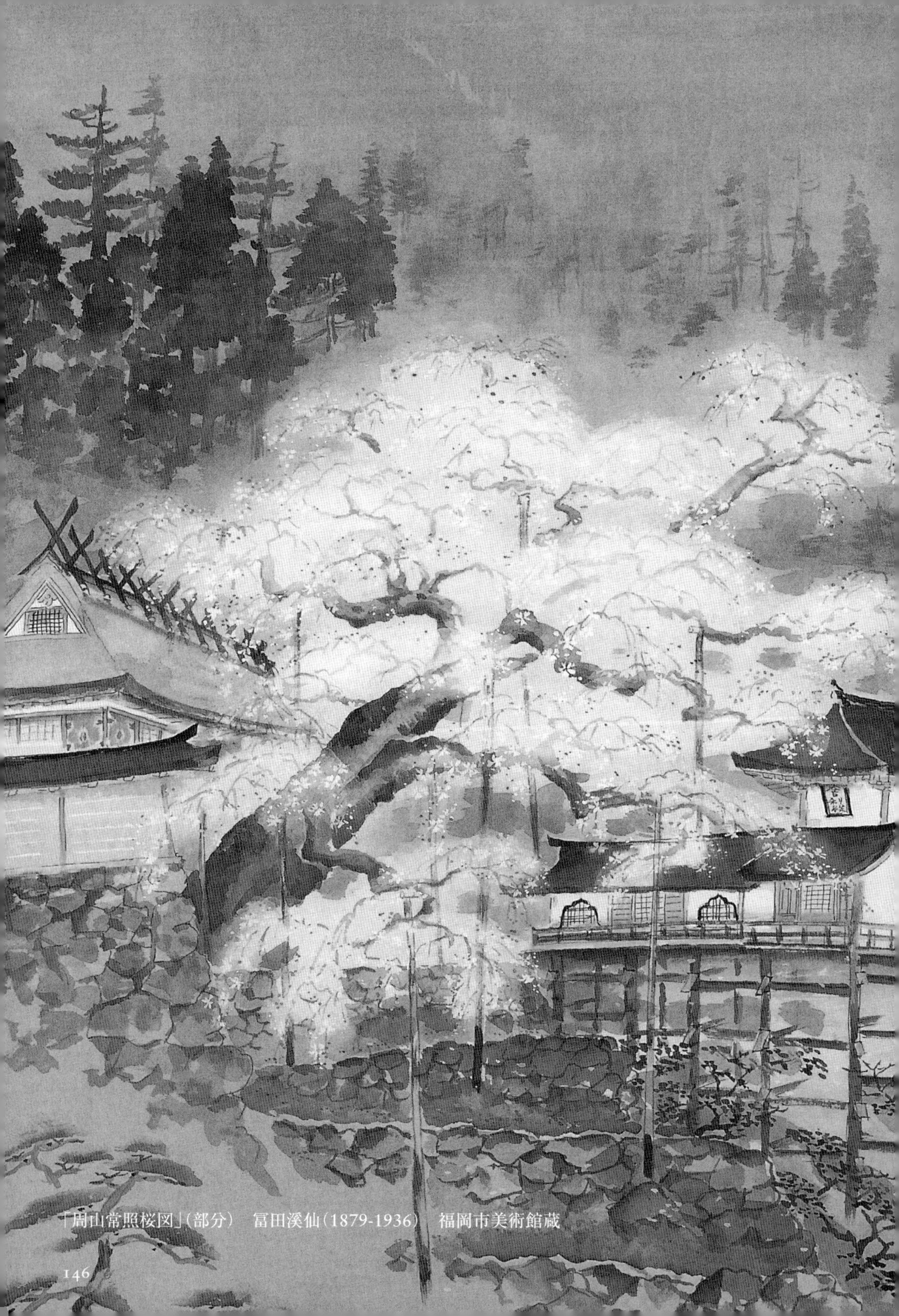

「周山常照桜図」(部分)　冨田溪仙(1879-1936)　福岡市美術館蔵

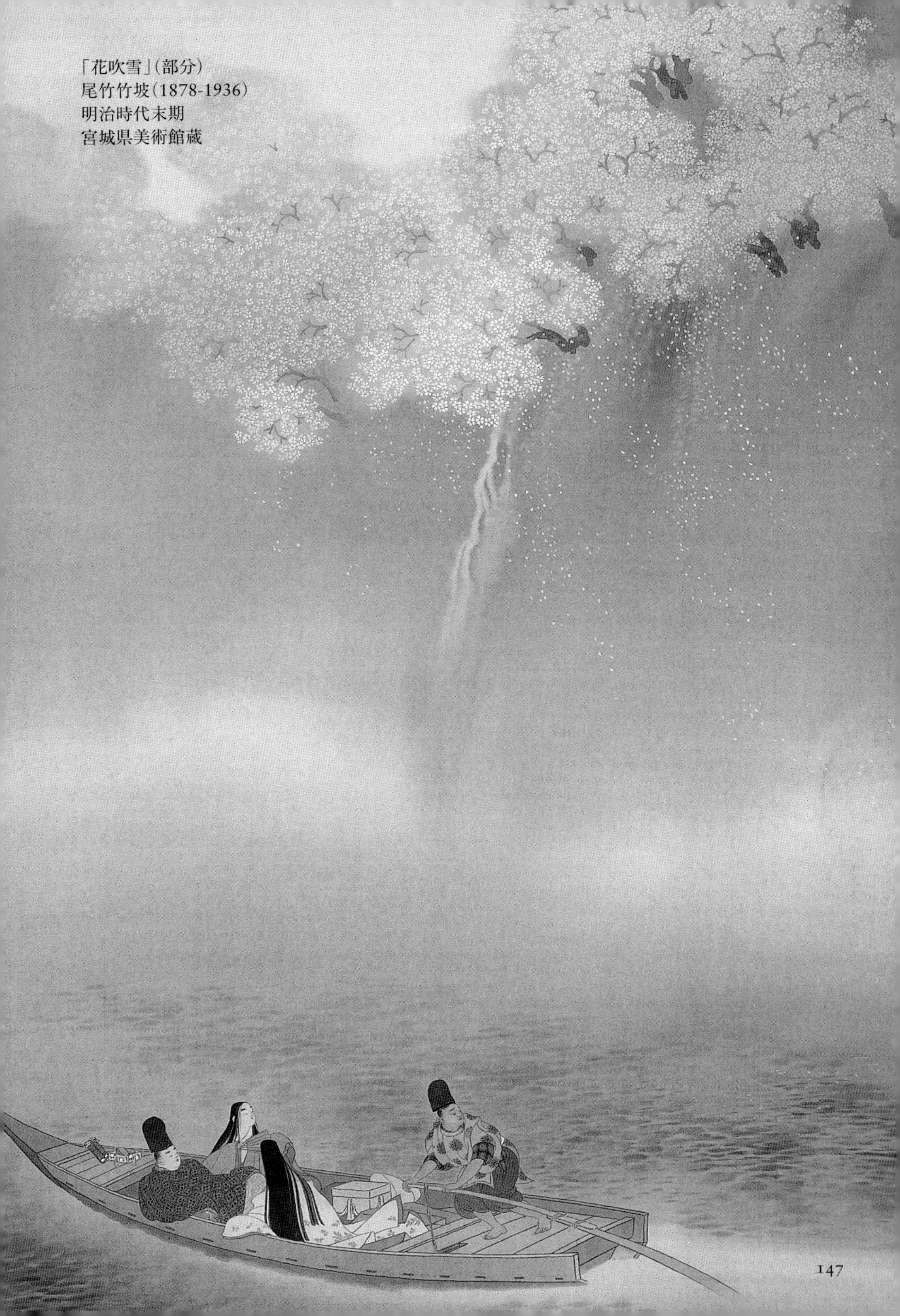

「花吹雪」(部分)
尾竹竹坡(1878-1936)
明治時代末期
宮城県美術館蔵

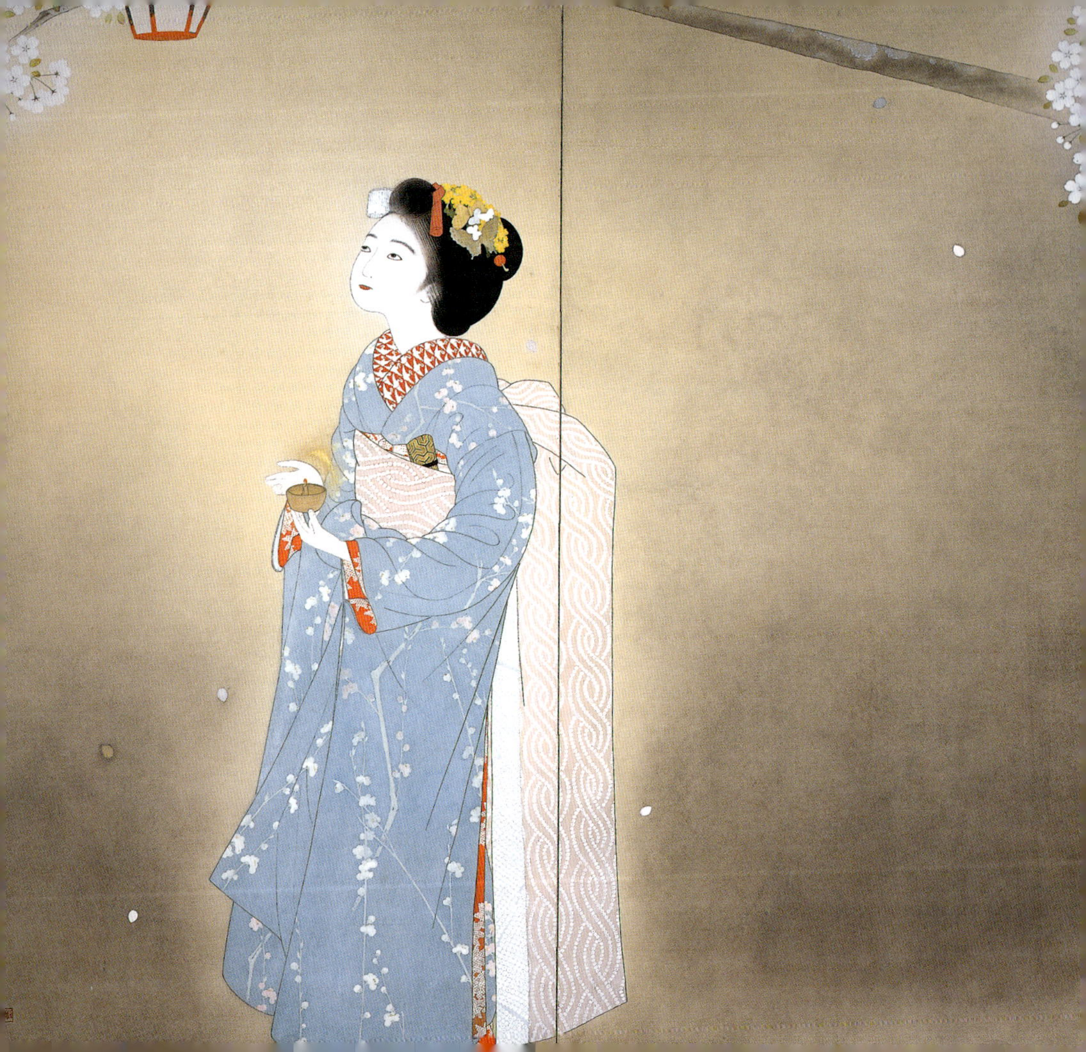

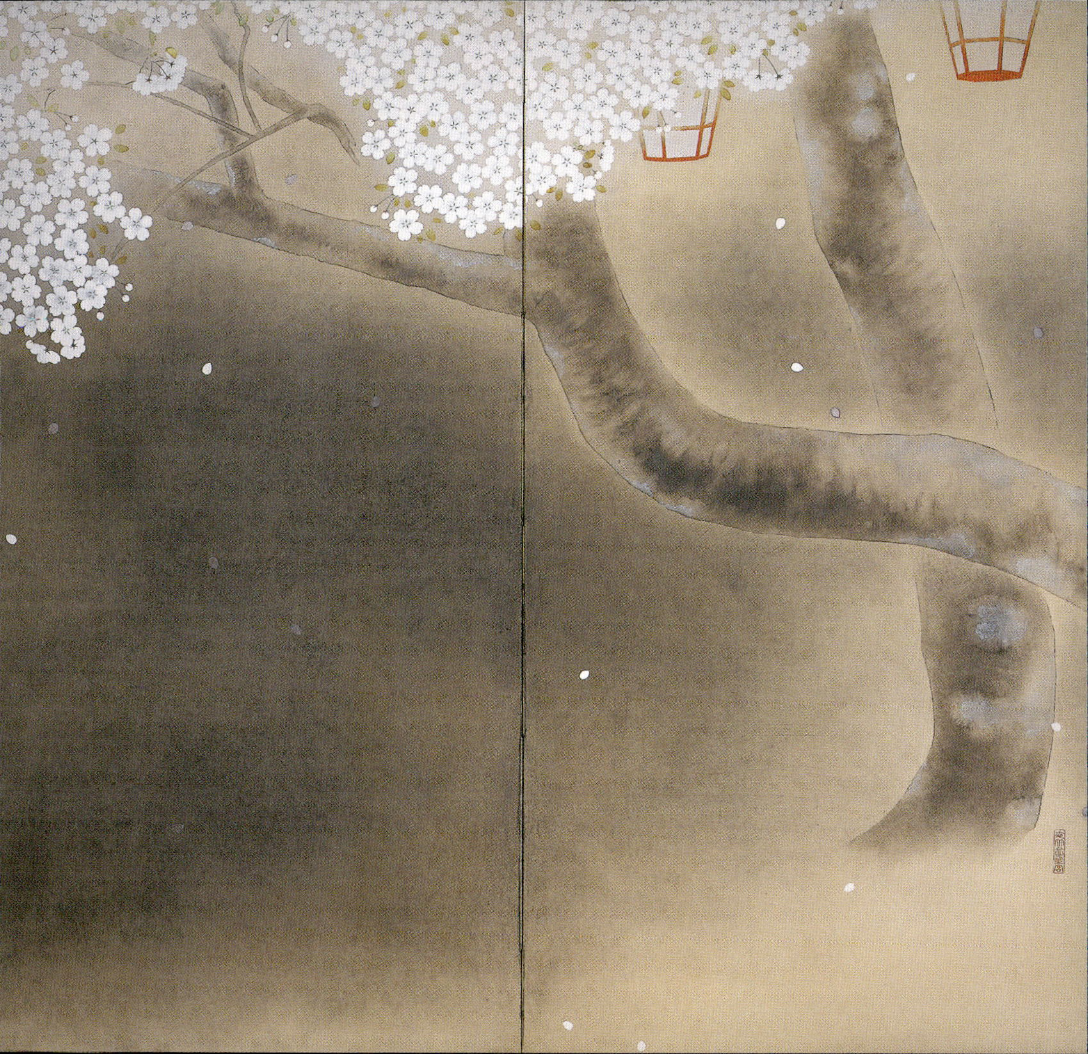

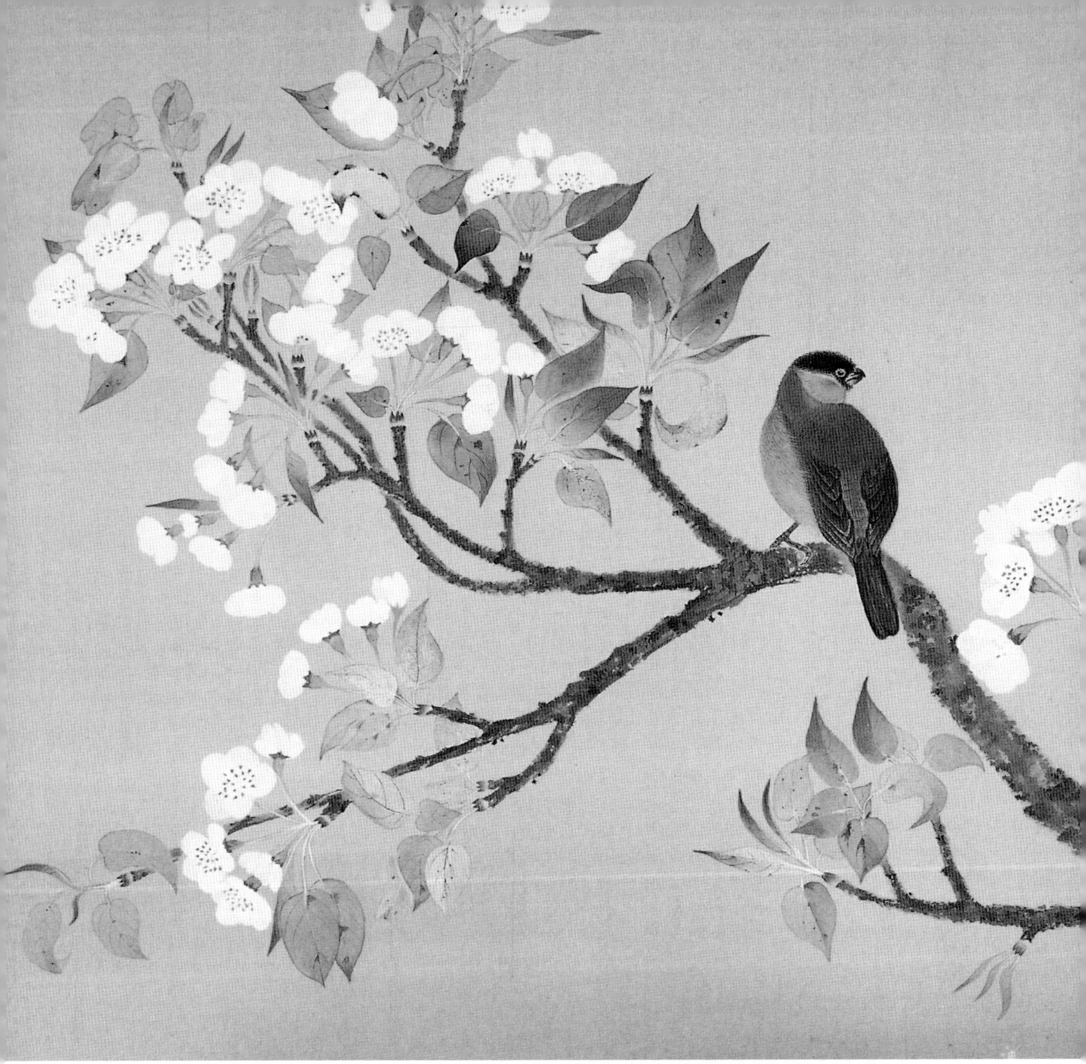

「花鳥」(部分)　北野恒富(1880-1947)　昭和初期(1930年代)　名古屋市美術館蔵

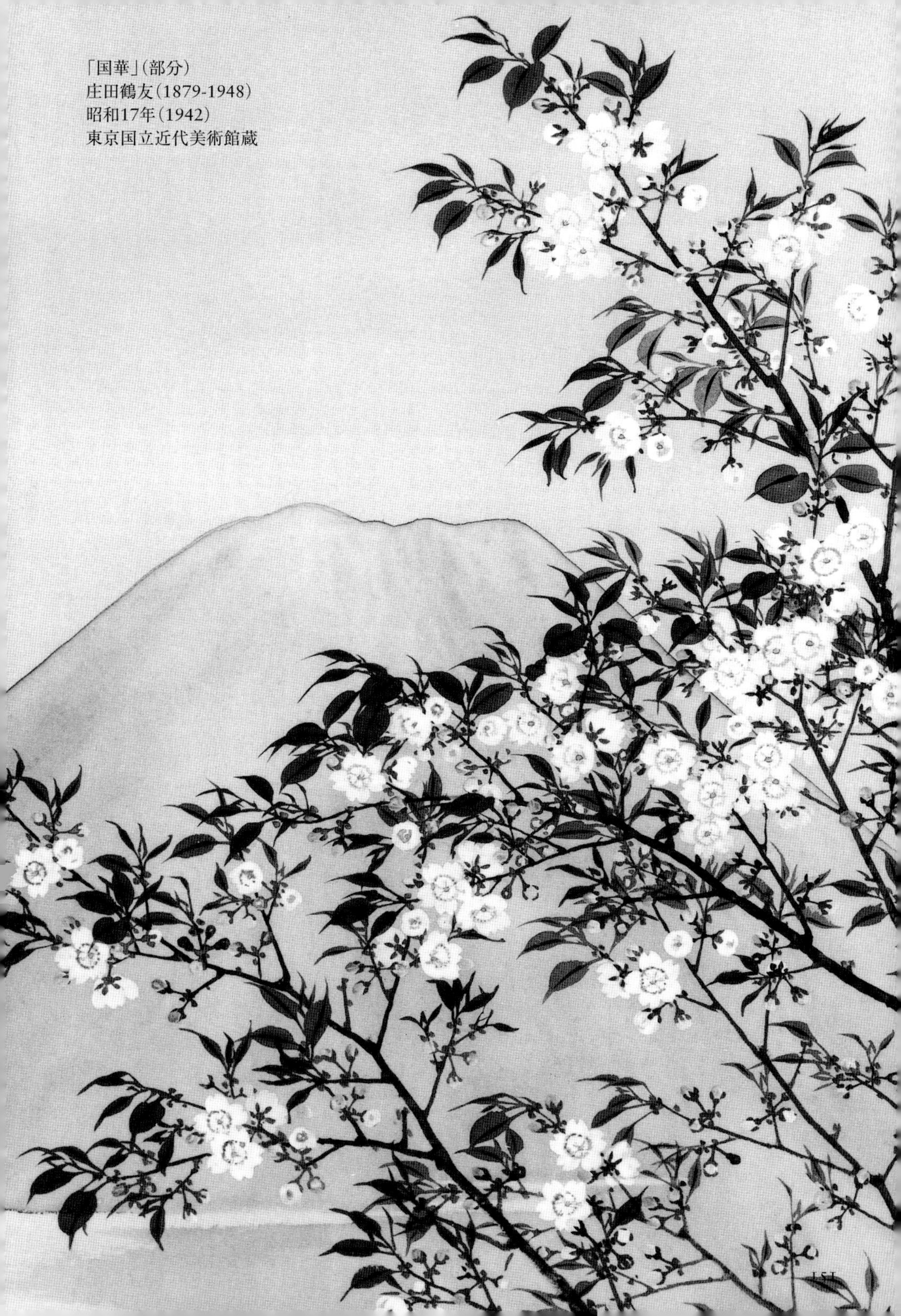

「国華」(部分)
庄田鶴友(1879-1948)
昭和17年(1942)
東京国立近代美術館蔵

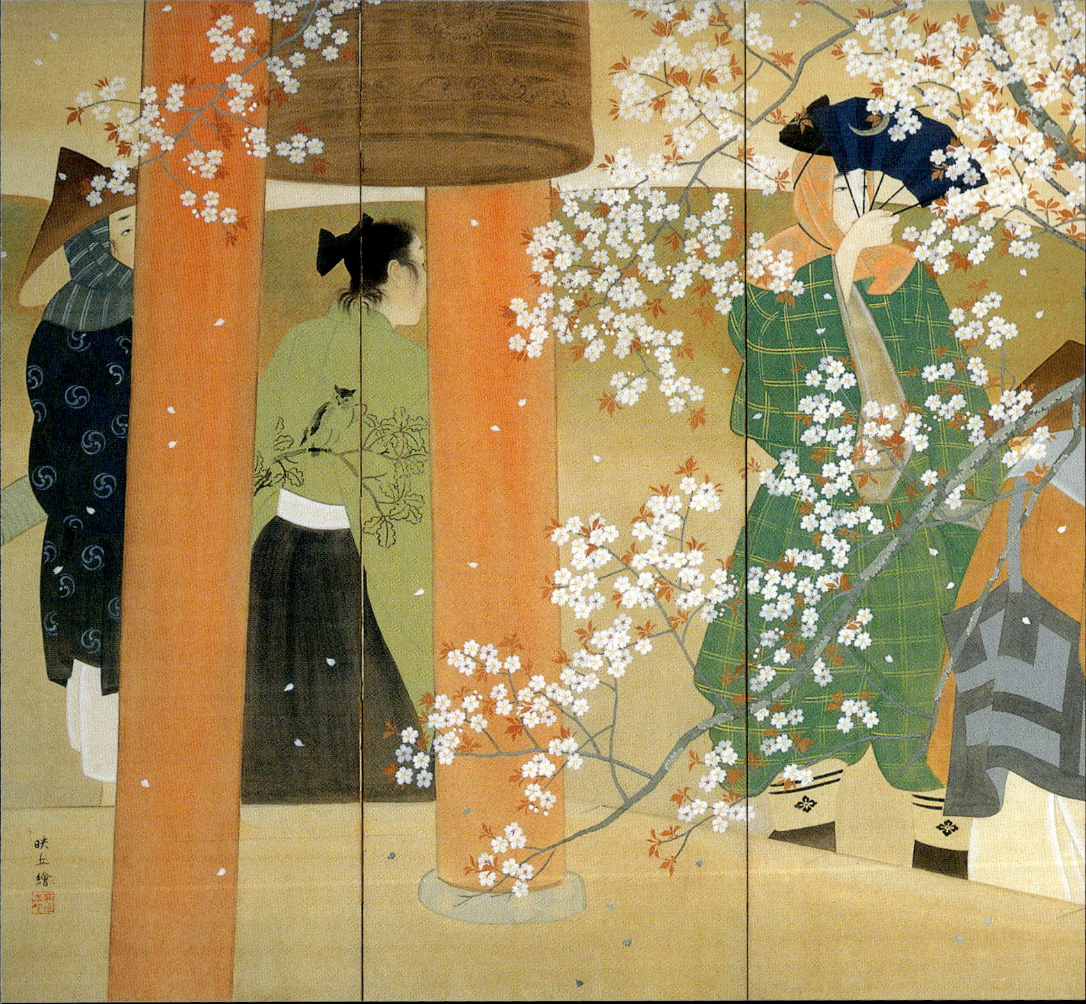

「道成寺」　松岡映丘(1881-1938)　大正6年(1917)　姫路市立美術館蔵

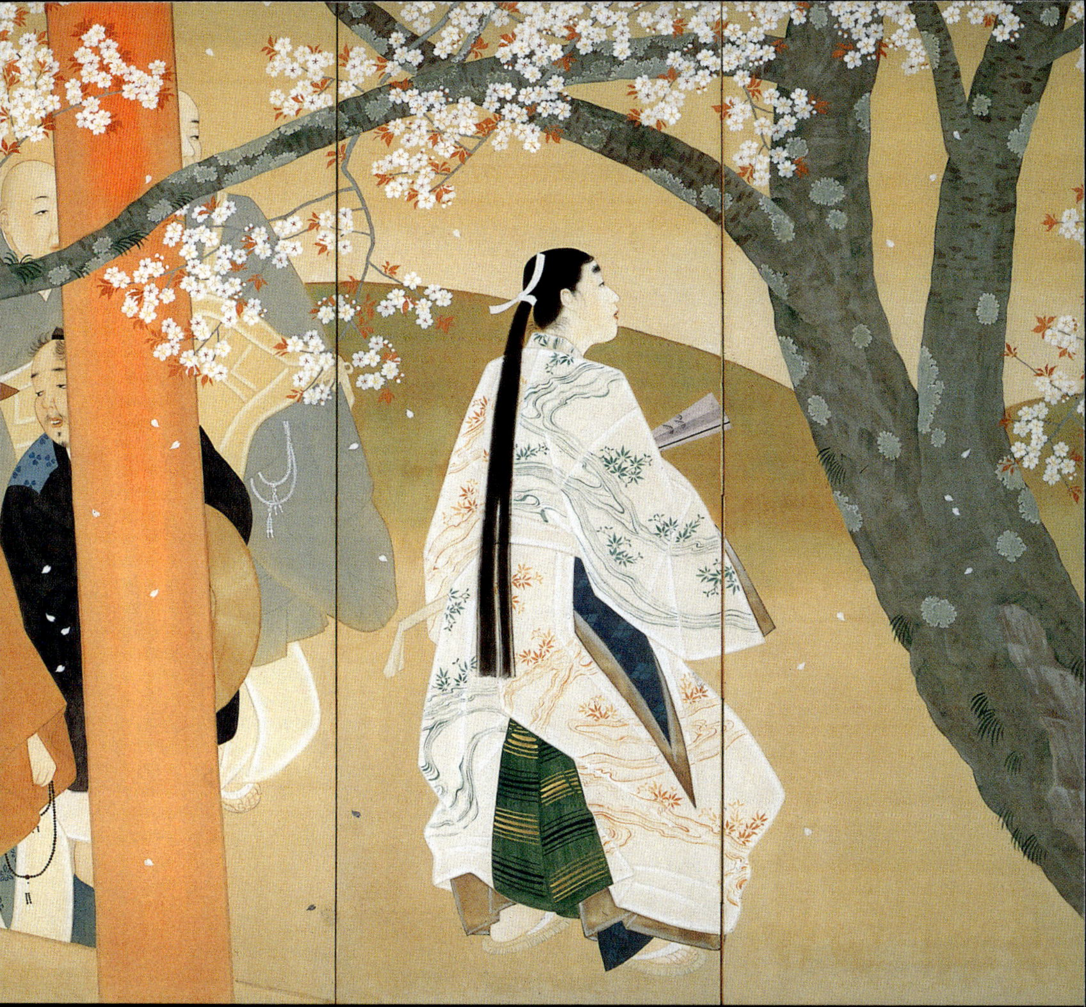

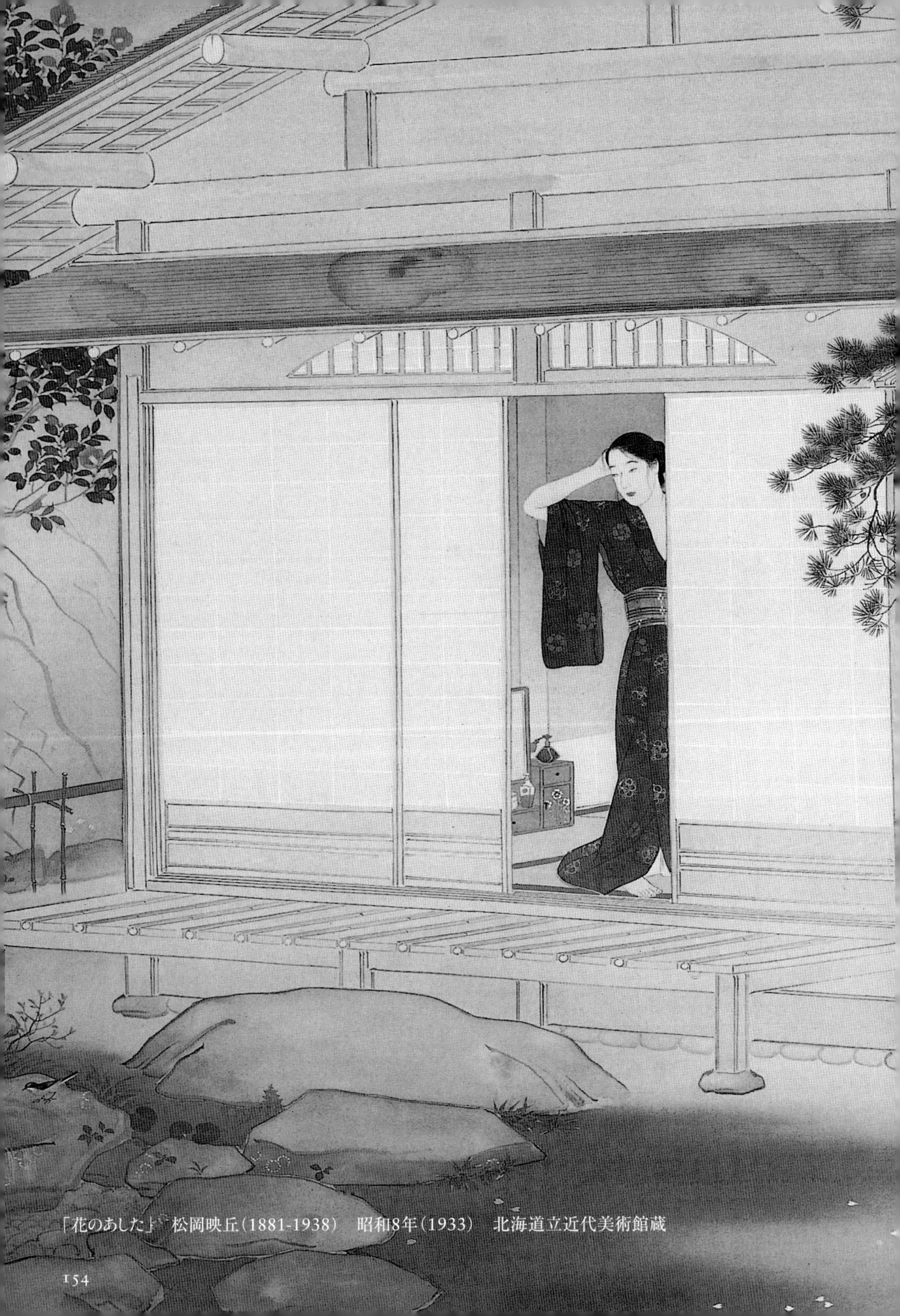

「花のあした」　松岡映丘（1881-1938）　昭和8年（1933）　北海道立近代美術館蔵

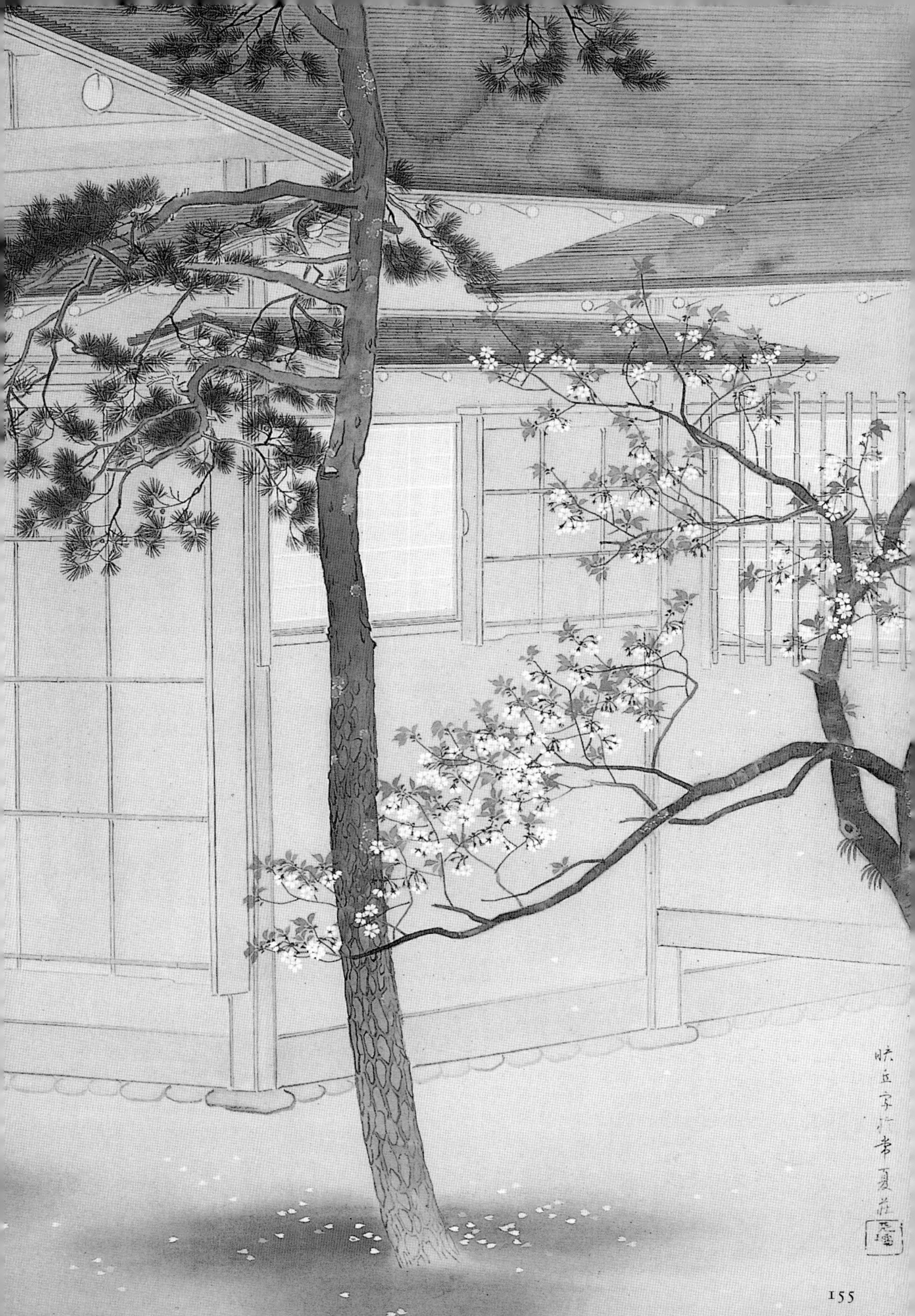

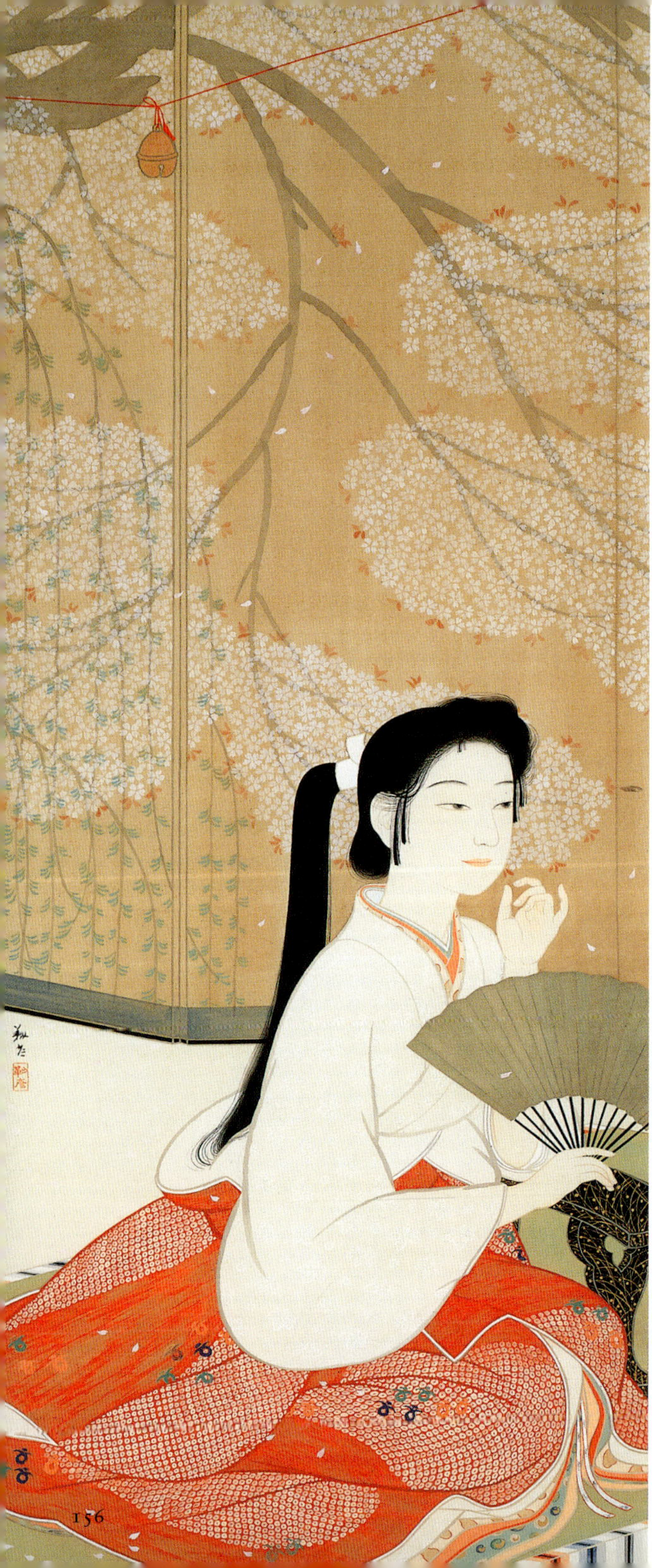

「花の酔」
安田靫彦(1884-1978)
大正元年(1912)頃
宮城県美術館蔵

「桜狩」(部分)
不動立山(1886-1975)
大正元年(1912)頃
海の見える杜美術館蔵

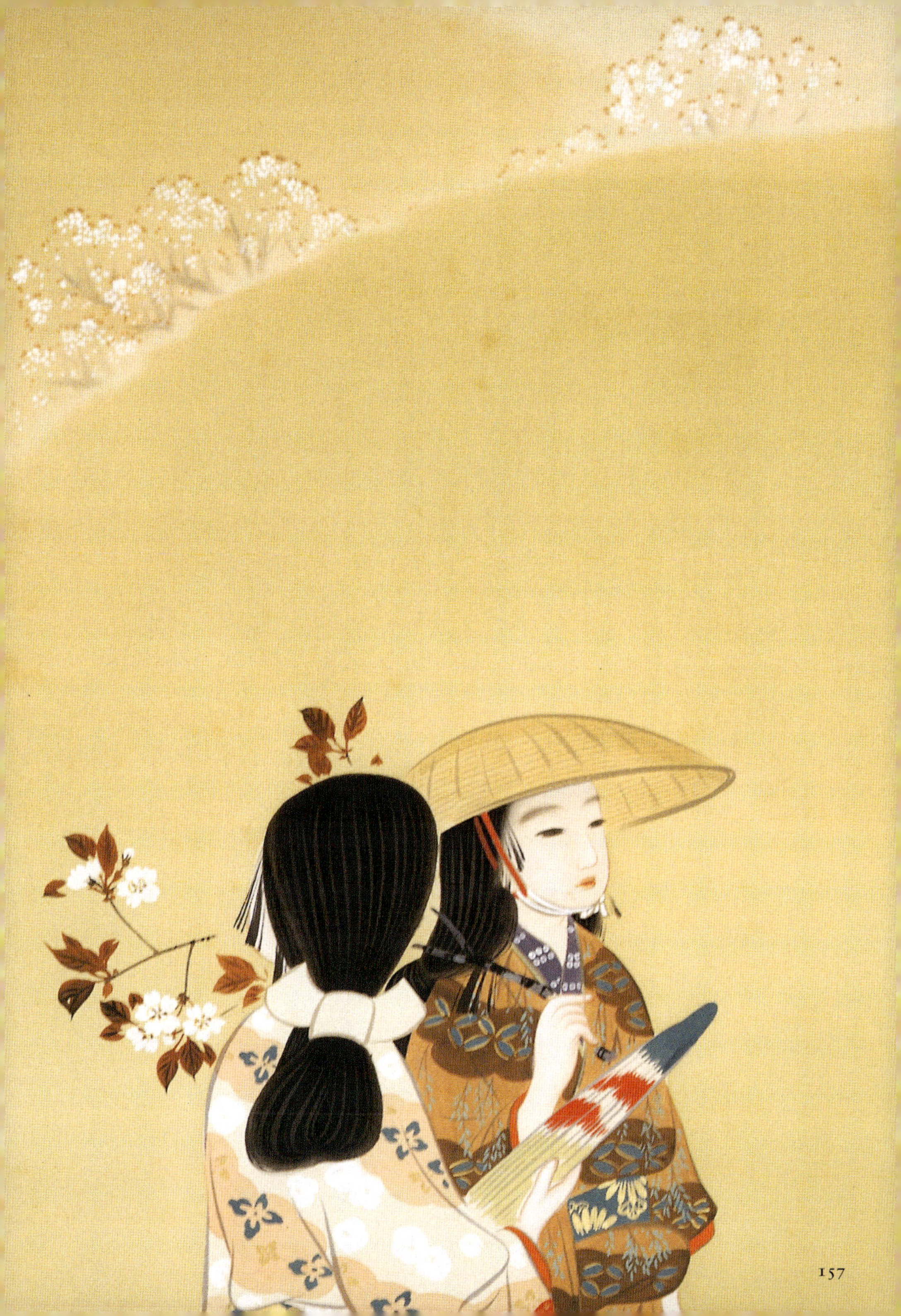

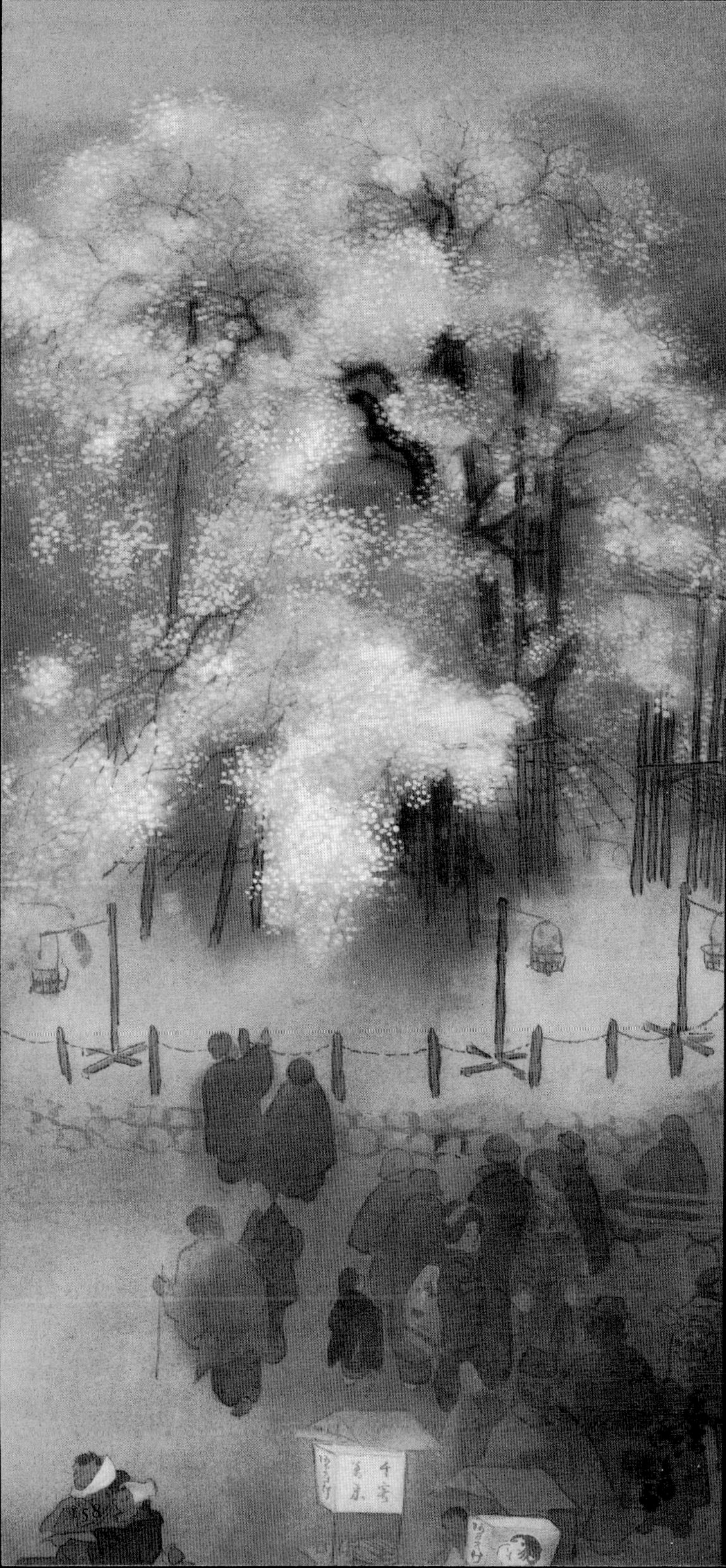

「祇園夜桜図」(部分)
柴田晩葉(1885-1942)
滋賀県立近代美術館蔵

「さくら」(春桜秋葉より)(部分)
福田翠光(1895-1973)
昭和15年(1940)
京都国立近代美術館蔵

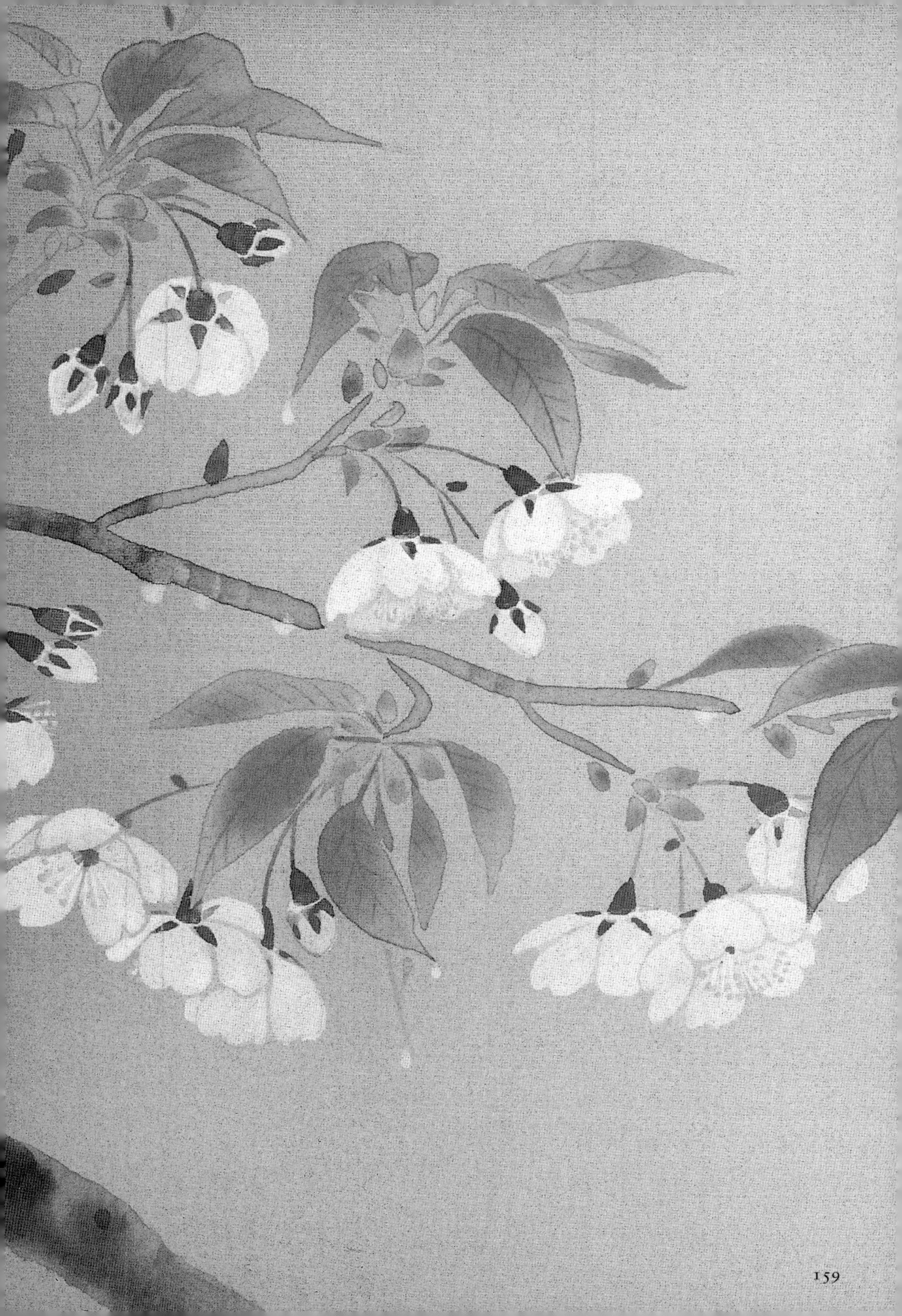

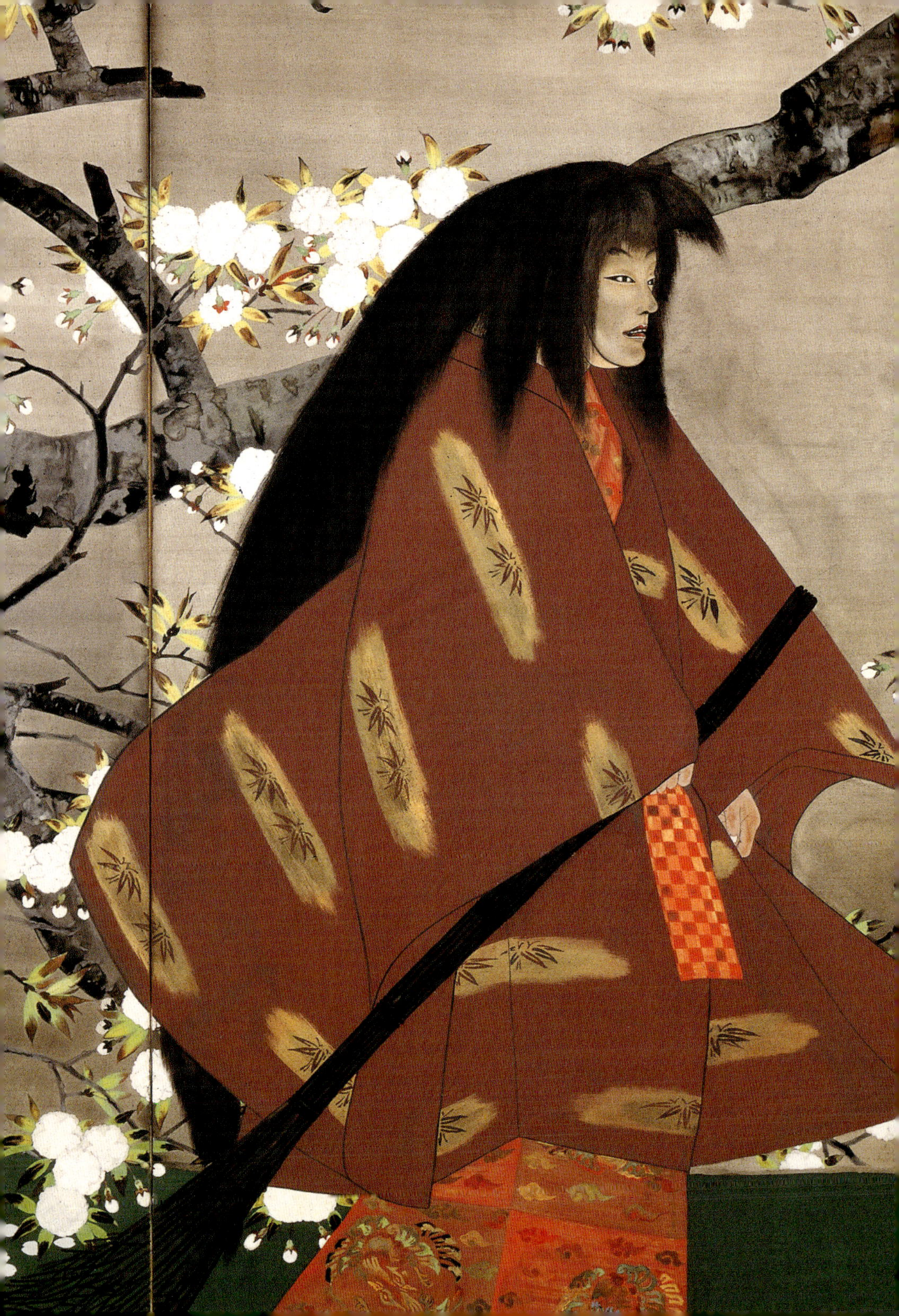

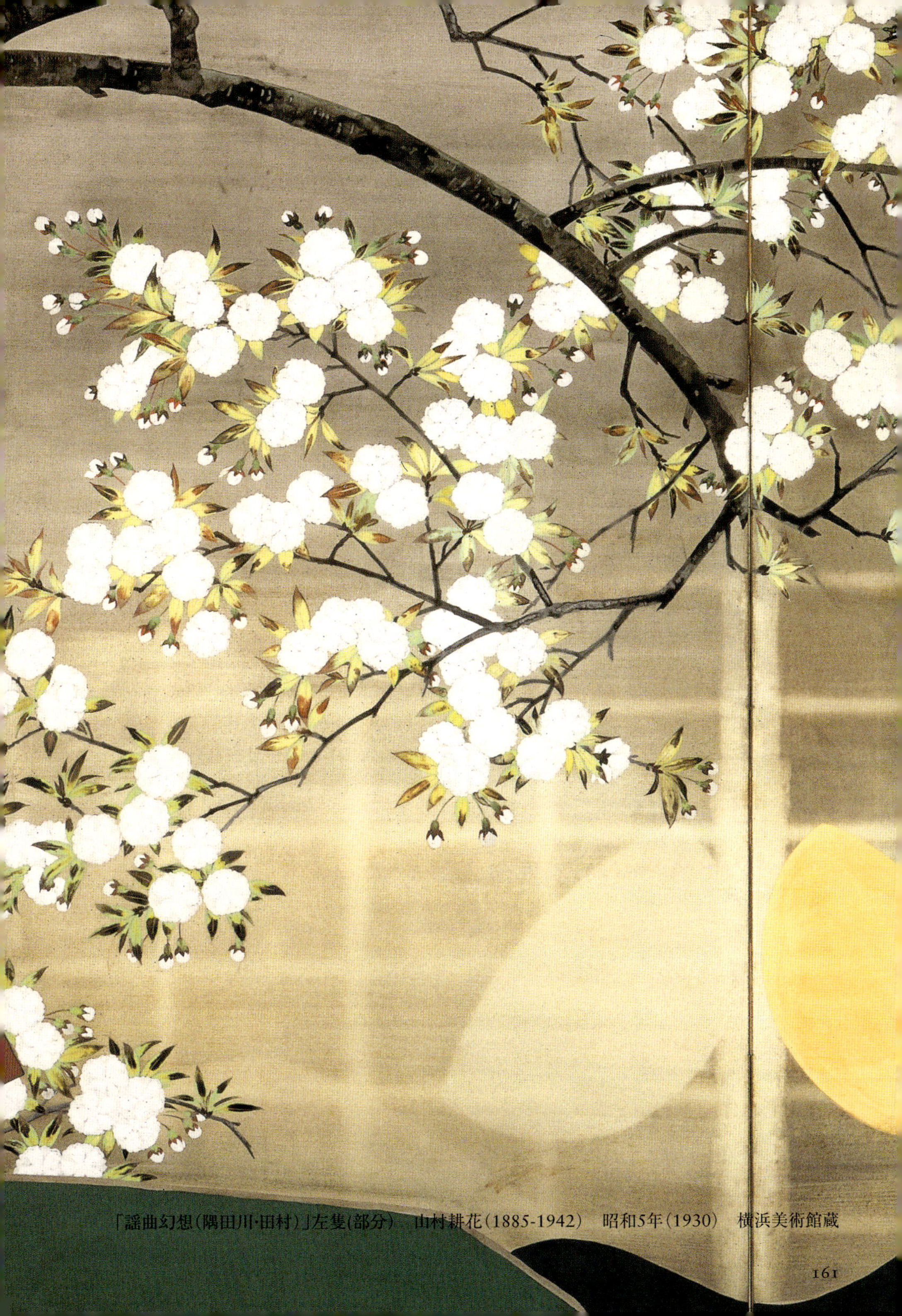

「謡曲幻想(隅田川·田村)」左隻(部分)　山村耕花(1885-1942)　昭和5年(1930)　横浜美術館蔵

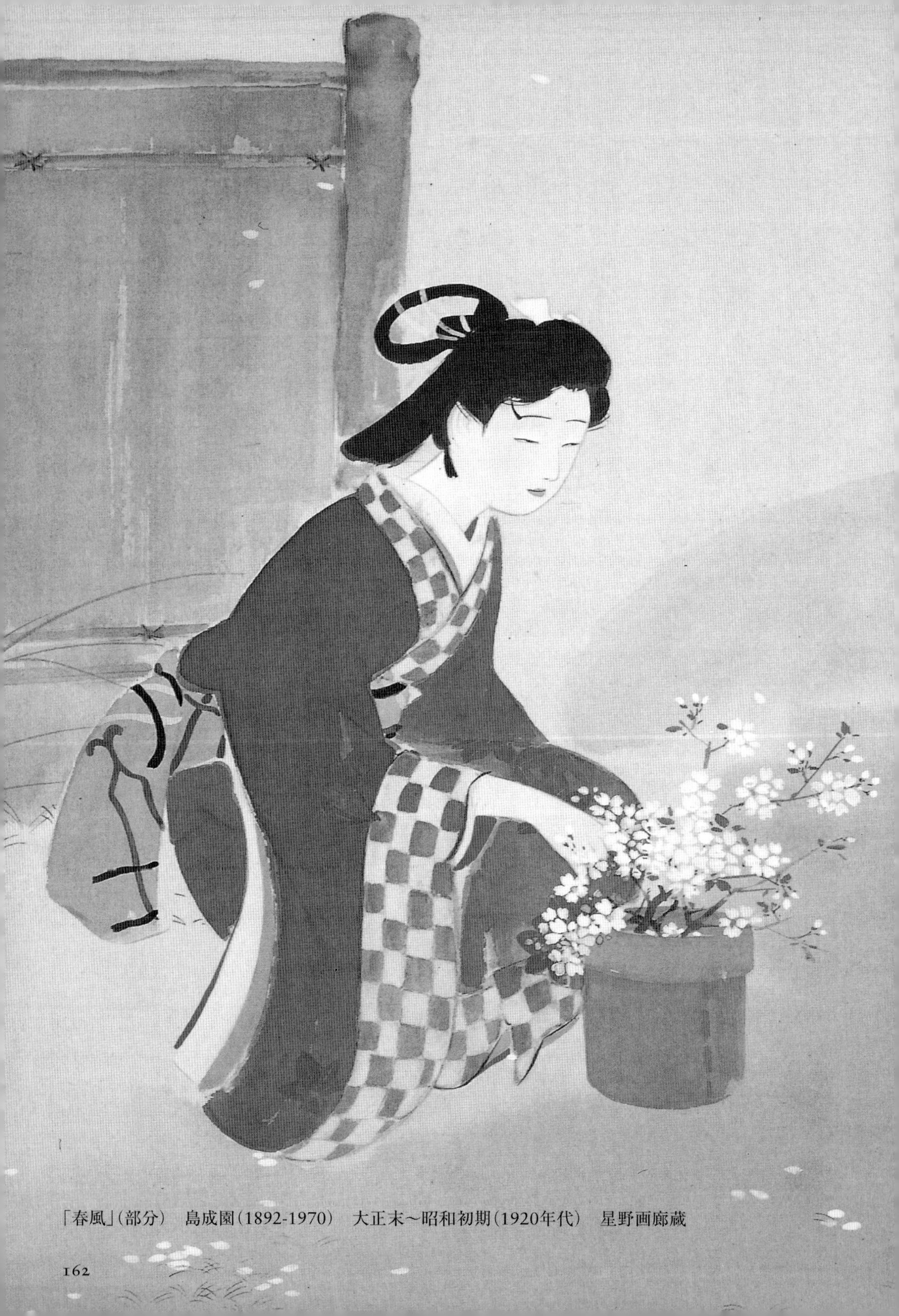

「春風」(部分)　島成園(1892-1970)　大正末〜昭和初期(1920年代)　星野画廊蔵

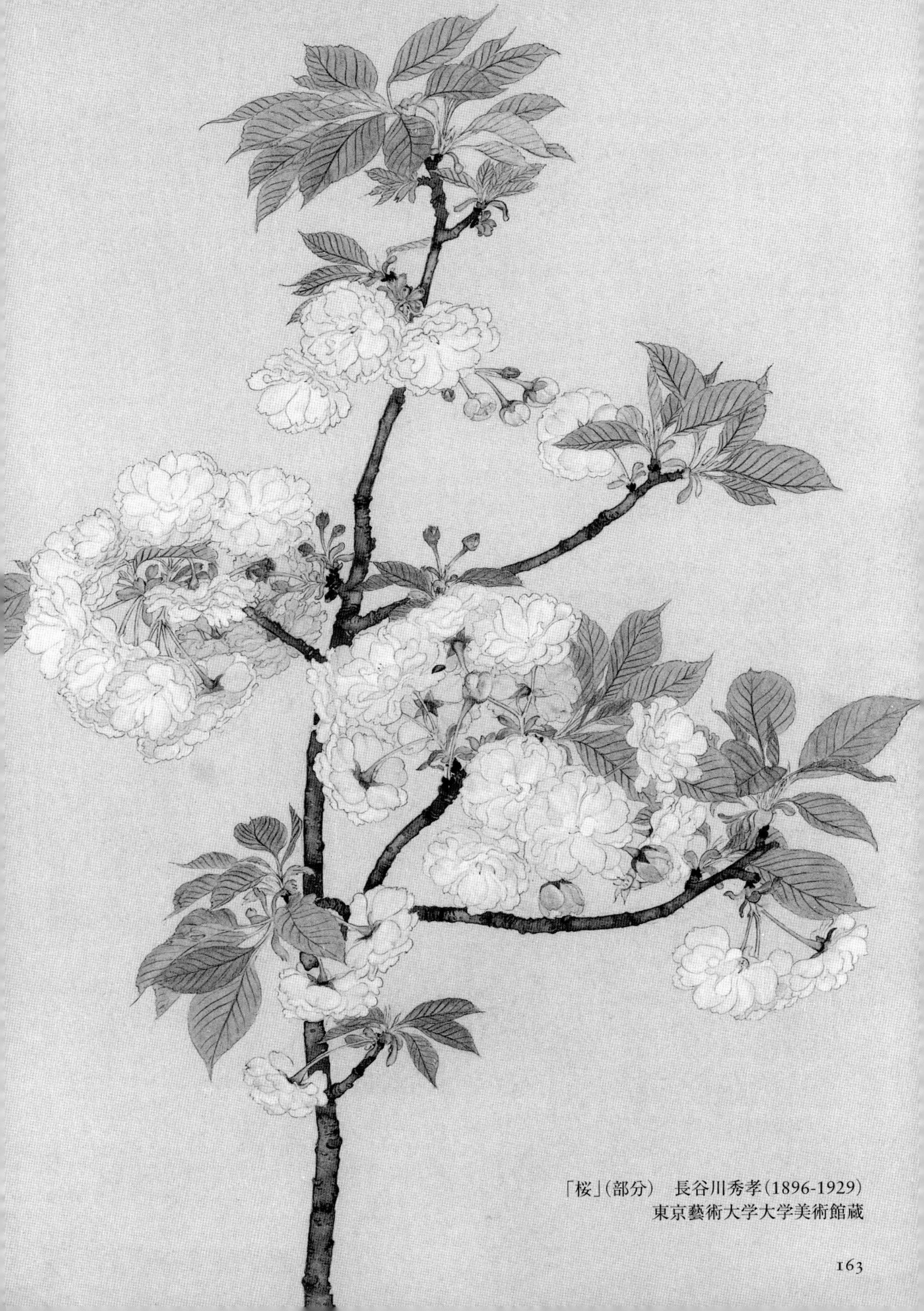

「桜」(部分)　長谷川秀孝(1896-1929)
東京藝術大学大学美術館蔵

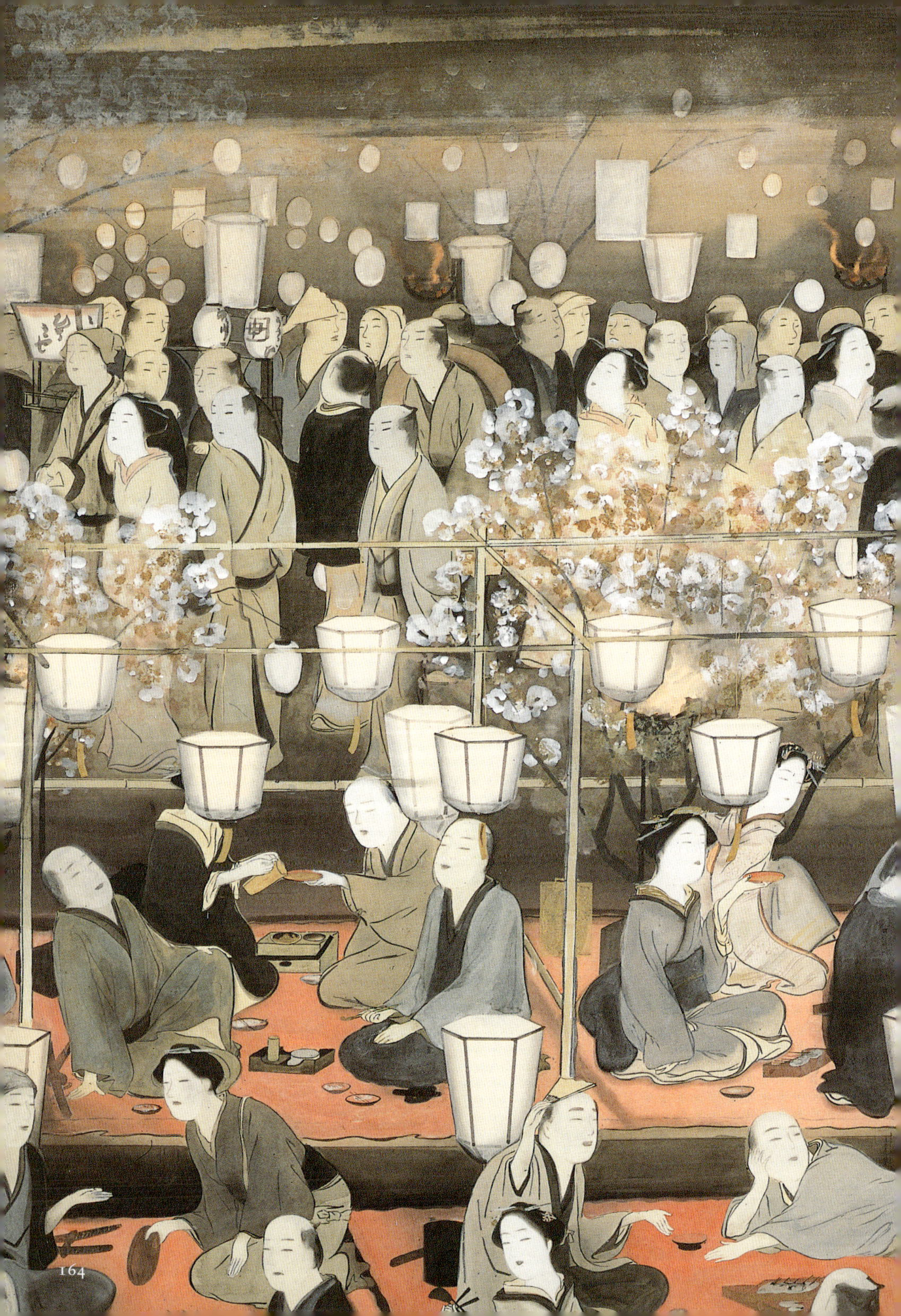

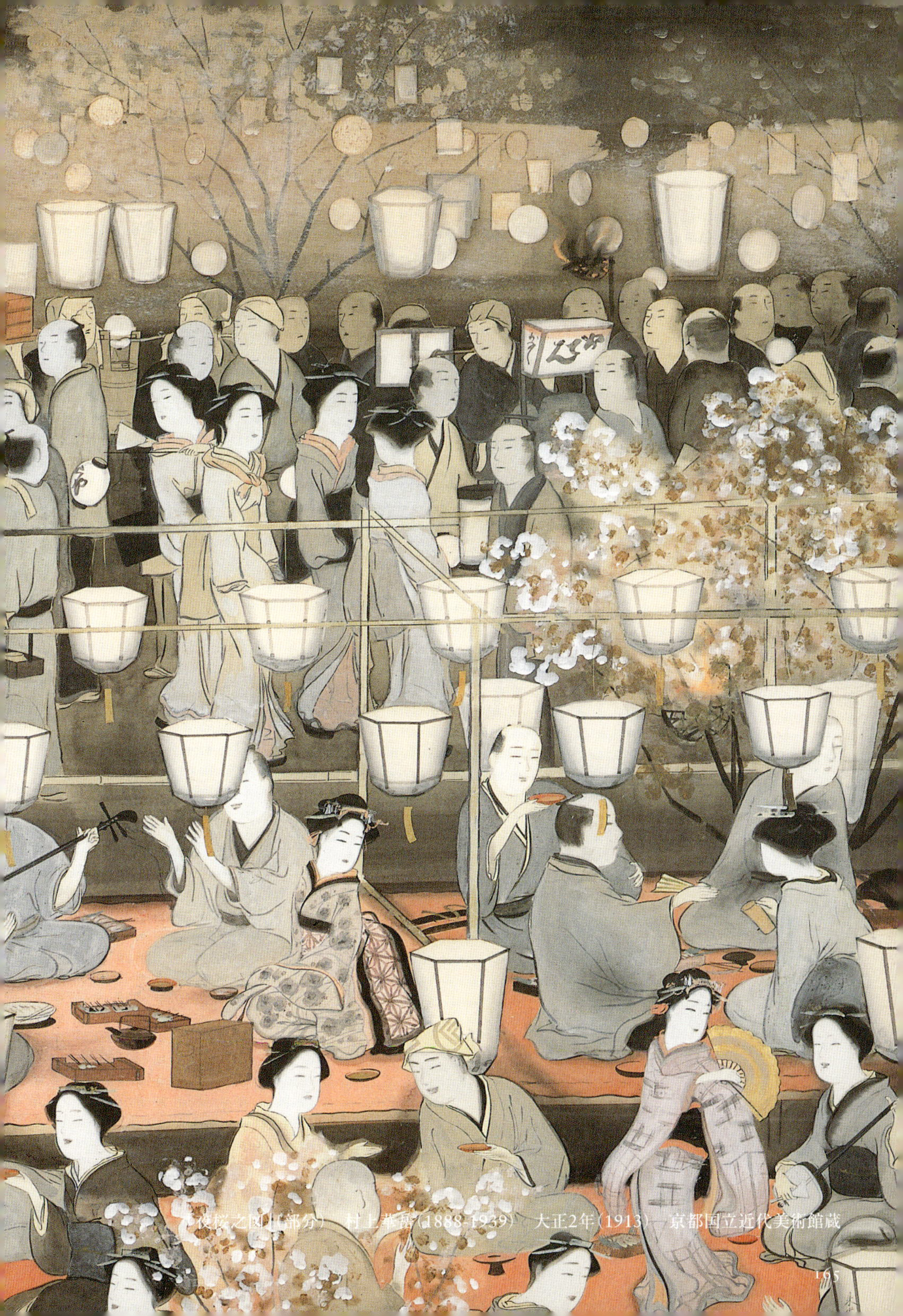

「夜桜之図」(部分)　村上華岳(1888-1939)　大正2年(1913)　京都国立近代美術館蔵

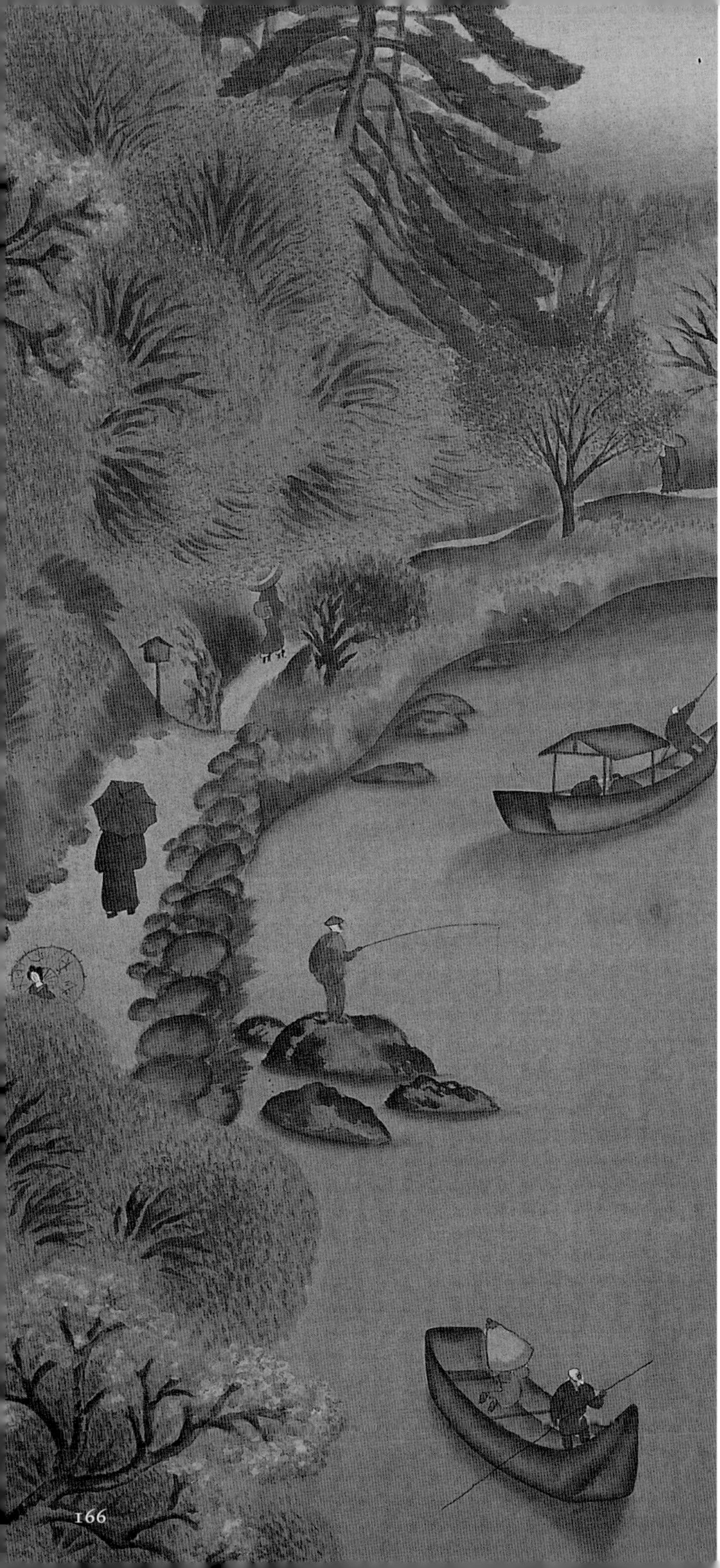

「雨後嵐峡」(部分)
野長瀬晩花(1889-1964)
大正7年(1918)
海の見える杜美術館蔵

「祇園夜桜」(部分)
榮本一洋(1893-1952)
星野画廊蔵

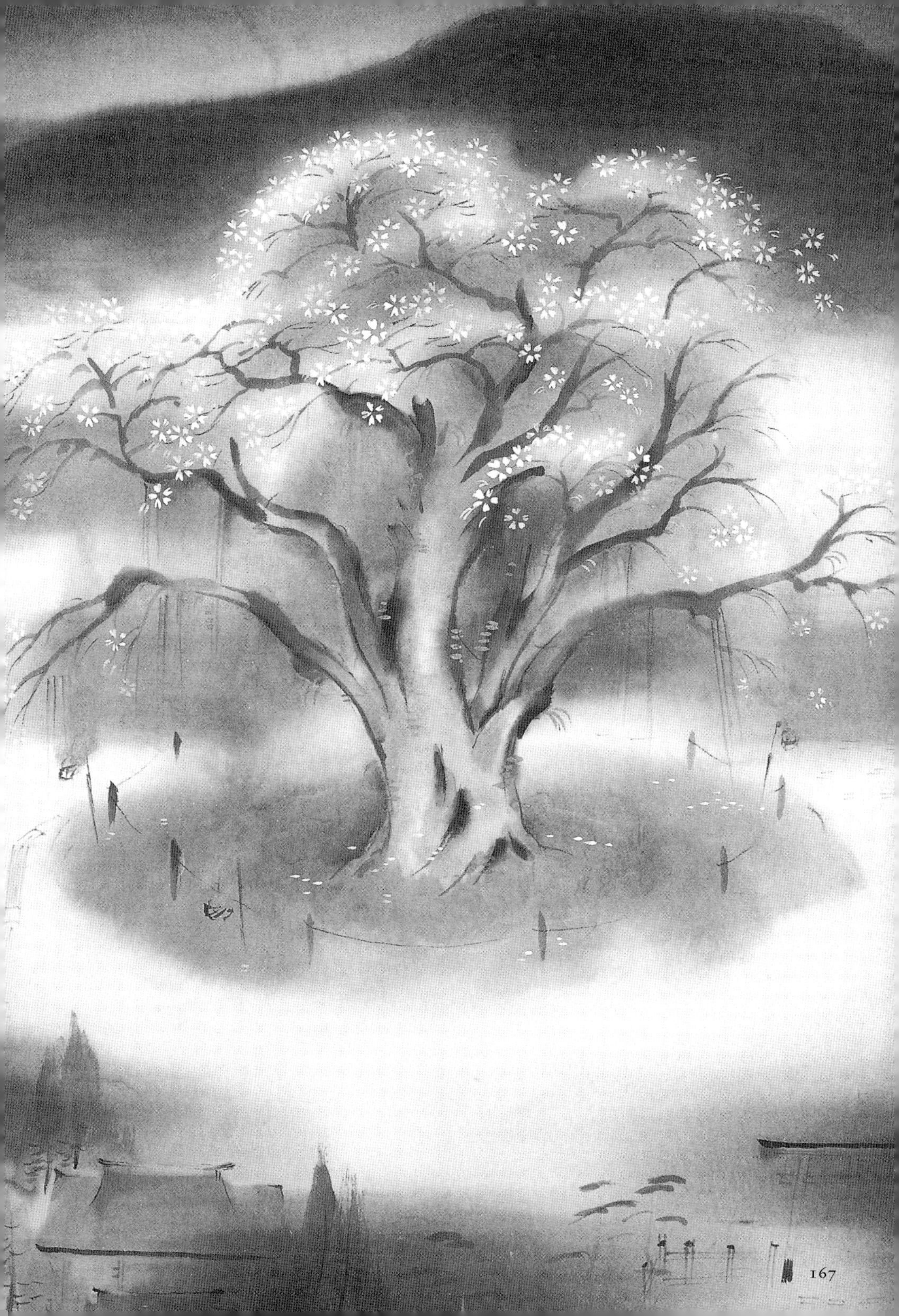

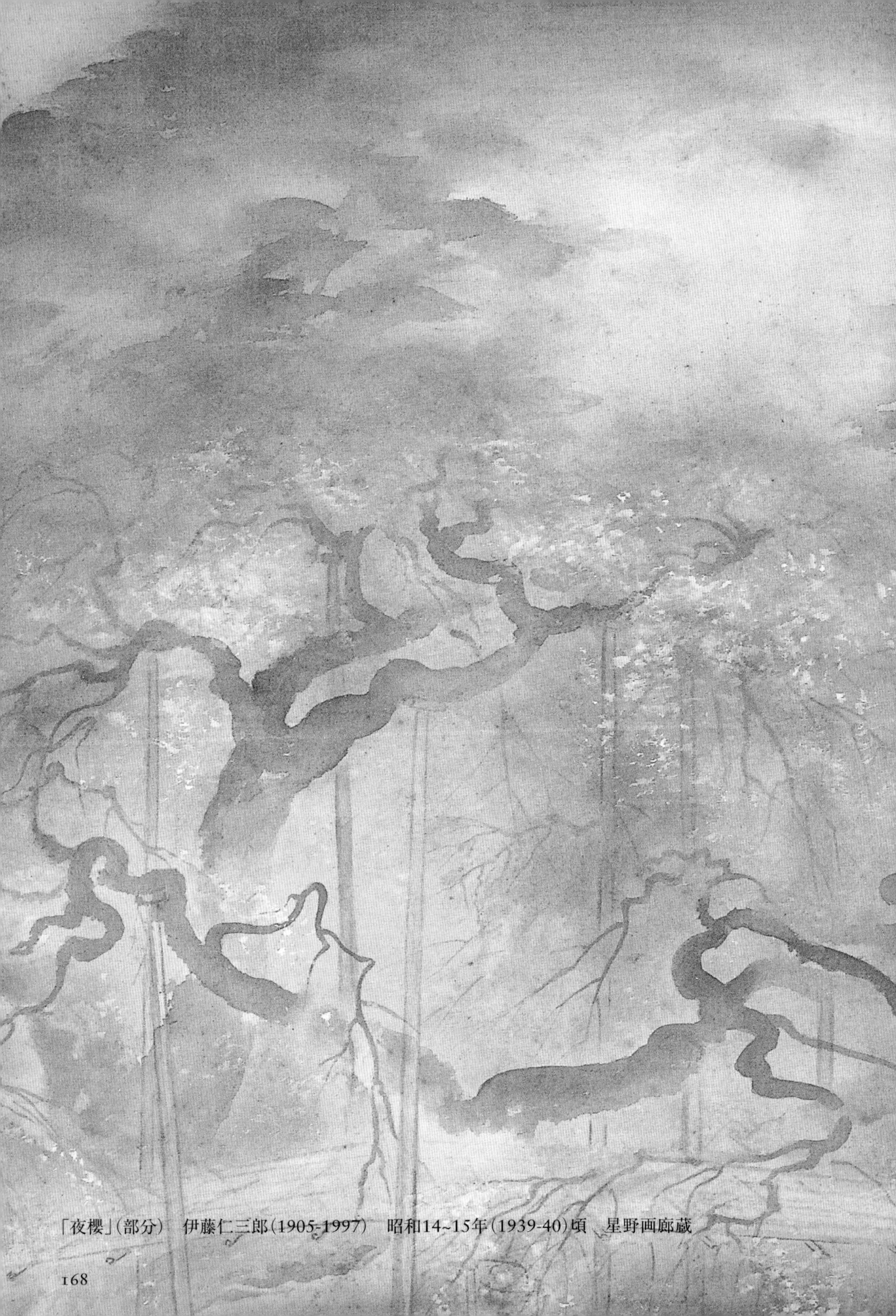

「夜櫻」(部分)　伊藤仁三郎(1905-1997)　昭和14~15年(1939-40)頃　星野画廊蔵

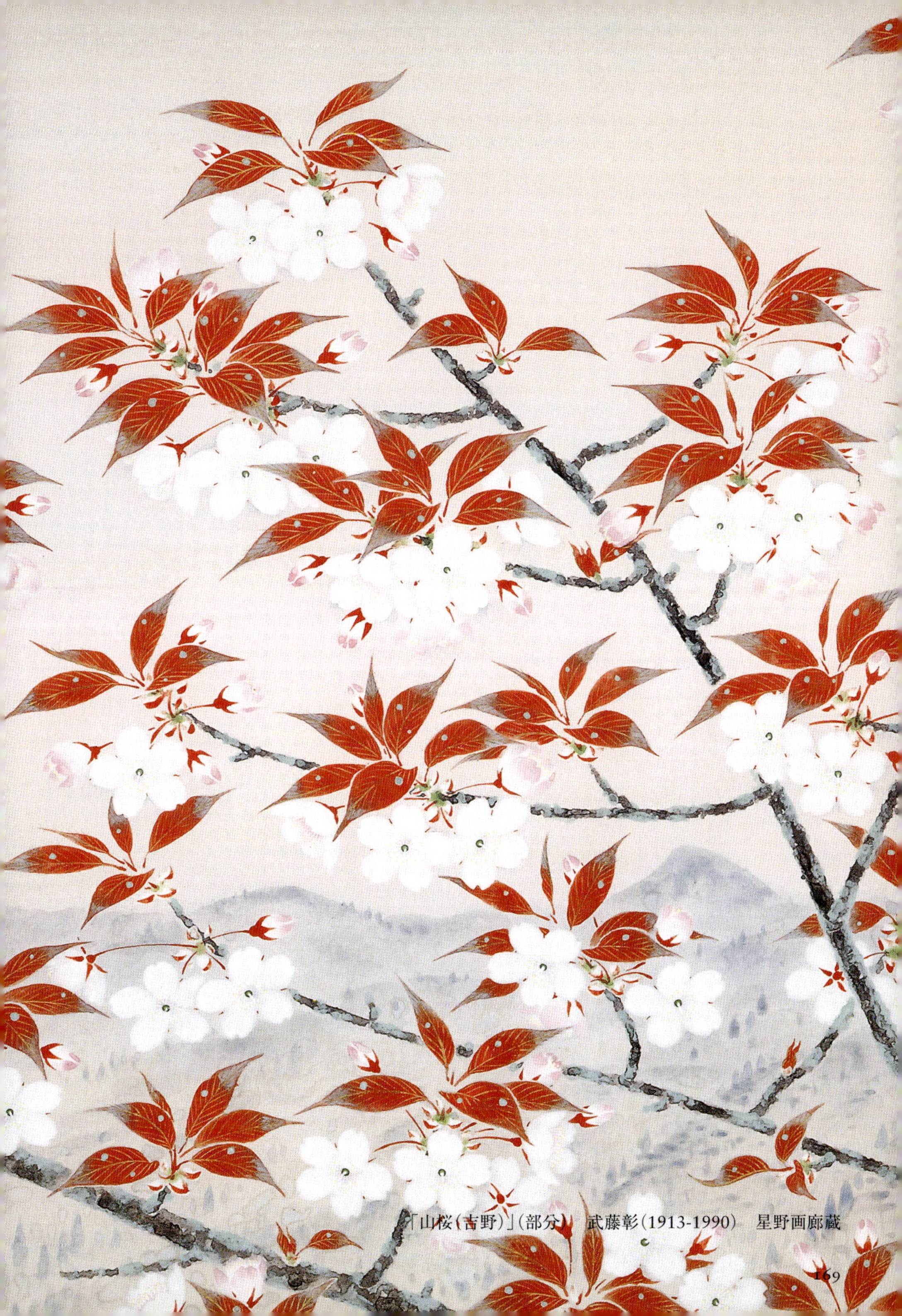

「山桜（吉野）」（部分）　武藤彰（1913-1990）　星野画廊蔵

「八重桜」(部分)　岡村宇太郎(1899-1971)　昭和30〜46年(1955-1971)頃　星野画廊蔵

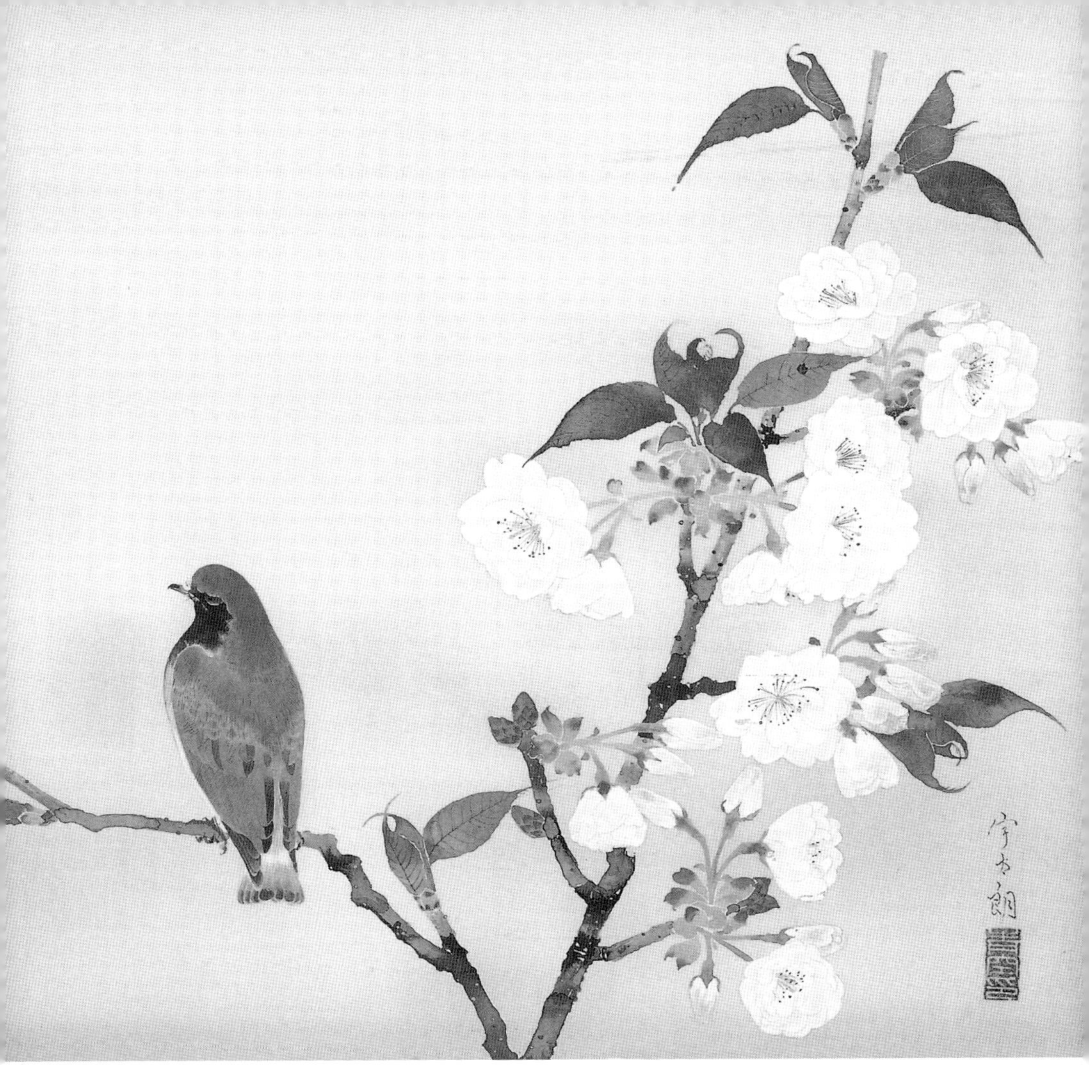

「桜小禽」(部分)　岡村宇太郎(1899-1971)　昭和10年代(1935-44)　星野画廊蔵

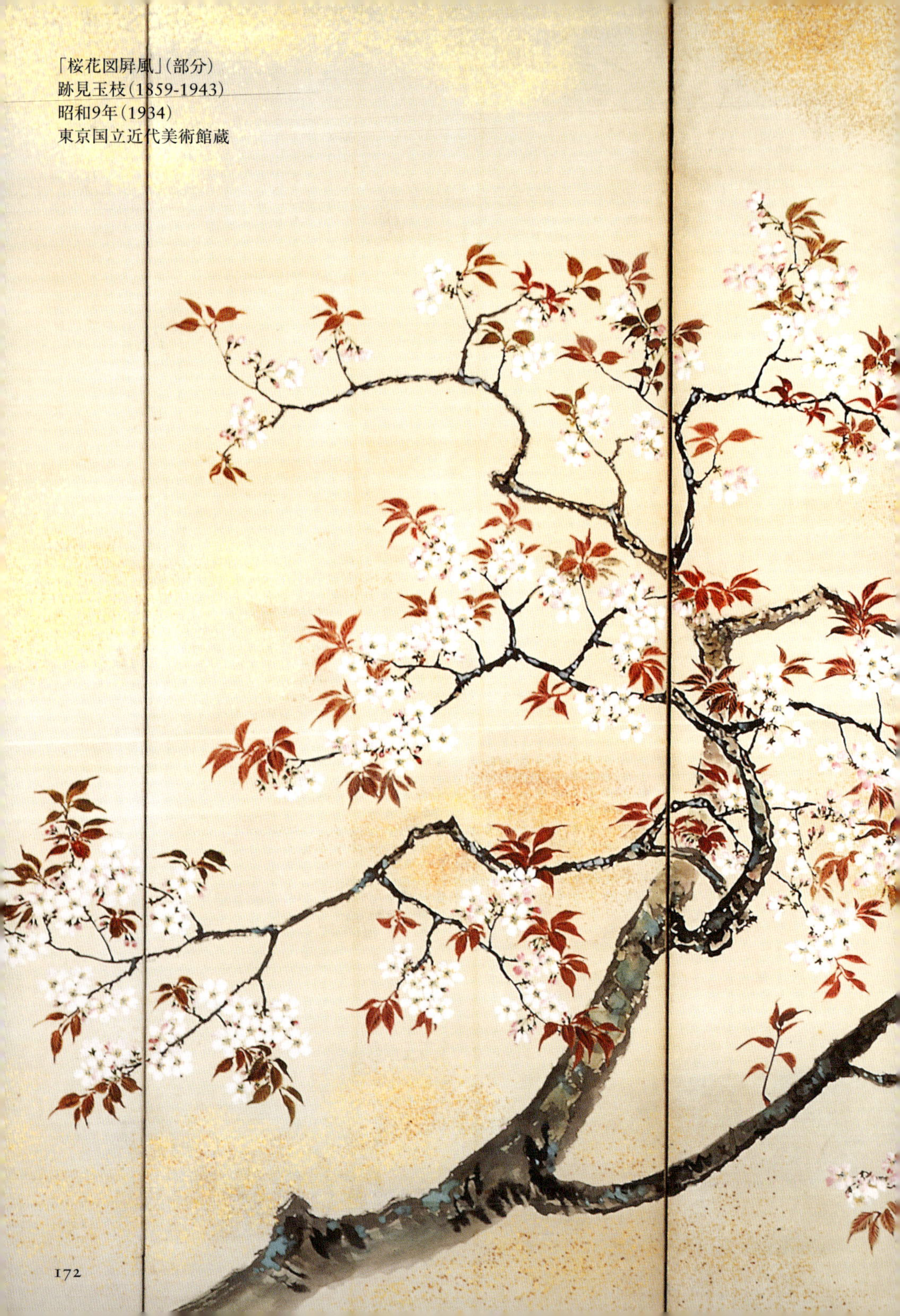

「桜花図屛風」(部分)
跡見玉枝(1859-1943)
昭和9年(1934)
東京国立近代美術館蔵

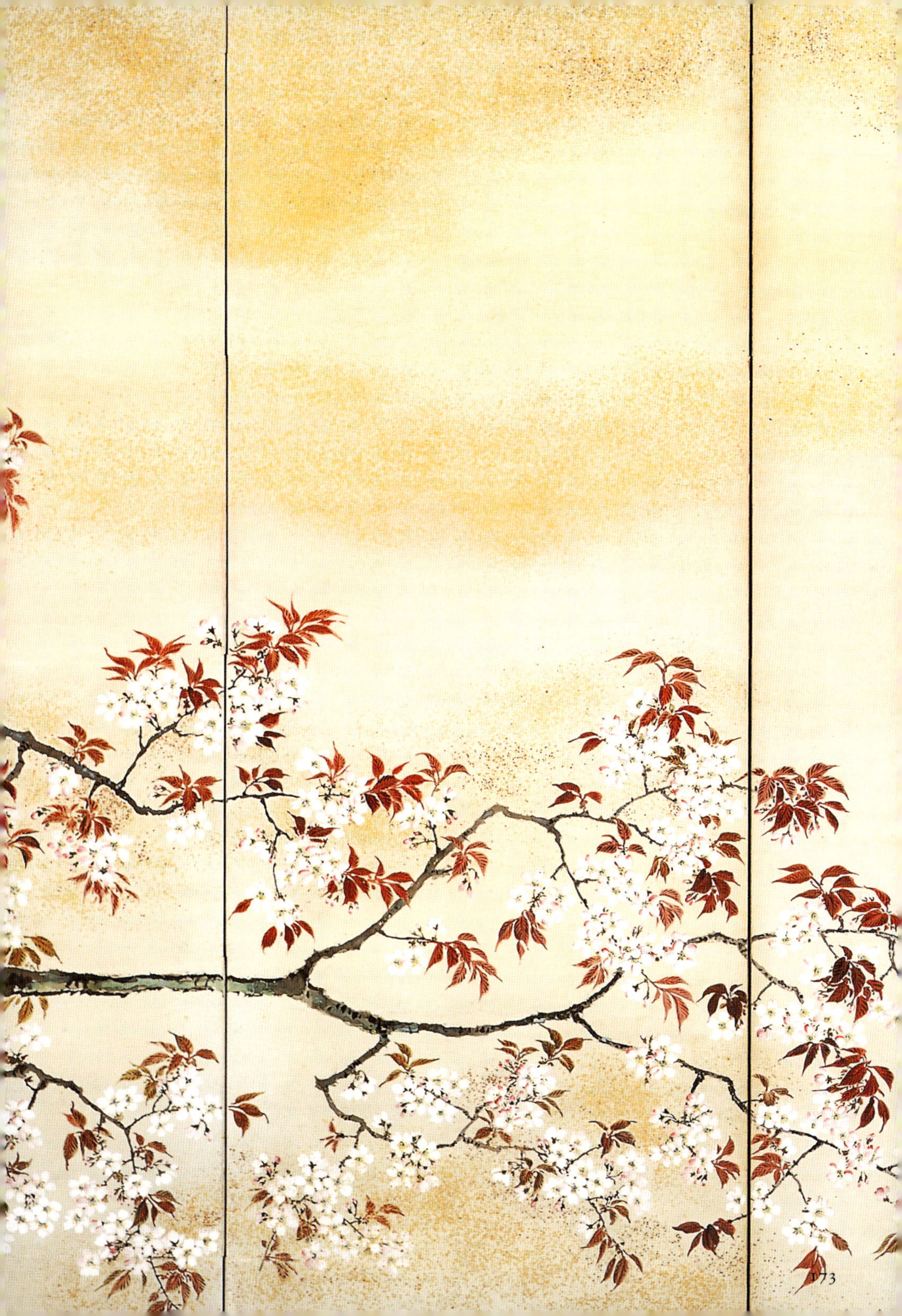

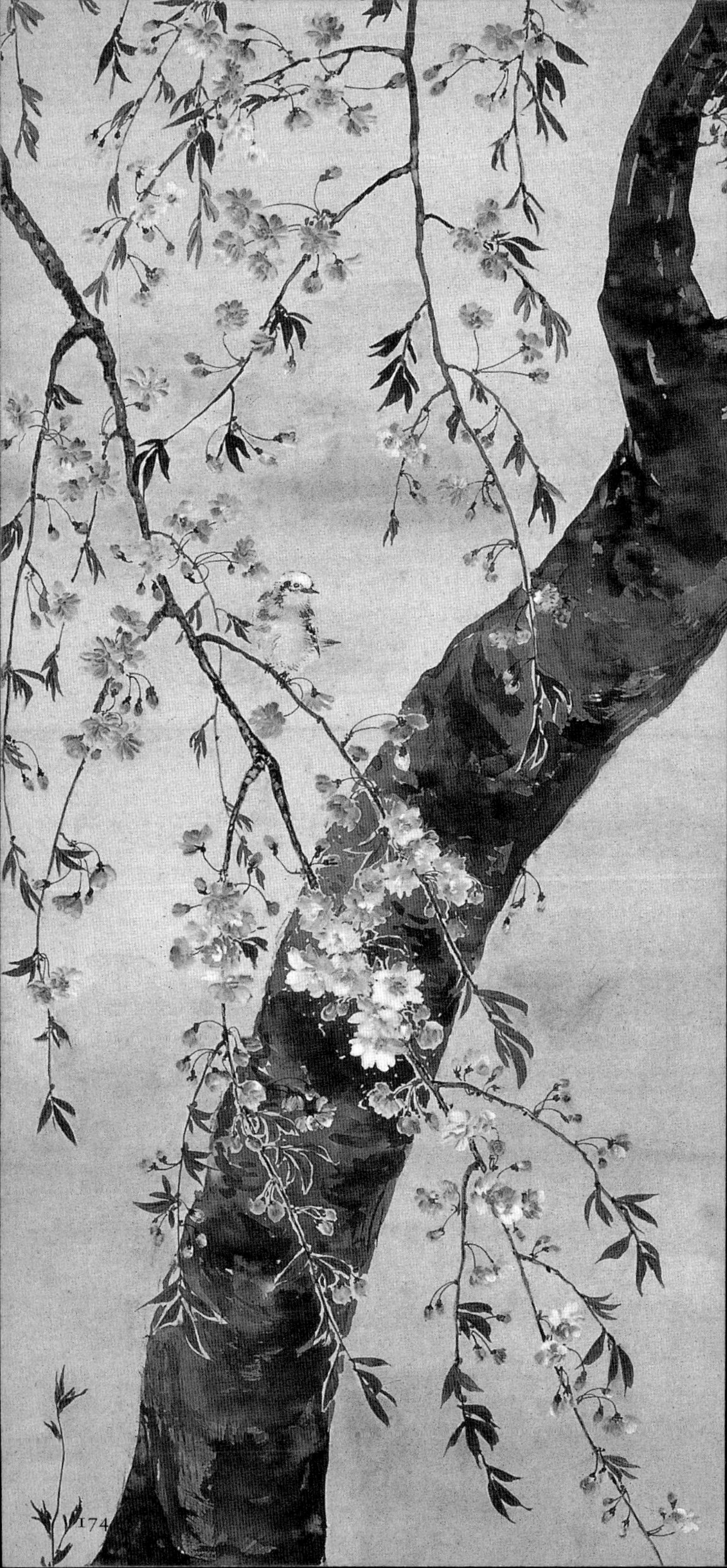

「枝垂桜図」(部分)
跡見玉枝(1859-1943)
昭和10年(1935)
西宮市笹部桜コレクション
(白鹿記念酒造博物館寄託)

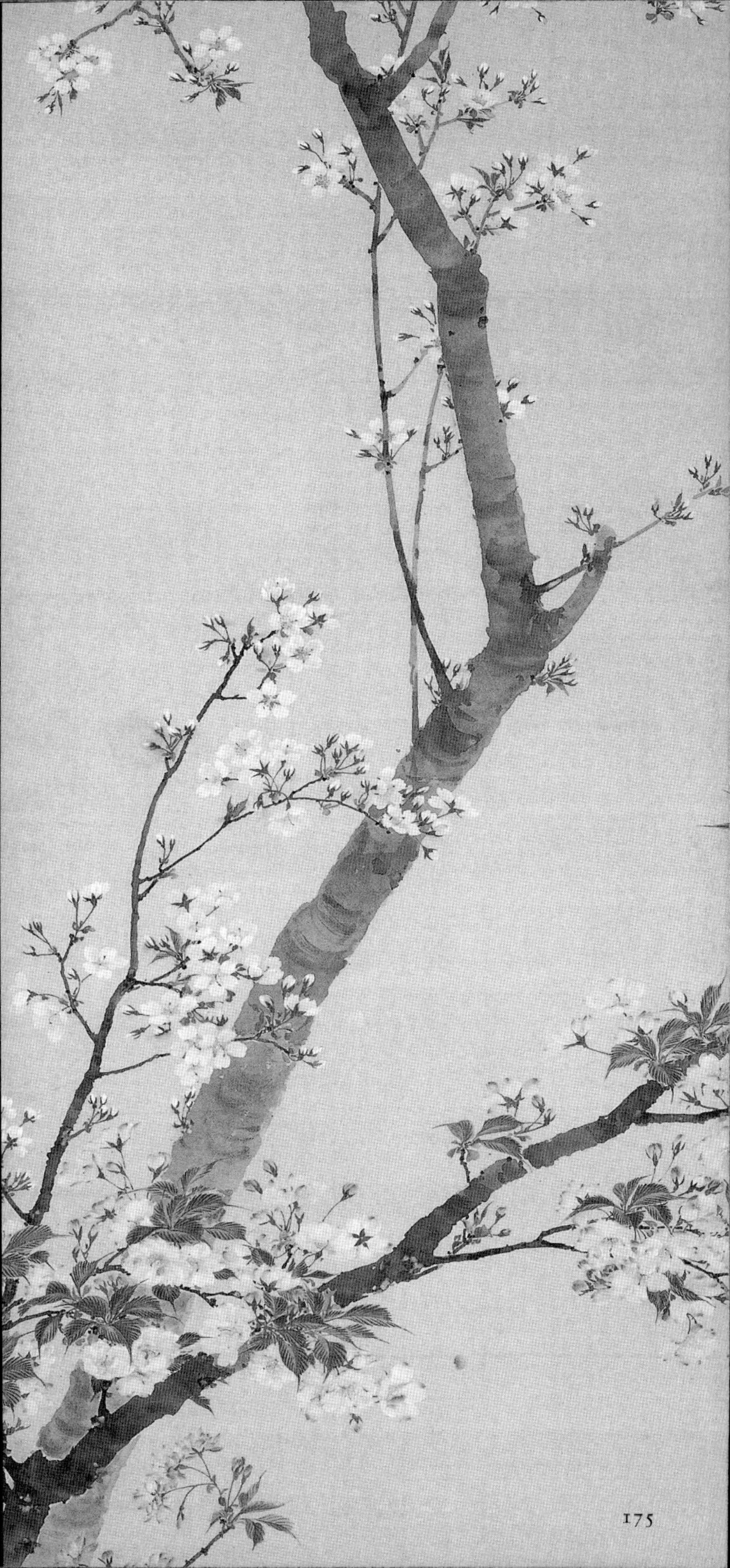

「婆桜　車返　菊桜図」
（部分）
跡見玉枝（1859-1943）
西宮市笹部桜コレクション
（白鹿記念酒造博物館寄託）

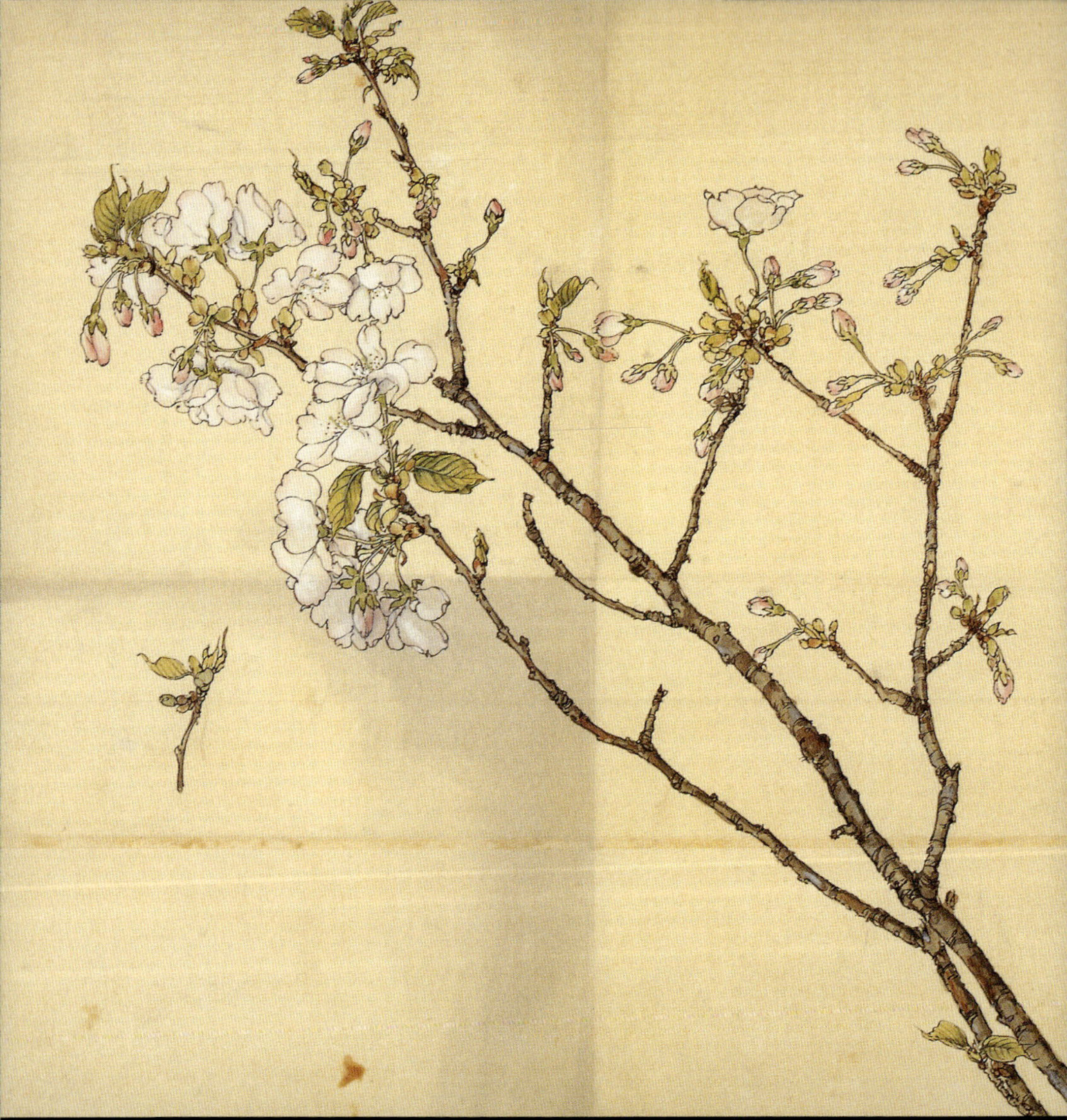

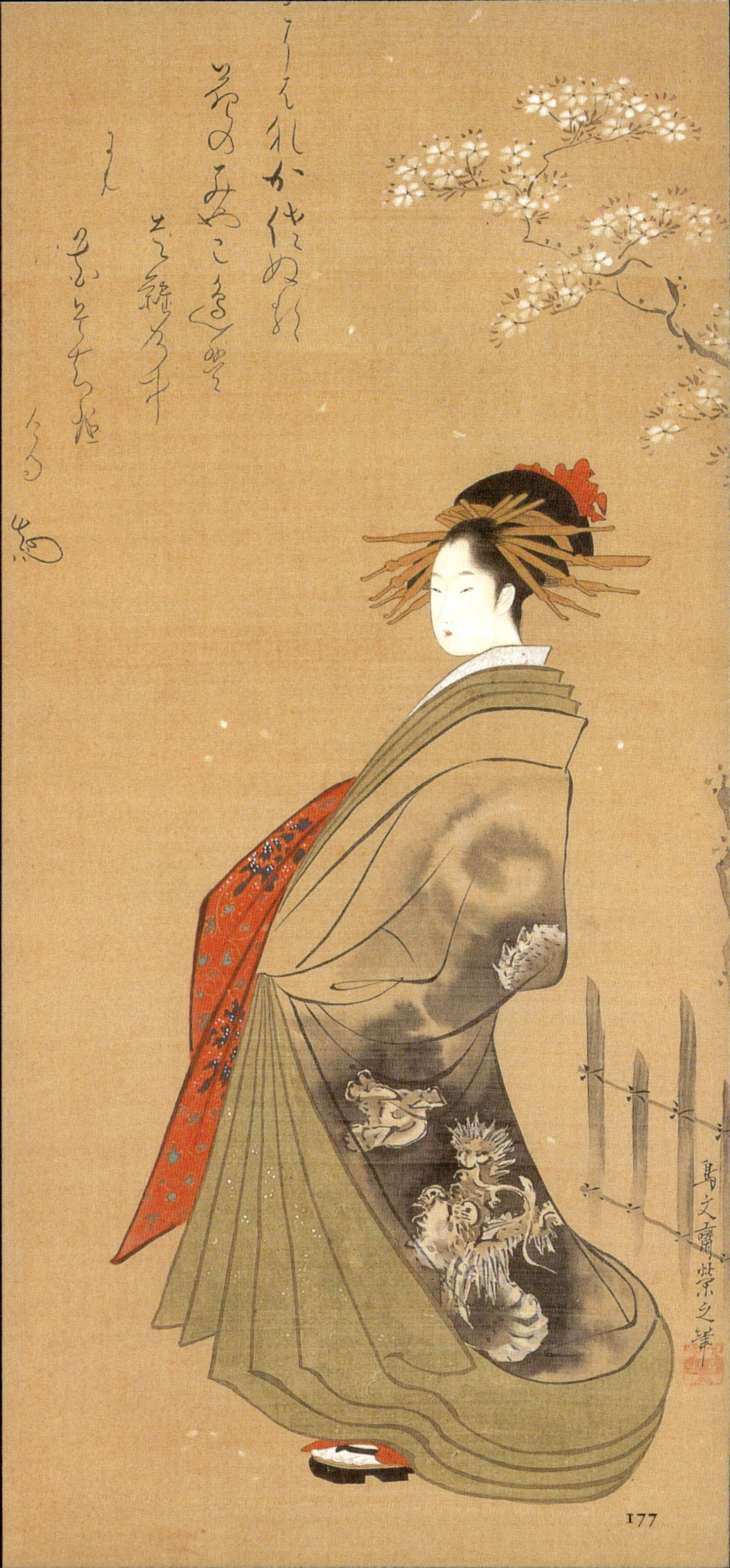

「桜下花魁図」(部分)
鳥文斎栄之(1756-1829)
江戸時代後期(19世紀)
熊本県立美術館蔵

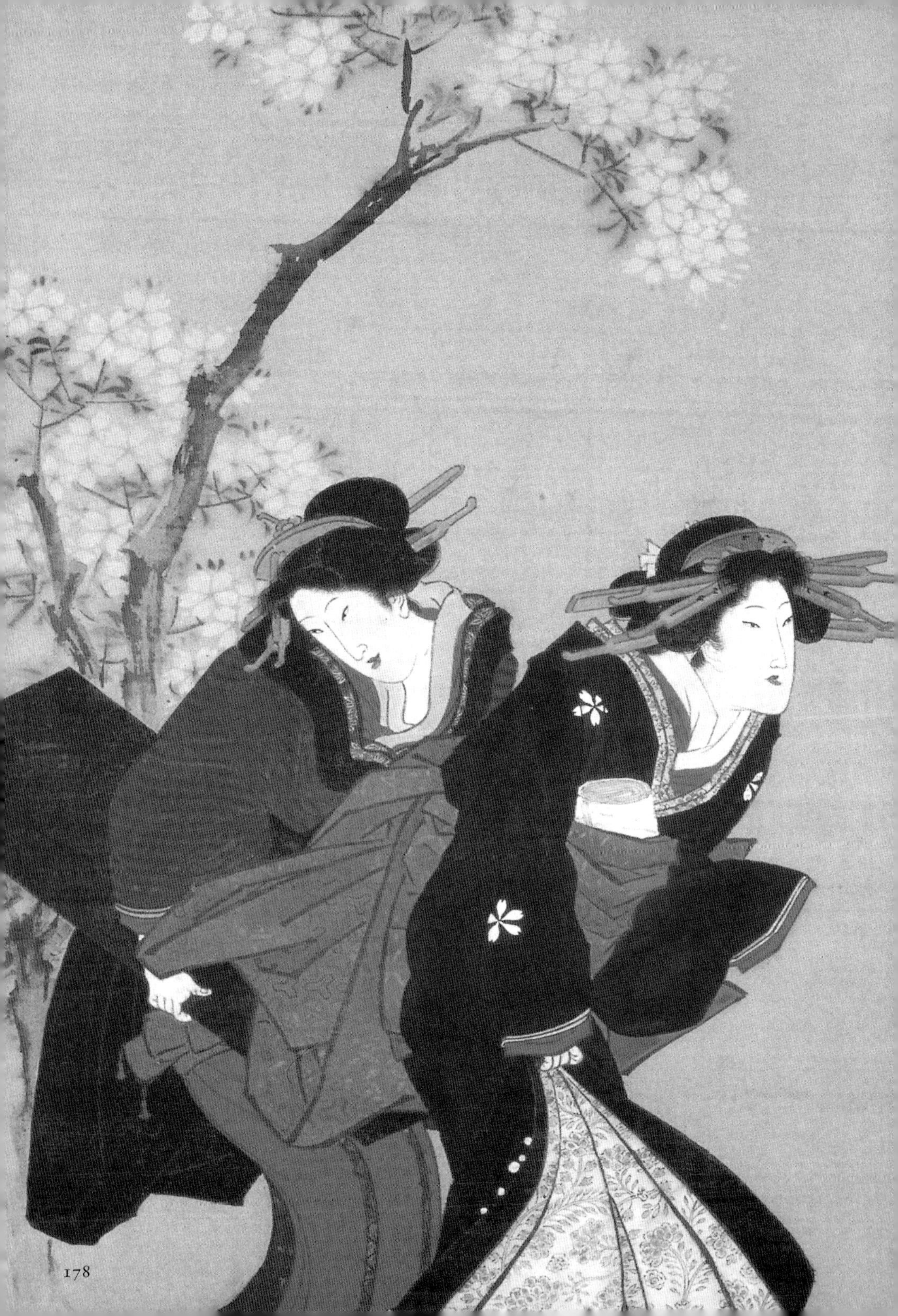

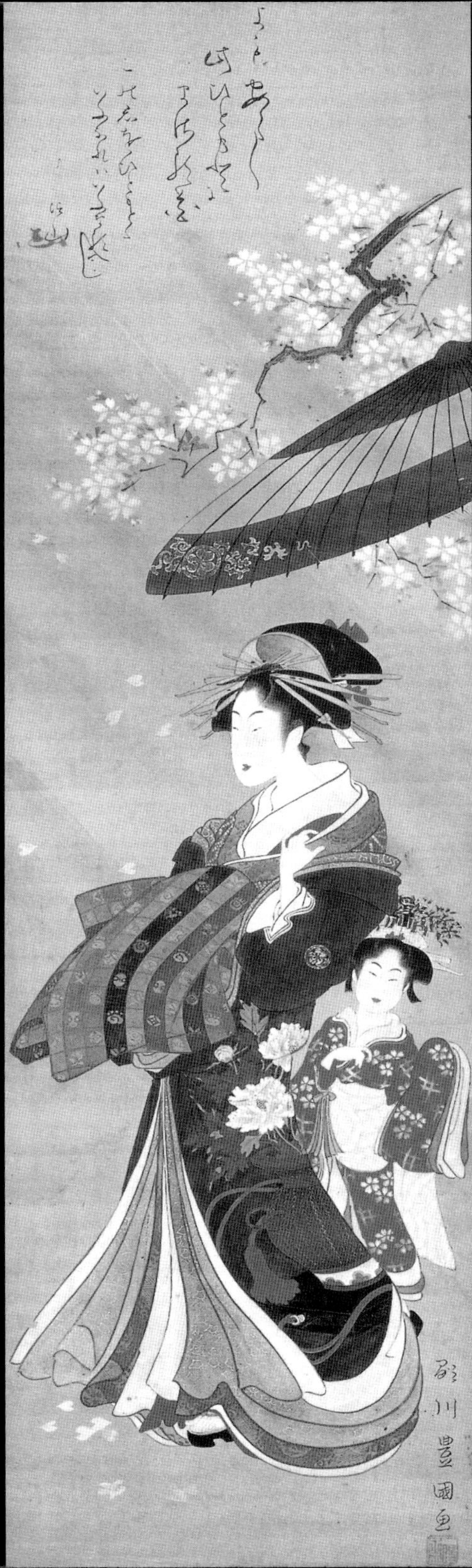

「芸妓と箱廻しの図」
（部分）
歌川国直（1795-1854）
江戸時代後期（19世紀）
熊本県立美術館蔵

「桜下花魁道中図」
歌川豊国（1769-1825）
江戸時代中期（18世紀）
熊本県立美術館蔵

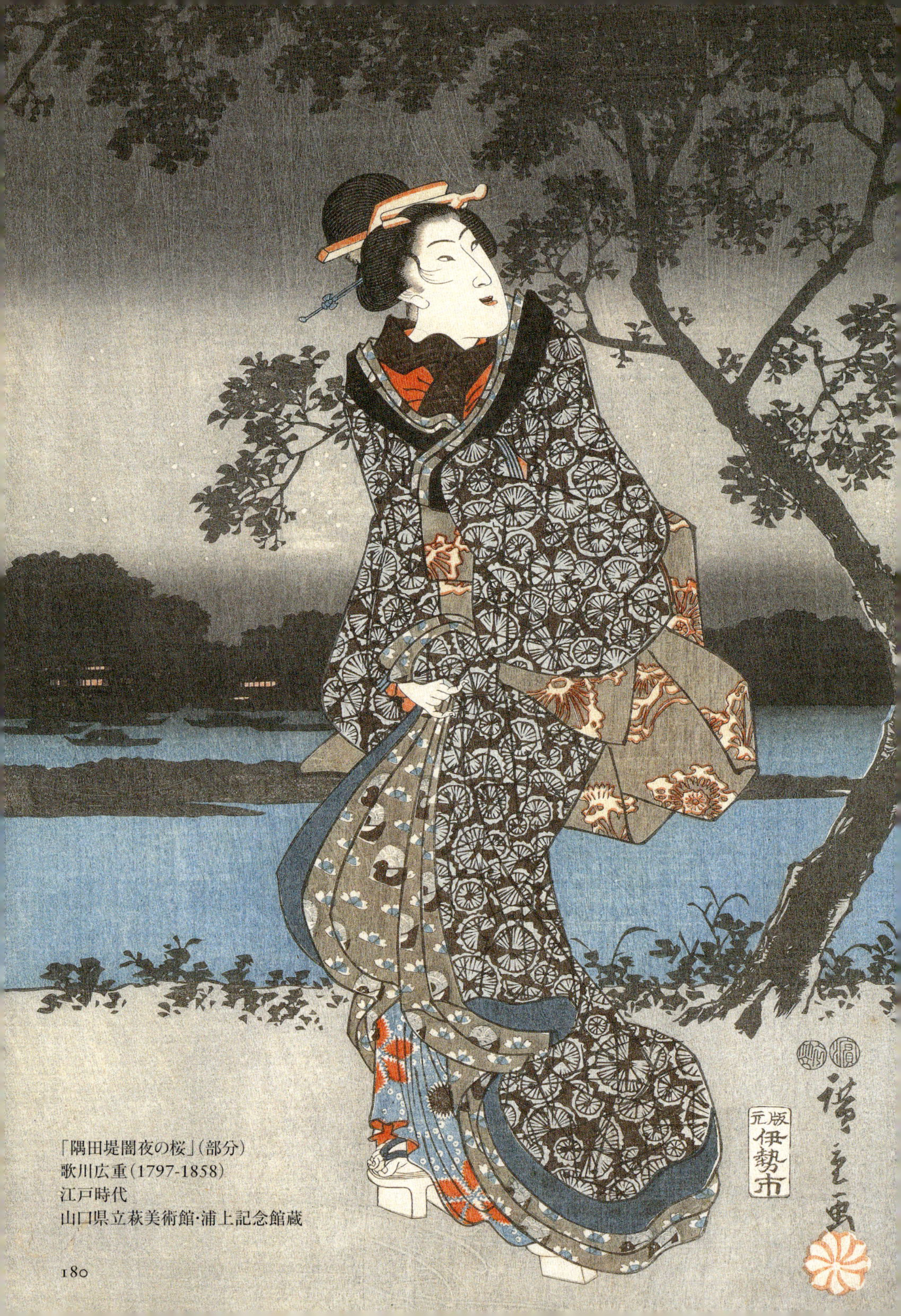

「隅田堤闇夜の桜」(部分)
歌川広重(1797-1858)
江戸時代
山口県立萩美術館・浦上記念館蔵

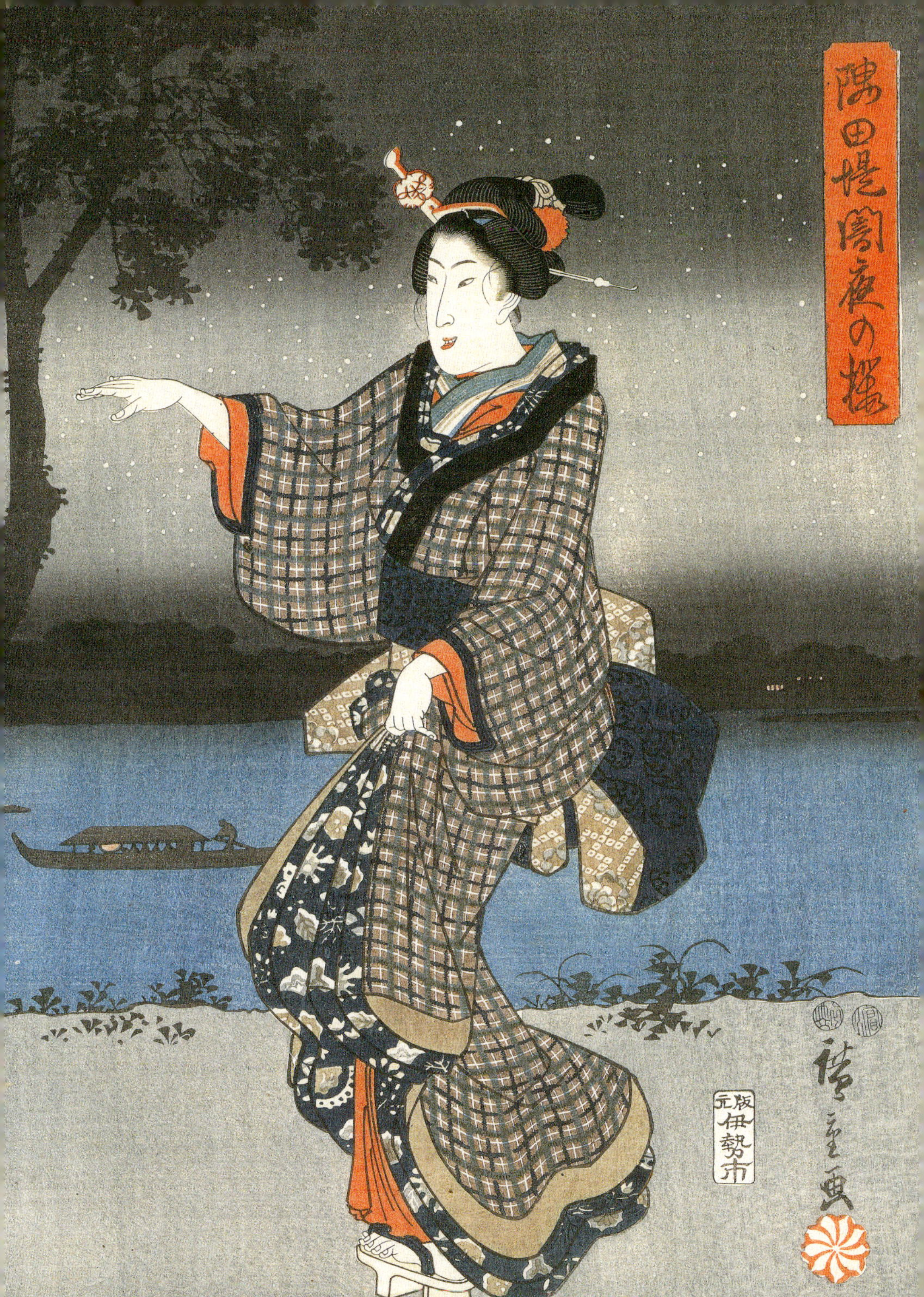
隅田堤闇夜の桜
廣重画
板元
伊勢市

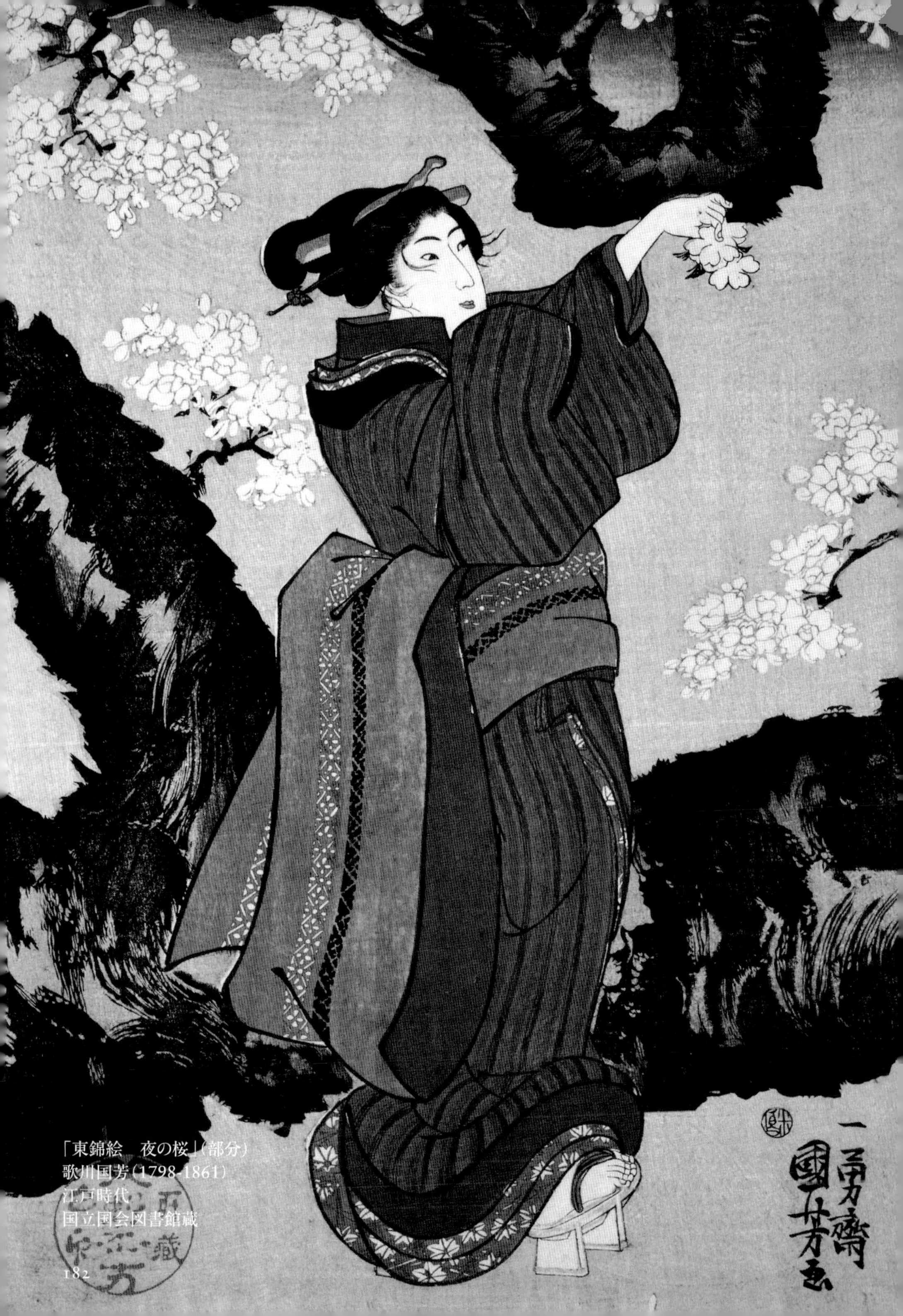

「東錦絵　夜の桜」(部分)
歌川国芳(1798-1861)
江戸時代
国立国会図書館蔵

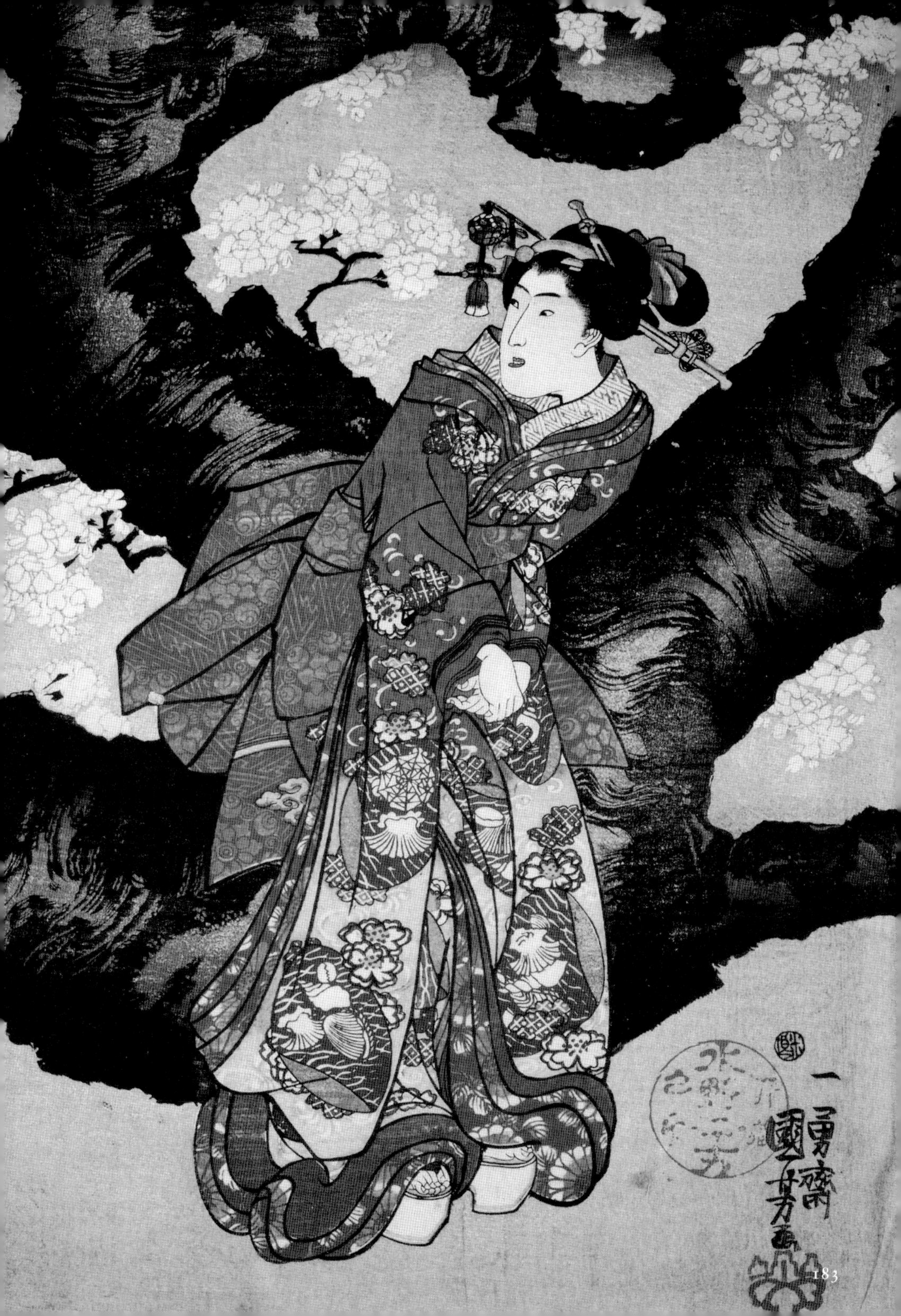
一勇齋國芳画

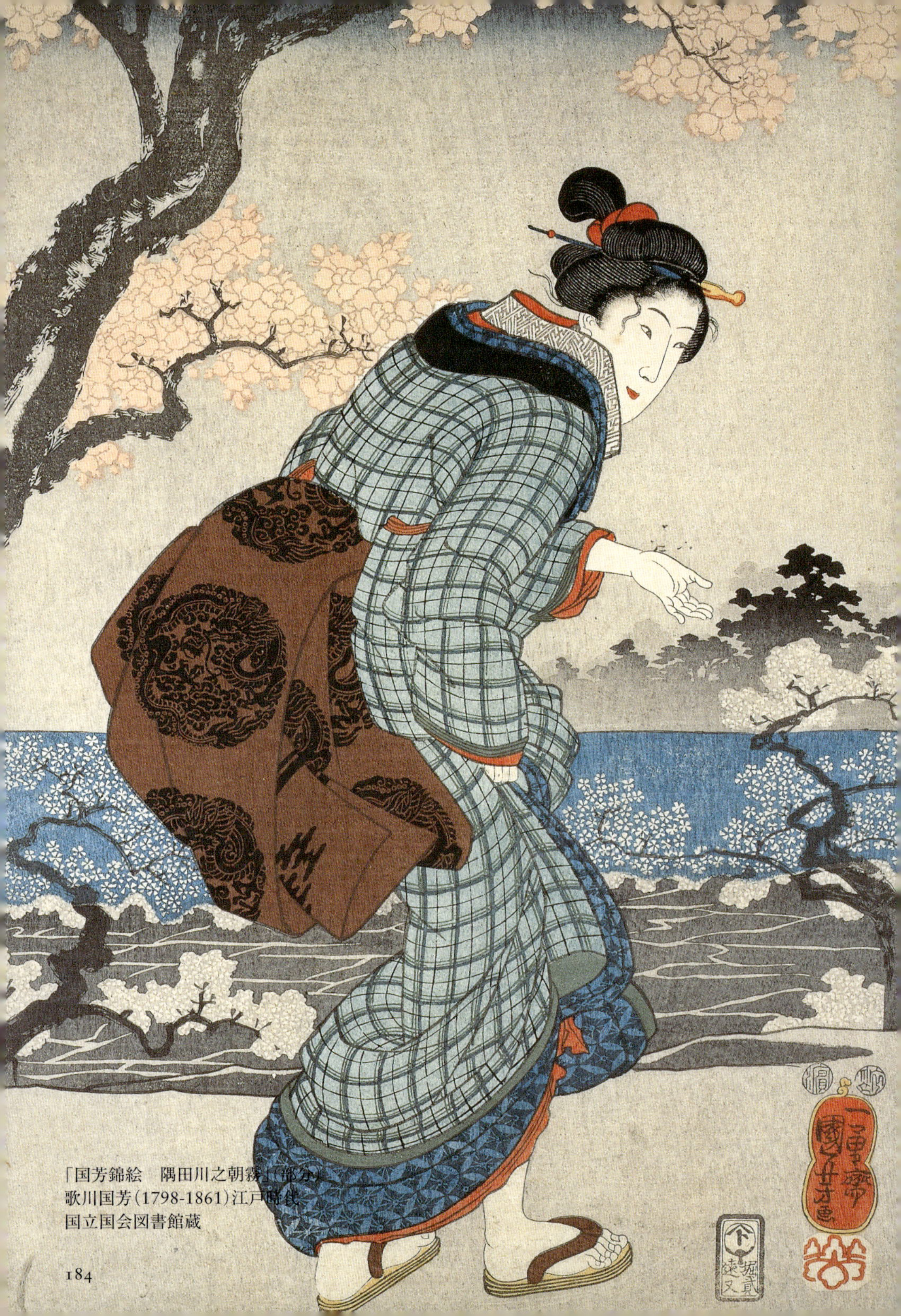

「国芳錦絵　隅田川之朝霧」(部分)
歌川国芳(1798-1861)江戸時代
国立国会図書館蔵

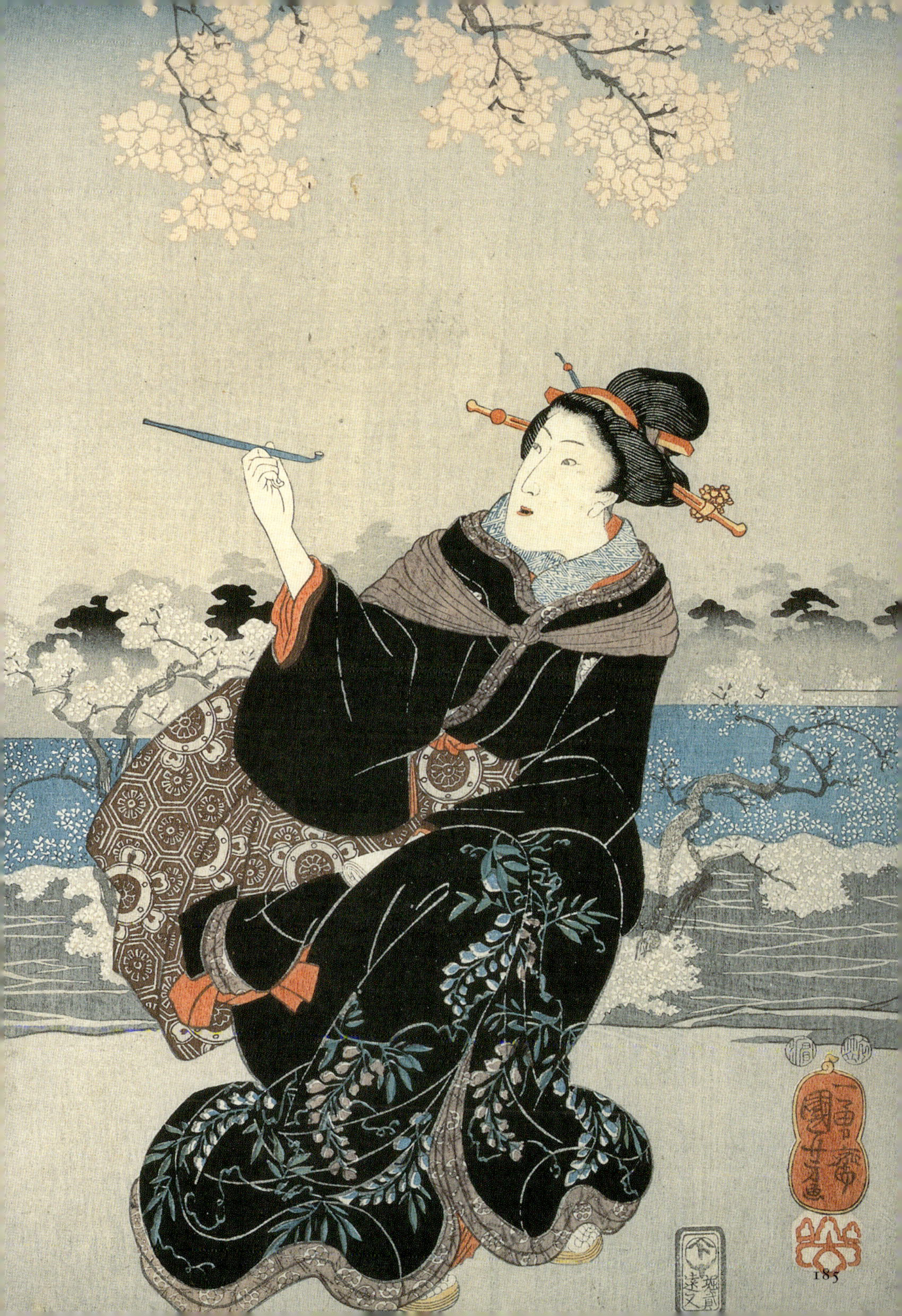
一勇齋
國芳画

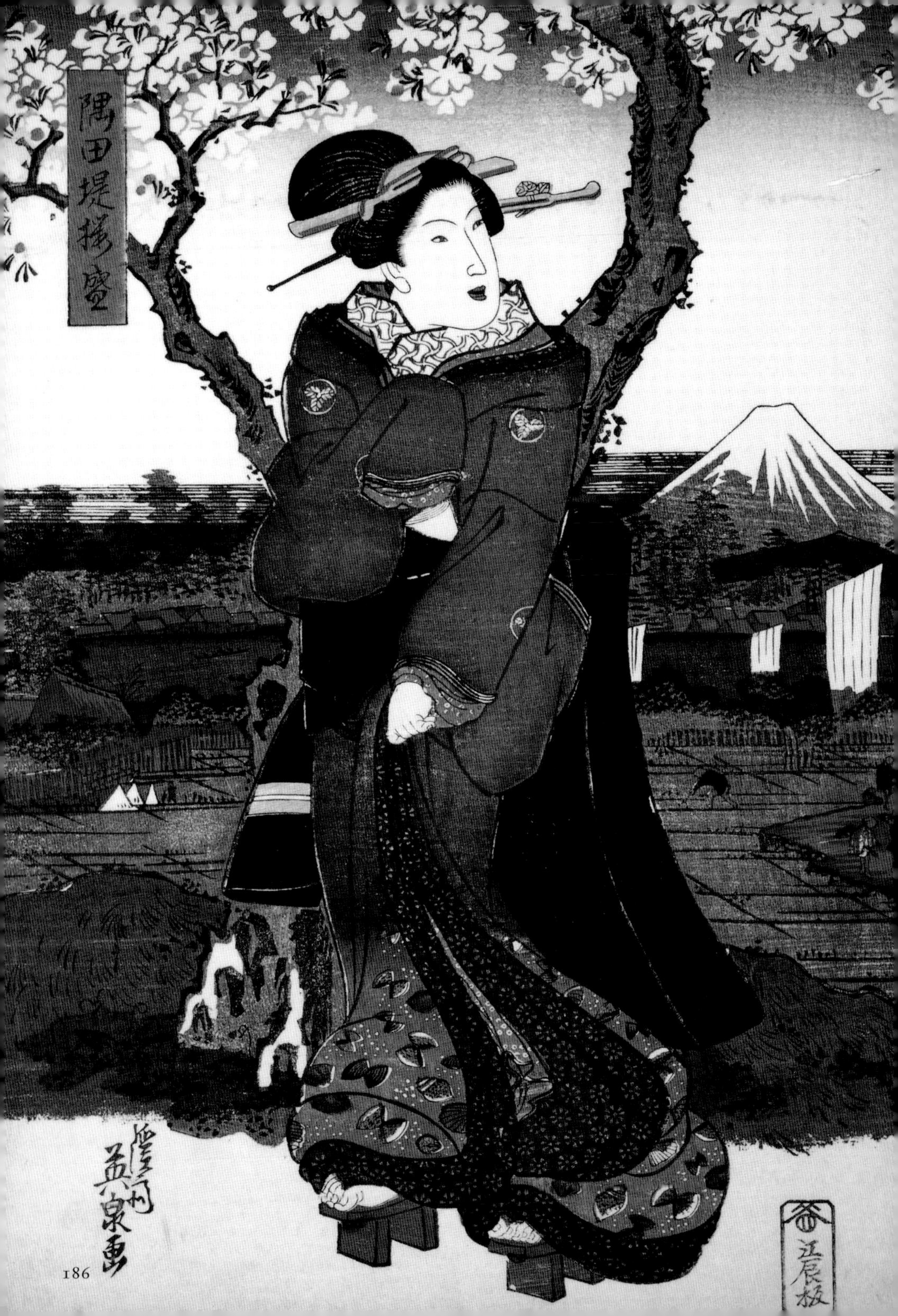
隅田堤櫻盛
應需 英泉画
江辰板

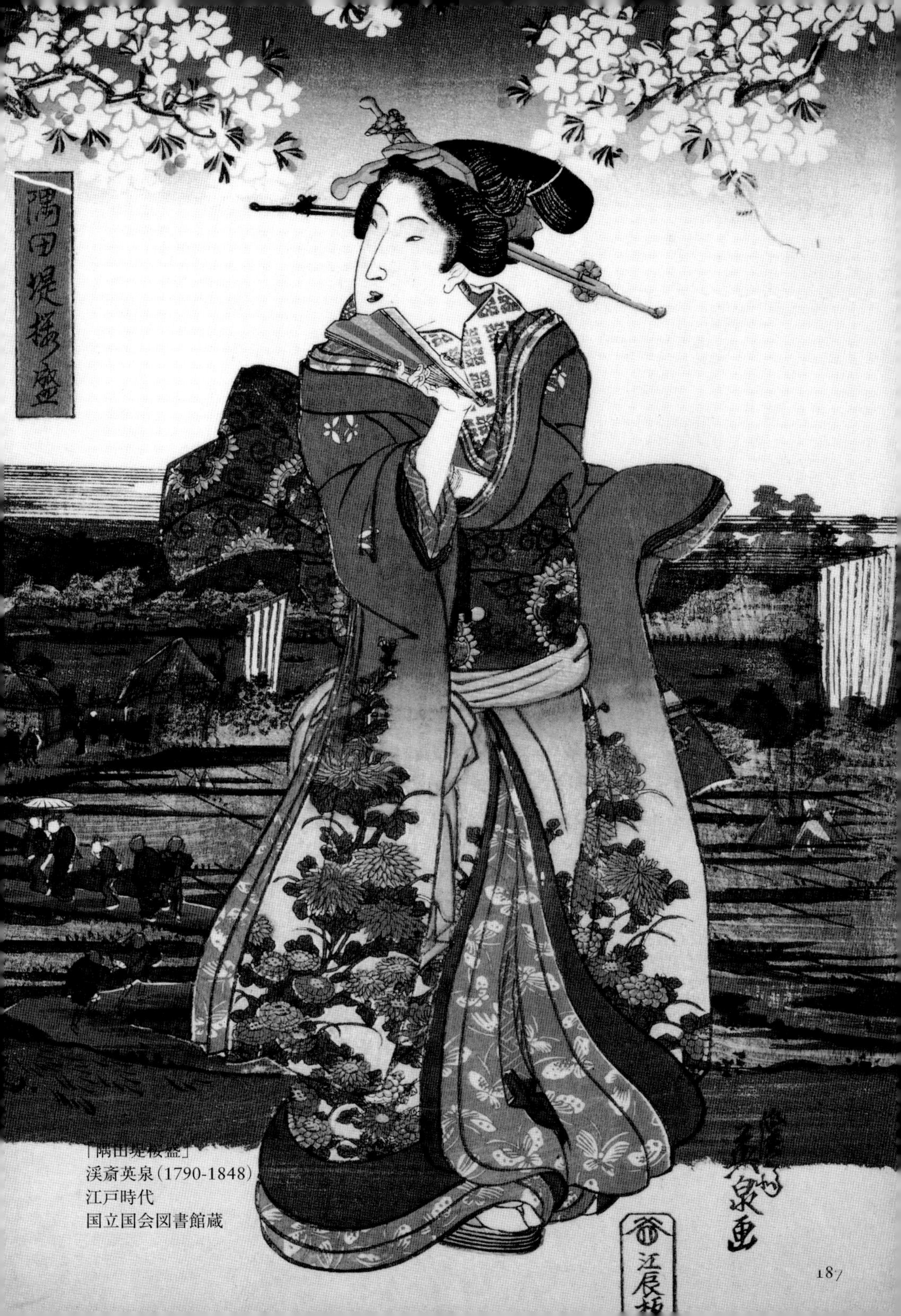

「隅田堤桜盛」
渓斎英泉(1790-1848)
江戸時代
国立国会図書館蔵

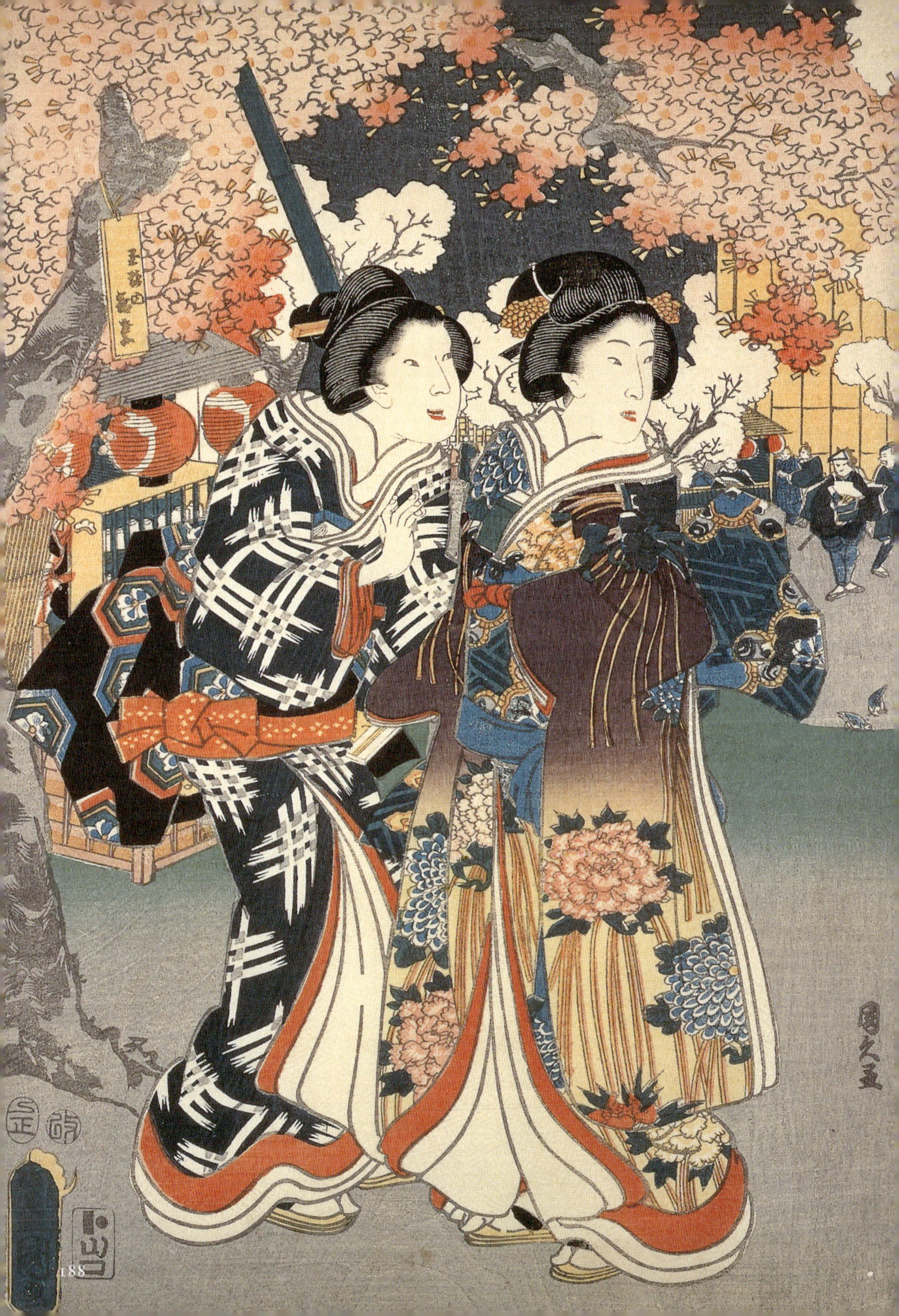

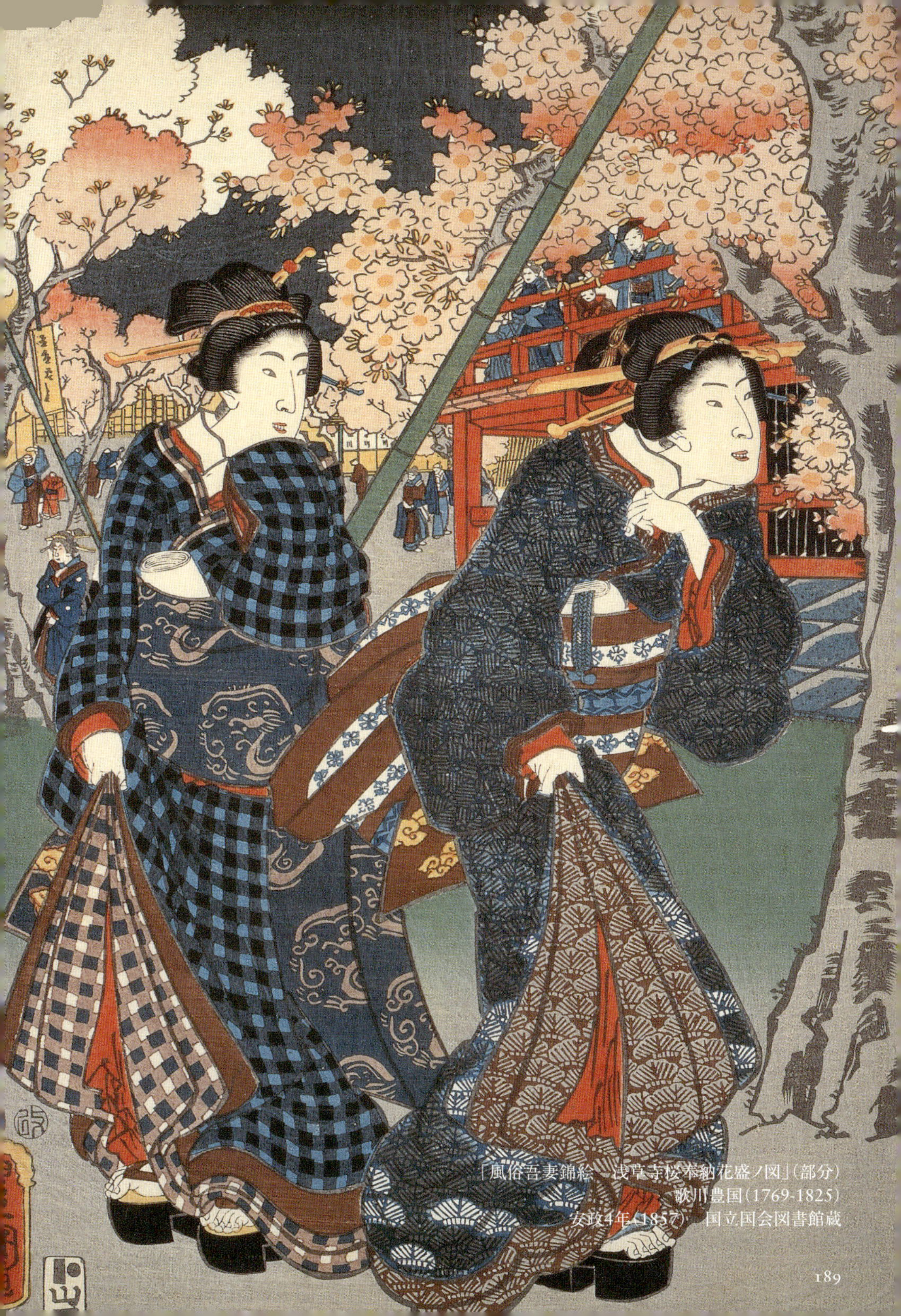

「風俗吾妻錦絵　浅草寺桜奉納花盛ノ図」(部分)
歌川豊国(1769-1825)
安政4年(1857)　国立国会図書館蔵

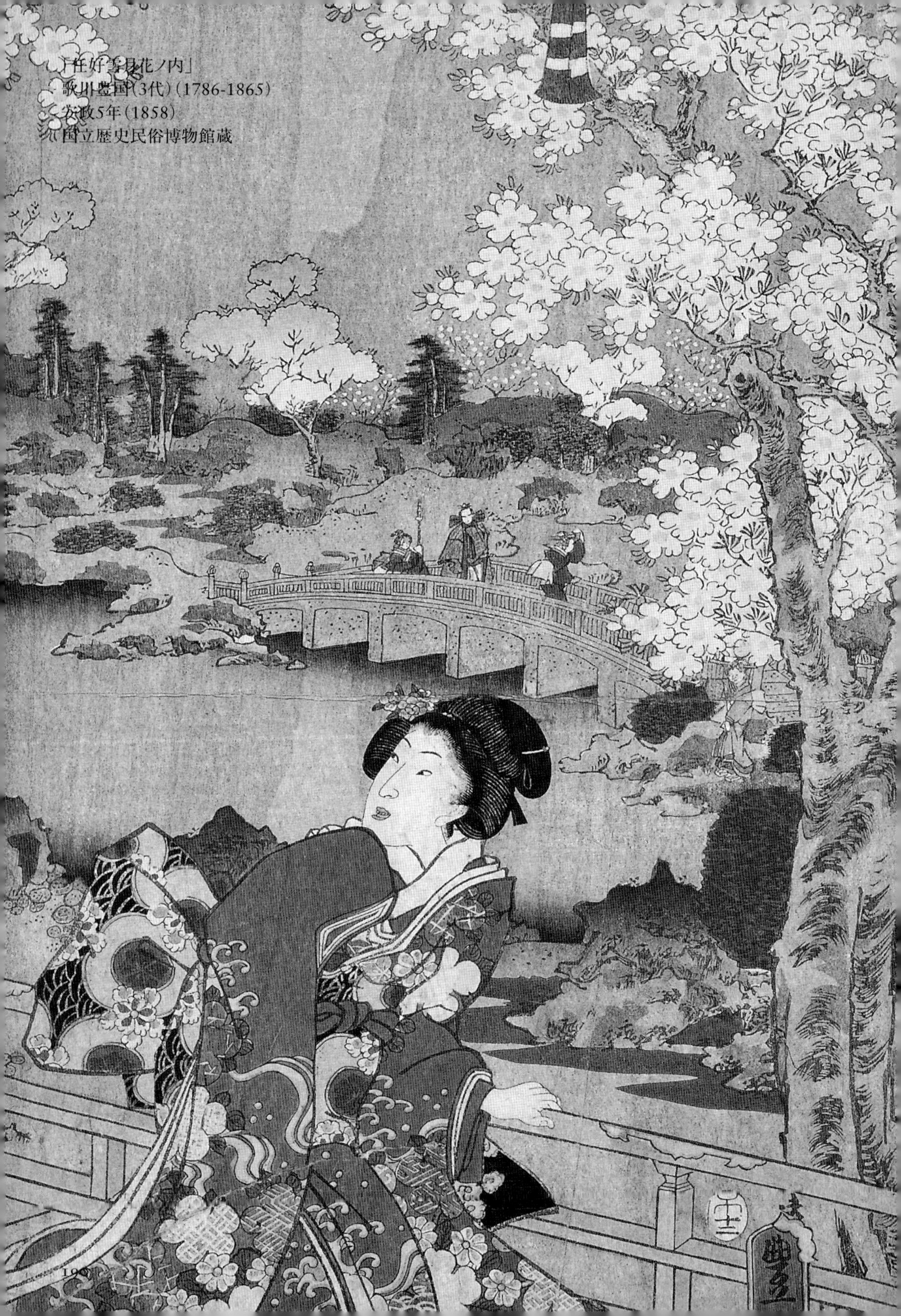

「任好雪月花ノ内」
歌川豊国(3代)(1786-1865)
安政5年(1858)
国立歴史民俗博物館蔵

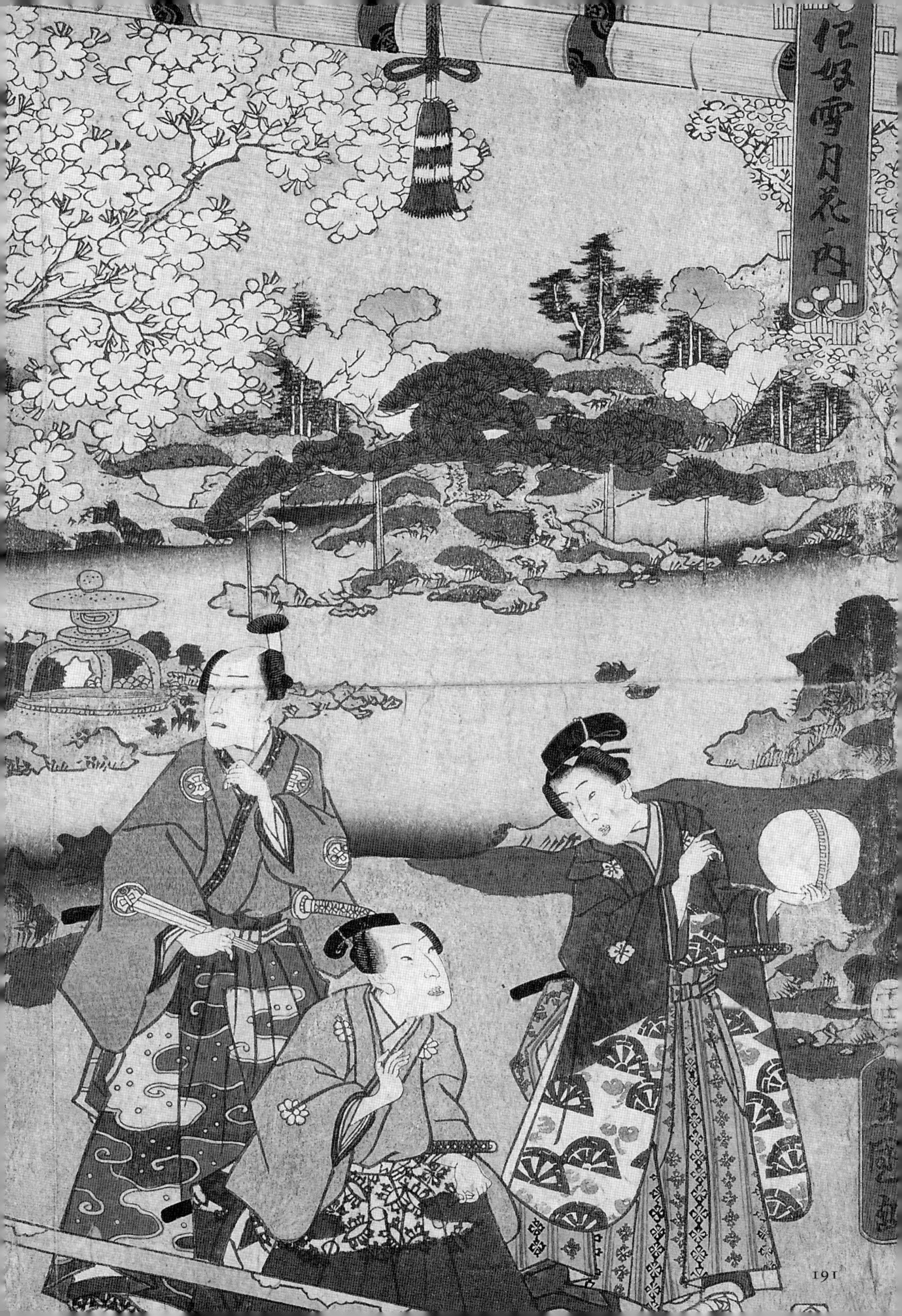

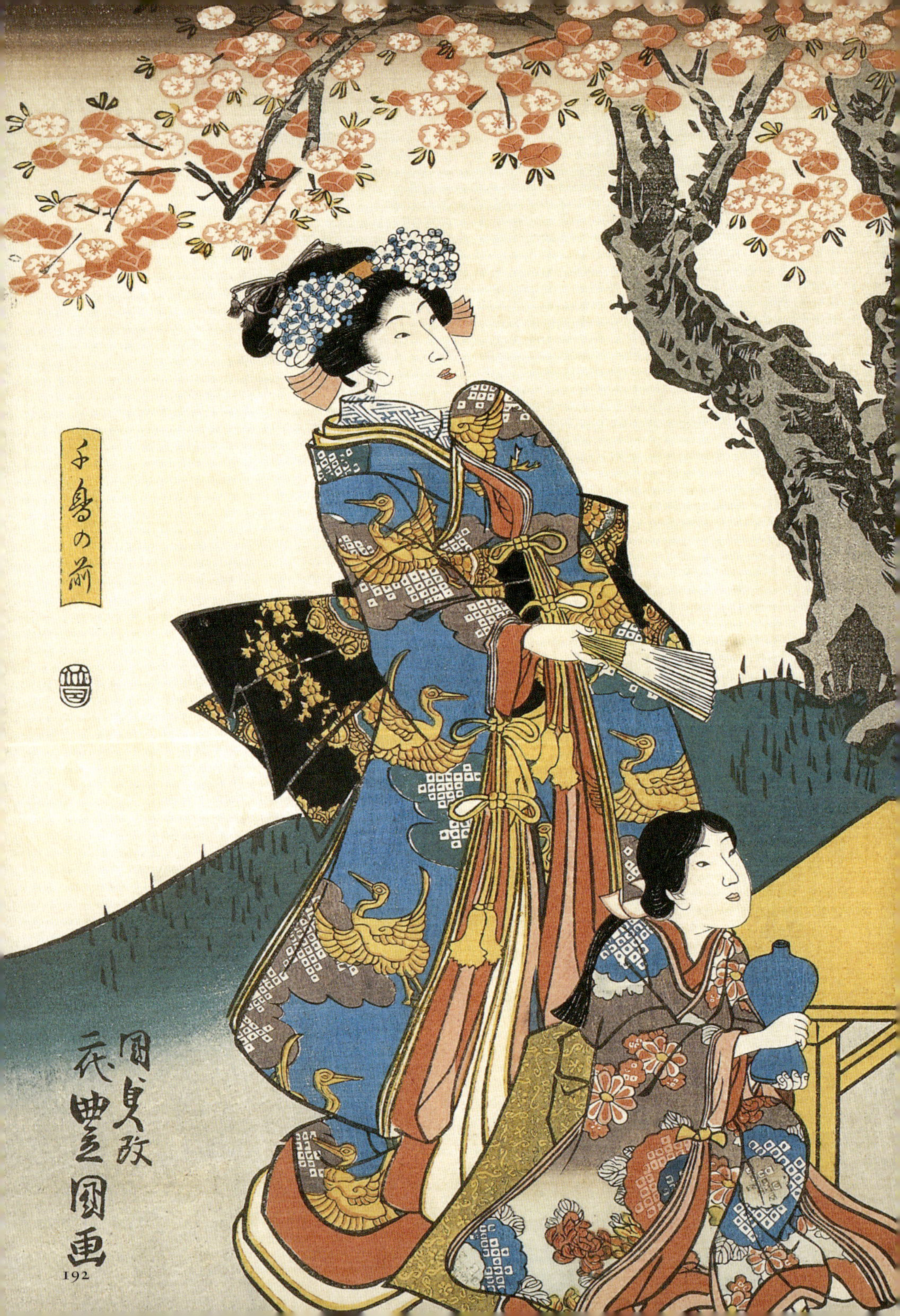
千鳥の前
國貞改
二代豐國画

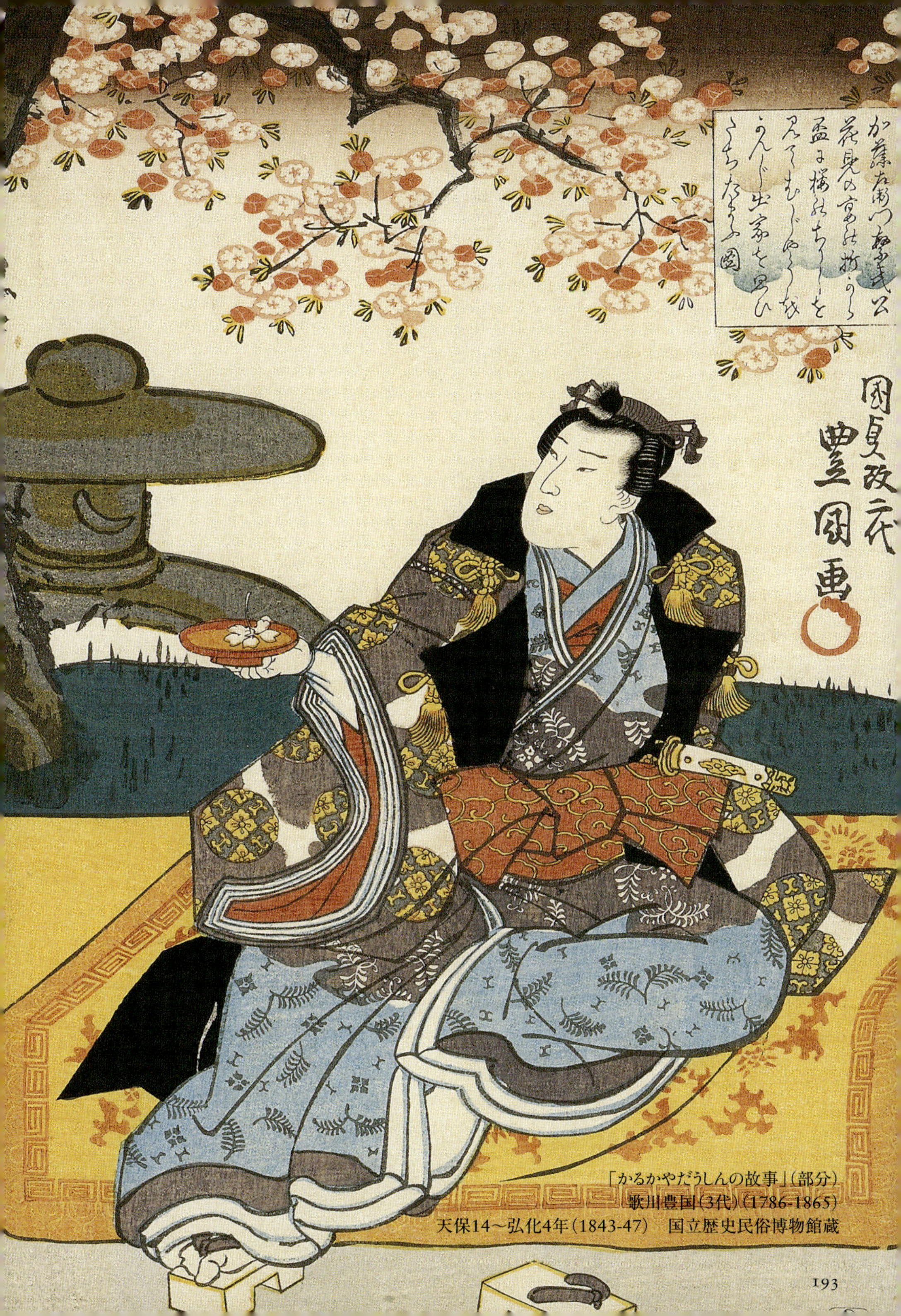

「かるかやだうしんの故事」(部分)
歌川豊国(3代)(1786-1865)
天保14～弘化4年(1843-47)　国立歴史民俗博物館蔵

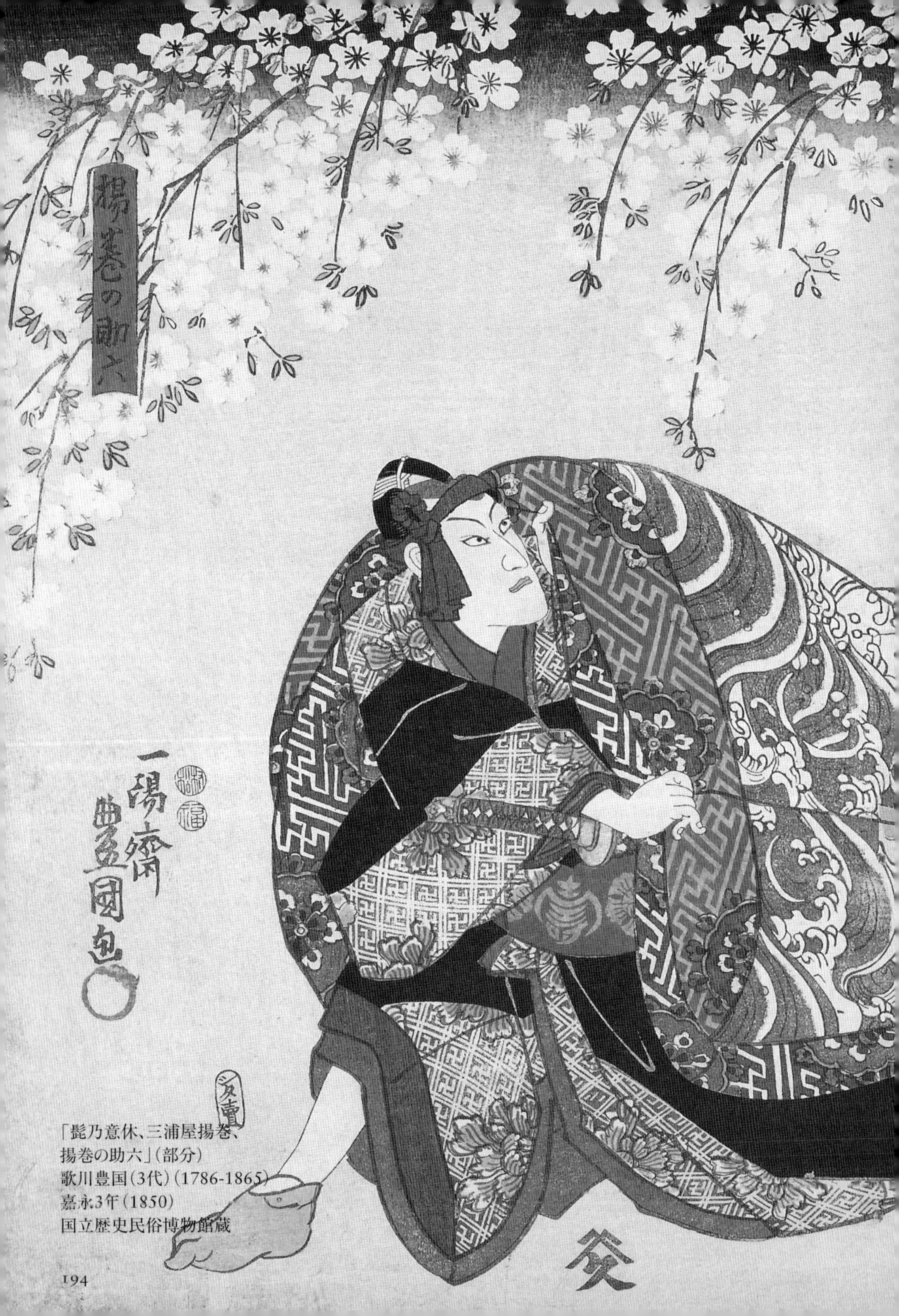

「髭乃意休、三浦屋揚巻、
揚巻の助六」(部分)
歌川豊国(3代)(1786-1865)
嘉永3年(1850)
国立歴史民俗博物館蔵

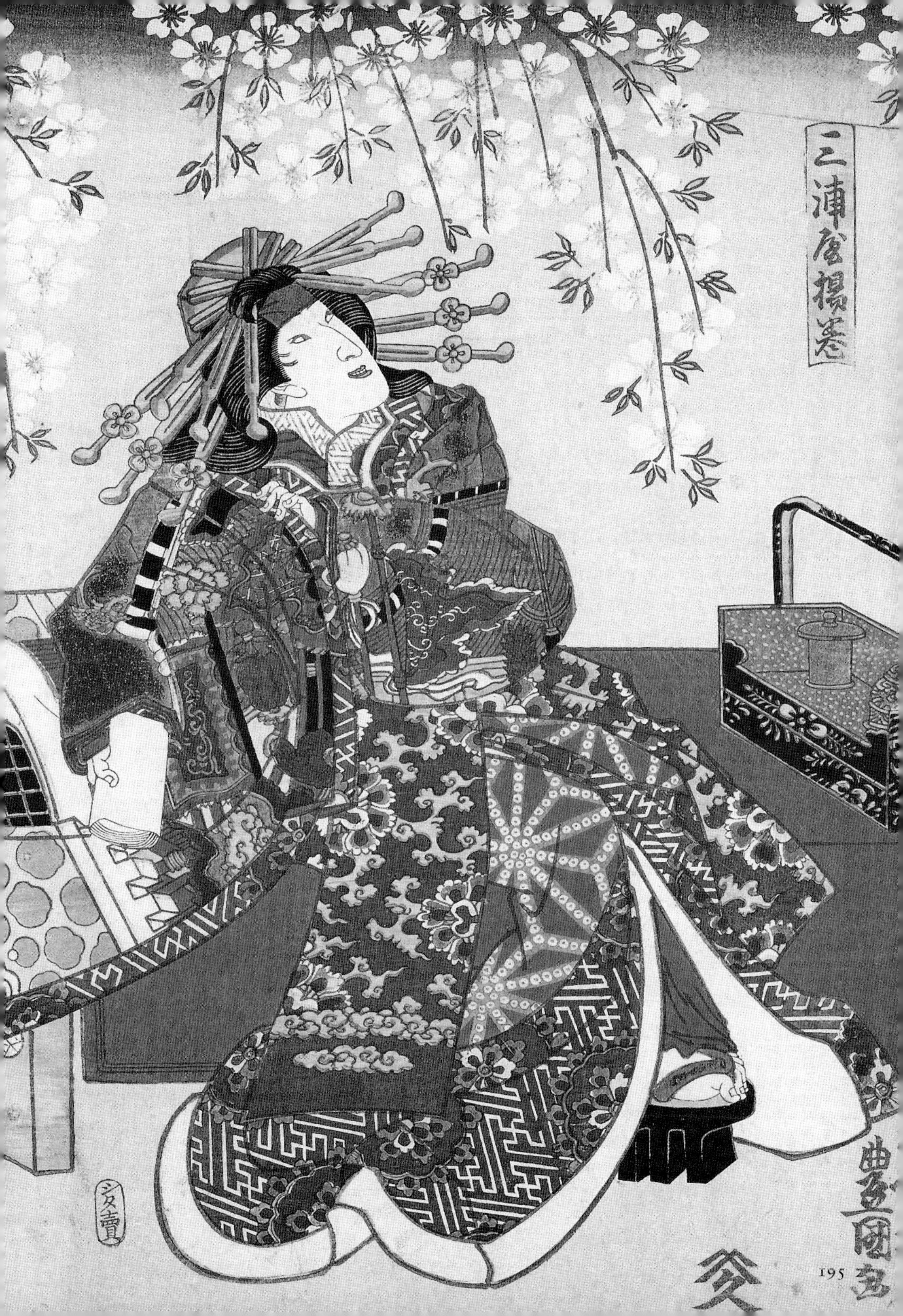
三浦屋揚巻
豊国画

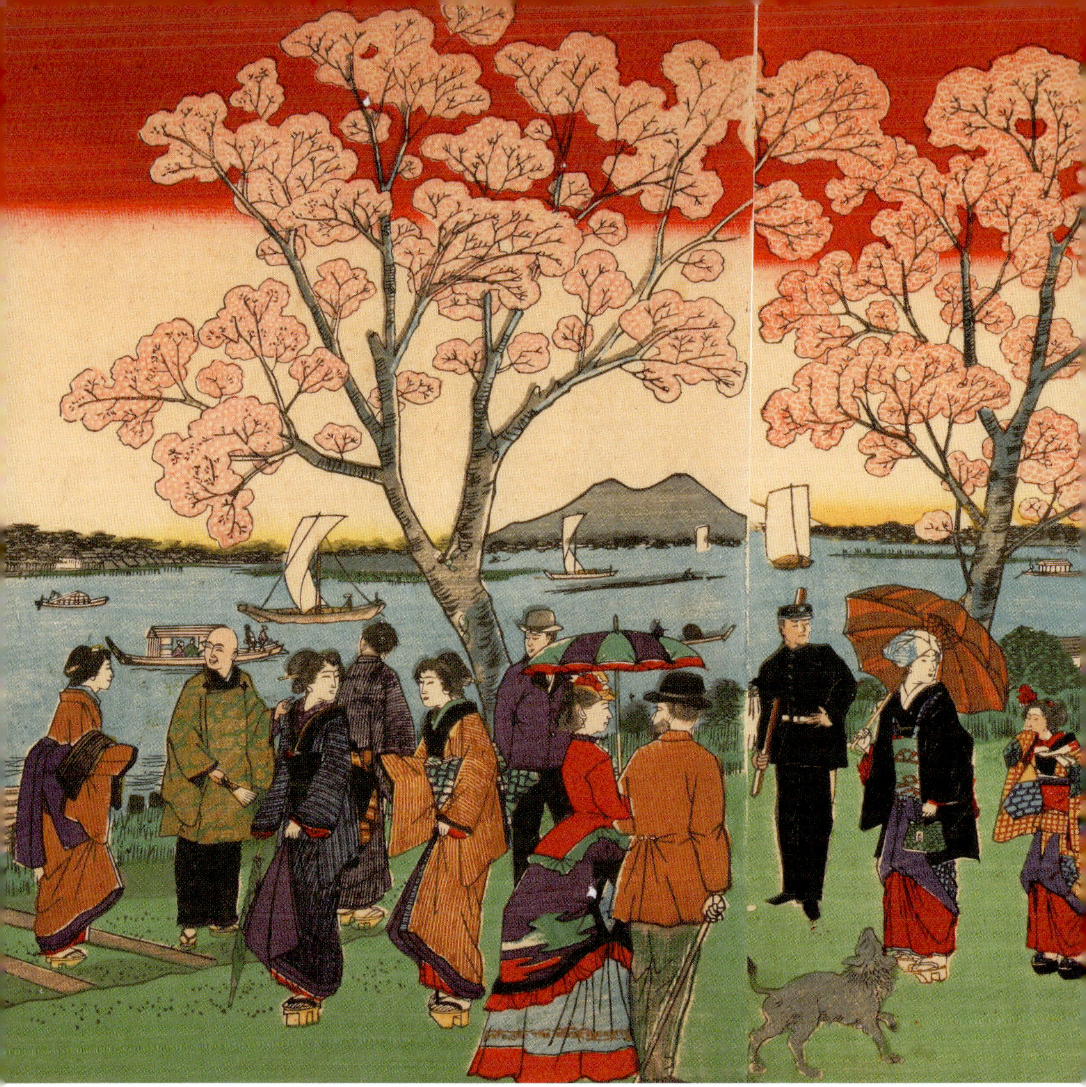

「東京名所　第一之勝景墨水堤花盛の図」
歌川広重(3代)(1842-1894)　明治14年(1881)　山口県立萩美術館·浦上記念館蔵

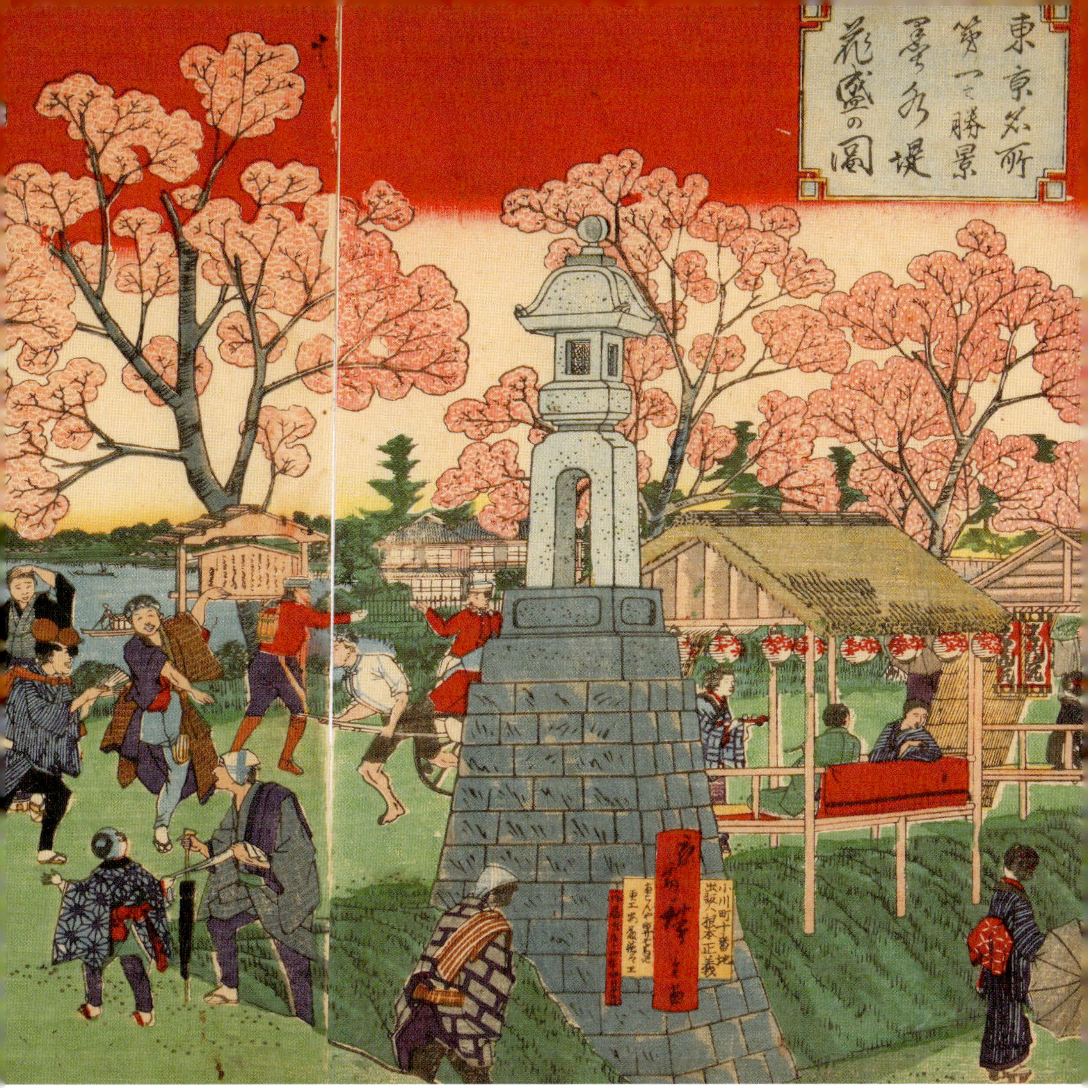
東京名所
第一之勝景
墨田堤
花盛の図
小川町十番地
出版人根本正義

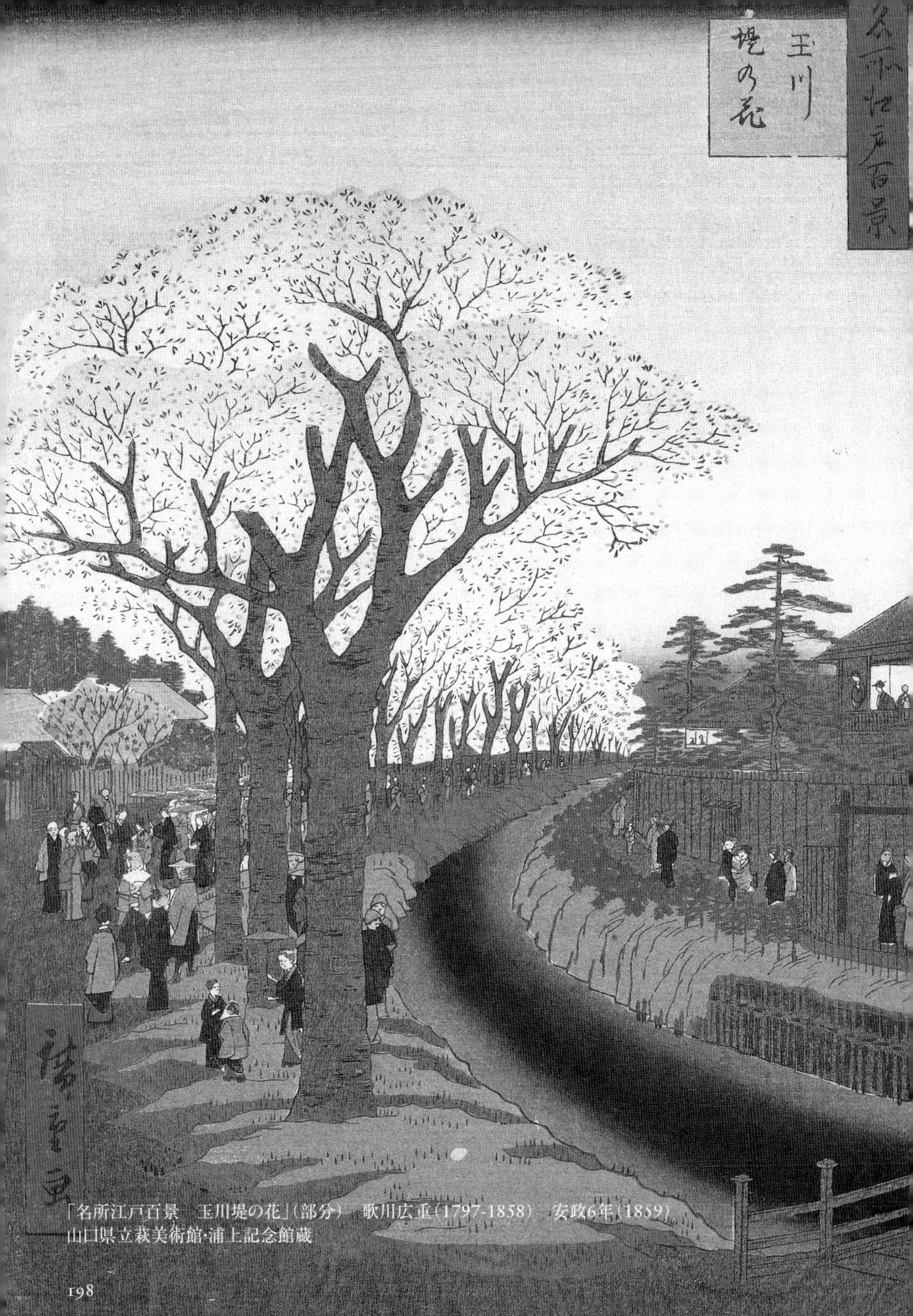

「名所江戸百景　玉川堤の花」（部分）　歌川広重（1797-1858）　安政6年（1859）
山口県立萩美術館・浦上記念館蔵

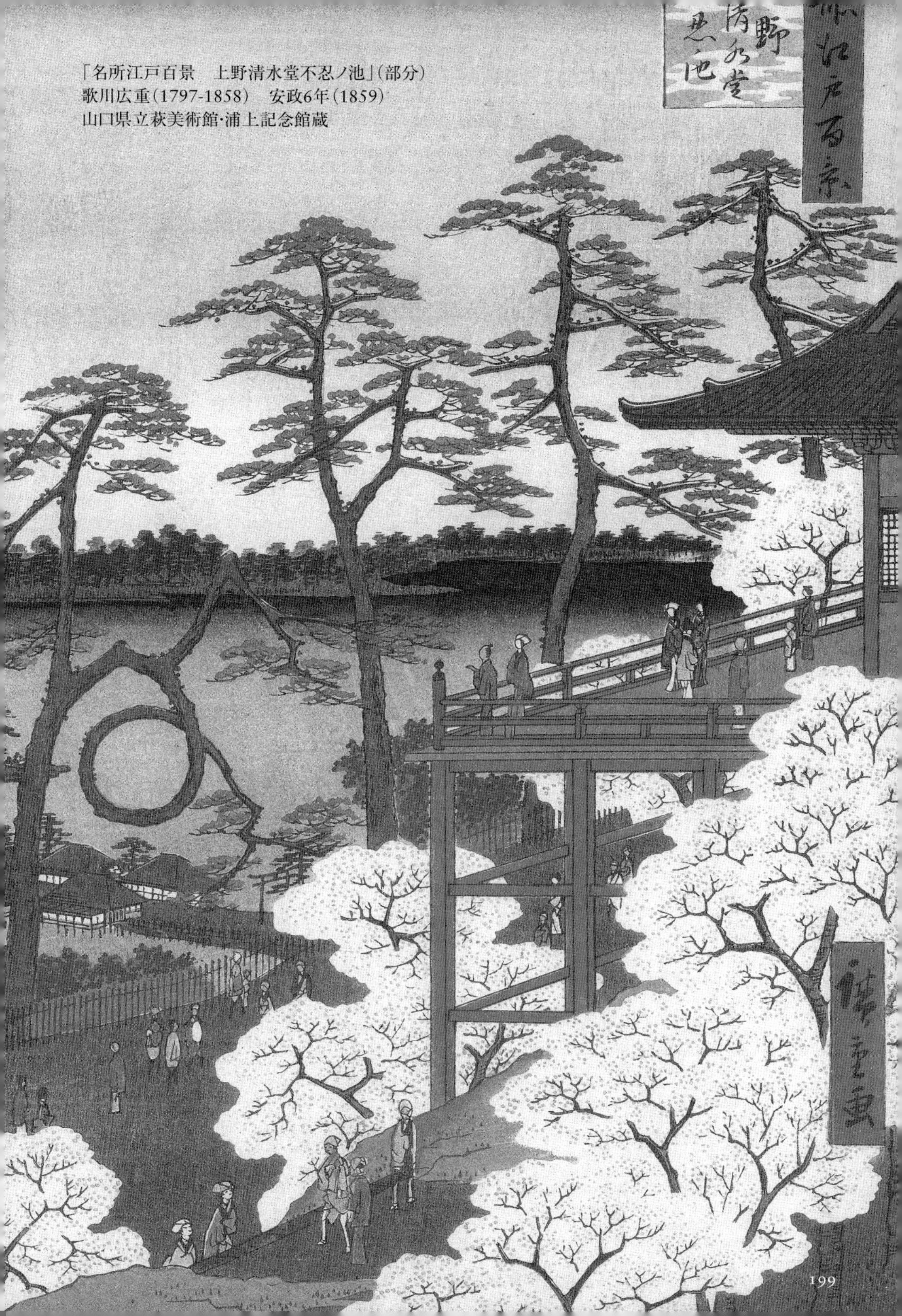

「名所江戸百景　上野清水堂不忍ノ池」(部分)
歌川広重(1797-1858)　安政6年(1859)
山口県立萩美術館・浦上記念館蔵

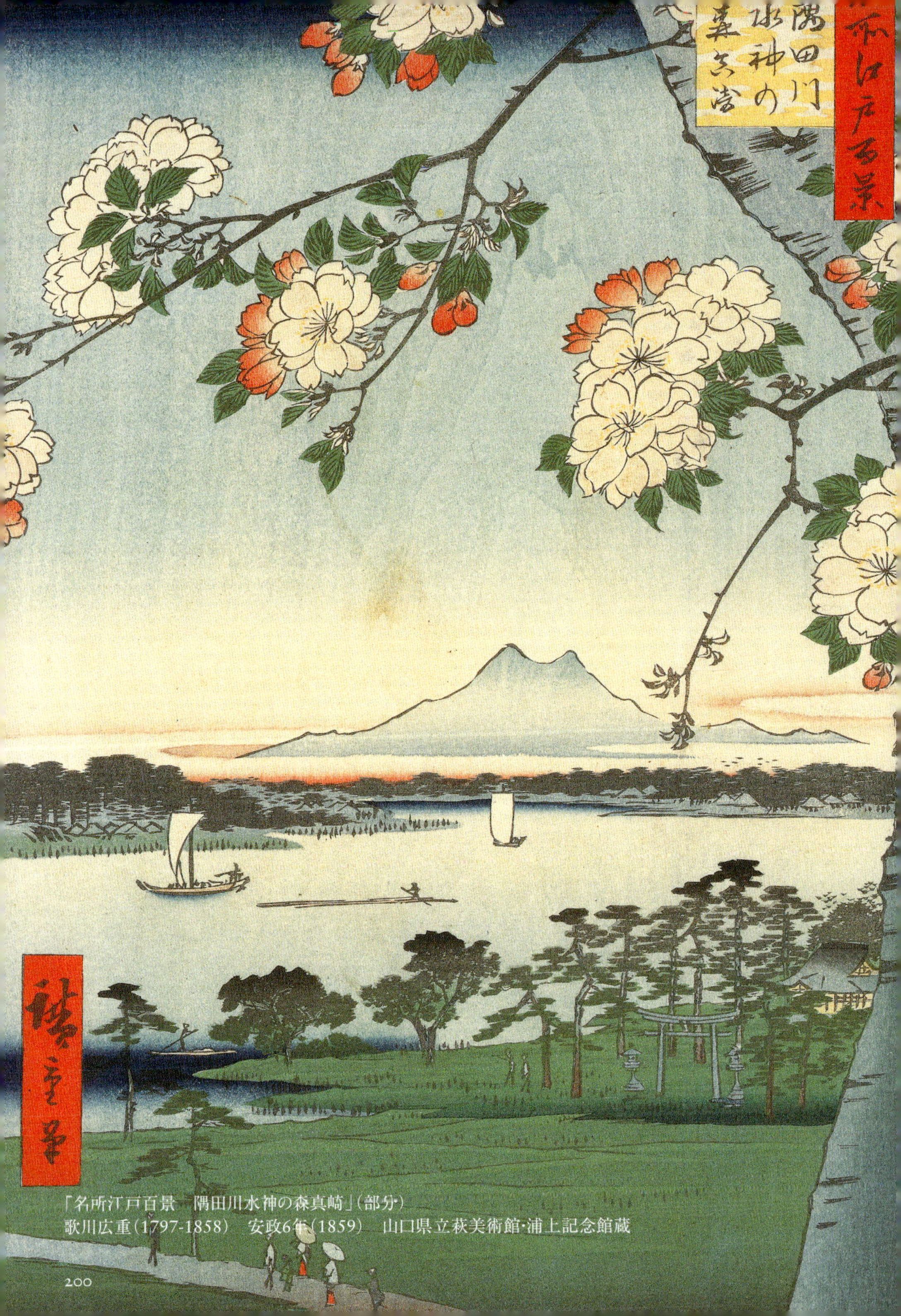

「名所江戸百景　隅田川水神の森真崎」(部分)
歌川広重(1797-1858)　安政6年(1859)　山口県立萩美術館・浦上記念館蔵

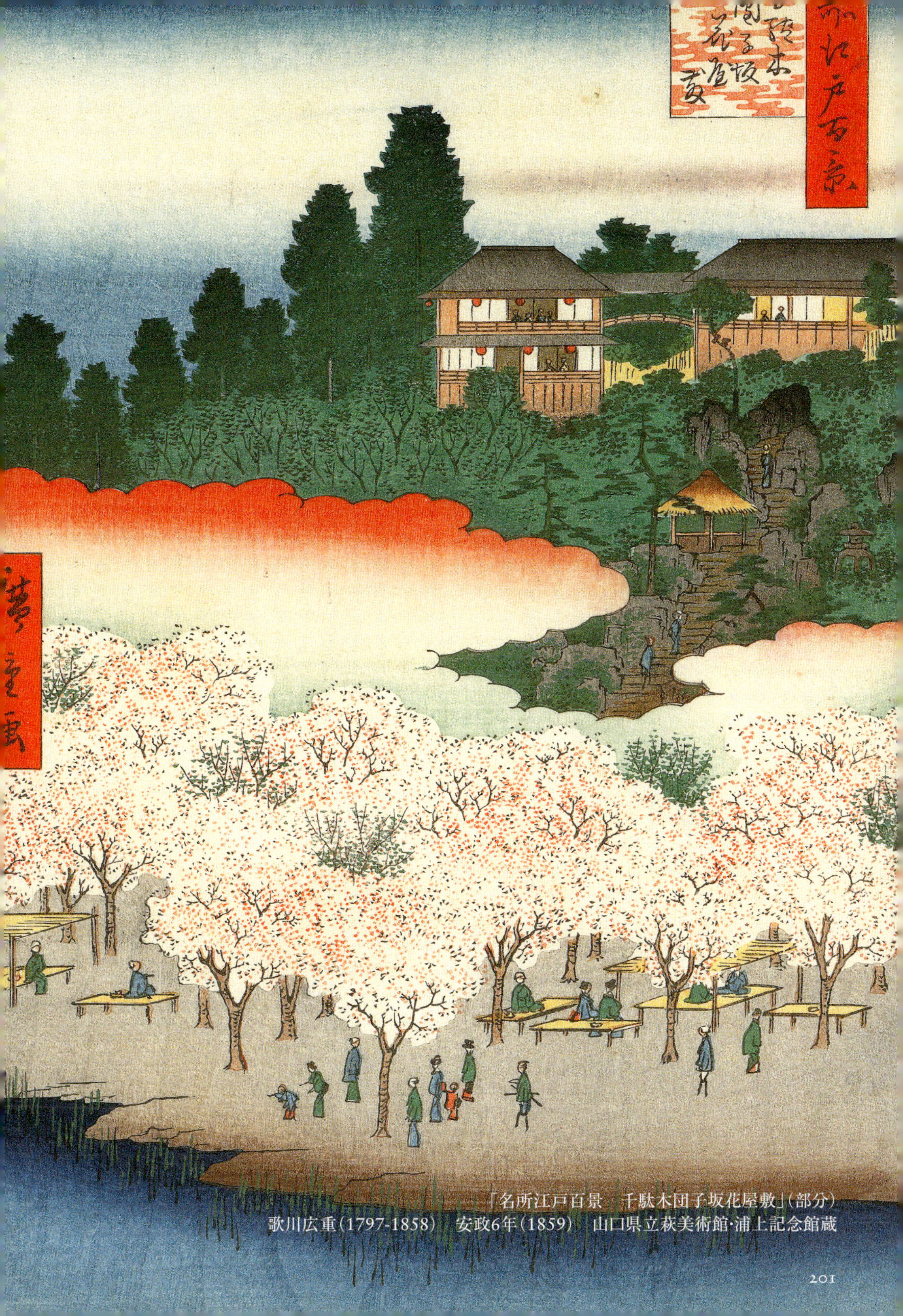

「名所江戸百景　千駄木団子坂花屋敷」(部分)
歌川広重(1797-1858)　安政6年(1859)　山口県立萩美術館・浦上記念館蔵

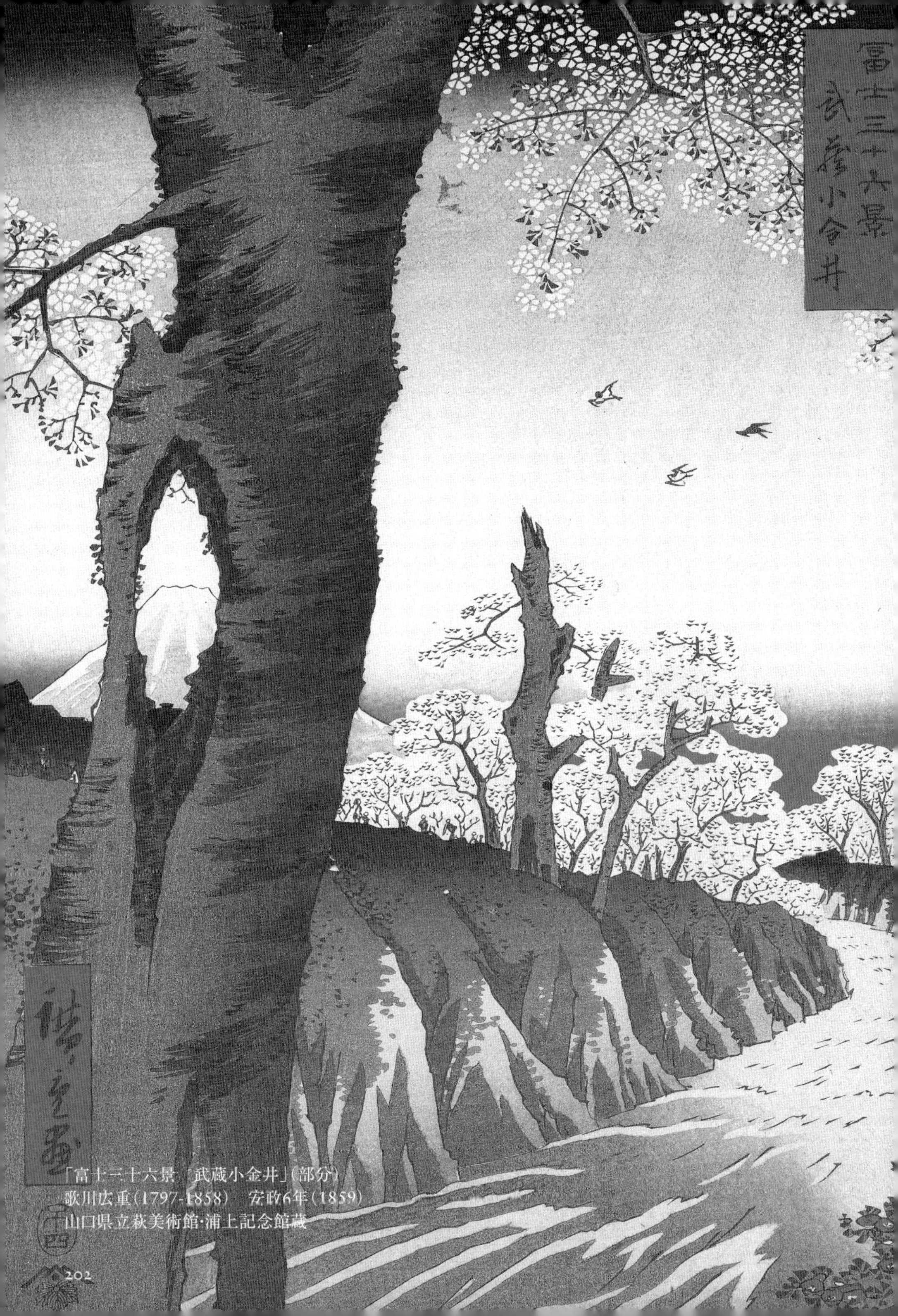

「富士三十六景 武蔵小金井」(部分)
歌川広重(1797-1858)　安政6年(1859)
山口県立萩美術館·浦上記念館蔵

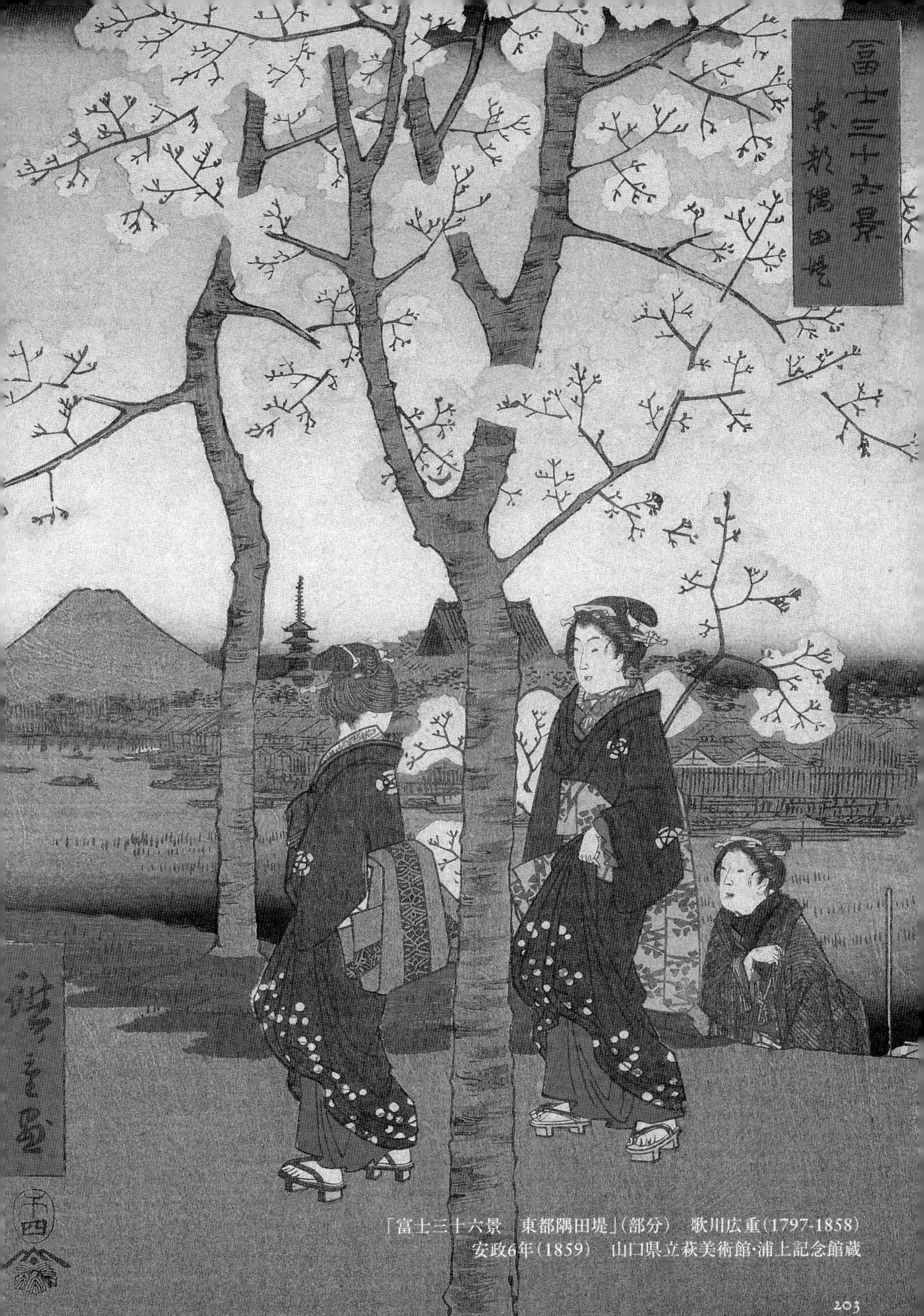

「富士三十六景　東都隅田堤」(部分)　歌川広重(1797-1858)
安政6年(1859)　山口県立萩美術館･浦上記念館蔵

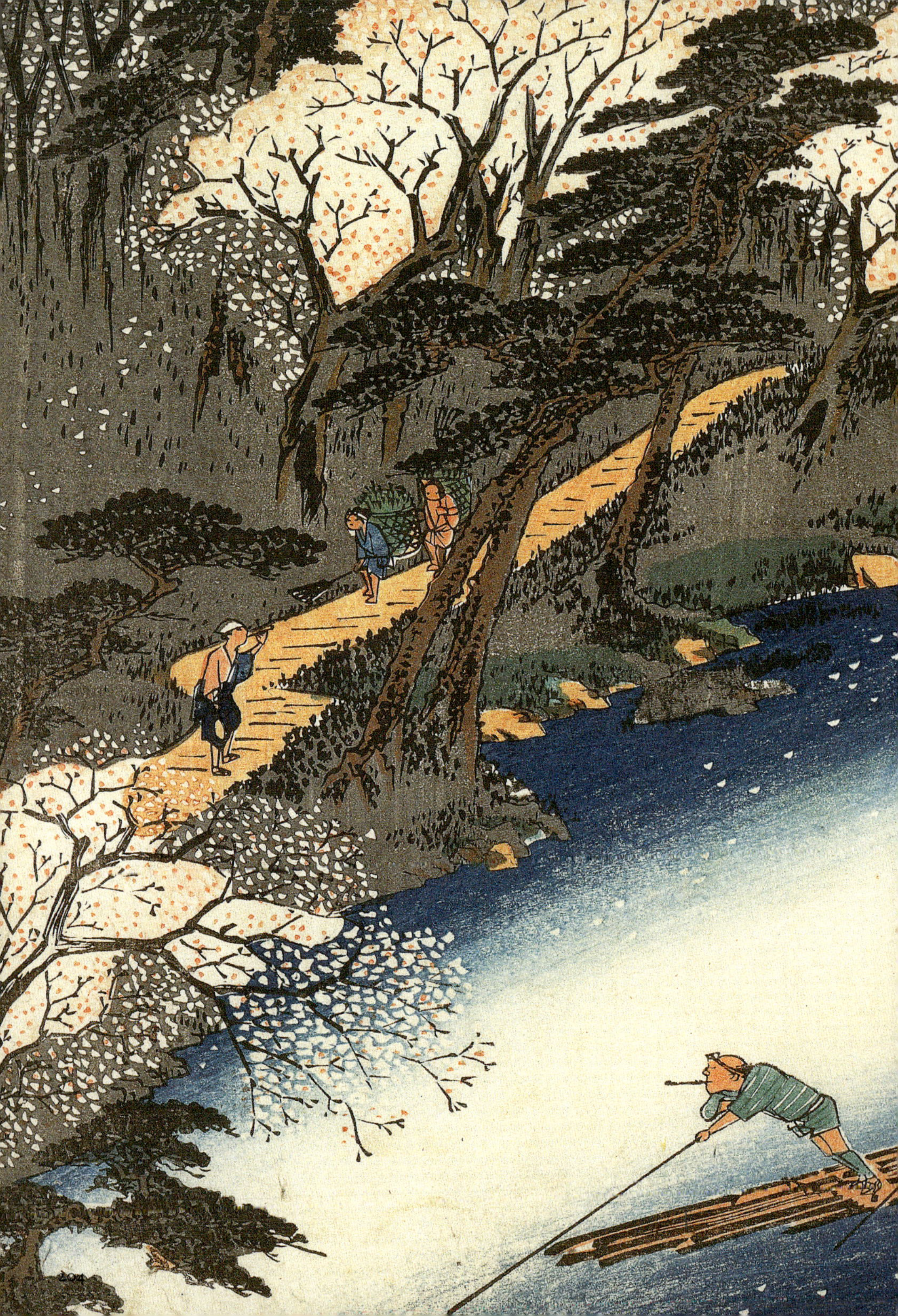

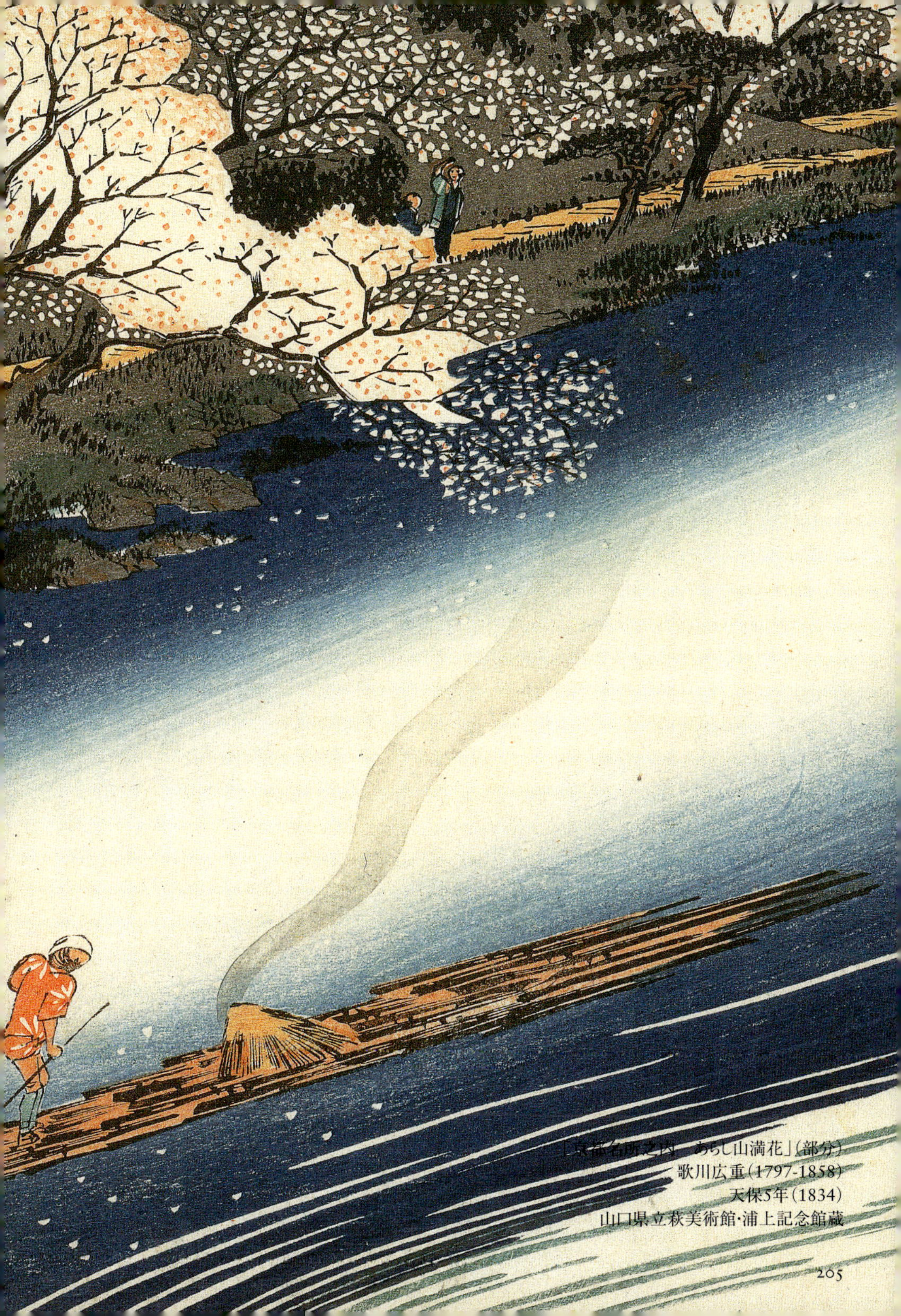

「京都名所之内　あらし山満花」(部分)
歌川広重(1797-1858)
天保5年(1834)
山口県立萩美術館·浦上記念館蔵

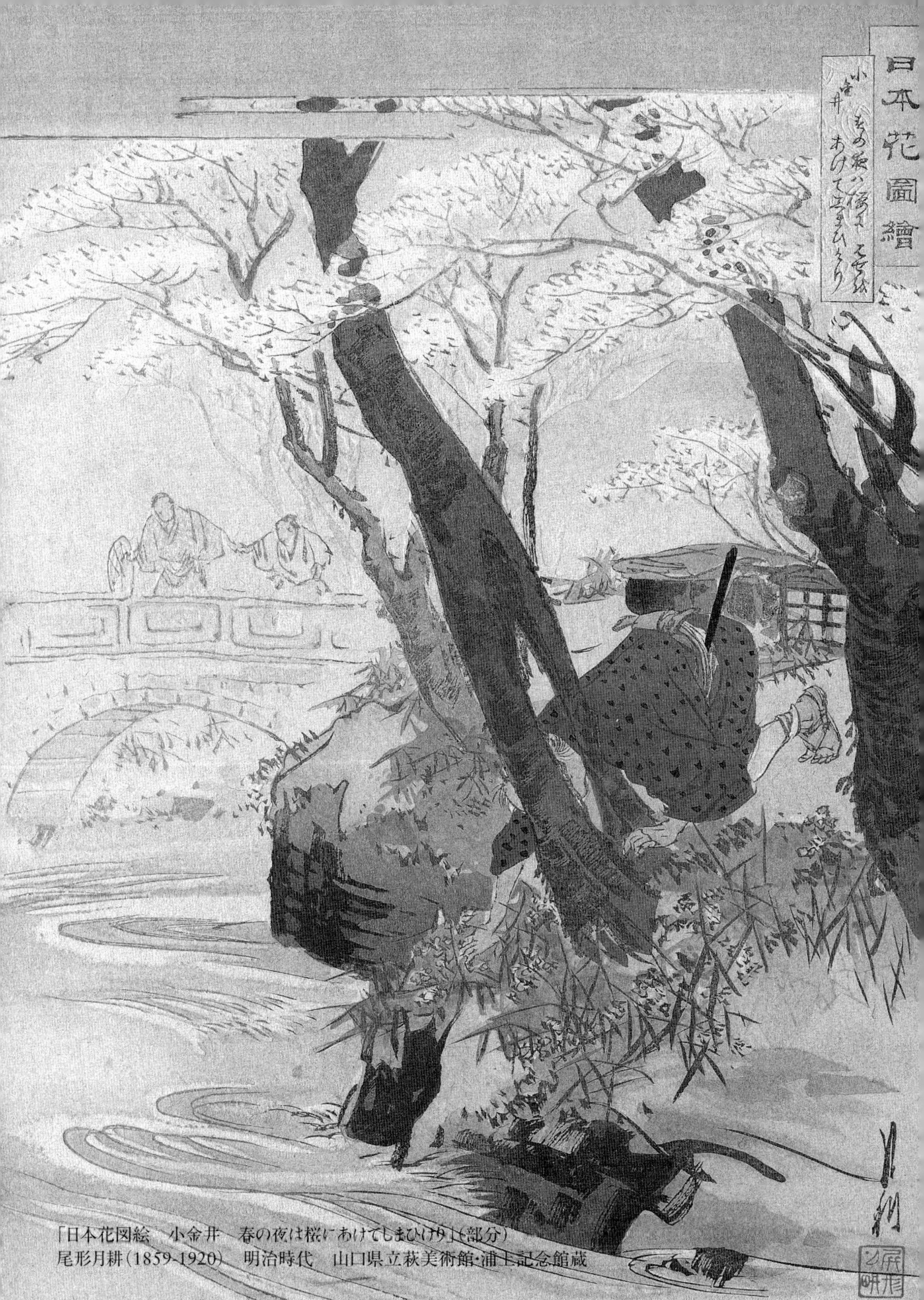

「日本花図絵　小金井　春の夜は桜にあけてしまひけり」(部分)
尾形月耕（1859-1920）　明治時代　山口県立萩美術館・浦上記念館蔵

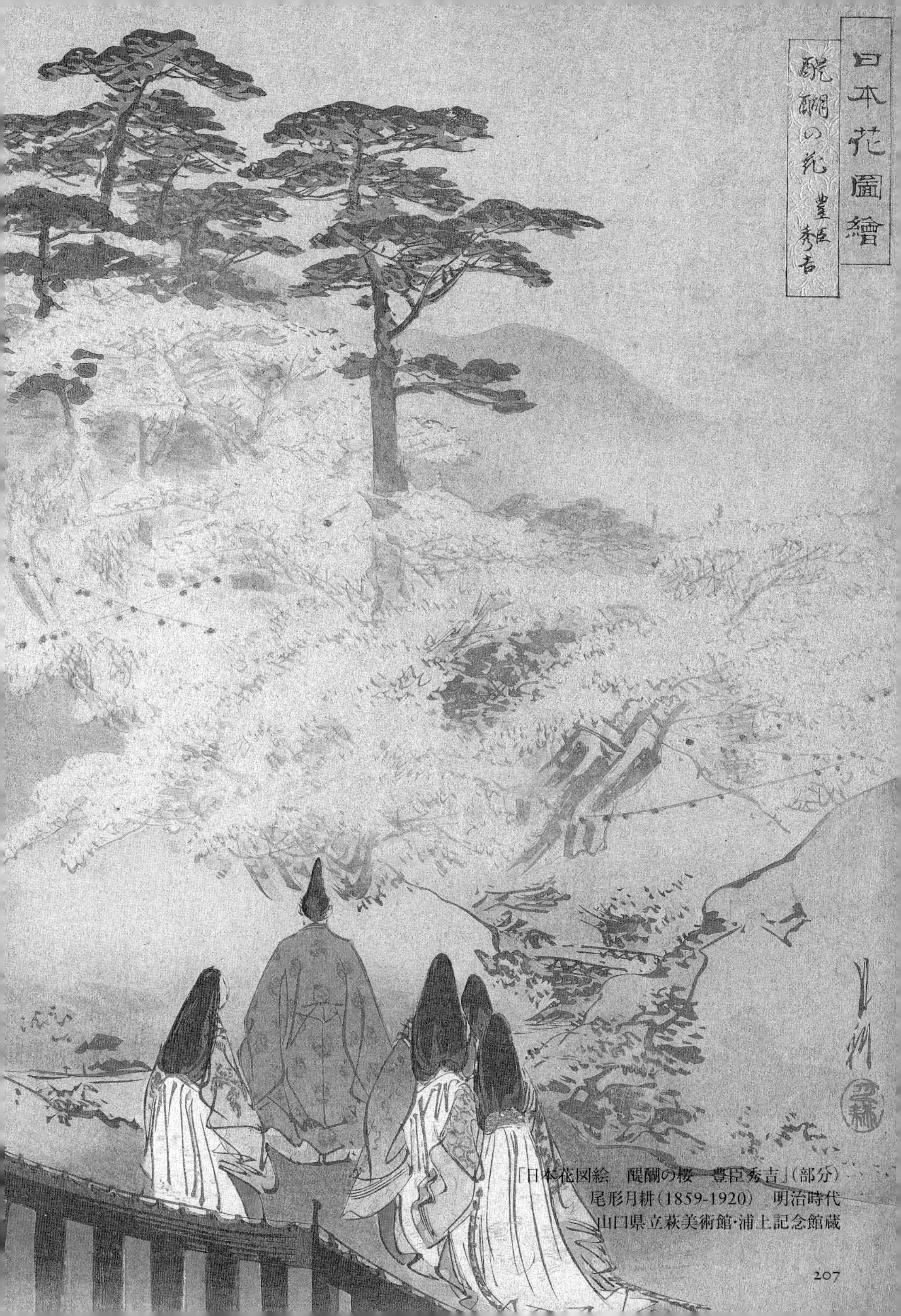

「日本花図絵　醍醐の桜　豊臣秀吉」(部分)
尾形月耕(1859-1920)　明治時代
山口県立萩美術館・浦上記念館蔵

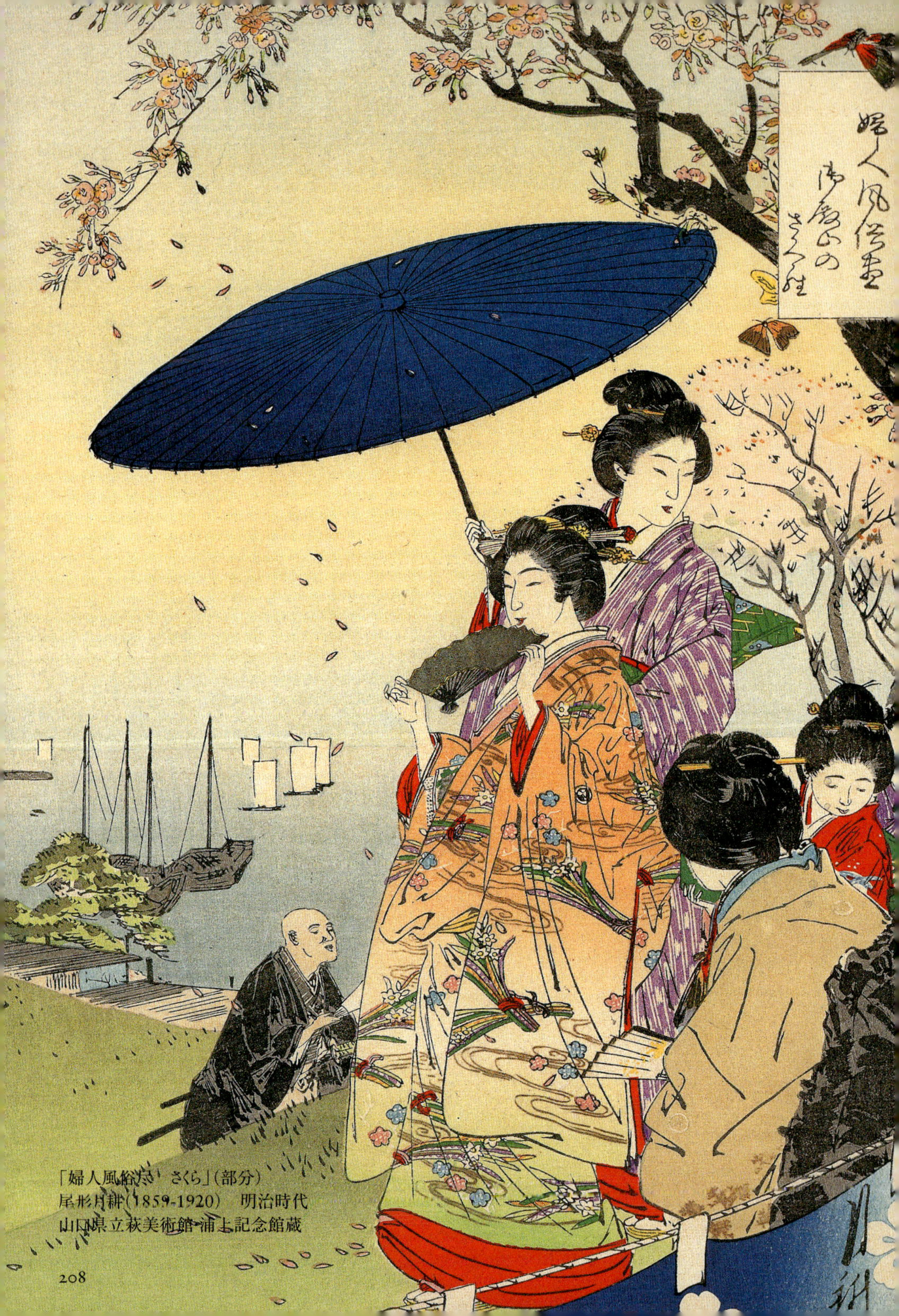

「婦人風俗尽　さくら」（部分）
尾形月耕（1859-1920）　明治時代
山口県立萩美術館・浦上記念館蔵

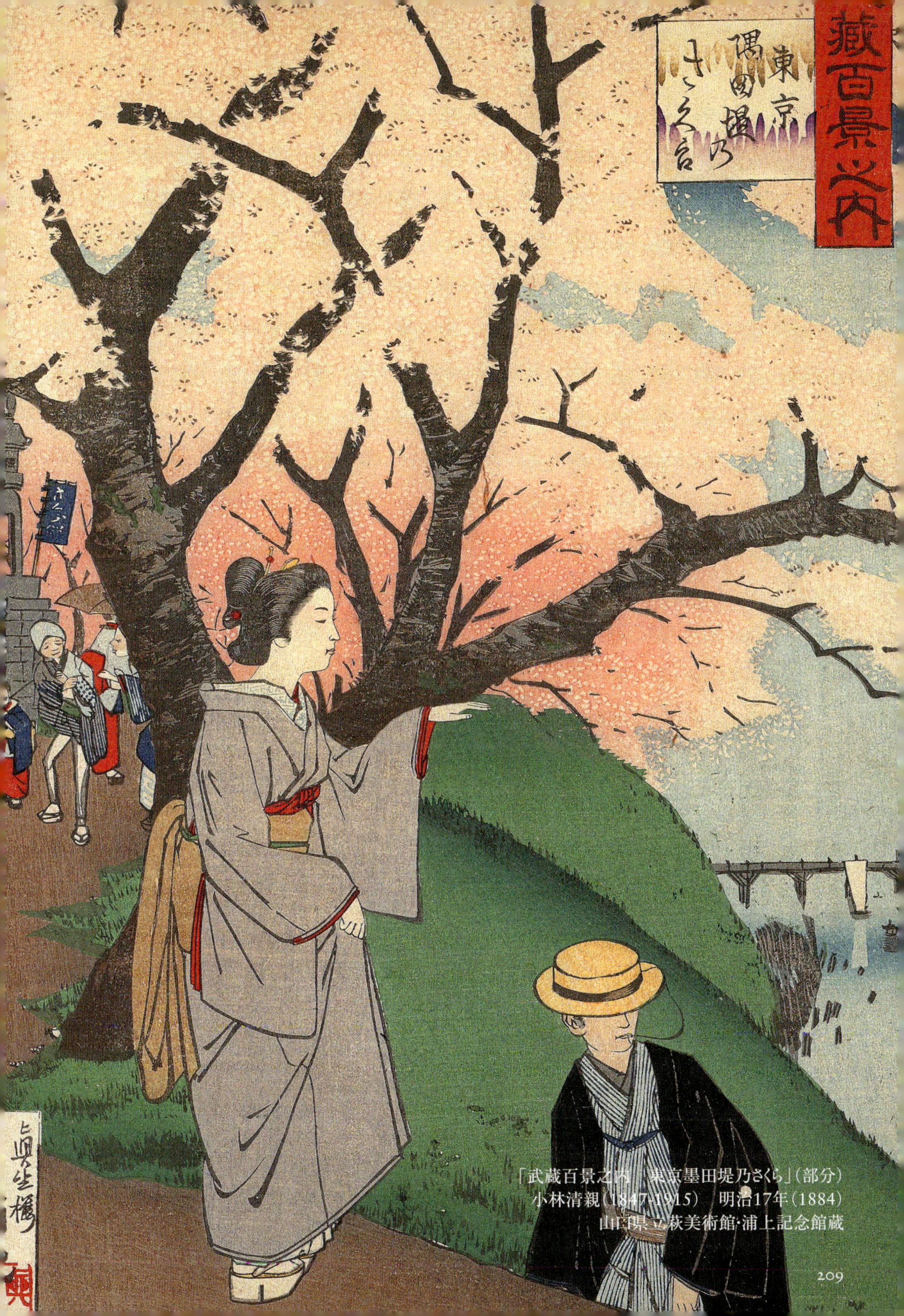

「武蔵百景之内　東京墨田堤乃さくら」（部分）
小林清親（1847-1915）　明治17年（1884）
山口県立萩美術館・浦上記念館蔵

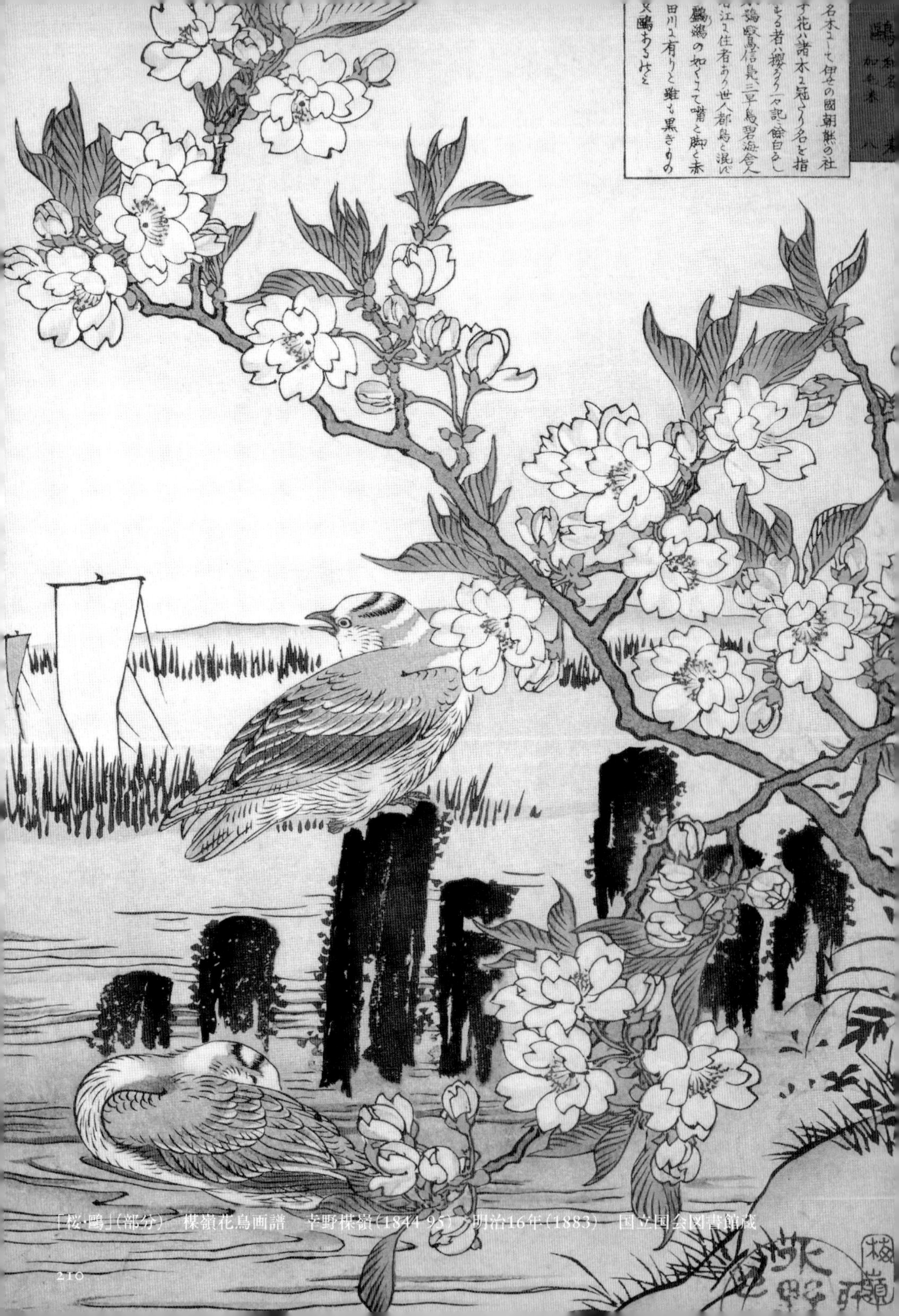

「桜・鷗」(部分)　楳嶺花鳥画譜　幸野楳嶺(1844-95)　明治16年(1883)　国立国会図書館蔵

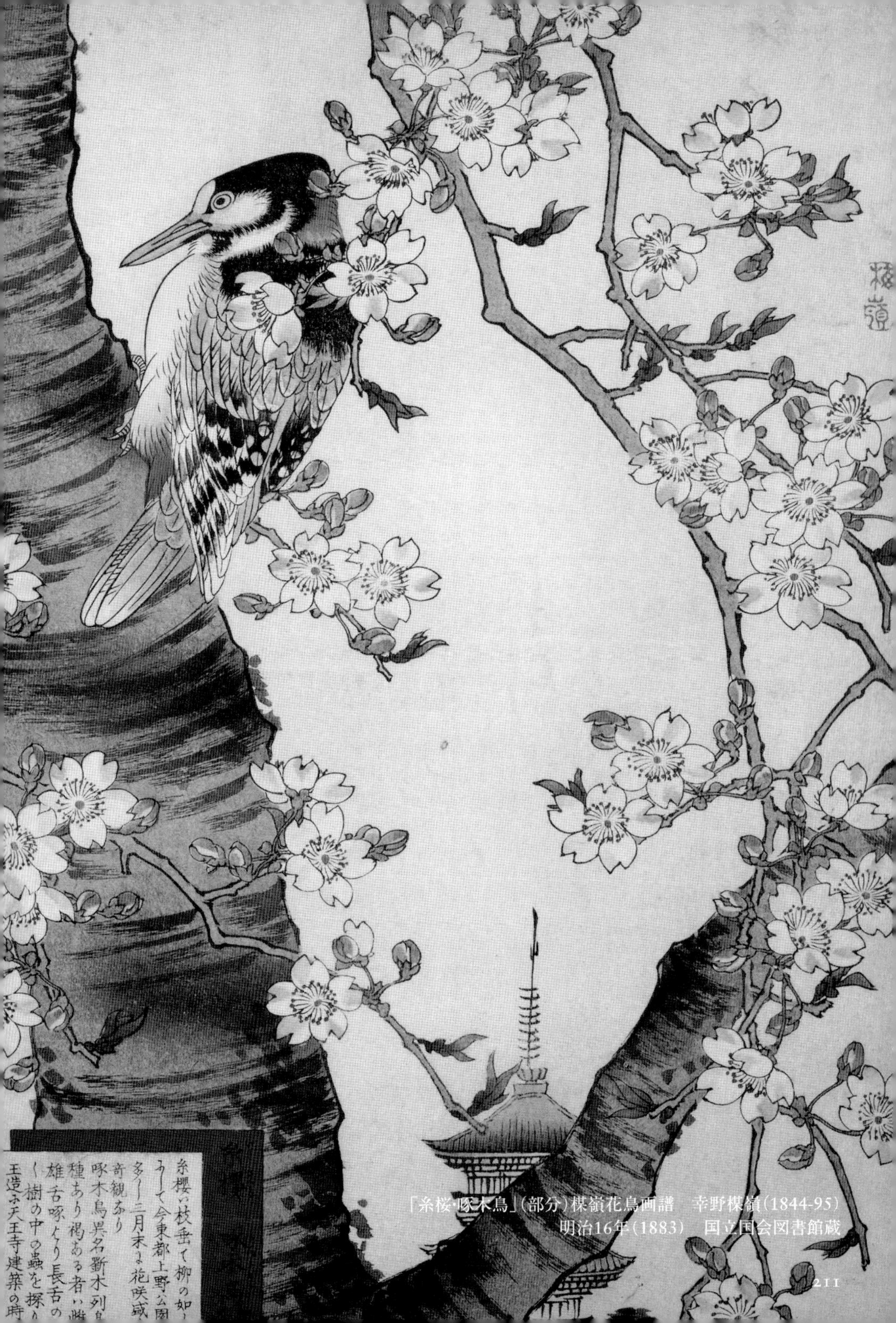

「糸桜・啄木鳥」(部分)楳嶺花鳥画譜　幸野楳嶺(1844-95)
明治16年(1883)　国立国会図書館蔵

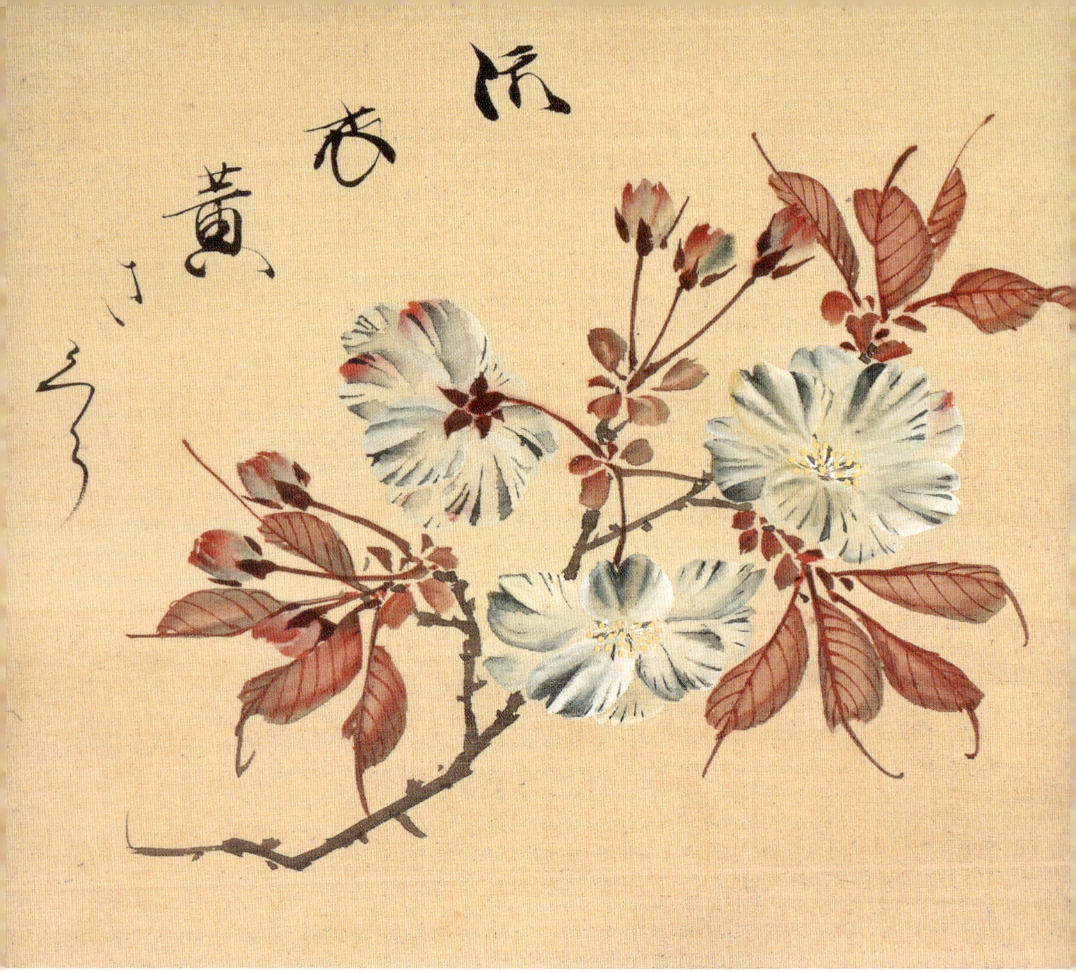

「桜花譜」(部分)　坂本浩雪(1800-53)　国立国会図書館蔵

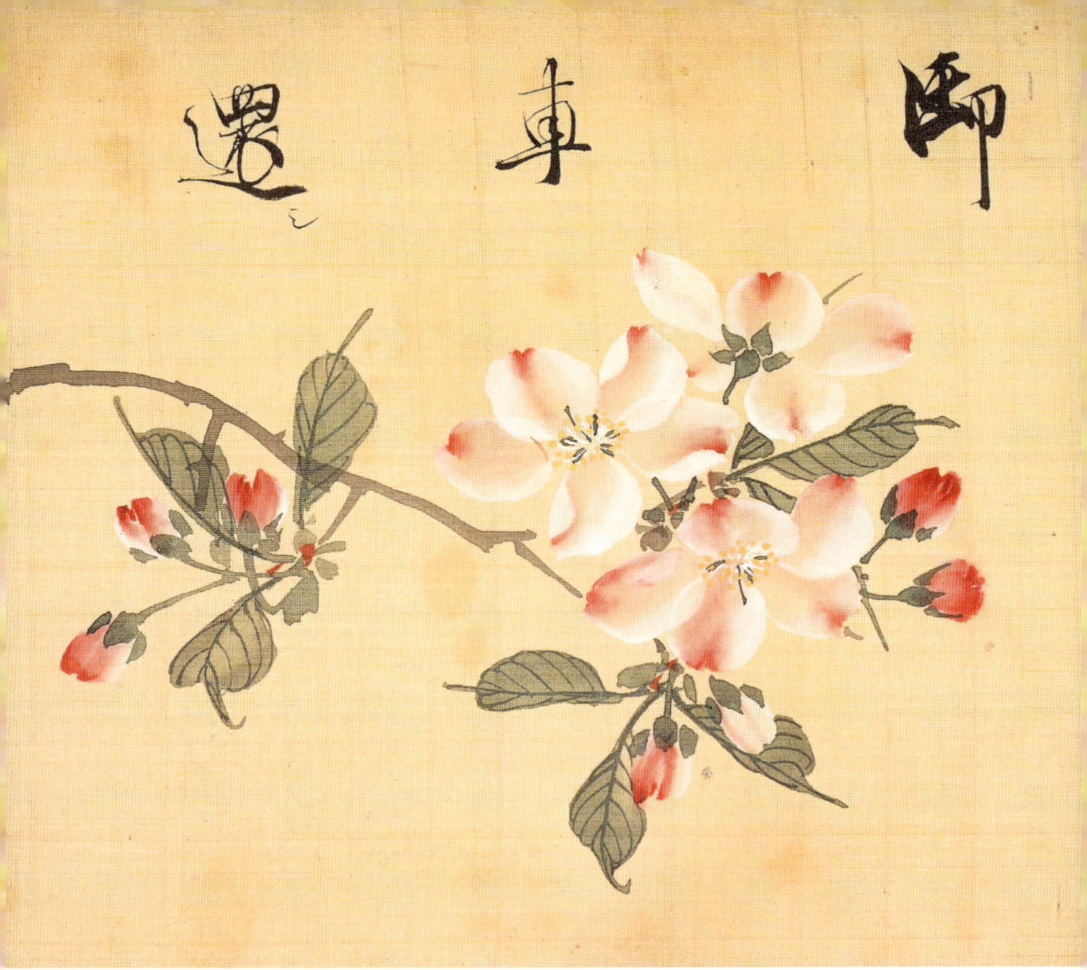

「桜花譜」(部分)　坂本浩雪(1800-53)　国立国会図書館蔵

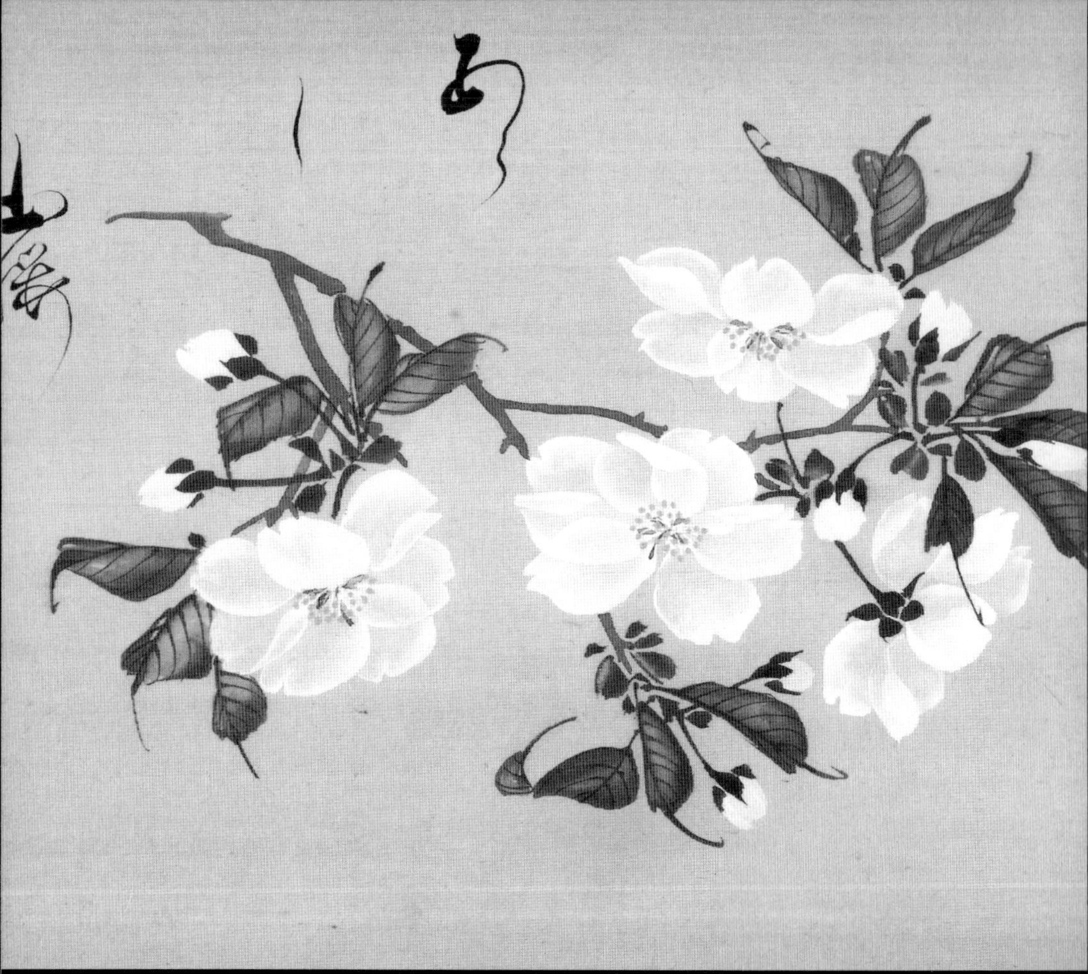

「桜花譜」(部分)　坂本浩雪(1800-53)　国立国会図書館蔵

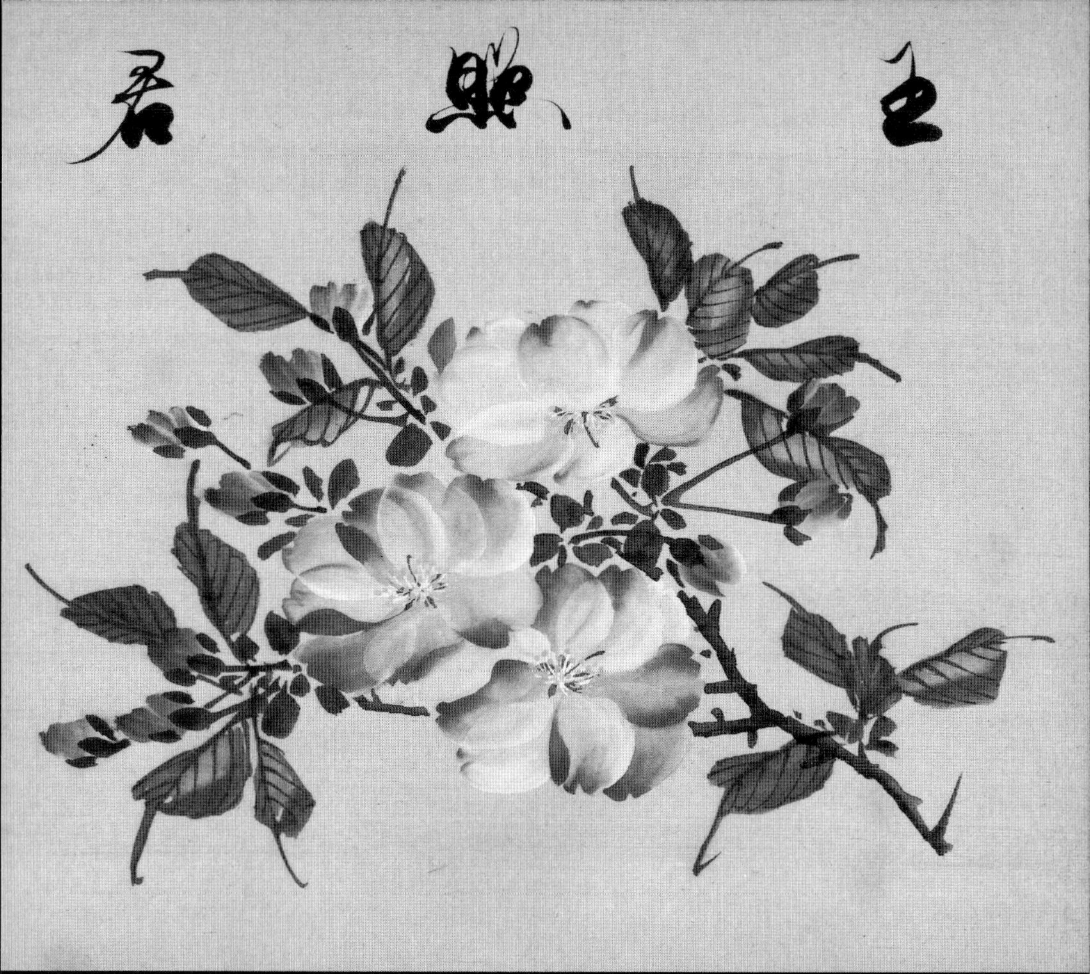

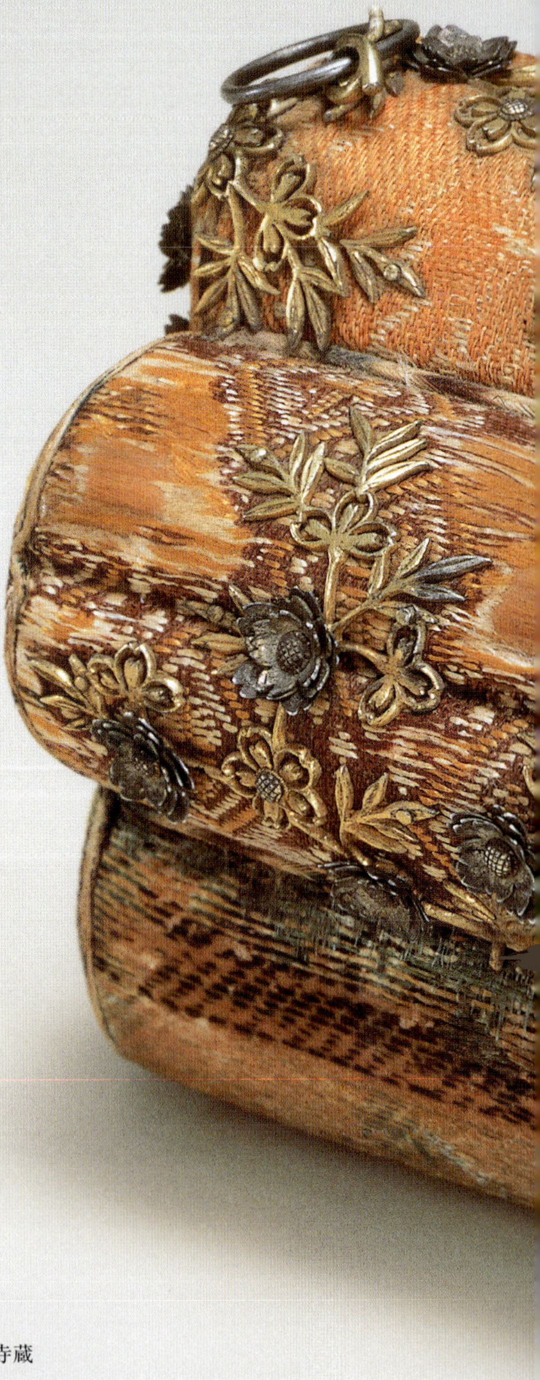

「桜文飾金具錦包懸守」　国宝　平安時代　四天王寺蔵

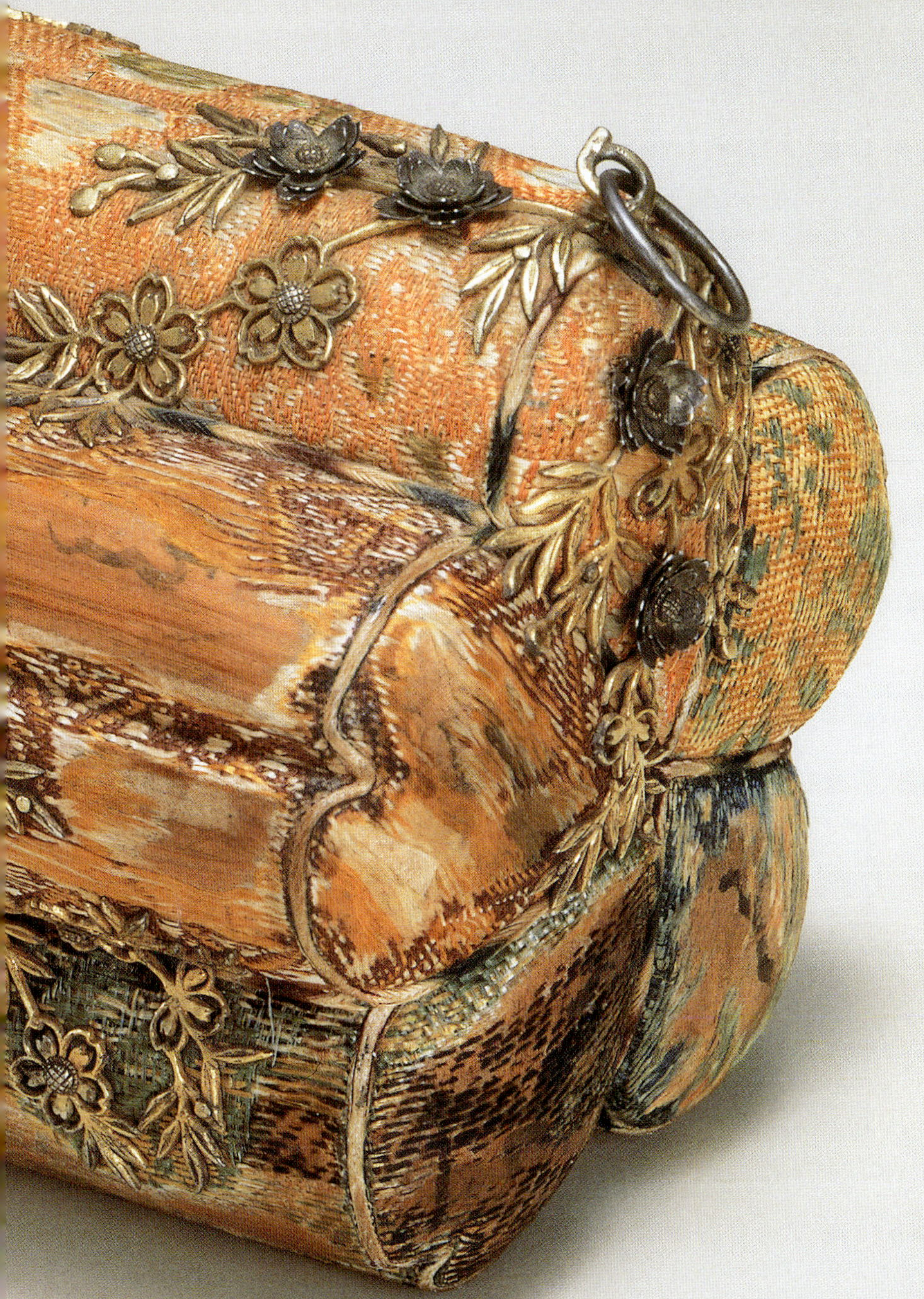

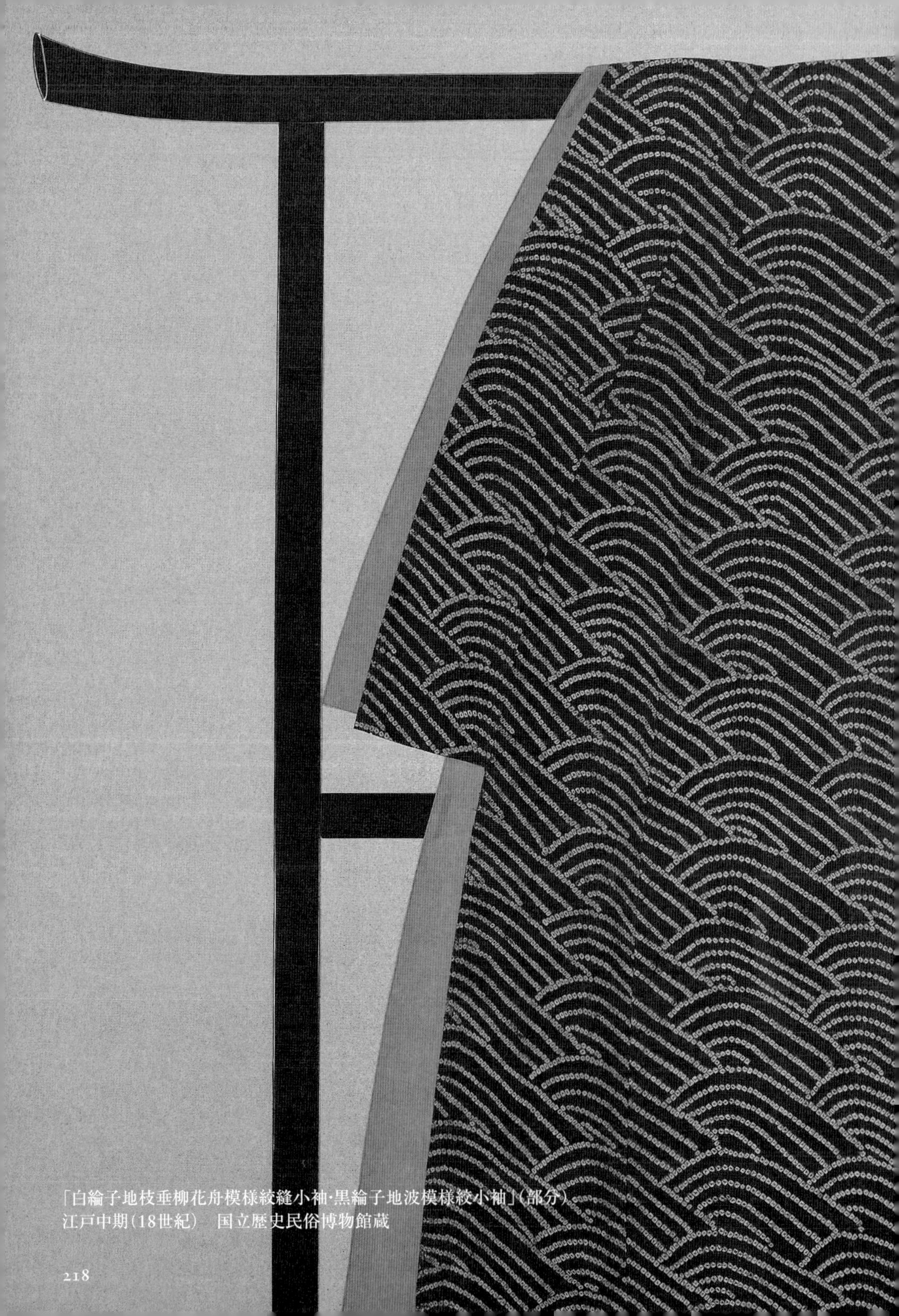

「白綸子地枝垂柳花舟模様紋縫小袖・黒綸子地波模様紋小袖」(部分)
江戸中期(18世紀)　国立歴史民俗博物館蔵

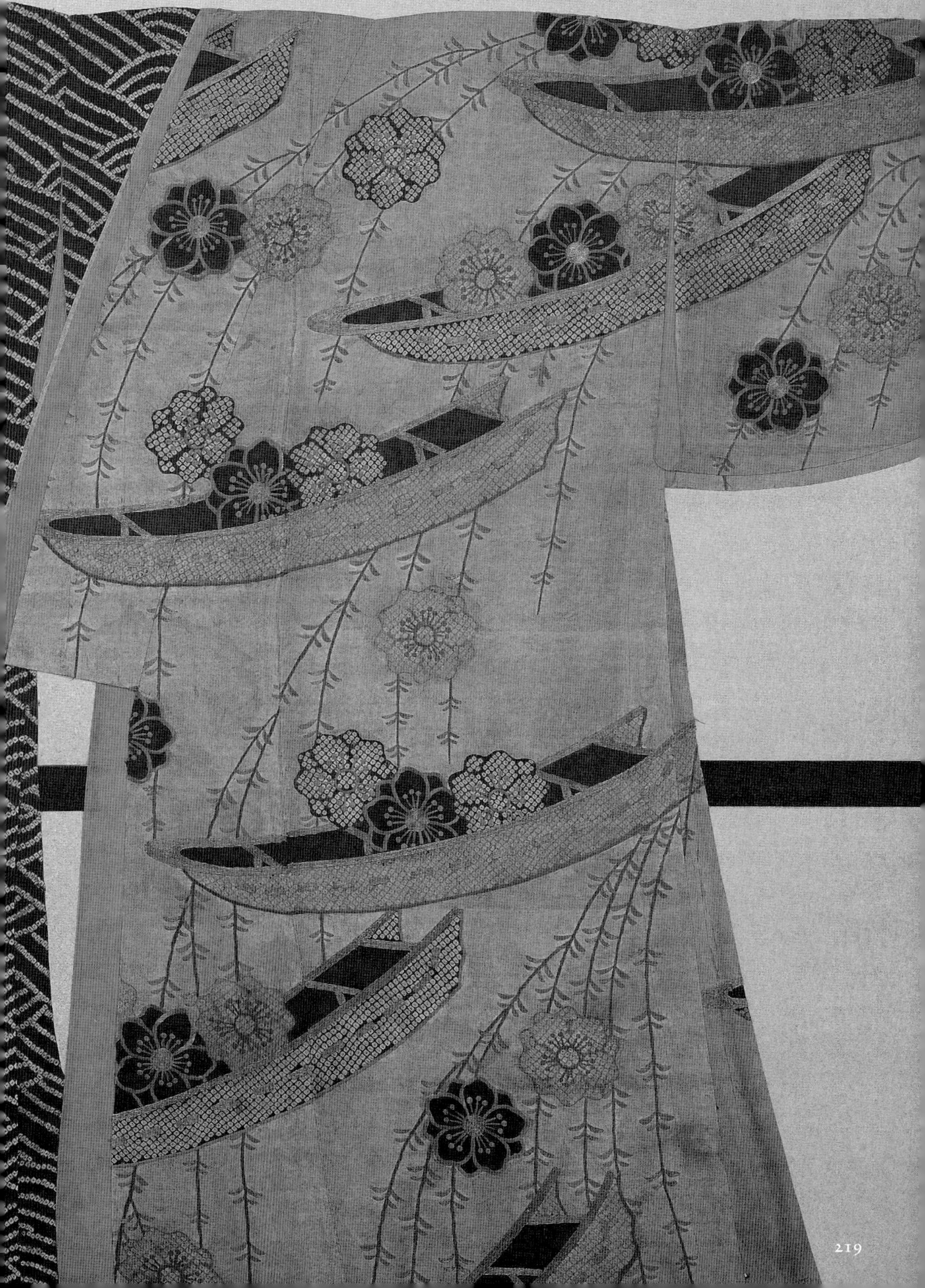

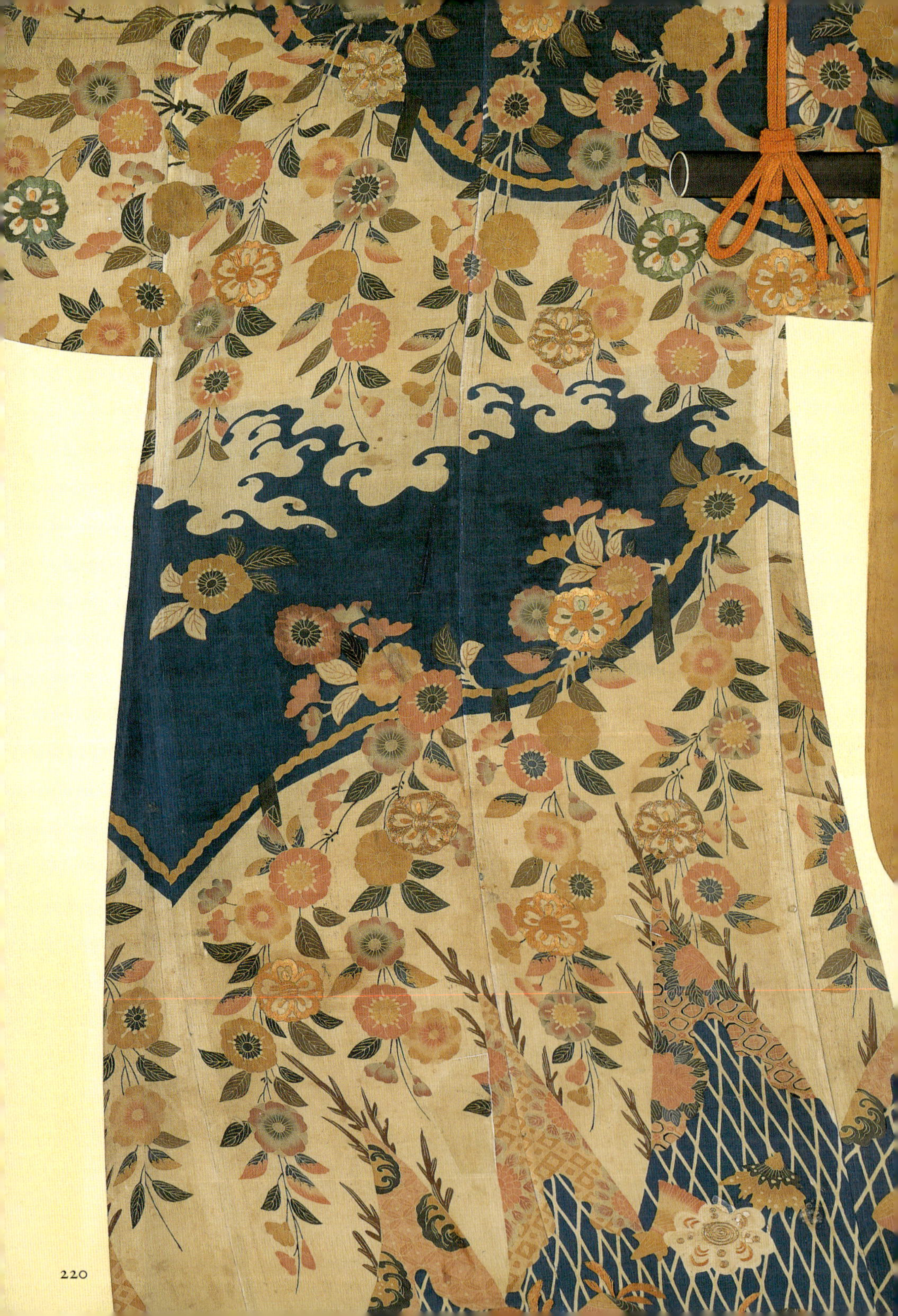

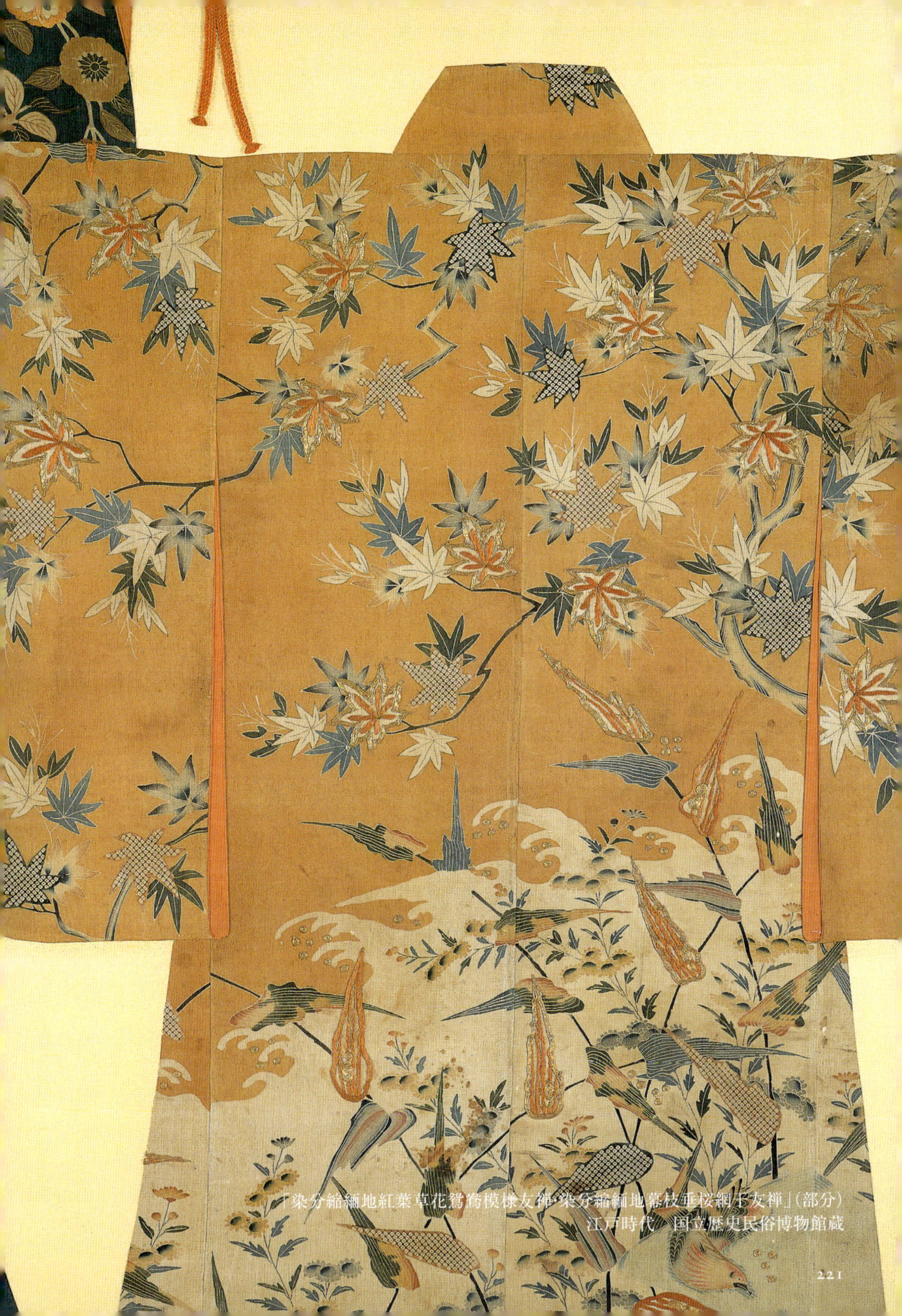

「染分縮緬地紅葉草花鶯薦模様友禅・染分縮緬地幕枝垂桜網干友禅」(部分)
江戸時代　国立歴史民俗博物館蔵

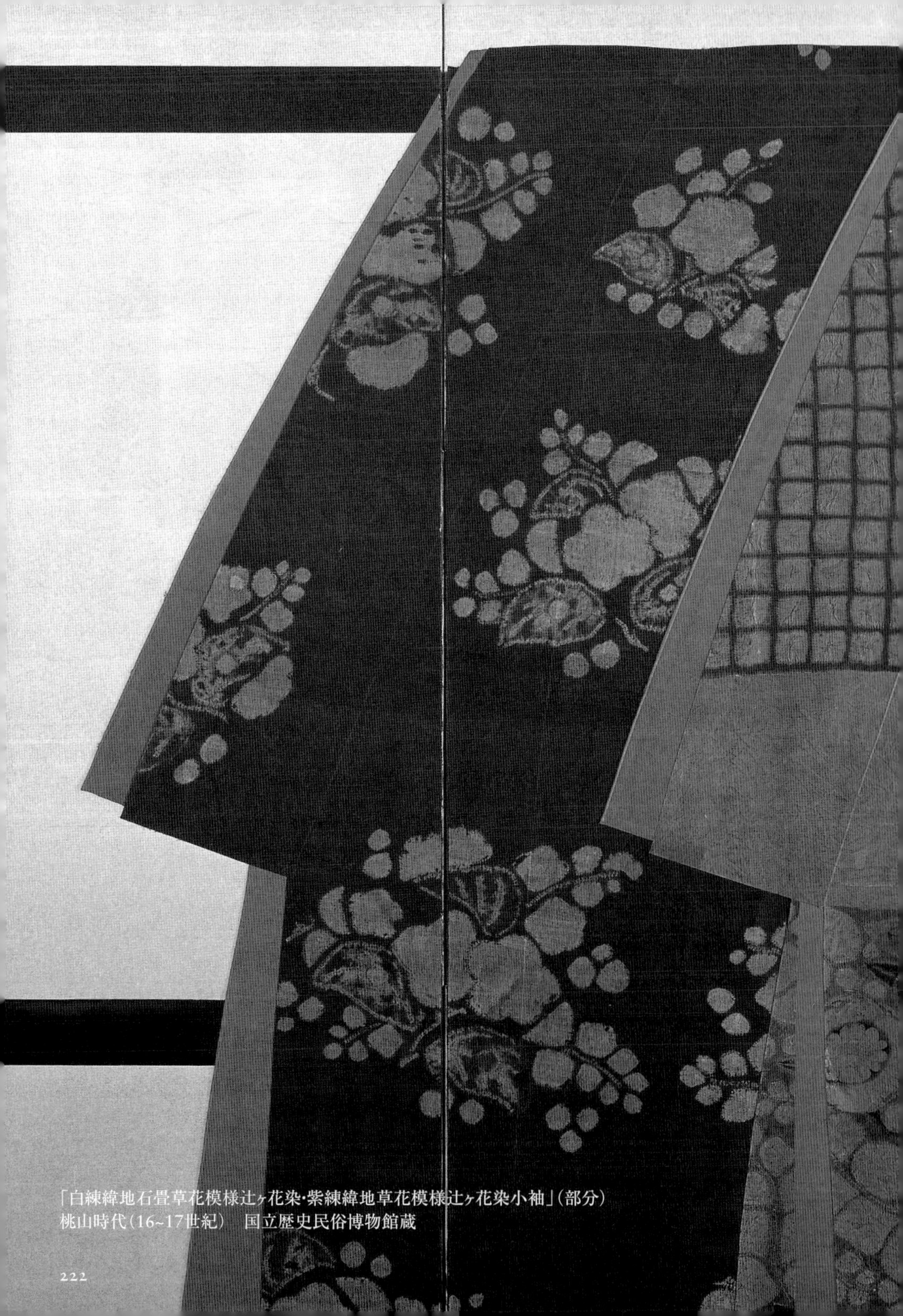

「白練緯地石畳草花模様辻ヶ花染·紫練緯地草花模様辻ヶ花染小袖」(部分)
桃山時代(16~17世紀)　国立歴史民俗博物館蔵

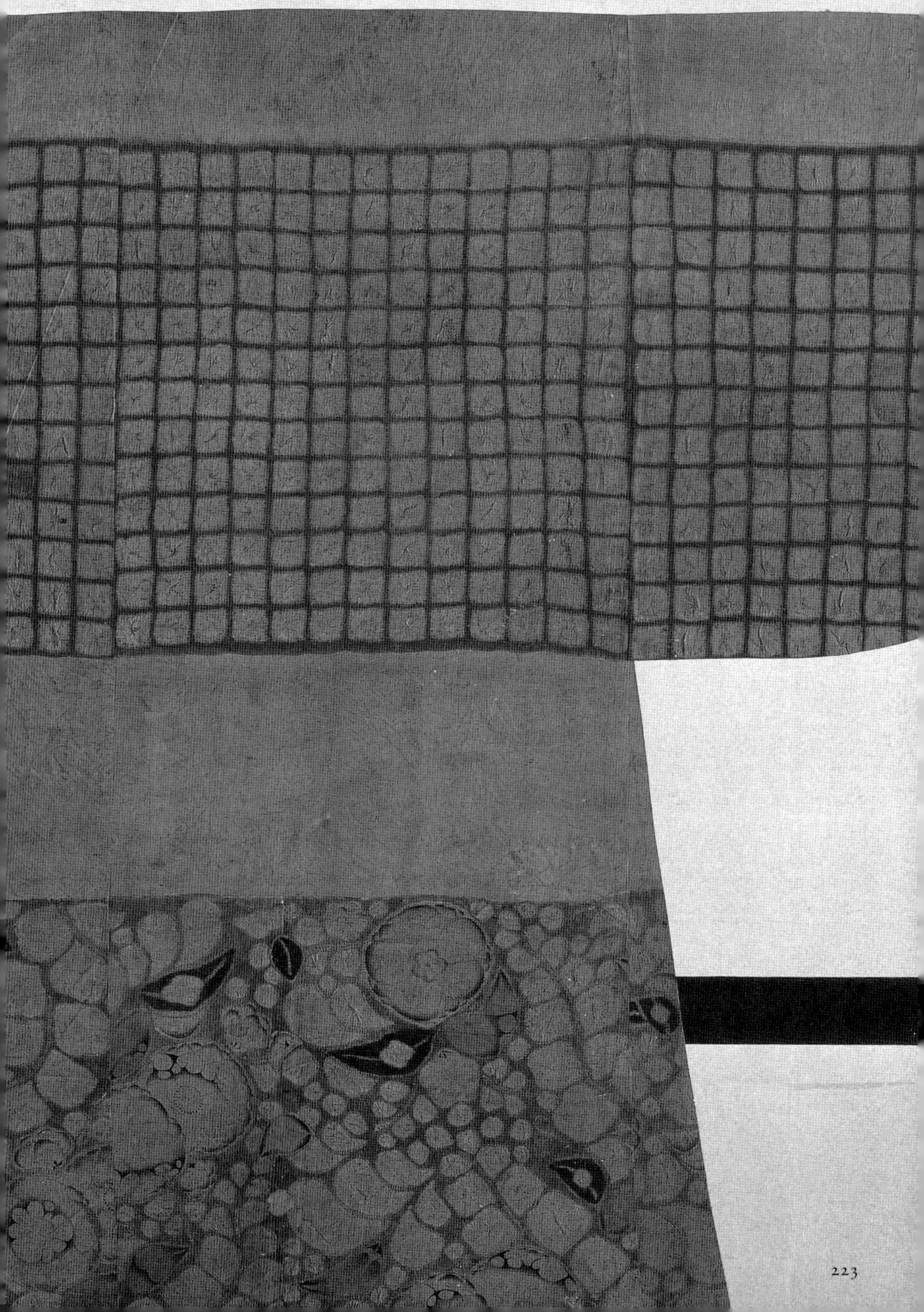

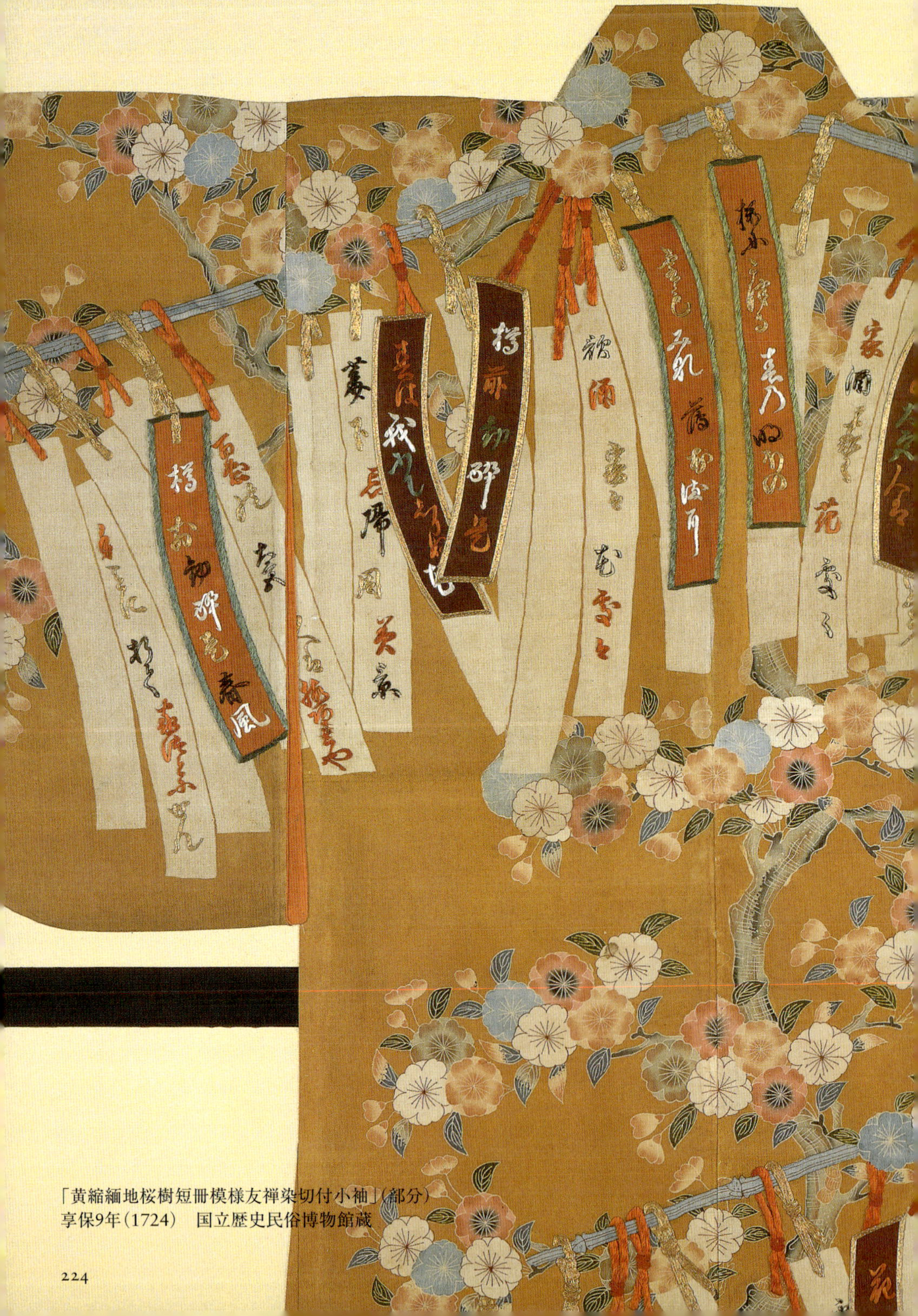

「黄縮緬地桜樹短冊模様友禅染切付小袖」(部分)
享保9年(1724)　国立歴史民俗博物館蔵

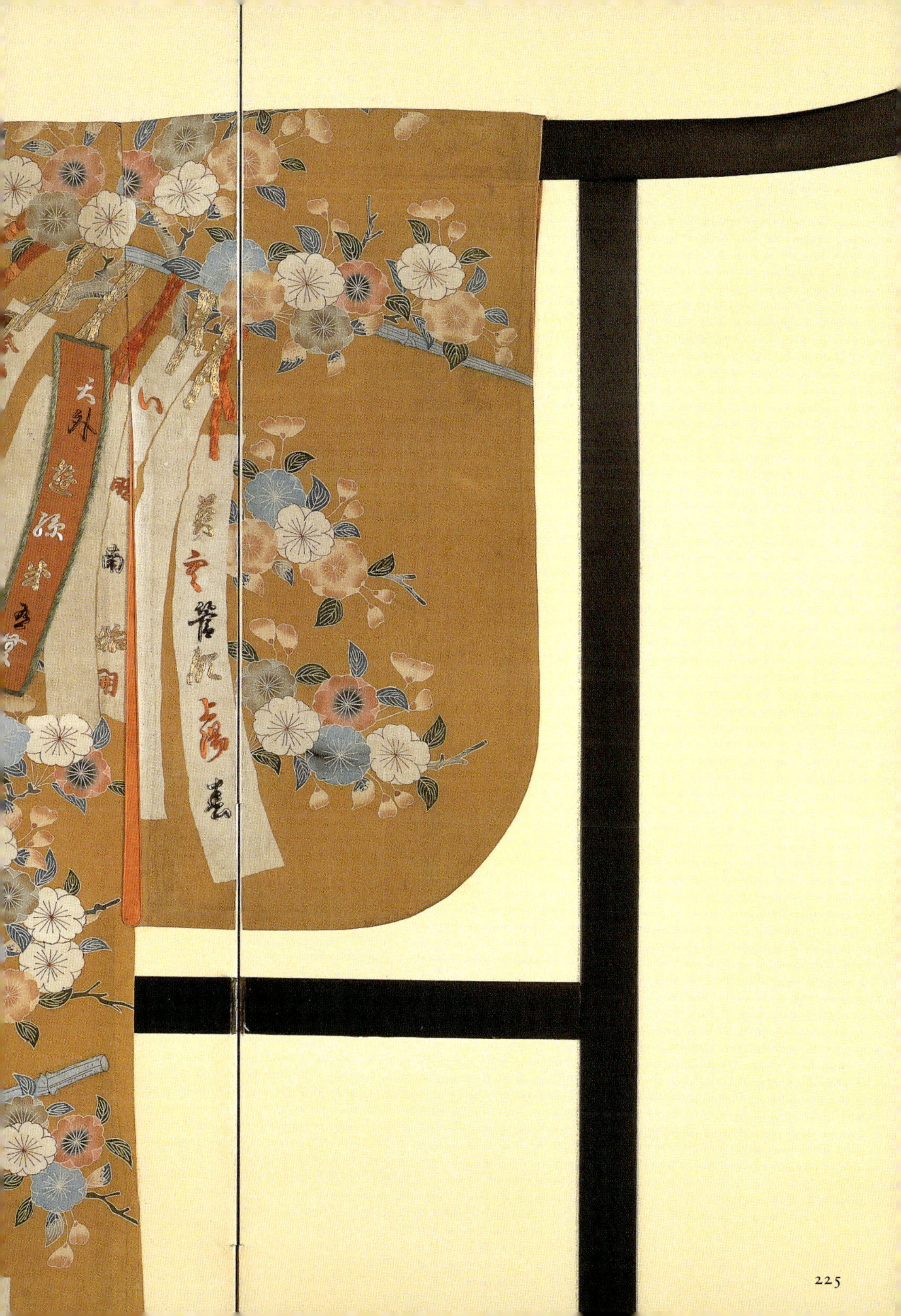

「染分綸子地桜雪下模様絞縫小袖」(部分)
江戸中期(18世紀)　国立歴史民俗博物館蔵

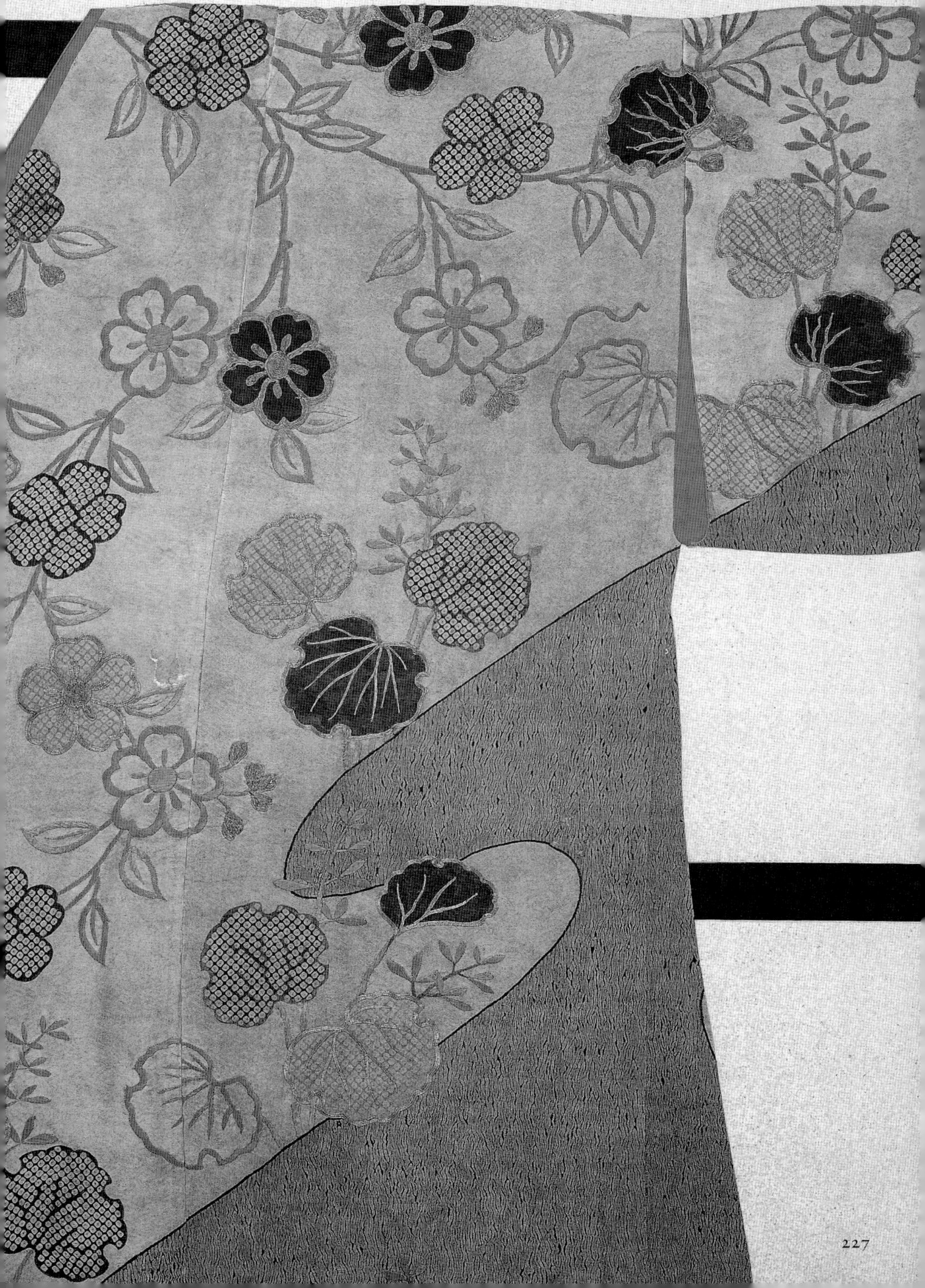

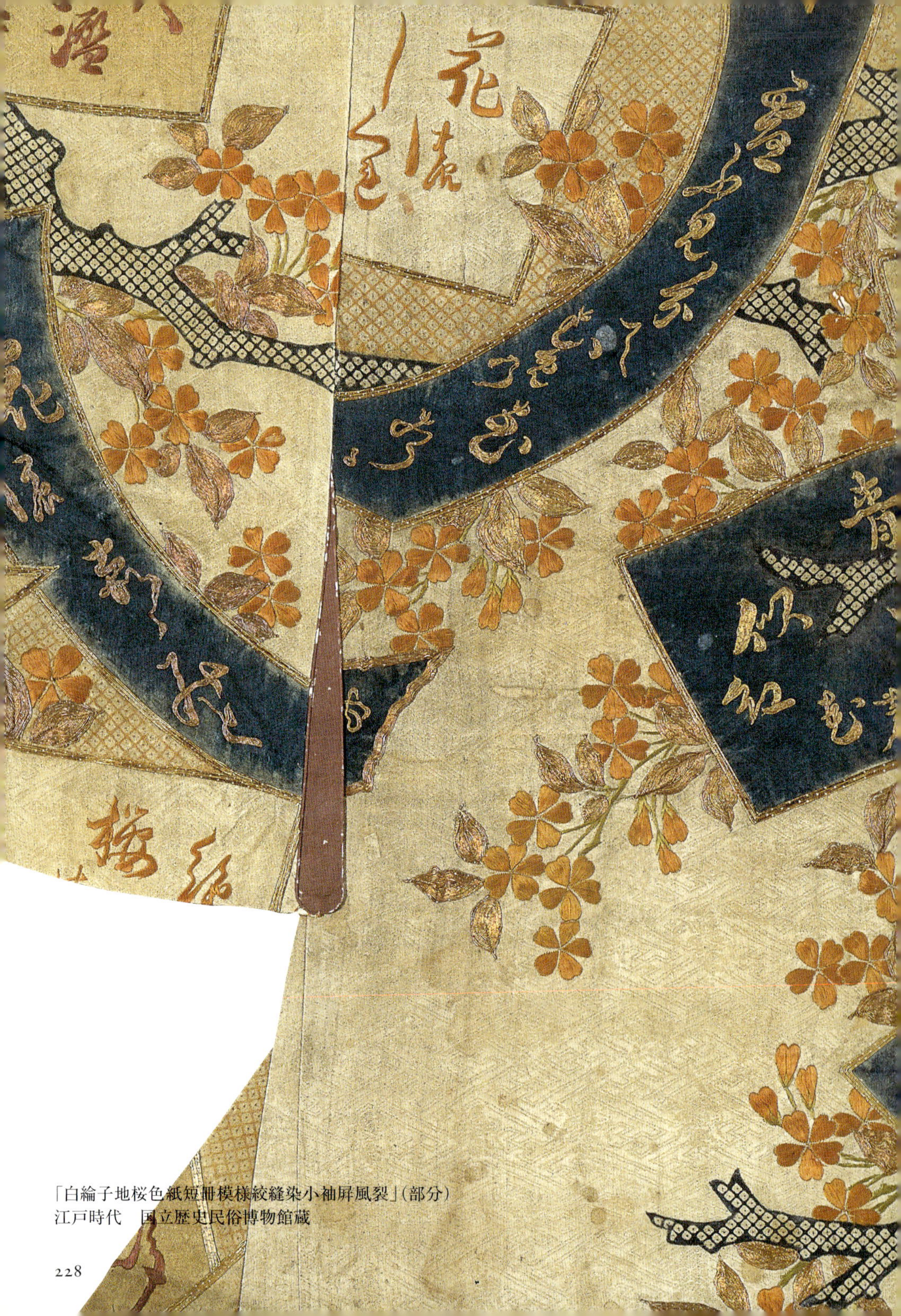

「白綸子地桜色紙短冊模様絞縫染小袖屏風裂」(部分)
江戸時代　国立歴史民俗博物館蔵

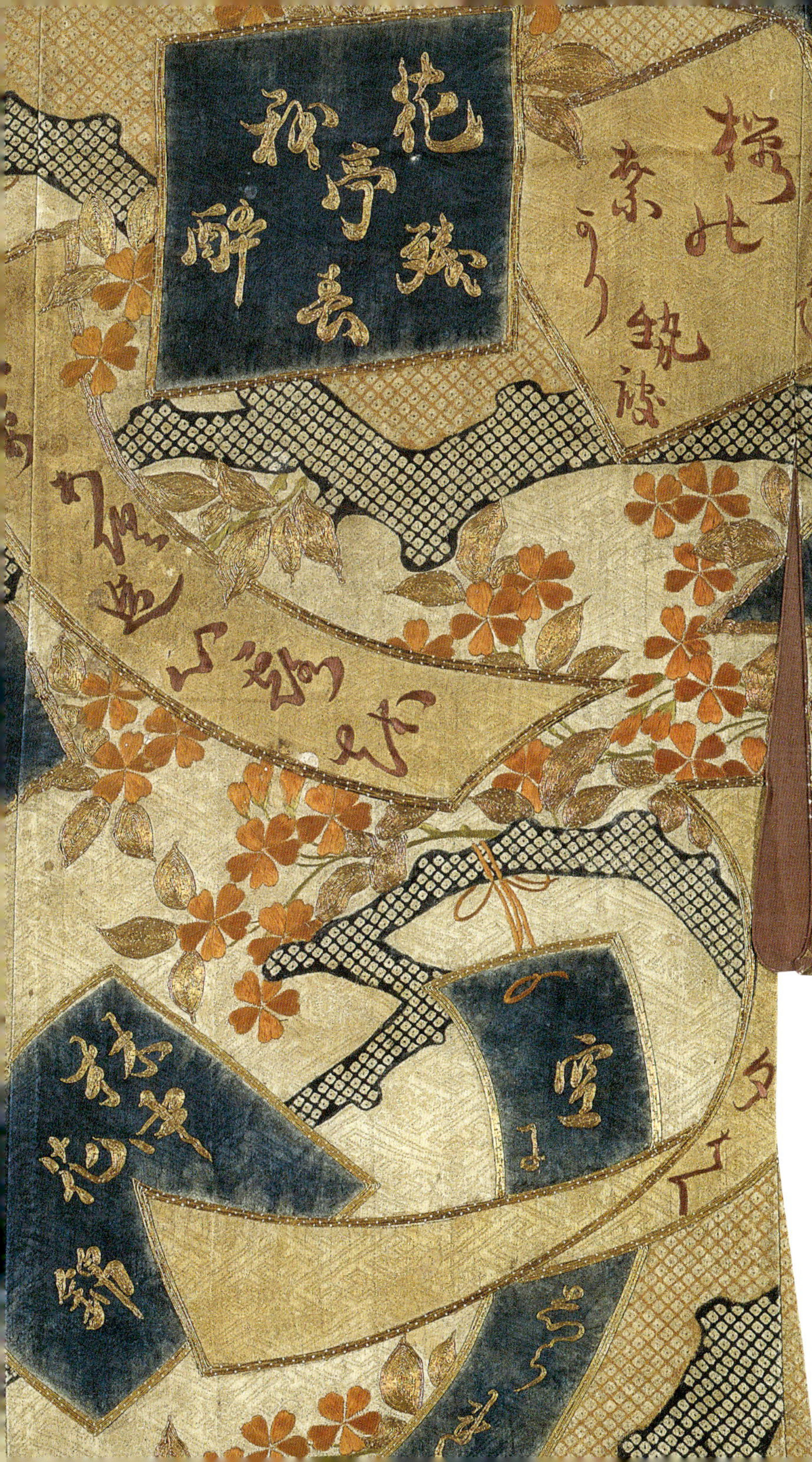

「白綸子地菊桜模様絞縫小袖」(部分)　国立歴史民俗博物館蔵

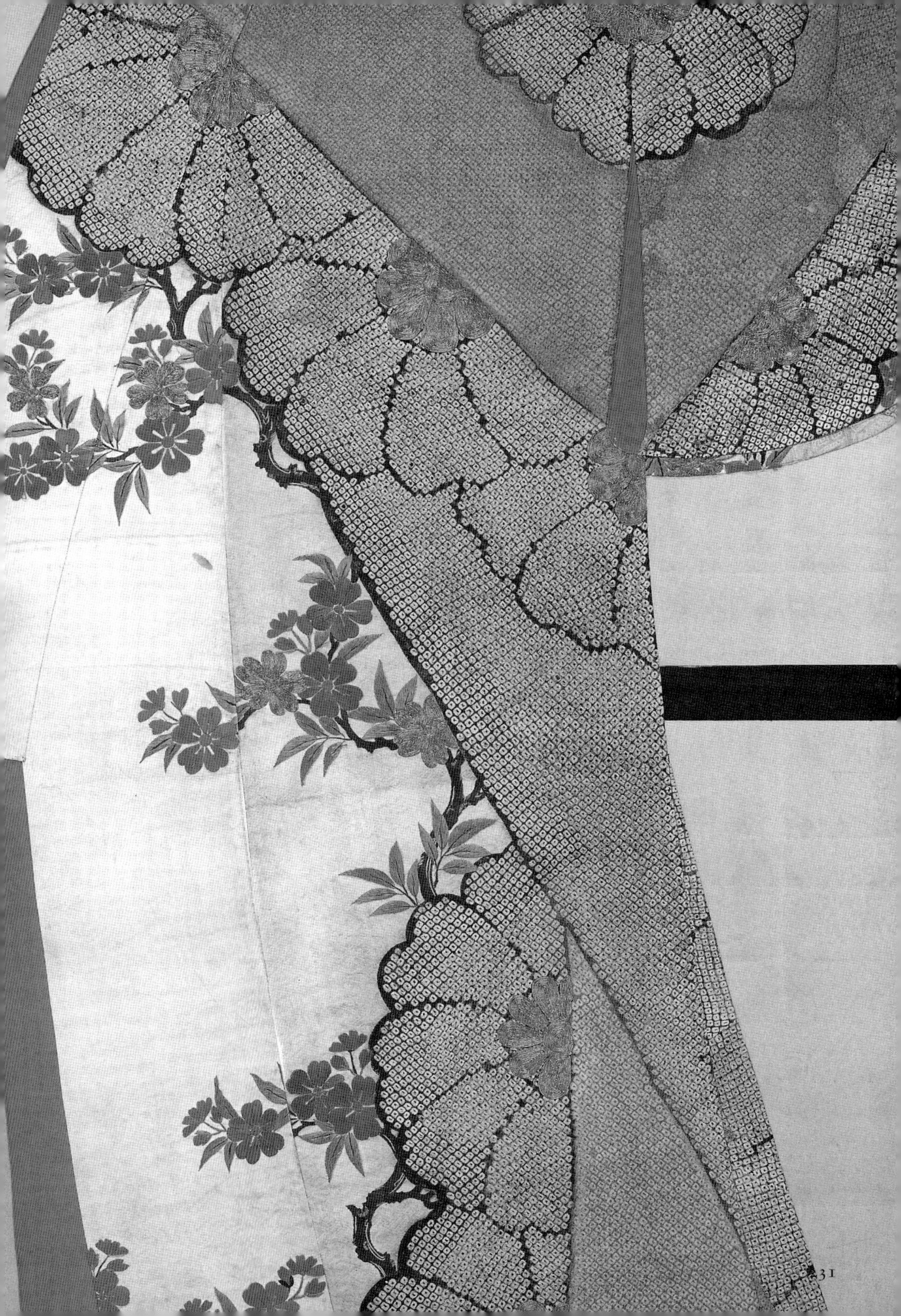

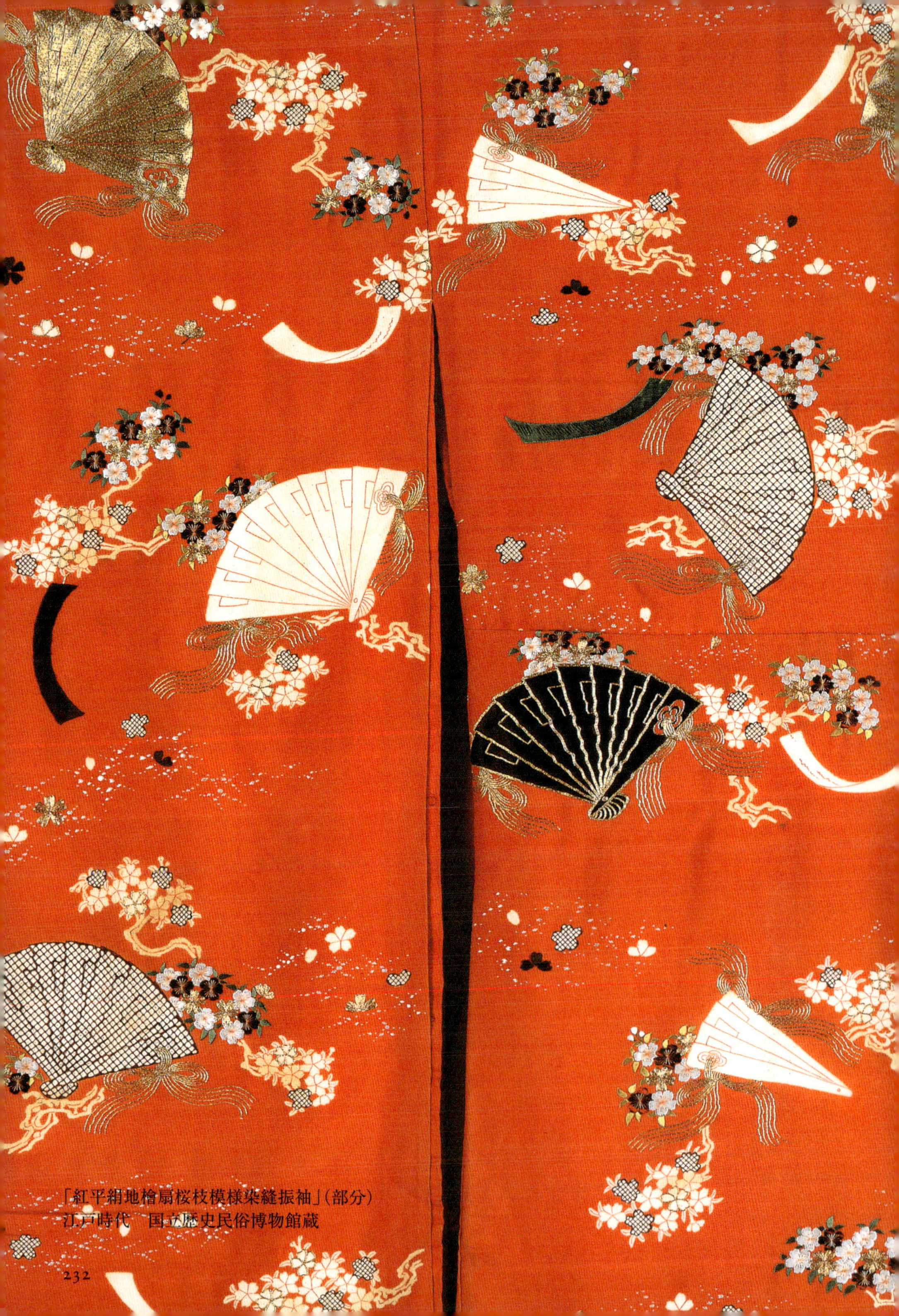

「紅平絹地檜扇桜枝模様染縫振袖」(部分)
江戸時代　国立歴史民俗博物館蔵

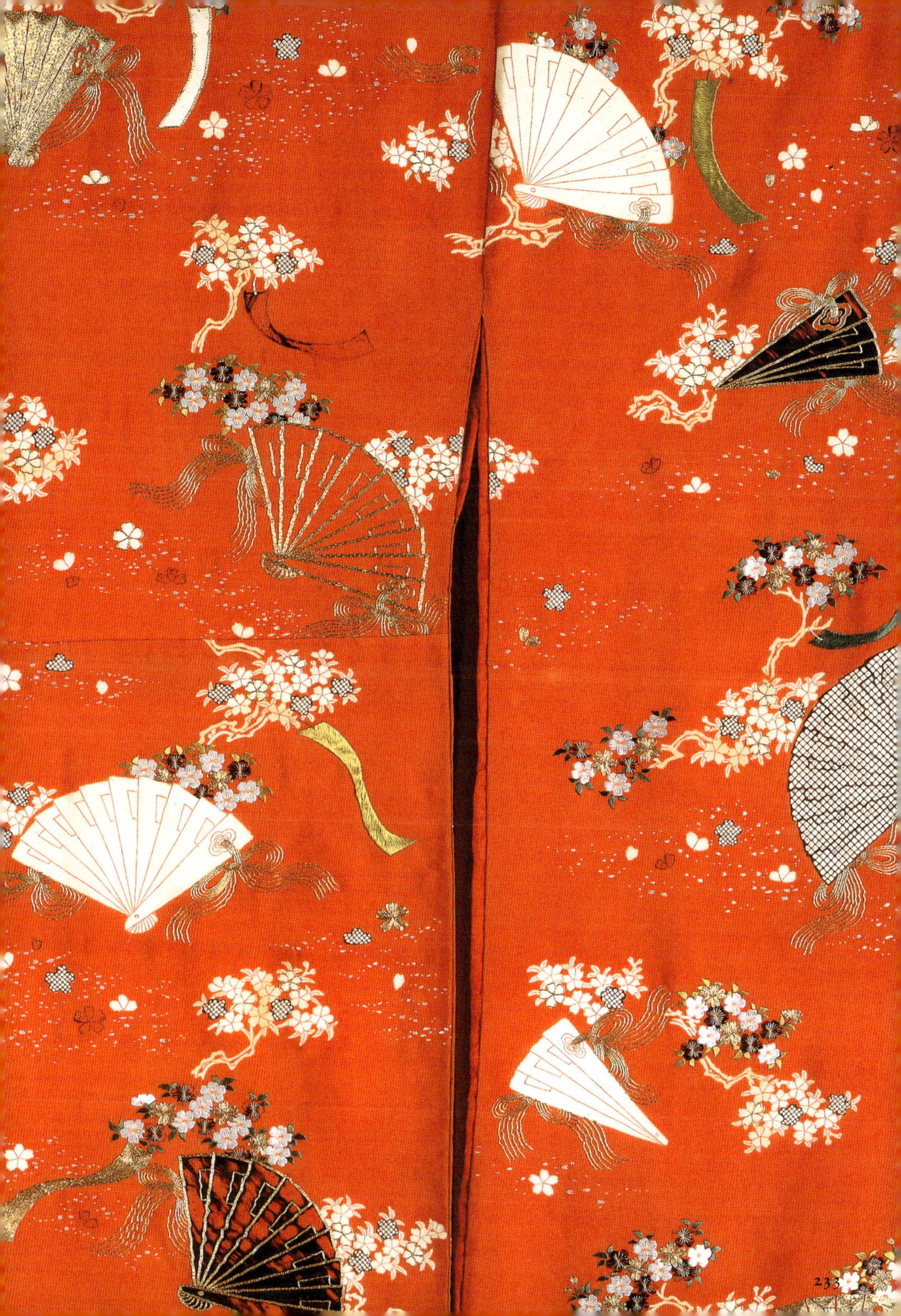

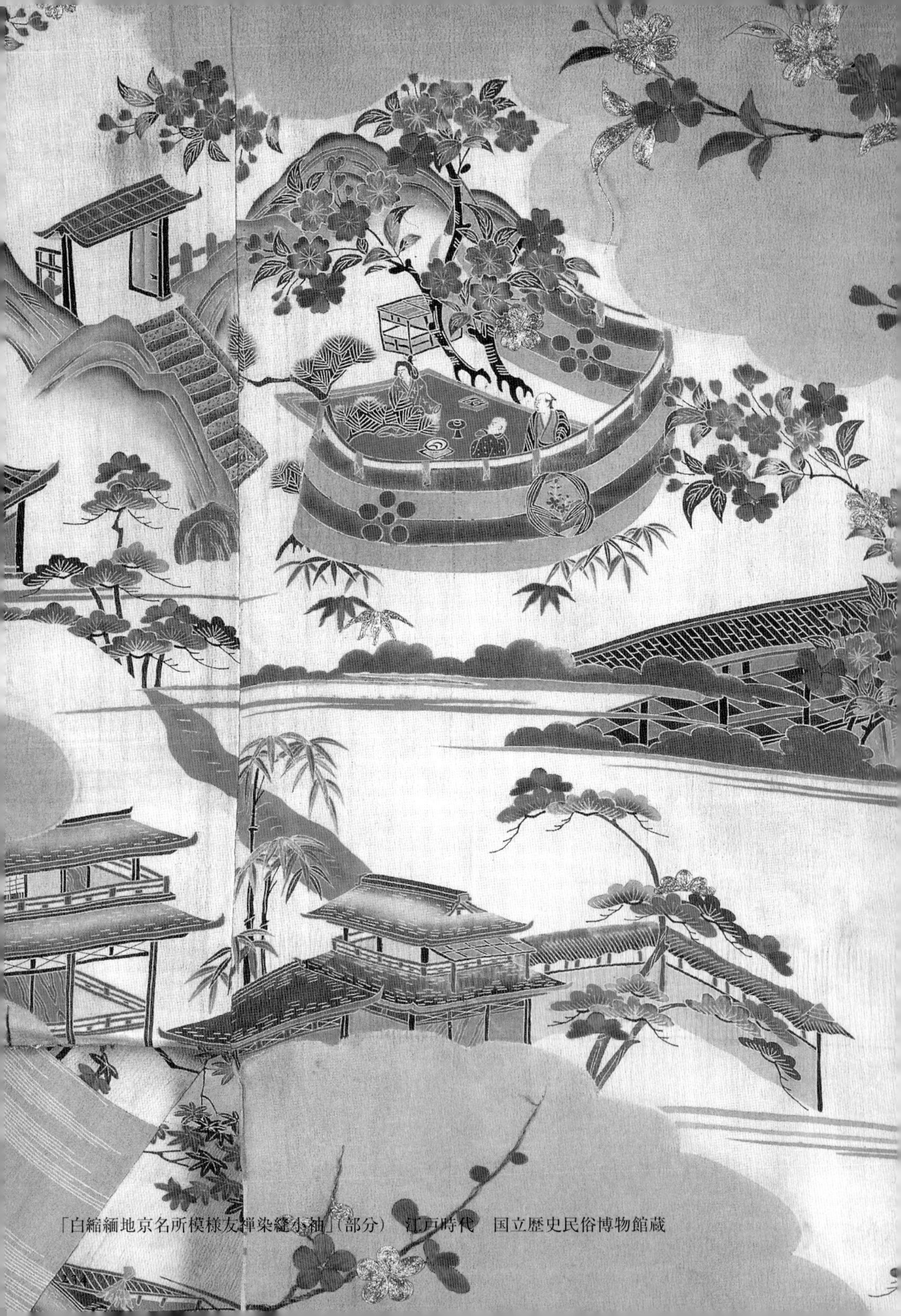

「白縮緬地京名所模様友禅染縫小袖」（部分）　江戸時代　国立歴史民俗博物館蔵

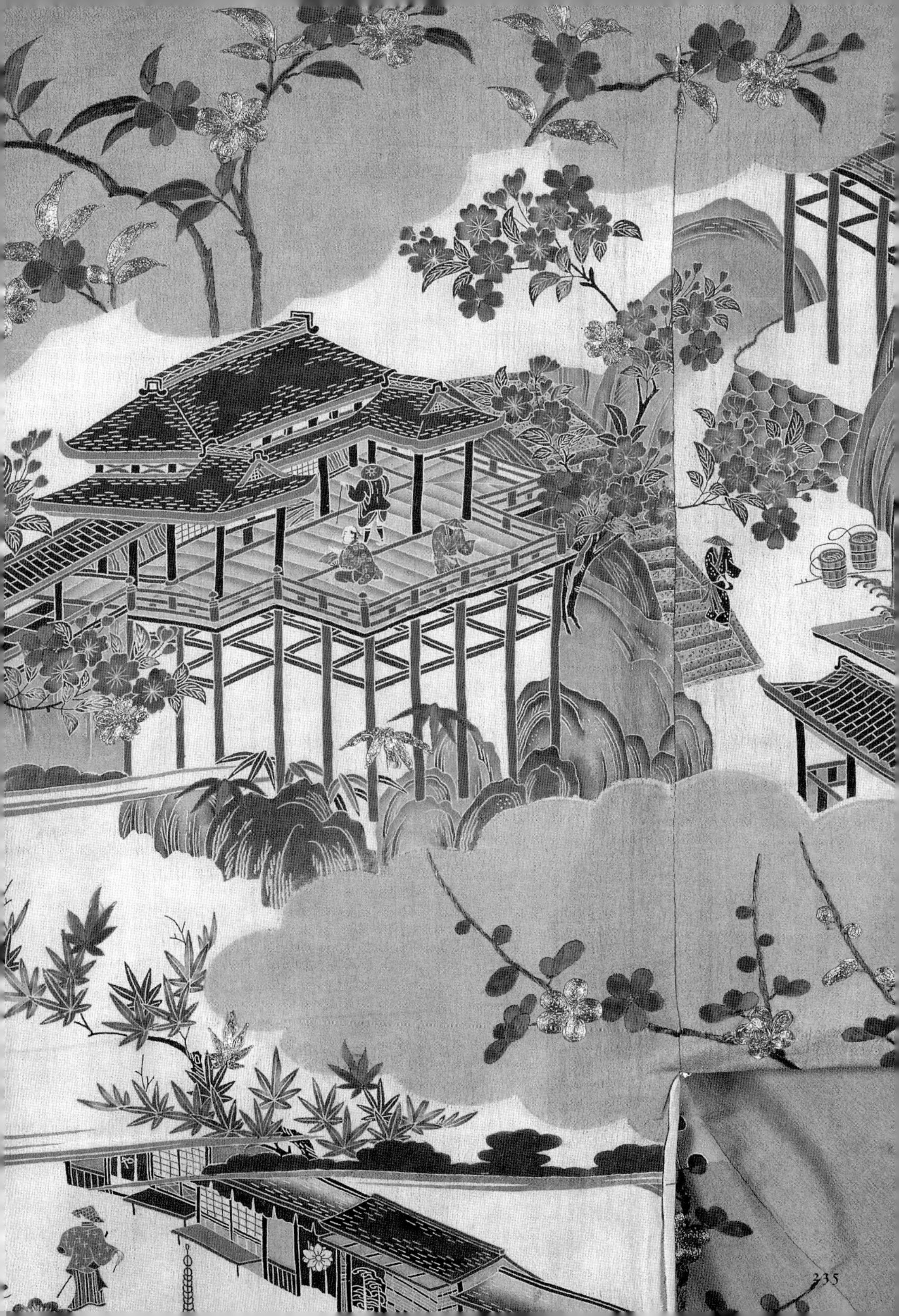

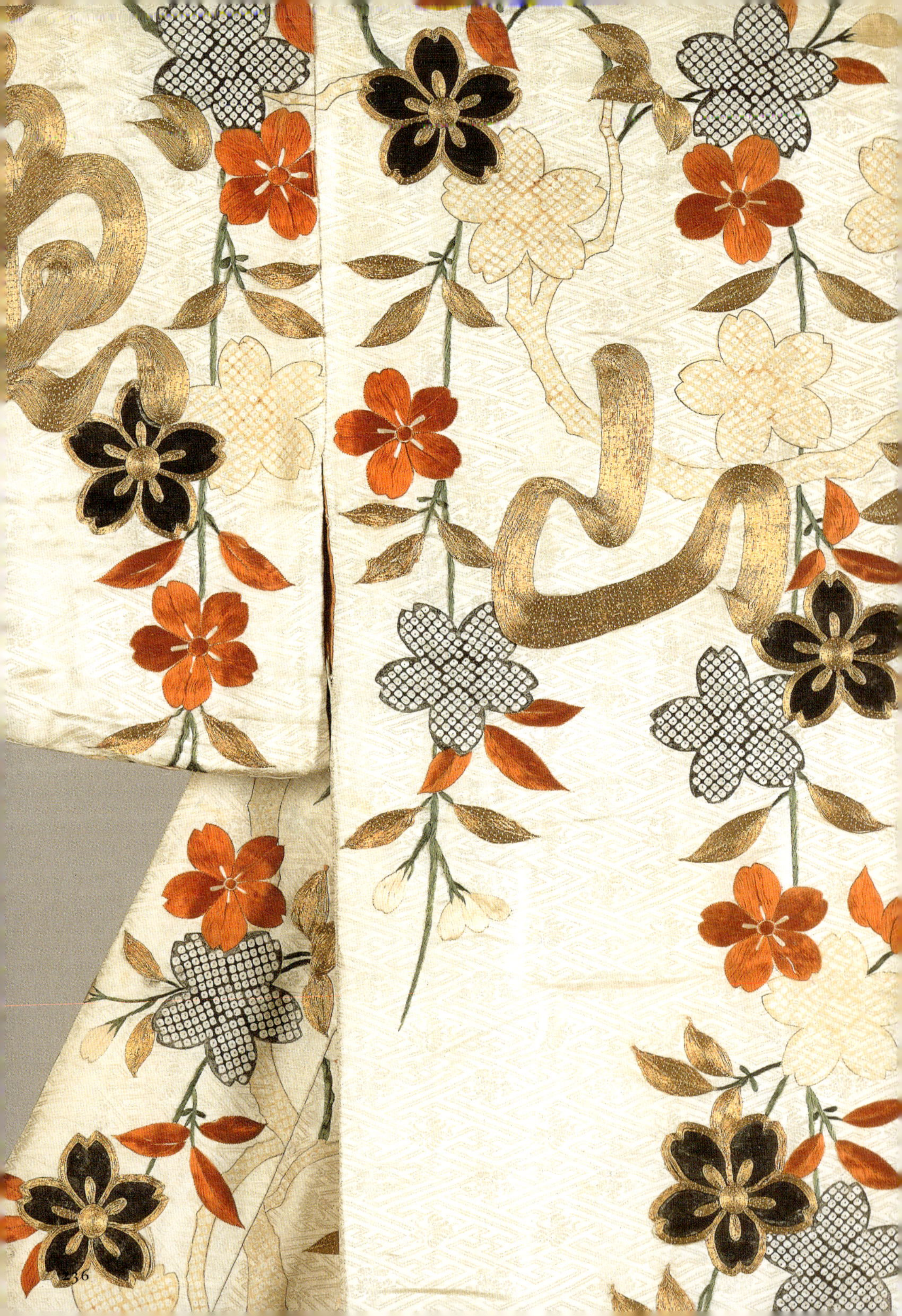

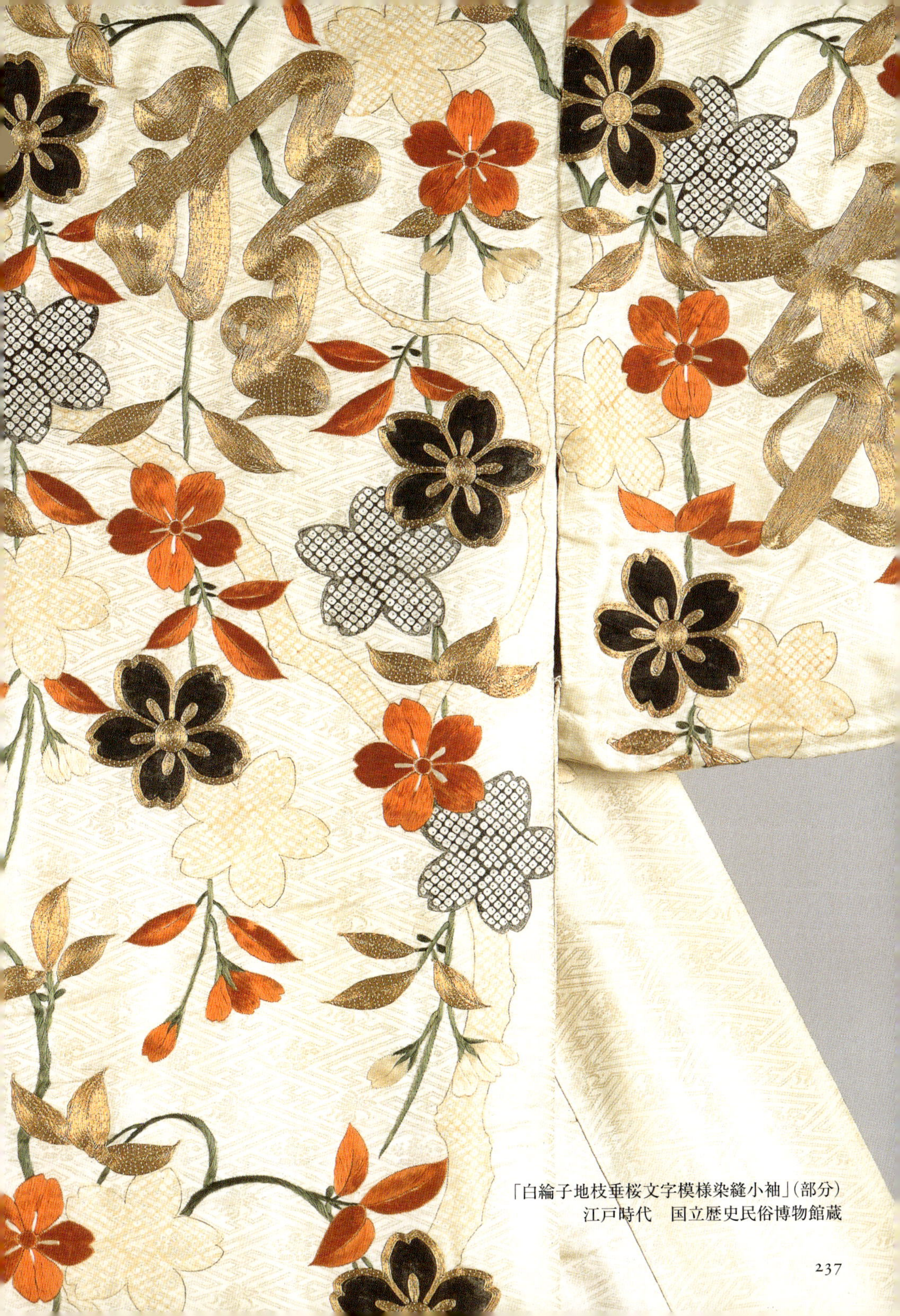

「白綸子地枝垂桜文字模様染縫小袖」（部分）
江戸時代　国立歴史民俗博物館蔵

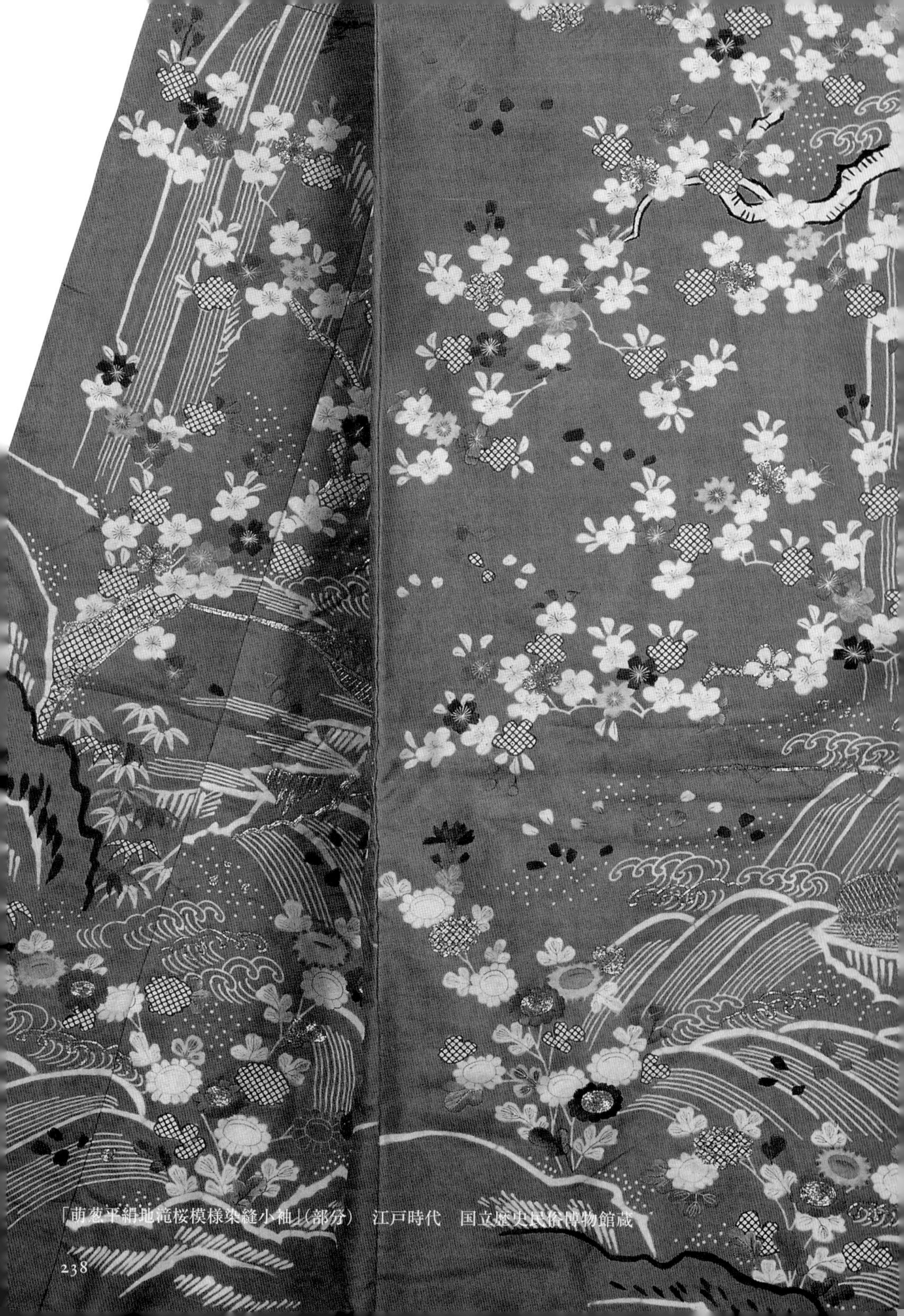

「萌葱平絹地滝桜模様染縫小袖」(部分)　江戸時代　国立歴史民俗博物館蔵

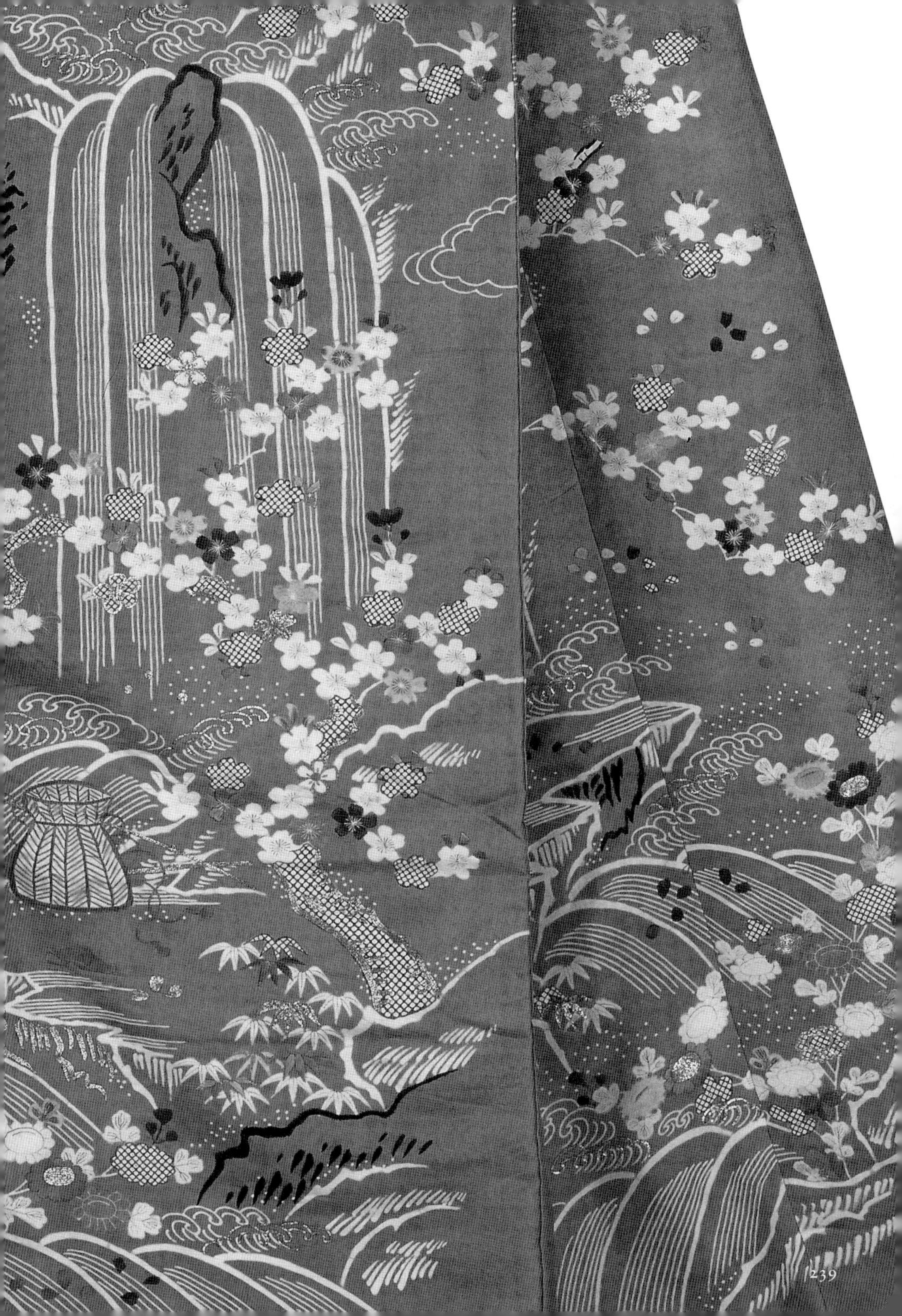

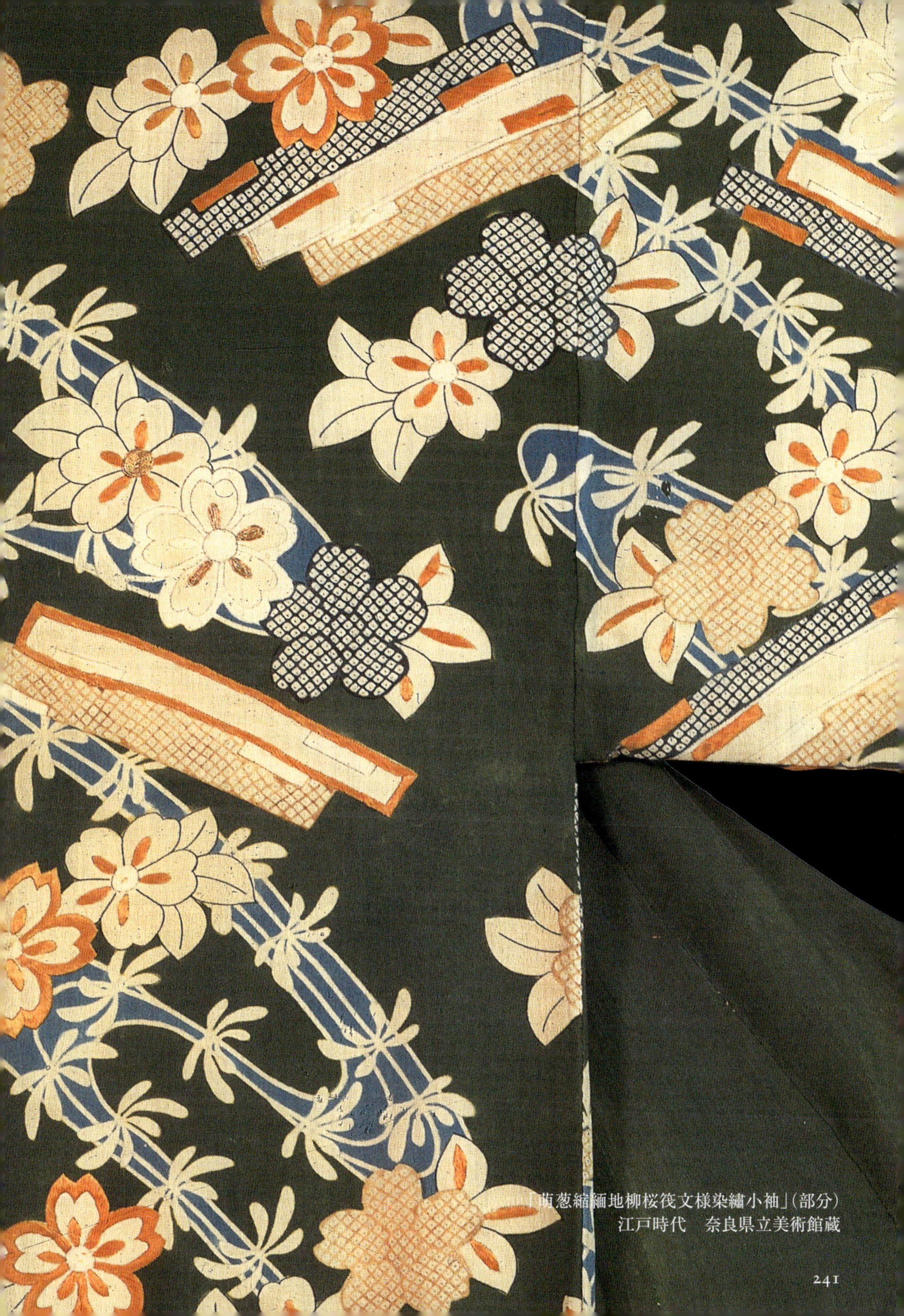

「萌葱縮緬地柳桜筏文様染繡小袖」(部分)
江戸時代　奈良県立美術館蔵

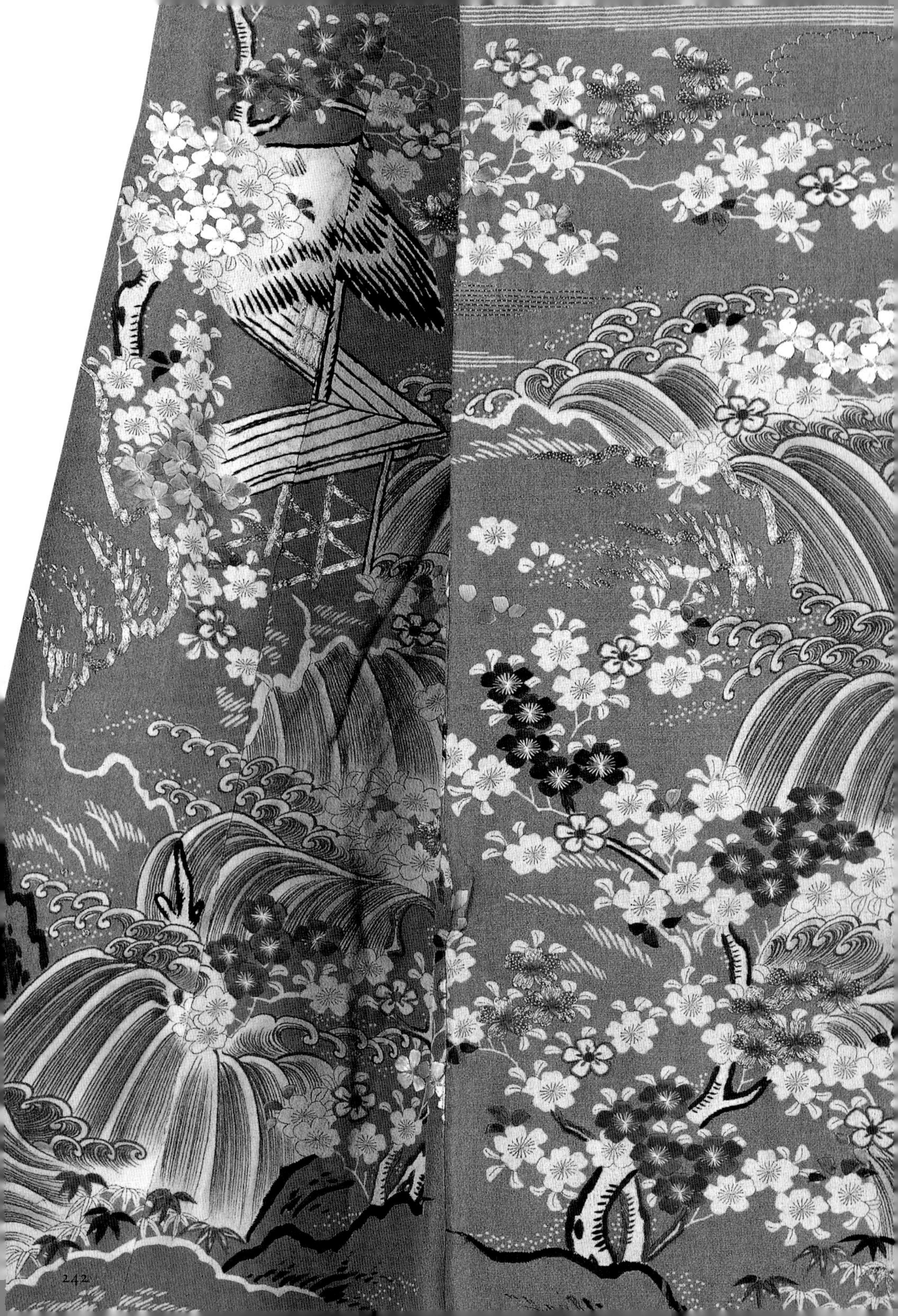

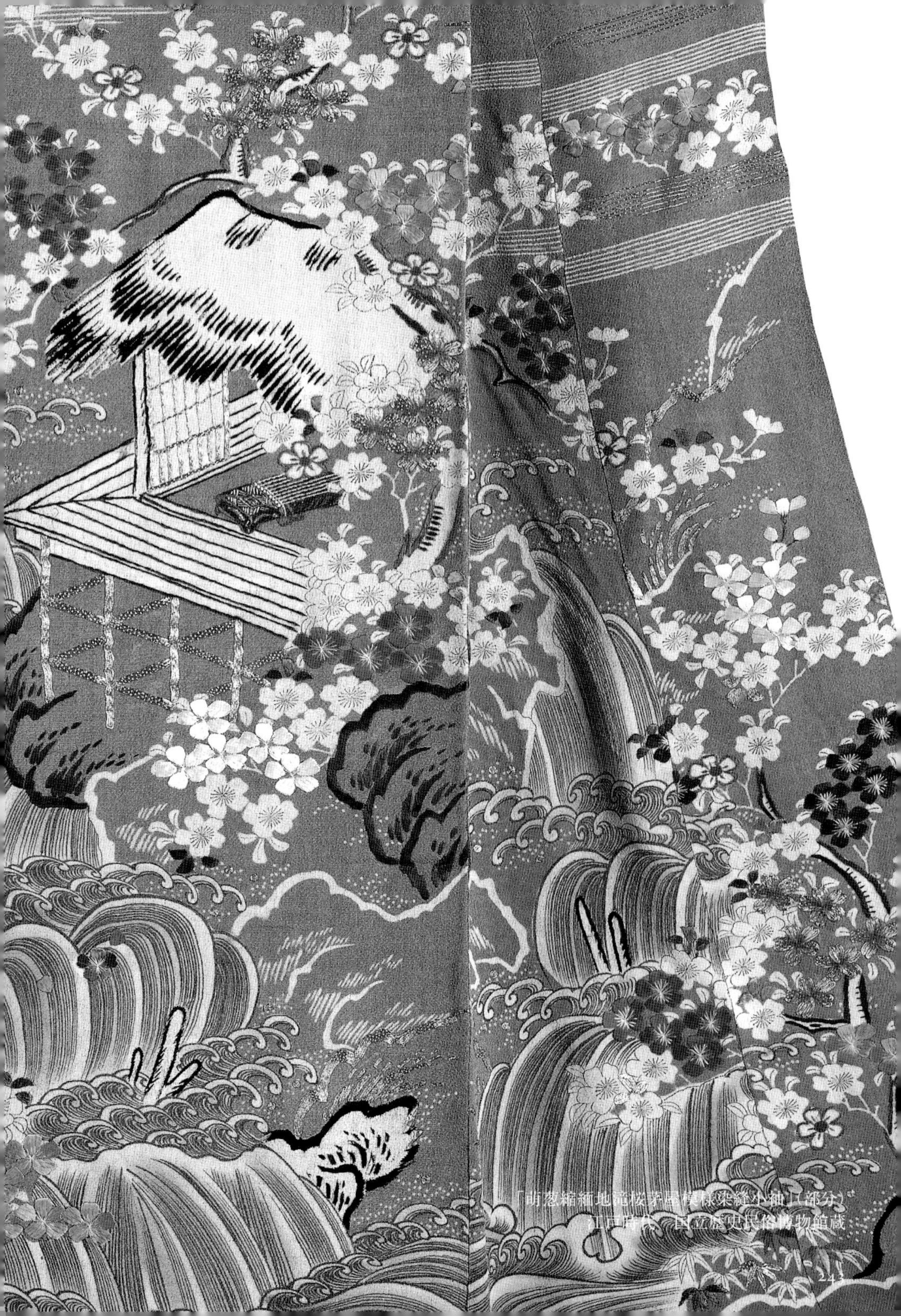

「萌葱縮緬地滝桜茅屋模様染縫小袖」(部分)
江戸時代　国立歴史民俗博物館蔵

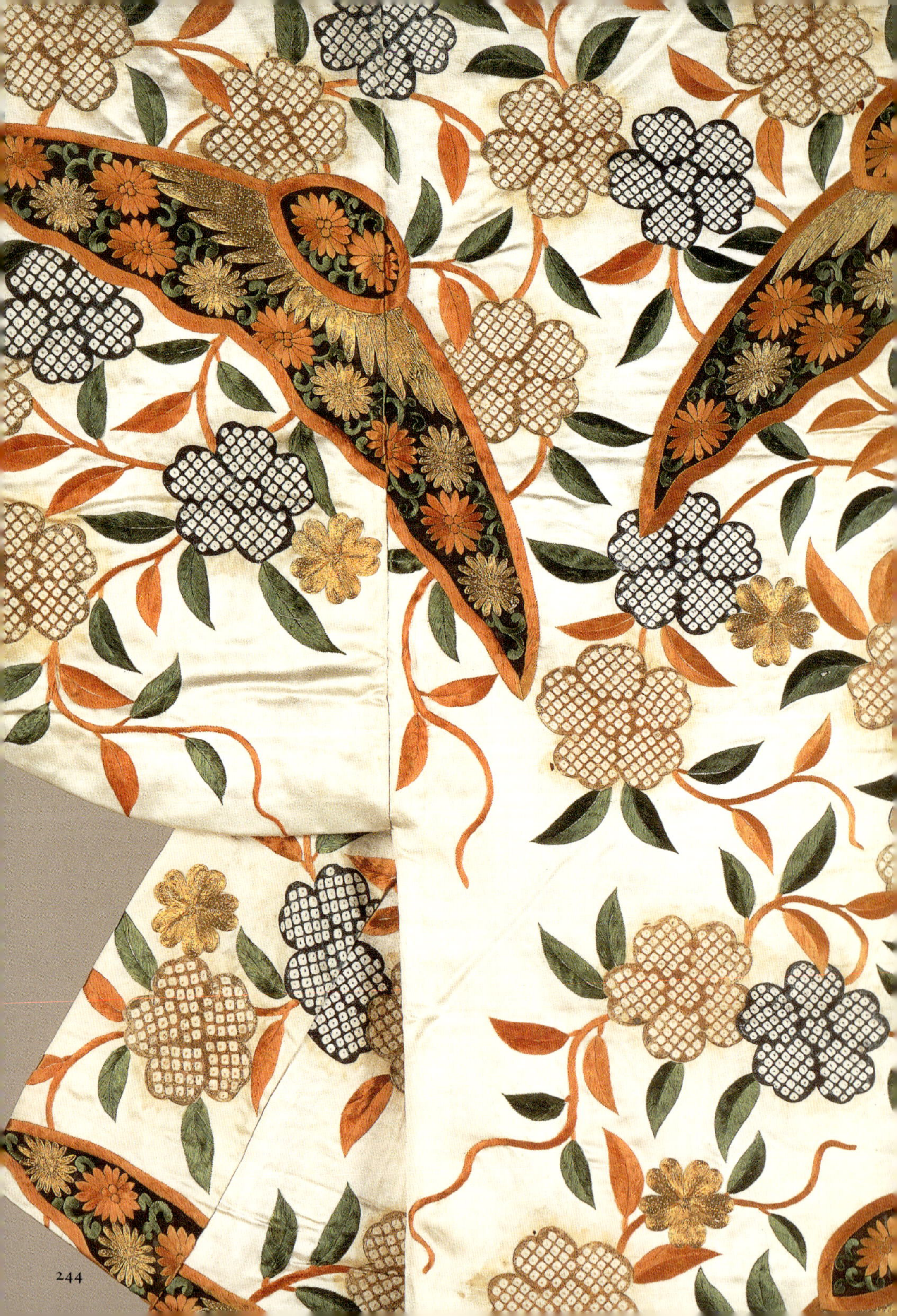

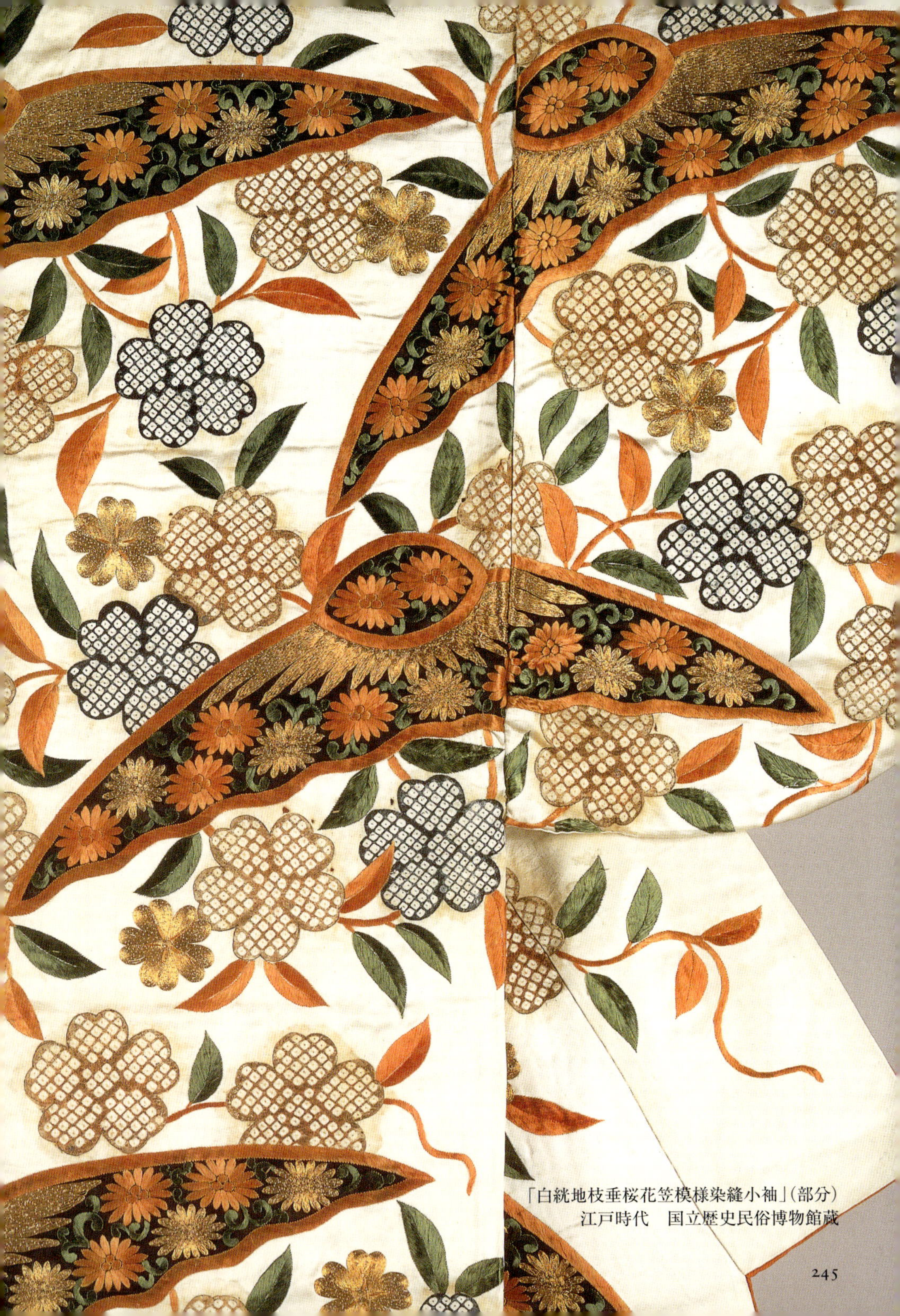

「白綸地枝垂桜花笠模様染縫小袖」(部分)
江戸時代　国立歴史民俗博物館蔵

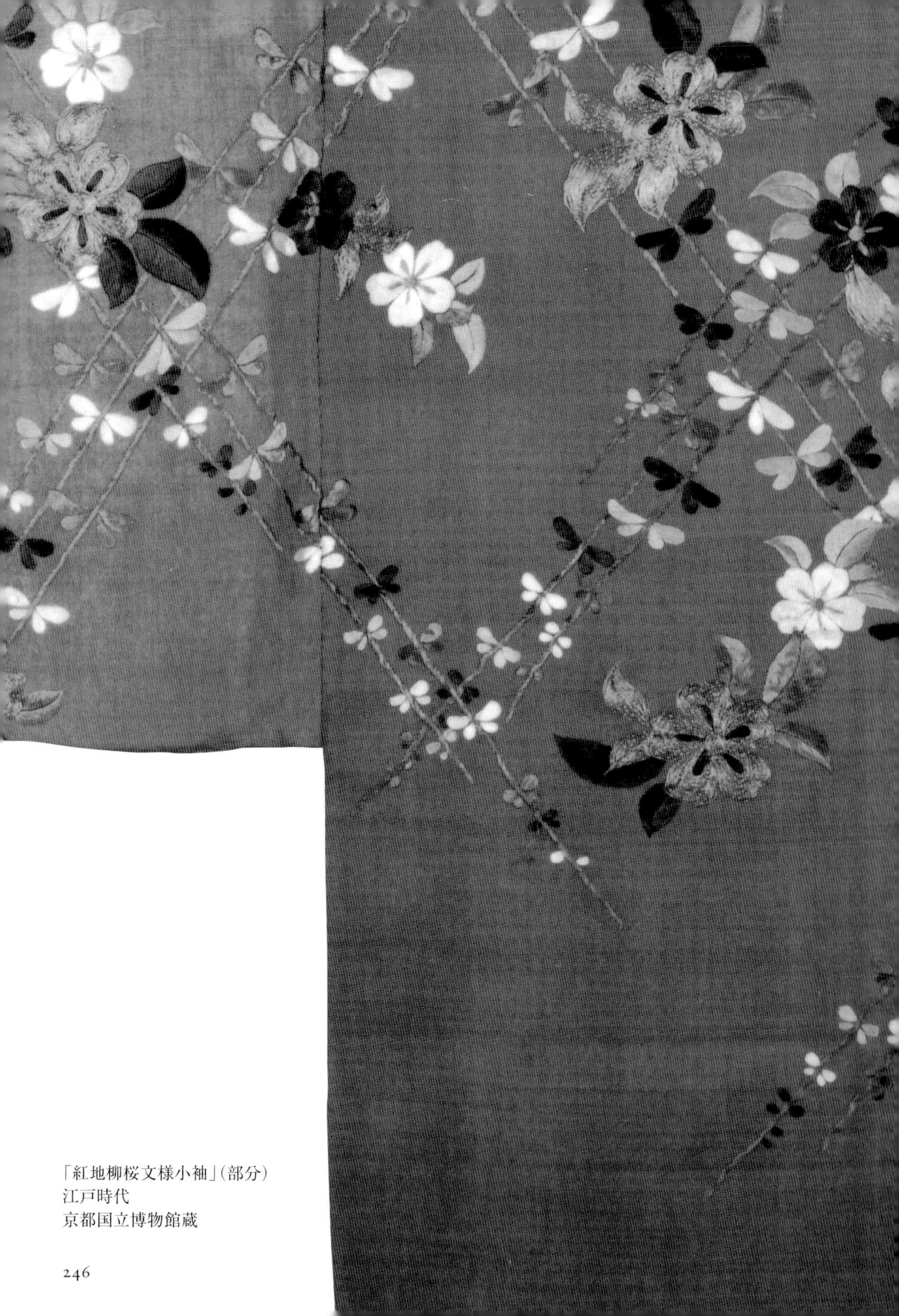

「紅地柳桜文様小袖」(部分)
江戸時代
京都国立博物館蔵

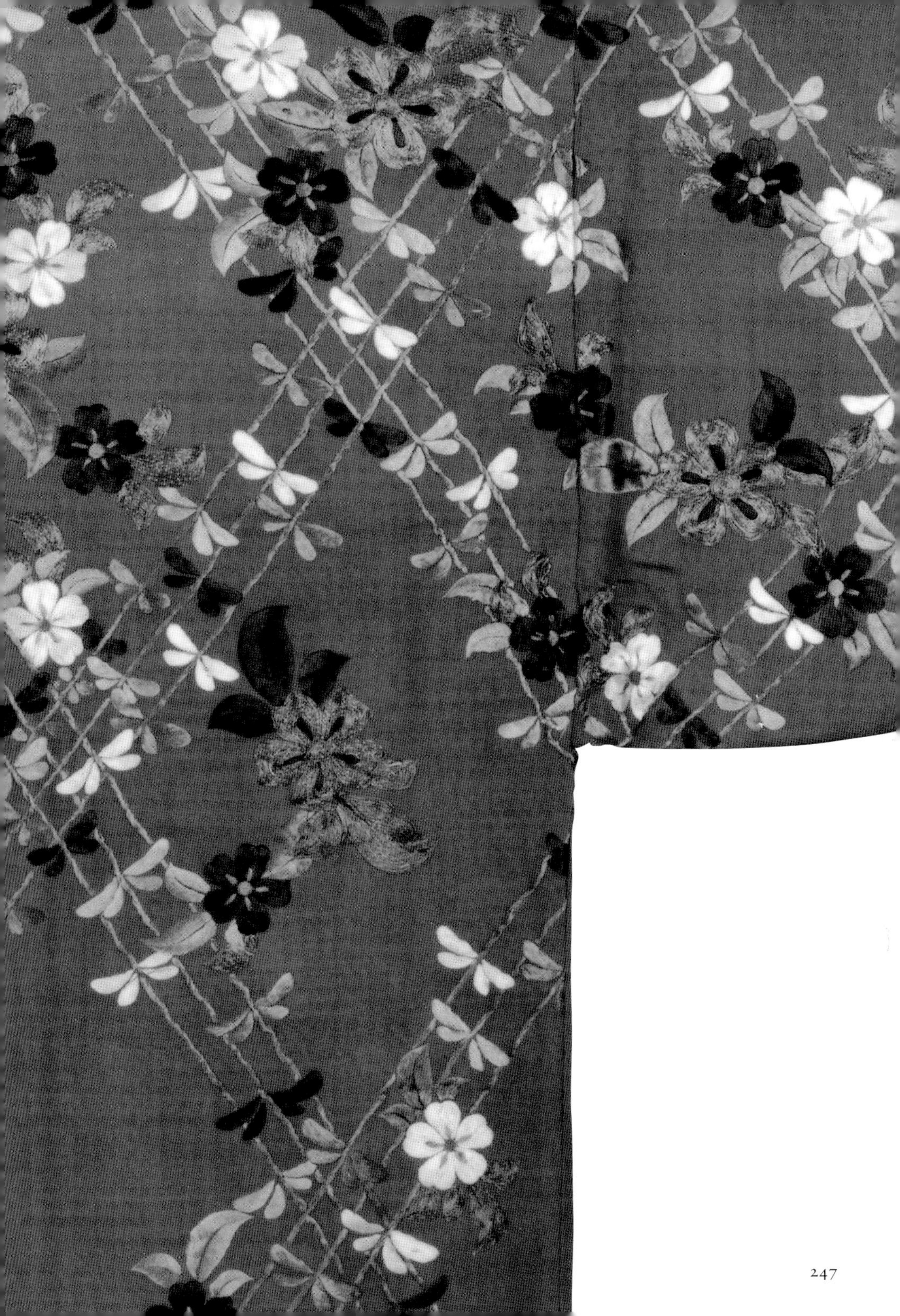

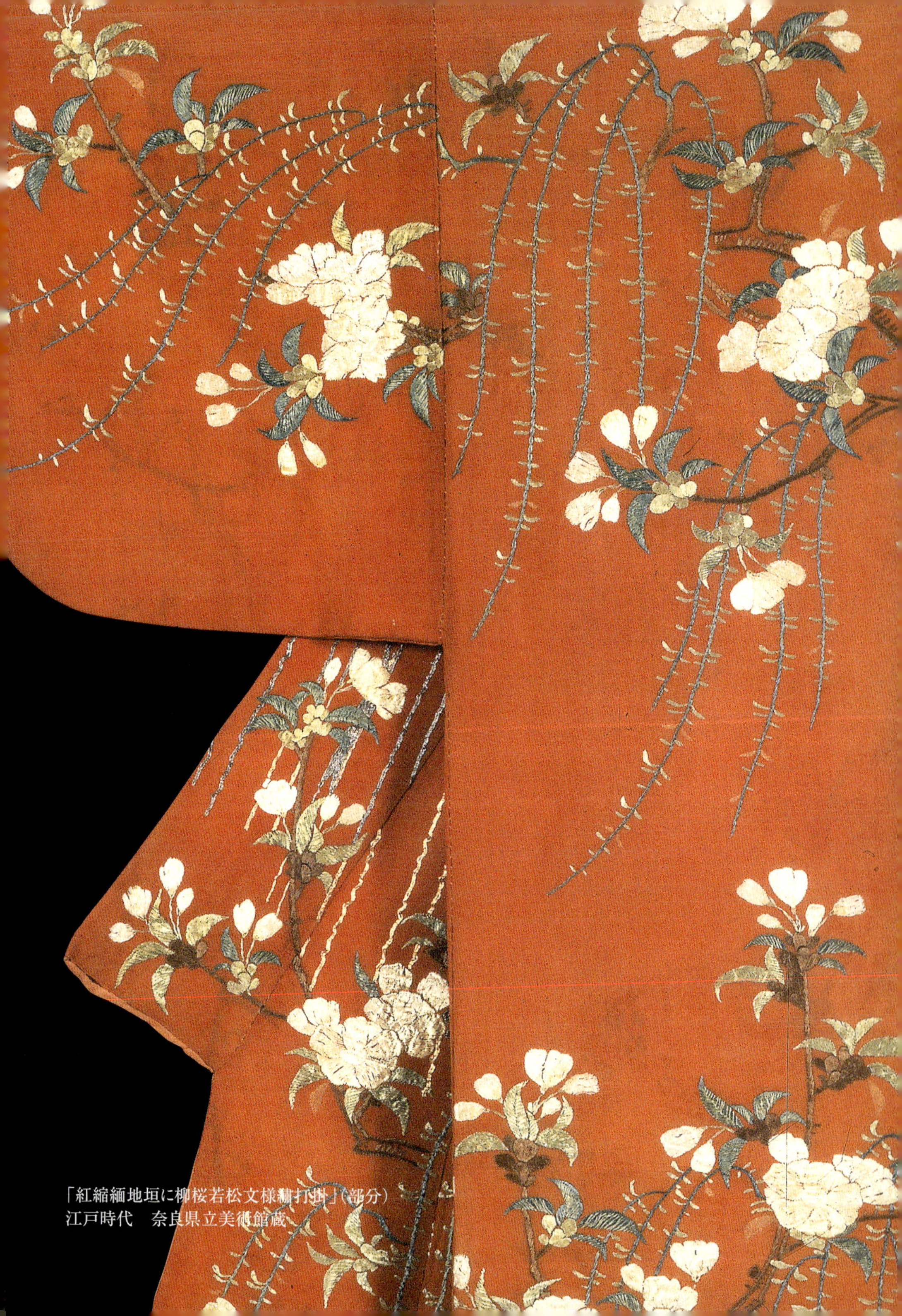

「紅縮緬地垣に柳桜若松文様繍打掛」(部分)
江戸時代　奈良県立美術館蔵

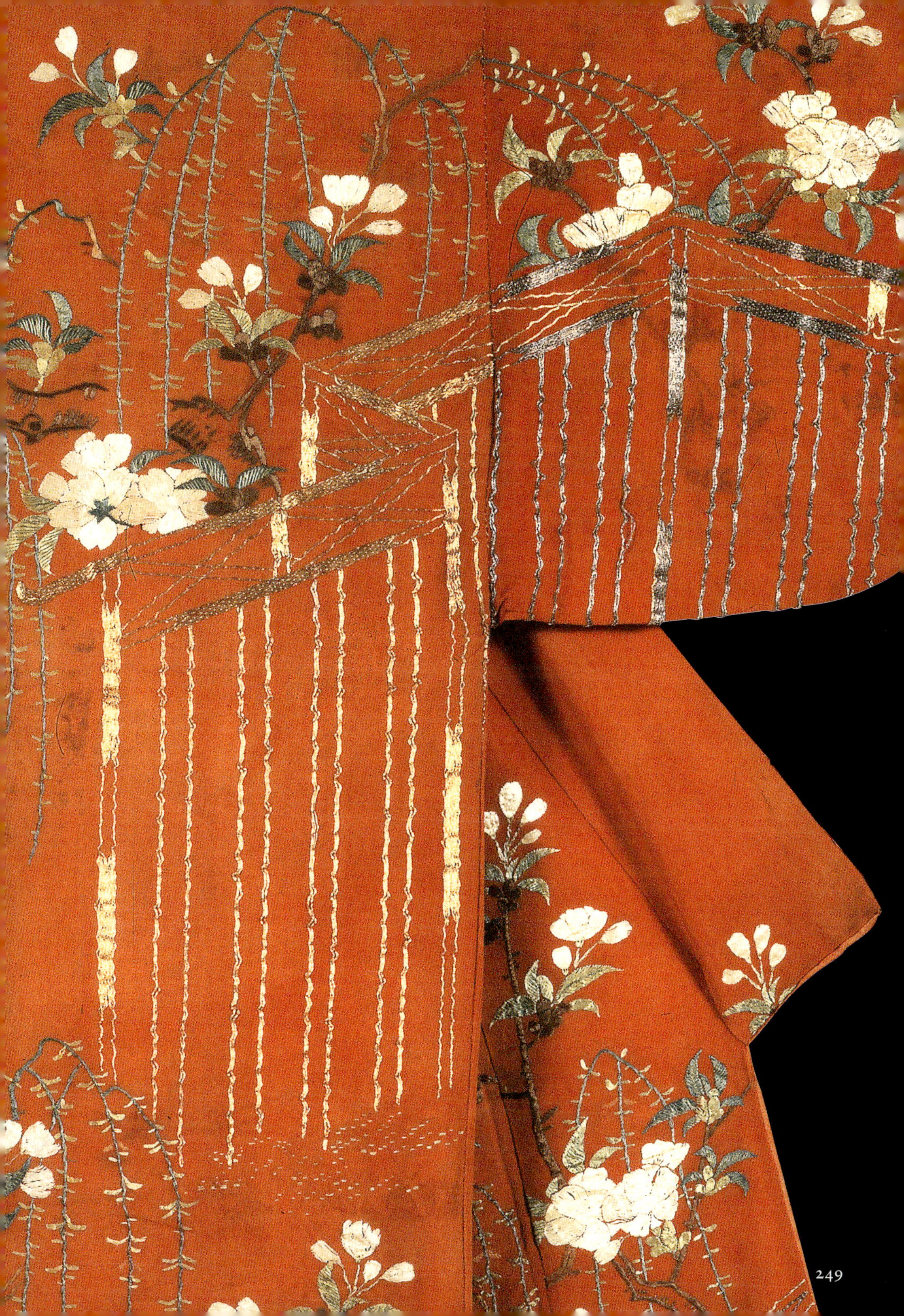

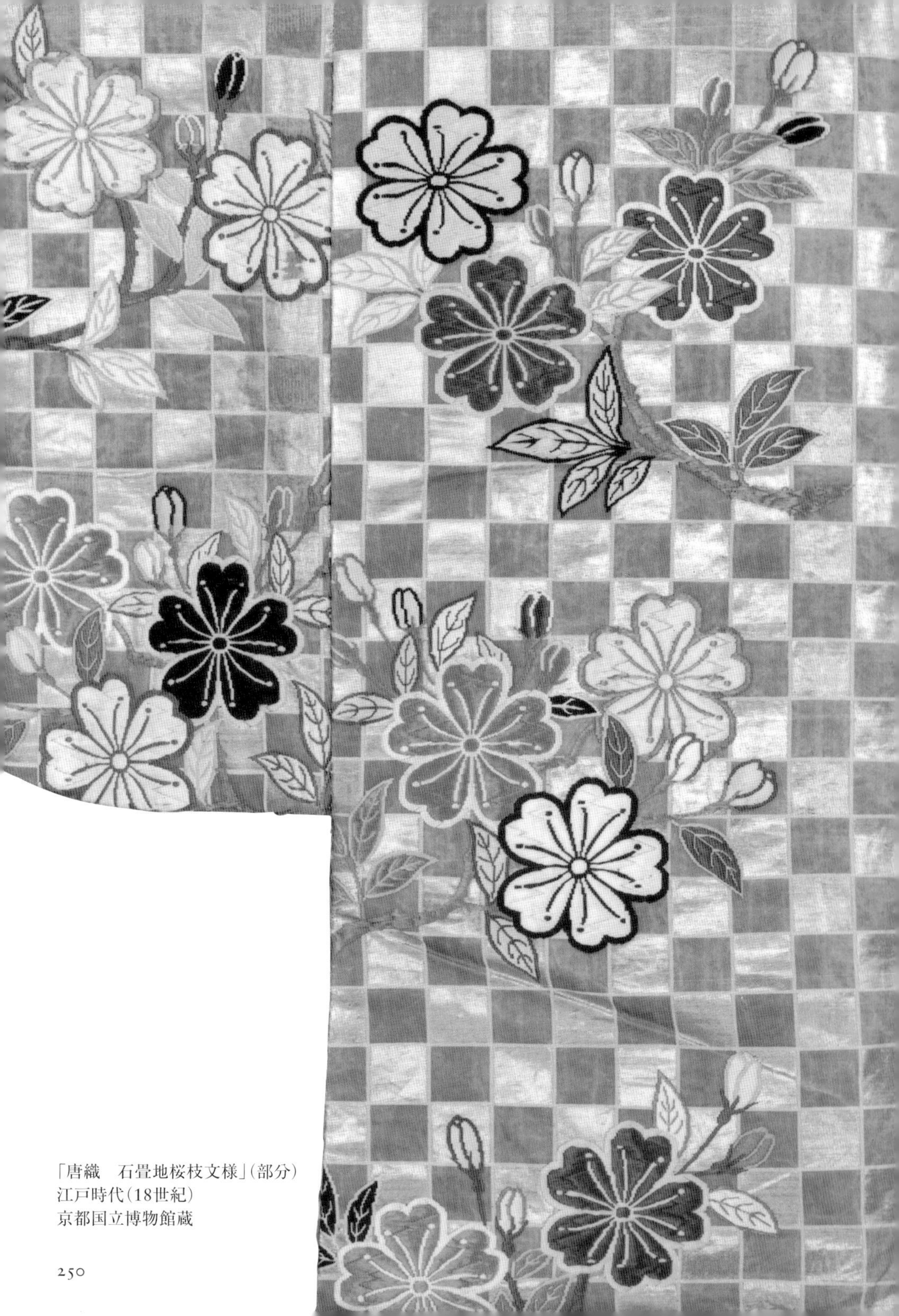

「唐織　石畳地桜枝文様」(部分)
江戸時代(18世紀)
京都国立博物館蔵

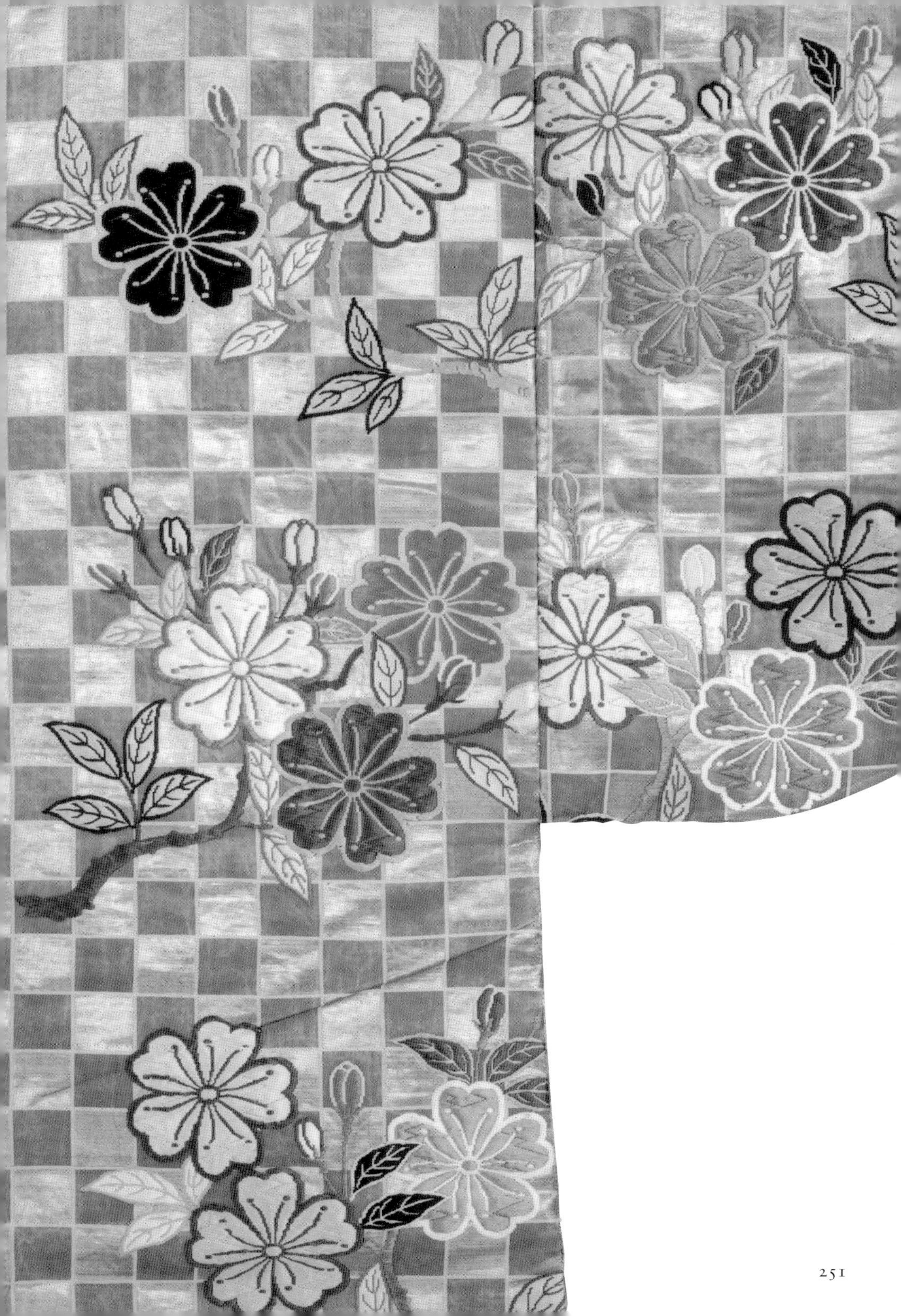

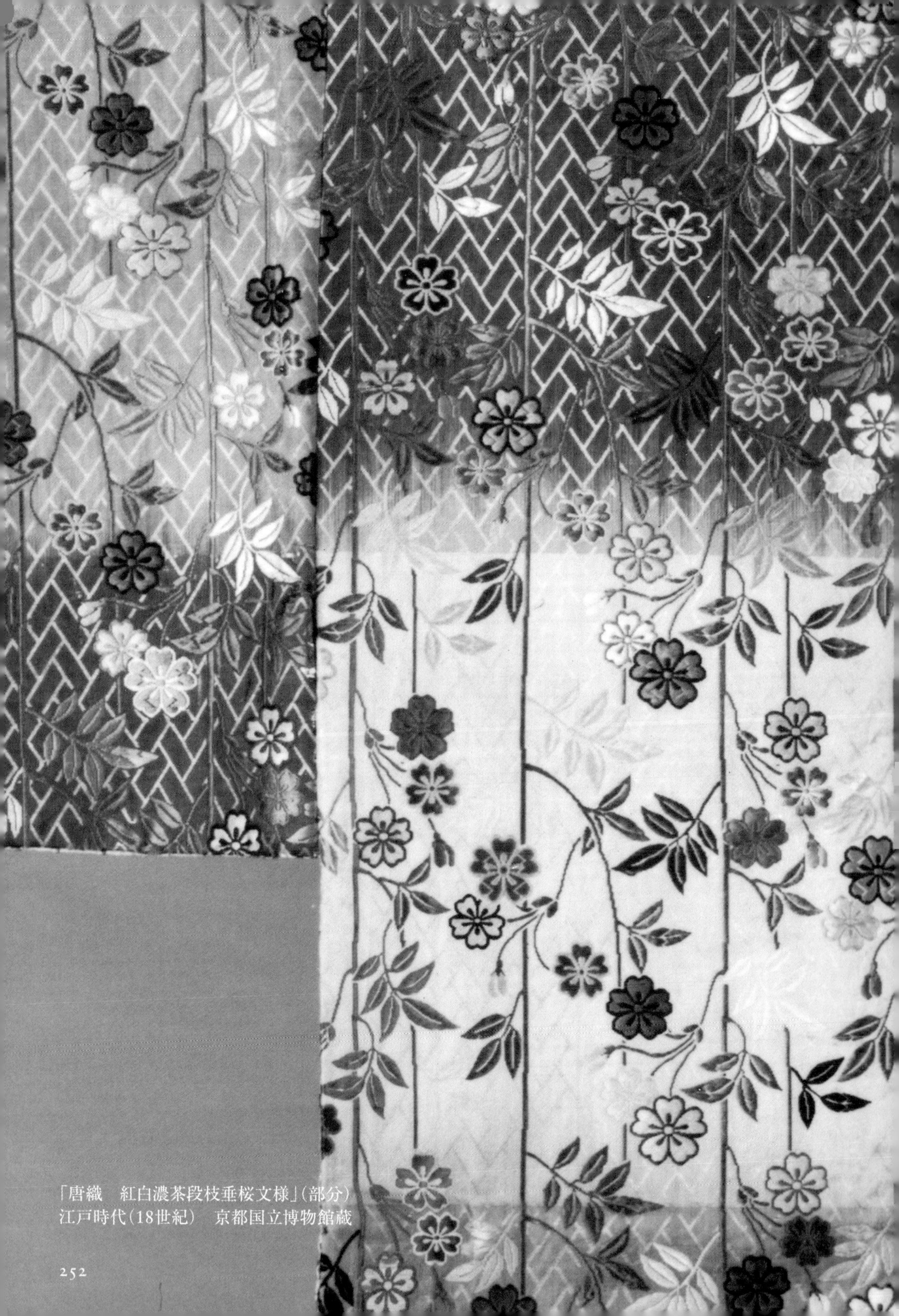

「唐織　紅白濃茶段枝垂桜文様」(部分)
江戸時代(18世紀)　京都国立博物館蔵

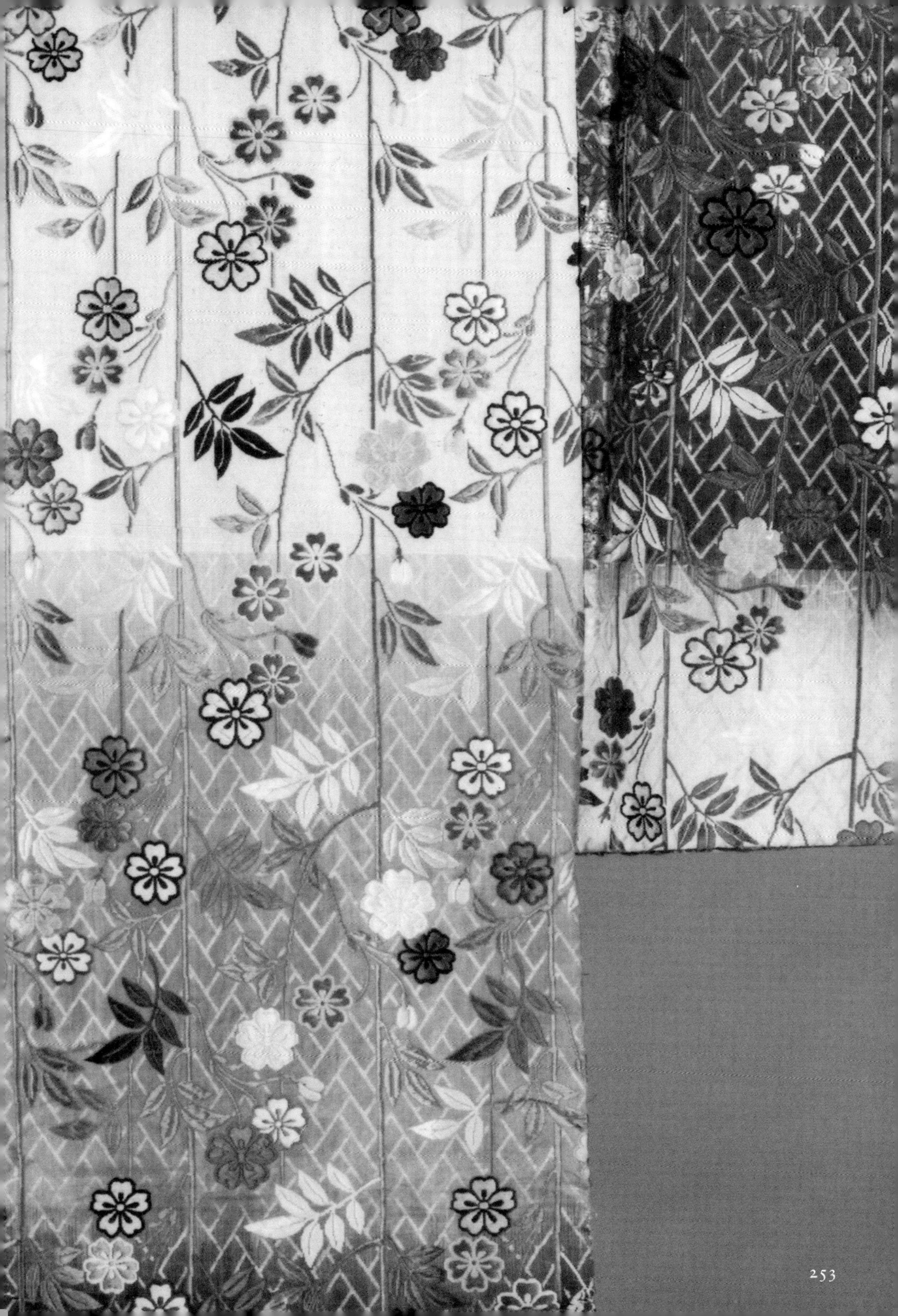

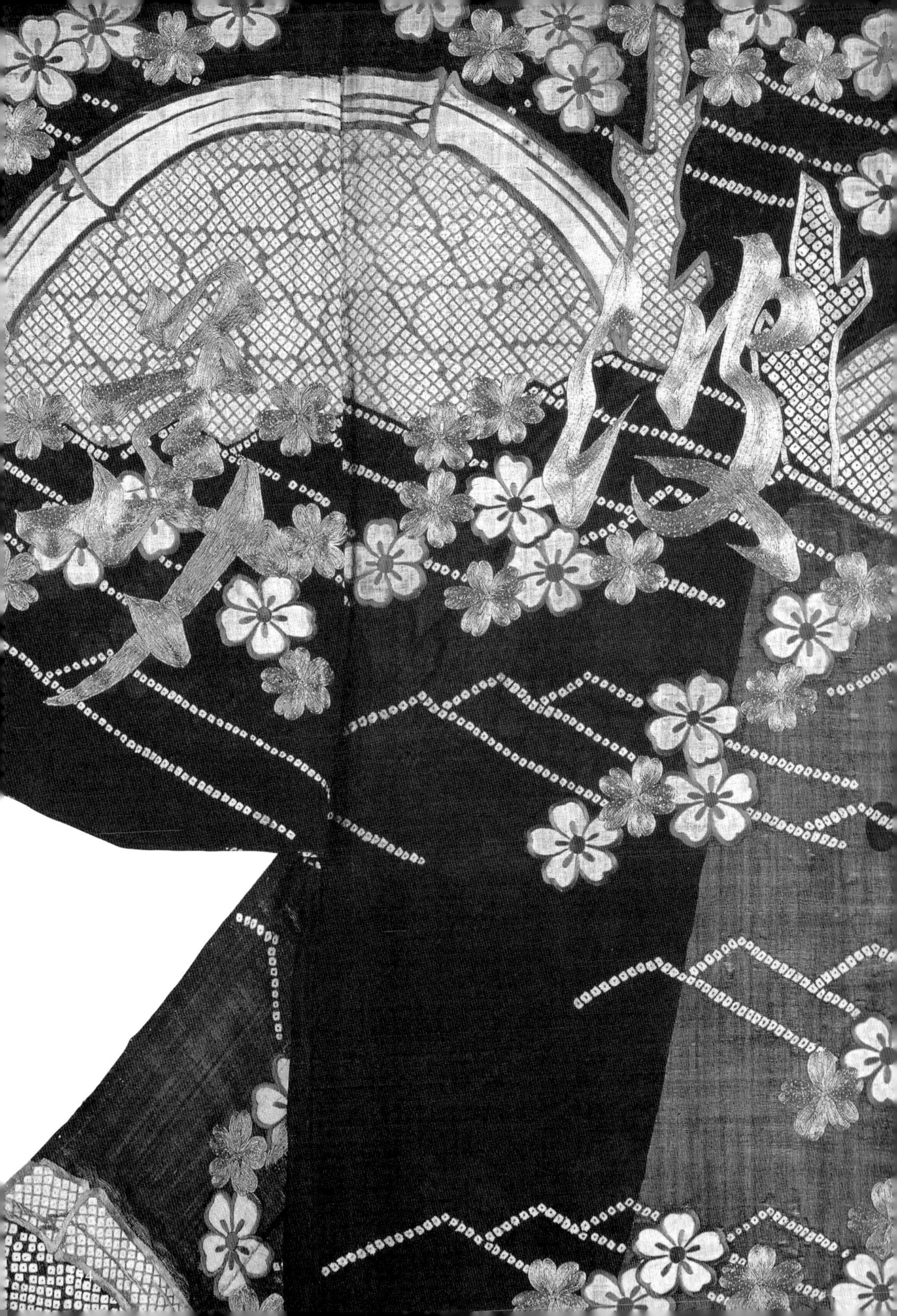

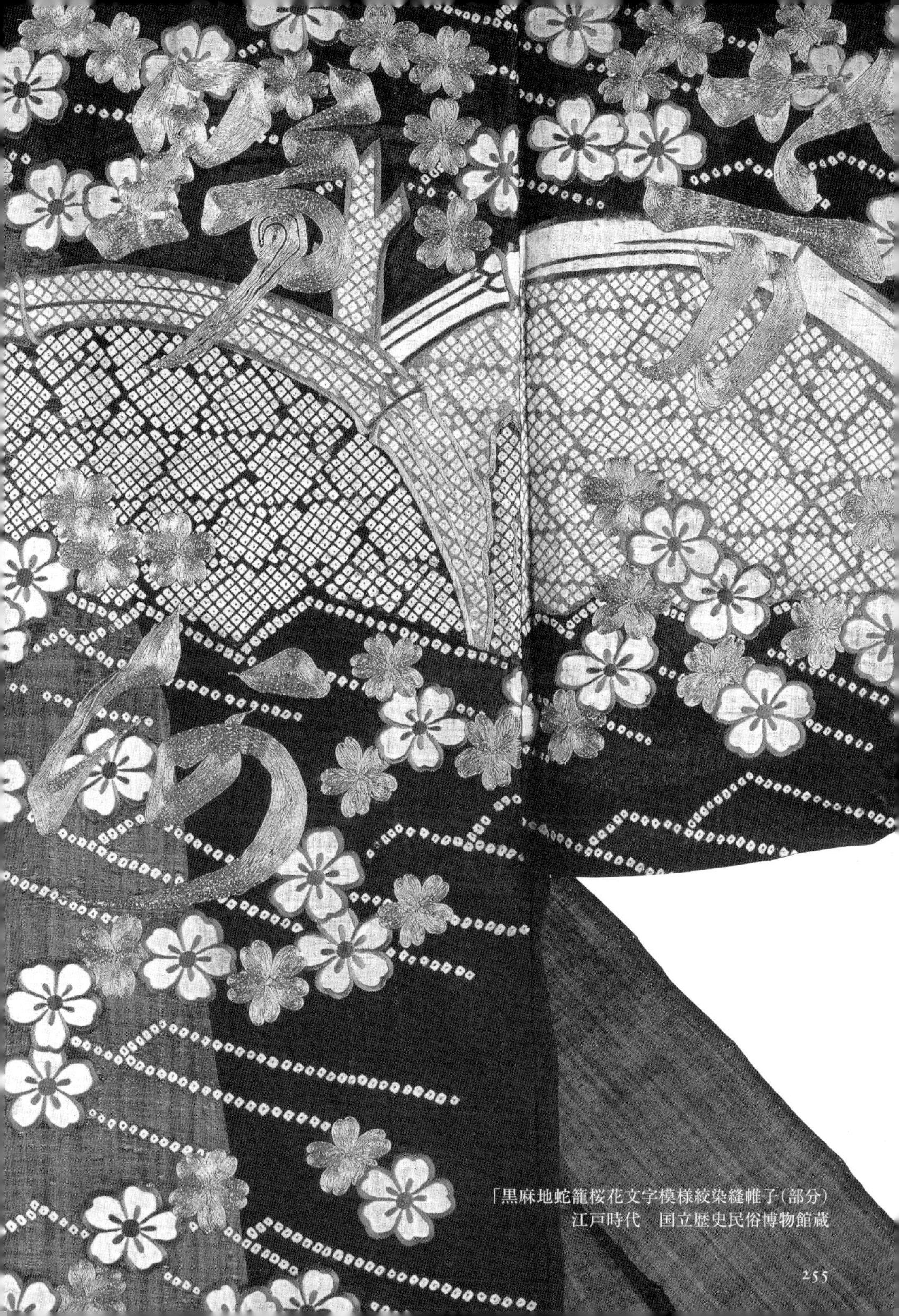

「黒麻地蛇籠桜花文字模様絞染縫帷子(部分)
江戸時代　国立歴史民俗博物館蔵

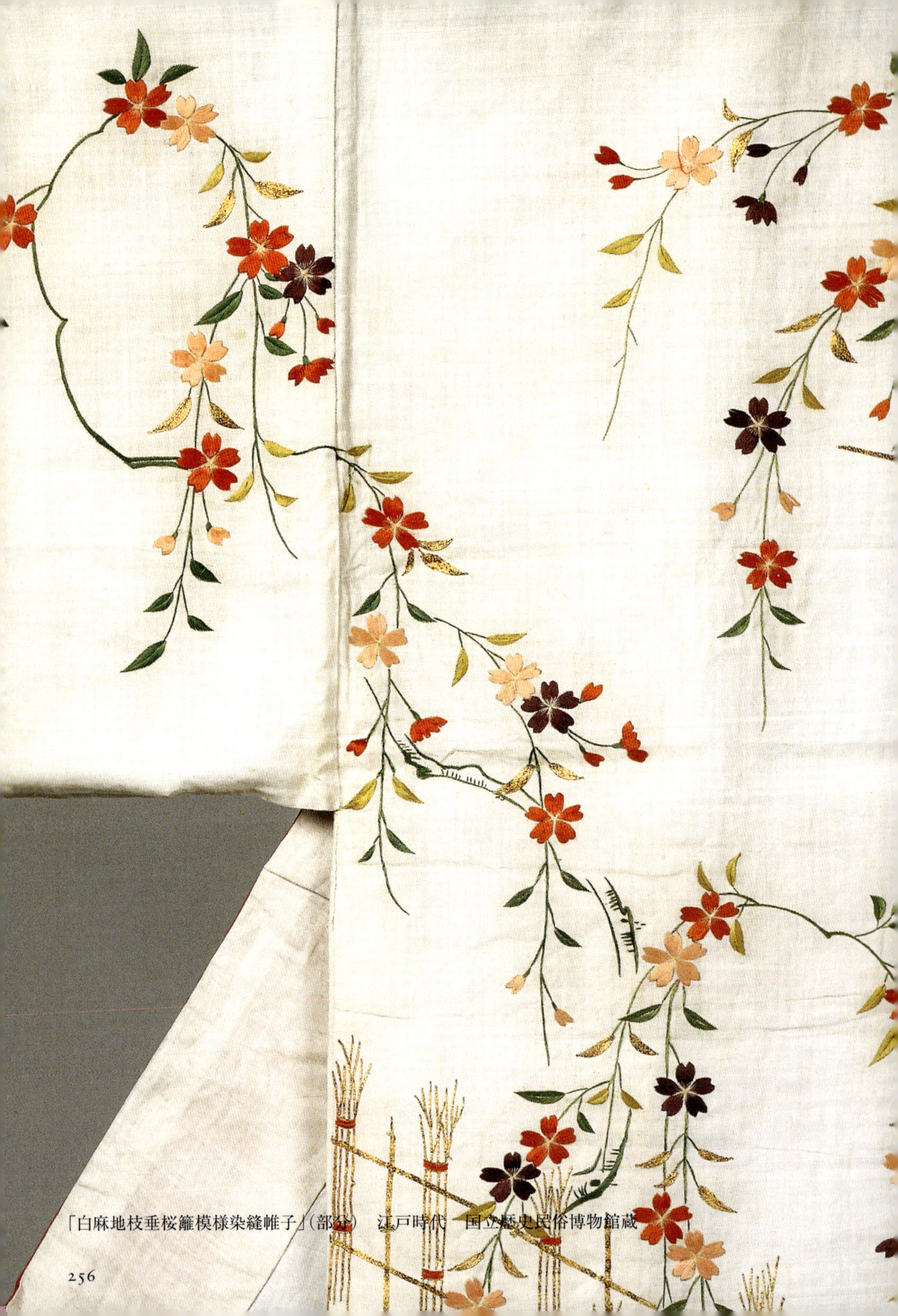

「白麻地枝垂桜籬模様染縫帷子」(部分)　江戸時代　国立歴史民俗博物館蔵

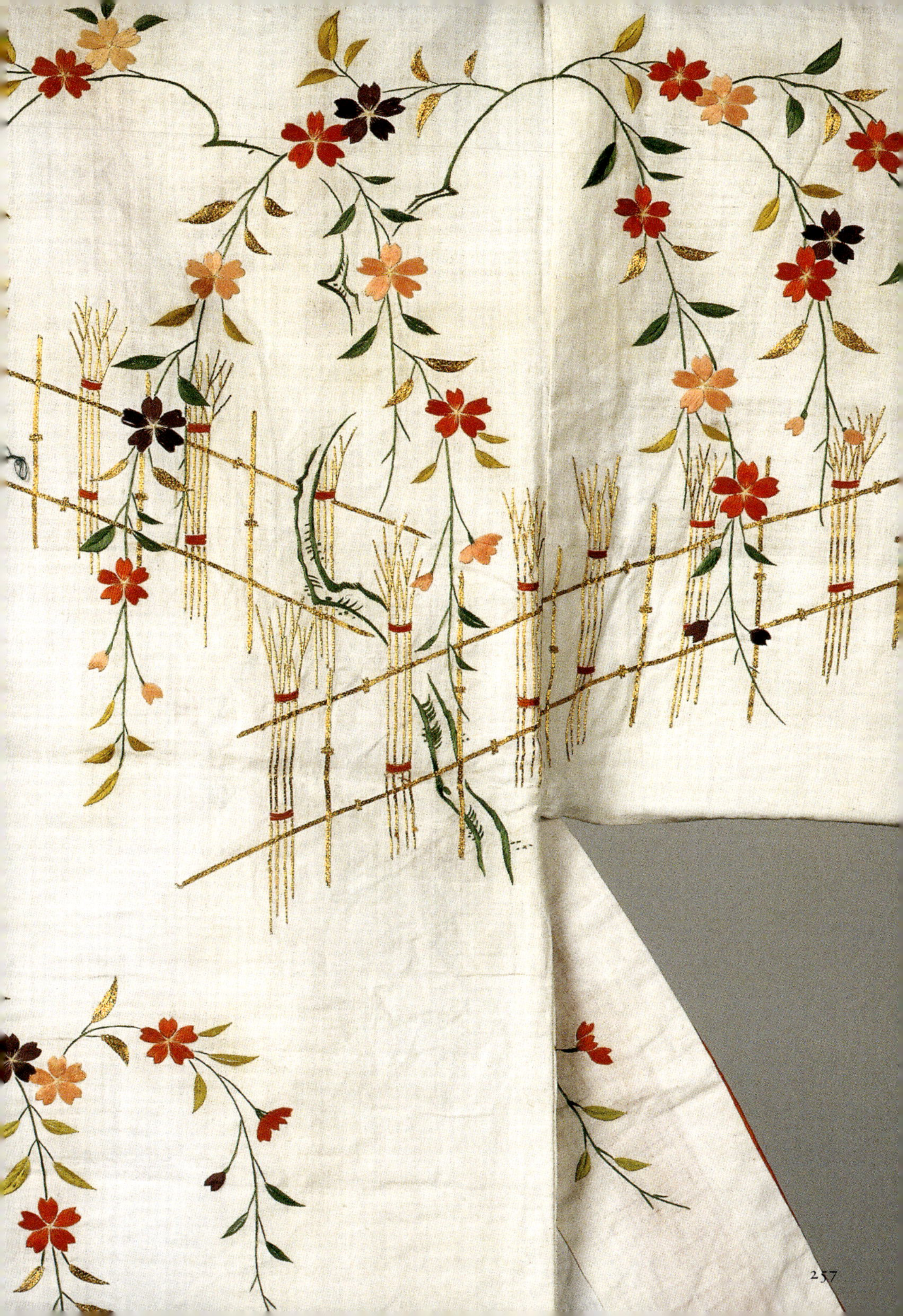

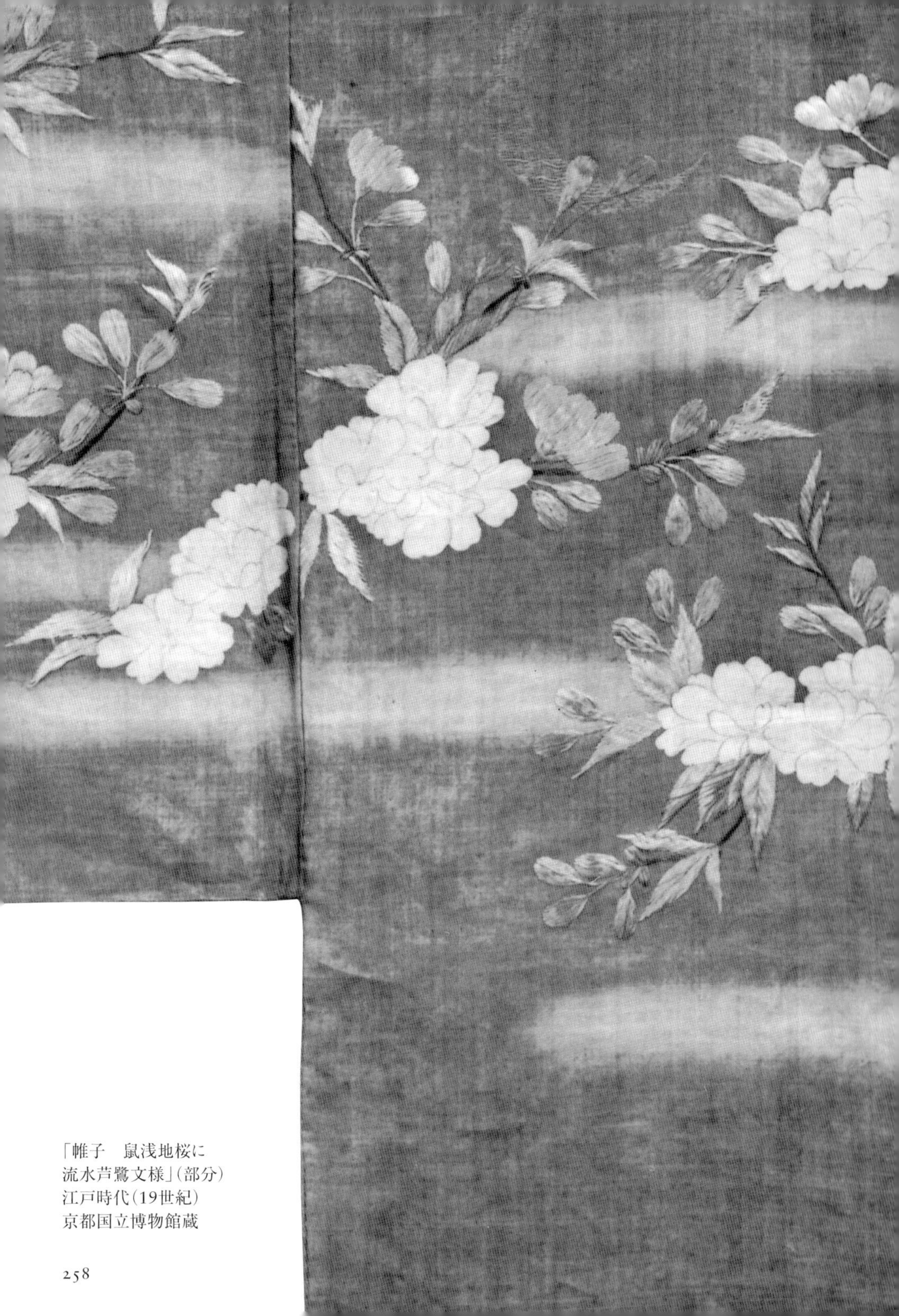

「帷子　鼠浅地桜に
流水芦鷺文様」(部分)
江戸時代(19世紀)
京都国立博物館蔵

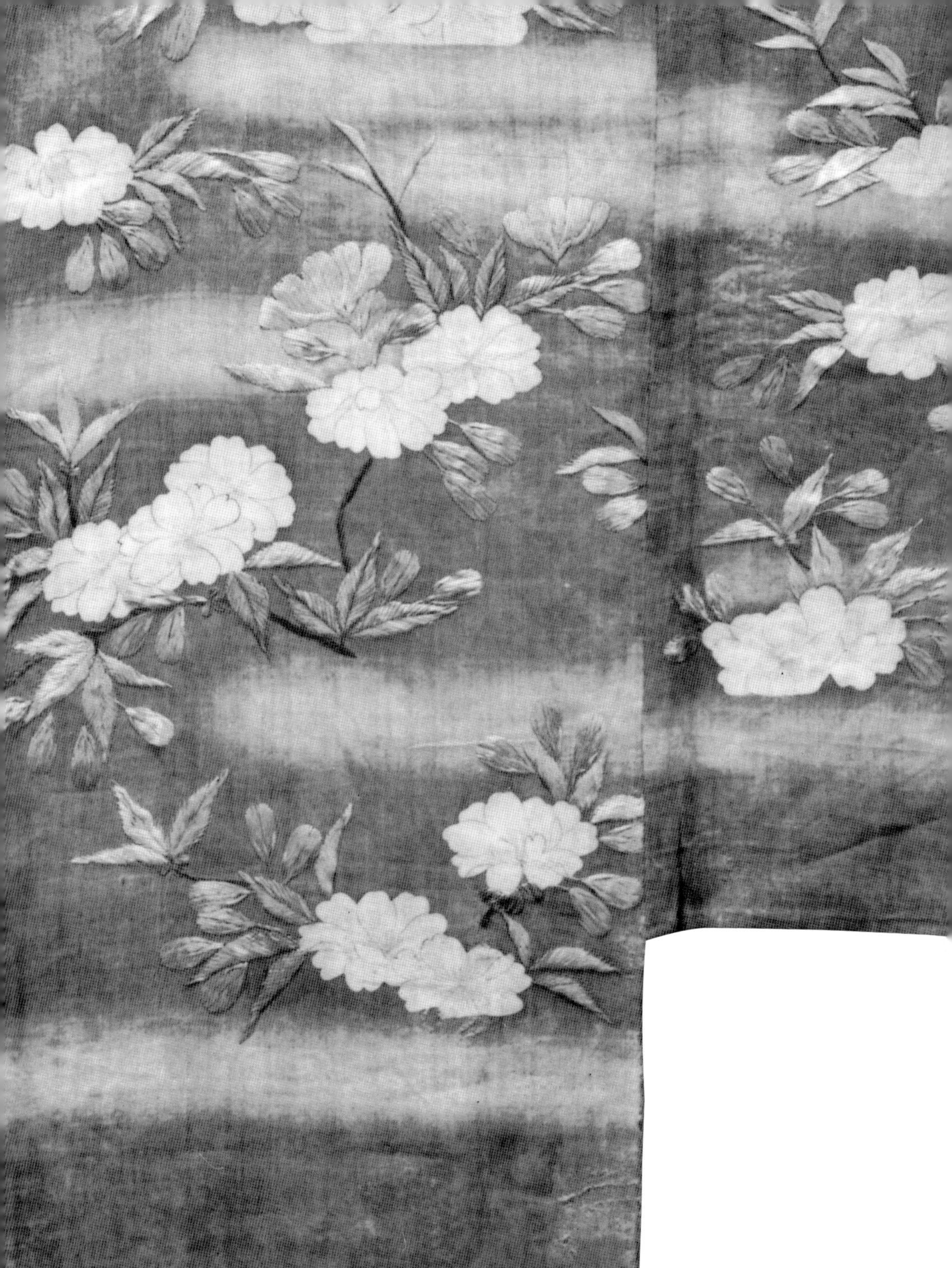

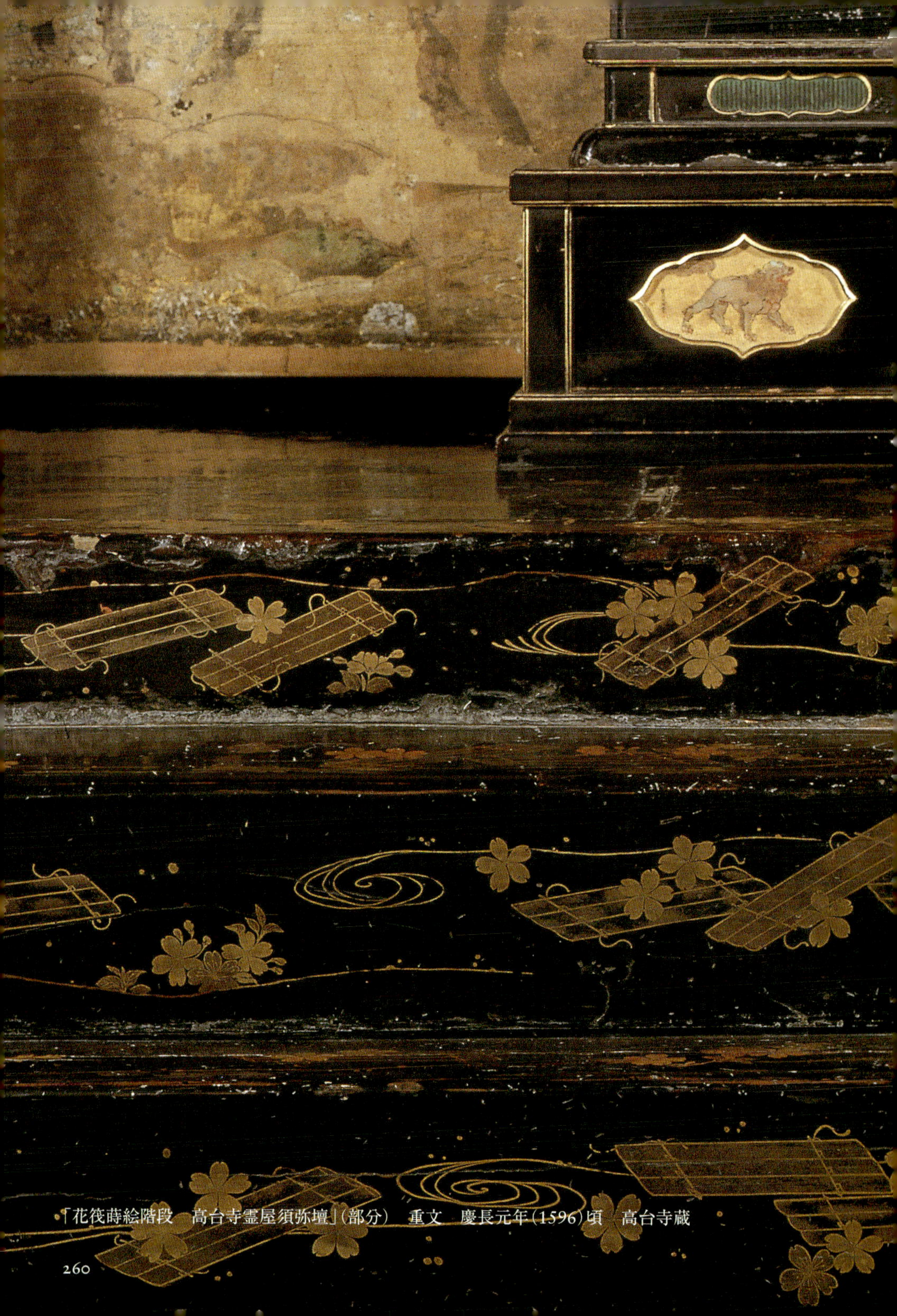

「花筏蒔絵階段　高台寺霊屋須弥壇」(部分)　重文　慶長元年(1596)頃　高台寺蔵

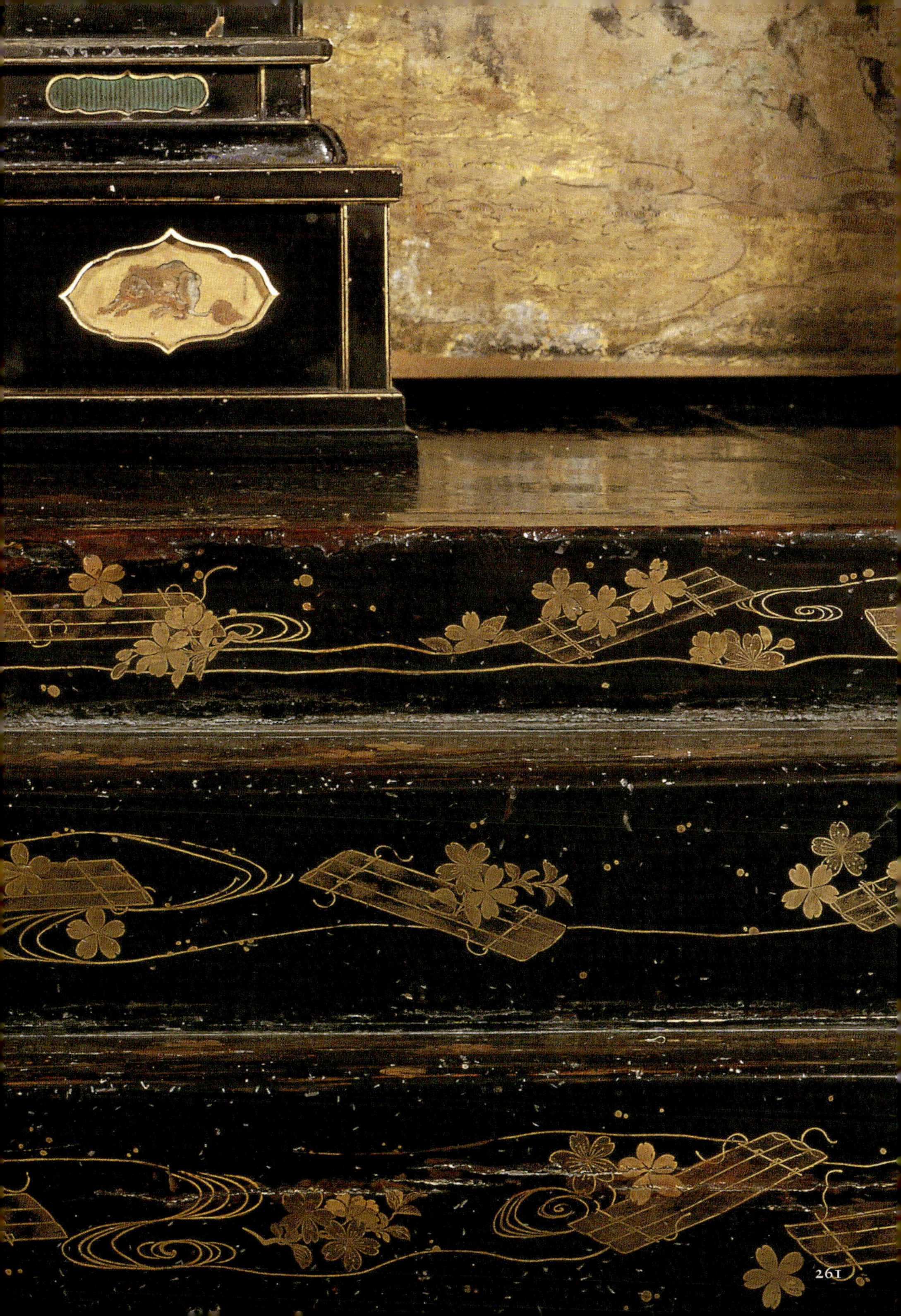

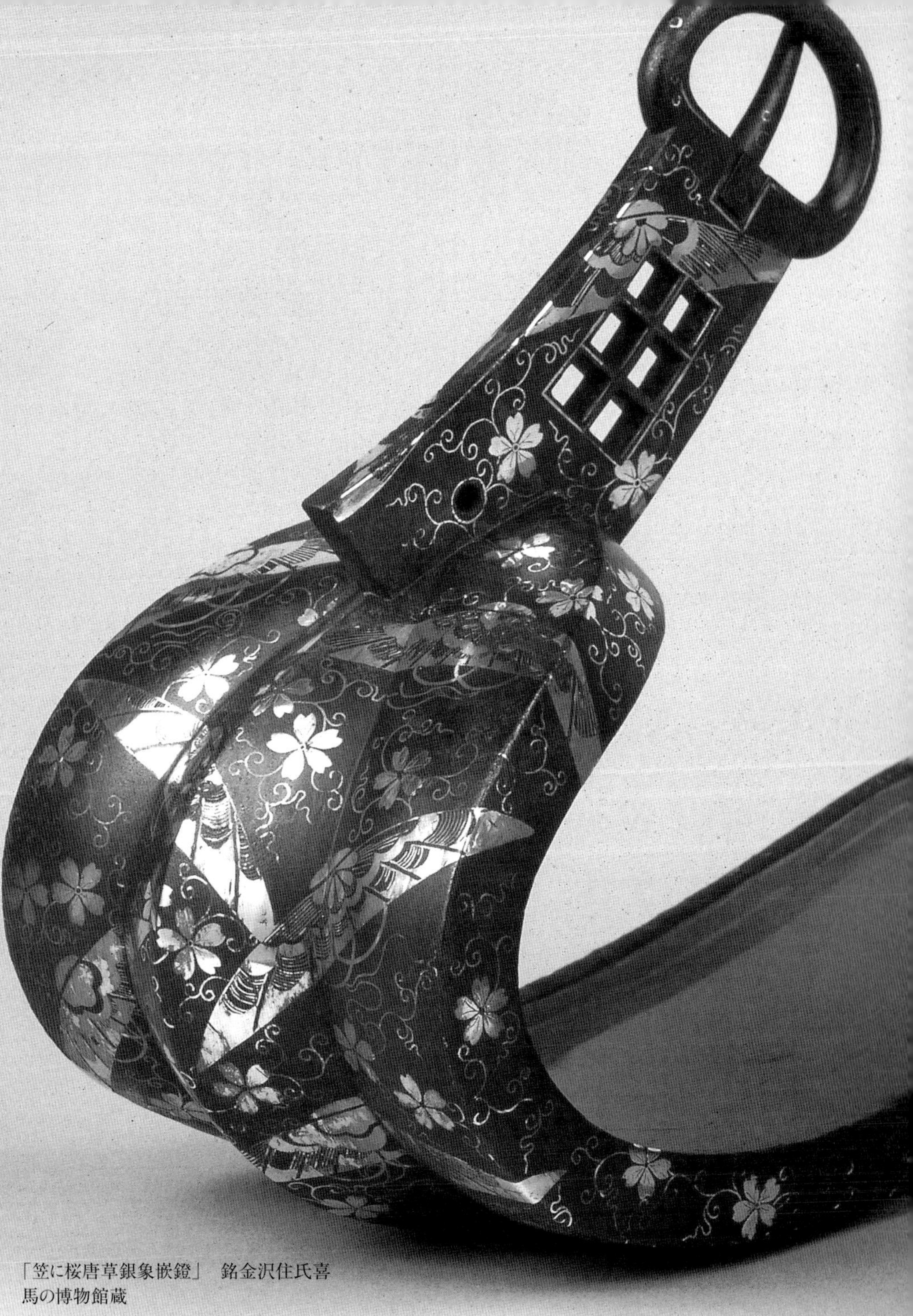

「笠に桜唐草銀象嵌鐙」　銘金沢住氏喜
馬の博物館蔵

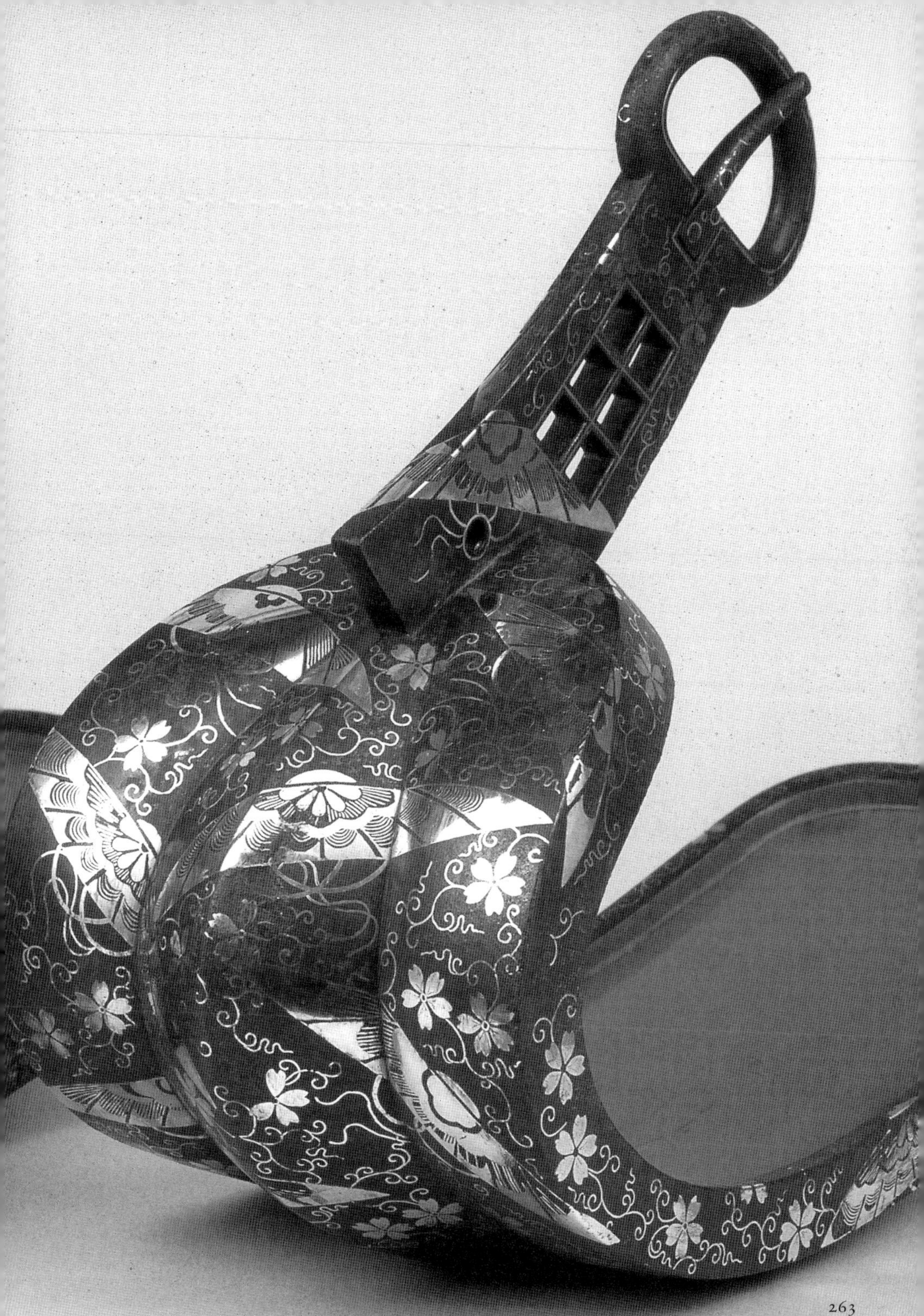

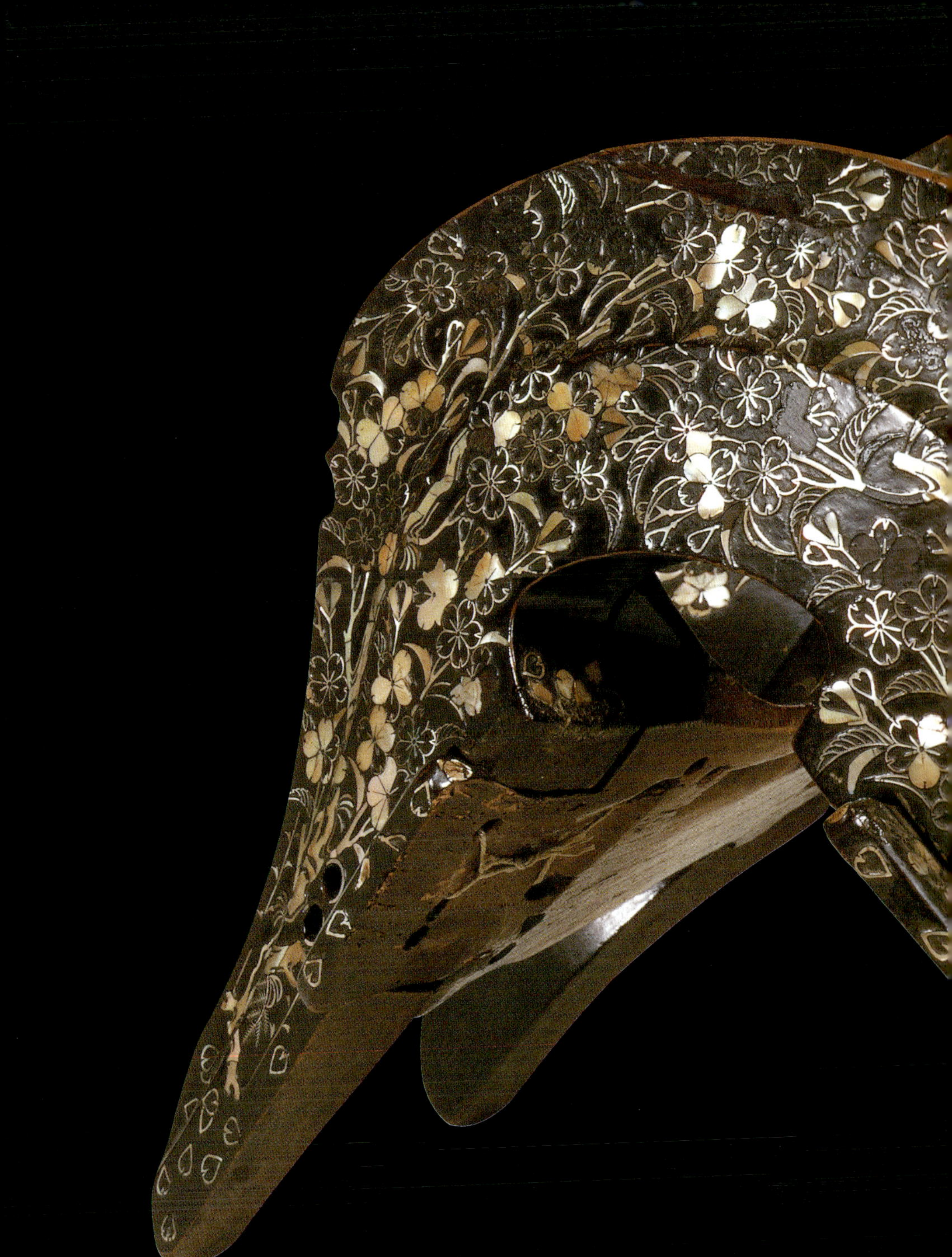

「桜螺鈿鞍」　重文　鎌倉時代　文化庁蔵

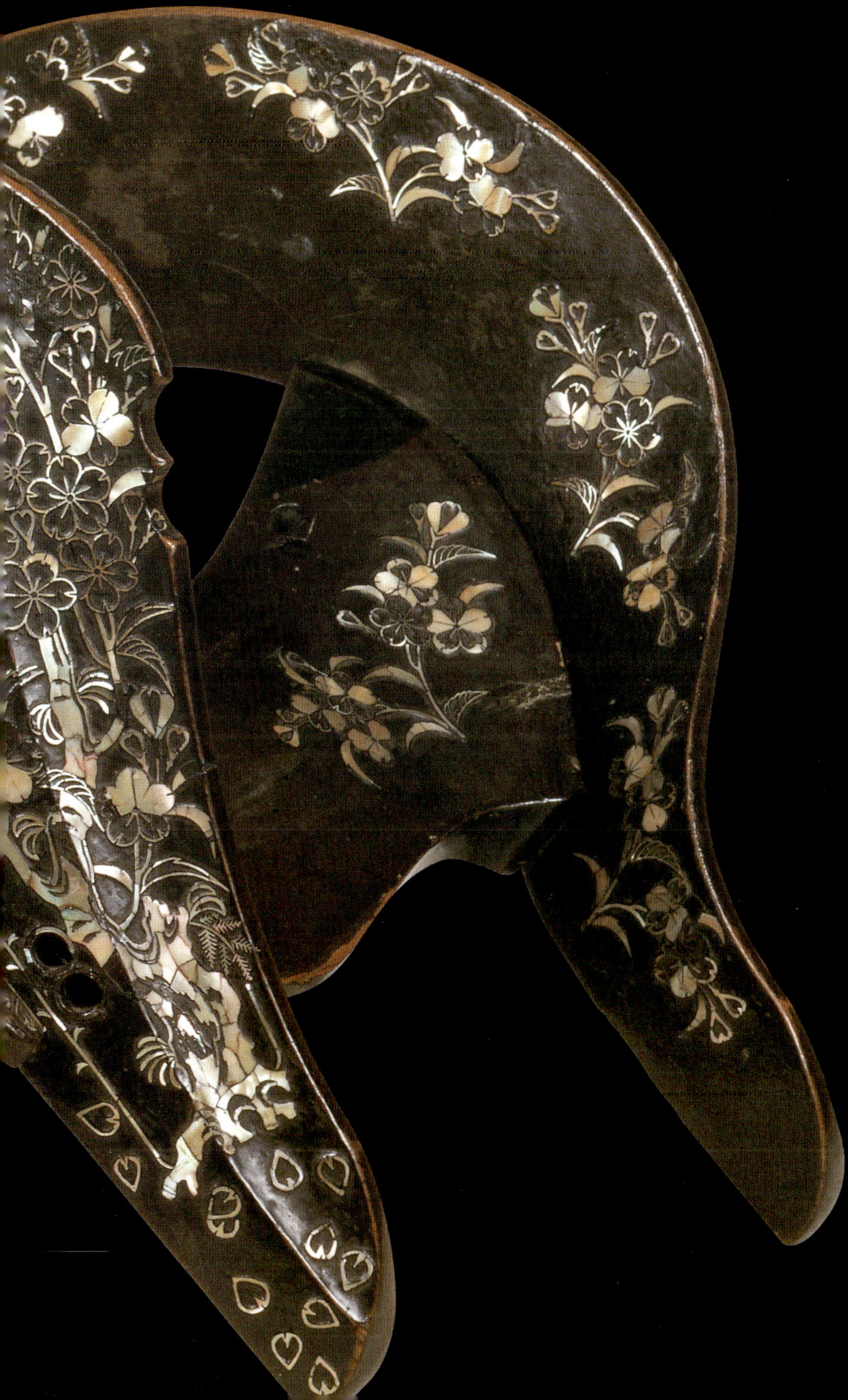

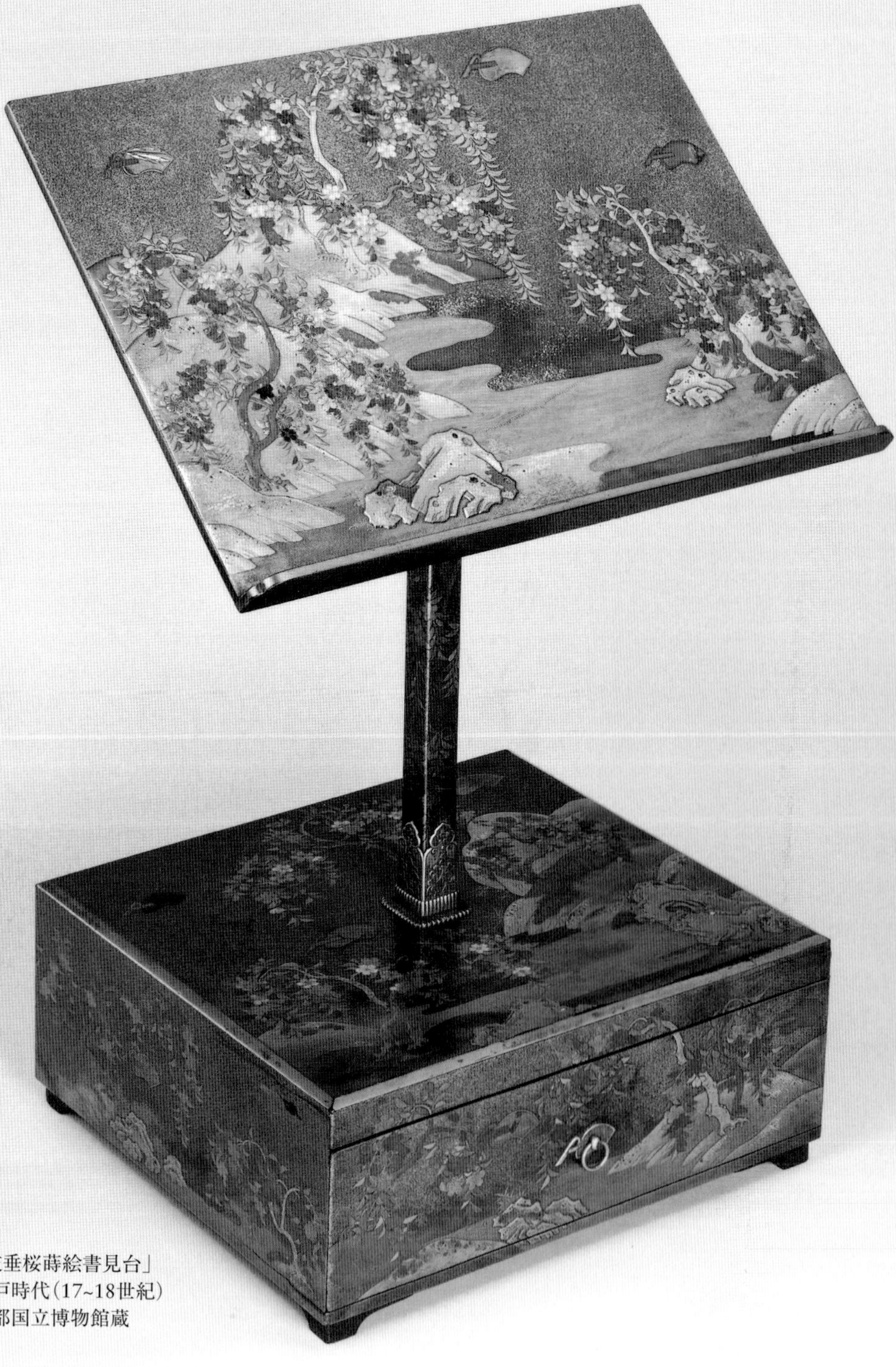

「枝垂桜蒔絵書見台」
江戸時代(17~18世紀)
京都国立博物館蔵

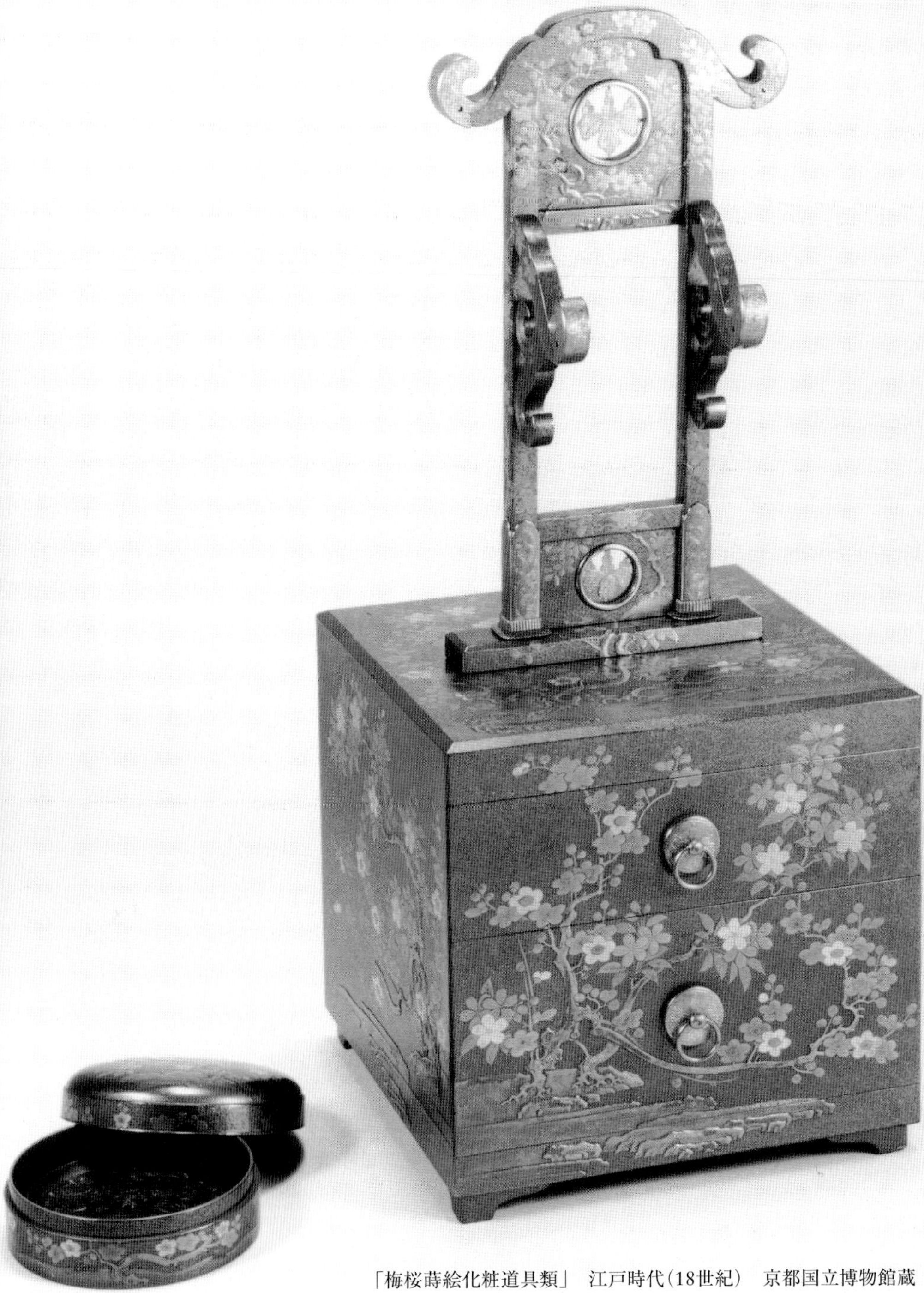

「梅桜蒔絵化粧道具類」　江戸時代（18世紀）　京都国立博物館蔵

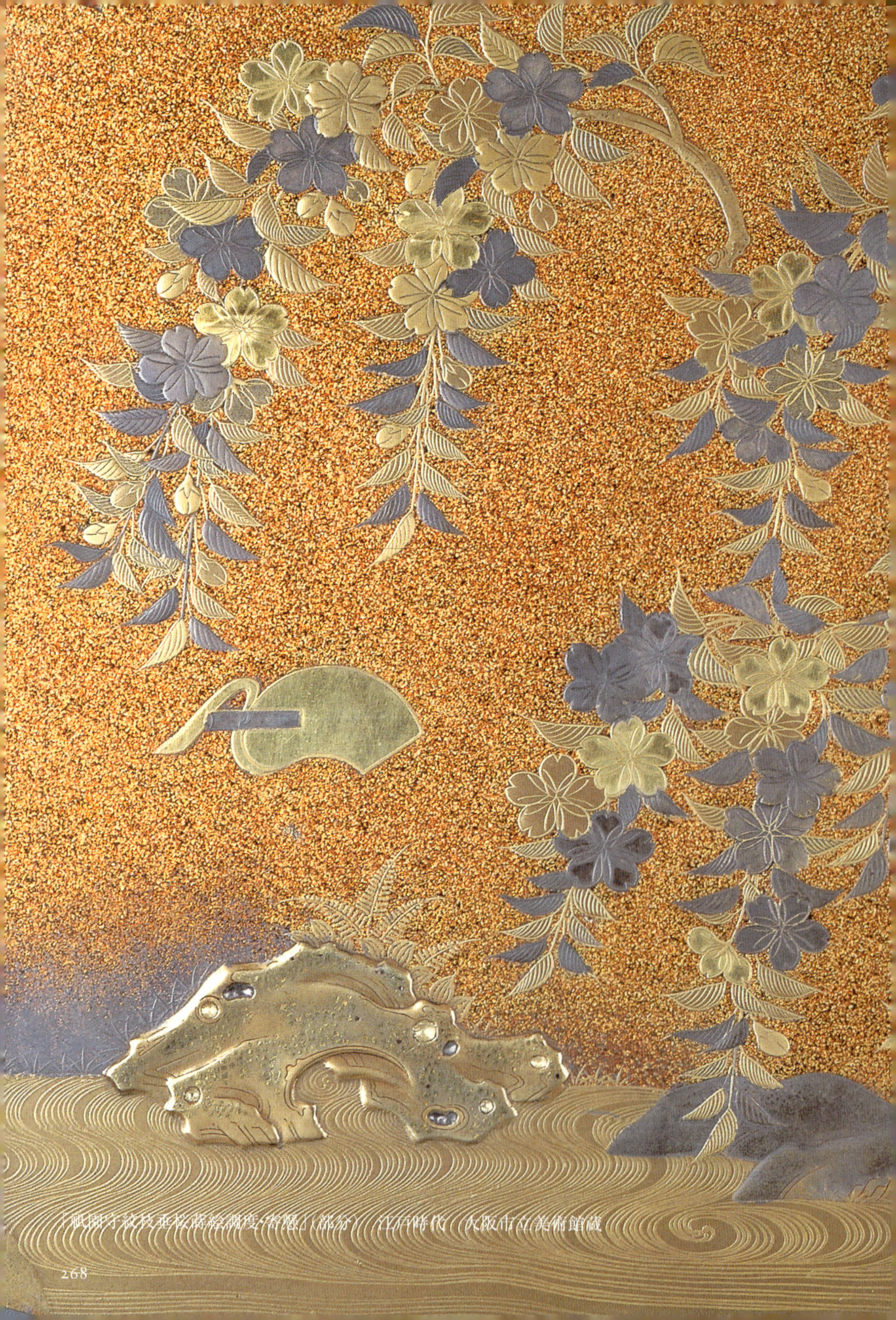

「祇園守紋枝垂桜蒔絵調度・寄懸」（部分）　江戸時代　大阪市立美術館蔵

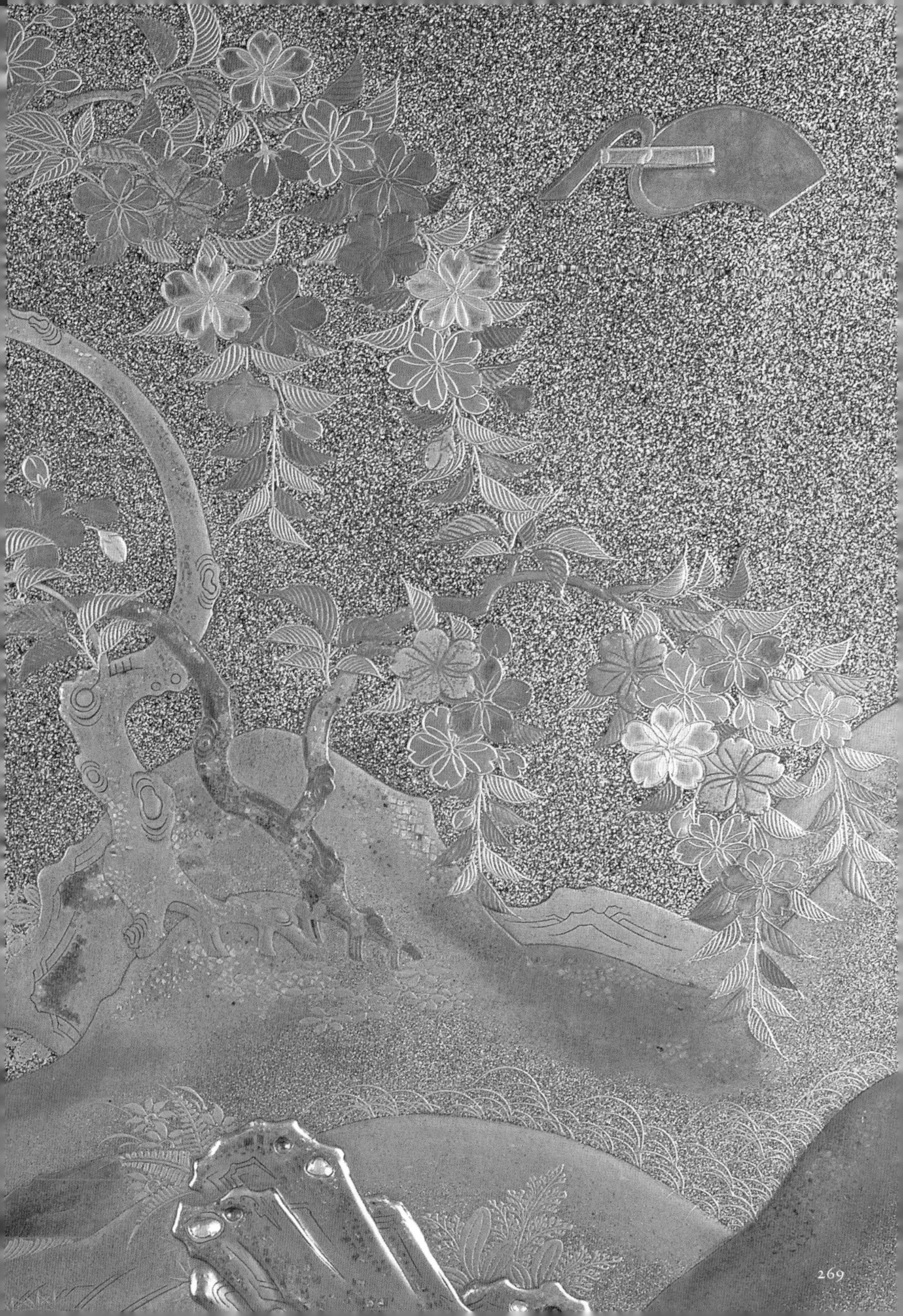

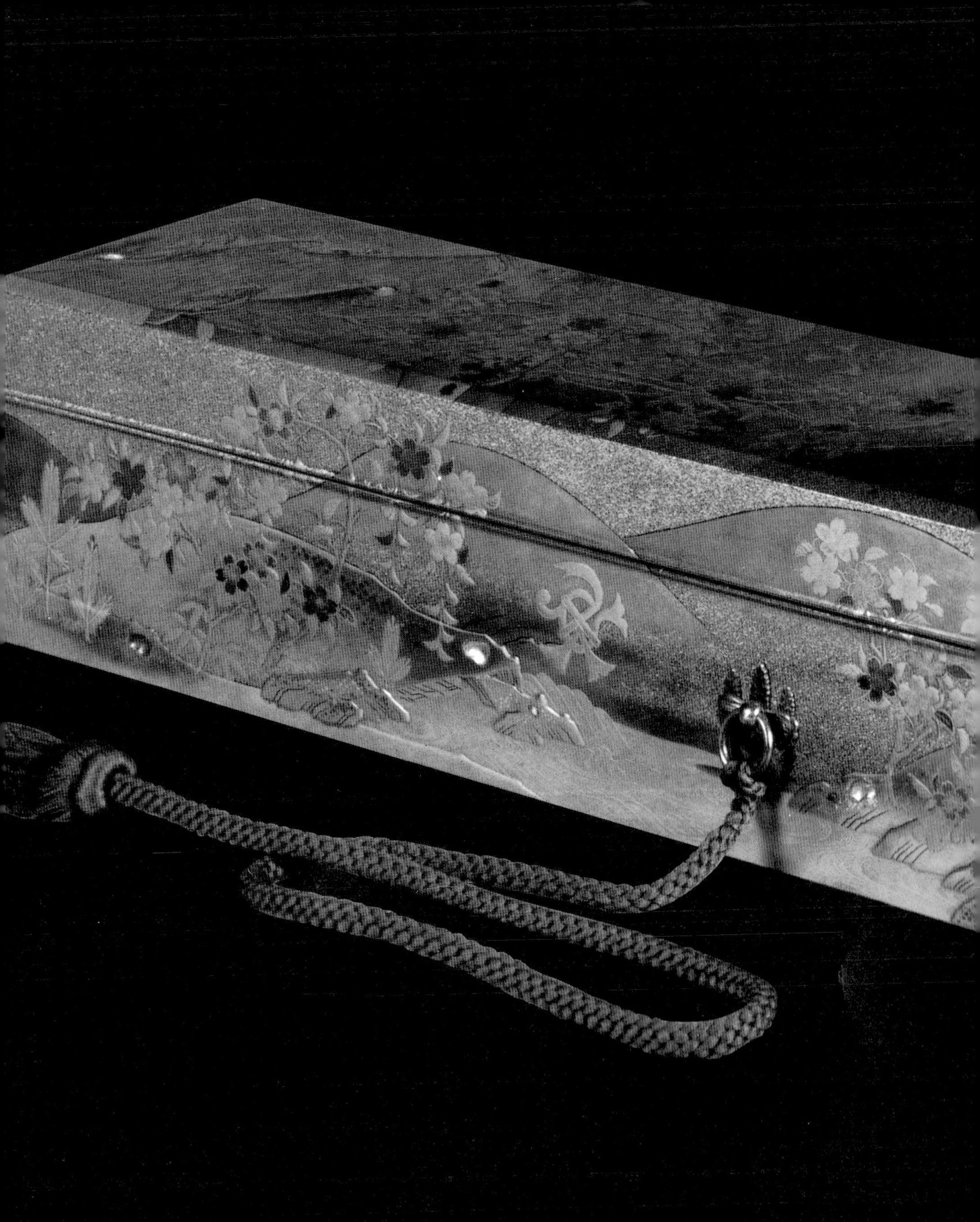

「枝垂桜蒔絵短冊箱」　江戸時代（17世紀）　京都国立博物館蔵

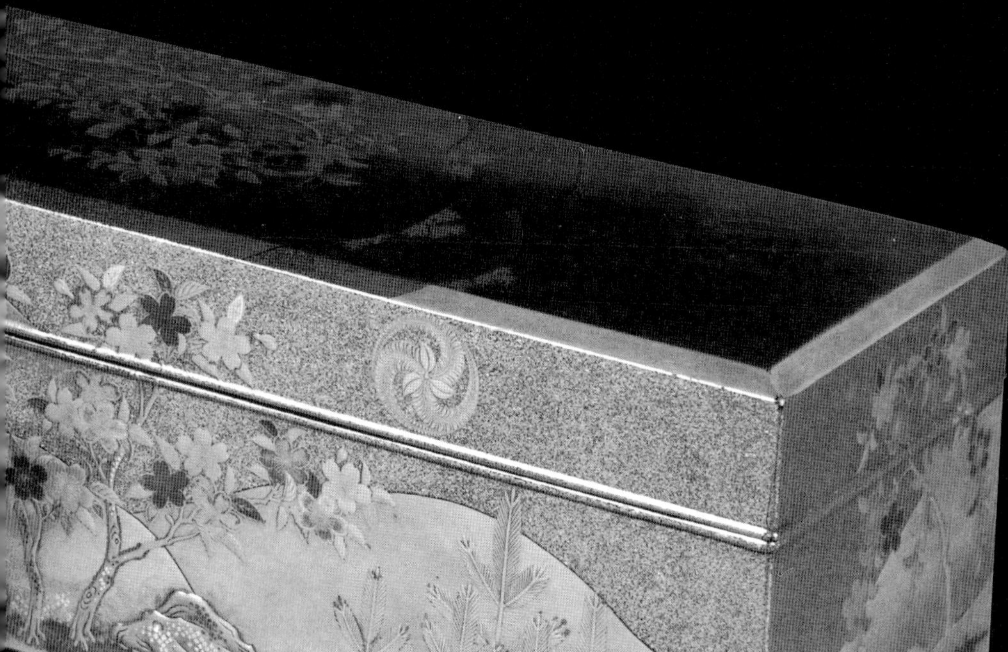

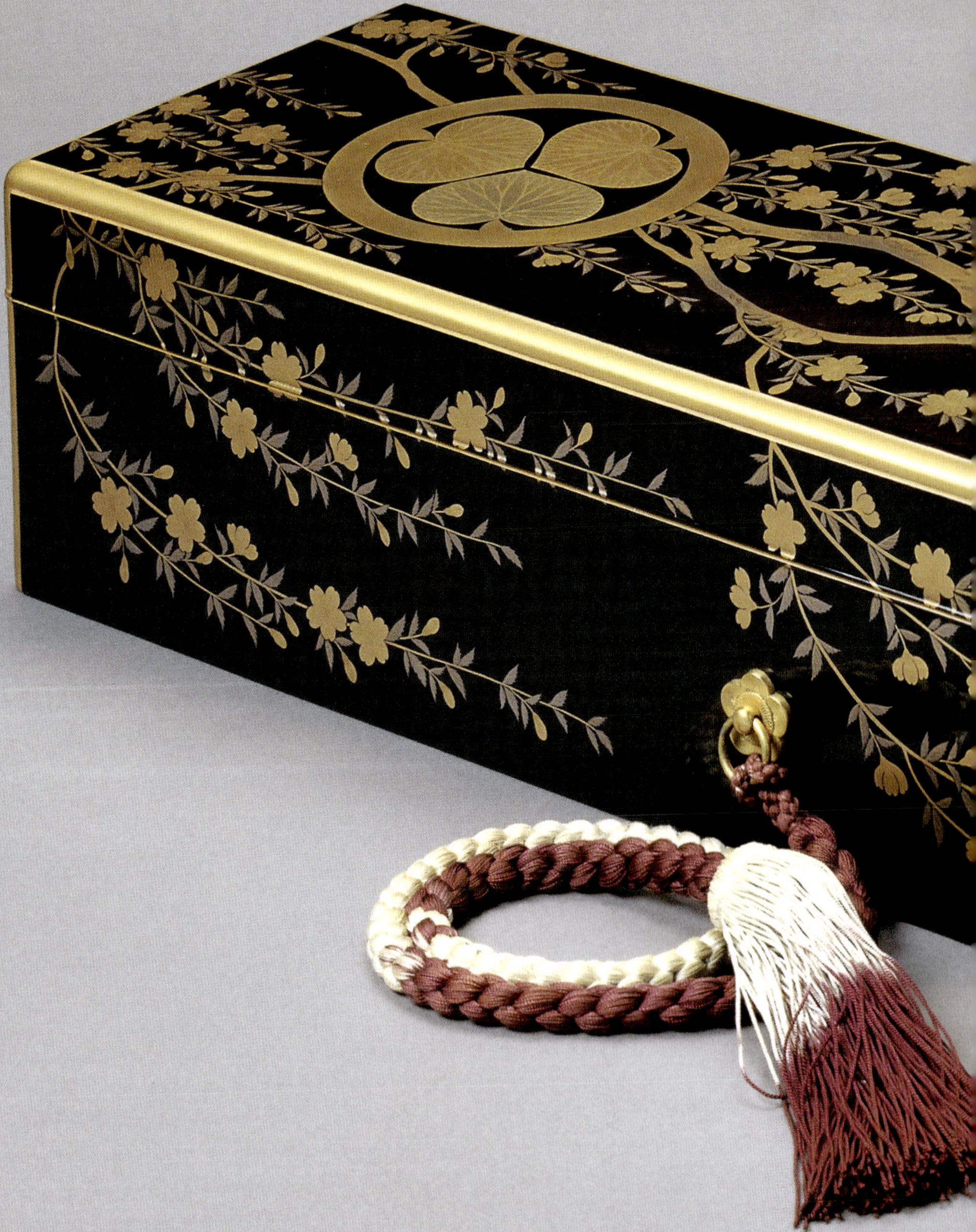

「三管匣(枝垂桜葵紋蒔絵)」 国立歴史民俗博物館蔵

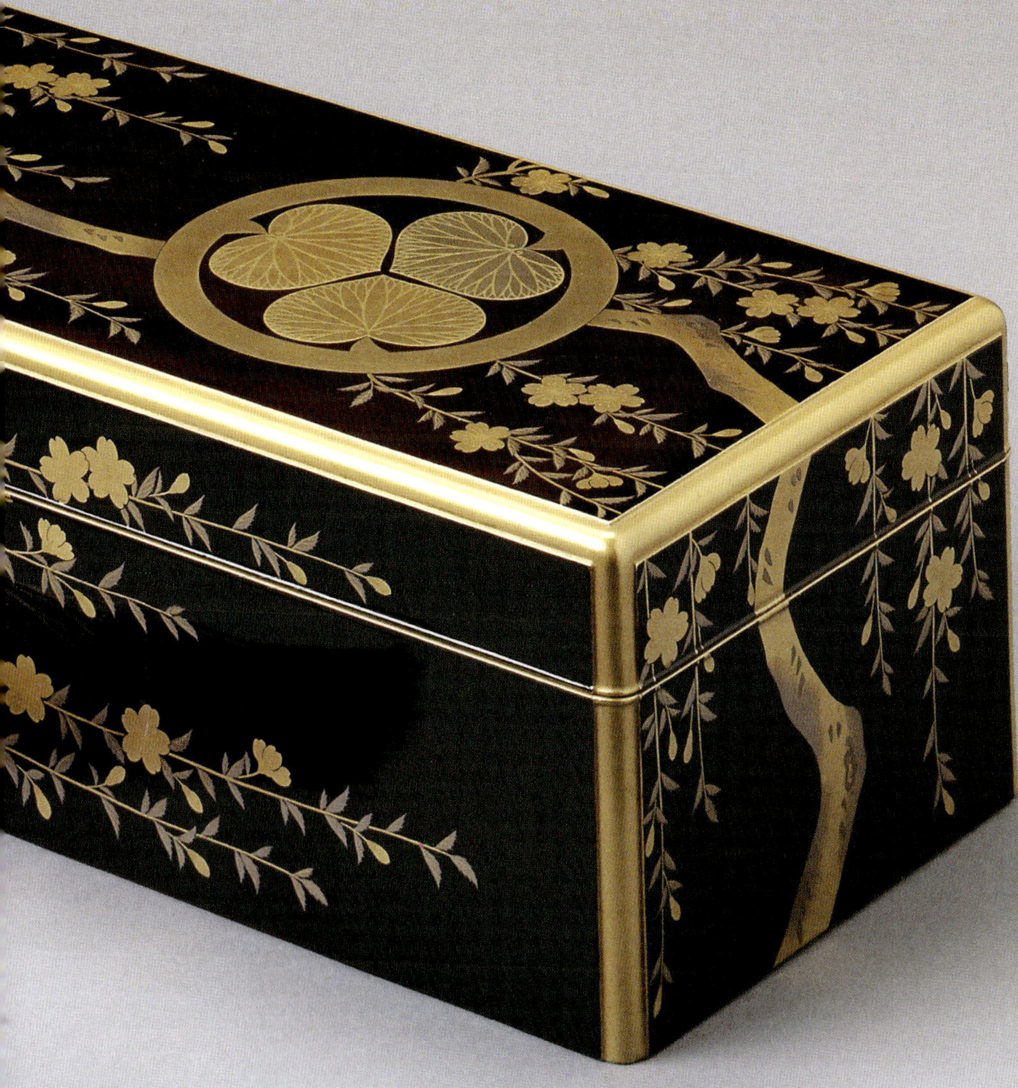

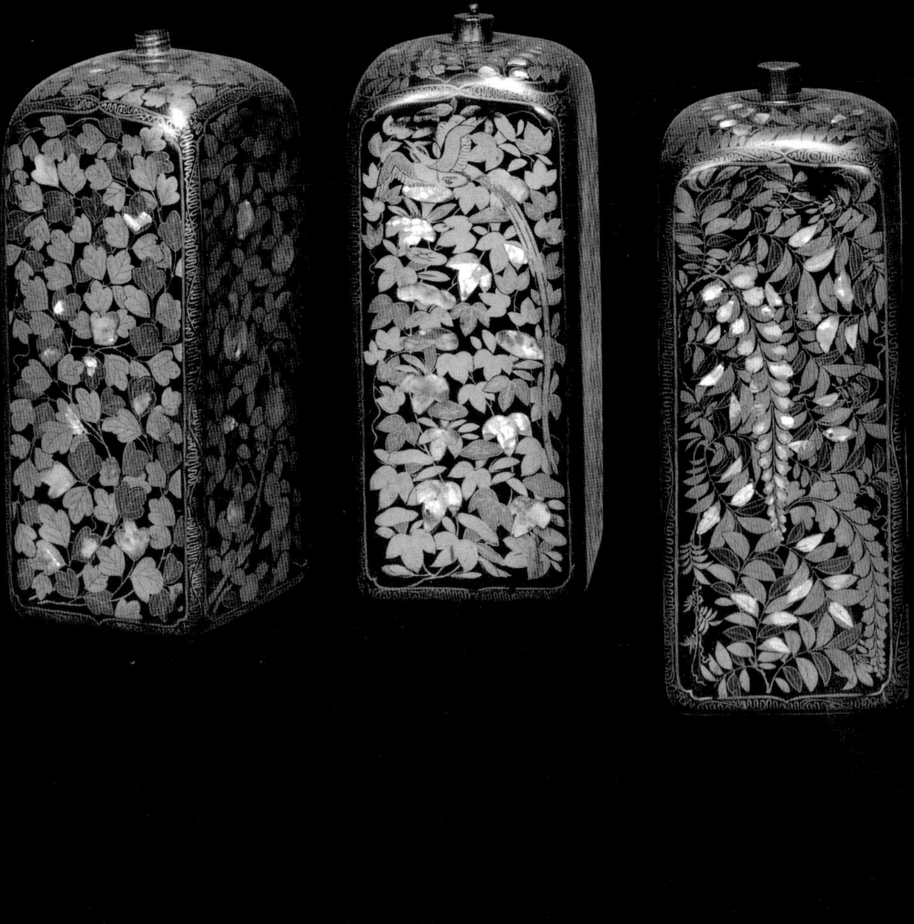

「枝垂桜蒔絵螺鈿角徳利」 桃山時代 京都国立博物館蔵

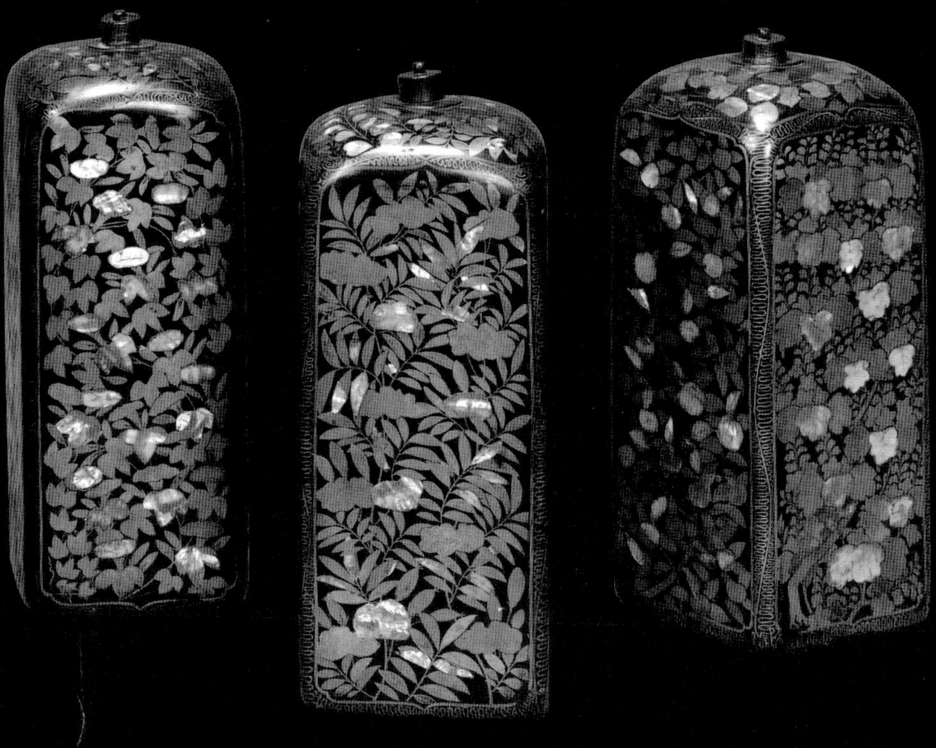

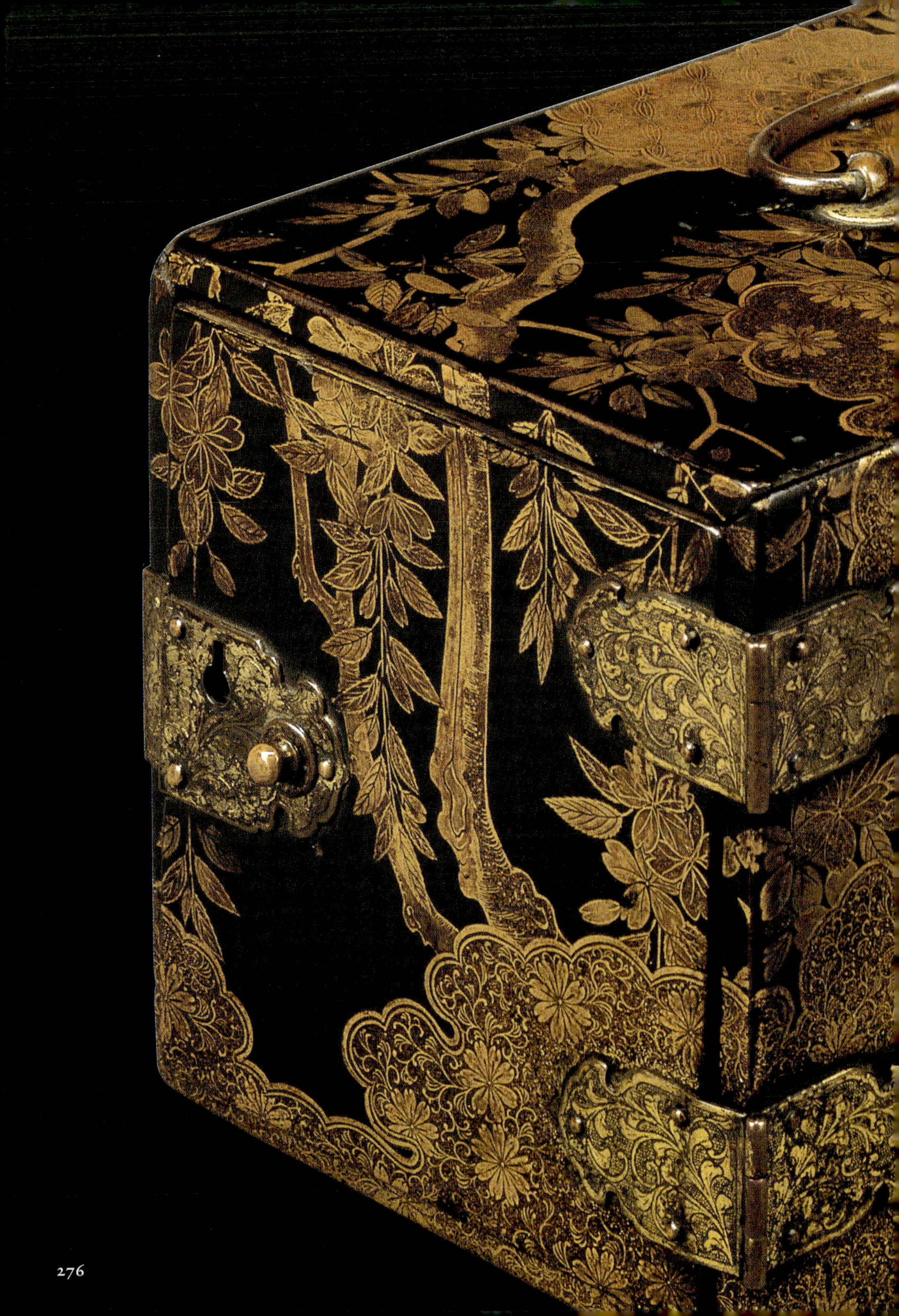

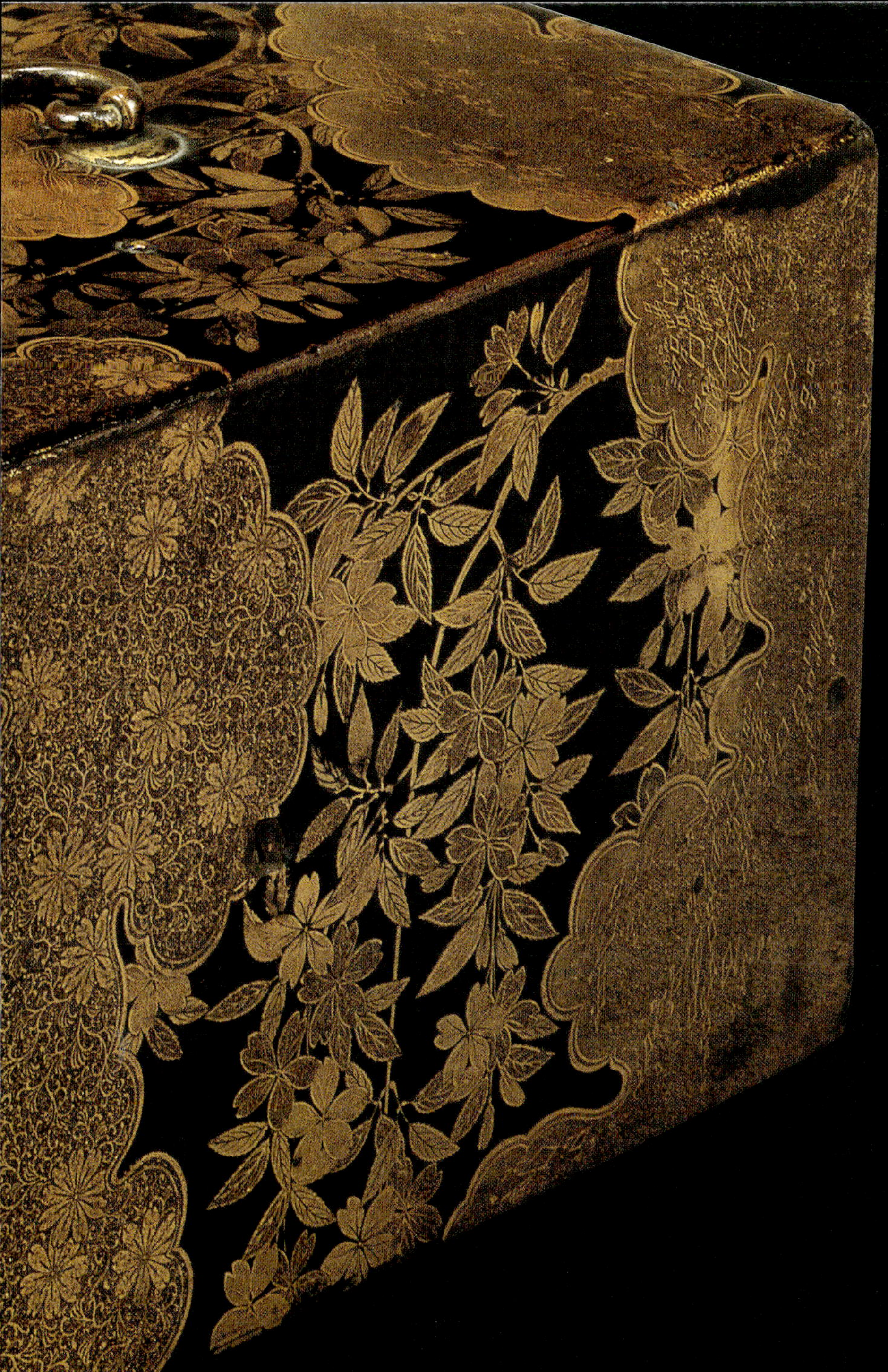

「枝垂桜蒔絵掛硯」　桃山時代(17世紀)　京都国立博物館蔵

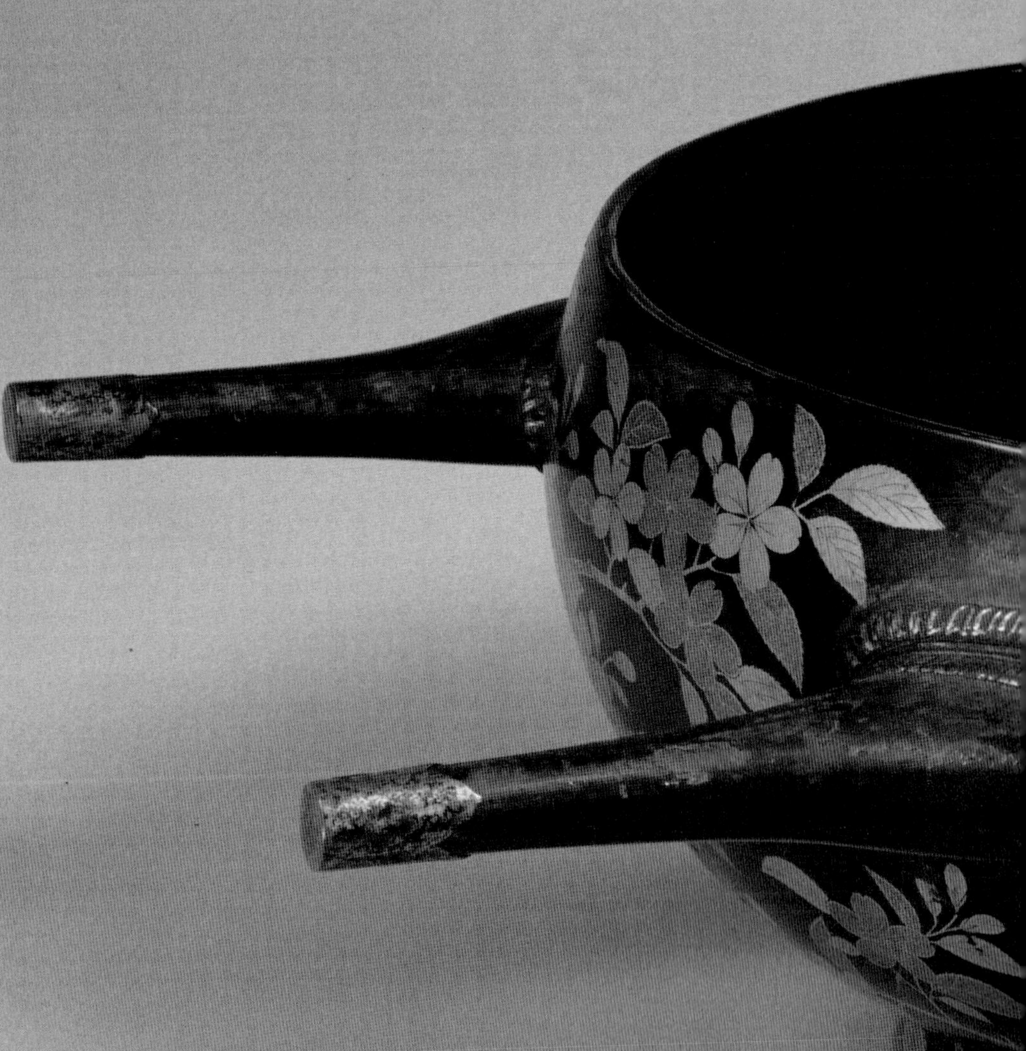

「桜紋尽し蒔絵角盥」　桃山時代　東京国立博物館蔵

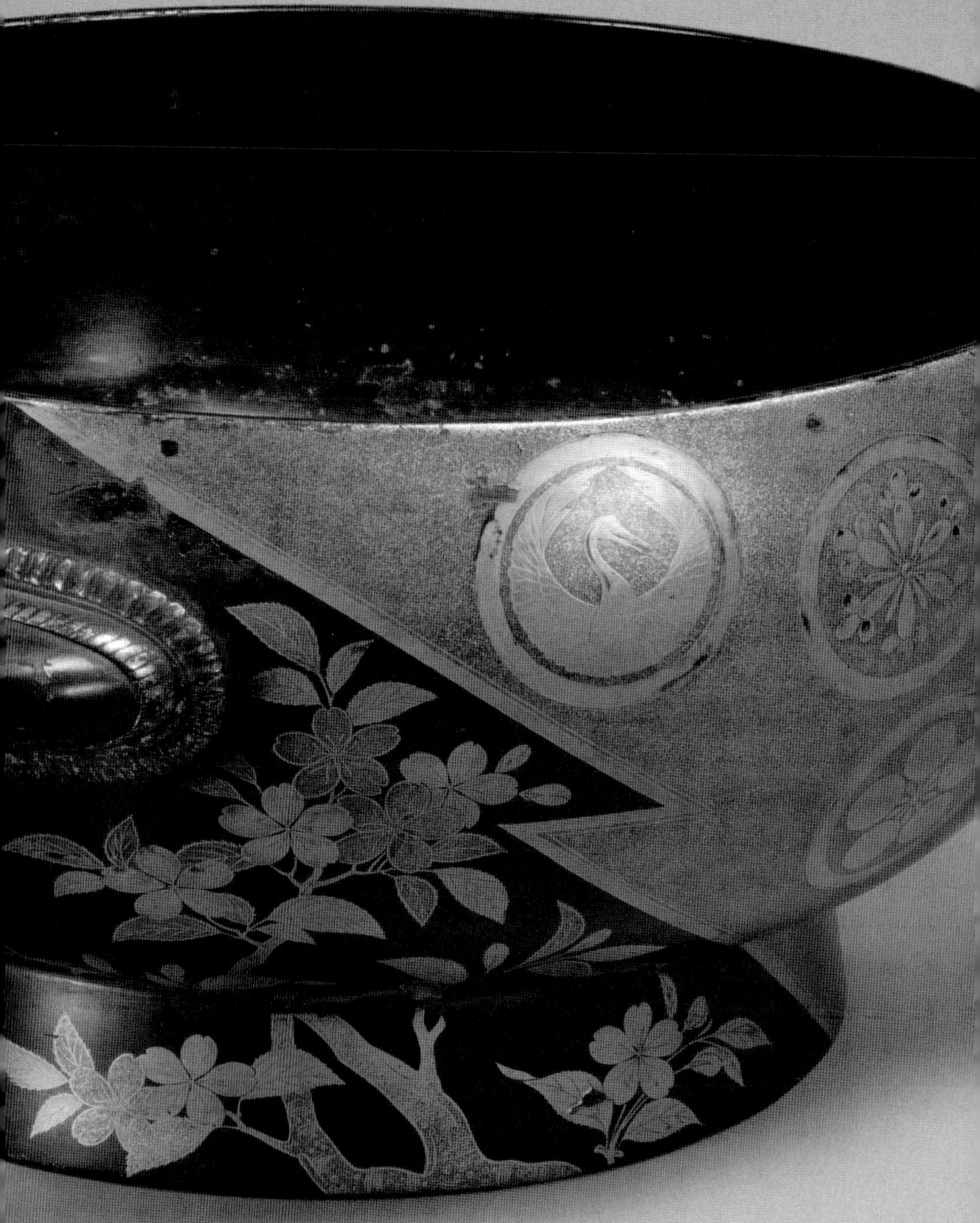

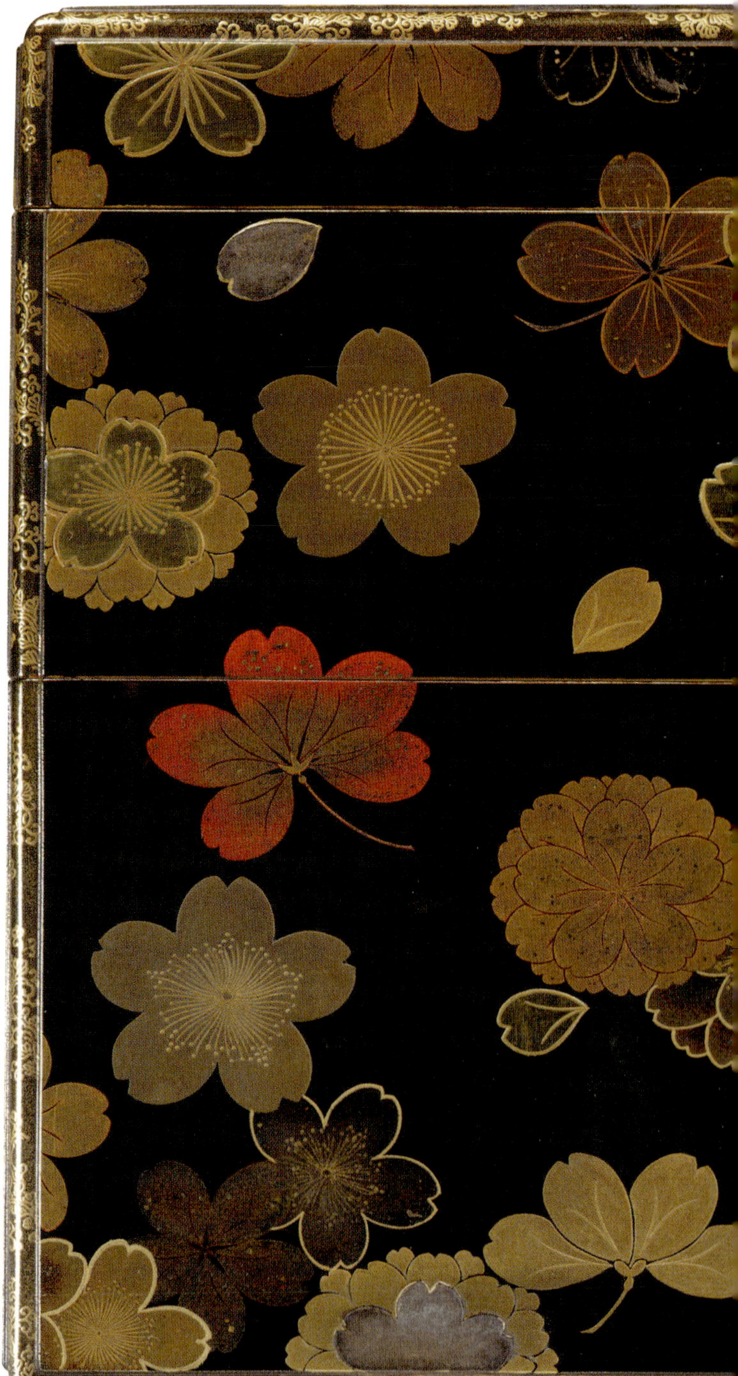

「桜蒔絵十種香道具」(部分)
江戸時代(19世紀)
東京国立博物館蔵

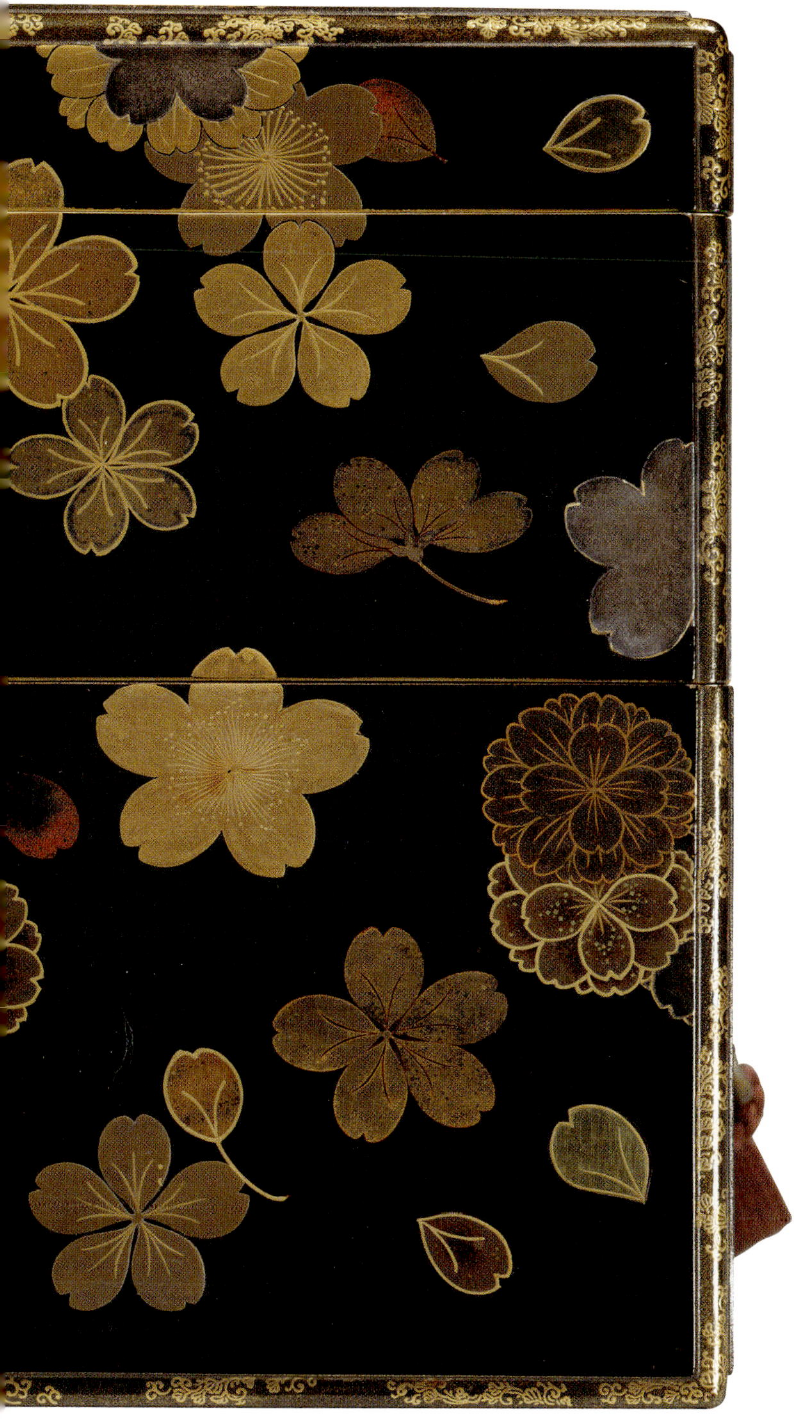

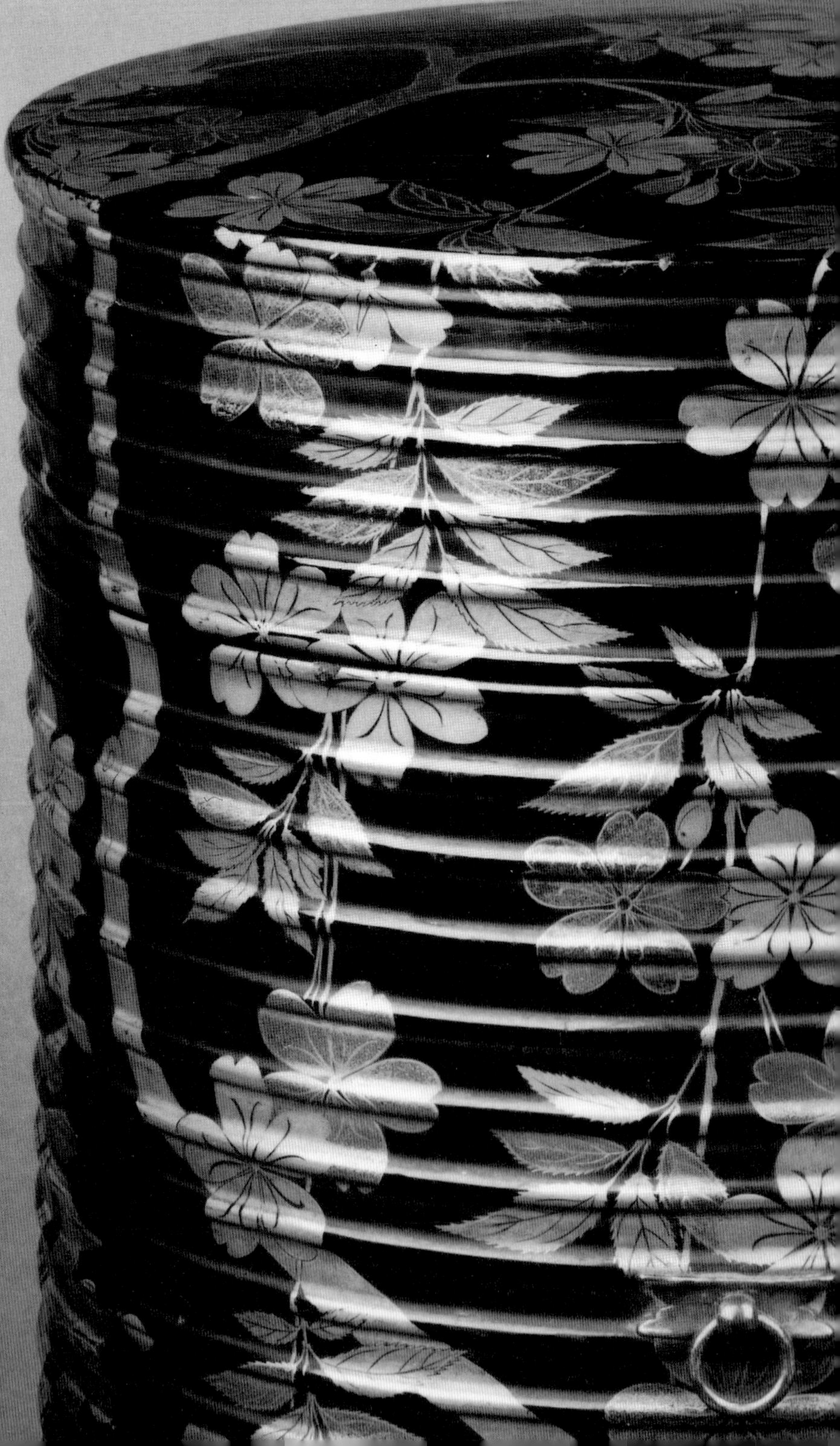

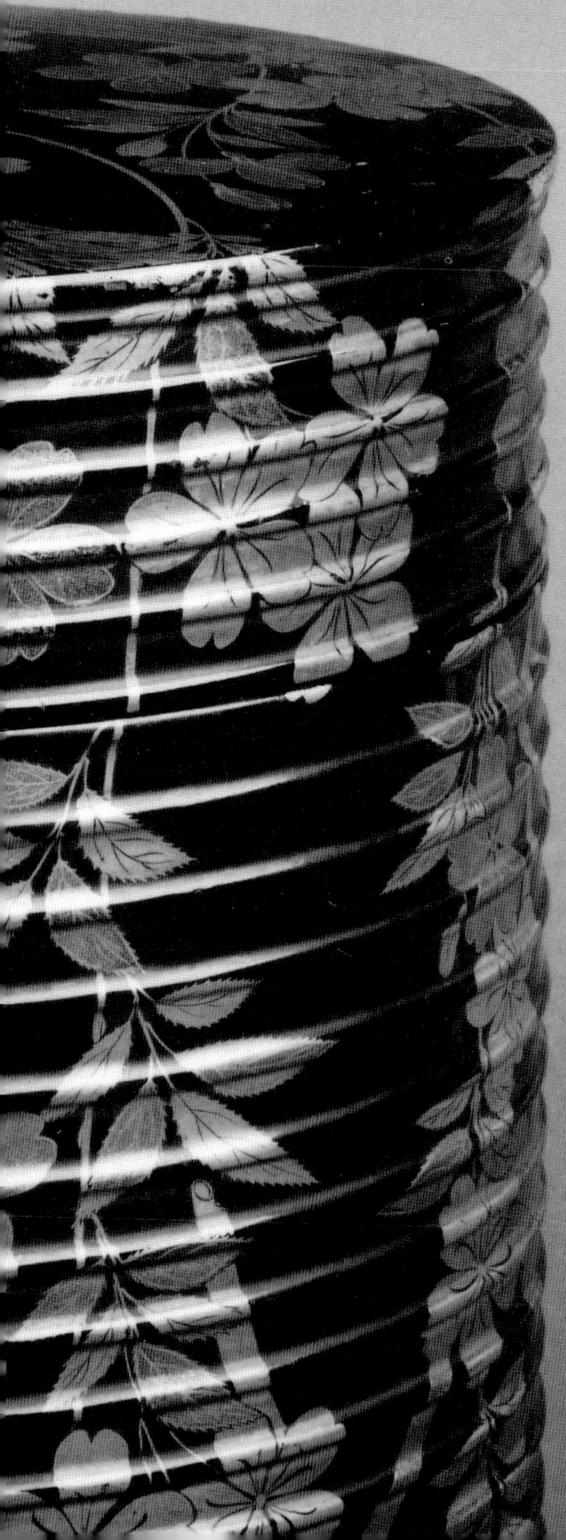

「枝垂桜蒔絵鬘桶」(部分)
桃山〜江戸時代(17世紀)
京都国立博物館蔵

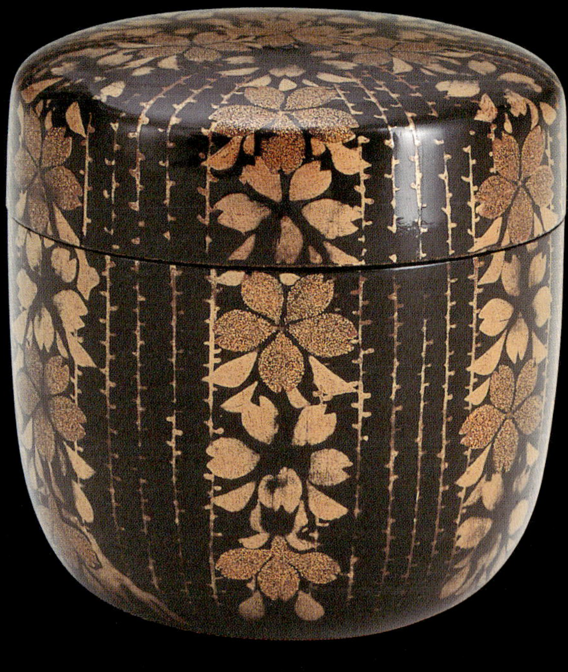

「枝垂桜柳蒔絵棗」　江戸時代　大和文華館蔵

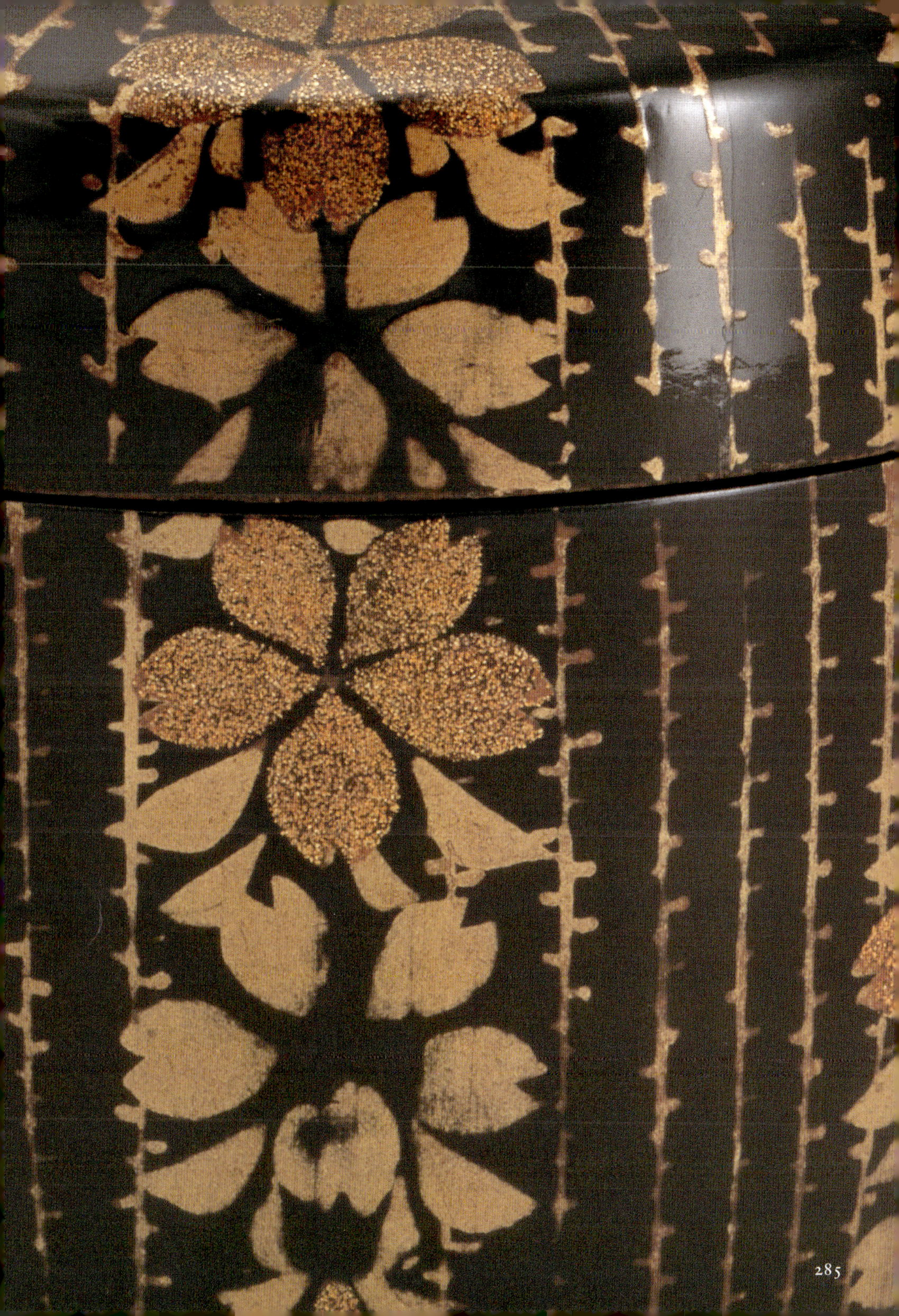

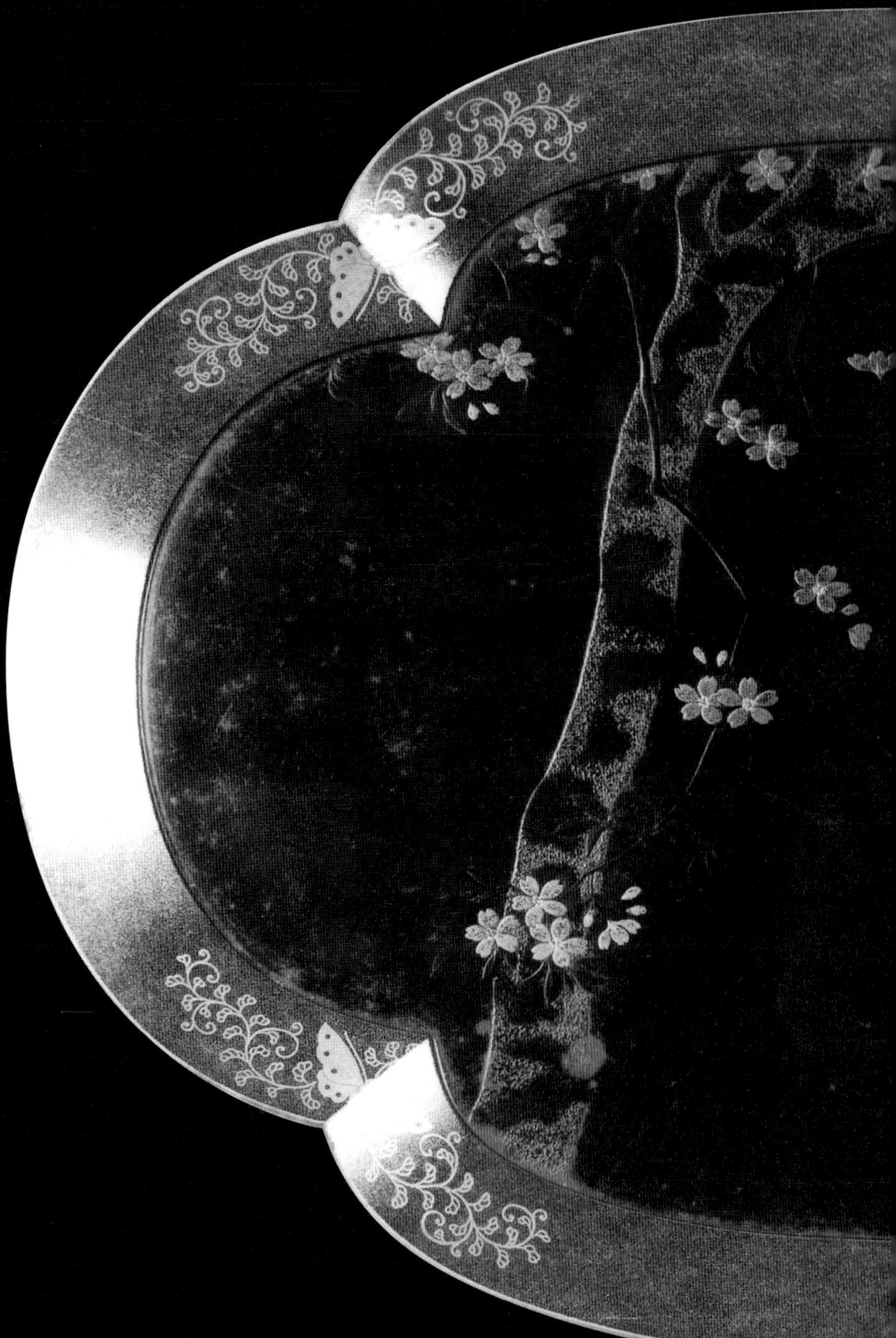

「夜桜蒔絵香盆」　金井清吉（1830-1900）　明治33年（1900）　東京藝術大学大学美術館蔵

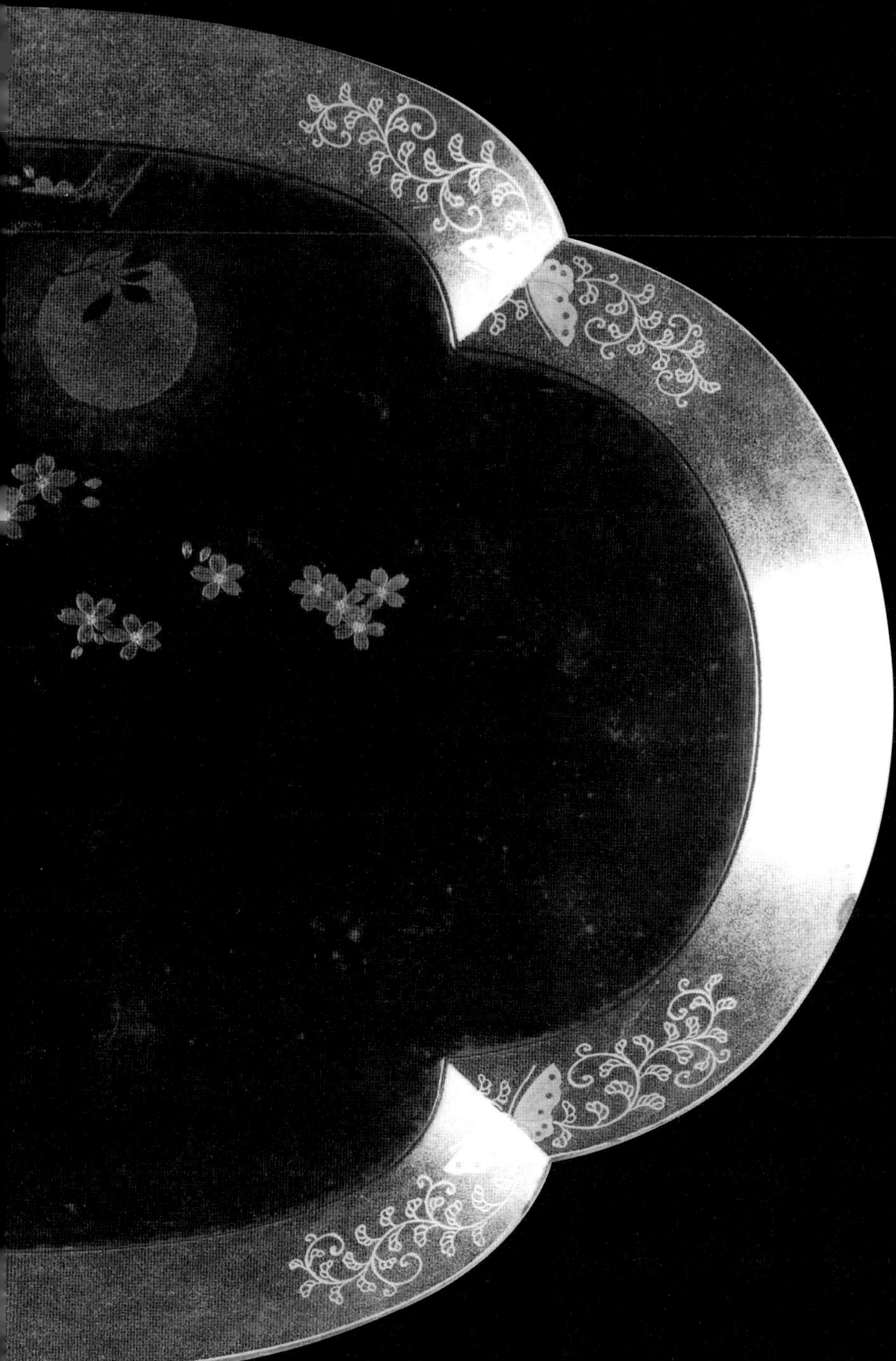

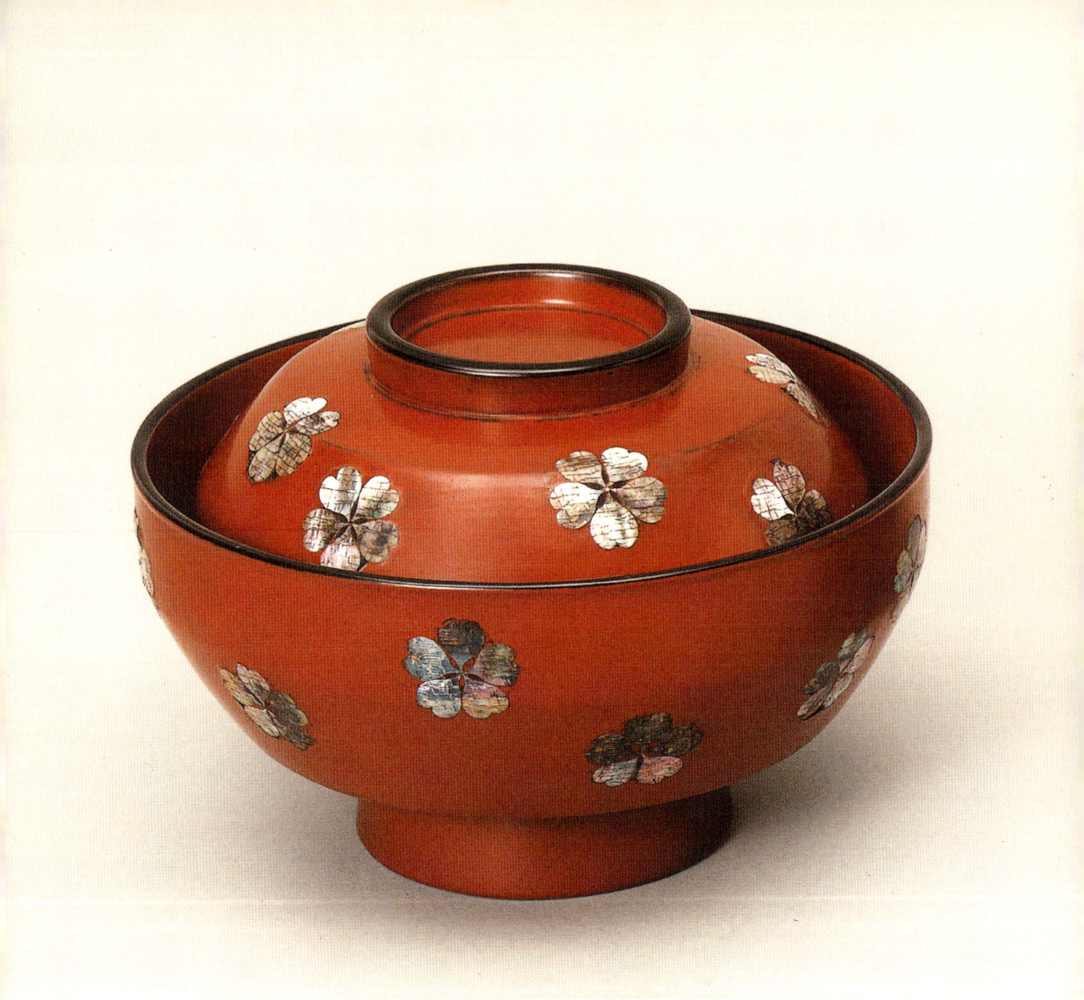

「桜花文散し螺鈿椀(明月椀)」　桃山〜江戸時代　東京藝術大学大学美術館蔵

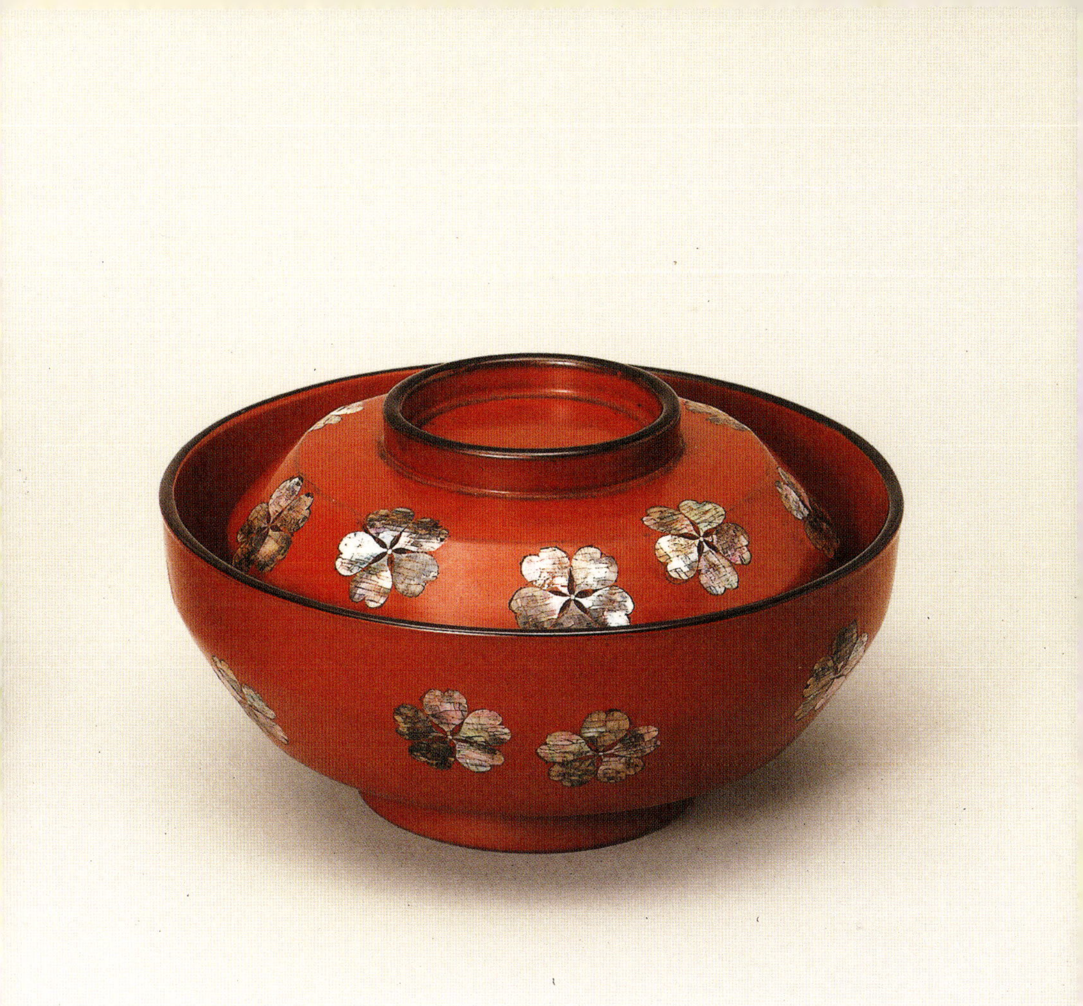

「蒔絵桜花に棚図額」
池田泰真（1825-1903）
明治14年（1881）
石川県立美術館蔵

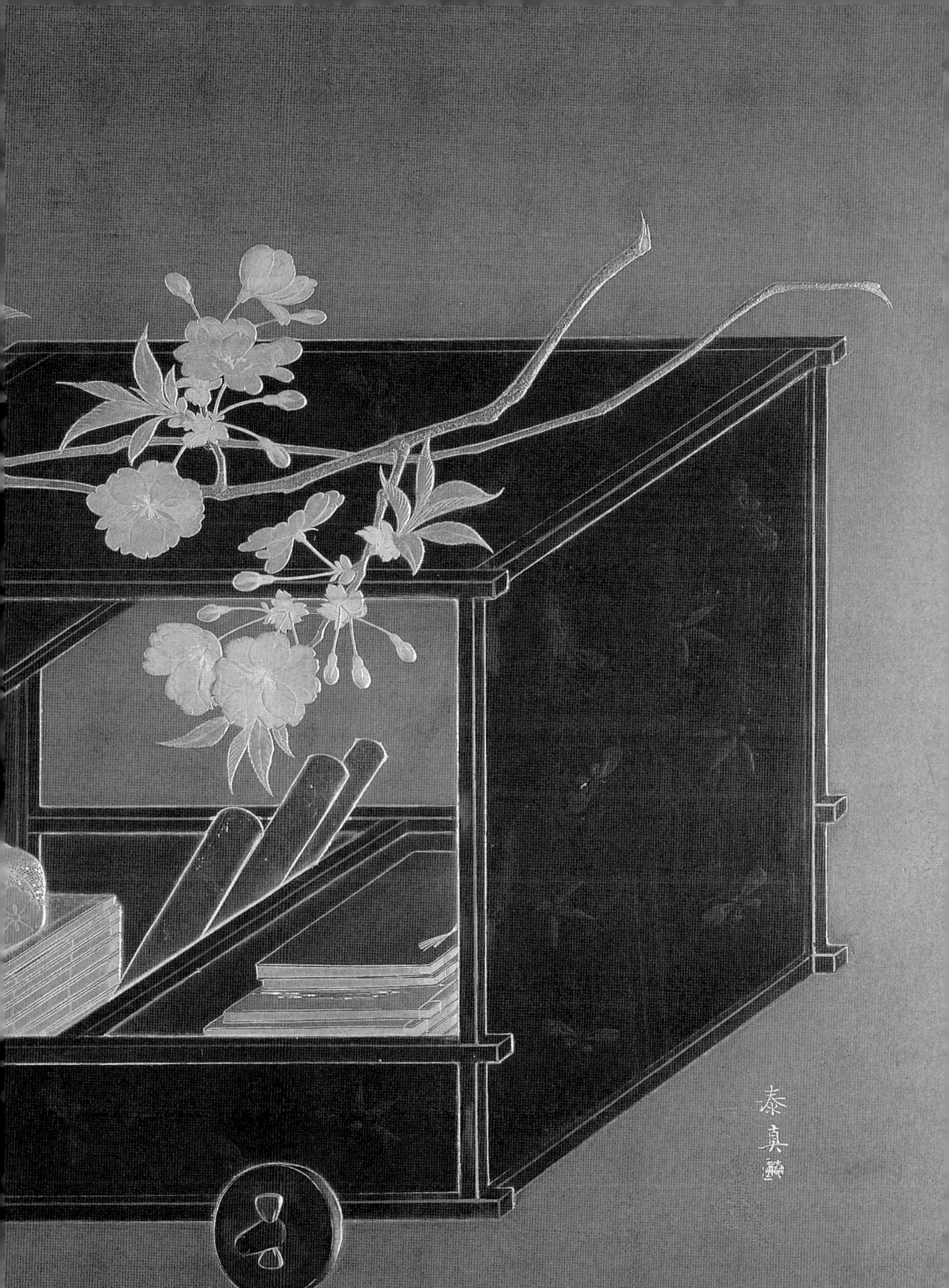
泰真

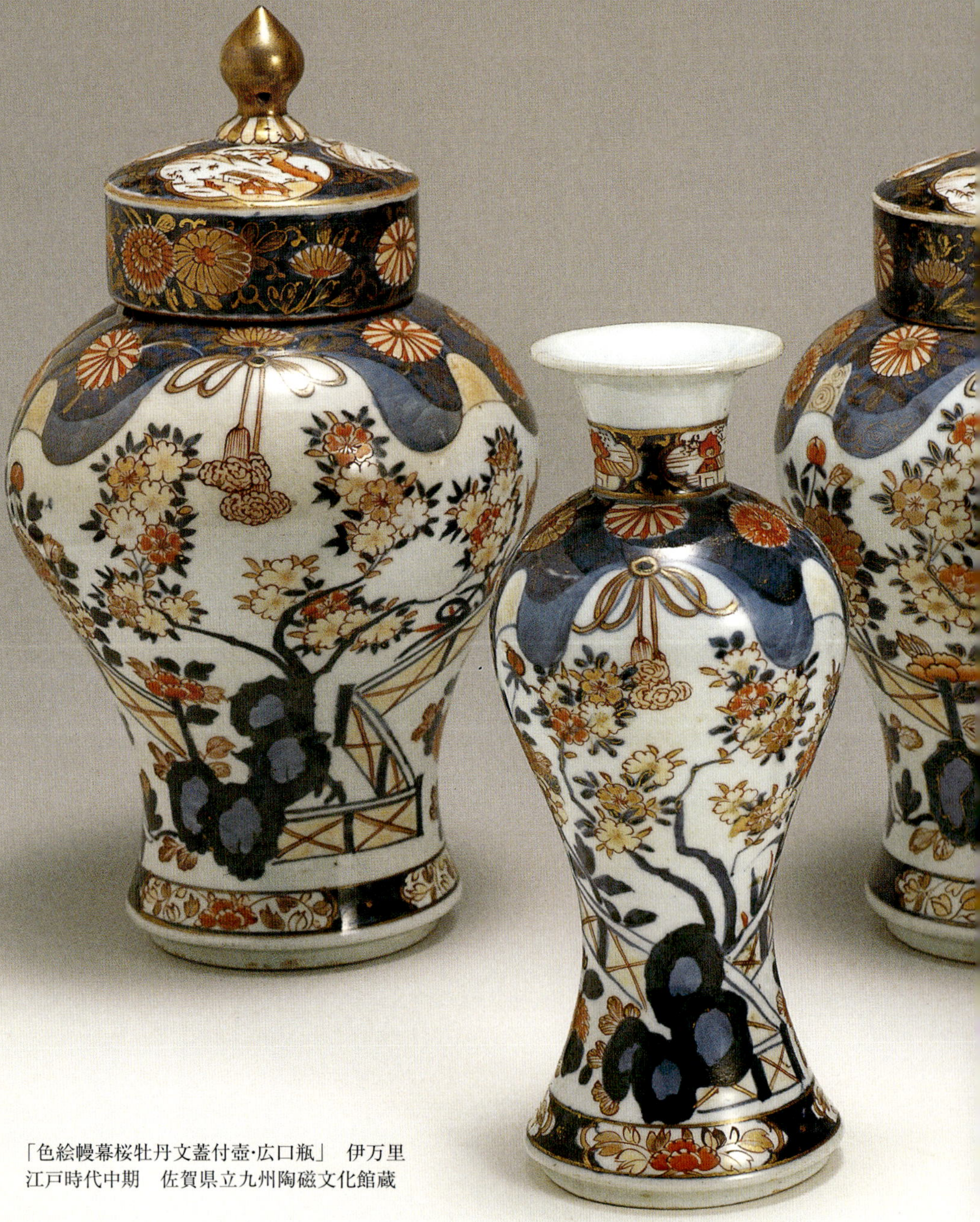

「色絵幔幕桜牡丹文蓋付壺·広口瓶」　伊万里
江戸時代中期　佐賀県立九州陶磁文化館蔵

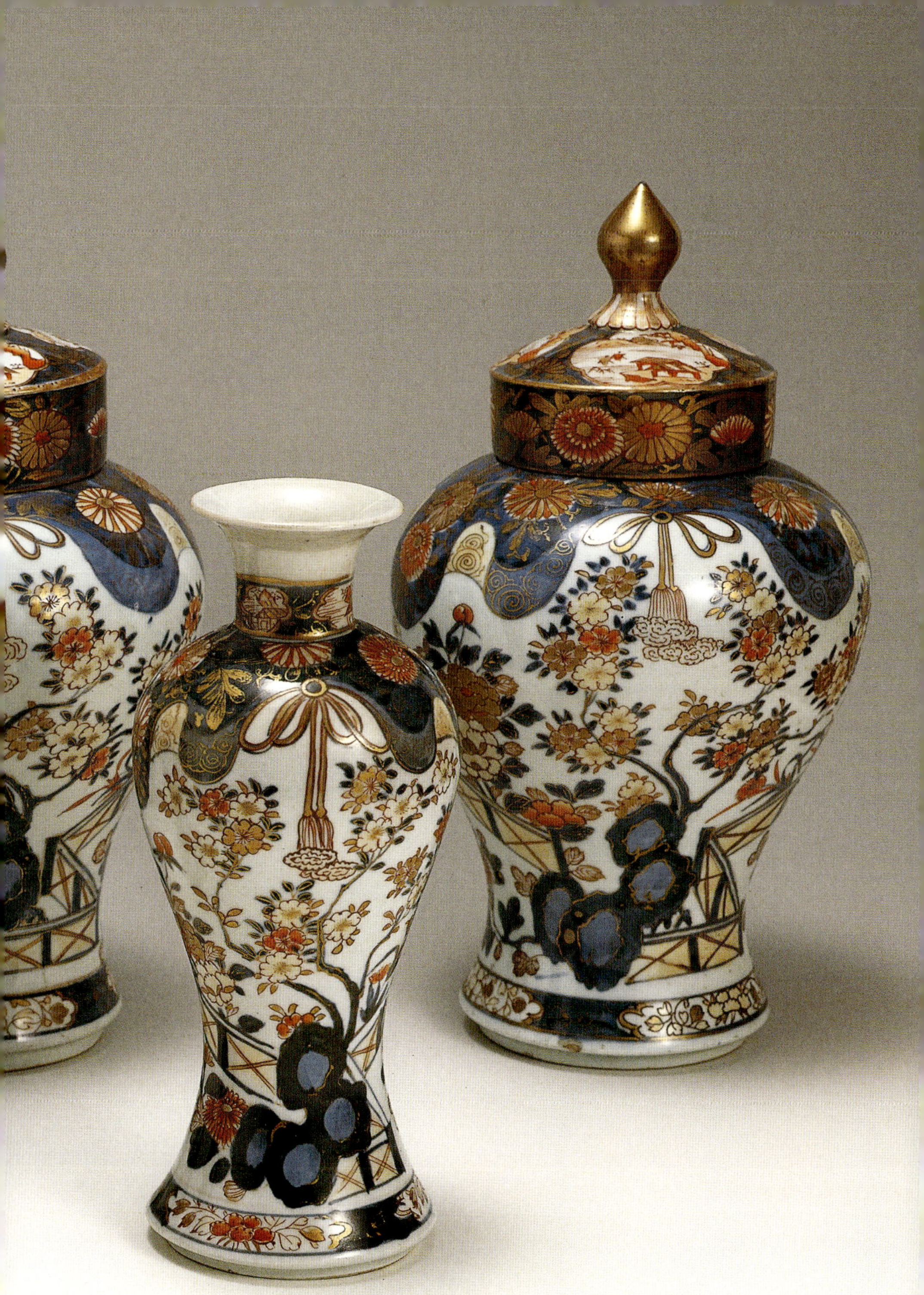

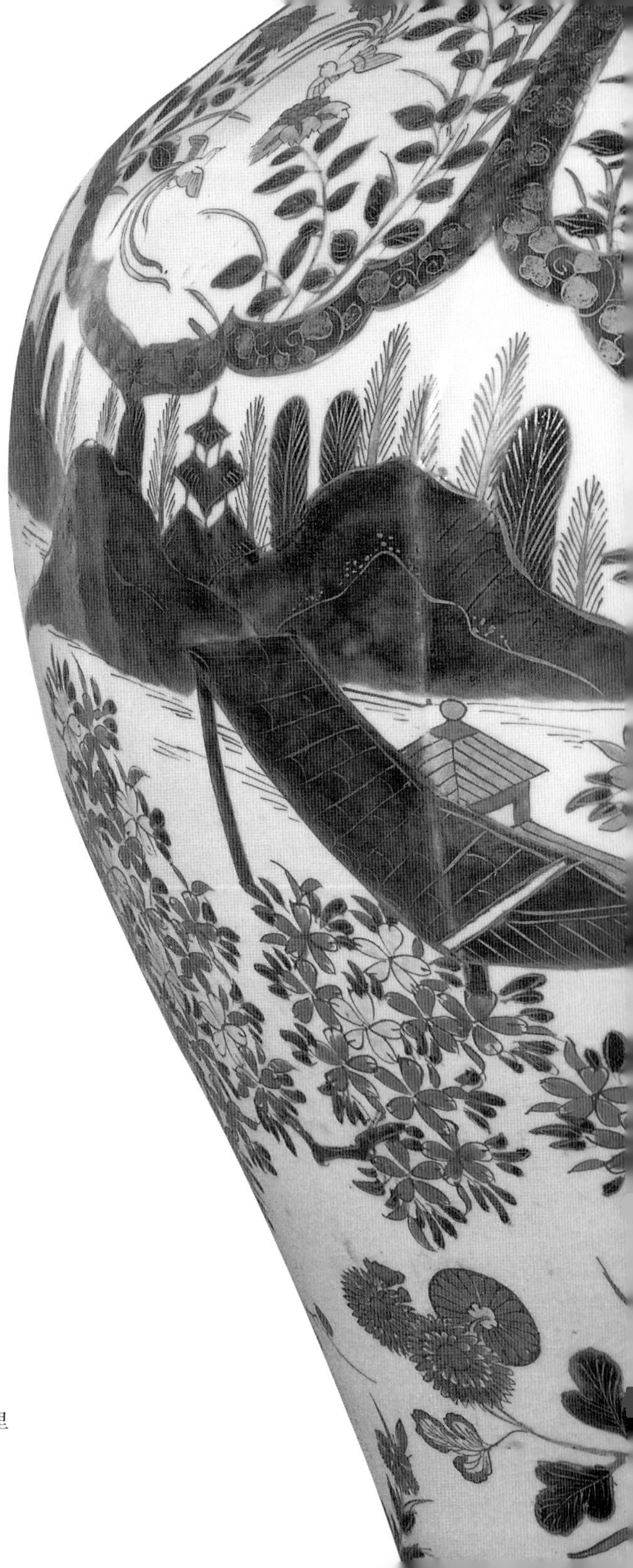

「染錦桜楼閣文蓋付大壺」(部分)　伊万里
江戸時代　愛知県陶磁資料館蔵

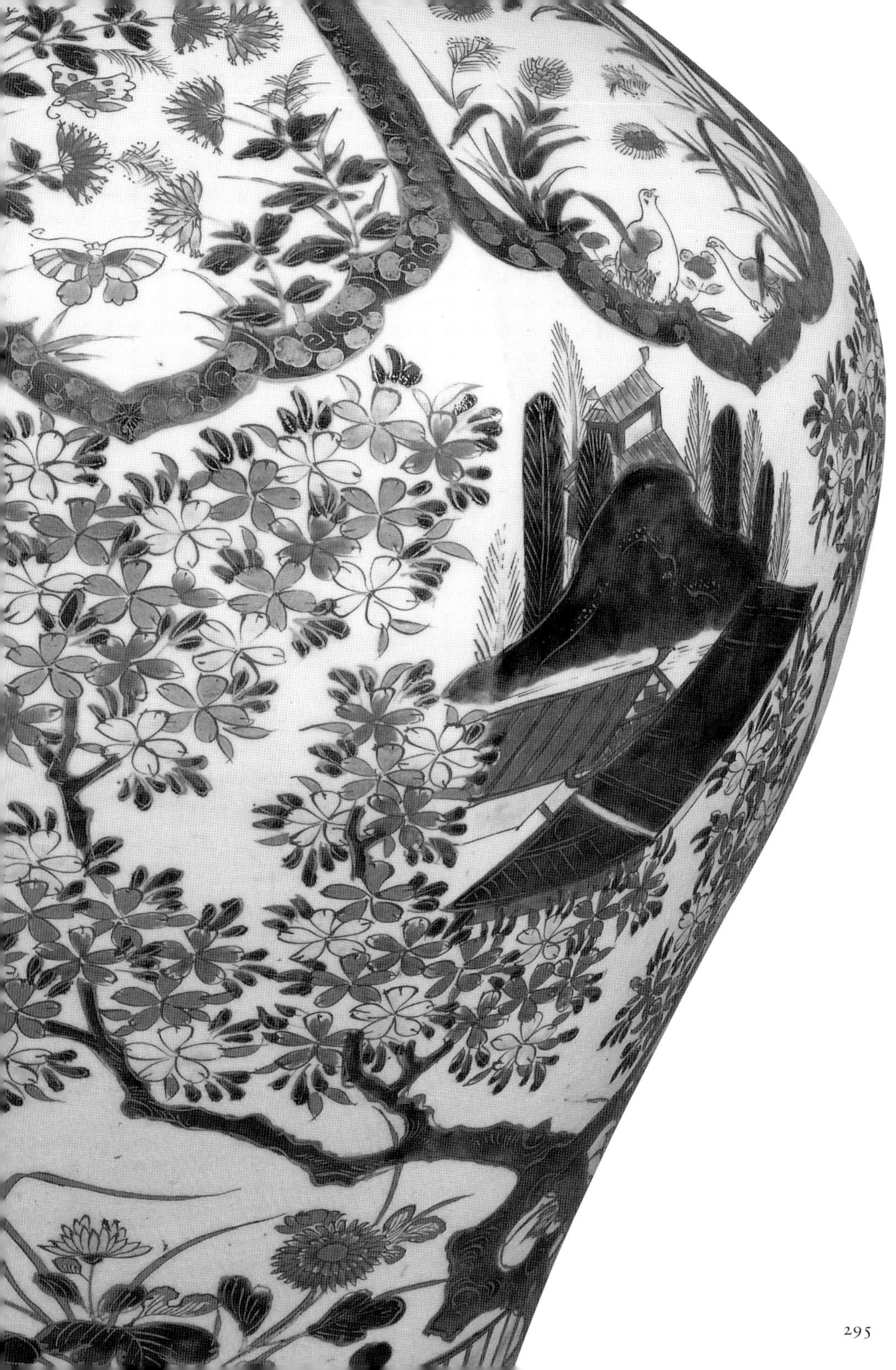

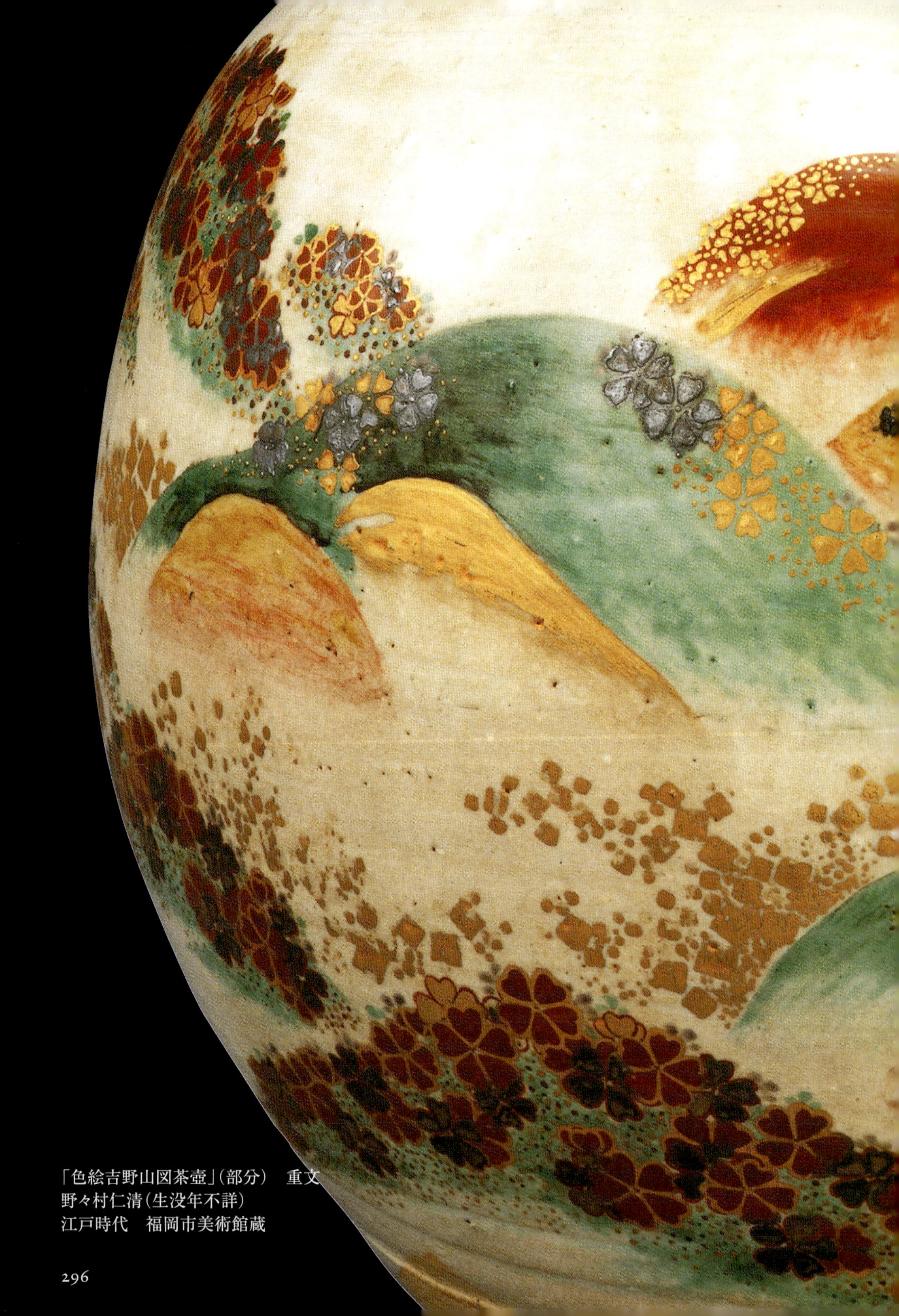

「色絵吉野山図茶壺」(部分)　重文
野々村仁清(生没年不詳)
江戸時代　福岡市美術館蔵

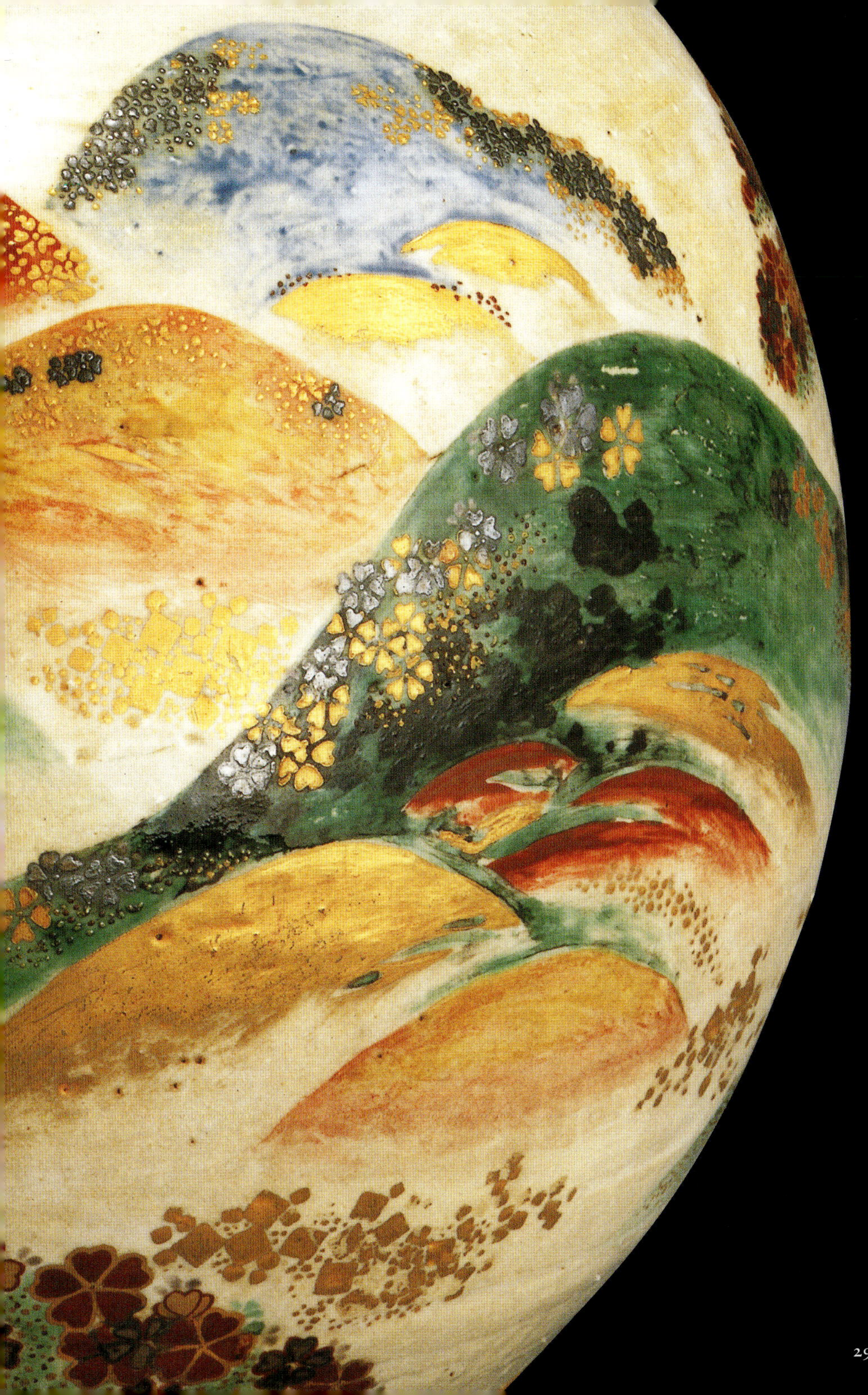

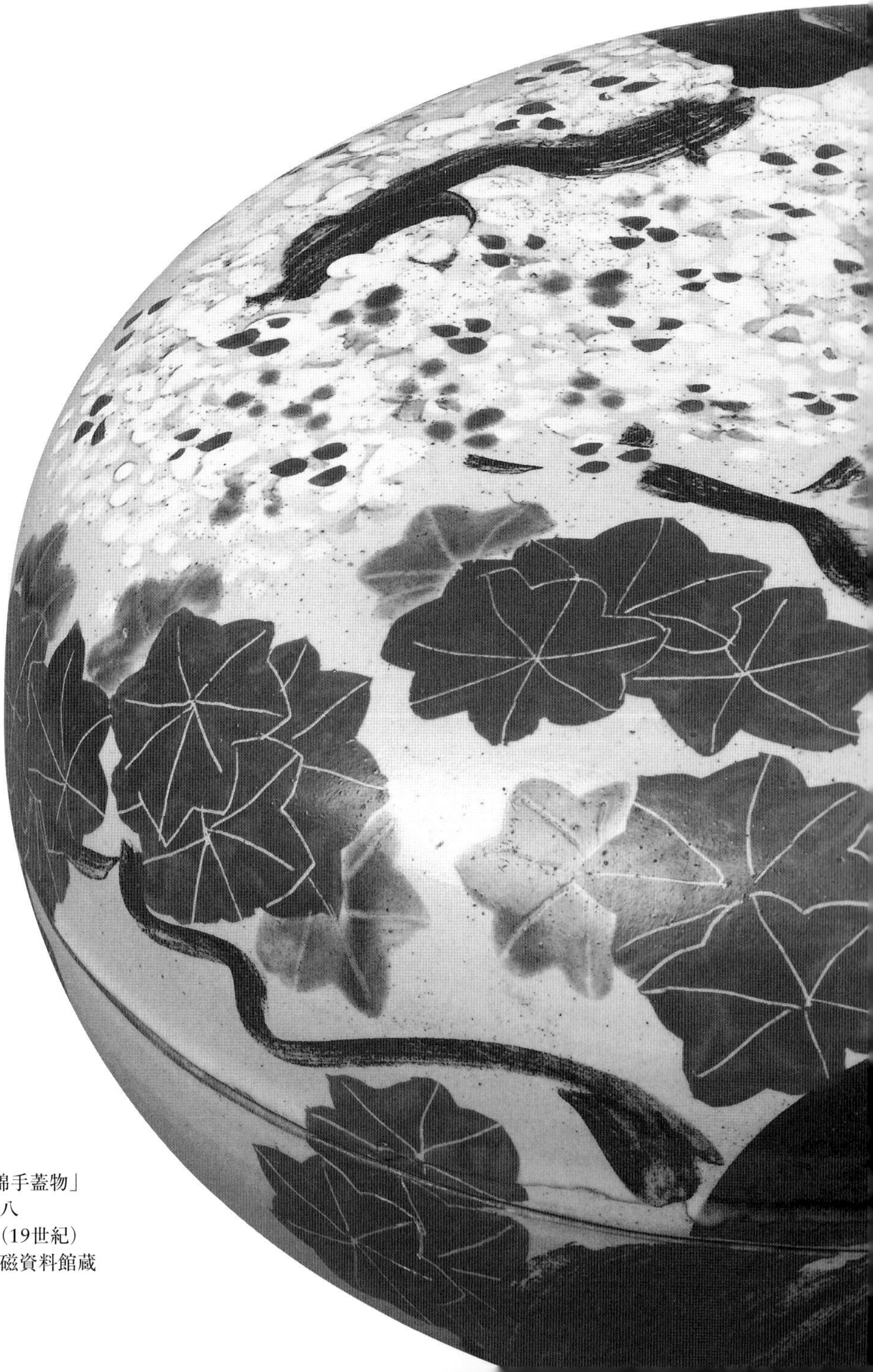

「色絵雲錦手蓋物」
仁阿弥道八
江戸時代(19世紀)
愛知県陶磁資料館蔵

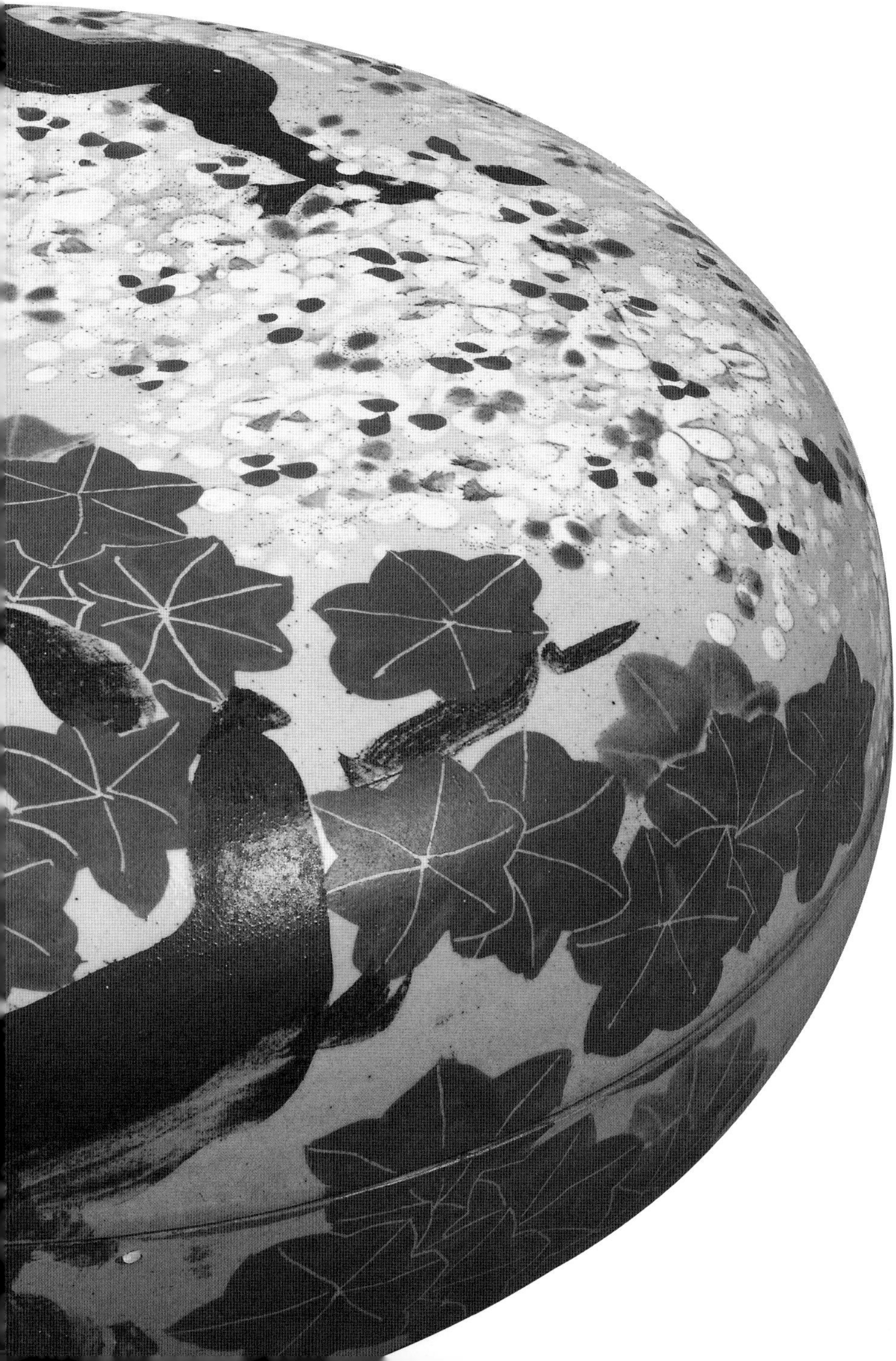

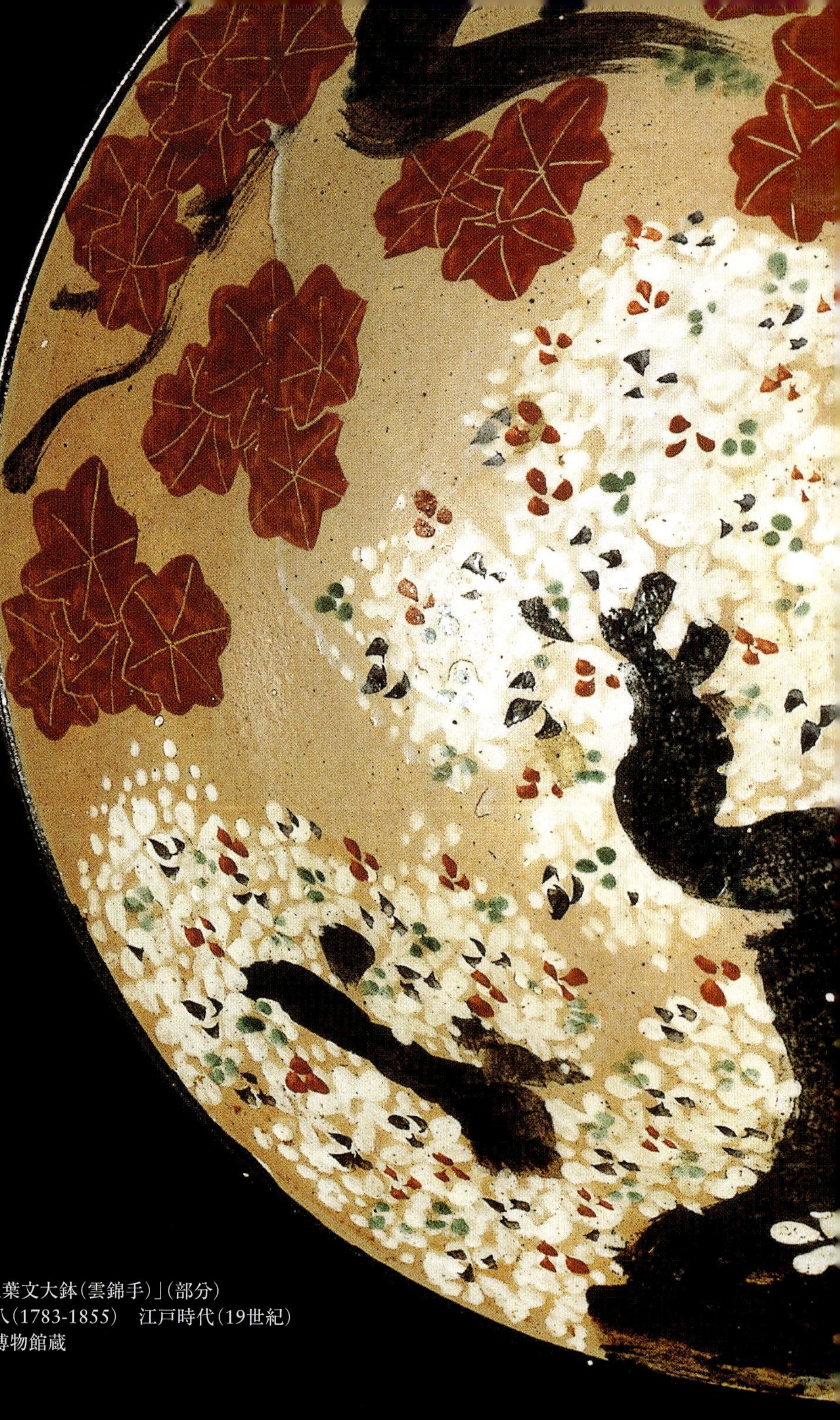

「色絵桜紅葉文大鉢(雲錦手)」(部分)
仁阿弥道八(1783-1855)　江戸時代(19世紀)
京都国立博物館蔵

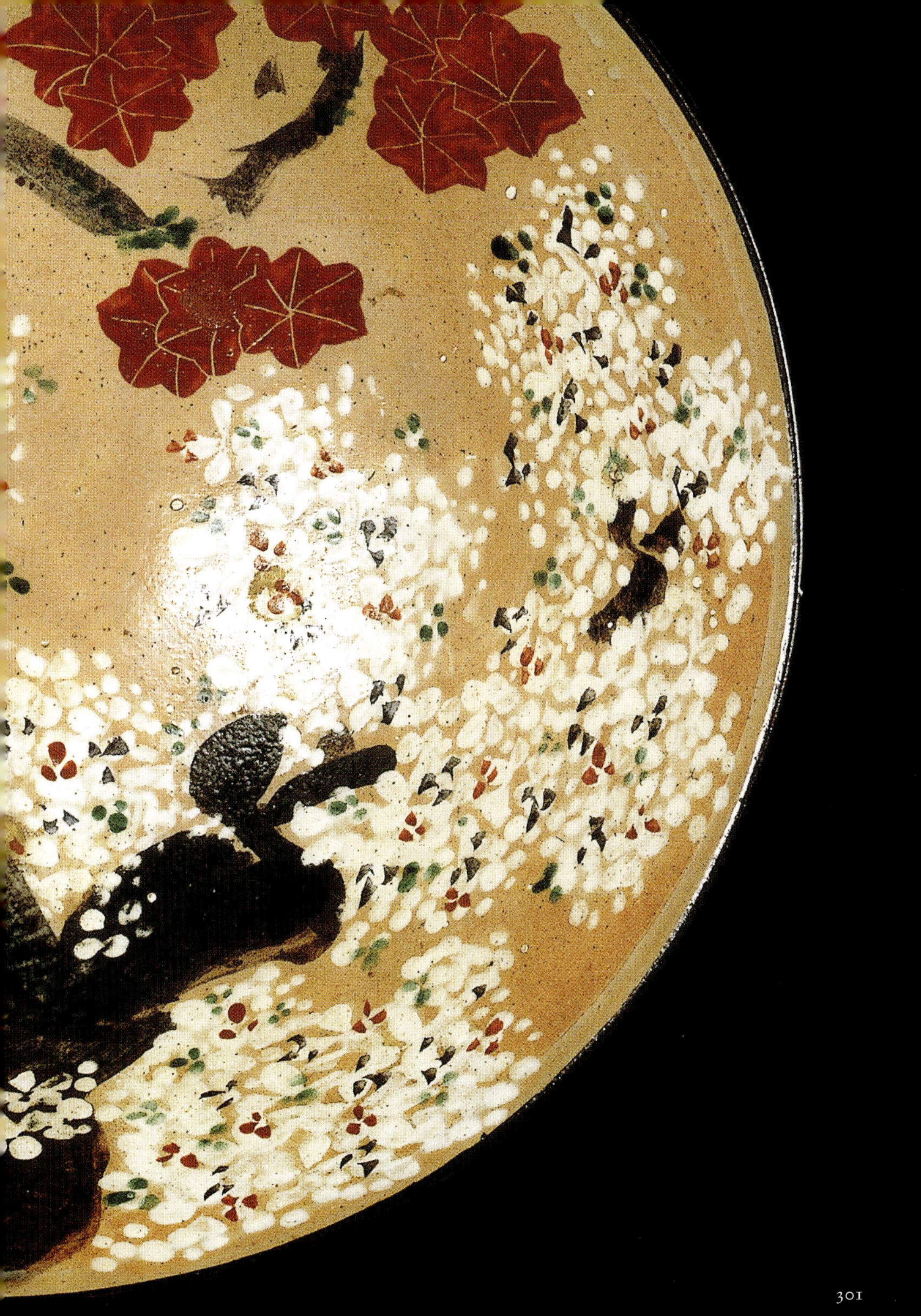

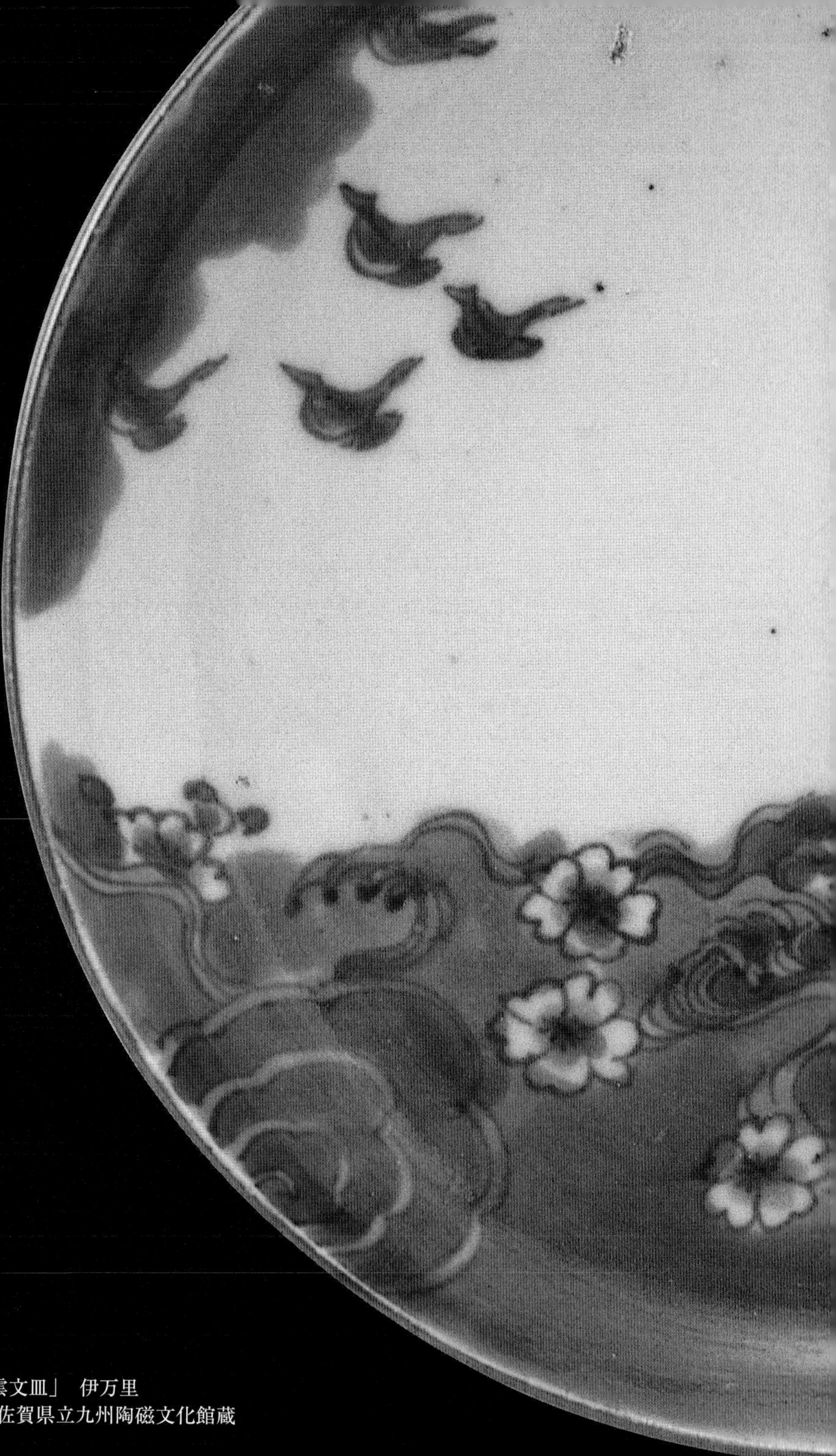

「染付波桜花雨雲文皿」　伊万里
江戸時代中期　佐賀県立九州陶磁文化館蔵

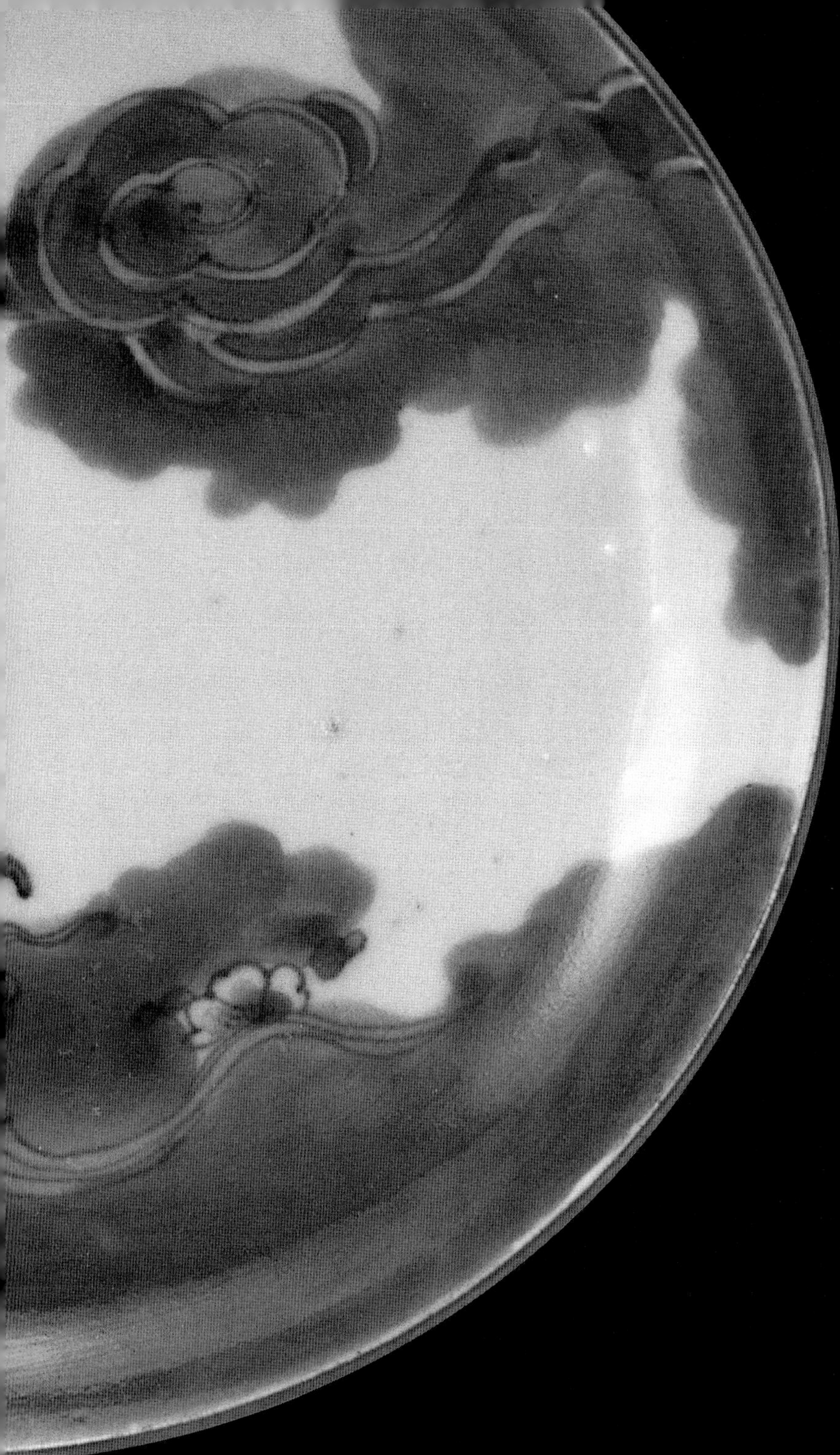

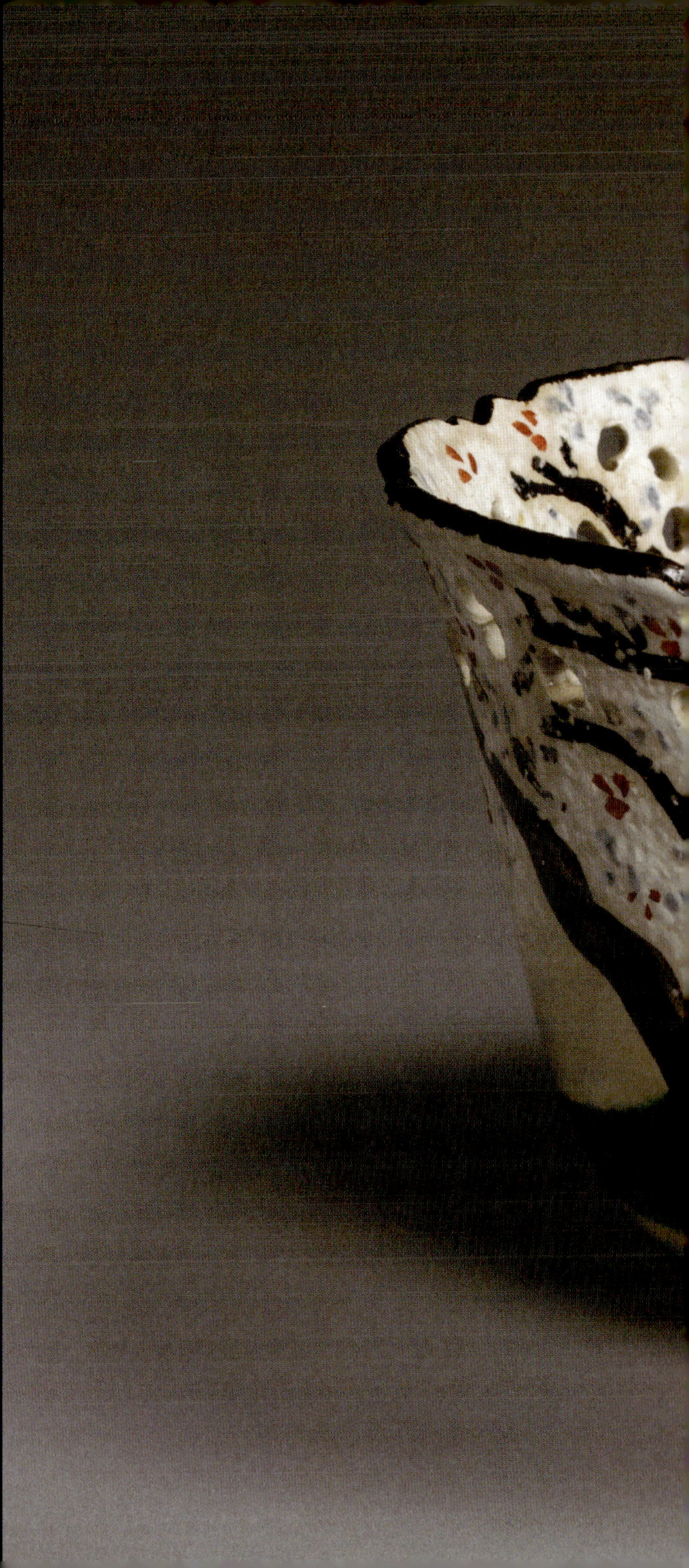

「色絵桜樹図透鉢」(部分)
仁阿弥道八(1783-1855)
江戸時代　東京国立博物館蔵

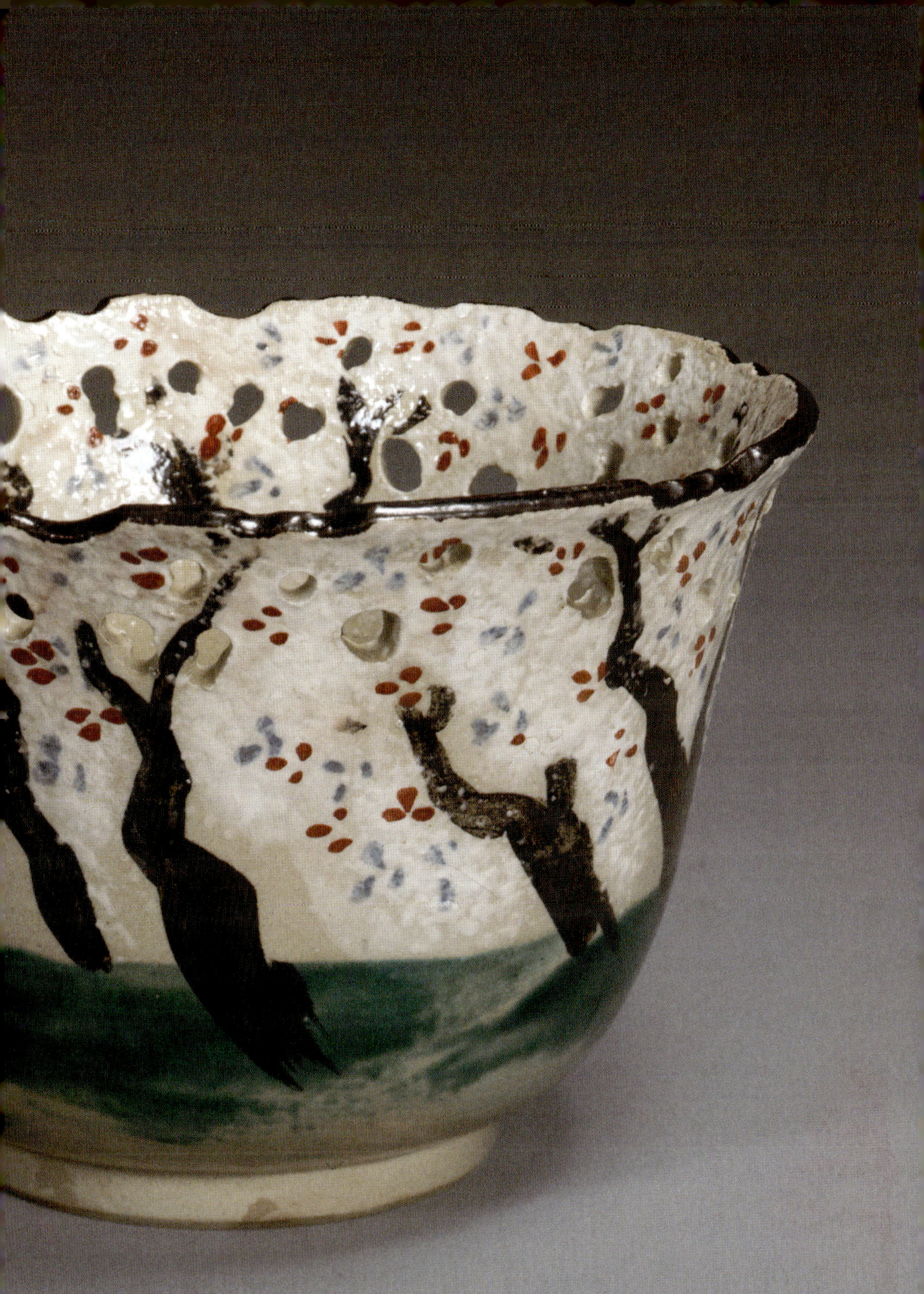

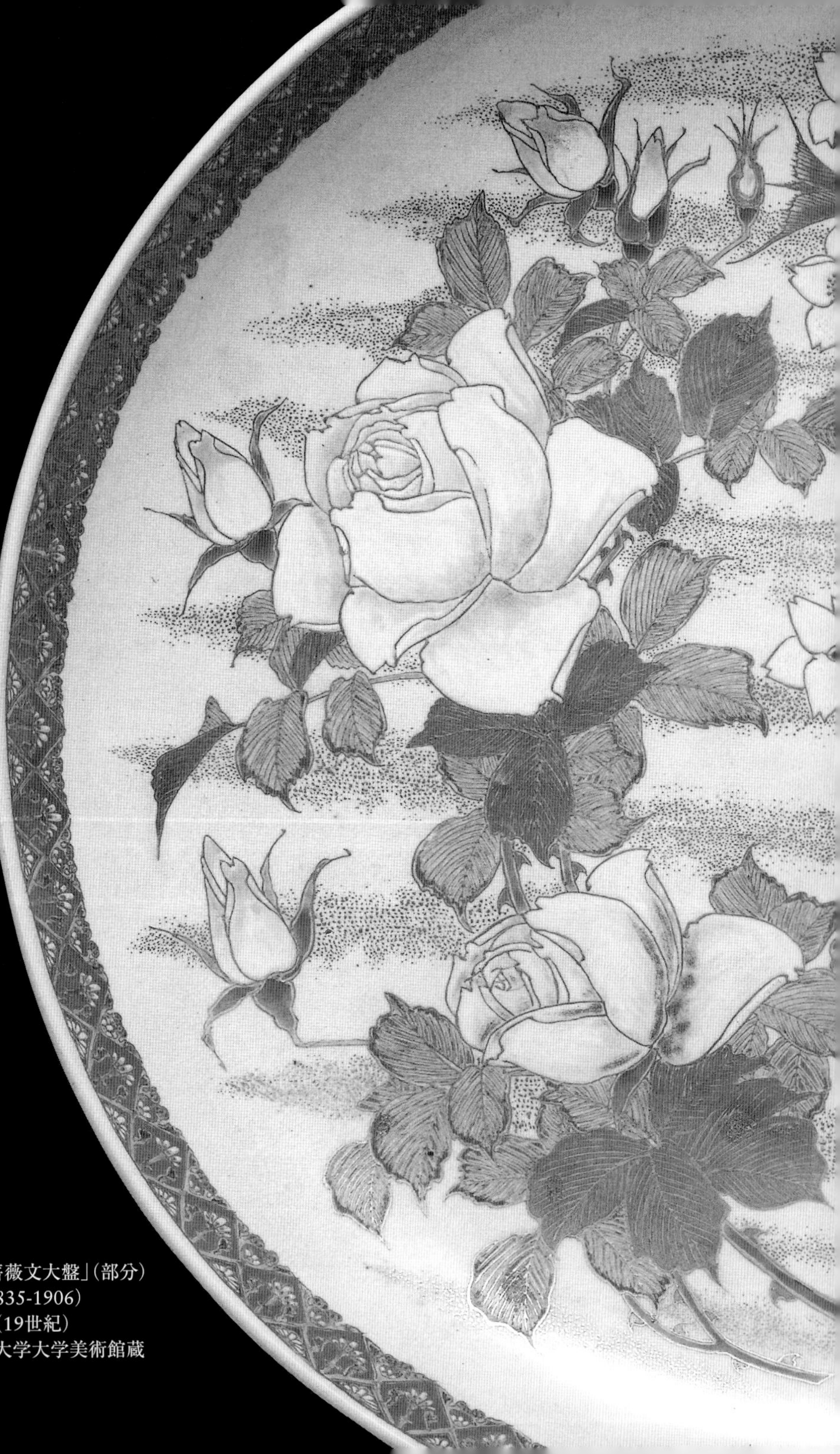

「色絵桜薔薇文大盤」(部分)
沈寿官(1835-1906)
明治時代(19世紀)
東京藝術大学大学美術館蔵

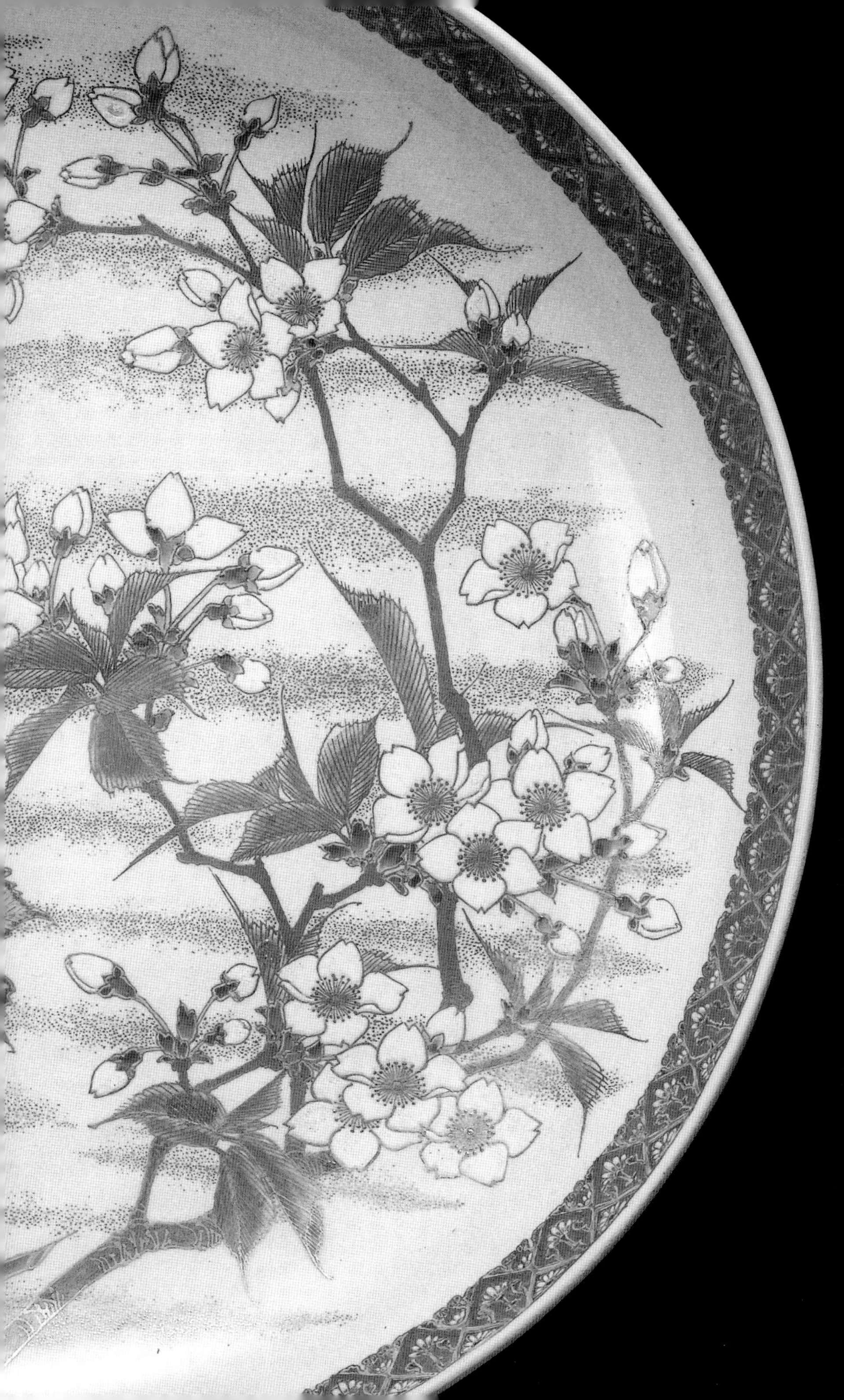

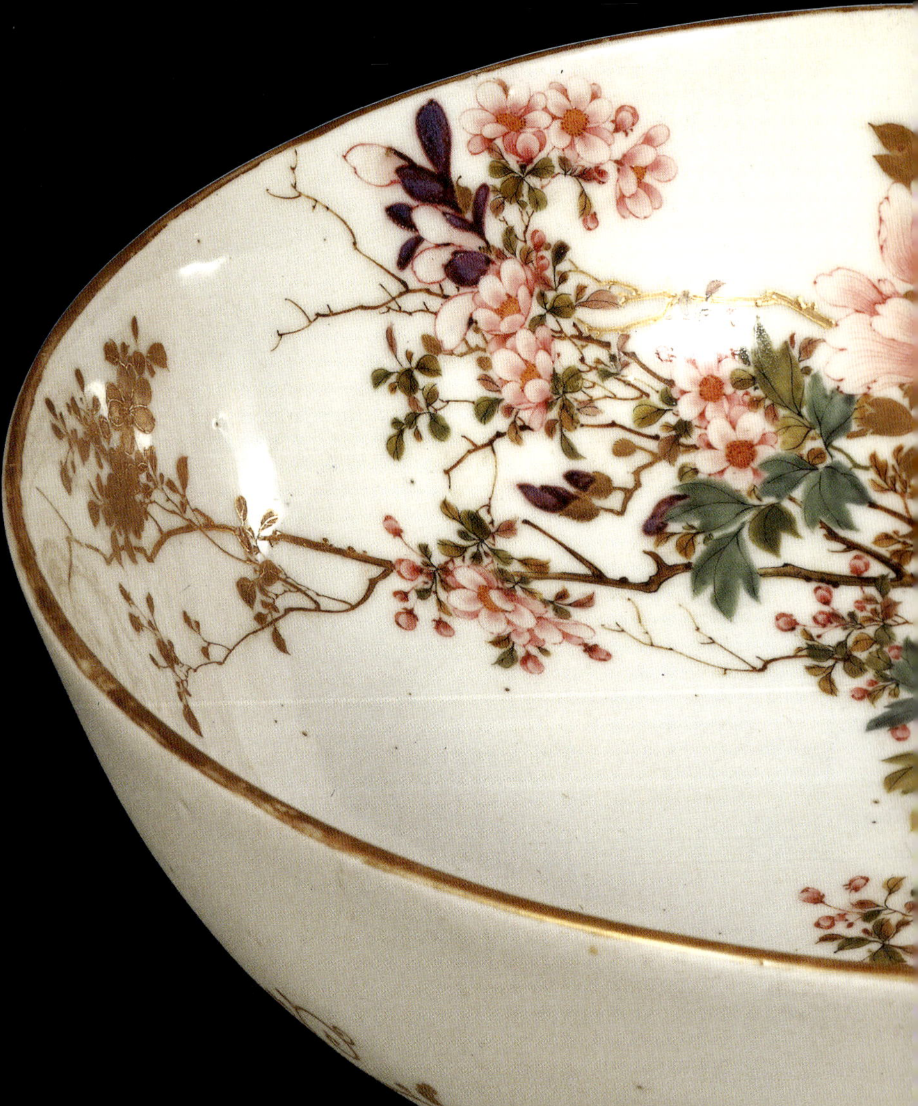

「色絵金彩花卉図鉢」(部分)
石川県勧業場
明治9年(1876)
石川県立美術館蔵

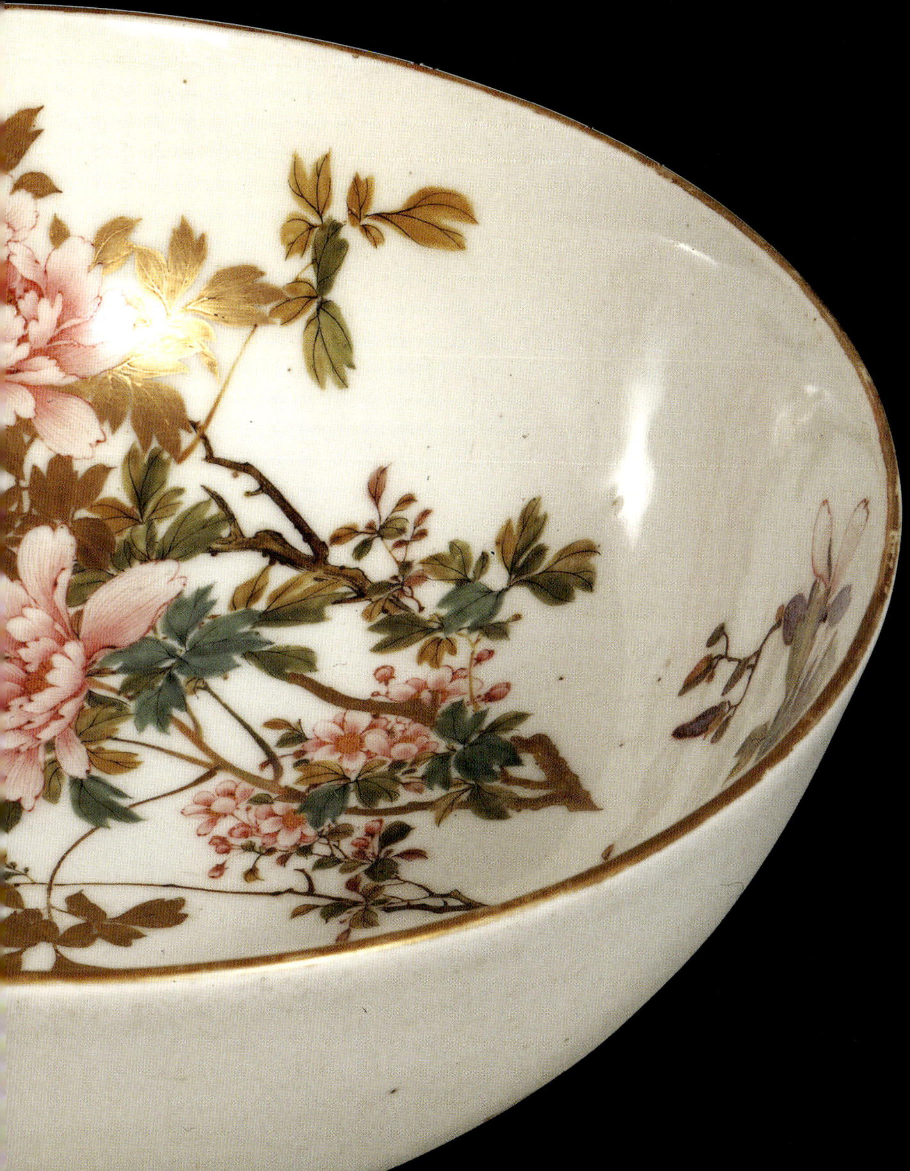

「彩磁桜花紅葉文香爐」
西浦円治(1807-1884)　東京藝術大学大学美術館蔵

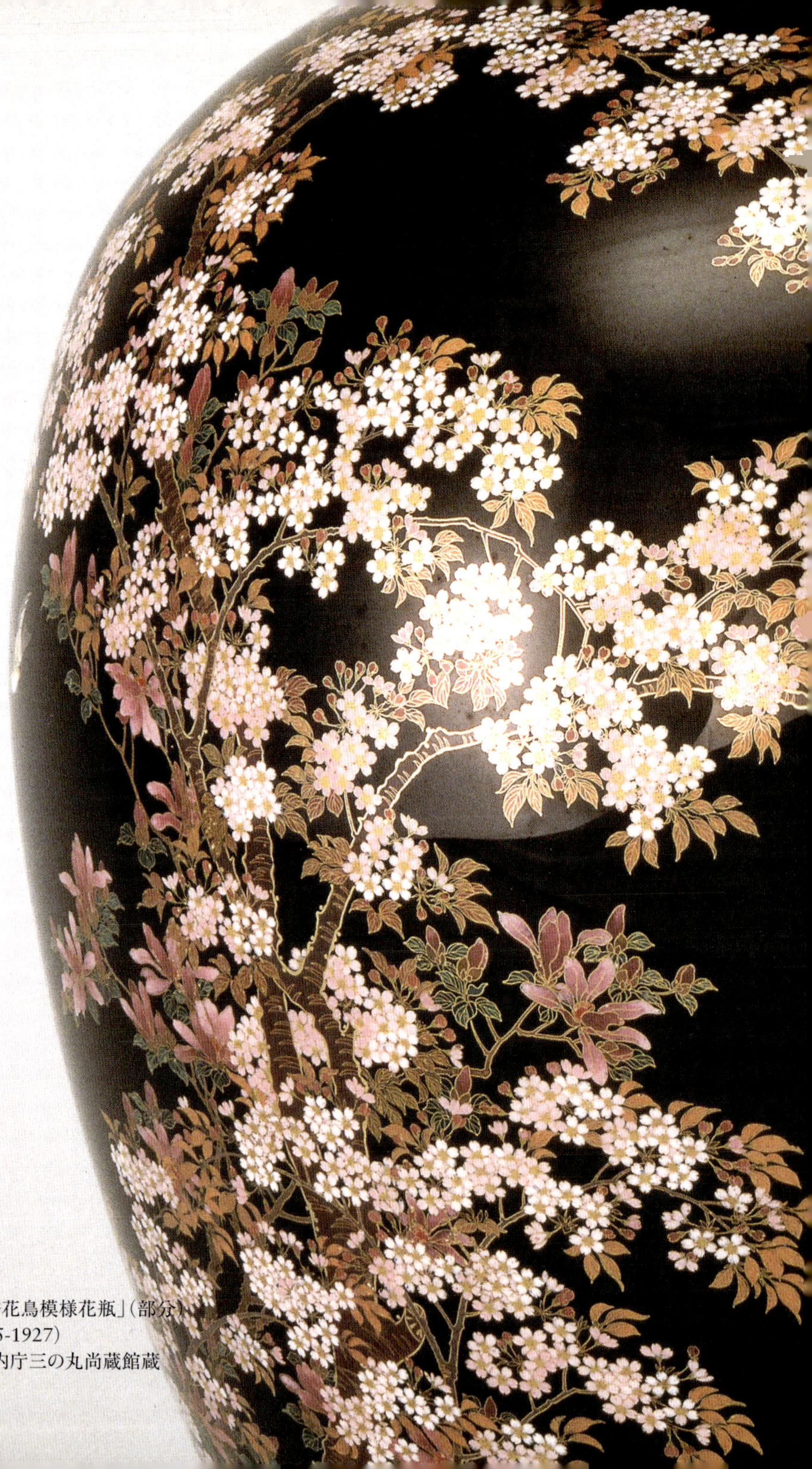

「七宝黒地四季花鳥模様花瓶」(部分)
並河靖之(1845-1927)
明治時代　宮内庁三の丸尚蔵館蔵

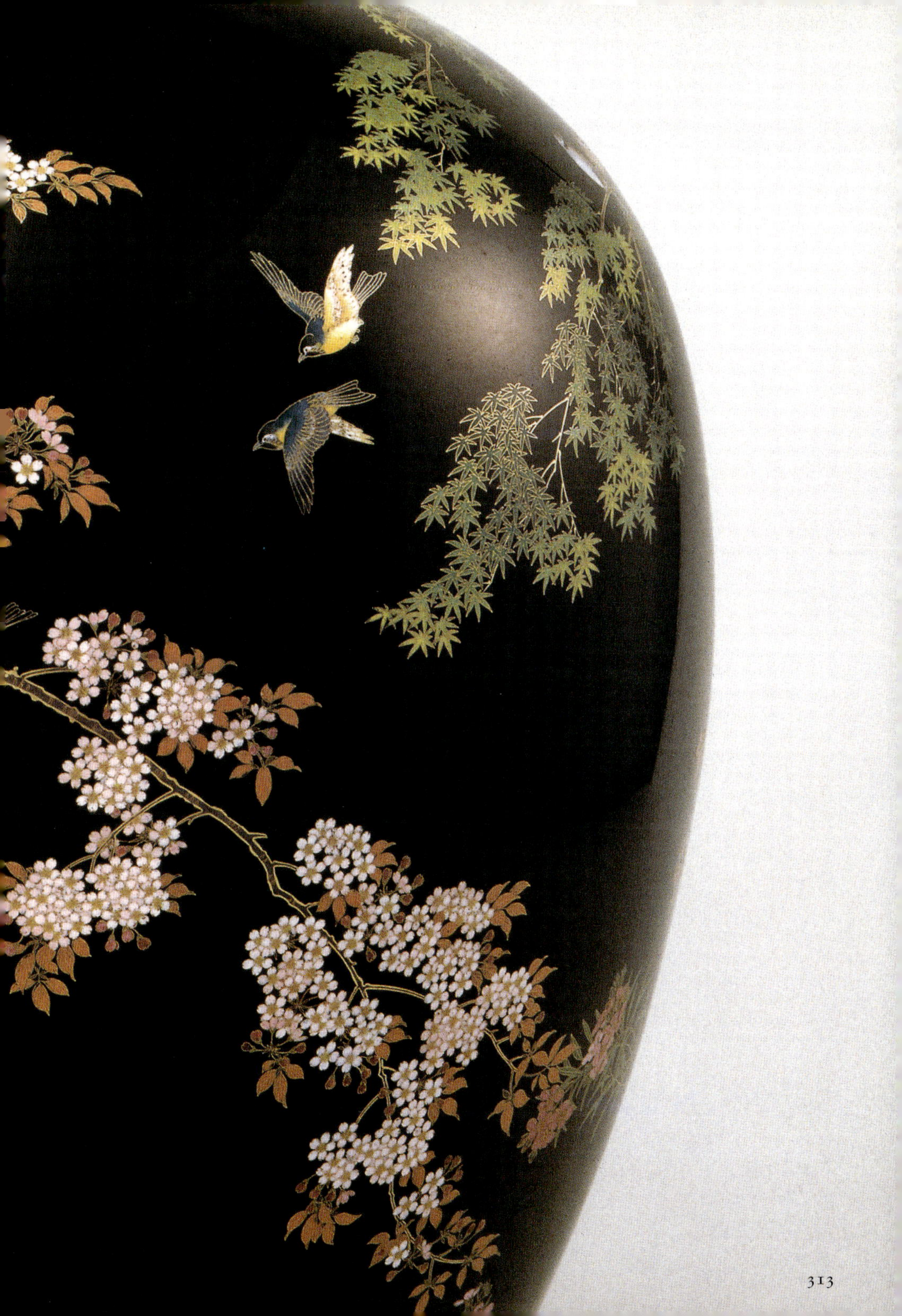

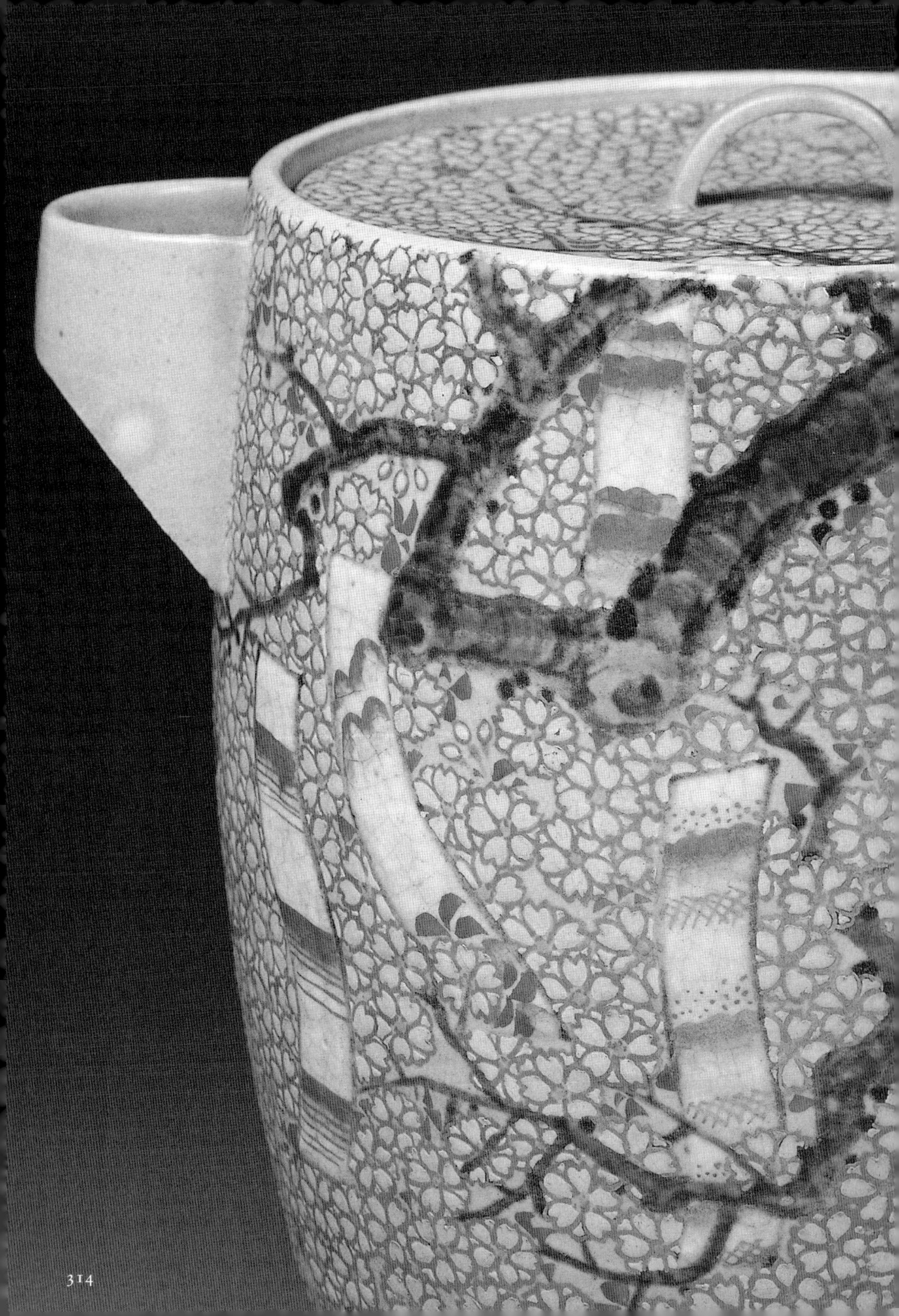

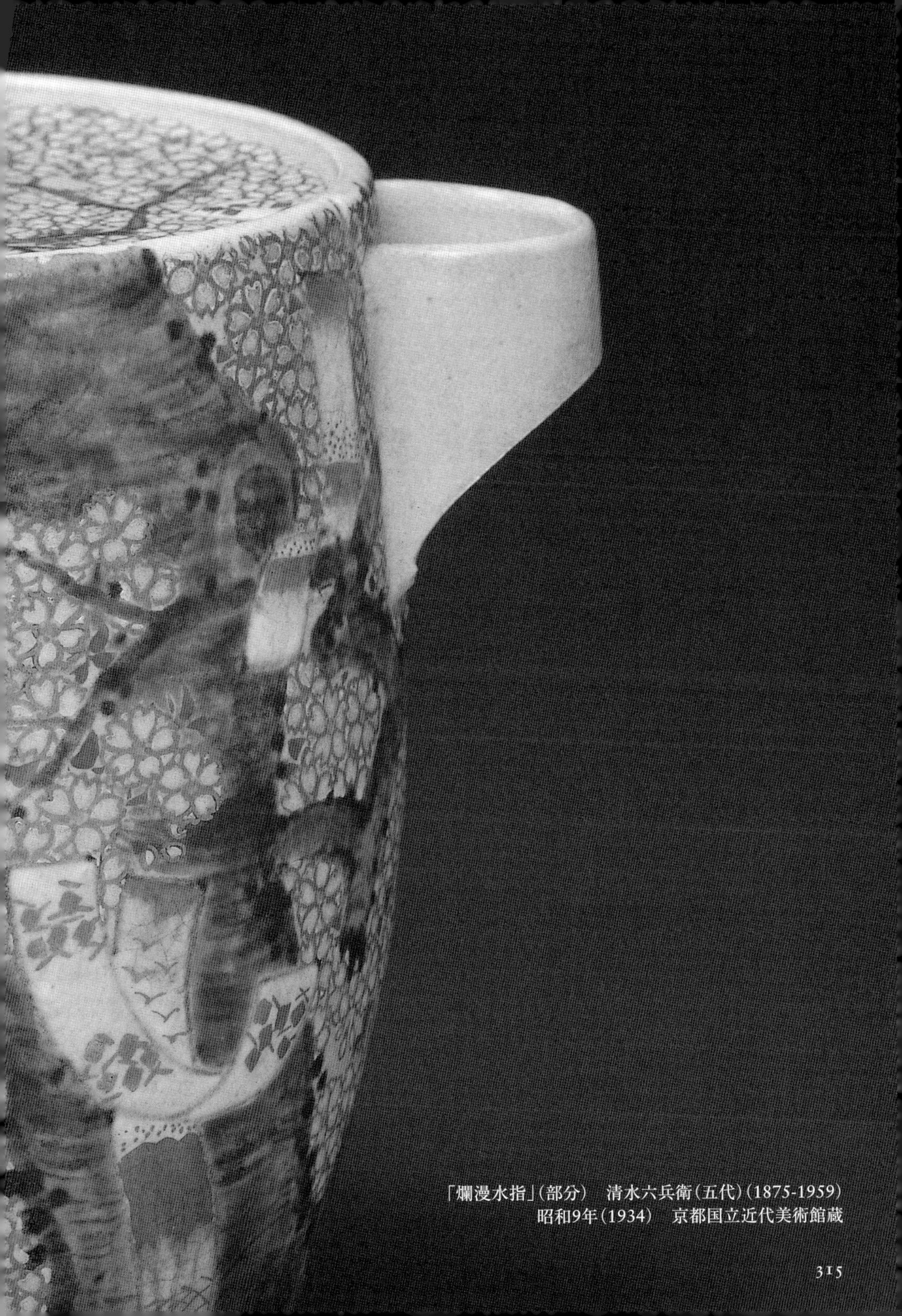

「爛漫水指」(部分)　清水六兵衛(五代)(1875-1959)
昭和9年(1934)　京都国立近代美術館蔵

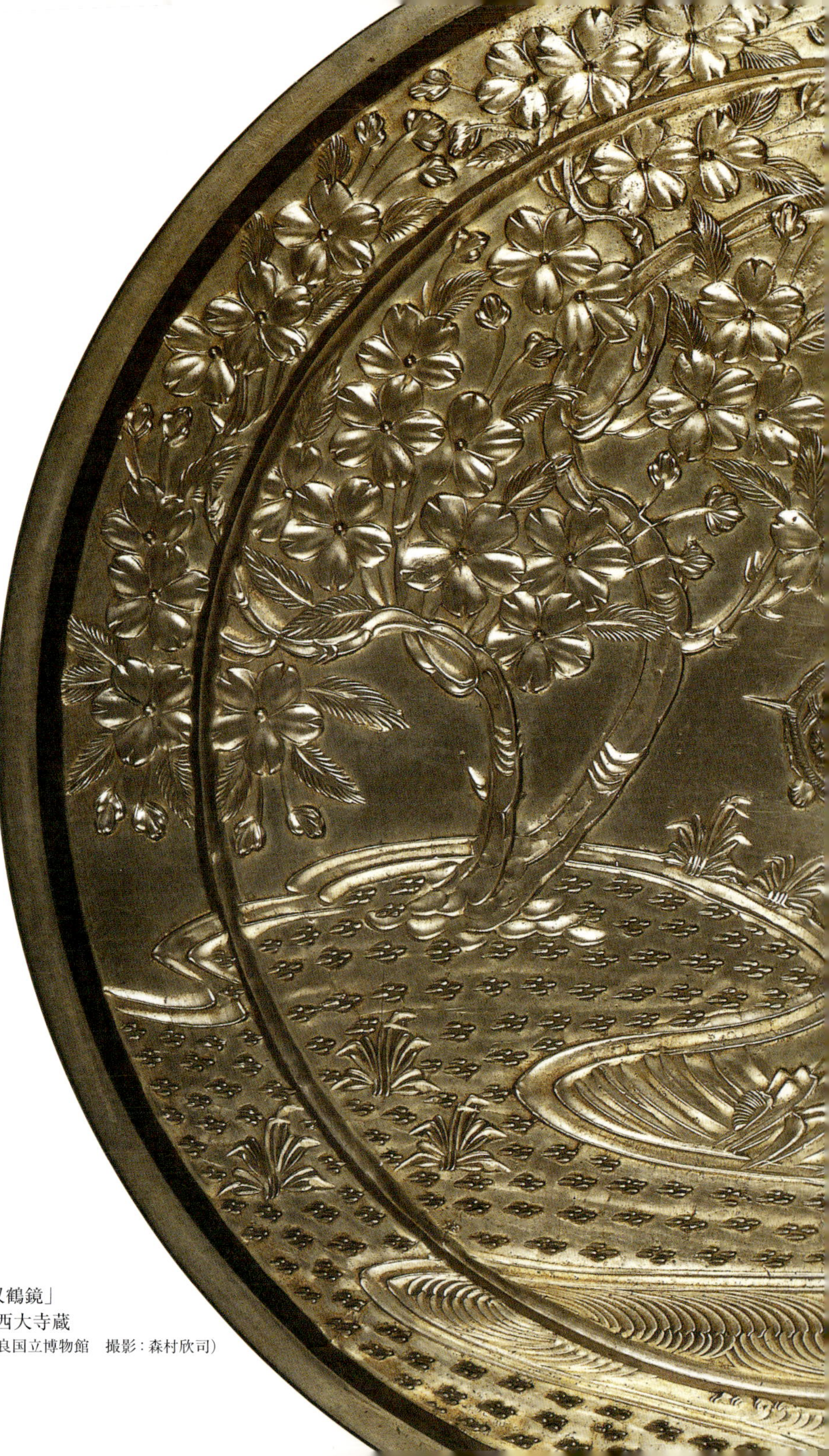

「洲浜桜樹双鶴鏡」
鎌倉時代　西大寺蔵
（写真提供：奈良国立博物館　撮影：森村欣司）

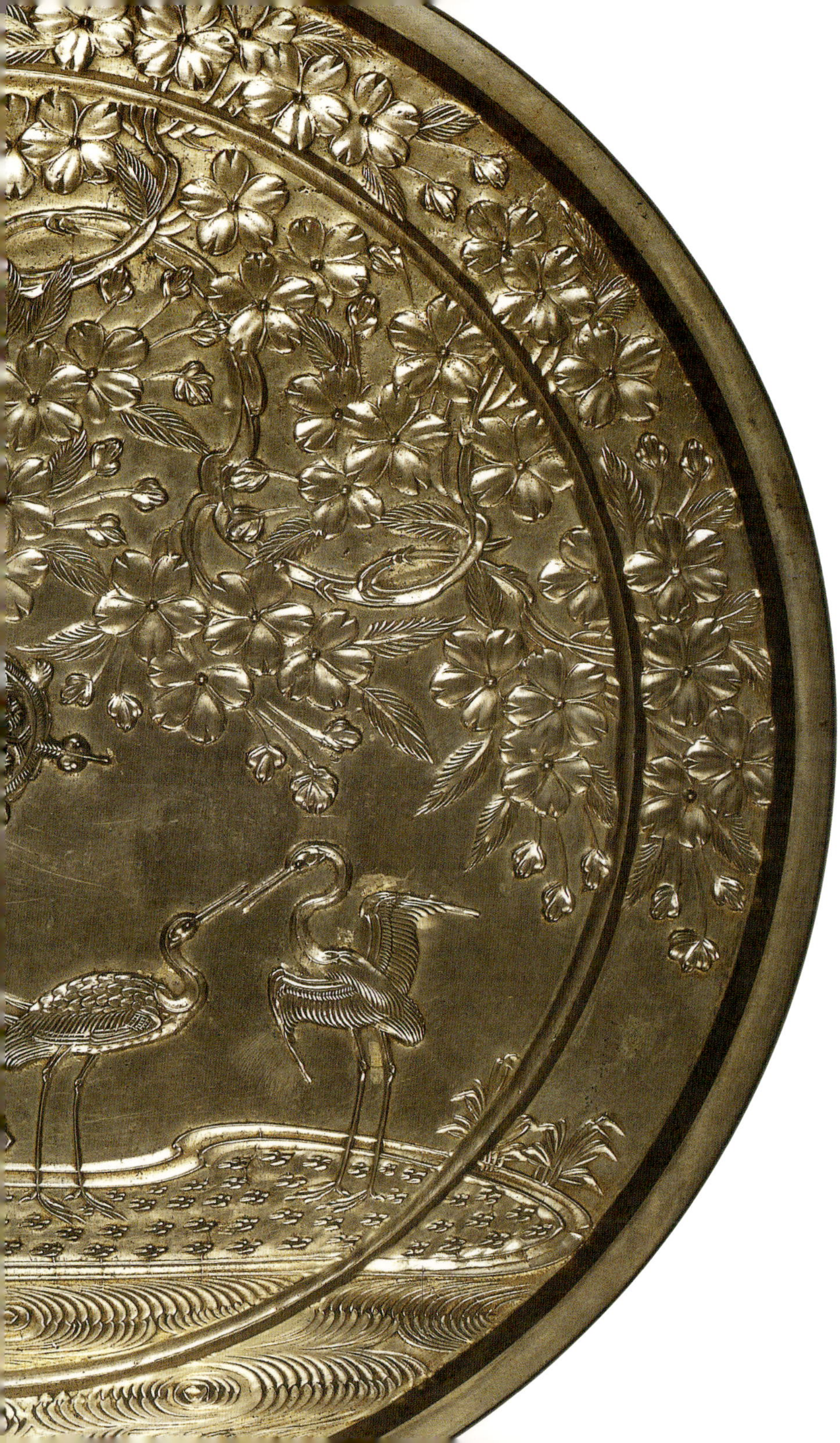

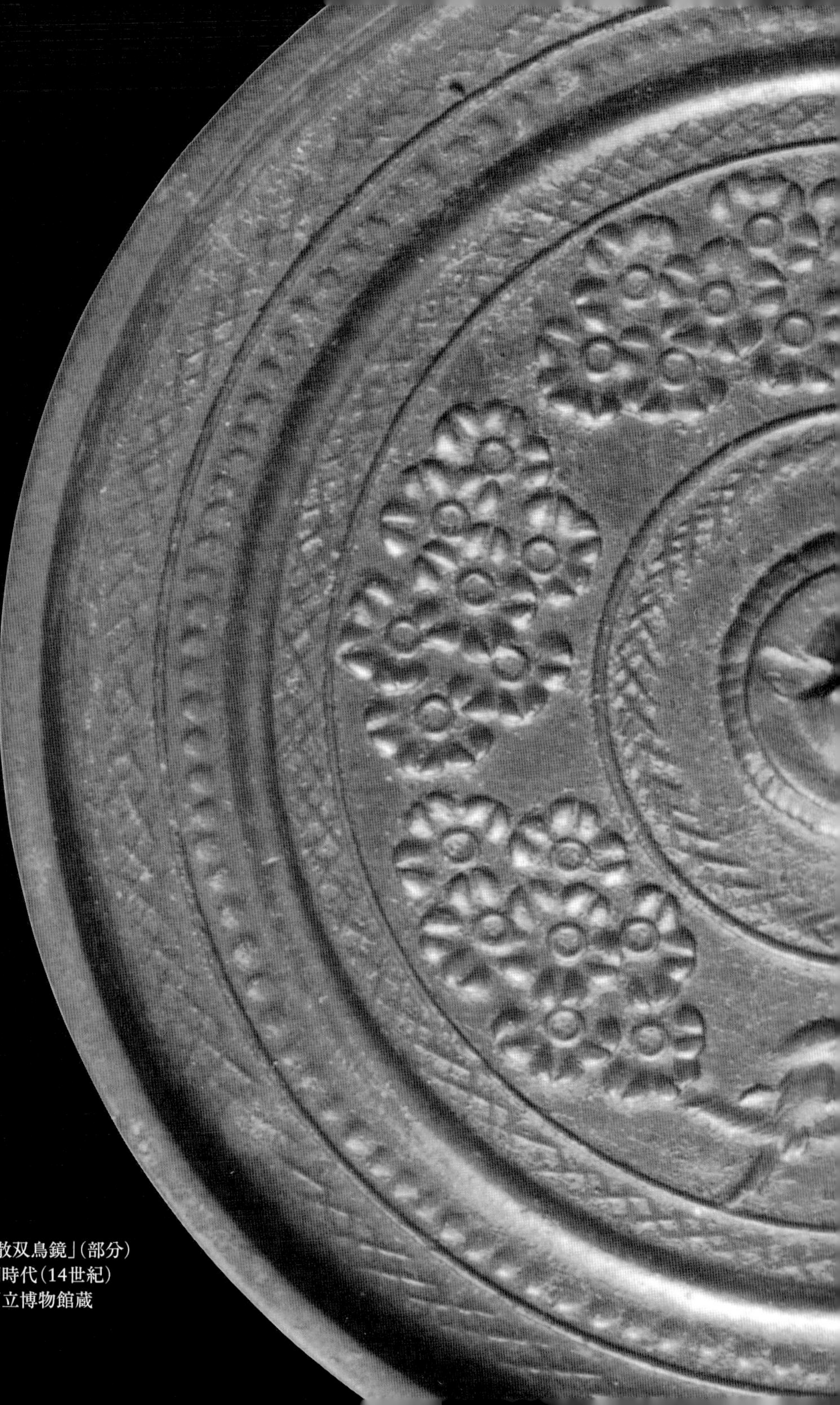

「桜花散双鳥鏡」(部分)
南北朝時代(14世紀)
京都国立博物館蔵

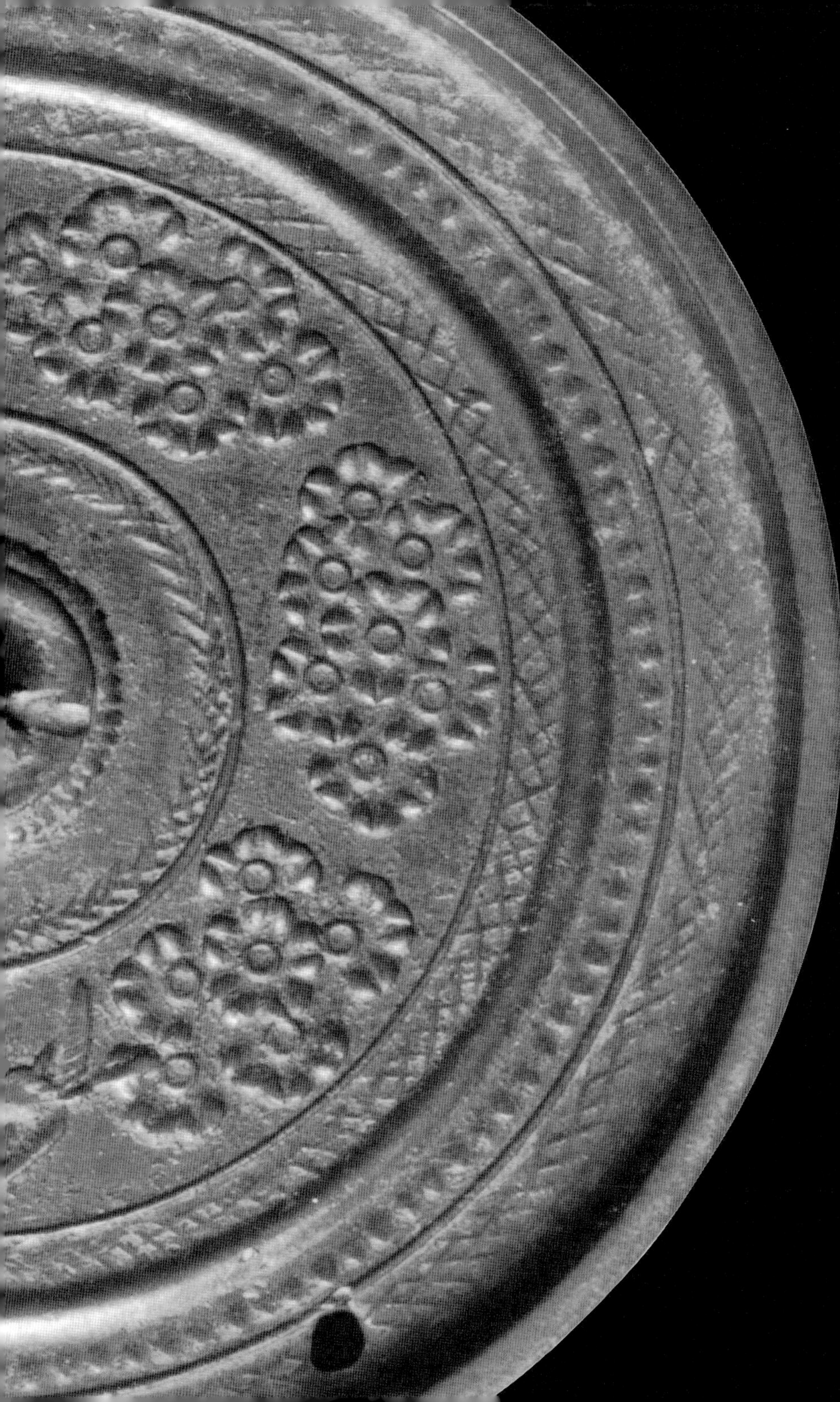

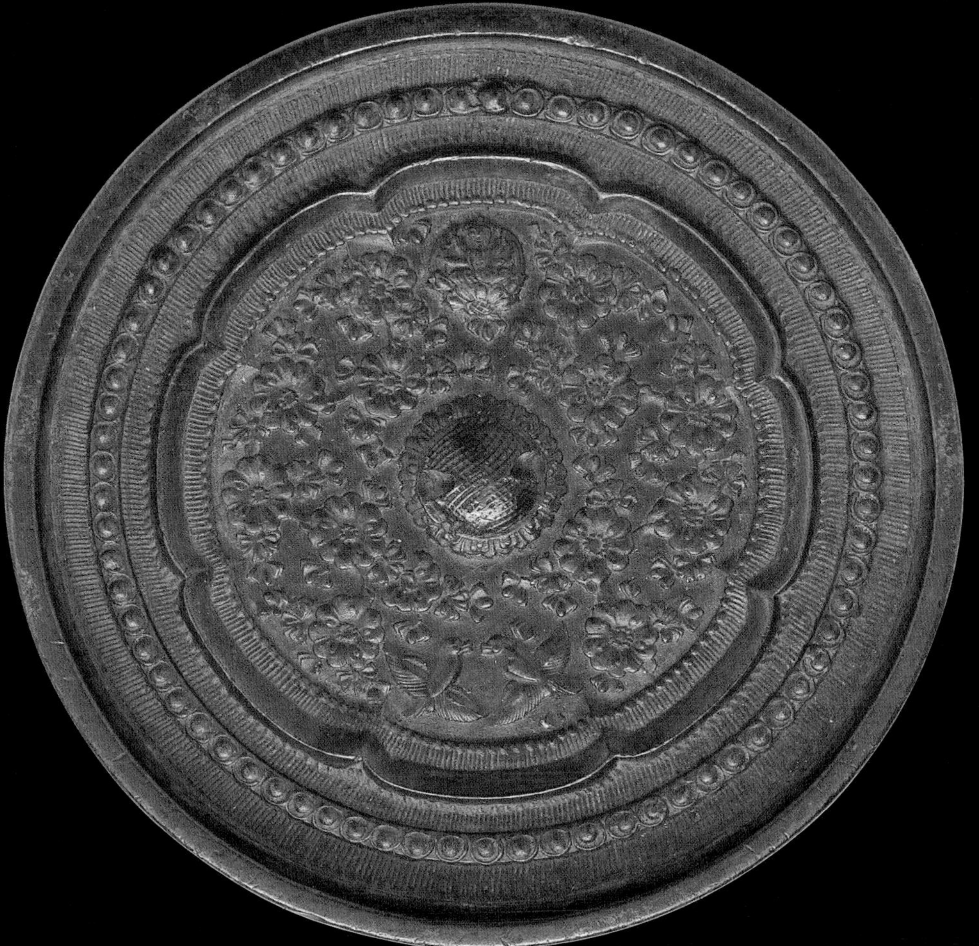

「愛染明王桜花散双雀鏡」
室町時代
東京藝術大学大学美術館蔵

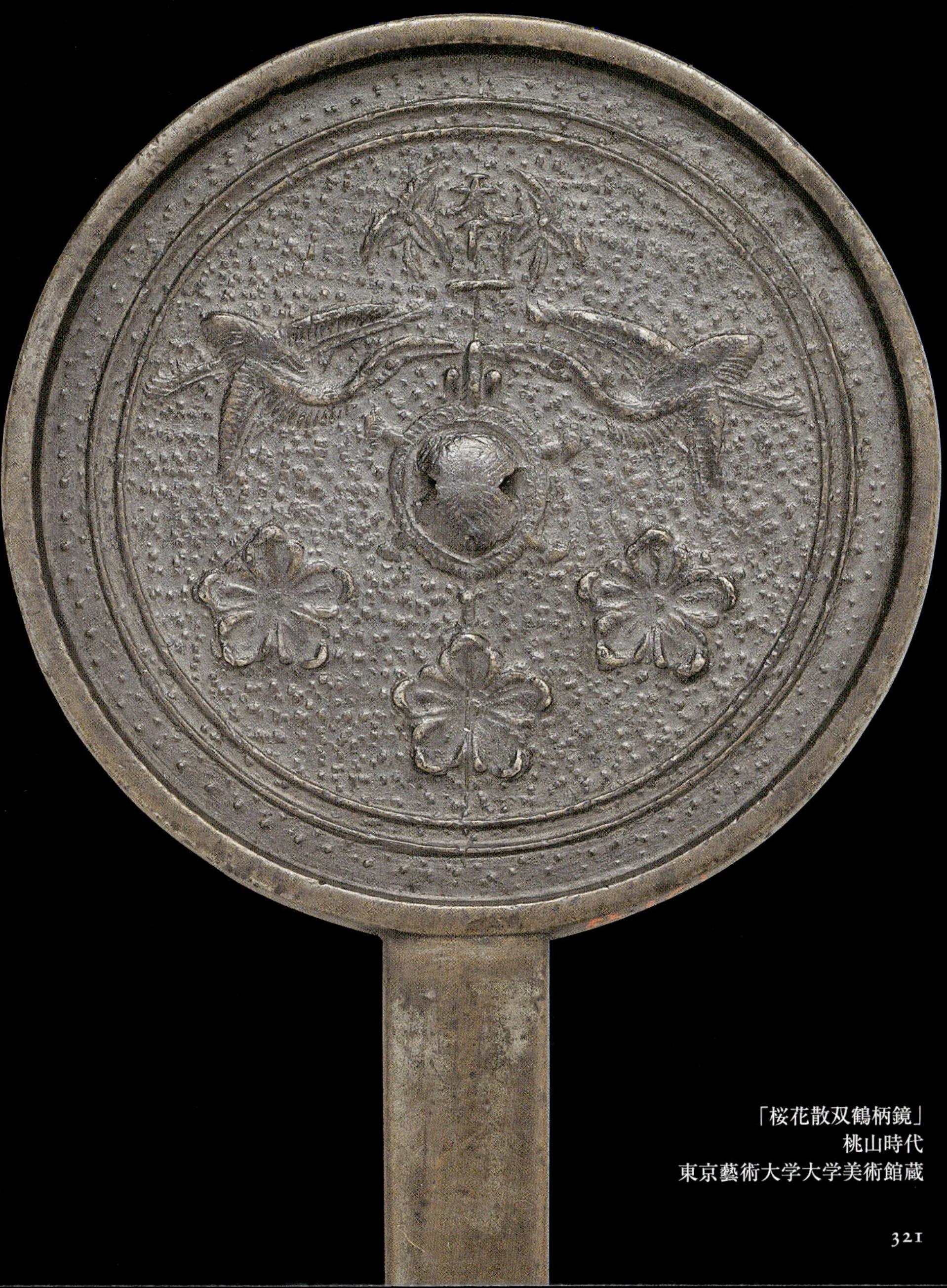

「桜花散双鶴柄鏡」
桃山時代
東京藝術大学大学美術館蔵

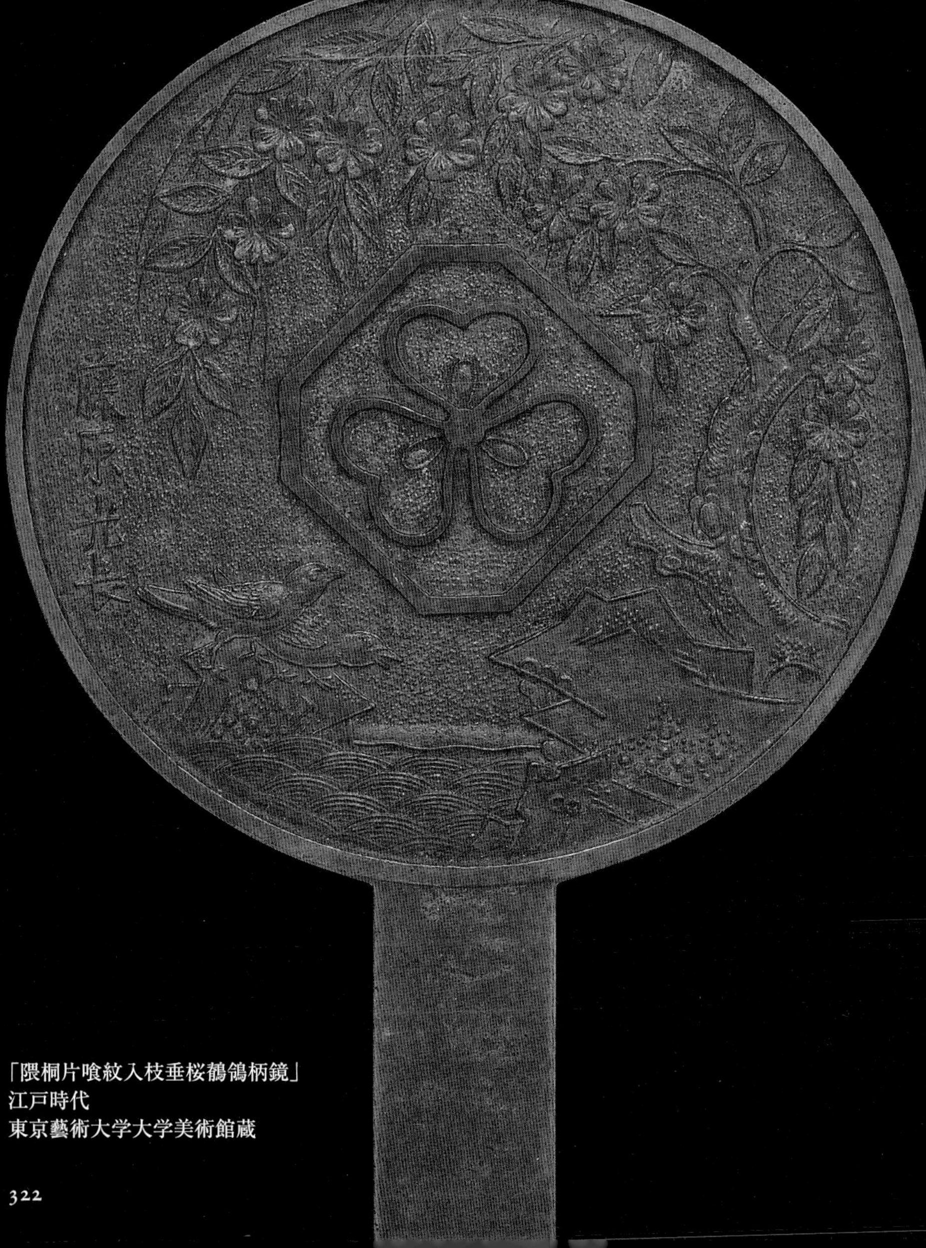

「隈桐片喰紋入枝垂桜鶺鴒柄鏡」
江戸時代
東京藝術大学大学美術館蔵

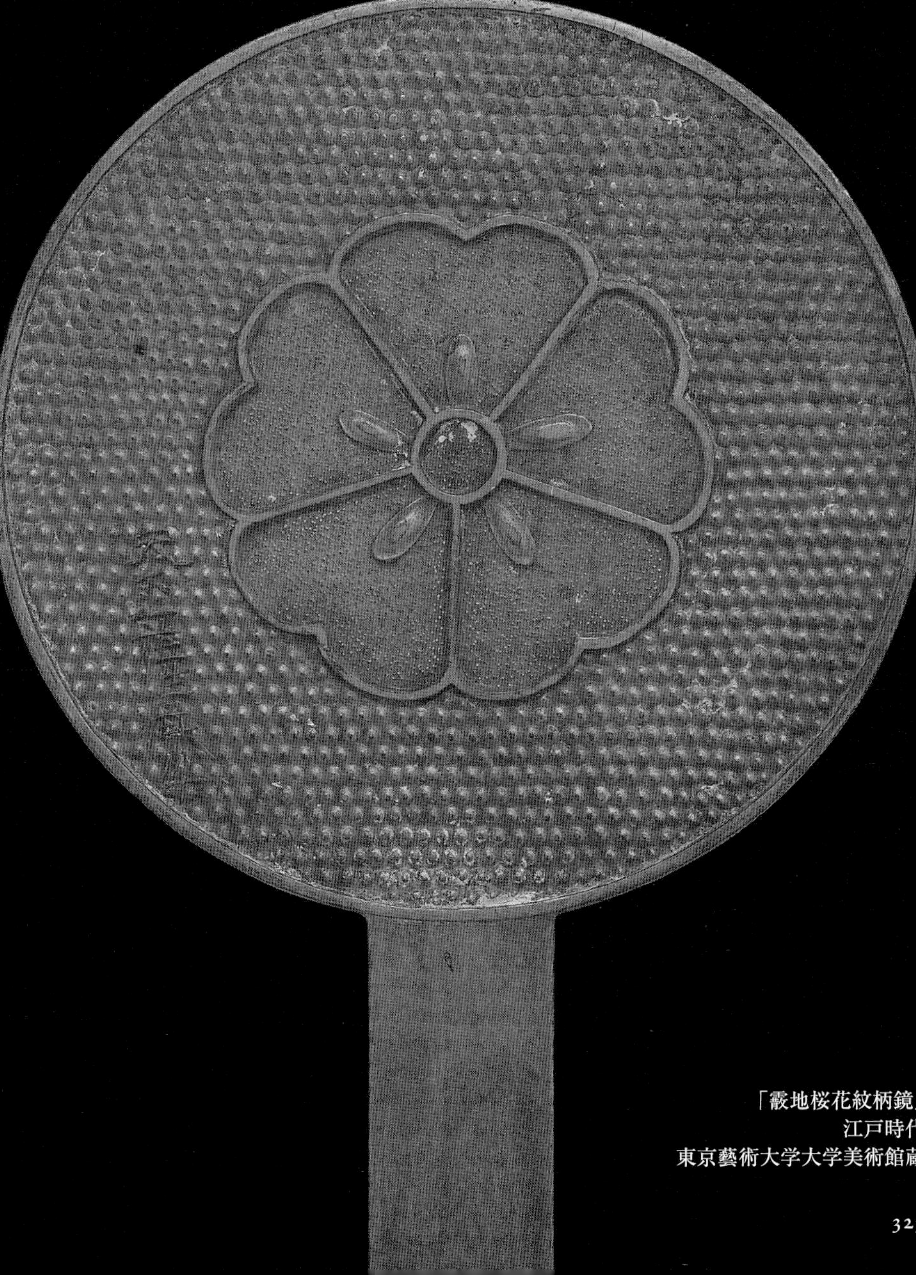

「霰地桜花紋柄鏡」
江戸時代
東京藝術大学大学美術館蔵

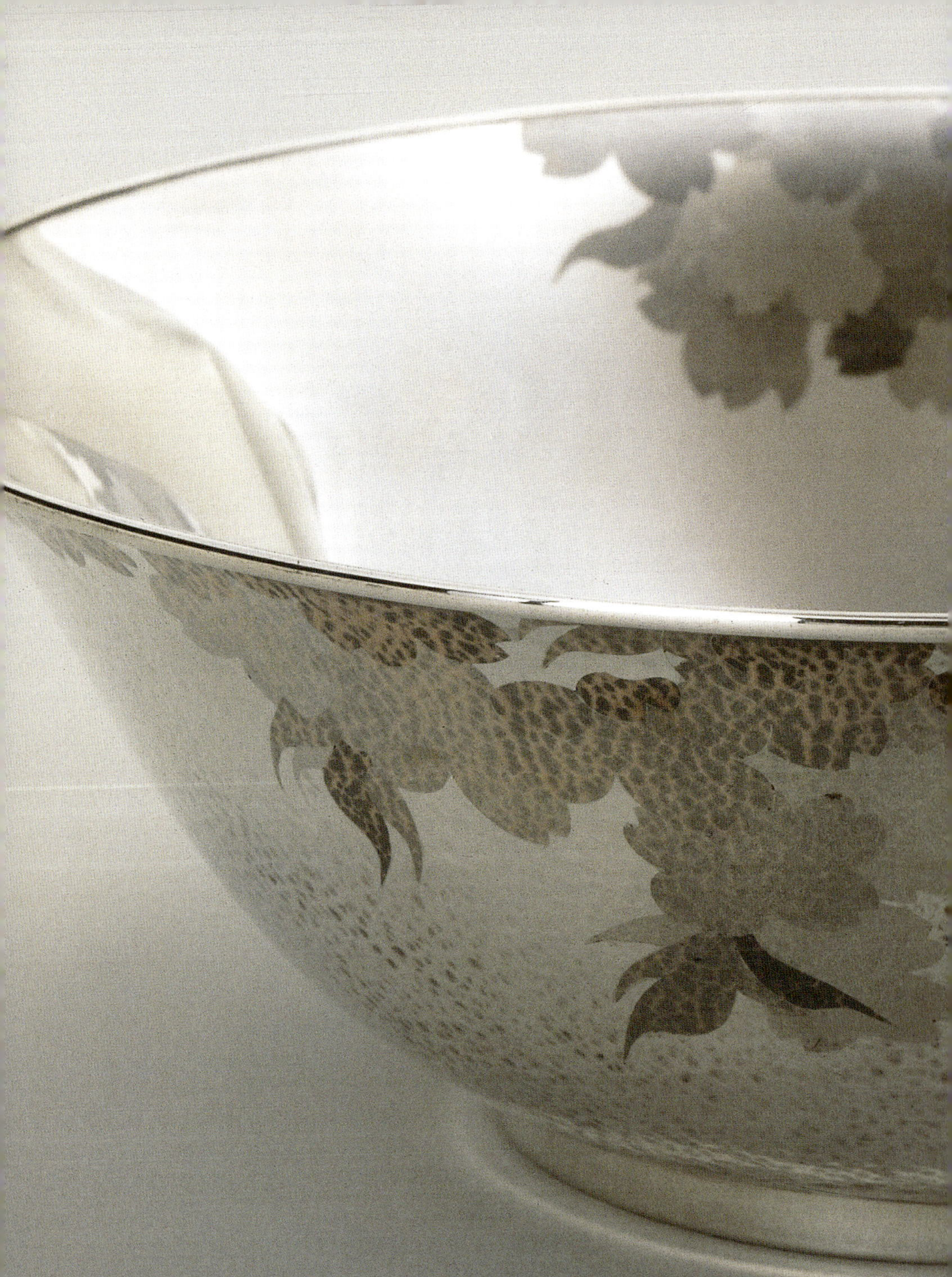

「朧銀桜花模様菓子器」（部分）　宮内庁三の丸尚蔵館蔵

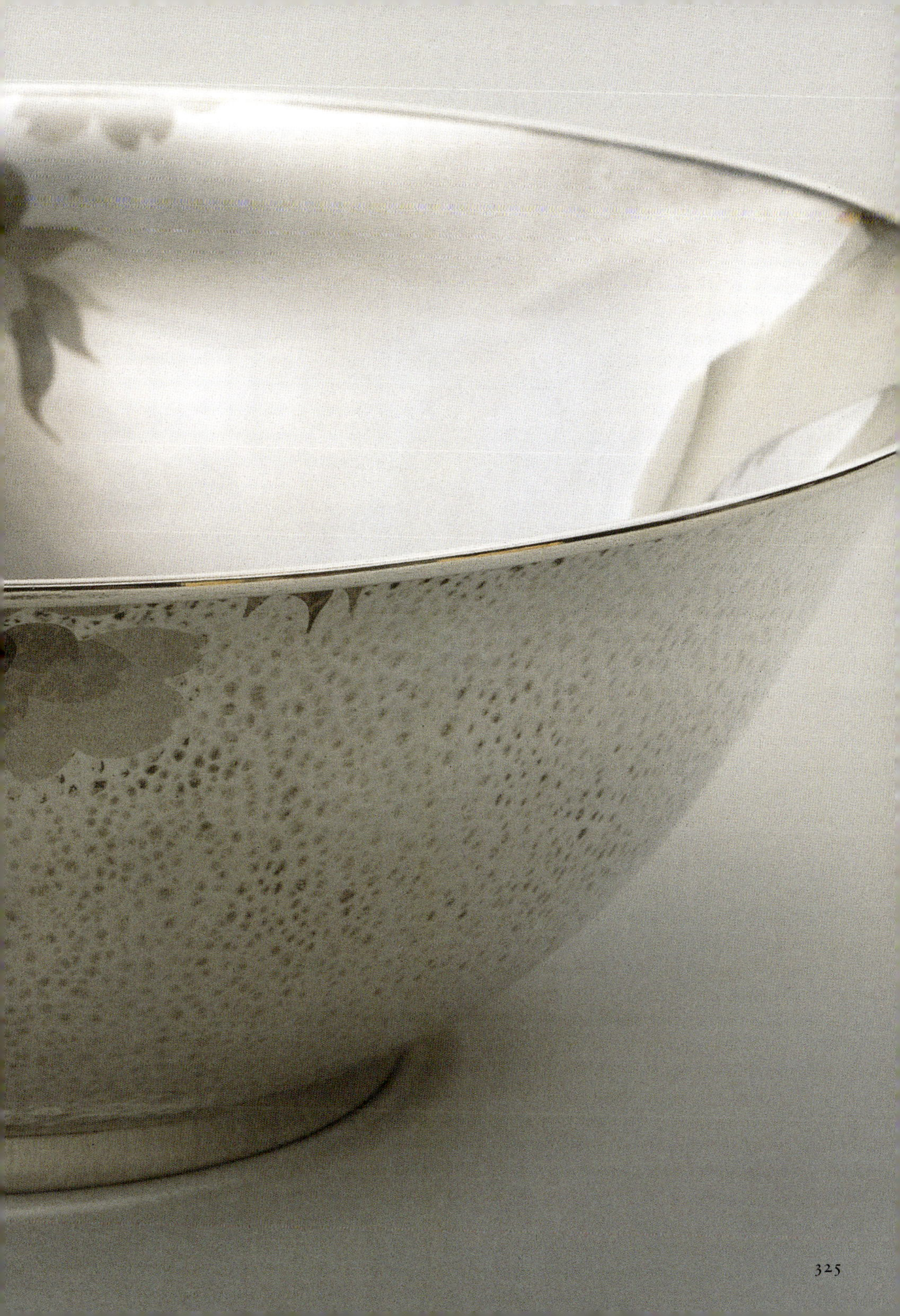

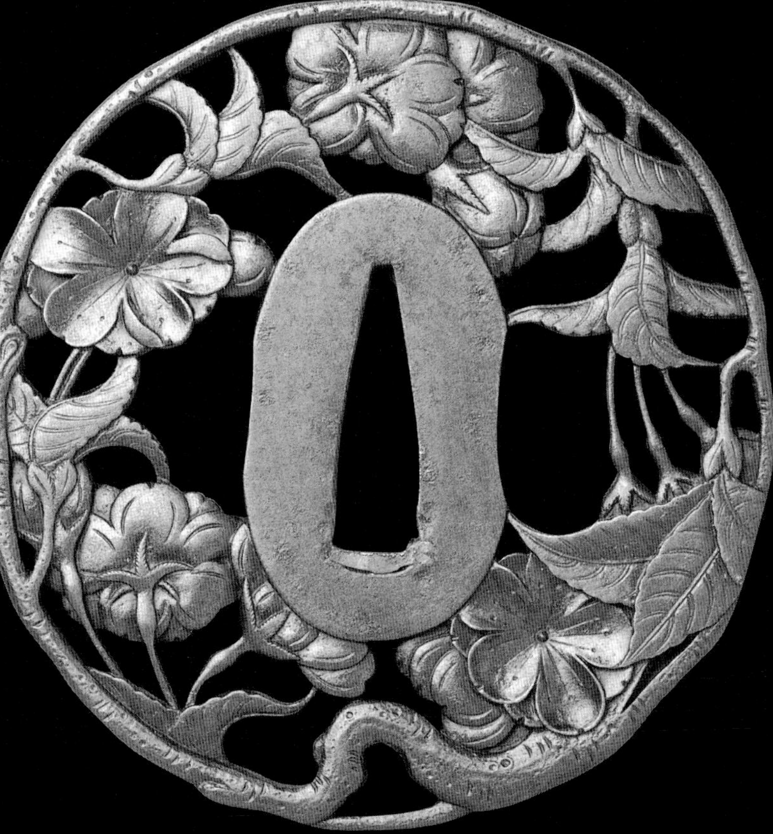

「桜花透鐔　銘江府住佐久間宣秀」　江戸時代(17~19世紀)　京都国立博物館蔵

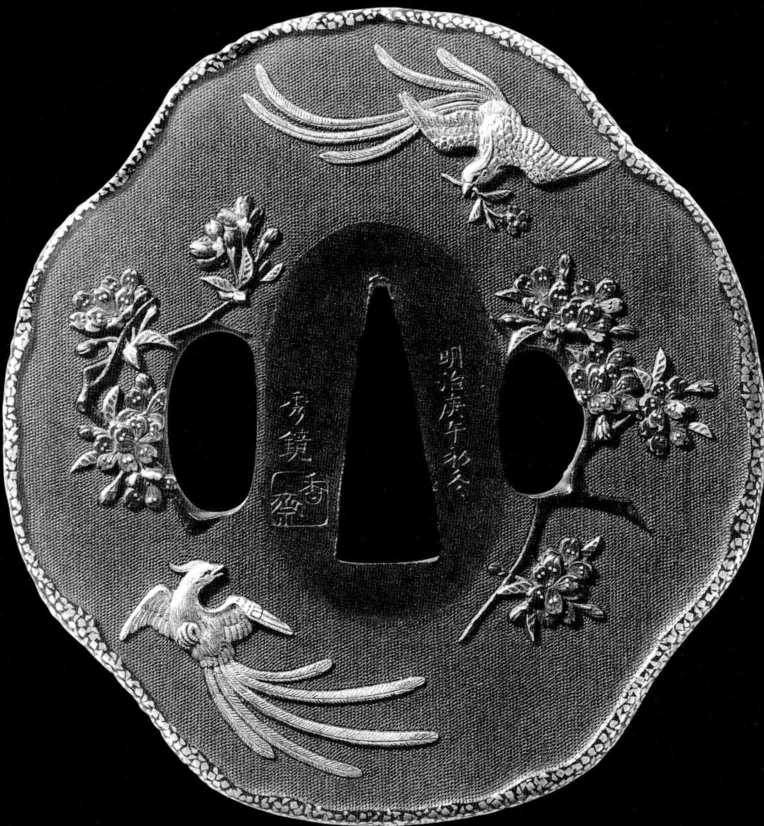

「桜鳳凰図鐔」 明治3年(1870) 東京国立博物館蔵

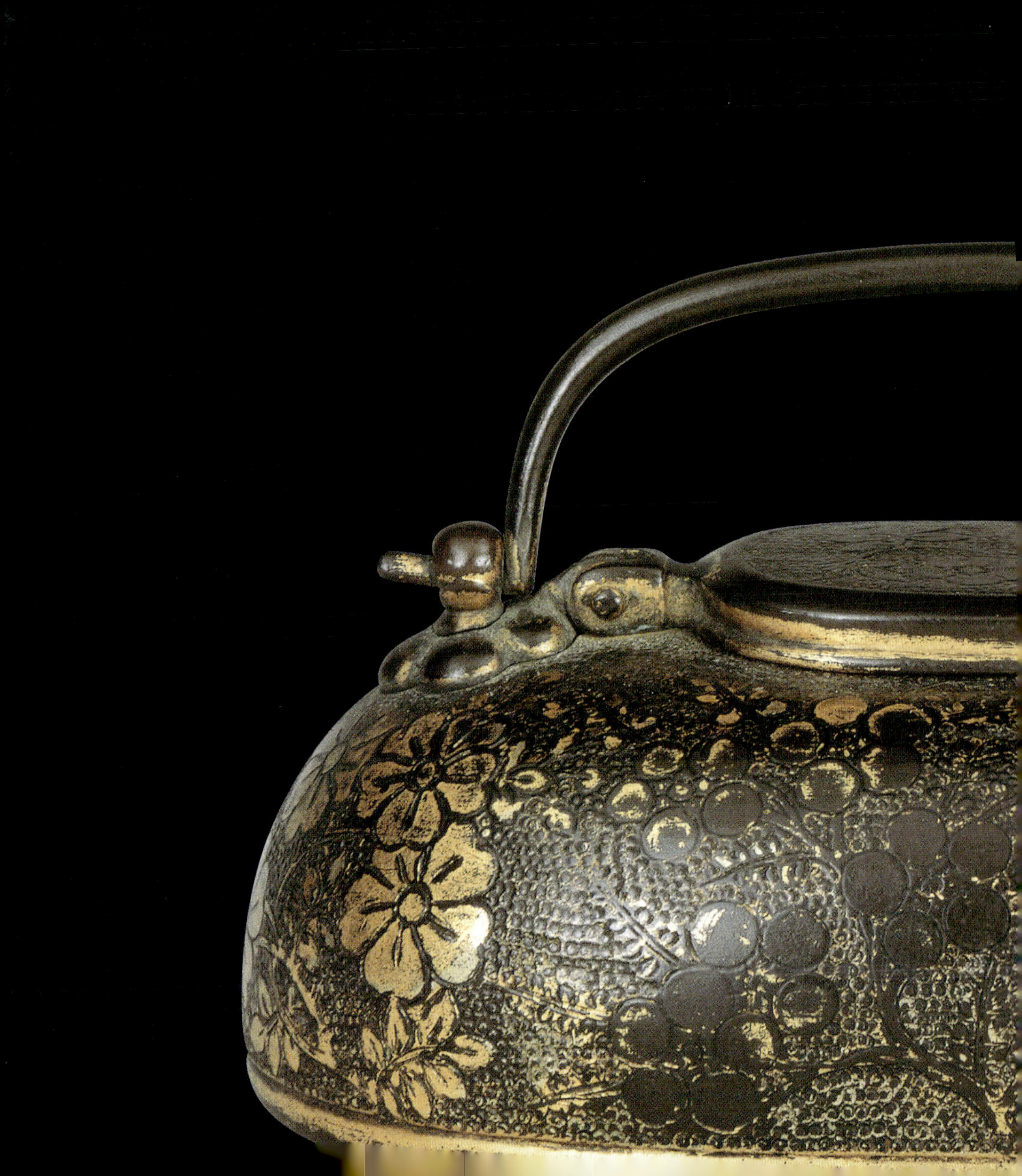

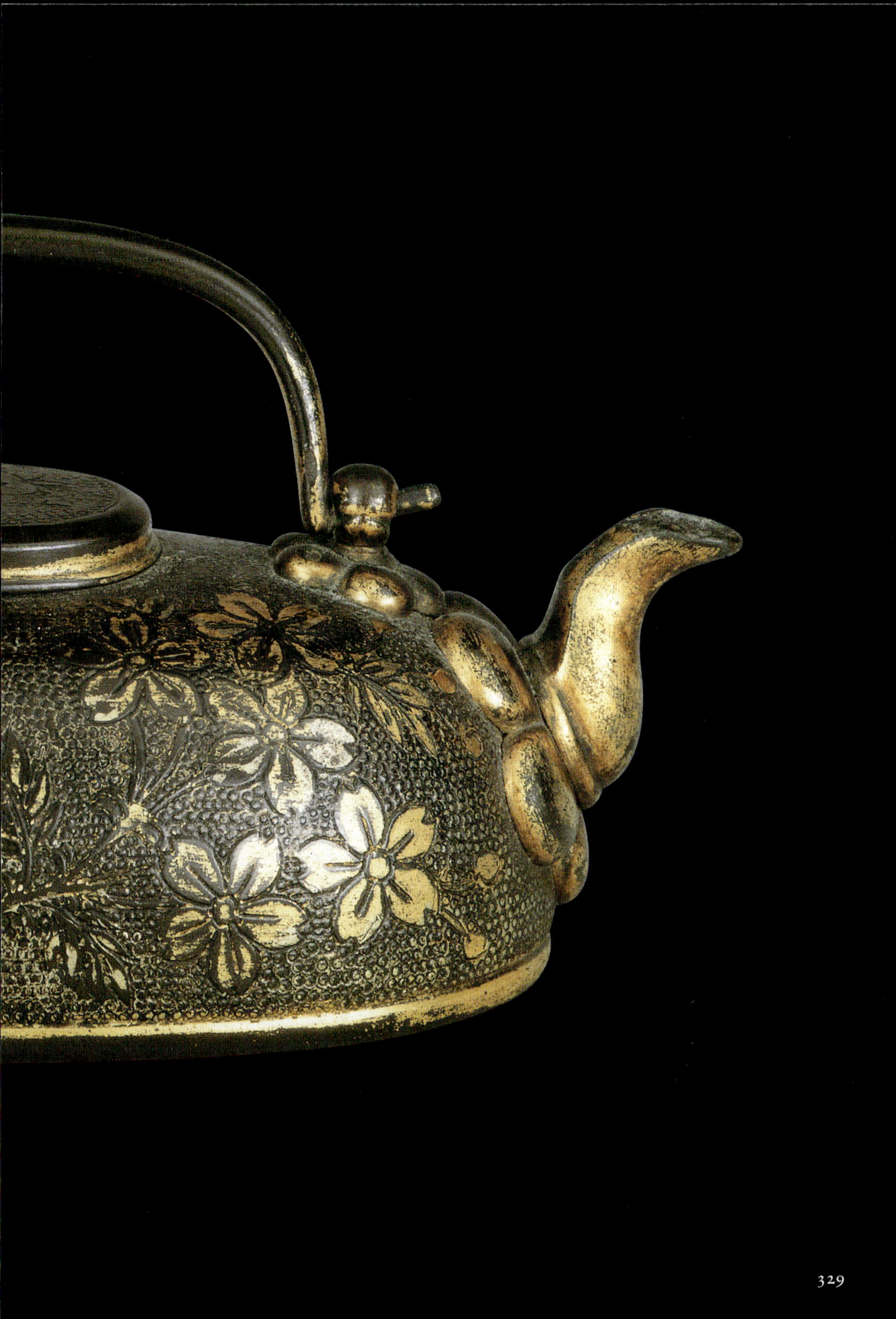

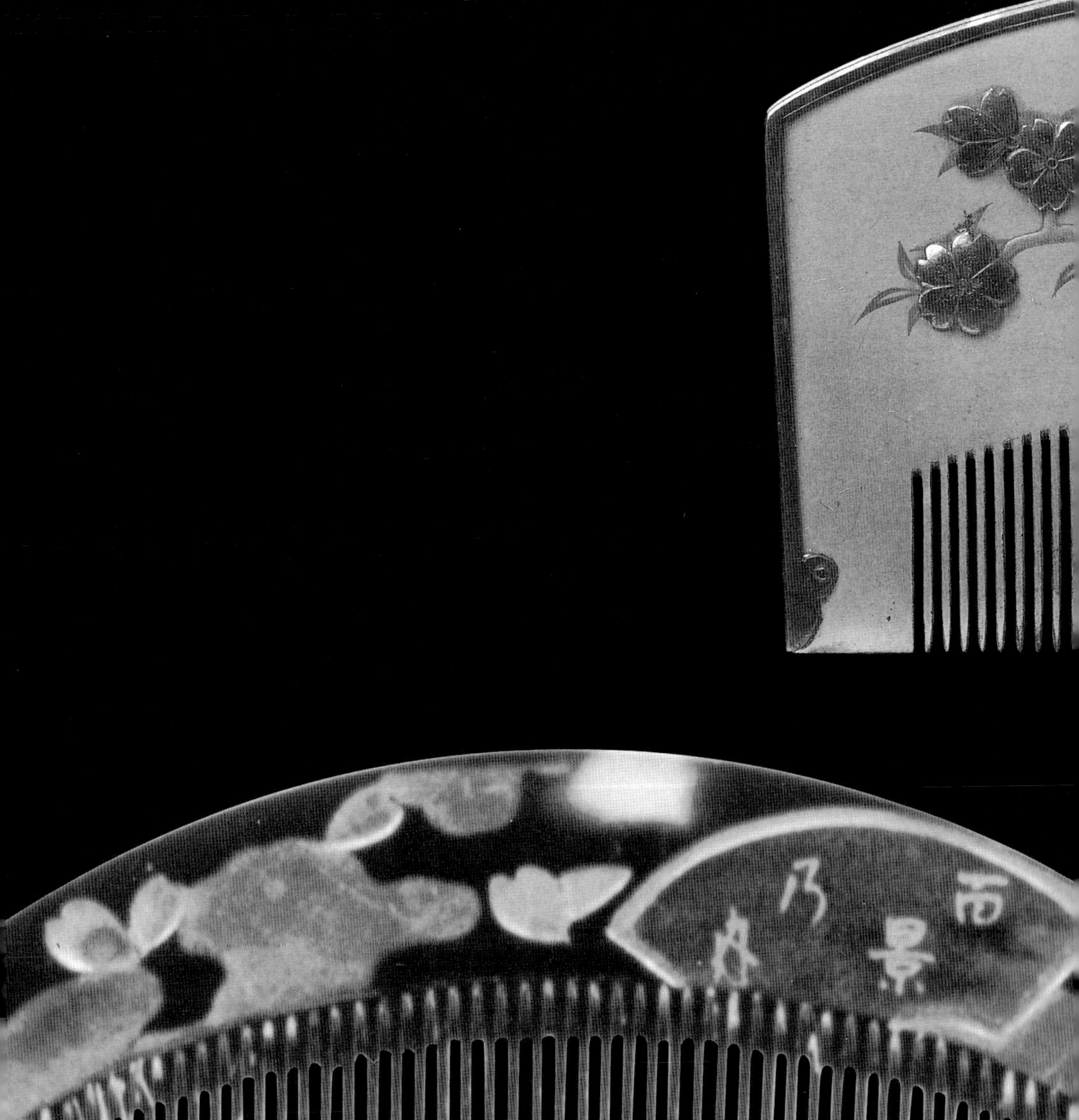

「桜と扇面散蒔絵鼈甲櫛」(部分)　江戸時代　京都国立博物館蔵

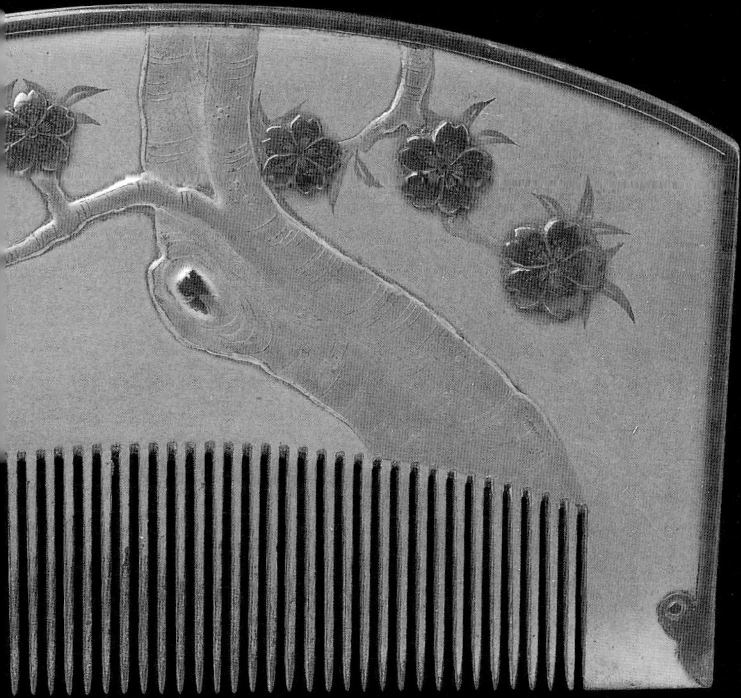

「金地金貝桜樹蒔絵銀伏輪櫛」
江戸時代
国立歴史民俗博物館蔵

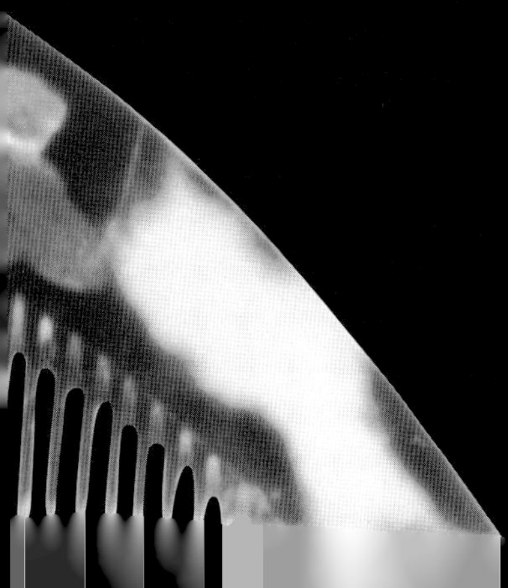

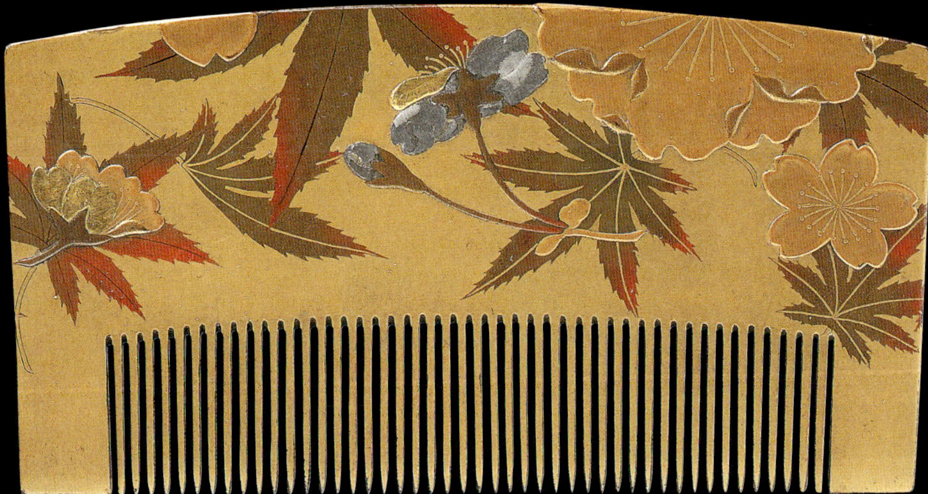

「金地桜楓蒔絵櫛」　明治時代　国立歴史民俗博物館蔵

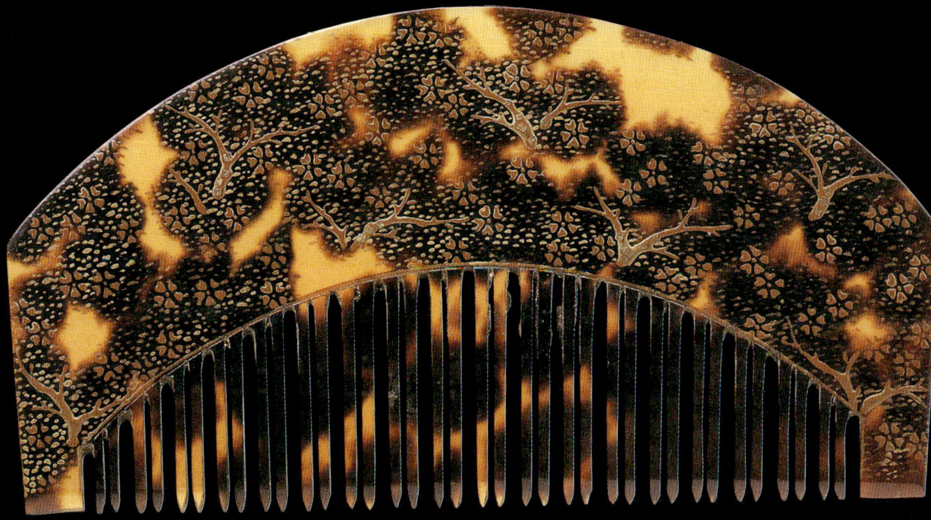

「鼈甲桜蒔絵櫛」　江戸時代　国立歴史民俗博物館蔵

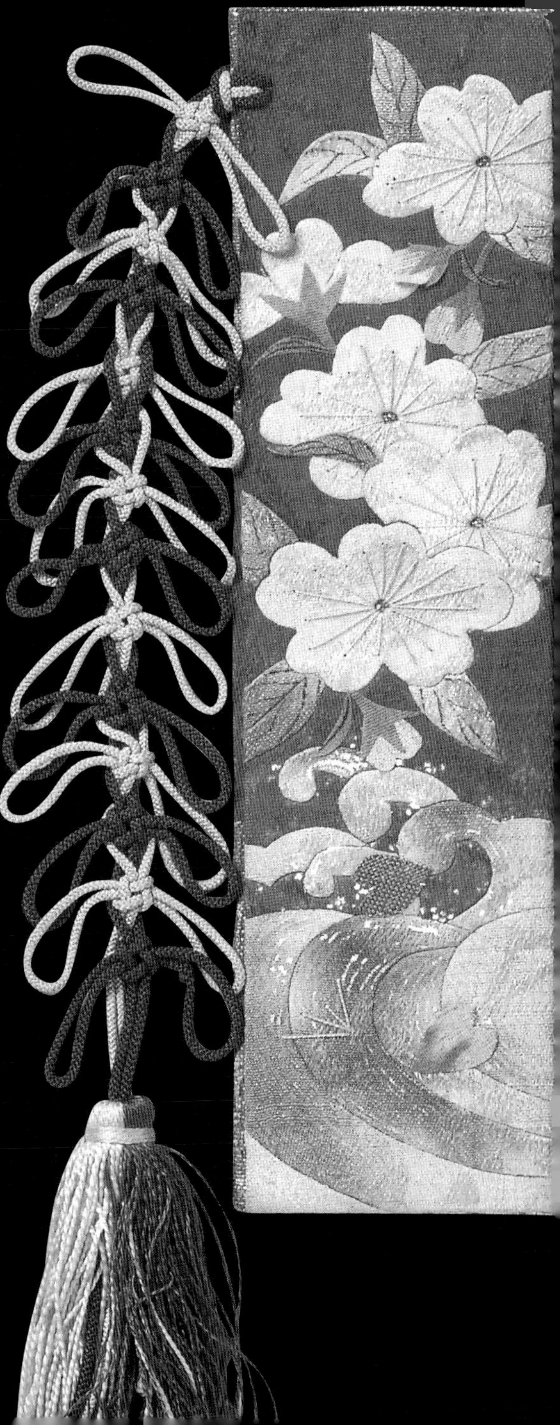

「紋縮緬地流水桜文押絵しおり」(部分)
江戸時代　国立歴史民俗博物館蔵

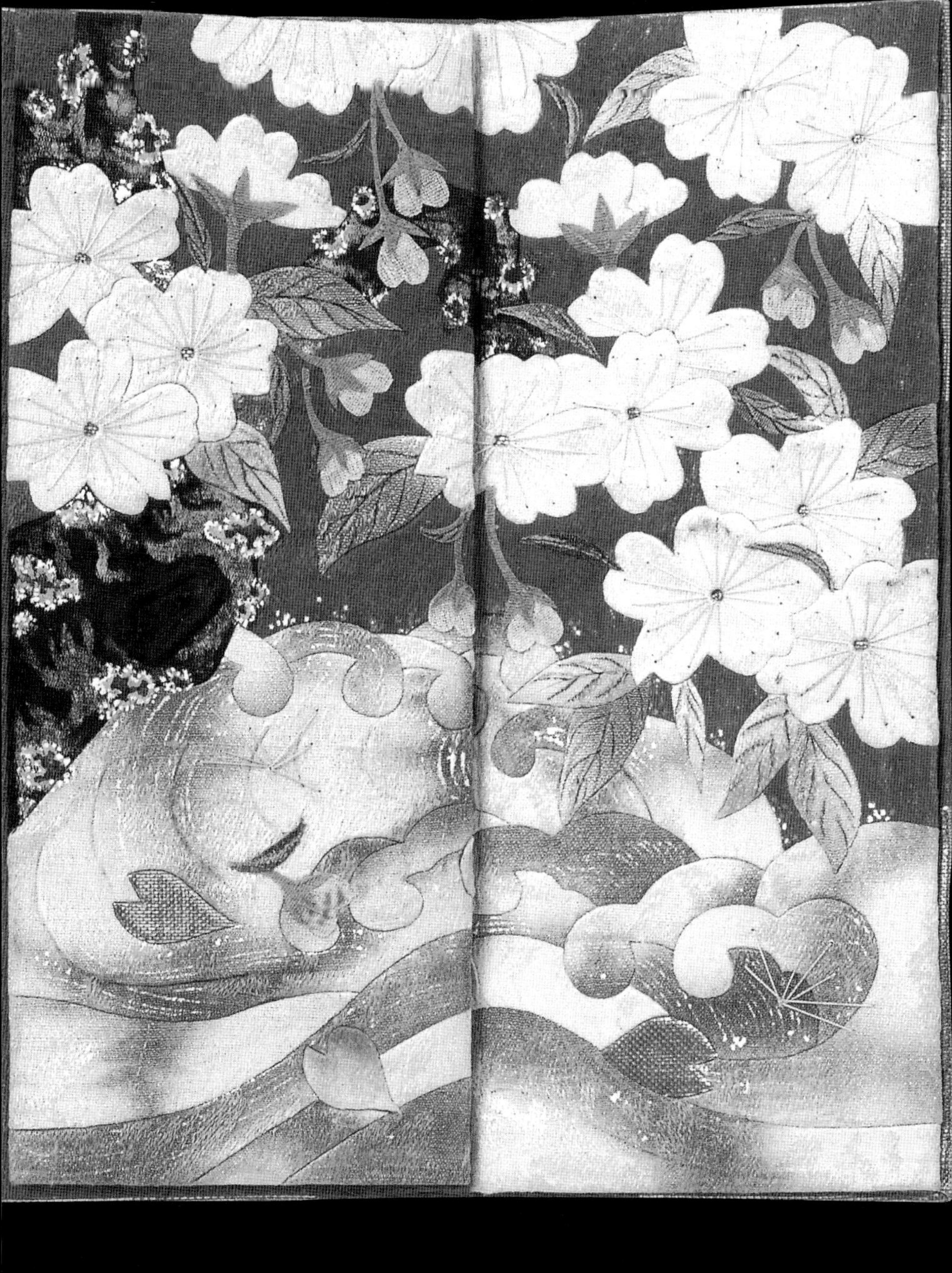

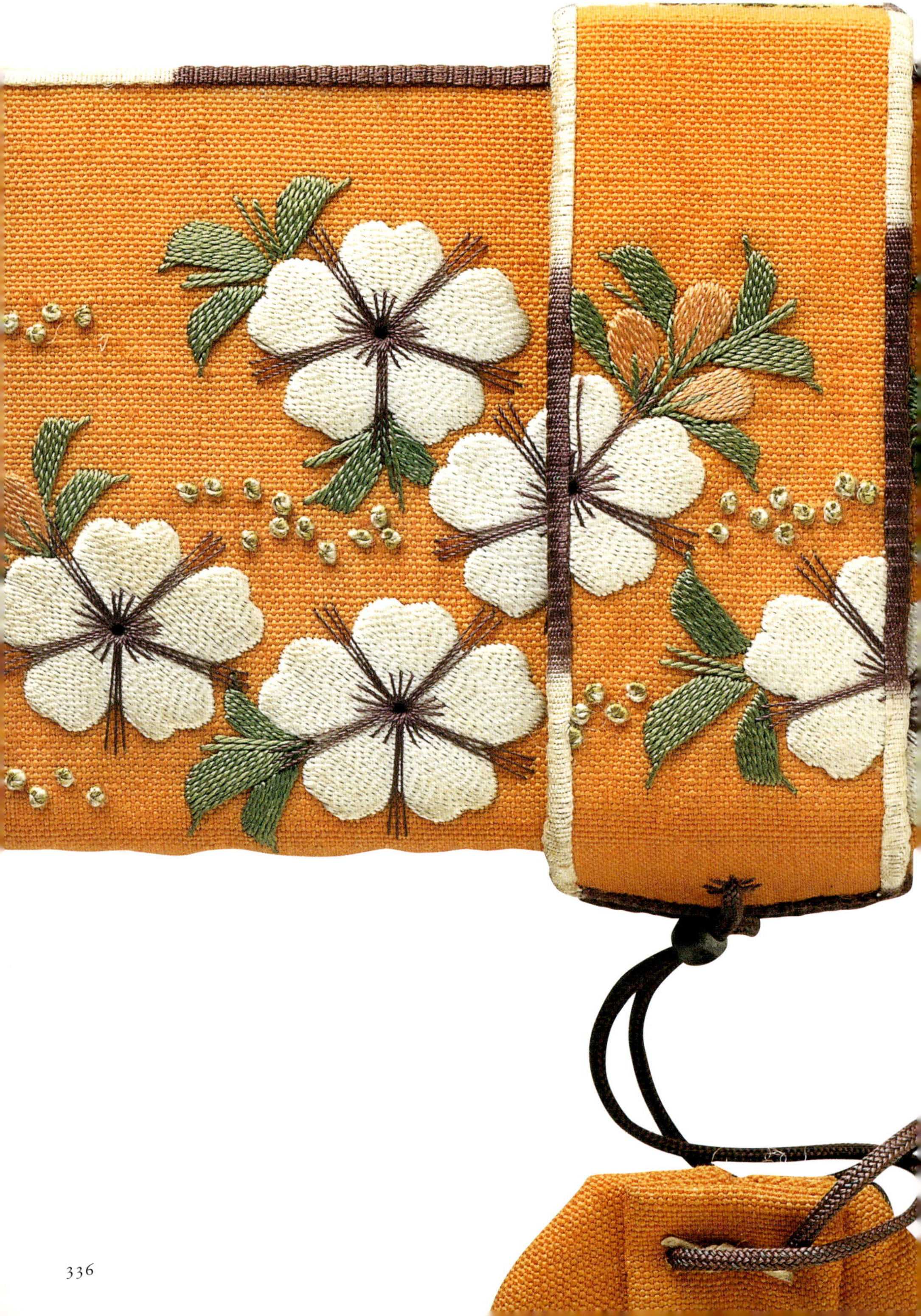

「紅木綿地蝶桜文縫筥迫」(部分)　江戸時代　国立歴史民俗博物館蔵

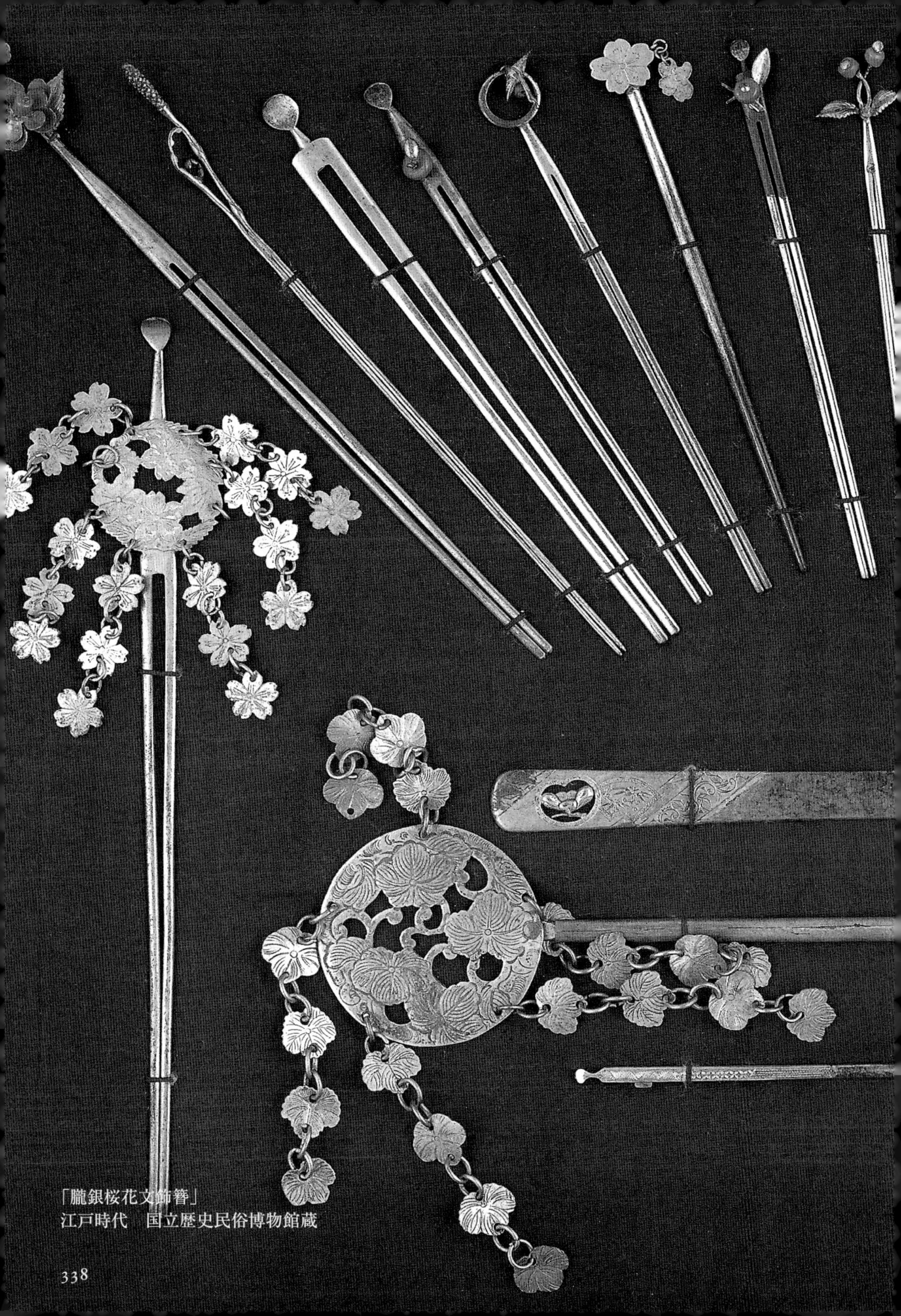

「朧銀桜花文飾簪」
江戸時代　国立歴史民俗博物館蔵

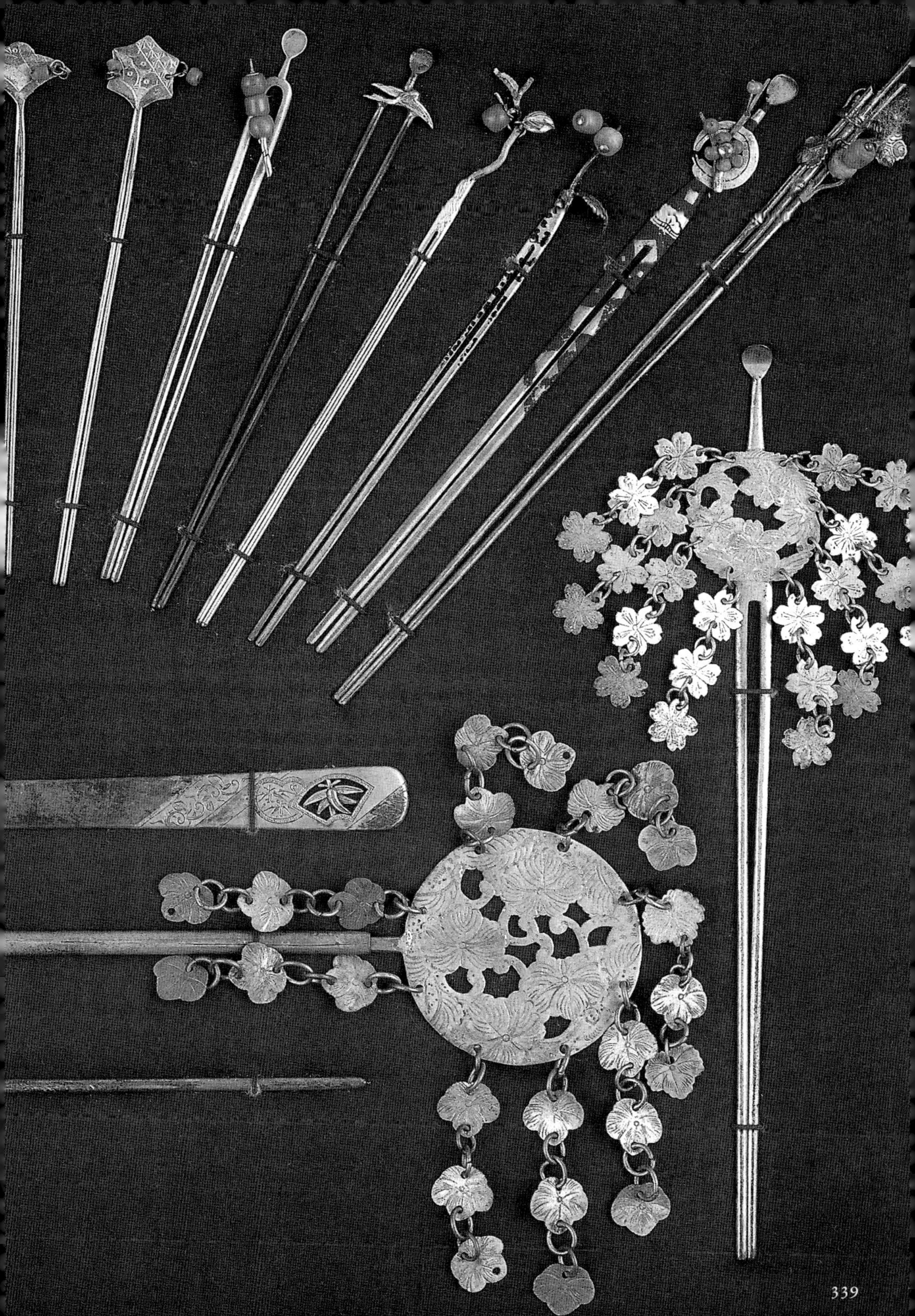

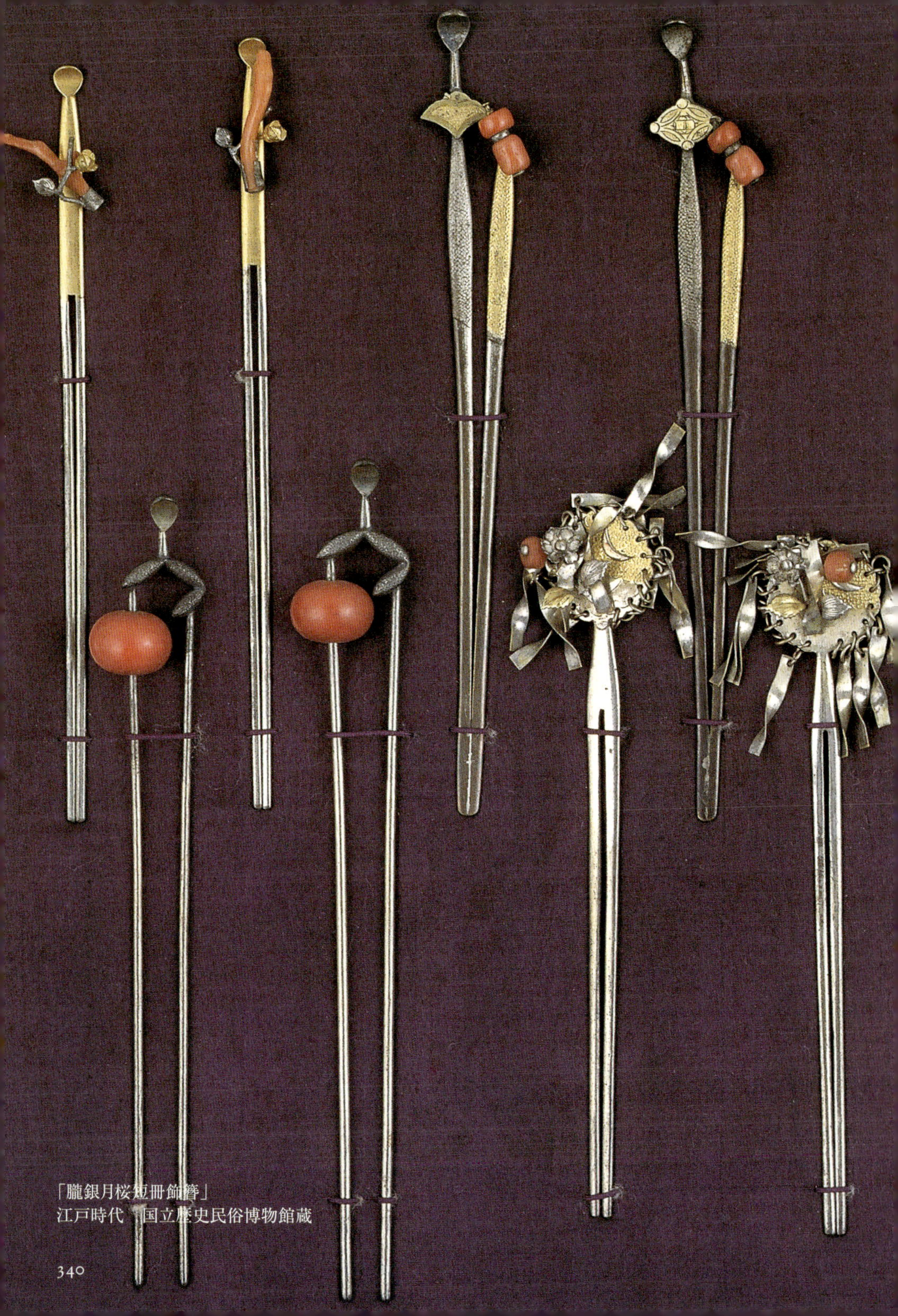

「朧銀月桜短冊飾簪」
江戸時代　国立歴史民俗博物館蔵

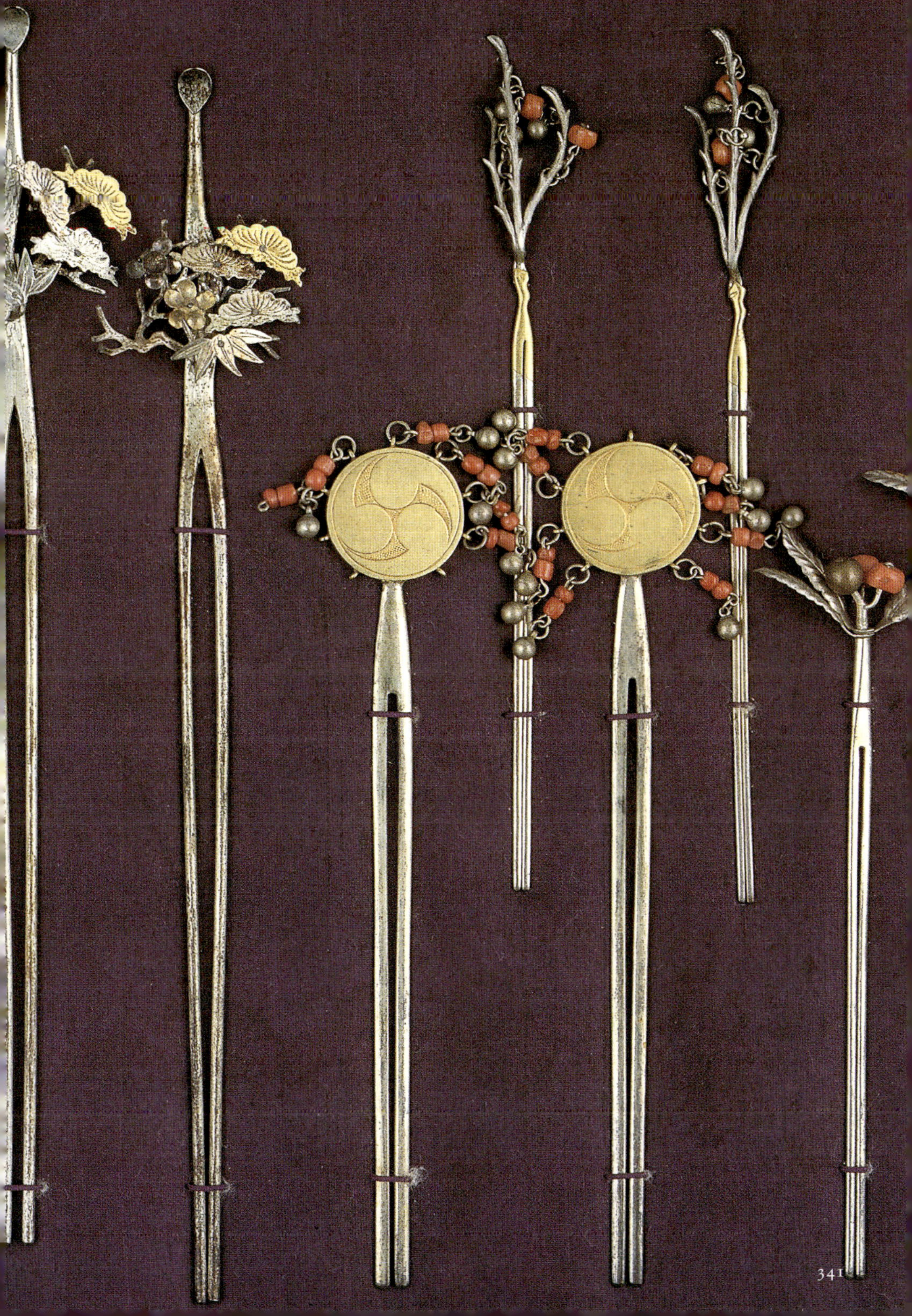

「桜に蝶銀造り簪」
江戸時代　京都国立博物館蔵

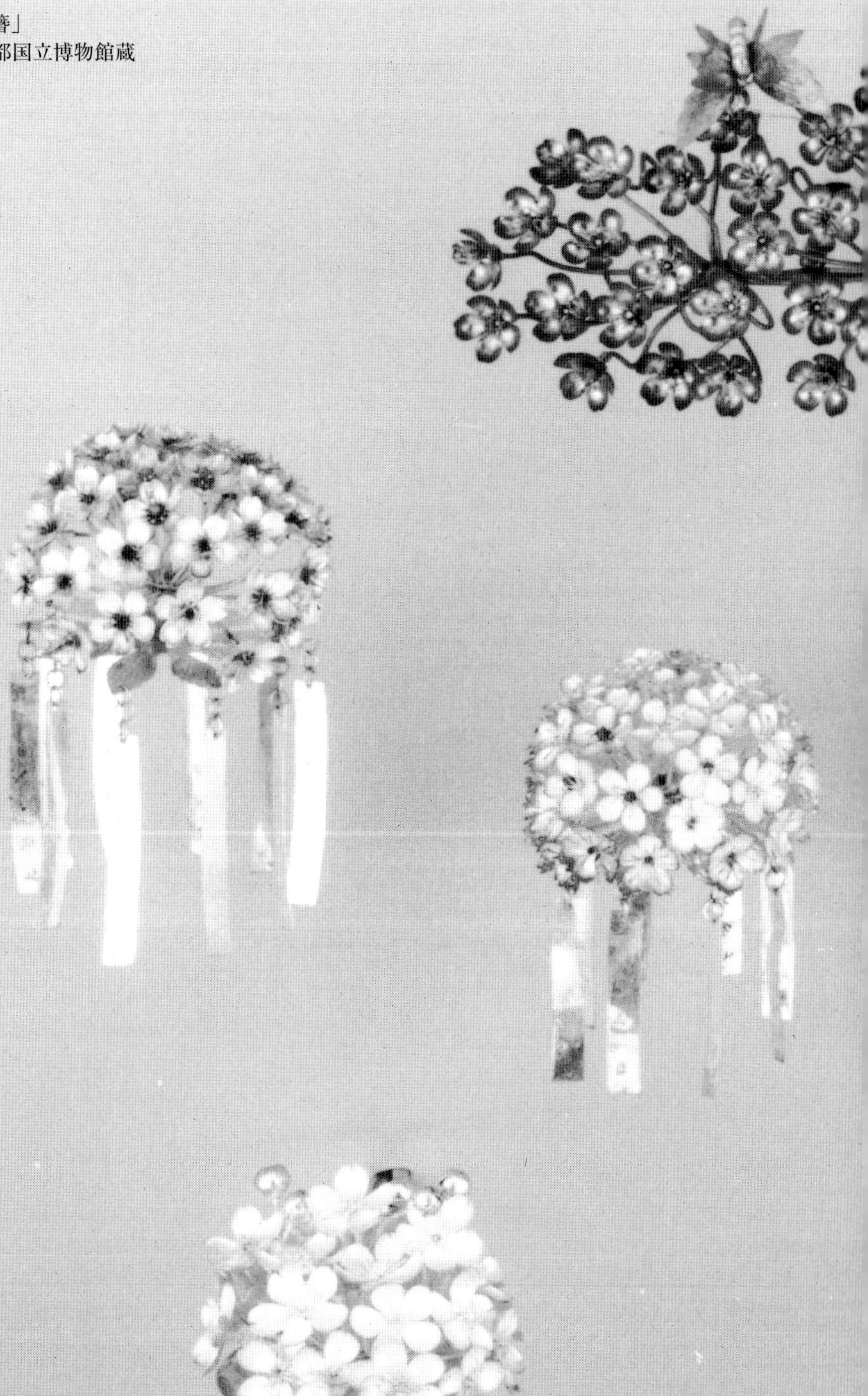

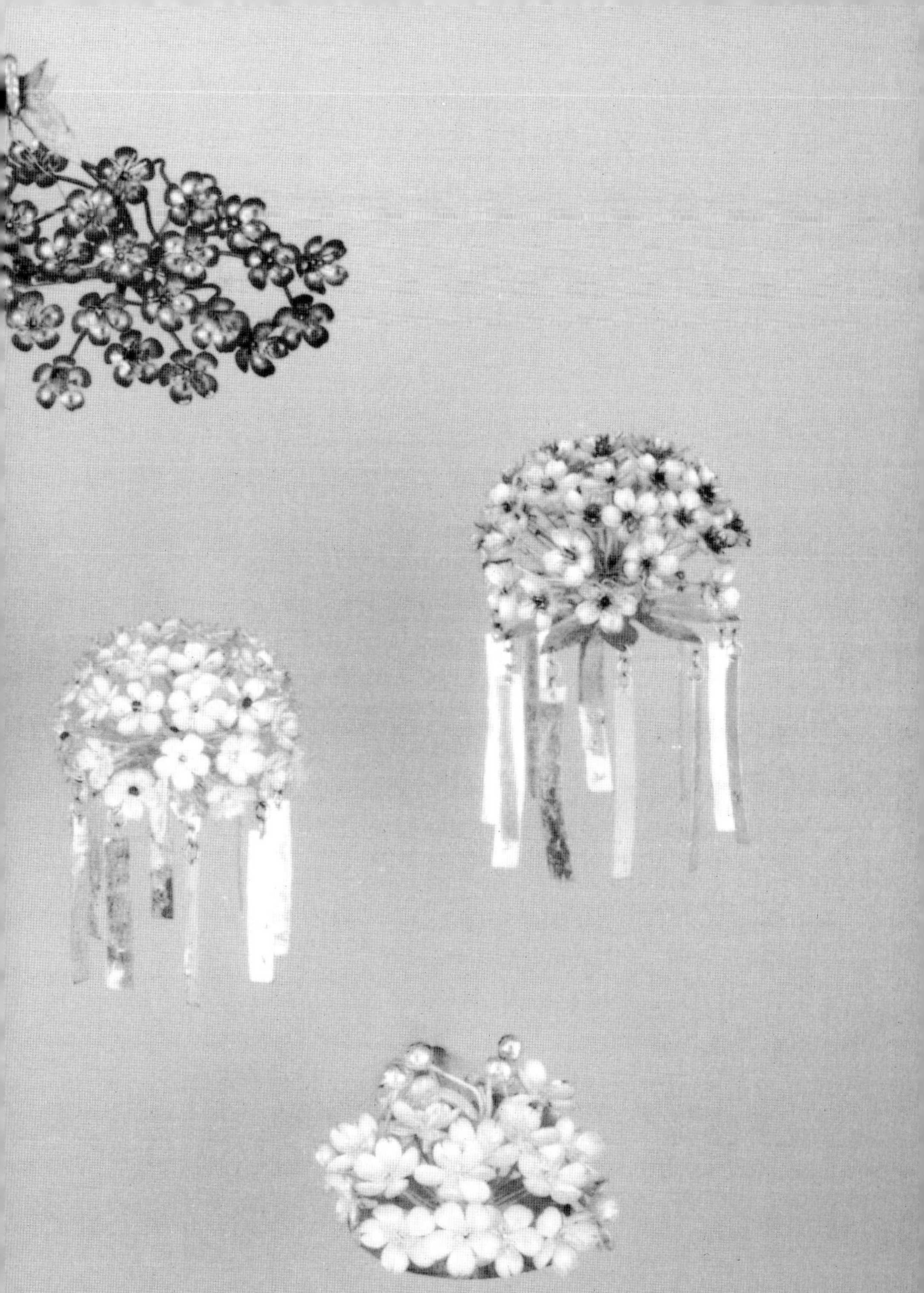

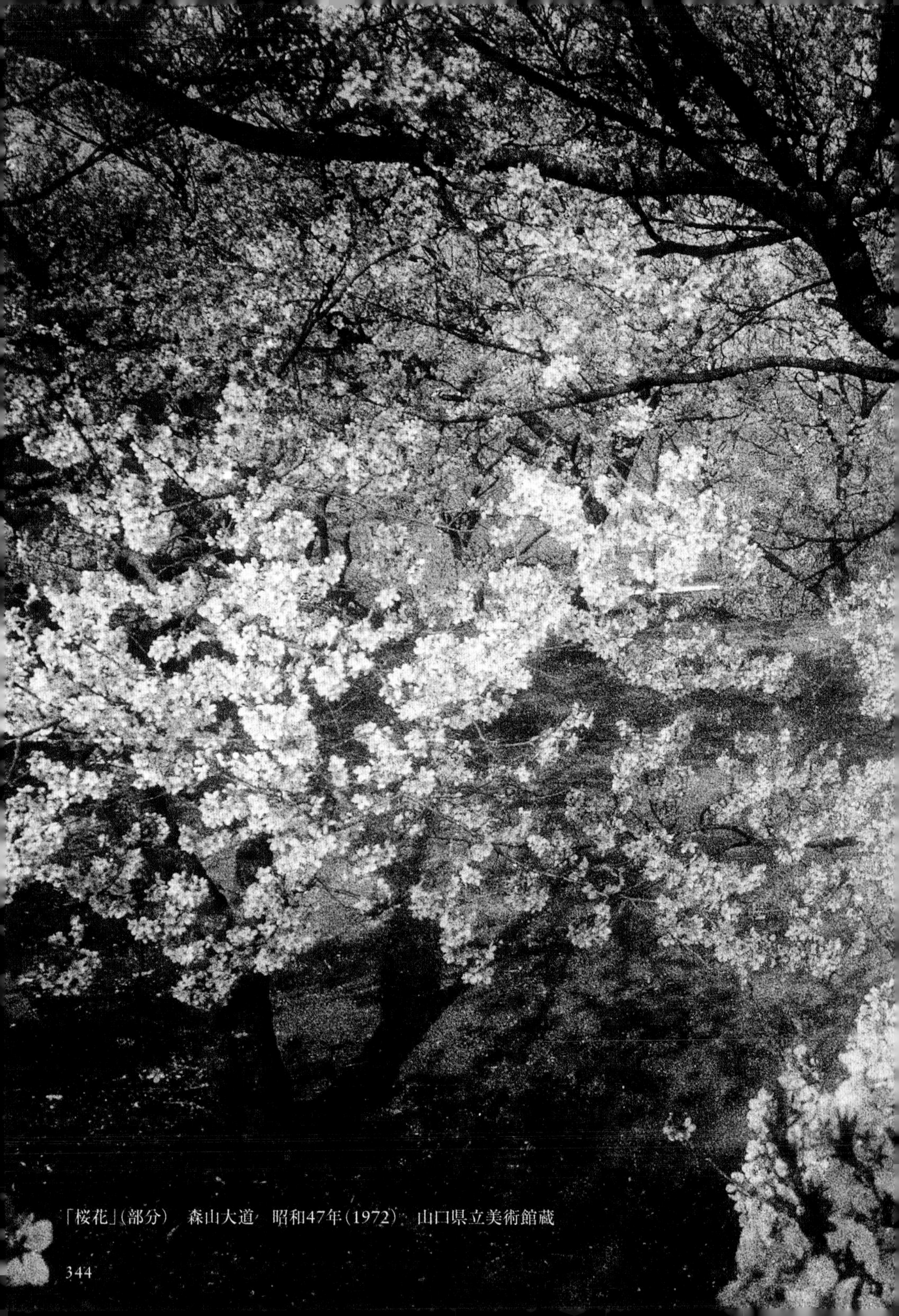

「桜花」(部分)　森山大道　昭和47年(1972)　山口県立美術館蔵

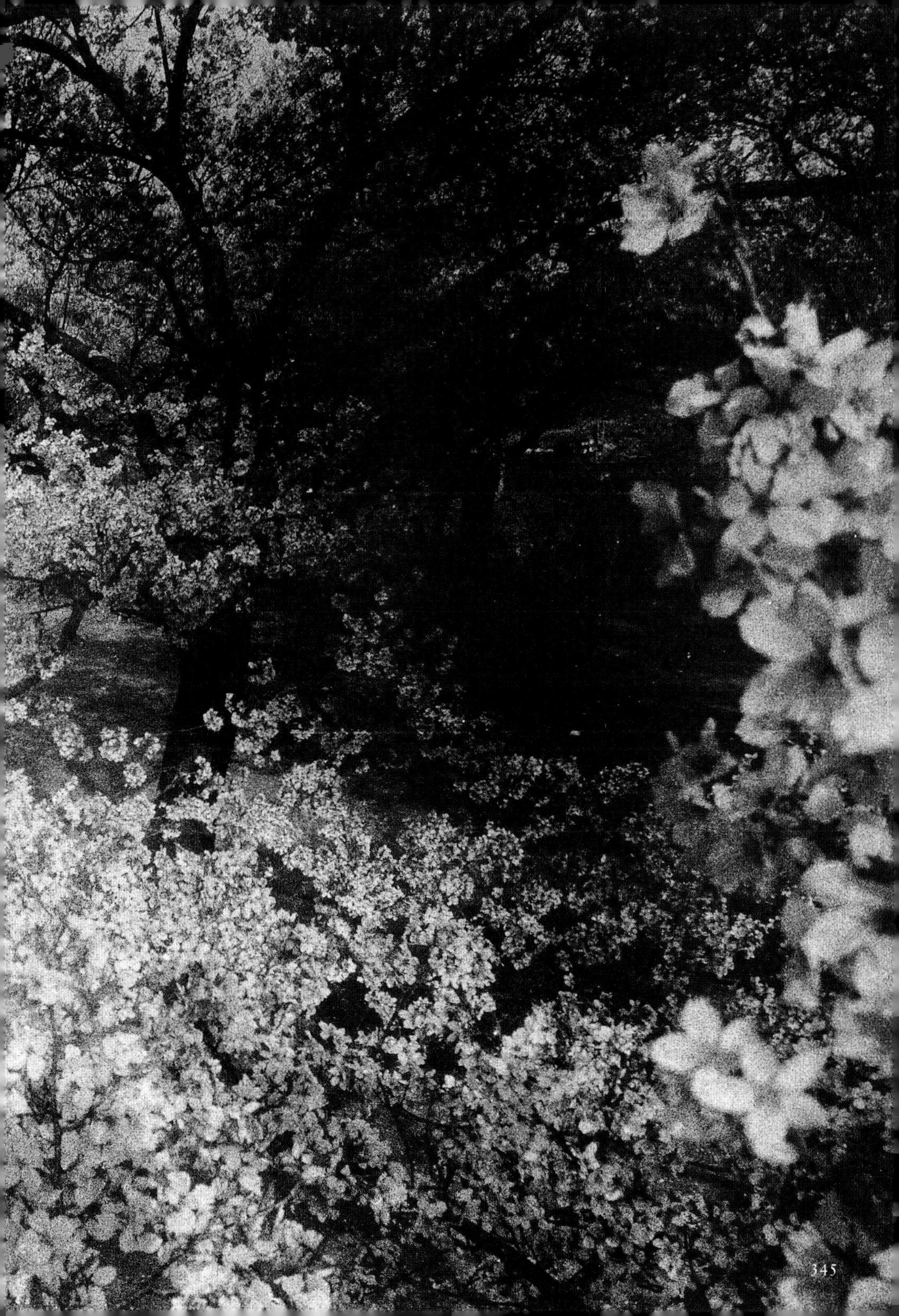

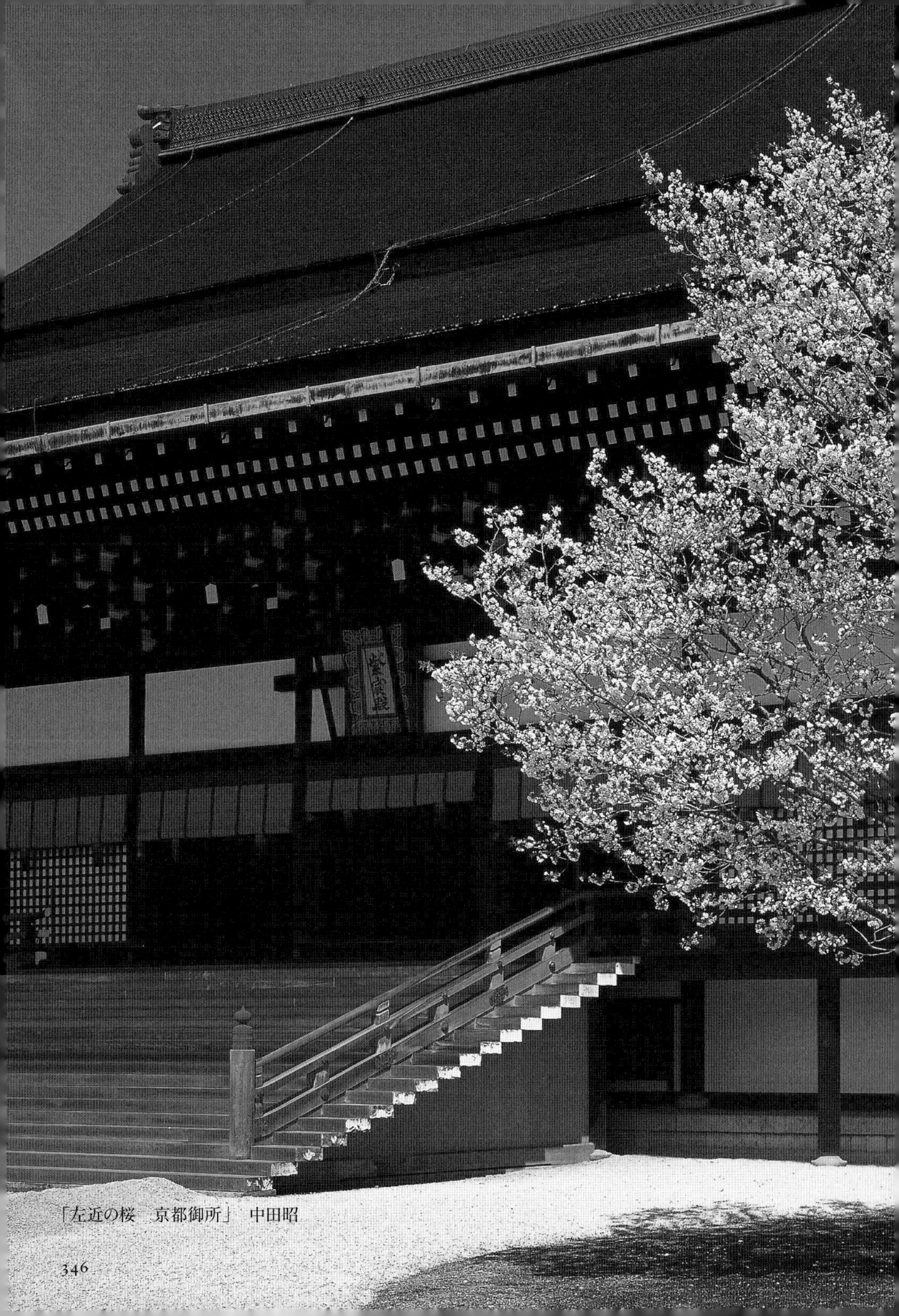

「左近の桜　京都御所」　中田昭

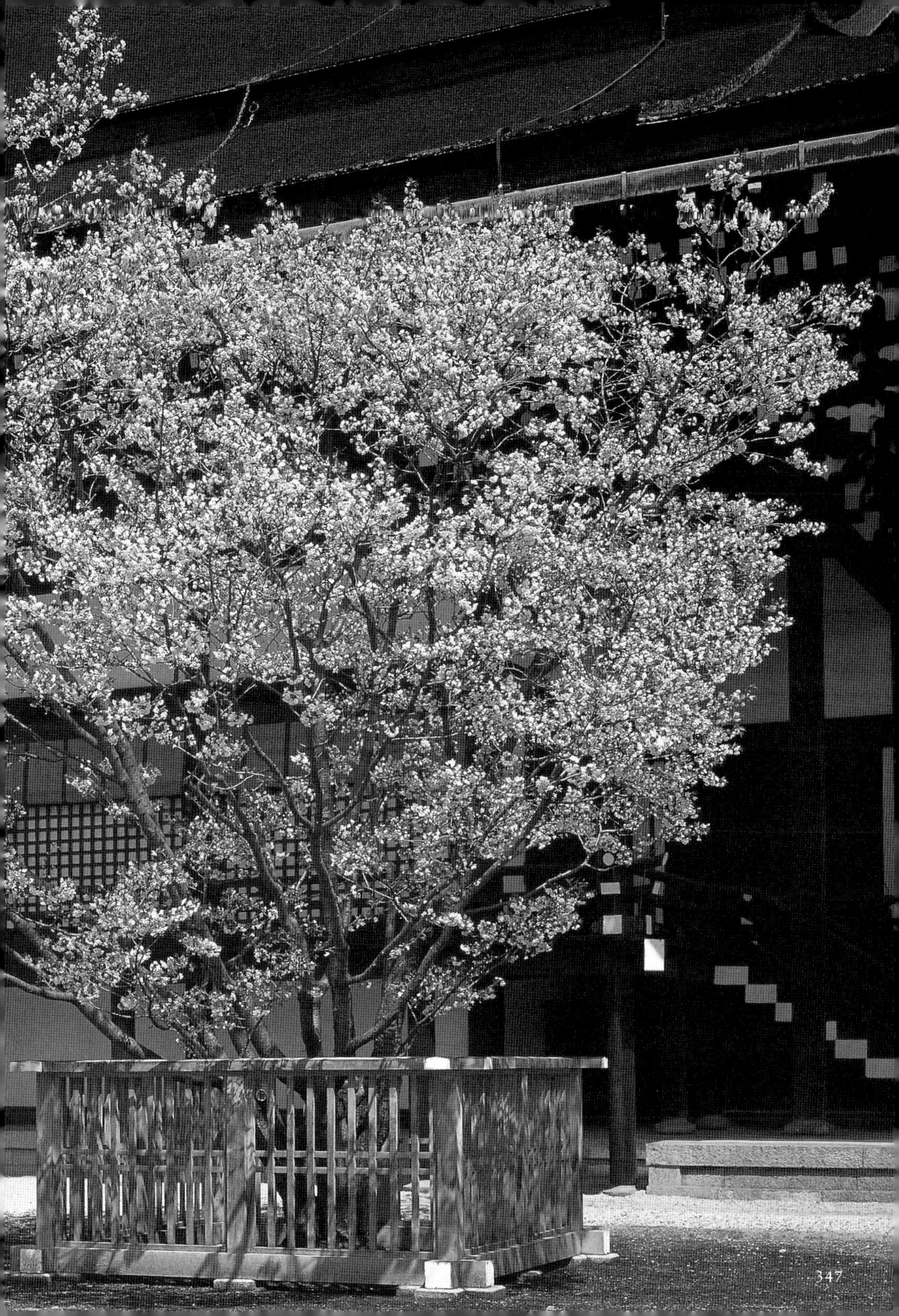

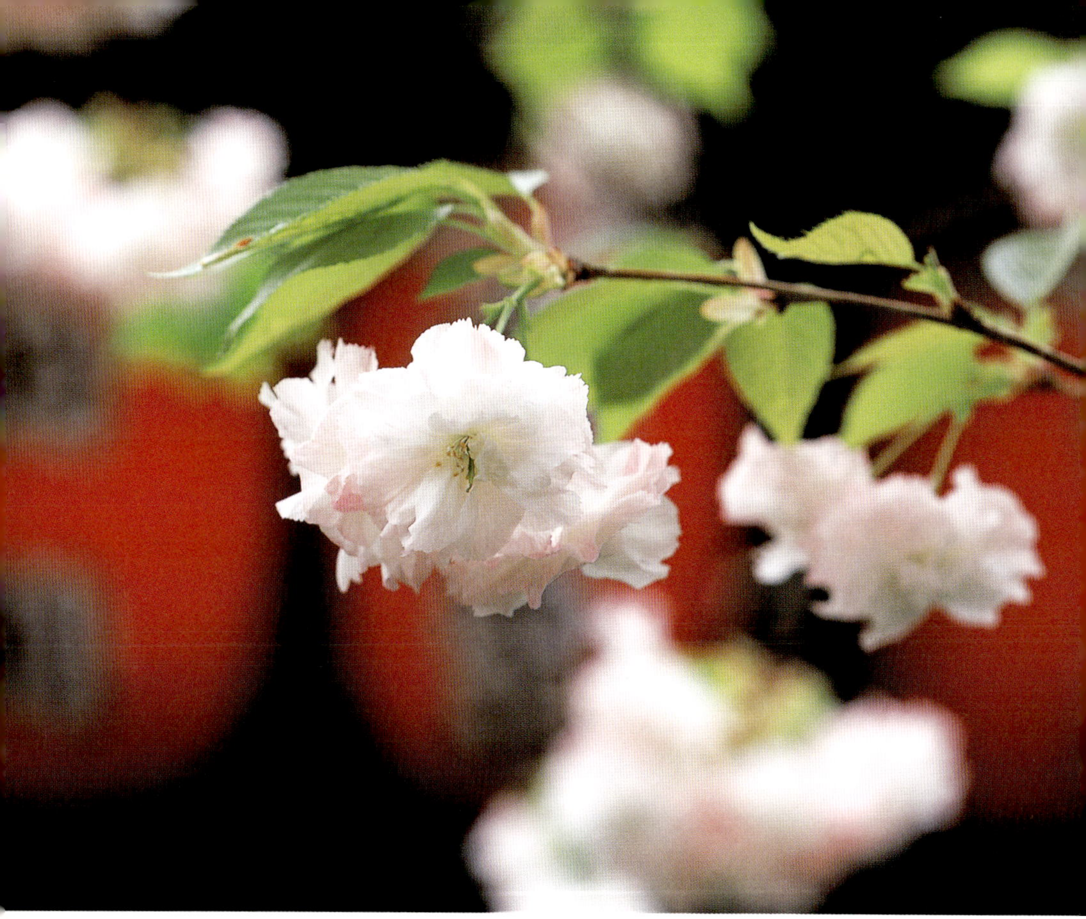

「歓喜桜　雨宝院」 中田昭

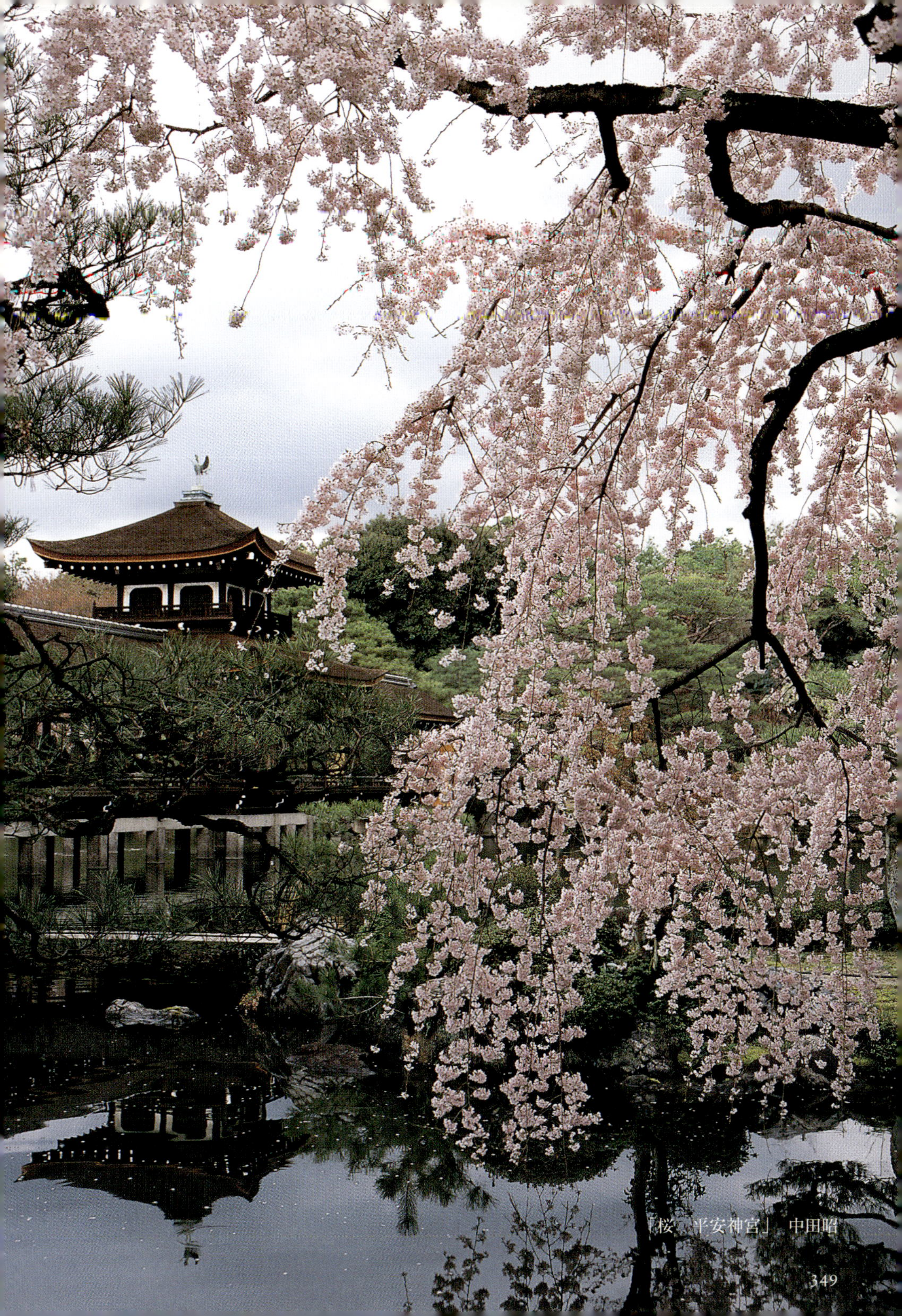

「桜　平安神宮」 中田昭

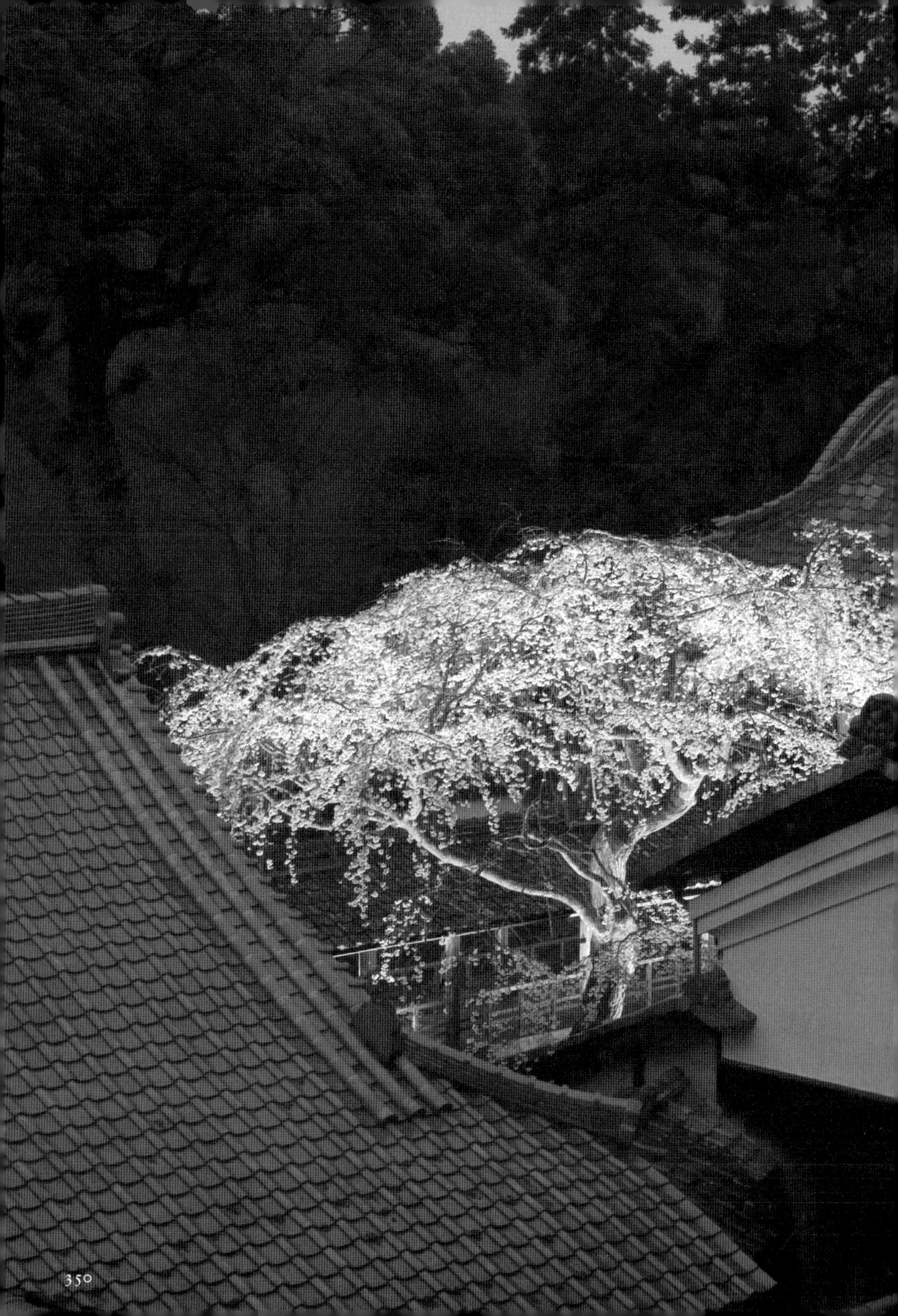

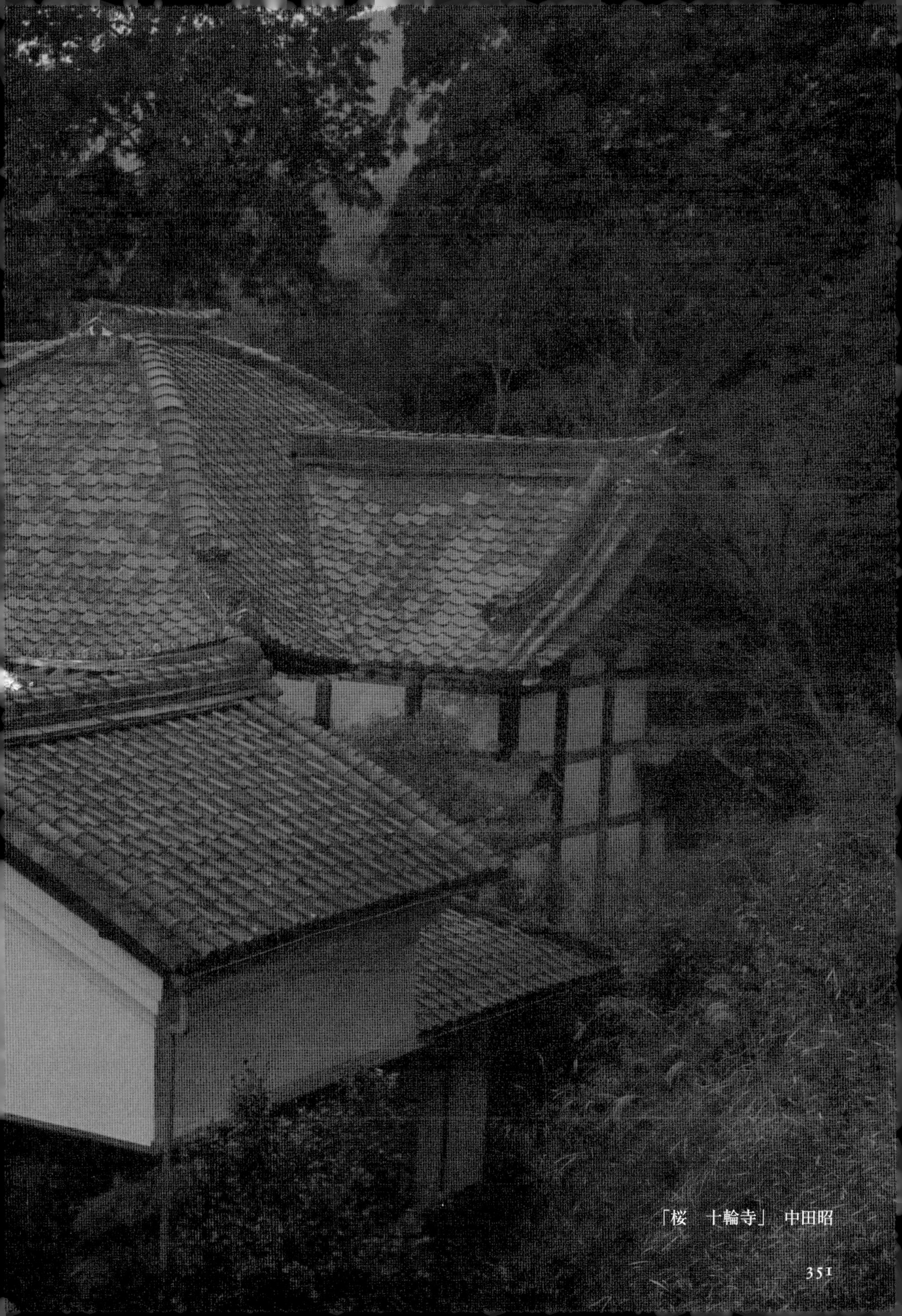

「桜　十輪寺」 中田昭

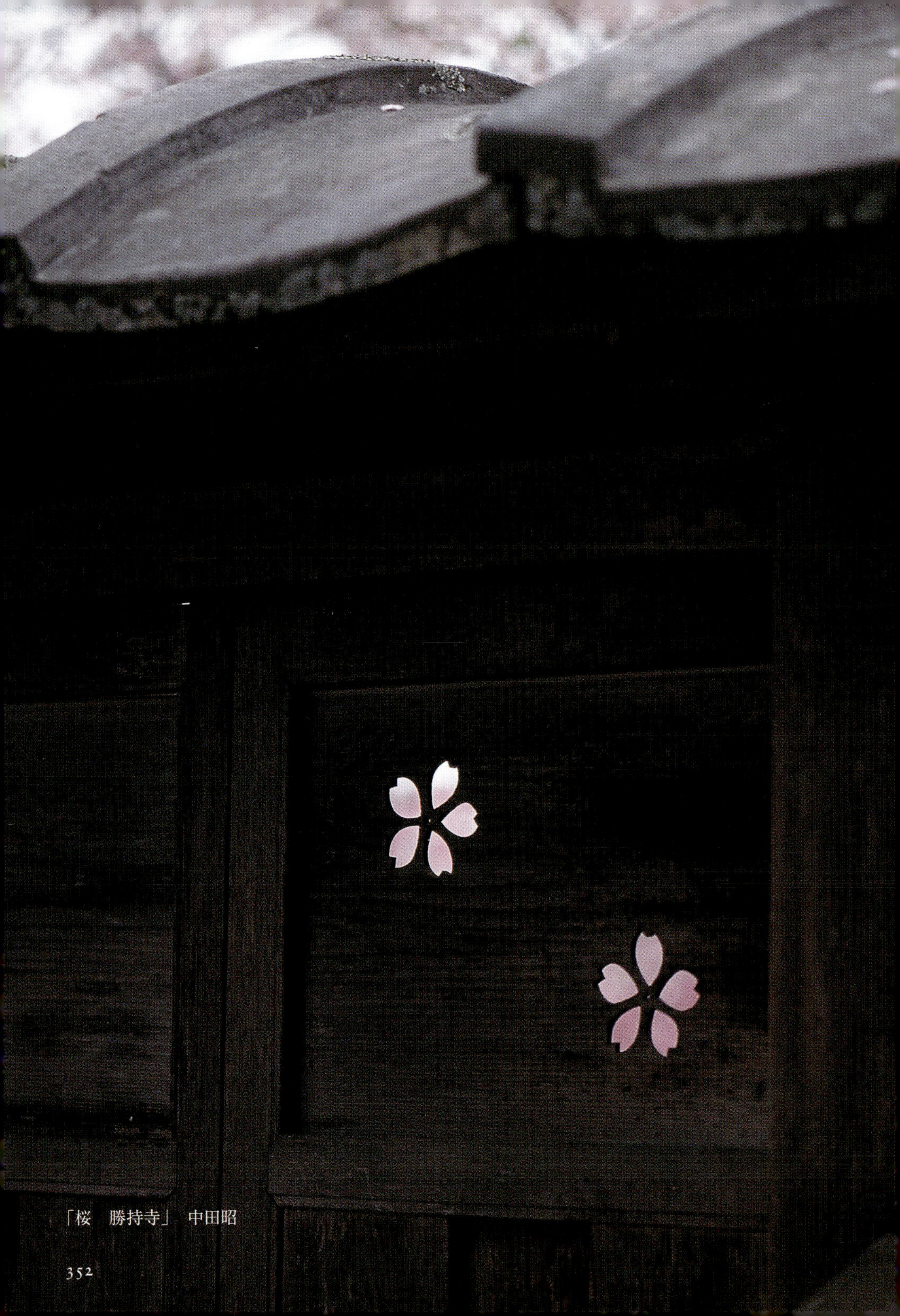

「桜　勝持寺」　中田昭

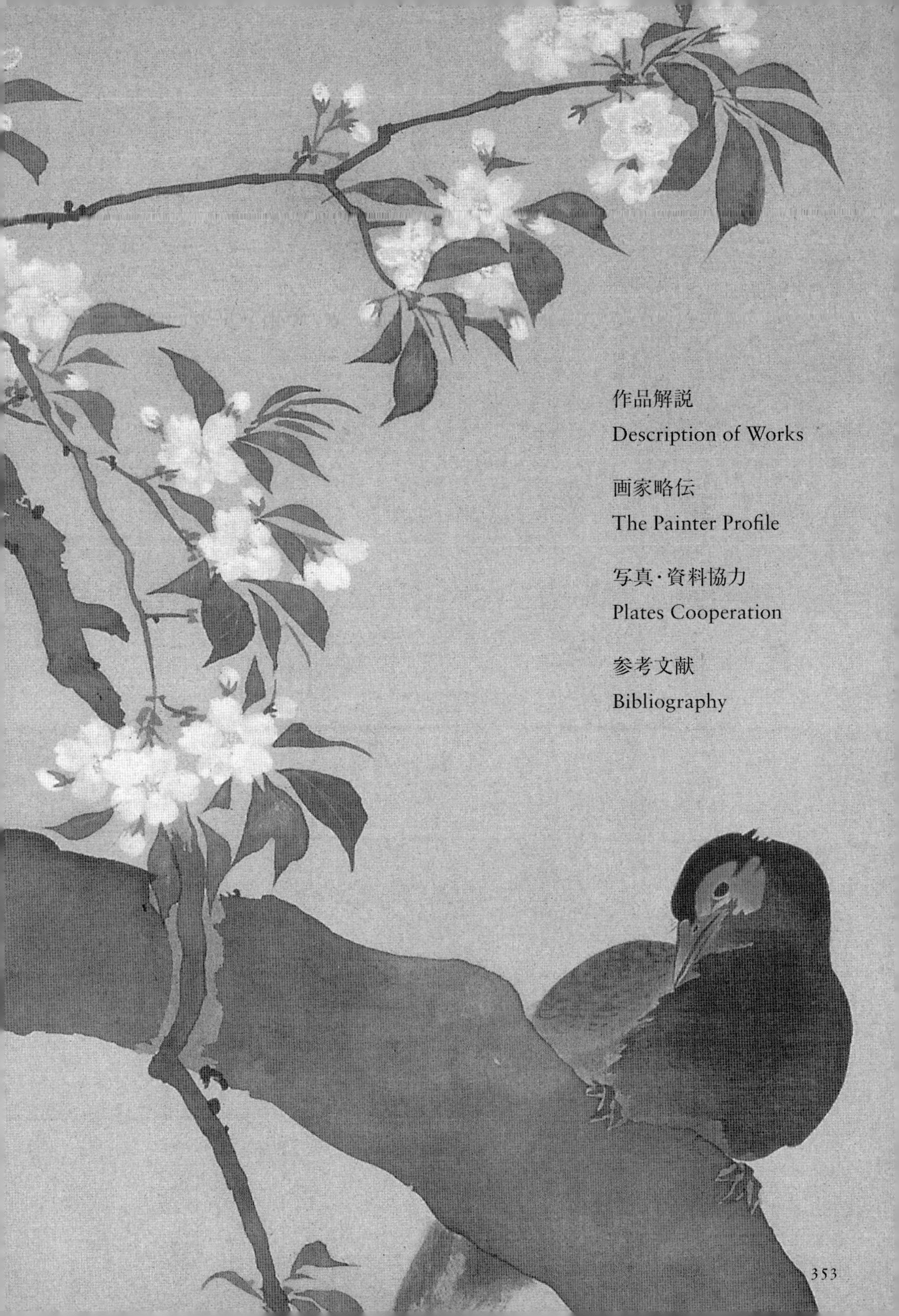

作品解説
Description of Works

画家略伝
The Painter Profile

写真・資料協力
Plates Cooperation

参考文献
Bibliography

作品解説

凡例
○作品解説のデータは、掲載頁、作品名、指定（国宝・重文）、作者名、制作年代、員数、材質・技法、寸法、所蔵の順に掲載している。
○法量の単位はセンチメートルで、特に表記のない場合は縦×横である。
○一双屏風の場合は、上段に右隻、下段に左隻を掲載している。
○本書に掲載している美術品は、絵画、浮世絵、染織、漆工、陶磁、金工、装身具の順で掲載している。
○作品解説は絵画、浮世絵のみとし、その他はデータのみを掲載している。

P8.12 「寝覚物語絵巻」国宝

平安時代末期　紙本着色　25.8cm　大和文華館蔵
The Story, Illustrated Nezame-monogatari, National treasure, End of the Heian period, Pigment on paper, 25.8cm, The Museum Yamatobunkakan

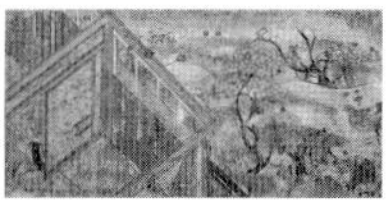

『寝覚（ねざめ）物語』は『夜半（よわ）の寝覚』ともよばれ、菅原孝標（ふじわらのたかすえ）の女の作とされている。物語は太政（だいじょう）大臣の次女寝覚の上（中の君）と中納言との数奇な恋愛を中心に、女性が女性の心を描いた特色のある長編物語である。

P13.16 「うたたね草紙絵巻」伝土佐光信

室町時代　紙本着色　16.4×927.1cm　国立歴史民俗博物館蔵
The Story, Illustrated Utatane-sosi, Attributed to Tosa Mitsunobu, Muromachi period, Pigment on paper, 16.4×927.1cm, National Museum of Japanese History

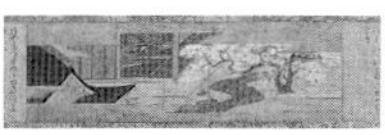

お伽草紙のひとつで、ある大臣の姫君が夢の中で出逢った貴公子が忘れられず、恋の病に臥す。そこで霊験あらたかな石山観音によってその男性と巡り会い結ばれるという話。「うたた寝に恋しき人を見てしより夢てふものは頼みそめてき」と小野小町も詠っている。

P20.24 「近江名所図」重文　狩野派

室町時代（16世紀後半）　六曲一双屏風　紙本着色
各137.0×361.0cm　滋賀県立近代美術館蔵
Famous Views of Omi, Important Cultural Asset, Kano school, Second half of 16th, Pair of six-fold screens, Pigment on paper, each: 137.0×361.0cm, The Museum of Modern Art, Shiga

琵琶湖岸での庶民の日常生活が描かれている。湖では舟を出して漁をする人、荷物を運ぶ人々の舟が行き交う。背景の風景は、左扇から右扇にかけて春の桜から秋の紅葉と移り変わる。「近江名所」は滋賀県琵琶湖沿岸にある景勝地で、「近江八景」として知られる。

P26.28 「源氏物語図屏風」伝狩野永徳

桃山時代　六曲一双屏風　紙本金地着色
各167.8×362.4cm　宮内庁三の丸尚蔵館蔵
Scenes from The Tale of Genji, Attributed to Kano Eitoku, Momoyama period, Pair of six-fold screens, Pigment and gold-leaf on paper, each: 167.8×362.4cm, Museum of The Imperial Collections

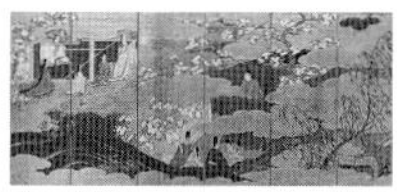

『源氏物語』の重要な場面である「若紫」の帖の一場面が描かれている。春の夕暮れ、若き18歳の光源氏が北山のとある草庵で、逃げた雀の子を追って縁先に現れた可憐な少女、のちの紫の上を垣間見、その少女の面影に藤壺を重ね合わせ心ひかれる場面である。

P29.30 「醍醐花見図屏風」重文

桃山時代　六曲一隻屏風　紙本着色　148.0×358.0cm
国立歴史民俗博物館蔵
Daigo of the Cherry Blossoms, Important Cultural Asset, Momoyama period, Single six-fold screen, Pigment on paper, 148.0×358.0cm, National Museum of Japanese History

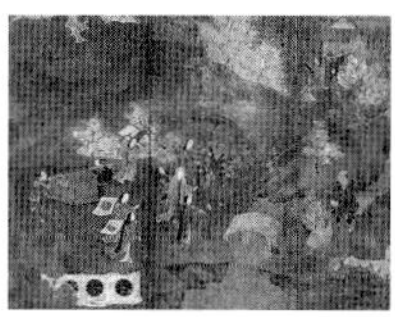

慶長3年（1598）3月15日、豊臣秀吉が京都の醍醐寺で行った花見は、正室北政所（きたのまんどころ）や淀君らの側室を連れての史上最大の花見として知られる。醍醐の山々には趣向を凝らした茶屋がもうけられ、着飾った千数百人の女房衆が仮装行列を行った。

P32 「四季花鳥図屏風」狩野惟信

江戸時代　六曲一双屏風　紙本着色　各162.0×347.0cm
板橋区立美術館蔵
Birds and Flowers of the Four Seasons, Kano Korenobu, Edo period, Pair of six-fold screens, Pigment on paper, each: 162.0×347.0cm, Itabashi Art Museum

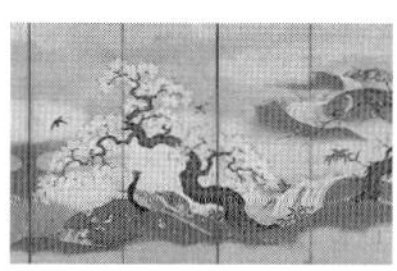

江戸城の障壁画や京都御所の絵事などを手がけた狩野惟信の六曲一双の大画面に描かれた「四季花鳥図」である。右隻中央には大きく枝を張った満開の桜樹と雉子（きじ）が描かれ、画面右上から滝のように川が流れている。左隻には紅葉した楓と鶏が配されている。

P34.36 「四季花鳥図」狩野宗秀
桃山時代　六曲一双屏風　紙本金地着色　各161.3×355.4cm
大阪市立美術館蔵
Birds and Flowers of the Four Seasons, Kano Soshu,
Momoyama period, Pair of six-fold screens,
Pigment and gold-leaf on paper, each: 161.3×355.4cm,
Osaka Municipal Museum of Art

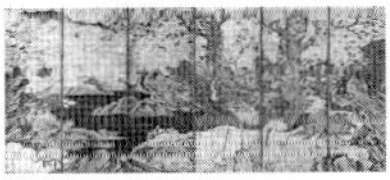

この六曲　双屏風は金地・金雲の画面に、桜の老樹が画面の中央にどっしりと描かれ、水辺では鶴が餌を食み、大小さまざまな鳥たちが樹幹を羽ばたいている。画面左には牡丹が咲きほころび、遠景には山谷が望める。豪壮な桃山時代様式を確立した作品である。

P38.40 「桜楓図」山口雪渓
六曲二双屏風　紙本金地着色　各168.0×358.0cm　醍醐寺蔵
Cherry Blossoms and Maple, Yamaguchi Sekkei, Pair of six-fold double screens, Pigment and gold-leaf on paper, each: 168.0×358.0cm, Daigoji Temple

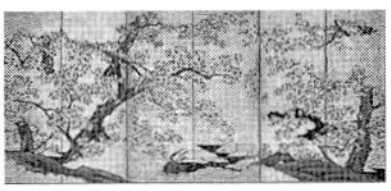

この六曲二双の屏風は雪渓の代表的な作品である。画面いっぱいに桜と楓を配し、金地・金雲の画面に滝や渓辺を描いている。豪華絢爛な桃山様式に比べると、枝ぶりの構成にも瀟洒で繊細な感覚があり、江戸時代初期の京狩野派の流れに連なる作風を示している。

P42.44 「源氏四季図屛風」円山応挙
江戸時代　六曲一双屏風　紙本金地着色　各171.3×364.6cm
宮内庁三の丸尚蔵館蔵
Genji' s Rokujo-in Mansion and Gardens for Each Season,
Maruyama Okyo, Edo period, Pair of six-fold screens,
Pigment and gold on paper, each: 171.3×364.6cm,
Museum of The Imperial Collections

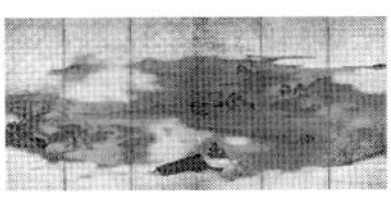

画面全体に金雲が配され、そこに美しい苑池（えんち）が描かれ、右隻から左隻へと春夏秋冬と移り変わる四季の草木が眺められる。「源氏四季図」という題名から、絶頂期にあった光源氏が贅をこらして営んだ六条院の四季の庭園をイメージして描かれたのであろう。

P46.48 「牧馬図屛風」
江戸時代　六曲一双屏風　紙本着色　各173.0×369.0cm
馬の博物館蔵
Pastured Horses, Edo period, Pair of six-fold screens,
Pigment on paper, each: 173.0×369.0cm,
The Equine Museum of Japan

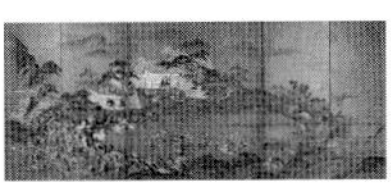

遠景にまで重なり続く山並み。その山頂に咲き誇る山桜の景色が春ののどかさを表している。右隻には山裾で多くの馬が人々に追い立てられ、放牧場に向かう姿が描かれる。右隻画面中央に宴幕を張り主人が馬の品評をしている。馬の荒々しい息づかいが伝わってくる。

P50 「桜つつじ図」大岡春卜
江戸時代中期　襖4面　紙本金地着色　各171.5×67.5cm
福岡県立美術館蔵
Cherry and Azalea, Mid-Edo period,
Set of four-sliding screens, Pigment and gold-leaf on paper,
each: 171.5×67.5cm, Fukuoka Art Museum

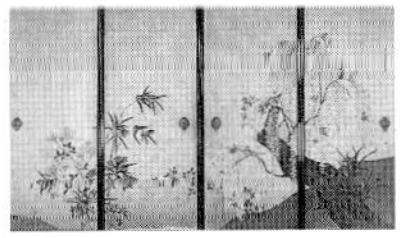

金地の襖には右に桜と杜若、左に紅白のつつじと笹が描かれている。桜は幹の太い老木で枝垂（しだれ）桜である。大岡春卜は京都を本拠として活躍した江戸時代の町狩野派を代表する絵師である。代表的な作品に京都の妙心寺霊雲院の障壁画が残っている。

P52 「桜に雉子図」酒井抱一
文政6年（1823）　軸一幅　絹本着色　140.0×51.0cm
宮内庁三の丸尚蔵館
Pheasant on a Blooming Cherry Tree, Sakai Hoitsu,
1823, Hanging scroll, Pigment on silk, 140.0×51.0cm,
Museum of The Imperial Collections

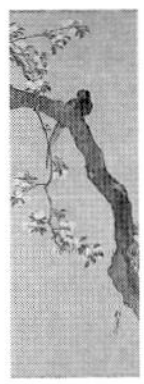

12ヶ月の各月ごとに花と鳥のテーマで構成する趣向は、藤原定家の「月なみの花鳥の歌」がよく知られる。この宮内庁本「花鳥十二ヶ月図」は最後の12月の軸に文政6年（1823）の款記があり抱一62歳の作とわかる。枝ぶりのいい桜樹の幹に雉子が何気なく佇んでいる。

P53 「春雨桜雉子図」蠣崎波響
江戸時代後期　軸一幅　絹本着色　109.0×44.0cm
市立函館博物館蔵
The Spring Rain Pheasant on a Blooming Cherry Tree,
Kakizaki Hakyo, Late Edo period, Hanging scroll,
Pigment on silk, 109.0×44.0cm, Hakodate City Museum

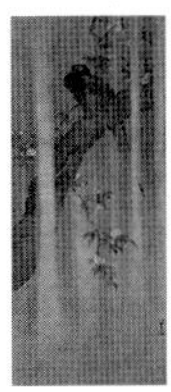

大振りの山桜の幹に、精緻に描かれた色鮮やかな雉子が体を休めている。静かに降り続く春雨の中で、静寂がすべてを包み込んでいるようだ。蠣崎波響は松前藩士であり、はじめは江戸に出て南蘋（なんぴん）派の宋紫石（そうしせき）について学んでいる。

P54 「桜図」呉春
江戸時代　軸一幅　絹本着色　55.0×18.0cm
東京藝術大学大学美術館蔵
Cherry Blossoms, Go Shun, Edo period, Hanging scroll,
Pigment on silk, 55.0×18.0cm,
The University Art Museum-Tokyo University of the Arts

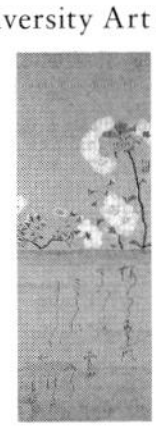

呉春は円山応挙の写生画風の影響を受け独自のスタイルを確立した画家で、京都の四条東洞院に住んでいたため四条派と呼ばれた。画面上部の区切られた空間に咲きこぼれるような桜花を描いている。細部まで描き込まれた作風は応挙譲りのものであろうか。

P55 「月に桜花図」松村景文

江戸時代　軸一幅　絹本着色　116.3×46.5cm
京都国立博物館蔵
Moon and Cherry Blossoms, Matsumura Keibun, Edo period, Hanging scroll, Pigment on silk, 116.3×46.5cm, Kyoto National Museum

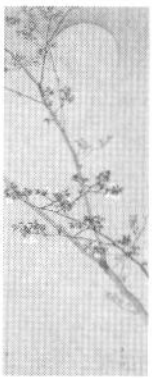

春の宵に昇った月とこれから花をつける山桜の枝が描かれている。日本人特有の感性であろうか、松尾芭蕉の「暫（しばら）くは花の上なる月夜かな」が思い浮かぶ作品である。景文は松村月渓（呉春）の異母弟で、兄・呉春から絵を学び花鳥画を得意とした。

P56 「桜花図」織田瑟々

文化4年（1807）　軸一幅　絹本着色　34.0×43.4cm
東京藝術大学大学美術館蔵
Cherry Blossoms, Oda Shitsushitsu, 1807, Hanging scroll, Pigment on silk, 34.0×43.4cm, The University Art Museum-Tokyo University of the Arts

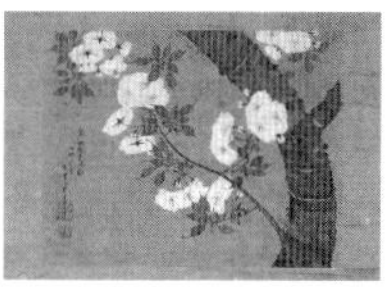

織田瑟々は絵を三熊露香（みくまろこう）に学び、17歳のころ画家として画壇に登場する。のちに仏門に入り画壇の名声とは無縁の尼僧画家として桜画を描き続けた。桜樹から伸びた枝に、あふれんばかりに咲き誇った花びらの生命感が表れている。

P58 「八重伊勢桜図」織田瑟々

文政11年（1828）江戸時代　軸一幅　絹本着色　71.3×27.6cm
西宮市笹部桜コレクション（白鹿記念酒造博物館寄託）
Double Cherry Blossoms, Oda Shitsushitsu, 1828, Hanging scroll, Pigment on silk, 71.3×27.6cm, Nishinomiya City Sasabe Sakura Collection, Hakushika Memorial Museum of Sake

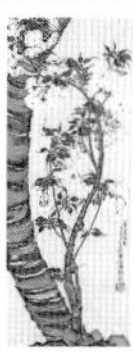

幹が緩やかな曲線を描き、枝には満開の桜花が花弁を垂れている。樹皮は緑青で苔を表し、花弁は一枚一枚丁寧に描かれ、重なった部分は胡粉（ごふん）に少し紅を混ぜて濃淡をつけている。鋭く伸びた葉先の表現が素晴らしい。

P60 「単暁桜之図」広瀬花隠

幕末　軸一幅　絹本淡彩　51.5×89.4cm　熊本県立美術館蔵
Cherry Blossoms, Hirose Kain, End of Edo period, Hanging scroll, Pigment on silk, 51.5×89.4cm, Kumamoto Prefectural Museum of Art

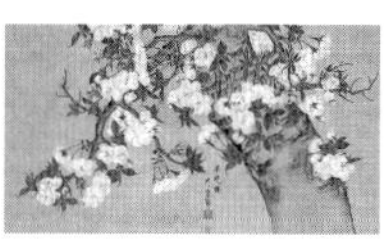

広瀬花隠の描く桜は、はじめ師である三熊思孝（しこう・享保15年～寛政6年・1730-94）の作風を伝えていたが、画面の裏側から墨や藍を薄く掃いて着彩する「裏彩色」の独自の技法を築き上げた。画面いっぱいに精緻に描かれ、桜の花弁の透明感が生み出されている。

P62 「洞中廊間桜図」広瀬花隠

文政2年（1819）　軸一幅　絹本着色　95.0×27.2cm
西宮市笹部桜コレクション（白鹿記念酒造博物館寄託）
Dochu-roma Cherry Tree, Hirose Kain,1819, Hanging scroll, Pigment on silk, 95.0x27.2cm, Nishinomiya City Sasabe Sakura Collection, Hakushika Memorial Museum of Sake

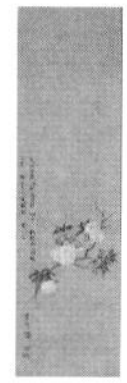

「廊間桜」は京都御苑内禁裏御所の東南にある仙洞御所（せんとうごしょ）にあった八重咲きの桜で、文政2年（1819）これを描くことが許された。花弁や葉の描写は輪廓線を入れず、花芯部には色を抜き、花弁の重なりは胡粉（ごふん）で濃淡をつけている。

P63 「禁中左近桜図」広瀬花隠

文化15年（1818）軸一幅　絹本着色　95.0x27.1cm
西宮市笹部桜コレクション（白鹿記念酒造博物館寄託）
Kinchu-sakon Cherry Tree, Hirose Kain,1818, Hanging scroll, Pigment on silk, 95.0x27.1cm, Nishinomiya City Sasabe Sakura Collection, Hakushika Memorial Museum of Sake

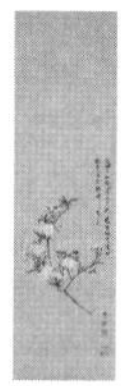

広瀬花隠は江戸時代後期の画家で、京都の聖護院に住み、名を自勝（じしょう）といった。この「禁中左近桜図」は京都御所・紫宸殿（ししんでん）南階段下の東方に植えられた左近桜で、仁孝天皇在位（1817-46）時にはじめて写生する名誉を与えられ描くことができた。

P64 「葛城山」土佐光清

安政2年（1855）　襖貼付　鳥居障子二面　紙本着色
清涼殿・二間　宮内庁京都事務所蔵
Katsuragi-san, Tosa Mitsukiyo, 1855, Set of two-sliding screens, Pigment on paper, Imperial Household Agency Kyoto Office

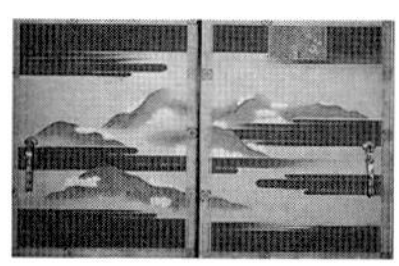

葛城山は大阪府と奈良県の境にある山で、南の金剛山との間の水越峠は桜と紅葉の名所として古くからの景勝地である。二面の鳥居障子には、雲間に広がる葛城山の山々に満開の桜が美しく描かれている。図上の色紙形には「峯高き葛城山のさくら花」とある。

P66.68 「桜」原在照

安政2年（1855）　布障子・戸襖二面（四面のうち）麻布墨絵淡彩
諸大夫の間・桜の間　宮内庁京都事務所蔵
Cherry Blossoms, Hara Zaisho, 1855, Set of two-sliding screens, Ink and light color on cloth, Imperial Household Agency Kyoto Office

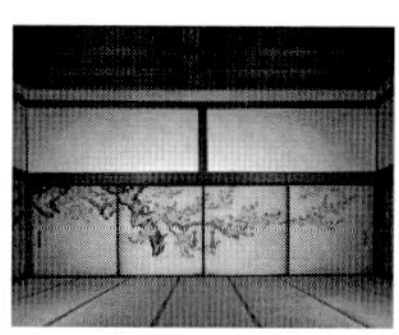

布障子・戸襖・障壁18面に桜が描かれた桜の間は諸大夫の間ともいわれ、文字通り諸大夫などの控えの間である。襖絵はいずれも墨絵淡彩で、満開の山桜が大画面に描かれ、4面の襖絵のうち、中央2面を掲載しているが、右に伸びる枝ぶりの力強さに感動する。

P70.72 「桜」原在照
安政2年（1855）　障壁二面　諸大夫の間・桜の間
紙本墨絵淡彩　宮内庁京都事務所蔵
Cherry Blossoms, Hara Zaisho, 1855,
Set of two-sliding screens, Ink and light color on paper,
Imperial Household Agency Kyoto Office

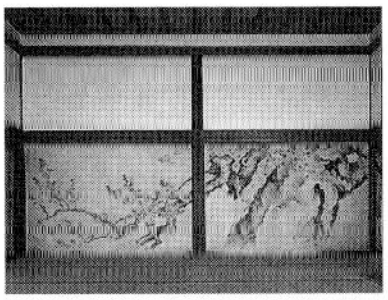

ここに掲載した2面の障壁画も桜の太い幹の力強さと、地をはうように伸びる枝のしなやかさを充分に描ききって見事である。部屋の四周をこのような桜で囲まれているとさぞかし華やいだ気分になるものだろう。原在照は宮中御用絵師として活躍した画家である。

P74 「花ニ鳴鶯図」中島来章
安政2年（1855）　御袋棚小襖（天袋）四面　絹本着色砂子泥引
各18.8×24.5cm　御常御殿・御小座敷上の間
宮内庁京都事務所蔵
Cherry Blossoms and Ying, Nakajima Raisho, 1855,
Set of four-sliding screens, Pigment on silk,
each: 18.8×24.5cm, Imperial Household Agency Kyoto Office

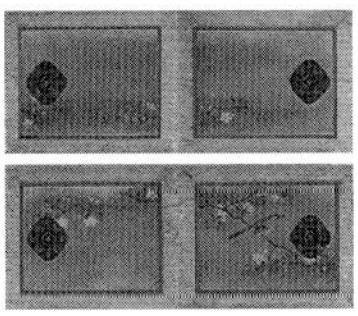

御常御殿東側にある御小座敷上の間の、御袋棚小襖（天袋）4面に描かれたものである。この部屋は天皇が歌道を習ったり、和歌を詠むなどされた部屋である。天袋はごく小さなもので、満開に咲きほころぶ山桜の花と、そこに訪ねてきた鶯の情景を描いている。

P76 「四季花鳥」土佐光清
安政2年（1855）　障壁二面　紙本着色砂子泥引
御常御殿・剣璽の間　宮内庁京都事務所蔵
Birds and Flowers of the Four Seasons, Tosa Mitsukiyo,1855,
Set of two-sliding screens, Pigment on paper,
Imperial Household Agency Kyoto Office

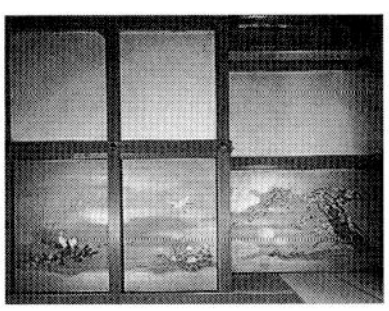

剣璽（けんじ）の間は御常御殿の東南隅にあり、三種の神器のうち草薙剣（くさなぎのつるぎ）と八坂瓊曲玉（やさかにのまがたま）を奉安した部屋で、かつては清涼殿夜御殿に置かれた。金泥の春霞の間から桜の大樹が満開の花を咲かせ、小鳥たちが羽を休めている。

P78.80 「四季花鳥」岸岱
安政2年（1855）　障壁二面　紙本着色砂子泥引
皇后御常御殿・御寝の間　宮内庁京都事務所蔵
Birds and Flowers of the Four Seasons, Gan Tai, 1855,
Set of two-sliding screens, Pigment on paper,
Imperial Household Agency Kyoto Office

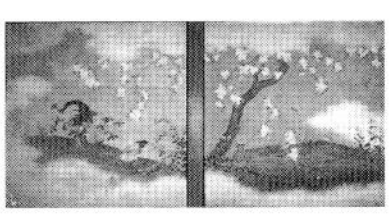

「四季花鳥」は皇后御常御殿の御寝の間に、近江八景、倭曲水、関駒迎とともに描かれている。満開の桜樹の下で雌雄の鶏が餌をついばんでいる風景で、福寿草、れんげ、山つつじ、山吹、わらび、蒲公英、菫、土筆、野薊など、春の草花が盛り沢山に描かれている。

P82.84 「桜」嶋田雅喬
安政2年（1855）　襖四面　紙本着色砂子泥引
皇后御常御殿・申ノ口の間　宮内庁京都事務所蔵
Cherry Blossoms, Shimada Gakyo, 1855,
Set of four-sliding screens, Pigment on paper,
Imperial Household Agency Kyoto Office

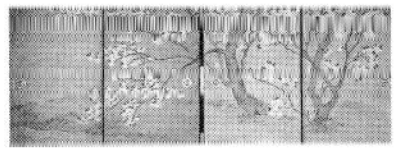

この「桜」は皇后御常御殿の申の口の間・南の間に描かれている。北の間は磯田華堂の手になる「紅葉」が描かれている。穏やかな川の流れの両岸に、水面まで枝を広げて咲く満開の桜の姿を捉えている。太い幹の張り出しがリズミカルに配され画面を引き締めている。

P86 「嵐山大井川筏」井上通世模写（原在照筆）
昭和33年（1958）　襖二面　紙本着色　小御所・東廂
宮内庁京都事務所蔵
Cherry Blossoms at Arashiyama, Inoue Tsuguyo, 1958,
Set of two-sliding screens, Pigment on paper,
Imperial Household Agency Kyoto Office

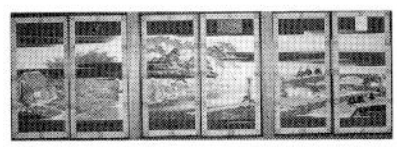

景勝地である嵐山は、春の桜、秋の紅葉の名所として知られ、詩歌に詠まれたり描かれたりしている。嵐山全山が満開の山桜におおわれ、その下を流れる大井川の筏の上にも花びらが舞っている。色紙の和歌は「大井川下す筏の過かてにみねのさくらハ雪とふりつ●」。

P88 「四季花籠図」狩野永悳
明治20年（1887）　杉戸絵二面　板絵着色　各190.0×93.4cm
宮内庁三の丸尚蔵館蔵
Flower Baskets of the Four Seasons, Kano Eitoku,
1887, Set of two-sliding screens, Pigment on board,
each: 190.0×93.4cm, Museum of The Imperial Collections

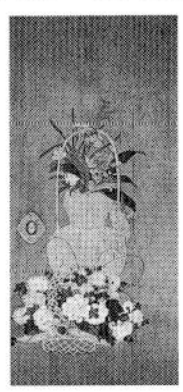

竹で編まれた形の異なる花籠に、四季の花卉（かき）が生けられている。草花の写生的な描写より、籠に盛られた花籠としての美しさを装飾的に表している。英悳は狩野栄信（ながのぶ）の次男で、4代の将軍に仕え、明治維新後フェノロサに鑑定法を教授した。

P90 「源氏物語　花之宴」川辺御楯
軸一幅　絹本着色　127.5×54.7cm　福岡県立美術館蔵
Tale of Genji, Hanano-en, Kawabe Mitate, Hanging scrolls,
Pigment on silk, 127.5×54.7cm,
Fukuoka Prefectural Museum of Art

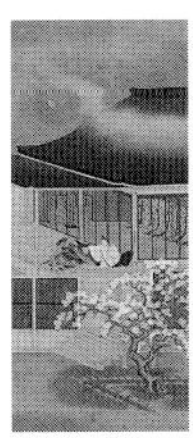

『源氏物語』第8帖の「花ノ宴」、20歳の光源氏と朧月夜（おぼろづきよ）との恋愛をテーマに描かれている。宮中の南殿で桜花の宴が催され、酔い心地の源氏は「朧月夜に似るものぞなき」と口ずさむ美しい女性と一夜の契りを結んでしまう。

P91 「四時ノ名勝　吉野花雲」川端玉章
明治32年（1899）　軸一幅　絹本着色　166.3×84.8cm
宮内庁三の丸尚蔵館蔵
Cherry in Full Bloom at Yoshino, Kawabata Gyokusho, 1899, Hanging scroll, Pigment on silk, 166.3×84.8cm, Museum of The Imperial Collections

吉野の桜は役行者が蔵王権現の姿を桜の木に刻んだとの伝説から、平安中期以降桜を寄進する者が多い。ここに描かれた吉野も下ノ千本から奥ノ千本へと続く道は満開の桜の花で霞がかかったようである。玉章は円山四条派を学び、江戸に出て一時は洋画も学んでいる。

P92 「向島春色」川端玉章
明治27年（1894）軸一幅　絹本着色　152.0×86.0cm
宮城県美術館蔵
The Scenery in the Spring of Mukojima, Kawabata Gyokusho, 1894, Hanging scroll, Pigment on silk, 152.0×86.0cm, The Miyagi Museum of Art

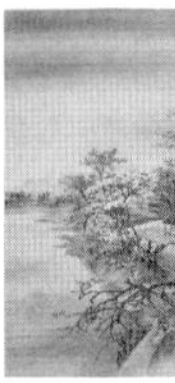

画面奥へと続く桜並木に、花見のための東屋が見え隠れする。時刻が早いのだろうか人影がない。陽をうけて輝く朝霧が画面上下に掃いた金泥で表されている。この作品とほぼ同様の「墨堤春暁図」（明治23年・1890）が東京藝術大学大学美術館にある。

P93 「百花百鳥之図」藤井松林
明治22年（1889）　軸一幅　絹本着色　121.2×54.0cm
ふくやま美術館蔵
Hundreds of Flowers and Birds, Fujii Shorin, 1889, Hanging scroll, Pigment on silk, 121.2×54.0cm, Fukuyama Museum of Art

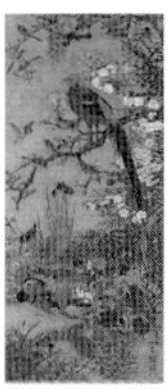

「百花百鳥之図」は作品名が示すように画面には円山四条派の写生の妙技を発揮し、季節の花卉と鳥たちが所狭しと描かれている。この絵が描かれた時、松林は再度上京して宮内庁に「游鯉図」、「百幅図」の2点を献上している。花鳥、山水、人物を得意とした。

P94 「糸桜小禽図」岸竹堂
軸一幅　絹本着色　102.0×41.5cm
京都府立総合資料館蔵（京都文化博物館管理）
Cherry Blossoms and Bird, Kishi Chikudo, Hanging scroll, Pigment on silk, 102.0×41.5cm, Kyoto Prefectural Government, Administered by The Museum of kyoto

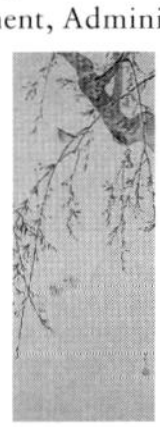

画面上部の桜の幹から下がった枝に小鳥がとまり、蝶が二匹舞っている、のどかな春の情景である。桜の幹は墨の濃淡によって幹の曲面を表現し、枝は墨で一気に描き、花弁は朱地に上から胡粉を塗っている。蝶は黄色で彩色され、小鳥は墨で表現されている。

P95 「十二ヶ月図　さくら三月」松本楓湖
大正元～大正15年（1912-26）　軸一幅　絹本着色
119.0×49.0cm　茨城県近代美術館蔵
Flowers of the Twelve Months, March: Cherries, Matsumoto Fuko, 1912-26, Hanging scroll, Pigment on silk, 119.0×49.0cm, The Museum of Modern Art, Ibaraki

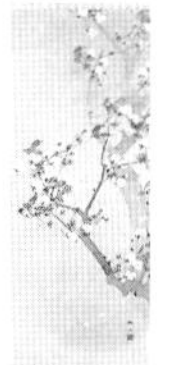

茨城県に生まれた松本楓湖は、江戸琳派の沖一峨（おきいちが）、文晁（ぶんちょう）派の佐竹永海に学び、菊池容斎に師事し、歴史画や挿絵を描いた。また安雅画塾を開き、今村紫紅、速水御舟らを育てた。細やかな桜花の描写に楓湖独自の味がある。

P96 「清水寺之図」鈴木瑞彦
明治20年（1887）頃　軸一幅　絹本着色　120.5×48.7cm
宮内庁三の丸尚蔵館蔵
Viewing at Kiyomizu Temple, Suzuki Zuigen, ca.1887, Hanging scroll, Pigment on silk, 120.5×48.7cm, Museum of The Imperial Collections

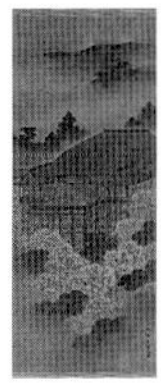

清水寺は広隆寺や鞍馬寺とともに平安京遷都以前からの歴史を持つ寺院である。境内は桜の名所でもあり千本の桜が植えられている。描かれた風景は奥の院からの舞台の眺めである。鈴木瑞彦は京都に生まれ、四条派の塩川文麟に学び、山水、花鳥画を得意とした。

P97.98 「雨中嵐山」幸野楳嶺
明治12年（1879）　軸一幅　絹本着色　234.0×89.3cm
宮内庁三の丸尚蔵館蔵
Rain on the River and Hills of Kyoto' s Arashiyama, Kono Bairei, Hanging scroll, Pigment on silk, 234.0×89.3cm, Museum of The Imperial Collections

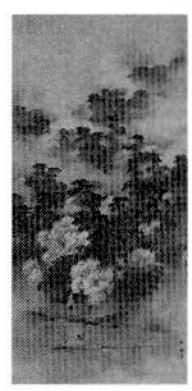

春雨にけぶる嵐山。山をおおうように山桜が満開である。前景には大井川を筏で下る蓑を着た船頭。その筏の先にも春雨のいたずらか桜の花びらが舞い降りている。嵐山は風景画の格好の画題であり、春霞たなびく桜花の嵐山、また紅葉の嵐山がよく描かれている。

P99 「櫻ニ雉子の図」渡辺省亭
軸一幅　絹本着色　119.5×40.5cm　佐久市立近代美術館蔵
Pheasant on a Blooming Cherry Tree, Watanabe Seitei, Hanging scroll, Pigment on silk, 119.5×40.5cm, Saku Municipal Museum of Modern Art

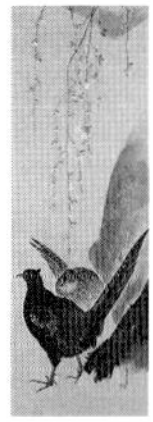

画面上部から枝垂（しだれ）桜の枝が空間に広がり、雌雄の雉子が佇んでいる。春先の静寂感が伝わってくる。雄の羽色は背が青緑色の光沢のある黒色で、頭の周囲は裸出して赤い。雌は全身が黄褐色である。省亭は洋風を加味した独自の花鳥画を得意とした。

P100「山桜」高島北海
大正9年（1920）額一面 紙本着色　33.2×36.0cm
下関市立美術館蔵
Cherry Blossom, Takashima Hokkai, 1920, Framed, Pigment on paper, 33.2×36.0cm, Shimonoseki City Art Museum

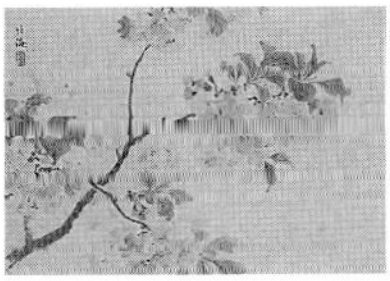

北海は明治新政府の技官としてフランスのナンシー水利林業学校で植物地誌学を学んでいる。当時ナンシーではジャポニスムのブームもあり、ガラス工芸家のエミール・ガレに影響を与えたといわれる。植物学の深い造詣から、桜の細部まで丁寧に観察して描いている。

P101.102「春の夕、霜の朝」菊池芳文
明治36年（1903）　八曲一双屏風　絹本着色
各158.5×485.0cm　京都市美術館蔵
Spring evening Frost falling morning, Kikuchi Hobun, 1903, Pair of eight-fold screens, Pigment on silk, each: 158.5×485.0cm, Kyoto Municipal Museum of Art

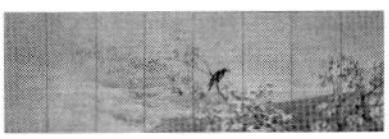

八曲一双の大画面に描かれているのは春の夕景と寒い霜の降りた朝の情景。「春の夕」には寺院の大伽藍の前庭にいまを盛りと咲き誇る満開の桜。夕暮れて塒（ねぐら）に向かう鳥の一群れ。1羽だけ桜樹に羽を休め暮れなずむ春の夕景を眺める姿は画家自身であろうか。

P104「京洛春秋名所図」萩尾九皐
明治35年（1902）　軸三幅対　絹本着色　各104.8×36.0cm
福岡県立美術館蔵
Famous Place of Kyoto, Hagio Kyuko, 1902, Three of hanging scrolls, Pigment on silk, each: 104.8×36.0cm, Fukuoka Prefectural Museum of Art

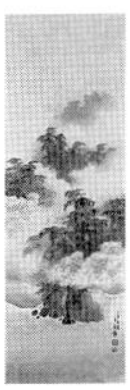

この作品は3幅対で、嵐山の春の桜、秋の紅葉と清水寺が描かれている。嵐山は春の桜、夏の新緑、秋の紅葉、冬の雪景色と四季を通じて風光明媚な景勝地で、多くの観光客が訪れる。京都で幸野楳嶺に四条派を学んだ萩尾九皐の画技がよく表れた作品である。

P105「嵐山図」野村文挙
明治33年（1900）（慶雲帖 第一帖）二帖の内　絹本着色
各39.0×31.5cm　宮内庁三の丸尚蔵館蔵
Viewing at Arashiyama, Nomura Bunkyo, 1900, Pigment on silk, each: 39.0×31.5cm, Museum of The Imperial Collections

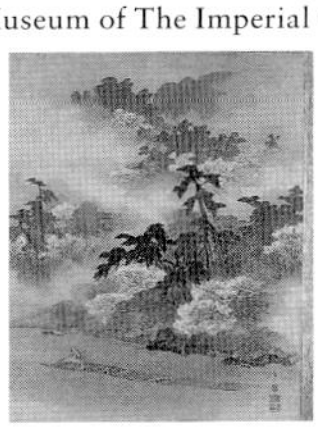

春霞の嵐山、川岸に咲き乱れる山桜。大井川の清流を静かに筏舟が下ってゆく。のんびりとした春の風情を描いた作品である。京都に生まれた野村文挙は塩川文麟（ぶんりん）、森寛斎（かんさい）に学び、山水画を得意とした画家である。

P106.108「小雨ふる吉野」菊池芳文
大正3年（1914）　六曲一双屏風　絹本着色
各153.7×357.0cm　東京国立近代美術館蔵
Fine Rain on Mt. Yoshino, Kikuchi Hobun, 1914, Pair of six-fold screens, Pigment on silk, each: 153.7×357.0cm, The National Museum of Modern Art, Tokyo

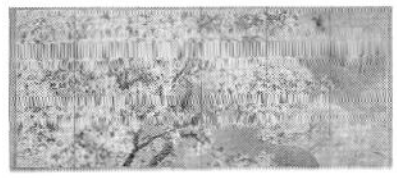

左隻に描かれた近景の桜から、右隻にかけて続く桜の大パノラマ。尾根から谷を埋め山肌をおおう桜の味わい。爛漫と咲き誇る桜の雄大な景色は人々に感動を与える。「桜花の芳文」と呼ばれた画家は吉野山に取材したこの作品でその実力を存分に発揮した。

P109「吉野の桜」都路華香
明治37年（1904）　軸一幅　絹本淡彩　218.5×174.0cm
髙島屋史料館蔵
Cherry Blossoms at Yoshino, Tsuji Kako, 1904, Hanging scroll, Pigment on silk, 218.5×174.0cm, Takashimaya Historical Museum

「吉野の桜」は明治37年（1904）の日英博覧会に髙島屋より壁掛「世界三景」が出品された際に、その下絵として描かれた。空一面に引かれた金泥の上に、満開の山桜がけむるように描かれている。画面下には吉野山の稜線がかすかに見えその奥深い山容が窺える。

P110「熊野御前花見」下村観山
明治27年（1894）　軸一幅　紙本着色　61.3×119.7cm
東京藝術大学大学美術館蔵
Yuyagozen's Cherry Blossom Viewing, Shimomura Kanzan, 1894, Hanging scroll, Pigment on paper, 61.3×119.7cm, The University Art Museum-Tokyo University of the Arts

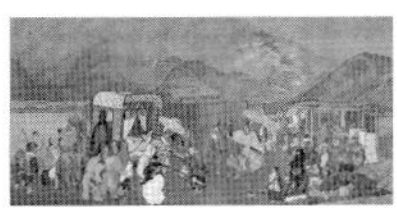

熊野御前（ゆやごぜん）は平安時代の池田荘の庄司・藤原重徳の娘で、平宗盛に見初められ都に上り寵愛された。春の花見の席で「いかにせん　都の春も惜しけれど　なれしあずまの花やちるらん」と詠み、その心にうたれた宗盛は病気の母を思う熊野に帰郷を許した。

P112「八重桜と鳥」河鍋暁翠
軸一幅　絹本着色　113.2×36.9cm　河鍋暁斎記念美術館蔵
Double Cherry Blossoms and Birds, Kawanabe Kyosui, Hanging scroll, Pigment on silk, 113.2×36.9cm, Kawanabe Kyosai Memorial Museum

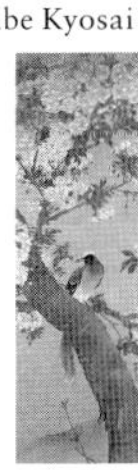

太い幹から張り出した枝は八重桜の花弁で埋まり、中心の枝に色鮮やかな鳥を配している。尾が長いことから寿帯鳥（カワリサンコウチョウ）と思われるがはっきりとしない。暁翠は河鍋暁斎の娘で、幼少より父について絵の手ほどきを受け、早くから画才を発揮した。

P113 「美人観桜」下村観山
軸一幅　絹本着色　117.7×48.5cm　佐久市立近代美術館蔵
A Beauty viewing Cherry Blossoms, Shimomura Kanzan, Hanging scroll, Pigment on silk, 117.7×48.5cm, Saku Municipal Museum of Modern Art

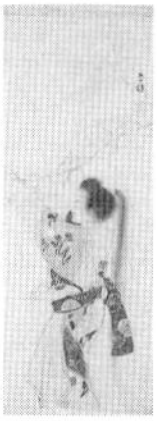

画面上部の桜の枝に手を伸ばし、何か願い文でも託しているのだろうか。枝は付立てで、桜花の柔らかな花弁とその淡さをうまく描いている。着物の葵の文様と大胆に結んだ菊の帯のバランスが鮮やかさを増す。若い女性の明るさと満開の桜が香り立つ情景である。

P114.116 「行く春」重文　川合玉堂
大正5年（1916）　六曲一双屏風　紙本着色
各183.0×390.0cm　東京国立近代美術館蔵
Parting Spring, Important Cultural Asset, Kawai Gyokudo, 1916, Pair of six-fold screens, Pigment on paper, each: 183.0×390.0cm, The National Museum of Modern Art, Tokyo

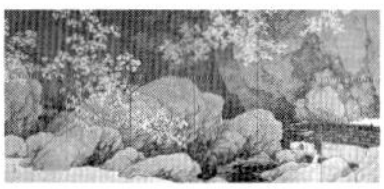

この春の風景は、秩父地方の長瀞（ながとろ）から寄居（よりい）あたりの雄大な自然を取材して描いた玉堂の代表作である。左隻には名残の桜の花びらが風になびき川面に舞い散っている。右隻には岸につなぎ留められた3艘の水車舟と働く人が描かれている。

P117.118 「春景山水」川合玉堂
大正7年（1918）頃　六曲一双屏風　絹本着色
各156.5×420.0cm　岐阜県美術館蔵
Spring Landscape, Kawai Gyokudo, ca.1918, Pair of six-fold screens, Pigment on silk, each: 156.5×420.0cm, The Museum of Fine Arts, Gifu

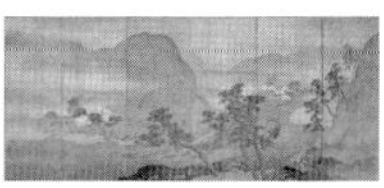

屏風の大画面に春の穏やかな山水風景が描かれている。画面右手上流から流れる川筋が、画面を横切り海へと注いでいる。おだやかな村の春の情景である。京都の幸野楳嶺の画塾に入門し円山・四条派を学ぶ。その後上京して橋本雅邦に師事し、日本美術院に参加した。

P120 「八重桜五雀図」庭山耕園
大正14年（1925）　軸一幅　紙本着色　127.0×41.5cm
大阪市立美術館蔵
Five of them Sparrows and Double Cherry Blossom, Niwayama Koen, 1925, Hanging scroll, Pigment on paper, 127.0×41.5cm, Osaka Municipal Museum of Art

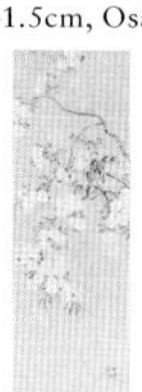

柔らかい枝ぶりの先には八重桜の大きな花びらがいまを盛りに咲いている。枝の中程に5羽の雀たちが身を寄せ合っている。5羽とも羽をふくらませ、まだ浅い春先の花冷えを耐えているのであろうか。上田耕冲や鈴木松年に師事し、大阪画壇の重鎮として活躍した。

P121 「山桜図」池上秀畝
昭和18年（1943）　軸一幅　紙本着色　77.3×87.0cm
滋賀県立近代美術館蔵
Cherry Blossoms, Ikegami Shuho, 1943, Hanging scroll, Pigment on paper, 77.3×87.0cm, Museum of Modern Art, Shiga

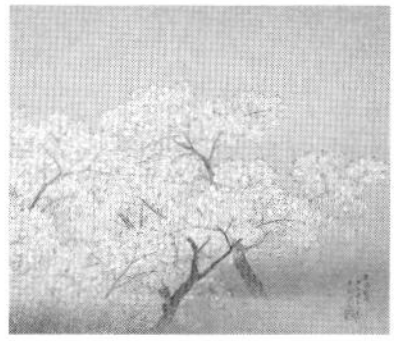

四条派の画家である父・池上秀華に学び、上京して荒木寛畝に師事、荒木派の画塾読画会を支えた。谷文晁の流れを汲む南北合派であった師風を受け継ぎ、明治から昭和初期にかけて日本画壇の重鎮として活躍。満開の山桜を師の教えを守り写実的に捉えている。

P122 「桜花双鳩・秋草群鶉図」池上秀畝
大正10年（1921）　二曲一双屏風　絹本金地着色
各168.4×165.0cm　練馬区立美術館蔵
Cherry Trees and Two of them Dove, Ikegami Shuho, 1921, Pair of two-fold screens, Pigment and gold-leaf on silk, 168.4×165.0cm, Nerima Art Museum

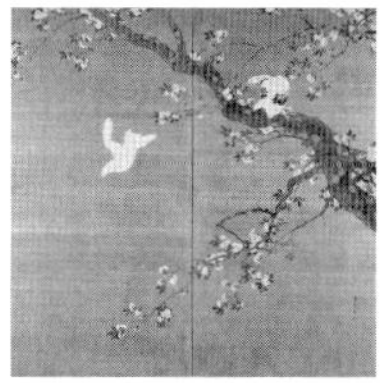

画面右下から左上にかけて横切る力強い桜樹の幹を細やかに描き、その中央に2羽の鳩を配している。桜の枝ぶりもバランスよく配置し、空間の広がりをうまく使っている。春爛漫の山里の景色であろうか、静寂さが伝わってくる。まるで過ぎゆく季節を惜しむようである。

P124 「吉野の桜」西村五雲
明治中期　四曲一隻屏風　絹本着色　151.0×243.0cm
京都国立近代美術館蔵
Cherry Blossoms in Yoshino, Nishimura Goun, Middle Meiji period, Single four-panel fold screen, Pigment on silk, 151.0×243.0cm, The National Museum of Modern Art, Kyoto

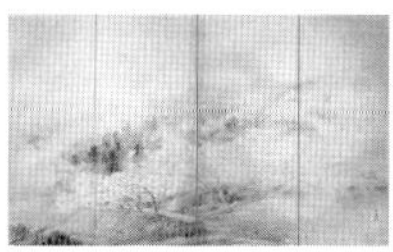

画面全体に吉野山の満開の桜を捉え、花霞に曇る山容を描いている。山道には人影もなく、ただ静かに谷からの春風が桜の香りを運んでくるようだ。五雲は岸竹堂、竹内栖鳳に師事。花鳥画や動物画で名声を得た。また画塾晨鳥社を主宰して門下の育成に努めた。

P126 「桜・鶴・桃」結城素明
昭和8年（1933）　軸三幅対　絹本着色　各144.8×50.3cm
宮内庁三の丸尚蔵館蔵
Cherry Blossoms, Cranes, Peach, Yuki Somei, 1933, Three hanging scrolls, Pigment on silk, each: 144.8×50.3cm, Museum of The Imperial Collections

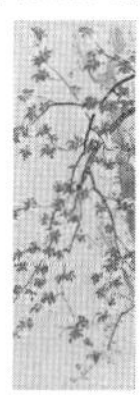

素明は東京美術学校で西洋画科でも学び、日本画における自然主義を標榜（ひょうぼう）して平福百穂（ひゃくすい）や福井江亭らと「无声（むせい）会」を結成し写実表現を追求した。この作品は鶴と桃の三幅対で、桜樹から伸びた枝を細やかな写生眼で捉えている。

P127 「春宵花影」松林桂月
昭和30年（1955） 額一面 絹本墨画 143.0×35.3cm
埼玉県立近代美術館蔵
Cherry Trees bloom in the Spring Evening,
Matsubayashi Keigetsu, 1955, Framed, Ink on paper,
143.0×35.3cm, The Museum of Modern Art, Saitama

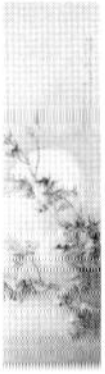

静寂の中の朧月夜。夜に花咲く桜の妖艶さがかすかな香りをともなって伝わってくる作品である。全体を墨一色だけの巧みな濃淡のぼかしによって捉え、空間や桜の樹葉の質感までもが細密に描かれている。松林桂月は水墨技法では特別の才能を発揮した画家である。

P128 「春宵花影」松林桂月
昭和19年（1944） 額一面 絹本墨画 72.8×90.9cm
下関市立美術館蔵
Cherry Trees bloom in the Spring Evening,
Matsubayashi Keigetsu , 1944, Framed, Ink on silk,
Shimonoseki City Art Museum

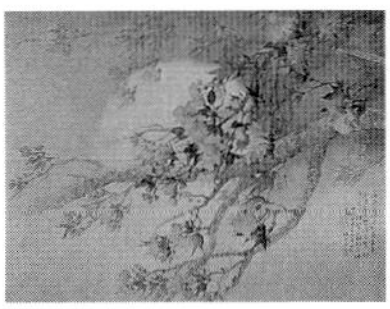

画面左に昇った月と、月光に映し出された夜桜はしっとりと華やかで、花びらはわずかにさした胡粉（ごふん）だけで見事に捉えている。松林桂月は山口県萩市に生まれ、ほとんど独学で日本画を学び、文展で受賞を重ねながら南画界の重鎮として活躍した画家である。

P129.130 「花のにぎわい」上村松園
明治40年代（1907-12） 軸一幅 絹本着色
153.8×50.6cm 京都国立近代美術館蔵
Merry Season of Cherry Blossoms, Uemura Shoen, 1907-12,
Hanging scroll, Pigment on silk, 153.8×50.6cm,
The National Museum of Modern Art, Kyoto

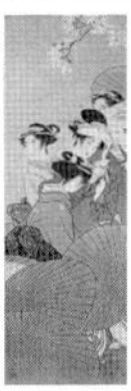

若く派手やかな5人の女性を描いている。女性たちを引き立てるように画面上部には満開の桜の花びらが舞っている。画面中央の女性が主人公で4人の腰元たちと花見に出かけてきたのであろうか。伝統的な「美人観桜図」の系列の作品といえるだろう。

P131 「花」上村松園
明治43年（1910） 軸一幅 絹本着色 157.3×72.2cm
姫路市立美術館
Three Beauties, Uemura Shoen, 1910, Hanging scroll,
Pigment on silk, 157.3×72.2cm, Himeji City Museum of Art

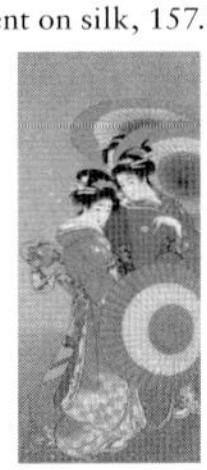

松園は浮世絵の影響の強い美人画から次第に脱却し、四条派の伝統に基づきながら格調の高い近代美人画を描いた。「美人観桜図」系列の作品は明治40年（1907）から43年（1910）頃にかけて描いている。艶やかな美人の立ち姿と舞い散る桜の花びらが可憐である。

P132 「熊野」木村武山
明治35年（1902） 軸一幅 絹本着色 152.8×151.8cm
茨城県近代美術館蔵
Yuya from "The Historic Romance of the Taira Family",
No Play, Kimura Buzan, 1902, Hanging scroll, Pigment on
silk, 152.8×151.8cm, The Museum of Modern Art, Ibaraki

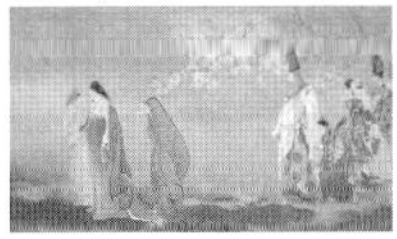

能の曲目「熊野（ゆや）」をテーマに、平宗盛と愛人熊野の清水寺への花見の道中を描いている。熊野は東国に病む母を見舞うために帰国を願うが許されず、花見の供を命ぜられる。花見の宴で、母を案じる熊野の歌を聞いた宗盛は哀れを感じて帰国を許すという話である。

P134 「貴神観桜図」木村武山
明治33～34年（1900-01） 軸一幅 絹本着色
119.8×49.5cm 茨城県近代美術館蔵
Nobels Viewing Cherry Blossoms, Kimura Buzan, 1900-01,
Hanging scroll, Pigment on silk, 119.8×49.5cm,
The Museum of Modern Art, Ibaraki

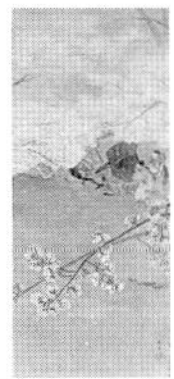

笠間市に生まれた武山は、上京して川端玉章に師事。東京美術学校を卒業すると岡倉天心が結成した日本絵画協会に参加。また日本美術院副員となり五浦への移転にもしたがった。古典に対する深い理解と、優れた色彩感覚とを生かした歴史画や花鳥画を得意とした。

P135 「雉鳩と枝垂れ桜」小原祥邨
木版 紙 36.4×24.2cm 東京国立近代美術館蔵
Turtledove under a Bough of Weeping Cherry, Ohara Shoson,
Color woodcut on paper, 36.4×24.2cm,
The National Museum of Modern Art, Tokyo

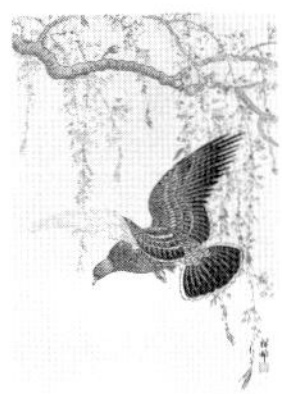

枝垂（しだれ）桜の下を1羽の雉鳩が羽ばたく。祥邨はフェノロサの指導のもと、版元の滑稽堂から輸出用の花鳥画を制作した。写生に基づいた写実的な作風で、落ち着いた色合いの作品は好まれた。晩年まで生涯を通し花鳥画や動物画の制作に精力的に取り組んだ。

P136 「桜姫」鏑木清方
大正12年（1923） 軸一幅 絹本着色 135.5×50.2cm
新潟県立近代美術館蔵・万代島美術館
Sakura-hime, Kaburaki Kiyokata, 1923, Hanging scroll,
Pigment on silk, 135.5×50.2cm,
The Niigata Prefectural Museum of Modern Art / The Niigata
Bandaijima Art Museum

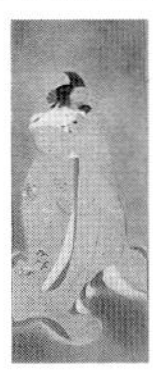

桜姫は鶴屋南北作「桜姫東文章」歌舞伎などで知られる、桜姫、清玄、権助の絡み合いで、愛欲の姿を鮮やかに描いた作品である。清方は明治の近代的な情趣のうちに、新しい風俗画や美人画へと展開させた画家である。「註文帖」や「にごりえ」なども制作している。

P137 「娘道成寺」鏑木清方

昭和3年（1928）　軸一幅　絹本着色　144.0×51.0cm
練馬区立美術館蔵
Kaburaki Kiyokata, 1928, Hanging scroll, Pigment on silk, 144.0×51.0cm, Nerima Art Museum

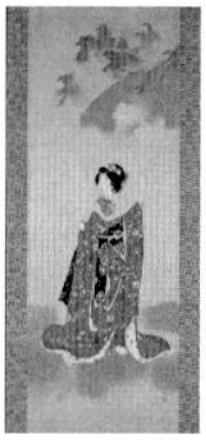

「京鹿子（きょうかのこ）娘道成寺」は歌舞伎舞踊劇で、宝暦3年（1753）、江戸・中村座で初代中村富十郎が初演。紀州道成寺に伝わる安珍清姫伝説の後日譚を扱った謡曲「道成寺」の舞踊化で、熊野詣でに来た若い僧に懸想（けそう）した人妻が、大蛇となって後を追い、道成寺の鐘の中に逃げた僧を焼き殺すが、寺の供養で天人に生まれ変わる物語。

P138 「千秋公園と太平山」（秋田名勝画帖より）平福百穂

昭和3年（1928）　紙本着色　39.3×43.9cm
宮内庁三の丸尚蔵館蔵
Senshu Park and Taiheizan, Hirafuku Hyakusui, 1928, Pigment on paper, 39.3×43.9cm, Museum of The Imperial Collections

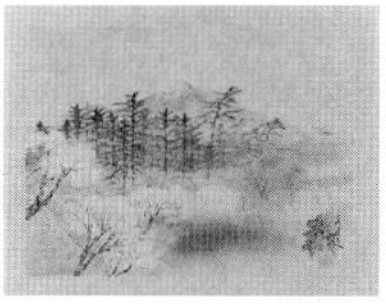

千秋公園は桜の名所で、秋田藩佐竹氏二十万石の居城跡に、樹齢約110年の染井吉野をはじめ、約770本の桜が咲き誇る。角館生まれの百穂は、川端玉章に師事、東京美術学校卒業後は、「无声会」を結成し自然主義を標榜、また母校西洋画科でデッサンを学んでいる。

P139 「春色」菱田春草

明治38年（1905）　軸一幅　絹本着色　70.9×49.4cm
豊田市美術館蔵
Early Spring, Hishida Shunso, 1905, Hanging scroll, Pigment on silk, 70.9×49.4cm, Toyota Municipal Museum of Art

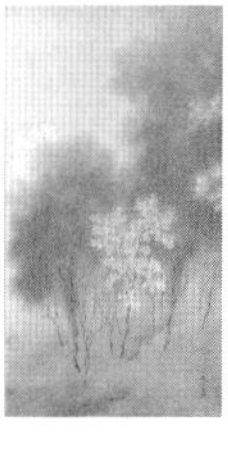

うっすらと画面全体に霞がかった風景に、新緑の木々と白い山桜がとけ込むように描かれている。木の幹や枝は細い線で捉えられ、幻想的な空間が表現されている。輪廓をぼかして描かれる「朦朧体」は、横山大観や春草が明治後半期に試みた技法である。

P140 「柳桜図」木島桜谷

大正6年（1917）　六曲一双屏風　絹本着色
各180.0×365.0cm　泉屋博古館蔵
Willow and Cherry Blossoms, Konoshima Okoku, 1917, Pair of six-fold screens, Pigment on silk, each: 180.0×365.0cm, Sumitomo Collection Sen-oku Hakuko Kan

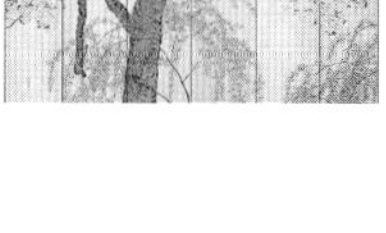

左隻から右隻に枝を伸ばした満開の山桜と、柔らかな小枝を広げた新緑の柳を大画面に捉えている。散り始めた桜花は勢いよく芽吹き始めた柳と絡み合い、ダイナミックな構図は見る者を画面の中に引き込む。装飾性の中にも四条派の写生精神を駆使した代表作である。

P142 「御室の桜」冨田溪仙

昭和8年（1933）　二曲二双屏風　絹本着色
各168.1×184.6cm　福岡市美術館蔵
Cherry Blossoms at Omuro, Tomita Keisen, 1933, Pair of two-fold double screens, Pigment on silk, each: 168.1×184.6cm, Fukuoka Art Museum

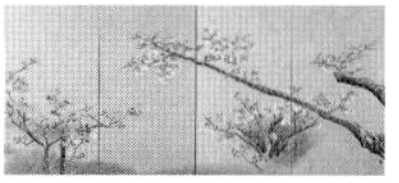

御室は京都仁和寺の別称で、八重咲きの桜の名所。御室桜はこの地の岩盤が固く深く根を張れないところから樹高が低く、「花（鼻）が低い」ことから「お多福桜」ともいわれる。溪仙は制作にあたり冬の御室桜を見て枝ぶりがむき出しの樹を前に着想したといわれる。

P144 「吉野彩雨」冨田溪仙

大正15年（1926）　軸一幅　絹布墨膠彩　128.3×42.0cm
豊田市美術館蔵
Landscape of Yoshino in the Rain, Tomita Keisen, 1926, Hanging scroll, Sumi and glue on silk, 128.3×42.0cm, Toyota Municipal Museum of Art

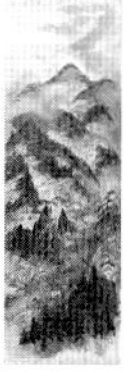

春雨に煙る吉野の山里は、花見に興ずる人もなく、ただ人馬が街道を下っている。山の稜線は雨に濡れて黒く、霞が桜色に染まる春の情景を墨と淡彩によって描いている。吉野が桜の名所になったのは、1300年前役行者が蔵王権現を桜の樹に刻んだことからといわれる。

P145 「祇園夜桜図」冨田溪仙

軸一幅　絹本着色　71.7×71.0cm　滋賀県立近代美術館蔵
Cherry Blossom Viewing of Gion at Night, Tomita Keisen, Hanging scroll, Pigment on silk, 71.7×71.0cm, Museum of Modern Art, Shiga

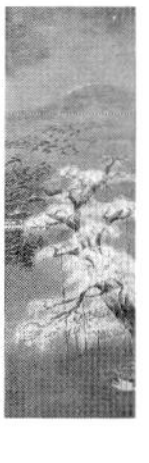

京都一の花見の名所である八坂神社境内、円山公園の枝垂（しだれ）桜は有名。与謝野晶子が「清水へ祇園をよぎる桜月夜こよひ逢ふひとみなうつくしき」と詠んだように、夜桜には篝火（かがりび）に浮かんだ花に妖艶さが潜み、心まで浮き立つ気分にさせる。

P146 「周山常照桜図」冨田溪仙

軸一幅　絹本着色　133.6×42.2cm　福岡市美術館蔵
Cherry Blossoms in Jyoshokoji, Tomita Keisen, Hanging scroll, Pigment on silk, 133.6×42.2cm, Fukuoka Art Museum

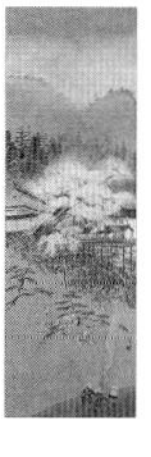

京都の西北部にある常照皇寺（じょうしょうこうじ）は、北朝の初代天皇・光厳（こうごん）天皇が都の政争をさけて開いた臨済宗の名刹。樹齢400年の「九重桜」や「左近桜」、「御車返し」の名で知られる桜が咲き競う。静かな山里の桜を荒々しくも一気呵成に描く。

P147 「花吹雪」尾竹竹坡

明治時代末期　軸一幅　絹本着色　167.8×83.5cm
宮城県美術館蔵
Cherry Blossoms fall in the River, Otake Chikuha,
End of the Meiji era, Hanging scroll, Pigment on silk,
167.8×83.5cm, The Miyagi Museum of Art

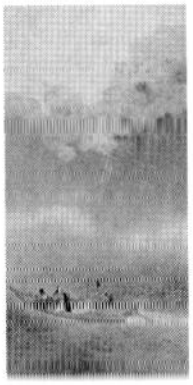

2組の若い都人が舟を出し、崖上の満開の桜の花見を楽しんでいる。崖からは一筋の滝が川面に落ちて風情を高めている。全体に花曇りであろうか、霞んだ空が幻想的に描かれている。尾竹竹坡は新潟県に生まれ、前期美術院の若手として一躍注目を浴びた画家である。

P148 「夜桜」北野恒富

昭和18年（1943）　二曲一双屏風　紙本着色
各171.2×185.3cm　大阪市立美術館蔵
Night View of Cherry Blossoms, Kitano Tsunetomi, 1943,
Pair of two-fold screens, Pigment on paper,
each: 171.2×185.3cm, Osaka Municipal Museum of Art

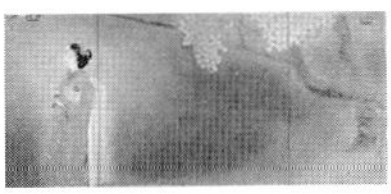

右隻から左隻にかけて桜の太い幹が張り出している。花も満開で花びらが少しこぼれ始めている。全体に夕暮れを感じさせるがまだぼんぼりには灯が入っていない。可憐な舞妓が桜の一枝を見つめている。恒富の作品は色香が匂いたつような艶麗な美人画で知られる。

P150 「花鳥」北野恒富

昭和初期（1930年代）　額一面　絹本着色　56.5×67.3cm
名古屋市美術館蔵
Flowers and Birds, Kitano Tsunetomi, 1930s, Framed,
Pigment on silk, 56.5×67.3cm, Nagoya City Art Museum

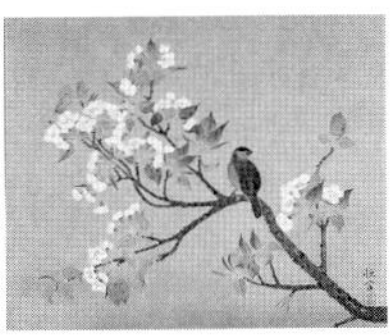

北野恒富は明治25年（1892）西田助太郎のもとで木版画の版下技術と南画を学んでいる。また大阪に出て木版彫師のもとで版下画を描くなどしている。この作品も木版画の版下を描いていた画家ならではの構図である。満開の八重桜の樹に1羽の鳥を描いている。

P151 「国華」庄田鶴友

昭和17年（1942）　額一面　絹本着色　63.9×72.1cm
東京国立近代美術館蔵
National Flower, Shoda Kakuyu, 1942, Framed,
Pigment on silk, 63.9×72.1cm,
The National Museum of Modern Art, Tokyo

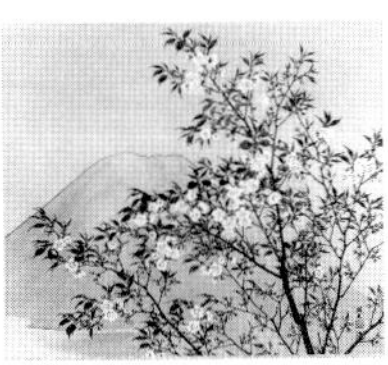

庄田鶴友（しょうだかくゆう）は明治12年（1879）奈良県に生まれ、山元春挙に師事している。また京都市立絵画専門学校の教授も務めた。背景に描かれているのは富士の山容であろうか。そして前景には満開の桜花が艶やかに描かれている。

P152 「道成寺」松岡映丘

大正6年（1917）　六曲一双屏風　絹本着色
各173.0×382.4cm　姫路市立美術館蔵
Noh,Dojoji, Matsuoka Ekyu, 1917,
Pair of six-fold screens, Pigment on silk,
each: 173.0×382.4cm, Himeji City Museum of Art

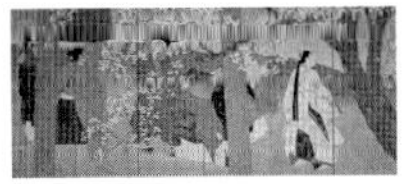

能や歌舞伎で知られる「道成寺（どうじょうじ）」を題材に描かれたこの作品は、寺の釣り鐘の再興供養に女の怨霊が白拍子（しらびょうし）の姿で現れ、乱拍子を舞い、蛇体となって供養を妨げる場面を描いている。画面全体を覆う山桜が妖艶さを醸し出している。

P154 「花のあした」松岡映丘

昭和8年（1933）　軸一幅　絹本着色　94.8×134.8cm
北海道立近代美術館蔵
Cherry Trees bloom in the Morning, Matsuoka Ekyu, 1933,
Hanging scroll, Pigment on silk, 94.8×134.8cm,
Hokkaido Museum of Modern Art

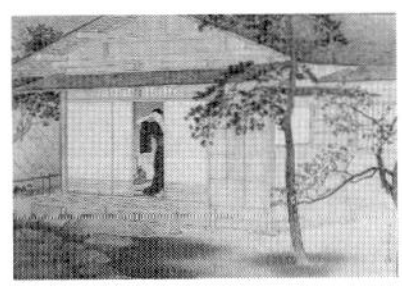

映丘は国文学者・井上通泰、民俗学者・柳田国男の弟にあたる。狩野派の橋本雅邦に学び、のち住吉派の山名貫義に師事。伝統的な大和絵に近代的な性格を付与し新しい大和絵を創造した。艶かしい女性の立姿と、まだ春浅い早朝のこまやかな情景を描いている。

P156 「花の酔」安田靫彦

大正元年（1912）頃　軸一幅　絹本着色　138.9×56.8cm
宮城県美術館蔵
After the Cherry Blossoms, Yasuda Yukihiko,
ca.1912, Hanging scroll, Pigment on silk, 138.9×56.8cm,
The Miyagi Museum of Art

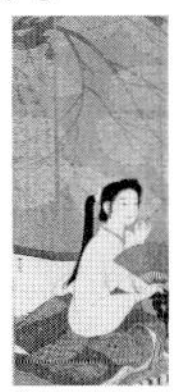

頬を少し赤らめ扇子であおぐこの女性は、宴席をはなれひとりで春の香りに酔っている。屏風に描かれた桜花の前で気品をたたえた姿である。はらはらと散りかかる桜の花びらの描写や、女性の白の小袖に描かれた桐の文様は、細部まで緻密に捉えられている。

P157 「桜狩」不動立山

大正元年（1912）頃　軸一幅　絹本着色　128.6×51.2cm
海の見える杜美術館蔵
Cherry-Blossom Viewing, Fudo Ritsuzan, ca.1912,
Hanging scroll, Pigment on silk, 128.6×51.2cm,
Umi-Mori Art Museum

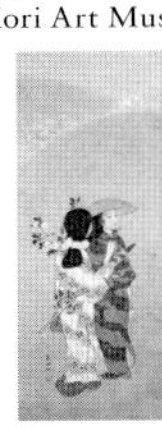

咲き誇る桜花を遠くから眺めるだけでは満足できず、美しく咲く桜花を愛しい家族とめでたいとして、平安時代の人々は桜の枝を手みやげに折り取っていた。今しも奥山からの桜狩りの帰り道であろうか、着飾ったうら若き2人の女性の肩には桜の小枝が揺れている。

P158 「祇園夜桜図」柴田晩葉
軸一幅　絹本着色　125.3×42.3cm　滋賀県立近代美術館蔵
Cherry Blossom Viewing of Gion at Night, Shibata Banyo, Hanging scroll, Pigment on silk, 125.3×42.3cm, Museum of Modern Art, Shiga

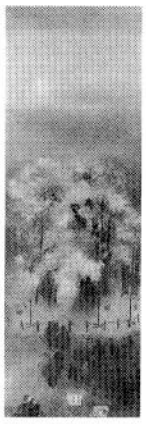

祇園の夜桜として有名な円山公園の枝垂桜は、初代は江戸期に建内繁継が宝寿院に植えたもので、現在のものは2代目である。枝垂桜はエドヒガンの枝の垂れ下がる品種で、イトザクラという。薪の炎に浮かび上がる枝垂桜は圧倒的な美しさで見る者を迎えてくれる。

P159 「さくら」春桜秋葉より　福田翠光
昭和15年（1940）　額装（12面組）　絹本着色
各23.0×36.3cm　京都国立近代美術館蔵
Spring Flowers and Autumn Leaves from Poem of "Manyoshu", Fukuda Suiko, Framed, Pigment on paper, each: 23.0×36.3cm, The National Museum of Modern Art, Kyoto

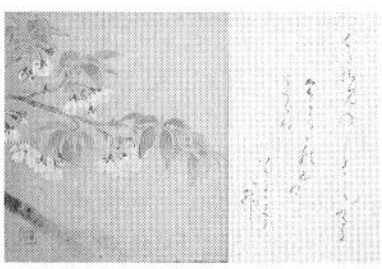

福田翠光は京都に生まれ、京都市立美術工芸学校を卒業、西山翠嶂、徳岡神泉に師事した。昭和元年（1926）帝展に初入選し、その後も文展、新文展にも出品を重ね、花鳥画の名手として知られる。いまにもこぼれそうな桜花を細密な筆致でとらえ描いている。

P160 「謡曲幻想 隅田川・田村」左隻　山村耕花
昭和5年（1930）　四曲一双屏風　紙本着色
各172.0×302.8cm　横浜美術館蔵
Noh, Sumida River, Yamamura Koka, 1930, Pair of four-fold screens, Pigment on paper, each: 172.0×302.8cm, Yokohama Museum of Art

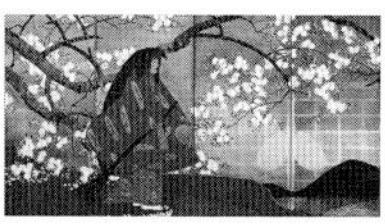

謡曲「隅田川」は、人買いにさらわれた愛児梅若丸を狂い尋ねる母が、隅田川の渡し守にその死を知らされ、その墓前で弔うと少年の亡霊が見える。親子は抱き合おうとするが、幻はむなしく消えて春の曙の光の中に、泣き濡れた母親の姿だけが残されるという物語。

P162 「春風」島成園
大正末～昭和初期（1920年代）　軸一幅　絹本着色
114.5×40.9cm　星野画廊蔵
Spring Breeze, Shima Seien, 1920s, Hanging scroll, Pigment on silk, 114.5×40.9cm, Hoshino Gallery, Kyoto

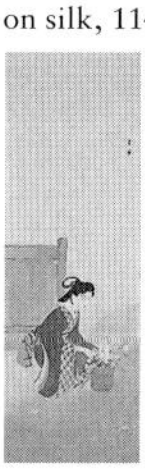

成園は父も母も画家という家に生まれ、15歳の頃より絵を独習する。明治45年（1912）第6回文展に「宗右衛門町の夕」が初入選、関西画壇で女流の美人画家として活躍する。手折ってきた桜を生けるところなのか、手桶に差し伸べた指がやさしく描かれている。

P163 「桜」長谷川秀孝
軸一幅　紙本着色　64.8×43.4cm
東京藝術大学大学美術館蔵
Cherry Blossoms, Hasegawa Hidetaka, Hanging scroll, Pigment on paper, 64.8×43.4cm, The University Art Museum-Tokyo University of the Arts

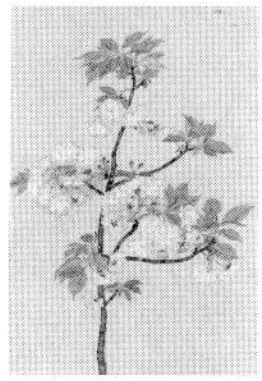

日本産の桜は大きく分けて、野生種、自然雑種、栽培品種に分類される。野生種には、山桜・彼岸桜、自然雑種に、望月桜・小彼岸、栽培品種には、染井吉野・旗桜などがある。秀孝の描いた桜図には深い観察力で引き出した桜花のこまやかさが描かれている。

P164 「夜桜之図」村上華岳
大正2年（1913）　二曲一隻屏風　絹本着色　142.8×160.0cm
京都国立近代美術館蔵
Evening Scene of Cherry Blossoms Viewing, Murakami Kagaku, 1913, Single two-fold screen, Pigment on silk, 142.8×160.0cm, The National Museum of Modern Art, Kyoto

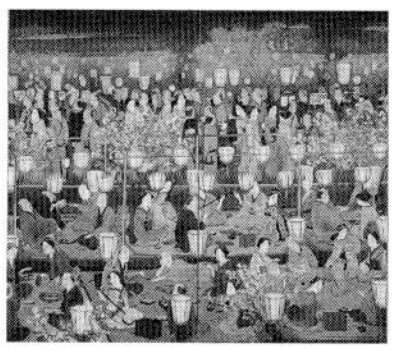

夜桜見物で京都の平野神社の境内はどこもにぎやかである。緋毛氈の上では酔客たちが料理を楽しみ酒を酌み交わしている。背後の通りを行く人たちの表情も美しい。華岳は大和絵、琳派、浮世絵、宋元院体花鳥画から西洋中世絵画までを研究して作品に取り入れた。

P166 「雨後嵐峡」野長瀬晩花
大正7年（1918）　軸一幅　絹本着色　135.2×51.3cm
海の見える杜美術館蔵
Arashiyama after Rain, Nonagase Banka, 1918, Hanging scroll, Pigment on silk, 135.2×51.3cm, Umi-Mori Art Museum

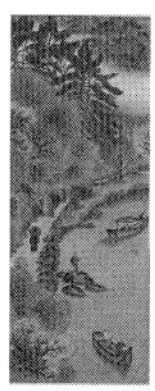

晩夏は和歌山県に生まれ、谷口香嶠に師事する。反官展を標榜して土田麦僊らと国画創作協会の結成に参加する。春雨も小降りになったのであろうか川下りをする舟客もおり、岸辺では釣り人が糸を垂れている。嵐山は満開の桜におおわれ春爛漫の景色である。

P167 「祇園夜桜」案本一洋
軸一幅　紙本墨画彩色　47.9×55.6cm　星野画廊蔵
Cherry Blossom Viewing of Gion at Night, Matsumoto Ichiyo , Hanging scroll, Ink and pigment on paper, 47.9×55.6cm, Hoshino Gallery, Kyoto

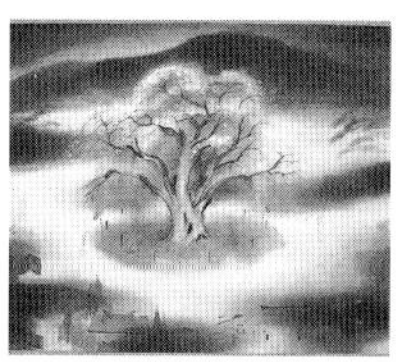

円山公園の「祇園枝垂桜」を描いた作品である。現在の桜は2代目で、初代は樹齢220年で昭和22年に枯死した。背景の東山の山影が墨一色で表現され、篝火に浮き出した桜樹は闇の中で壮大で幽玄な世界を醸し出している。手前に見える建物は八坂神社の拝殿である。

P168 「夜櫻」伊藤仁三郎
昭和14~15年(1939-40)頃　軸一幅　紙本着色
42.5×50.7cm　星野画廊蔵
Cherry Blossoms at Night, Ito Nizaburou, ca.1939-40,
Hanging scroll, Pigment on paper, 42.5×50.7cm,
Hoshino Gallery, Kyoto

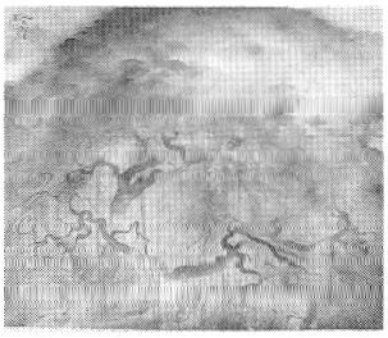

京都市立絵画専門学校を卒業し、土田麦僊の山南塾に入る。その後麦僊の門下が結成した柏舟社の中心的メンバーとして活躍、村上華岳の画風を継承する精神性の高い風景画を制作した。東山を背景に薪の明かりに照らされた枝垂桜の大樹が幻想的な姿で浮かび上がる。

P169 「山桜(吉野)」武藤彰
額一面　紙本着色　37.9×45.3cm　星野画廊蔵
Cherry Blossoms in Yoshino, Muto Akira, Framed,
Pigment on paper, 37.9×45.3cm, Hoshino Gallery, Kyoto

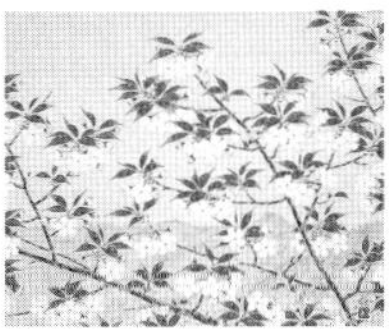

京都市立絵画専門学校を卒業し、宇田荻邨に師事。その後新文展、京展、日展に出品し受賞。京都御所内小御所の襖絵「春の野」、英国エリザベス女王陛下への献上画「新緑の石庭」を制作する。山桜の芽生えた新緑の葉の生命力と、花の柔らかさが温かく表現されている。

P170 「八重桜」岡村宇太郎
昭和30-46年(1955-71)頃　軸双幅　絹本着色
108.0×27.8cm 106.4×27.5cm　星野画廊蔵
Double Cherry Blossoms, Okamura Utaro, ca.1955-71,
Pair of hanging scroll, Pigment on silk, 108.0×27.8cm,
106.4×27.5cm, Hoshino Gallery, Kyoto

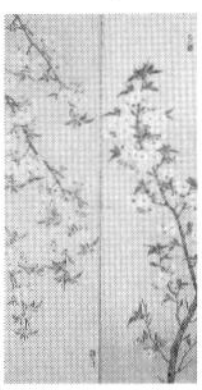

京都市立絵画専門学校に進学し特待生となる。第2回国画創作協会展に「牡丹」を出品し樗牛賞を受賞。土田麦僊に師事し、国画創作協会の会員となる。協会の解散後、同志と新樹社を結成。八重桜の伸びる姿を捉え、胡粉を用いて花弁の細部の厚みまでを描いている。

P171 「桜小禽」岡村宇太郎
昭和10年代(1935-44)　額一面　絹本着色　38.3×42.5cm
星野画廊蔵
Cherry Blossoms and Bird, Okamura Utaro, ca.1935-44,
Framed, Pigment on silk, 38.3×42.5cm,
Hoshino Gallery, Kyoto

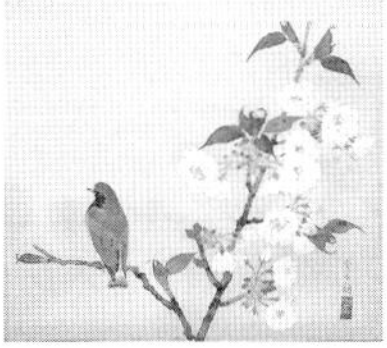

宇太郎が「牡丹」で樗牛賞を受賞後、「漁夫の習作」、「日没頃」の代表作を描く。国画創作協会が解散後、土田麦僊からは帝展を、速水御舟からは院展出品を勧められるが、画壇を離れ制作を続ける。八重桜の小枝に小禽をとまらせ、鳥の後ろ姿の愛らしさを描いている。

P172 「桜花図屏風」跡見玉枝
昭和9年(1934)　六曲一双屏風　紙本着色
各121.0×261.0cm　東京国立近代美術館蔵
Screen of Cherry Blossoms, Atomi Gyokushi, 1934, Pair of six-fold screens, Pigment on paper, each: 121.0×261.0cm,
The National Museum of Modern Art, Tokyo

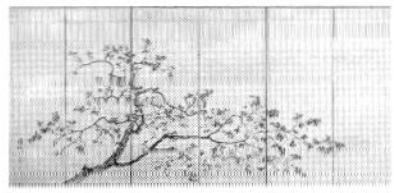

少し小振りの六曲一双屏風に、右隻には山桜の大振りの枝が画面を覆い、土坡からは力強い幹が出ている。左隻は左下から右上へと伸びる枝が空間を埋めている。跡見玉枝77歳のときの作品で、円山派の影響のもとに、冷金箋の上に装飾的な画風で山桜を描いている。

P174 「枝垂桜図」跡見玉枝
昭和10年(1935)　122.4×40.1cm
西宮市笹部桜コレクション(白鹿記念酒造博物館寄託)
Shidare Cherry Tree, Atomi Gyokushi, 1935, 122.4×40.1cm,
Nishinomiya City Sasabe Sakura Collection,
Hakushika Memorial Museum of Sake

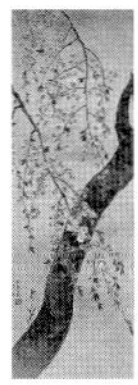

跡見玉枝は旧紀州新宮藩士跡見勝三の娘として生まれる。10代で父方の従姉・跡見花蹊から京都で絵の手ほどきを受け、その後四条派の長谷川玉峰、望月派の望月玉泉らに師事する。太い桜樹を画面左下から右上に配し、左上から枝垂桜の柔らかな枝をなびかせている。

P175 「婆桜　車返　菊桜図」跡見玉枝
125.7×50.6cm
西宮市笹部桜コレクション(白鹿記念酒造博物館寄託)
Uba-zakura, Kurumagaeshi, Kiku-zakura Cherry Trees,
Atomi Gyokushi, 125.7×50.6cm, Nishinomiya City Sasabe Sakura Collection, Hakushika Memorial Museum of Sake

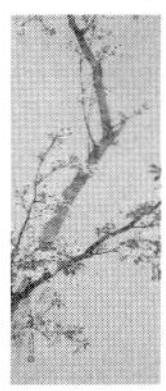

玉枝は京都で学んだ後、上京し共立女子職業学校や神田今川小路に絵の私塾を開き多くの門下生を育成し、日本美術協会美術展覧会に出品した。また内親王御用掛をつとめた。婆桜、車返、菊桜とも栽培品種の桜で、その桜の特徴を捉えこまやかに描き分けている。

P176 「桜」稲垣仲静
明治45年(1912)　額一面　紙本着色　37.9×39.9cm
星野画廊蔵
Cherry Blossoms, Inagaki Chusei, 1912, Framed,
Pigment on paper, 37.9×39.9cm, Hoshino Gallery, Kyoto

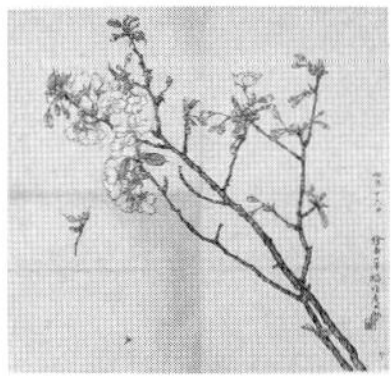

父は日本画家で後に工芸図案家の稲垣竹埠(ちくほ)、染色家の稲垣稔次郎は5歳下の弟である。大正9年(1920)京都市立絵画専門学校を卒業、在学中に第2回国画創作協会に「猫」が入選する。この「桜」は京都市立美術工芸学校に入学した15歳のときの作品である。

P177「桜下花魁図」鳥文斎栄之
江戸時代後期（19世紀）　軸一幅　絹本着色　82.5×31.2cm
熊本県立美術館蔵
Courtesan under Cherry Blossoms, Chobunsai Eishi,
Late Edo period (19th century), Hanging scroll, Pigment on silk, 82.5×31.2cm, Kumamoto Prefectural Museum of Art

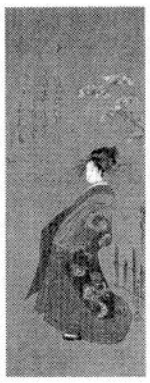

画面右上から桜の枝がのぞく籬（まがき）の下、気品のある花魁が描かれている。籬と桜花は吉原仲之町の観桜の催しを表し、このときは花魁が客を迎えるため桜の大路まで出向くのであった。赤い根掛けのつぶし島田に二枚櫛、鬢も隠れるほどの簪をさしている。

P178「芸妓と箱廻しの図」歌川国直
江戸時代後期（19世紀）　軸一幅　絹本着色　80.4×24.6cm
熊本県立美術館蔵
Two Dancing Girl under Cherry Blossoms, Utagawa Kuninao,
Late Edo period (19th century), Hanging scroll, Pigment on silk, 80.4×24.6cm, Kumamoto Prefectural Museum of Art

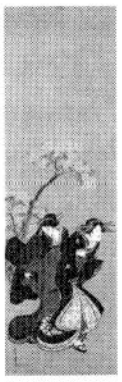

咲き誇る満開の桜花の下を着物の褄（つま）を手で持ち上げた芸妓と、三絃箱を持った箱廻しの女性が駆け出している。どこかの花見客のお座敷に向かう途中であるのだろうか。国直の作画期は文化から天保（1804-44）頃にかけてで、風景画、美人画、役者絵を描いた。

P179「桜下花魁道中図」歌川豊国
江戸時代中期（18世紀）　軸一幅　絹本着色　92.9×27.2cm
熊本県立美術館蔵
Courtesan under Cherry Blossoms, Utagawa Toyokuni,
Mid-Edo period (18th century), Hanging scroll, Pigment on silk, 92.9×27.2cm, Kumamoto Prefectural Museum of Art

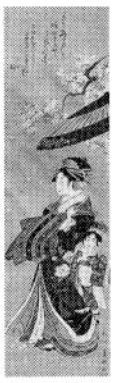

一陣の春風が桜の花びらを散らすなか、禿がさしかける傘をしたがえての道中図。島田に赤い根掛けをかけ、二枚櫛をさした花魁は黒地に牡丹の花が描かれた打掛を着て、帯を前に結び黒塗りの下駄を履く。豊国は役者絵や美人画を得意とし多くの門人を擁した。

P180「隅田堤闇夜の桜」歌川広重
江戸時代　錦絵　竪大判三枚続
山口県立萩美術館・浦上記念館蔵
Cherry Blossoms at Night in Sumida　Causeway,
Utagawa Hiroshige, Edo period, Nishiki-e, Vertical oban,
Hagi Uragami Museum

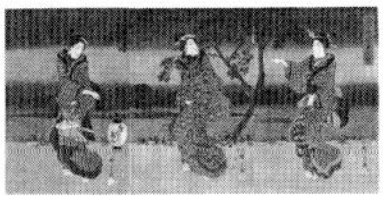

隅田川の夜桜を背景に川岸を歩く3人の美人が描かれている。それぞれが1枚に収まるように配され、墨一色の背景の闇から美人の白い容貌が美しく、着飾った着物の柄までも細やかに描かれている。広重が得意とする名所絵と美人画がともに楽しめる一品である。

P182「東錦絵　夜の桜」歌川国芳
江戸時代　錦絵　竪大判三枚続　国立国会図書館蔵
View of Cherry Blossoms at Night, Utagawa Kuniyoshi,
Edo period, Nishiki-e, Vertical oban, National Diet Library

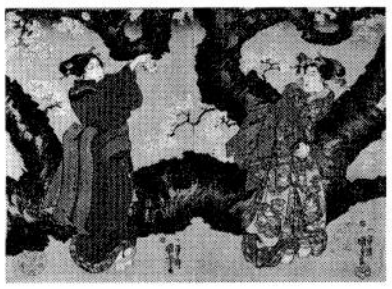

「夜の桜」と題された3枚続の錦絵は「ワイドスクリーン」と呼ばれ、天保年間の終わり頃から見られる作品。3枚続の画面全体を一画面として捉え、大きなモチーフの構図を描いている。ここでは桜樹の幹を大胆に描き、その枝に美人を配するというアイデアである。

P184「国芳錦絵　隅田川之朝霧」歌川国芳
江戸時代　錦絵　竪大判三枚続　国立国会図書館蔵
The Morning Fog at Sumida River, Utagawa Kuniyoshi,
Edo period, Nishiki-e, Vertical oban, National Diet Library

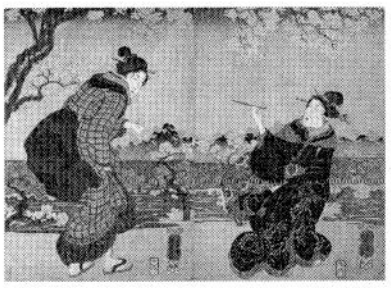

隅田川は「澄んだ川」の意といわれ、住田川、墨田川、角田川とも書いた。また墨水、澄江の別称もあり、両岸は墨堤と呼ばれた。春爛漫の隅田川堤に咲く桜花のもと、3美人が描かれている。中央の女性が煙管で指し示し、桜花の素晴しさを愛でているのであろうか。

P186「隅田堤桜盛」渓斎英泉
江戸時代　錦絵　竪大判三枚続　国立国会図書館蔵
Cherry Blossoms at Sumida Causeway, Keisai Eisen,
Edo period, Nishiki-e, Vertical oban, National Diet Library

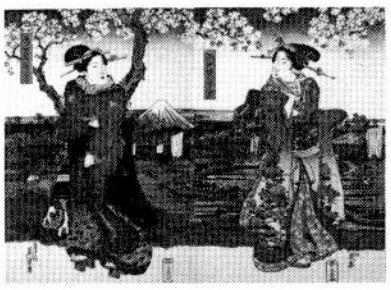

隅田の堤は三囲稲荷から木母寺（もくぼじ）のあたり、現在の東京都墨田区向島界隈をさす。享保年間（1716-36）以降に幕府の命で土手に桜が植えられ、墨堤に桜として名所図絵などによく描かれた。堤に3人の芸妓が並び、桜と艶やかさの饗宴を描いている。

P188「風俗吾妻錦絵　浅草寺桜奉納花盛ノ図」歌川豊国
安政4年（1857）　錦絵　竪大判三枚続　国立国会図書館蔵
Cherry Blossoms Festival at Sensoji, Utagawa Toyokuni, 1857,
Nishiki-e, Vertical oban, National Diet Library

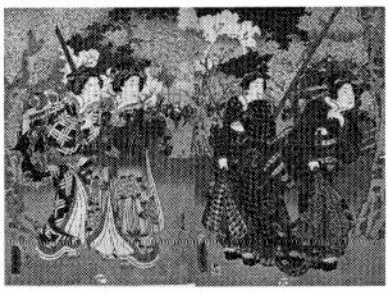

浅草寺は東京都台東区にある聖観音宗の総本山で山号は金竜寺。推古天皇のころ隅田川から引き上げられた観音像を土師真中知が祀ったのが始まりと伝えられる。3枚続の錦絵には1枚に2人の美人が描かれ、浅草寺境内の満開の桜に引き立てられより艶やかである。

P190「任好雪月花ノ内」歌川豊国（3代）
安政5年（1858） 錦絵 竪大判三枚続 国立歴史民俗博物館蔵
The Cherry Blossoms in the Gardens, Utagawa Toyokuni Ⅲ, 1858, Nishiki-e, Vertical oban, National Museum of Japanese History

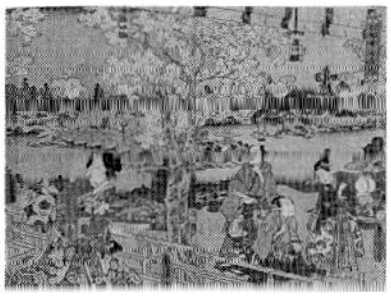

3枚続きの画面中央に満開の桜樹が描かれ、背景の庭園には池泉が広がり、向こうの島でも桜が咲き誇っている。左端に若き姫が御簾の前に立ちすくみ、その視線が庭の若殿を捉えている。豊国は美人画、役者絵、風景画を得意とした浮世絵師である。

P192「かるかやだうしんの故事」歌川豊国（3代）
天保14～弘化4年（1843-47）頃 錦絵 竪大判二枚続
国立歴史民俗博物館蔵
The Legend of Karukayadoushin, Utagawa Toyokuni Ⅲ, ca.1843-47, Nishiki-e, Vertical oban, National Museum of Japanese History

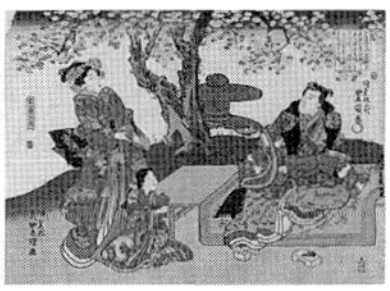

苅萱道心（かるかやどうしん）は石童丸伝説の人物で石童丸の父。筑前（ちくぜん・福岡県）苅萱荘の領主・加藤左衛門繁氏（しげうじ）が正妻と側室の嫉妬による反目を知り、無常を感じて出家。花見の宴の折、盃に桜の散るを見て無常を感じる場面を描いている。

P194「髭乃意休、三浦屋揚巻、揚巻の助六」歌川豊国（3代）
嘉永3年（1850） 錦絵 竪大判三枚続 国立歴史民俗博物館蔵
The Cherry Blossom viewing Sukeroku, Utagawa Toyokuni Ⅲ, 1850, Nishiki-e, Vertical oban, National Museum of Japanese History

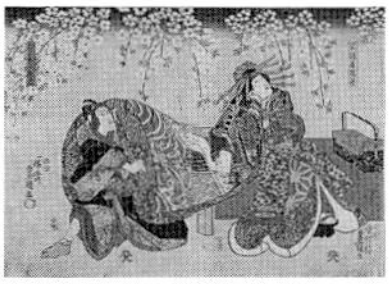

嘉永3年（1850）3月の中村座で上演された「助六郭の花見時」で、市川小団次が髭の意休、坂東しうかが三浦屋揚巻、市川団十郎が揚巻の助六を演じている。髭の意休は「助六所縁江戸桜」で、助六のなじみの傾城（けいせい）揚巻に横恋慕する武士である。

P196「東京名所 第一之勝景墨水堤花盛の図」歌川広重（3代）
明治14年（1881） 錦絵 竪大判三枚続
山口県立萩美術館・浦上記念館蔵
Cherry Blossoms at Sumida Causeway (Famous Views of Tokyo), Utagawa HiroshigeⅢ, 1881, Nishiki-e, Vertical oban, Hagi Uragami Museum

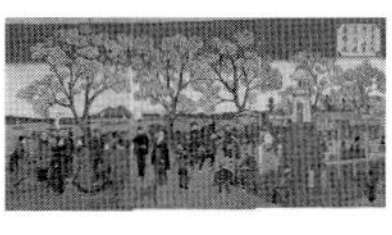

隅田川堤に咲く桜見物に訪れた人々、また行き交う人々を細かく観察して描写している。左手に建つ石灯籠にはじまり、茶店で憩う人、門付け（芸人）、洋傘をさす女性、警察官、外国人の男女など、桜並木の間からは遠く筑波山がうかがえる。春ののどかな一日である。

P198「名所江戸百景 玉川堤の花」歌川広重
安政6年（1859） 錦絵 竪大判一枚
山口県立萩美術館・浦上記念館蔵
Cherry Blossoms at Tamagawa Causeway (One Hundred Views of Edo), Utagawa Hiroshige, 1859, Nishiki-e, Vertical oban, Hagi Uragami Museum

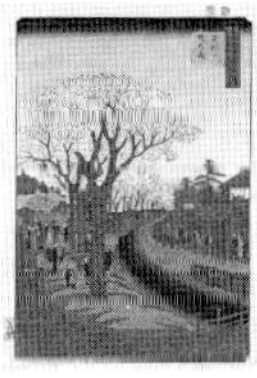

『名所江戸百景』は安政3～5年（1856-58）開版、広重最大の作品で晩年の代表作。このシリーズでは上空から見下ろした「鳥瞰図」、近景モティーフを画面一杯に描く「近像拡大図」の技法で奥行きのある画面構成に仕上げている。広重の死によって118枚で終結した。

P199「名所江戸百景 上野清水堂不忍ノ池」歌川広重
安政6年（1859） 錦絵 竪大判一枚
山口県立萩美術館・浦上記念館蔵
Shinobazu Pond at Ueno (One Hundred Views of Edo), Utagawa Hiroshige, 1859, Nishiki-e, Vertical oban, Hagi Uragami Museum

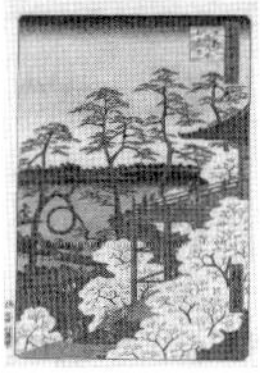

清水観音堂は『江戸名所図会』に「京師清水寺に比して舞台造なり。この辺ことさらに桜多し」と記されており、舞台の前後に数多くの桜が描かれている。この桜は元禄年間（1688-1704）に大和の吉野山から移植され、上野が桜の名所として今日に及んでいる。

P200「名所江戸百景 隅田川水神の森真崎」歌川広重
安政6年（1859） 錦絵 竪大判一枚
山口県立萩美術館・浦上記念館蔵
Sumida River in Masaki (One Hundred Views of Edo), Utagawa Hiroshige, 1859, Nishiki-e, Vertical oban, Hagi Uragami Museum

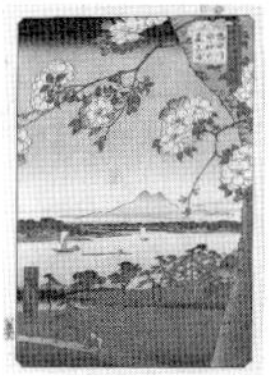

向島から隅田川の対岸にある真崎と水神の森を望んだ景色が描かれている。画面全体が柔らかな色合いで、奥には筑波山の山容もうかがい見える。手前には里桜が大きくデフォルメされ美しく咲き乱れている。静かで豊かな春爛漫の風景画である。

P201「名所江戸百景 千駄木団子坂花屋敷」歌川広重
安政6年（1859） 錦絵 竪大判一枚
山口県立萩美術館・浦上記念館蔵
Garden in Sendagi Dangozaka (One Hundred Views of Edo), Utagawa Hiroshige, 1859, Nishiki-e, Vertical oban, Hagi Uragami Museum

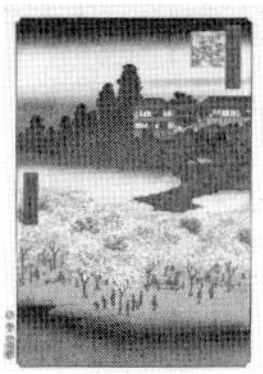

画面上部、崖上の軒提灯に飾られて建つのが「紫泉亭」。紫泉亭は嘉永5年（1852）植木屋宇平次が開いたもので、四季の花を植え、盆栽の草木を育て、崖の上に建てた茶室からの眺望がよかった。画面下に描かれた花見の風景は、紫泉亭近くの場所と考えられている。

P202「富士三十六景　武蔵小金井」歌川広重
安政6年（1859）　錦絵　竪大判一枚
山口県立萩美術館・浦上記念館蔵
Musashi-koganei (Thirty-six Views of Mt. Fuji), Utagawa Hiroshige, 1859, Nishiki-e, Vertical oban, Hagi Uragami Museum

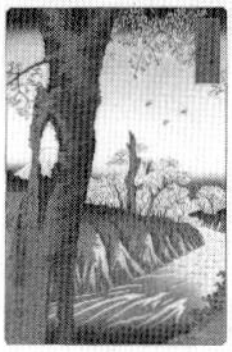

画面左手前に桜の老樹を描きその虚（うろ）から主役の富士山をのぞかせている。中央には幹の先端が折れた桜が描かれ、その後ろは桜並木が流れのはやい玉川上水の堤沿いに連なって満開である。近景の桜と遠景の桜に囲まれた青空を燕が3羽軽やかに飛んでいる。

P203「富士三十六景　東都隅田堤」歌川広重
安政6年（1859）　錦絵　竪大判一枚
山口県立萩美術館・浦上記念館蔵
Sumida Causeway (Thirty-six Views of Mt. Fuji), Utagawa Hiroshige, 1859, Nishiki-e, Vertical oban, Hagi Uragami Museum

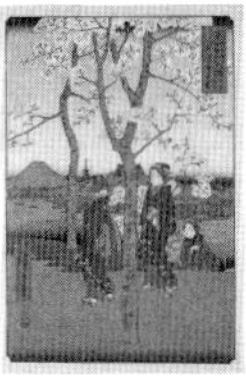

隅田川堤の桜並木を着飾った女性が散策している。中央に大きく桜樹を配し、画面中央左に富士の雄姿を描いている。空の色はヒロシゲ・ブルーの異名を持つベロリン藍で染め、ぼかしを入れて空色、またぼかしを入れて無地の白い空へと空間の広がりを表している。

P204「京都名所之内　あらし山満花」歌川広重
天保5年（1834）頃　錦絵　横大判一枚
山口県立萩美術館・浦上記念館蔵
Cherry Blossoms at Arashiyama (From the Famous Place of Kyoto), Utagawa Hirishige, 1834, Nishiki-e, Horizontal oban, Hagi Uragami Museum

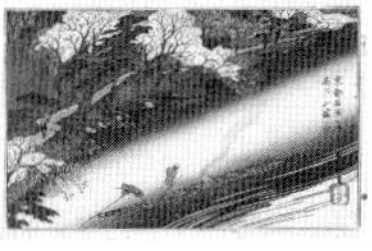

「京都名所」は天保5年（1834）頃の出版と見られ、「東京名所」（天保2年・1831）などと共に広重名所絵の代表的な揃いものの一つ。小高い丘の上から大堰川（おおいがわ）の清流に筏をあやつる二人の男を見下ろす。岸の満開の桜が川面に花びらを散らしている。

P206「日本花図絵　小金井　春の夜は桜にあけてしまひけり」尾形月耕
錦絵　竪大判一枚　山口県立萩美術館・浦上記念館蔵
Koganei (Pictures from Views of Flowers), Ogata Gekko, Nishiki-e, Horizontal oban, Hagi Uragami Museum

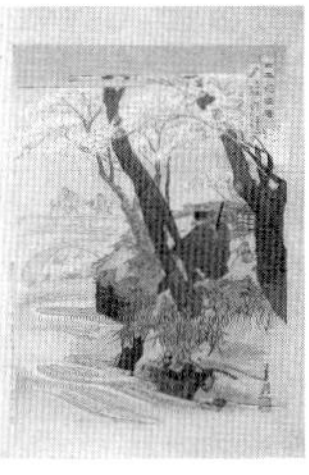

浮世絵に添えられた「春の夜は桜にあけてしまひけり」は紀長谷雄（きのはせお）が詠んだもので、彼は平安時代の漢学者で菅原道真に学んでいる。小金井は桜の名所として有名で、現在は国指定天然記念物、名所小金井公園として多くの花見客に楽しまれている。

P207「日本花図絵　醍醐の桜　豊臣秀吉」尾形月耕
錦絵　竪大判一枚　山口県立萩美術館・浦上記念館蔵
Daigo of the Cherry (Pictures from Views of Flowers), Toyotomi Hideyoshi, Ogata Gekko, Nishiki-e, Vertical oban, Hagi Uragami Museum

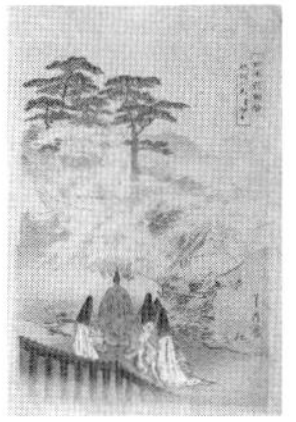

豊臣秀吉が慶長3年（1598）京都の醍醐寺で豊臣秀頼、正室北政所や淀君らの側室を連れて花見を行った。諸大名からその配下の者など約1300名を従えての盛大なものであった。醍醐寺の座主・義演准后は秀吉の死期を感じとりこの大舞台をしつらえたともいわれる。

P208「婦人風俗尽　さくら」尾形月耕
錦絵　竪大判一枚　山口県立萩美術館・浦上記念館蔵
Cherry Blossoms, Ogata Gekko, Nishiki-e, Vertical oban, Hagi Uragami Museum

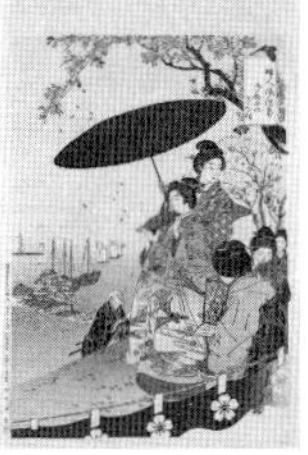

明治期の新聞や雑誌に挿絵や口絵などを描いていただけあって、この「婦人風俗尽」も当時のファッションや流行がよく描かれている。お供を従えての花見であろうか、桜紋のついた宴幕まで張り巡らしている。小高い丘からの眺めもよく沖に帆船の姿もうかがえる。

P209「武蔵百景之内　東京墨田堤乃さくら」小林清親
明治17年（1884）　錦絵　竪大判一枚
山口県立萩美術館・浦上記念館蔵
Cherry Blossoms at Sumida Causeway (One Hundred Famous Views of Musashi), Kobayashi Kiyochika, 1884, Nishiki-e, Vertical oban, Hagi Uragami Museum

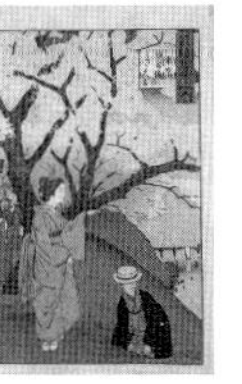

小林清親の感性や叙情性が歌川広重と似通っているのか、「明治の広重」と称された。清親には広重の作品を踏襲したシリーズが2つある。ひとつは『江戸名所百景』を踏襲した『武蔵百景』であり、もうひとつは『六十余州名所図会』を意識した『日本名勝図会』である。

P210「桜・鴎」楳嶺花鳥画譜　幸野楳嶺
明治16年（1883）　国立国会図書館蔵
Cherry Blossoms and Seagull, Kono Bairei, 1883, National Diet Library

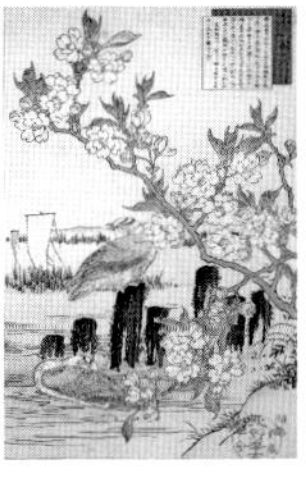

京都に生まれた楳嶺は円山派を中島来章（らいしょう）に、その後四条派の塩川文麟（ぶんりん）に学んだ。中西耕石ら南画家とも交友し早くも24歳で独立し私塾を開設している。著作に『百鳥画譜』（明治14年・1881）、『千種の花』（明治22年・1889）などがある。

P211 「糸桜・啄木鳥」楳嶺花鳥画譜　幸野楳嶺
明治16年（1883）　国立国会図書館蔵
Itozakura and Woodpecker, Kono Bairei, 1883,
National Diet Library

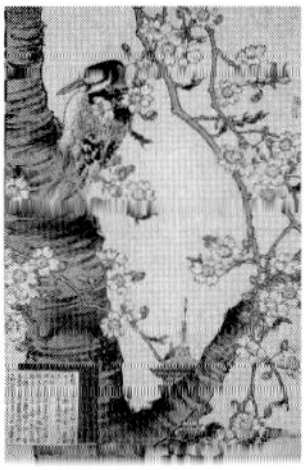

『楳嶺花鳥画譜』は全34葉の花鳥画からなっている。ほころび始めた桜花が画面上部から下がり、太い桜樹の幹に啄木鳥が訪れている。啄木鳥はアカゲラのことで、樹に穴をあけ中にいる虫を捕食する。もう1枚は海に近い河岸に咲く桜と2羽の鷗が描かれている。

P212.214 「桜花譜」坂本浩雪
1帖　国立国会図書館蔵
Sketch of Cherry Blossoms, Sakamoto Kosetsu, 1 volume,
National Diet Library

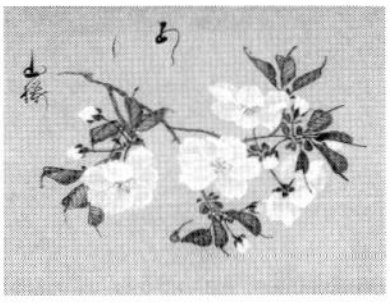

坂本浩雪は紀伊和歌山藩医の父・坂本純庵に医術と本草学を、曾占春に本草学を学び、摂津高槻藩に仕えた。多くの写生画を残したが、とくに桜の絵を得意とした。この『桜花譜』は29点の桜の写生画からなる。ほかに『桜草勝花品』では85種を描いている。

P216 「桜文飾金具錦包懸守」国宝
平安時代　7.1×6.8cm　四天王寺蔵
Brocade amulet with cherry blossom motif and gold fittings,
National treasure, Heian period, 7.1×6.8cm, Shitennoji

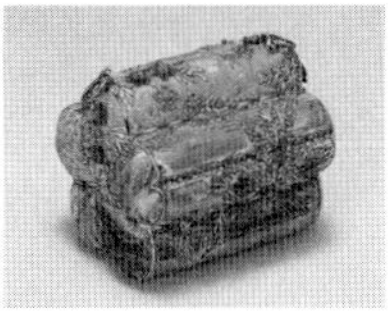

P218 「白綸子地枝垂柳花舟模様絞縫小袖・
黒綸子地波模様絞小袖」
江戸中期（18世紀）145.5×92.0cm　146.5×77.5cm
国立歴史民俗博物館蔵
Kosode with weeping willows and cherry blossoms on white figured satin and kosode with wave motif on black figured satin, Mid Edo period (18th century), 145.5×92.0cm, 146.5×77.5cm, National Museum of Japanese History

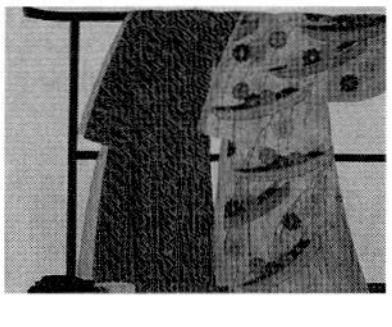

P220 「染分縮緬地紅葉草花鴛鴦模様友禅・
染分縮緬地幕枝垂桜網干友禅」
江戸時代　140.0×98.5cm　150.5×109.5cm
国立歴史民俗博物館蔵
Yuzen fabric with maple leaf, flower, and mandarin duck motifs on parti-colored crepe and Yuzen fabric with curtain, weeping cherry tree, and drying fishnet motifs on parti-colored crepe, Edo period,140.0×98.5cm, 150.5×109.5cm ,National Museum of Japanese History

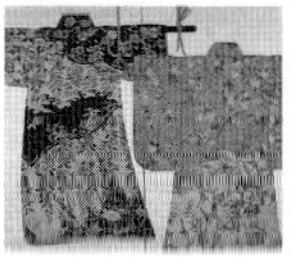

P222 「白練緯地石畳草花模様辻ヶ花染・
紫練緯地草花模様辻ヶ花染小袖」
安土桃山時代（16~17世紀）　110.5×83.0cm　110.5×53.5cm
国立歴史民俗博物館蔵
Checkerboard floral motifs on white nerinuki fabric and Kosode with floral motifs on purple nerinuki, Azuchi-Momoyama period (16th-17th centuries), 110.5×83.0cm, 110.5×53.5cm ,National Museum of Japanese History

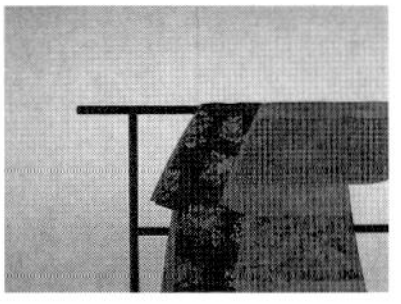

P224 「黄縮緬地桜樹短冊模様友禅染切付小袖」
享保9年（1724）　141.8×115.0cm　国立歴史民俗博物館蔵
Yuzen kosode with cherry tree and poem slip motifs on yellow crepe, 1724, 141.8×115.0cm ,
National Museum of Japanese History

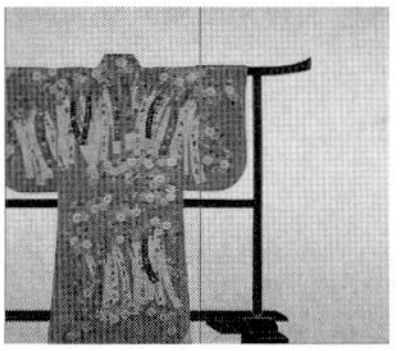

P226 「染分綸子地桜雪下模様絞縫小袖」
江戸中期（18世紀）　136.5×106.0cm　国立歴史民俗博物館蔵
Kosode, cherry tree and snow motifs on parti-colored figured satin, Mid Edo period (18th century), 136.5×106.0cm,
National Museum of Japanese History

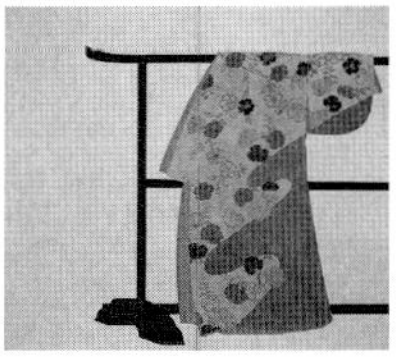

P228「白綸子地桜色紙短冊模様絞縫染小袖屏風裂」
江戸時代　国立歴史民俗博物館
Kosode fragment, cherry blossom and colored poem slip motifs on white figured satin (screen mounted), Edo period, National Museum of Japanese History

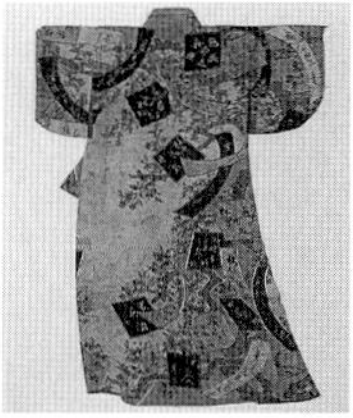

P236「白綸子地枝垂桜文字模様染縫小袖」
江戸時代　164.0×60.0cm　国立歴史民俗博物館蔵
Kosode with weeping cherry tree and glyph motifs on white figured satin, Edo period, 164.0×60.0cm, National Museum of Japanese History

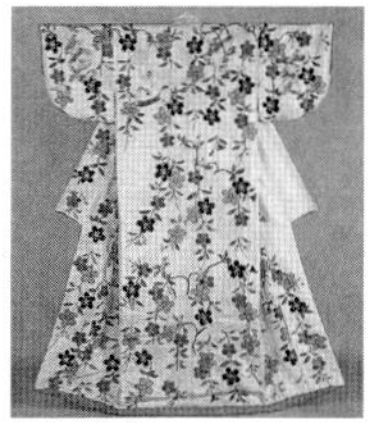

P230「白綸子地菊桜模様絞縫小袖」
江戸時代　134.0×99.5cm　国立歴史民俗博物館蔵
Chrysanthemum and cherry motifs on white figured satin, Edo period, 134.0×99.5cm, National Museum of Japanese History

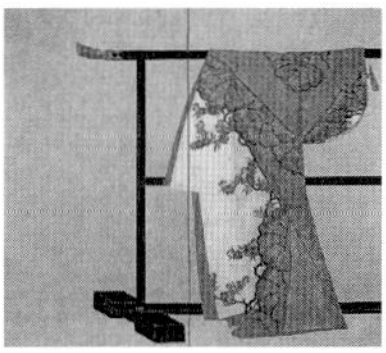

P238「萌葱平絹地滝桜模様染縫小袖」
江戸時代　166.0×61.0cm　国立歴史民俗博物館蔵
Kosode with waterfall and cherry blossom motif on yellow-green plain-weave silk, Edo period, 166.0×61.0cm, National Museum of Japanese History

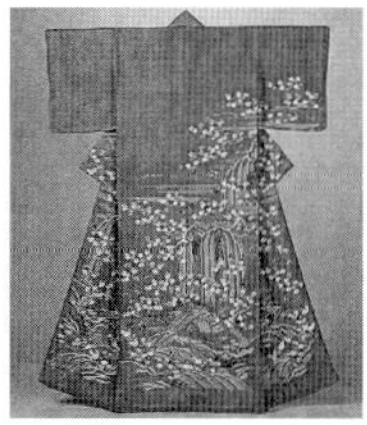

P232「紅平絹地檜扇桜枝模様染縫振袖」
江戸時代　156.0×64.0cm　国立歴史民俗博物館蔵
Furisode with blackberry lily and cherry branch motif on red plain-weave silk, Edo period, 156.0×64.0cm, National Museum of Japanese History

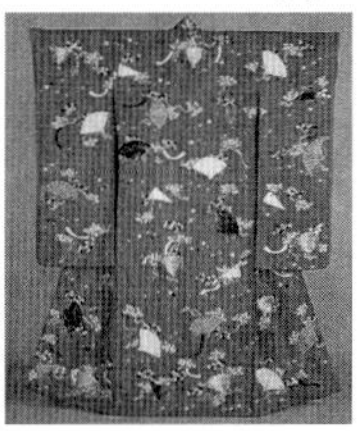

P240「萌葱縮緬地柳桜筏文様染繍小袖」
江戸時代（17世紀）　145.0×61.5cm　奈良県立美術館蔵
Kosode with willow, cherry, and raft motifs on yellow-green crepe, Edo period (17th century), 145.0×61.5cm, Nara Prefectural Museum of Art

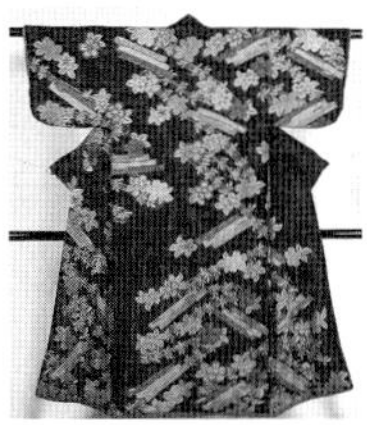

P234「白縮緬地京名所模様友禅染縫小袖」
江戸時代　147.0×64.0cm　国立歴史民俗博物館蔵
Yuzen kosode with views of Kyoto on white crepe, Edo period, 147.0×64.0cm, National Museum of Japanese History

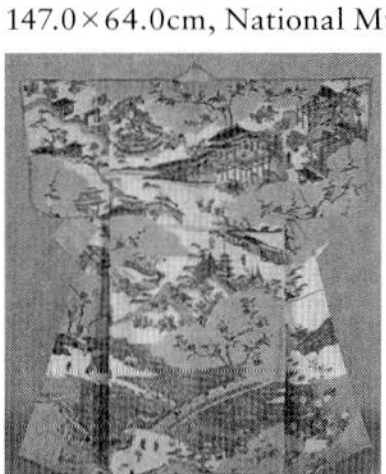

P242「萌葱縮緬地滝桜茅屋模様染縫小袖」
江戸時代　161.0×62.0cm　国立歴史民俗博物館蔵
Kosode with waterfall, cherry tree, and thatched hut motifs on yellow-green crepe, Edo period, 161.0×62.0cm, National Museum of Japanese History

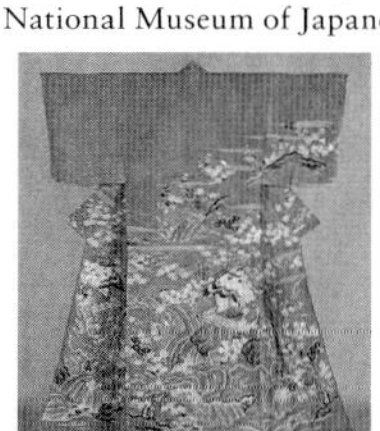

P244「白綸地枝垂桜花笠模様染縫小袖」
江戸時代　154.5×61.5cm　国立歴史民俗博物館蔵
Kosode with weeping cherry tree and flower hat motifs on white satin, Edo Period, 154.5×61.5cm, National Museum of Japanese History

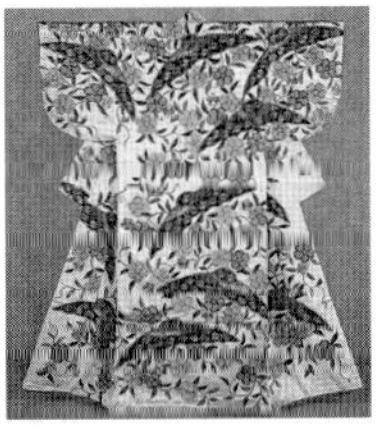

P246「紅地柳桜文様小袖」
江戸時代　京都国立博物館蔵
Kosode with willow and cherry blossom motifs on red ground, Edo Period, Kyoto National Museum

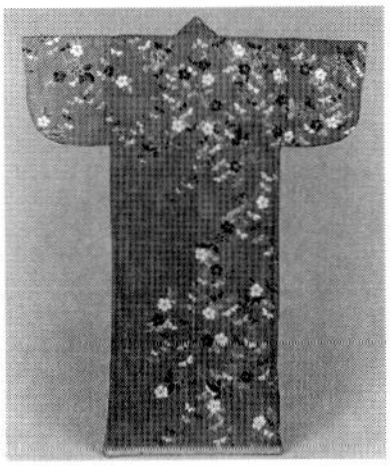

P248「紅縮緬地垣に柳桜若松文様繡打掛」
江戸時代（18世紀）　160.0×57.5cm　奈良県立美術館蔵
Uchikake with fence, willow, cherry and young pine motifs on red crepe, Edo Period (18th century), 160.0×57.5cm, Nara Prefectural Museum of Art

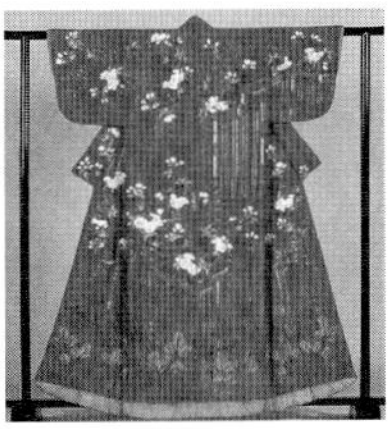

P250「唐織　石畳地桜枝文様」
江戸時代（18世紀）　157.3×69.0cm　京都国立博物館蔵
Karaori with cherry branch motifs on checkerboard ground, Edo period, 157.3×69.0cm, Kyoto National Museum

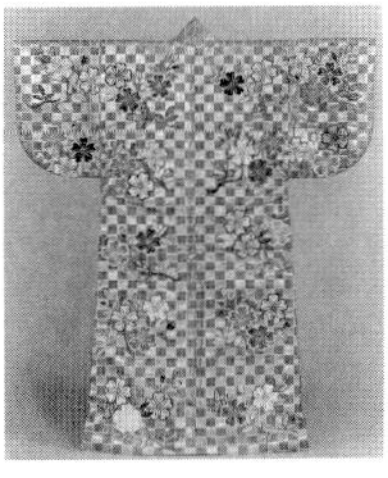

P252「黒麻地蛇籠桜花文字模様絞染縫帷子」
江戸時代　143.0×61.0cm　国立歴史民俗博物館蔵
Katabira with gabion, cherry blossom, and glyph motifs on black ramie, Edo period, 143.0×61.0cm , National Museum of Japanese History

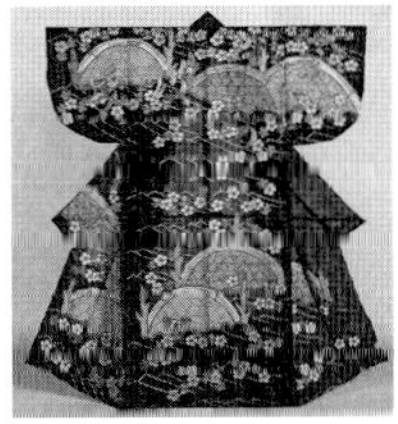

P254「唐織　紅白濃茶段枝垂桜文様」
江戸時代（18世紀）　151.2×73.2cm　京都国立博物館蔵
Karaori with weeping cherry tree motif on alternating color blocks of red, white, and dark brown, Edo period, 151.2×73.2cm, Kyoto National Museum

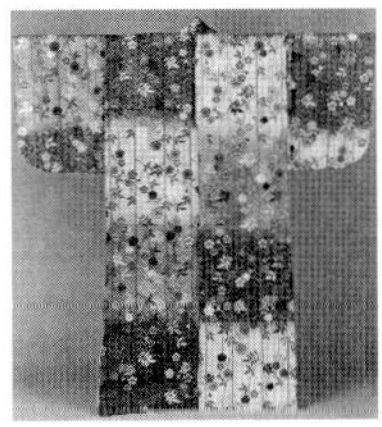

P256「白麻地枝垂桜籬模様染縫帷子」
江戸時代　165.0×61.5cm　国立歴史民俗博物館蔵
Katabira with weeping cherry tree and bamboo fence motif on white ramie, Edo period, 165.0×61.5cm, National Museum of Japanese History

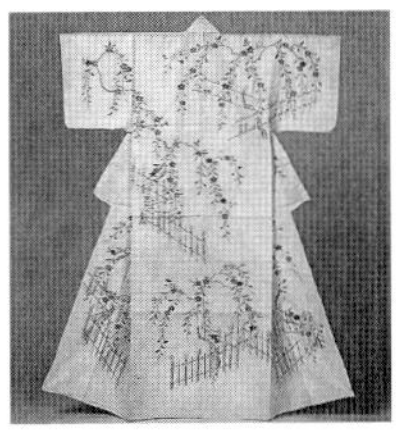

P258「帷子　鼠浅地桜に流水芦鷺文様」
江戸時代（19世紀）　156.5×60.7cm　京都国立博物館蔵
Katabira with cherry blossom, flowing water, reeds, and heron motif on pale gray ground, Edo period, 156.5×60.7cm, Kyoto National Museum

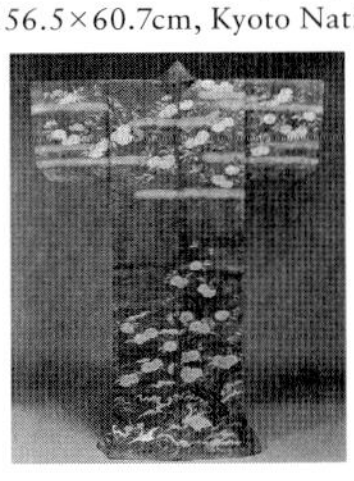

P260「花筏蒔絵階段　高台寺霊屋須弥壇」重文
慶長元年（1596）頃　木製漆塗　全長217.0各階幅14.5cm
高台寺蔵
Stairway with cherry blossom and log raft motif in makie,
Important Cultural Asset, ca. 1596,217.0×14.5cm, Kodaiji

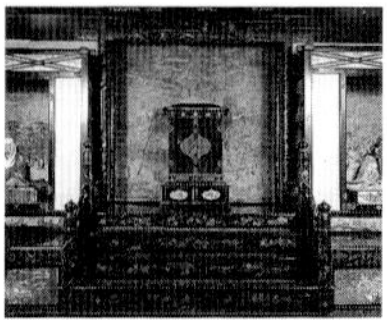

P267「梅桜蒔絵化粧道具類」
江戸時代（18世紀）1具　京都国立博物館蔵
Cosmetics set with plum and cherry blossom motifs in makie ,
Edo period (18th century), Kyoto National Museum

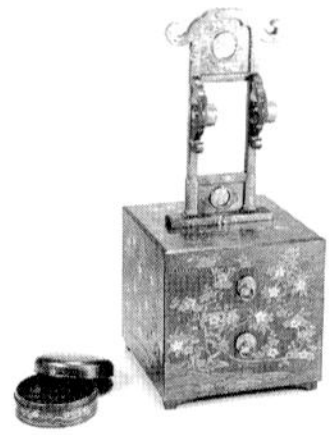

P262「笠に桜唐草銀象嵌鐙」銘　金沢住氏喜
江戸時代　鉄　総高24.0cm　長28.0cm　幅12.5cm
馬の博物館蔵
Stirrups with Silver-inlaid Design of Cherry Blossoms and Umbrella, Signature: Ujiyoshi, Resident of Kanazawa, Edo period, 24.0×28.0×12.5cm, The Equine Museum of Japan

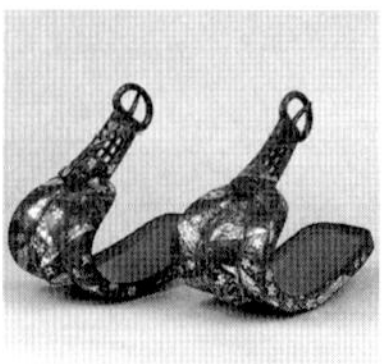

P268「祇園守紋枝垂桜蒔絵調度・寄懸」
江戸時代　35.5×30.5×36.0cm　大阪市立美術館蔵
Household furnishings with Gion amulet pattern and weeping cherry trees in makie, Edo period, 35.5×30.5×36.0cm,
Osaka Municipal Museum of Art

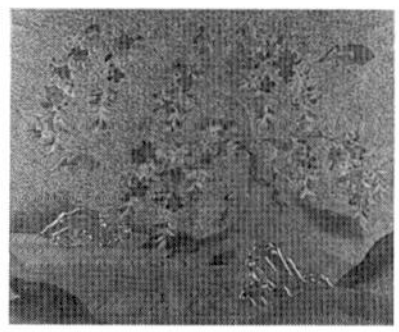

P264「桜螺鈿鞍」重文
鎌倉時代　一背　木製漆塗　前輪高30.3cm　後輪高32.4cm
居木長41.5cm　文化庁蔵
Saddle with cherry blossom motif in inlaid mother of pearl,
Kamakura period, 30.3×32.4×41.5cm,
Agency for Cultural Affair

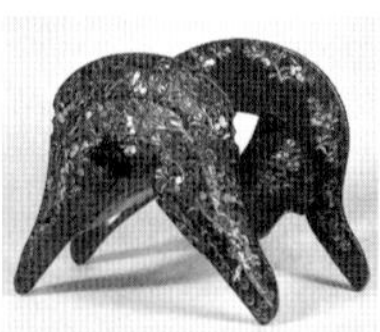

P270「枝垂桜蒔絵短冊箱」
江戸時代（17世紀）1合　45.4×9.6×8.3cm
京都国立博物館蔵
Box for poem slips with weeping cherry tree, Edo period (17th century), 45.4×9.6×8.3cm, Kyoto National Museum

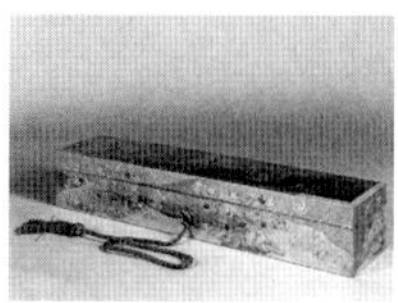

P266「枝垂桜蒔絵書見台」
江戸時代（17~18世紀）1基　京都国立博物館蔵
Bookstand with weeping cherry motif in makie,
Edo period (17th-18th century), Kyoto National Museum

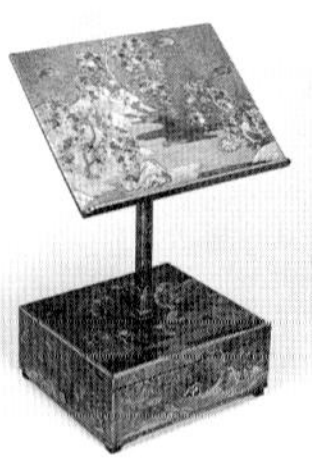

P272「三管匣」（枝垂桜葵紋蒔絵）
56.6×16.2×12.0cm　国立歴史民俗博物館蔵
Box for three kinds of flutes with weeping cherry tree motif and hollyhock crest in makie, 56.6×16.2×12.0cm,
National Museum of Japanese History

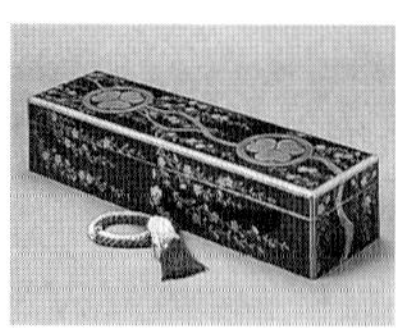

P274「枝垂桜蒔絵螺鈿角徳利」
桃山時代　各11.8×11.8×30.2cm　京都国立博物館蔵
Saké bottle with weeping cherry tree motif in makie,
each: 11.8×11.8×30.2cm , Momoyama period,
Kyoto National Museum

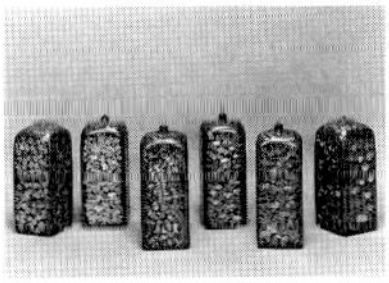

P276「枝垂桜蒔絵掛硯」
桃山時代（17世紀）1基　19.4×11.6×12.2cm
京都国立博物館蔵
Writing box with weeping cherry motif in makie,
Momoyama period (17th century), 19.4×11.6×12.2cm,
Kyoto National Museum

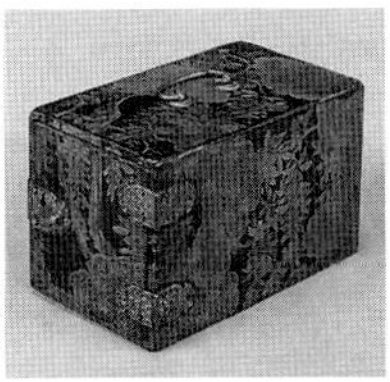

P278「桜紋尽し蒔絵角盥」
桃山時代　39.8×21.5cm　東京国立博物館蔵
Four-handled basin with cherry blossom motifs in makie,
Momoyama period, 39.8×21.5cm, Tokyo National Museum

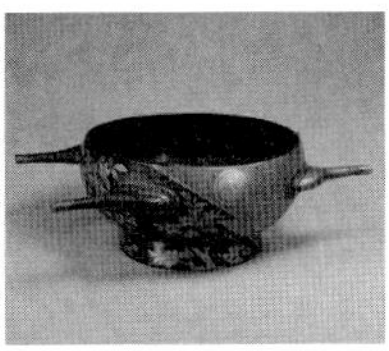

P280「桜蒔絵十種香道具」
江戸時代（19世紀）　東京国立博物館蔵
incense ceremony set with cherry motif in makie, Edo pepriod
(19th century), Tokyo National Museum

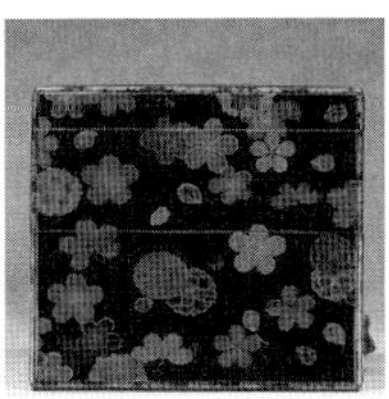

P282「枝垂桜蒔絵鬘桶」
桃山～江戸時代（17世紀）1合　京都国立博物館蔵
Stool with weeping cherry tree motif in makie, Momoyama to
Edo period (17th century), Kyoto National Museum

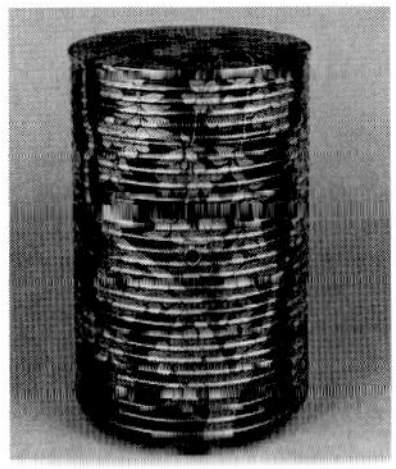

P284「枝垂桜柳蒔絵棗」
江戸時代　5.4×6.2cm　大和文華館蔵
Tea caddy with weeping cherry tree motif in makie,
Edo period, 5.4×6.2cm, The Museum Yamatobunkakan

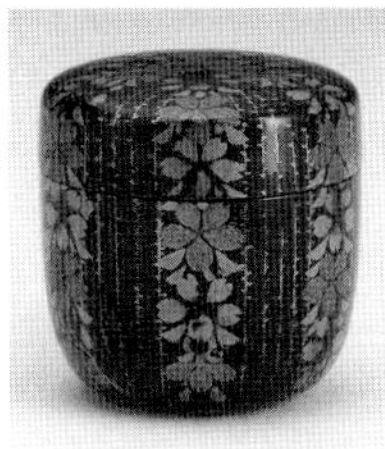

P286「夜桜蒔絵香盆」金井清吉
明治33年（1900）　17.6×24.0×2.0cm
東京藝術大学大学美術館蔵
Incense tray with evening cherry blossom motif in makie,
1900, 17.6×24.0×2.0cm, The University Art Museum,
Tokyo University of Arts

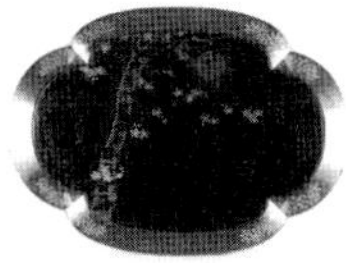

P288「桜花文散し螺鈿椀」（明月椀）
桃山～江戸時代　飯椀（1合）13.9×9.9cm　汁碗（1合）
13.2×7.5cm　東京藝術大学大学美術館蔵
Bowls with cherry blossom motif in inlaid mother of pearl,
Momoyama-Edo period, 13.9×9.9cm, 13.2×7.5cm,
The University Art Museum, Tokyo University of Arts

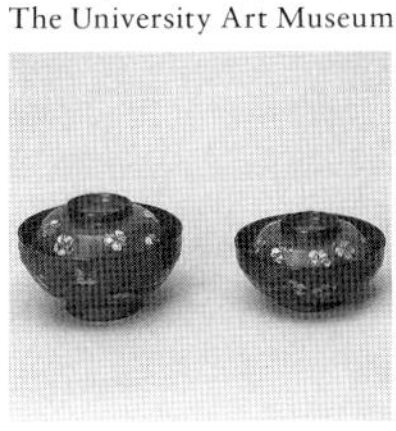

P290 「蒔絵桜花に棚図額」池田泰真
明治14年（1881） 47.0×68.2cm 石川県立美術館蔵
Rectangular pattern with cherry blossom and shelf design, 1881, 47.0×68.2cm, Ishikawa Prefectural Museum of Art

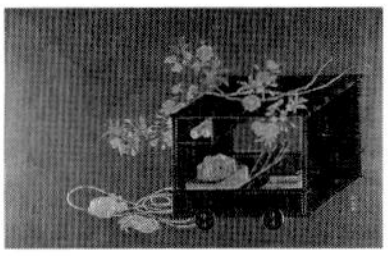

P292 「色絵幔幕桜牡丹文蓋付壺・広口瓶」伊万里
江戸時代中期 蓋付壺 各高33.2cm
佐賀県立九州陶磁文化館蔵
Lidded jar and wide-mouthed bottle with curtain, cherry blossom, and peony design in overglaze enamels, Mid Edo period, 33.2cm, The Kyushu Ceramic Museum

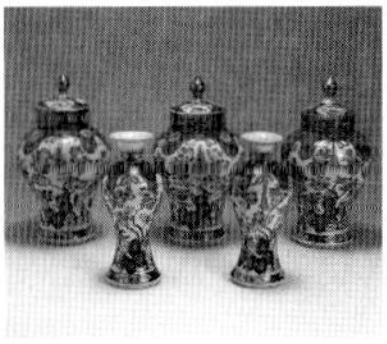

P294 「染錦桜楼閣文蓋付大壺」伊万里
江戸時代 1合 愛知県陶磁資料館蔵
Large lidded jar with cherry tree and palace design in overglaze enamels, Edo period, Aichi Prefectural Ceramic Museum

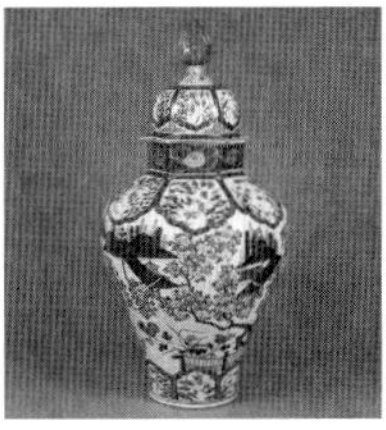

P296 「色絵吉野山図茶壺」重文 野々村仁清
江戸時代 35.7×31.8cm 福岡市美術館蔵
Tea jar with Yoshino design in overglaze enamels, Edo period, 35.7×31.8cm, Fukuoka Art Museum

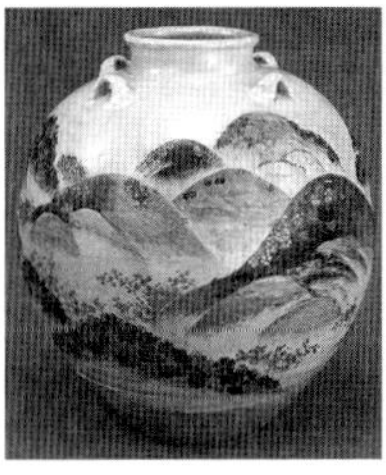

P298 「色絵雲錦手蓋物」仁阿弥道八
江戸時代（19世紀） 愛知県陶磁資料館蔵
Lidded box in overglaze enamels with unkinde maple and cherry design, Edo period (19th century), Aichi Prefectural Ceramic Museum

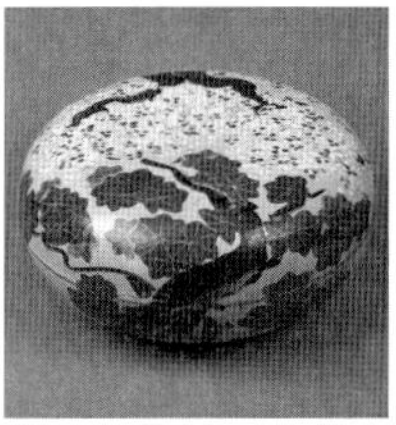

P300 「色絵桜紅葉文大鉢（雲錦手）」仁阿弥道八
江戸時代（19世紀） 15.2×16.5cm 京都国立博物館蔵
Large bowl in overglaze enamels with unkinde maple and cherry design, Edo period, 15.2×16.5cm, Kyoto National Museum

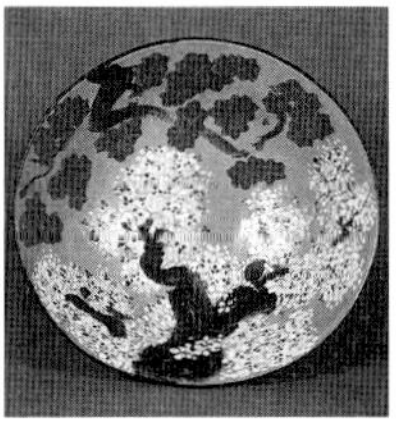

P302 「染付波桜花雨雲文皿」伊万里
江戸時代中期 19.8×2.8cm 佐賀県立九州陶磁文化館蔵
Plate with wave, cherry blossom, and rain cloud motifs in underglaze blue, Mid Edo period, 19.8×2.8cm, Kyushu Ceramic Museum

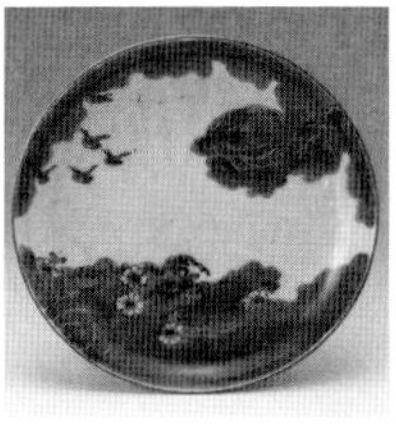

P304 「色絵桜樹図透鉢」仁阿弥道八
江戸時代 12.4×18.5×9.1cm 東京国立博物館蔵
Bowl with piercings and cherry tree design in overglaze enamels, Edo period, Tokyo National Museum

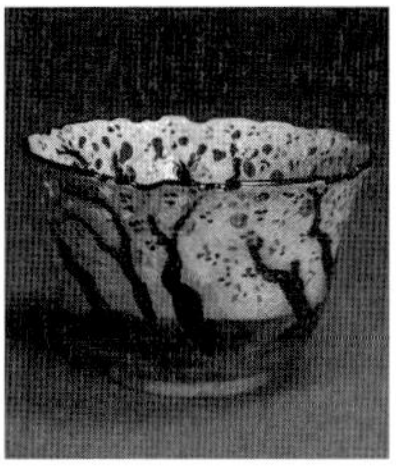

P306 「色絵桜薔薇文大盤」沈寿官
明治時代（19世紀） 10.3×47.6cm
東京藝術大学大学美術館蔵
Large platter with cherry and rose motif in overglaze enamels,
Meiji period (19th century), 12.4×18.5×9.1cm,
The University Art Museum, Tokyo University of Arts

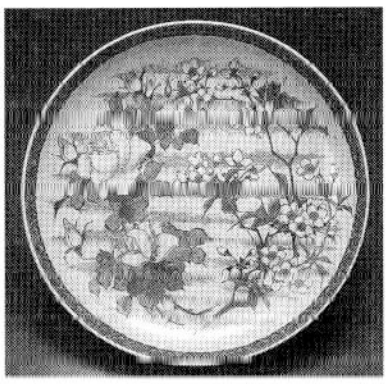

P308 「色絵金彩花卉図鉢」石川県勧業場
明治9年（1876） 1口 23.3×7.9cm 石川県立美術館蔵
Bowl with flowering plant design in overglaze enamels and gold, 1876, 23.3×7.9cm, Ishikawa Prefectural Museum of Art

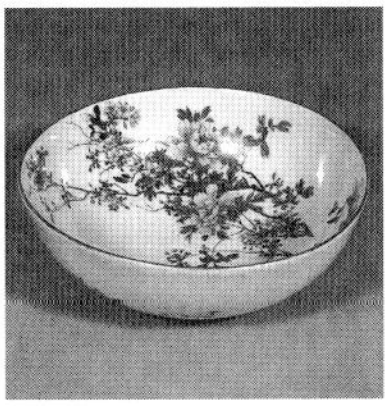

P310 「彩磁桜花紅葉文香爐」西浦円治
明治時代 6.6×10.2×8.6cm 東京藝術大学大学美術館蔵
Incense burner, polychrome porcelain with cherry blossom and autumn foliage design, Meiji period, 6.6×10.2×8.6cm,
The University Art Museum, Tokyo University of Arts

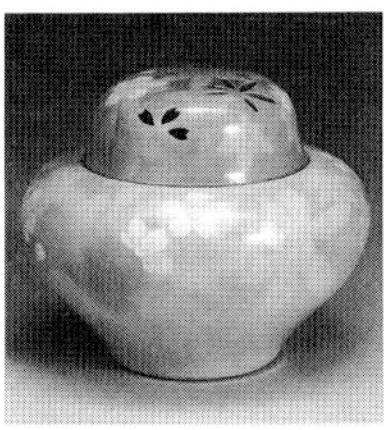

P312 「七宝黒地四季花鳥模様花瓶」並河靖之
明治時代 七宝 一口 高36.0cm 宮内庁三の丸尚蔵館蔵
Vase with birds and blossoms of the four seasons on a black ground, Meiji period, 36.0cm,
Museum of the Imperial Collections

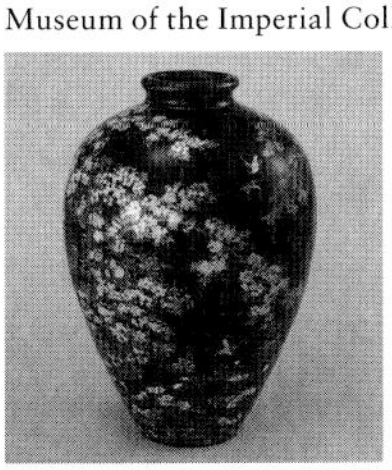

P314 「爛漫水指」清水六兵衛（五代）
昭和9年（1934） 18.0×19.0×14.5cm
京都国立近代美術館蔵
Full Bloom fresh water container, 1934, 18.0×19.0×14.5cm,
Kyoto National Museum

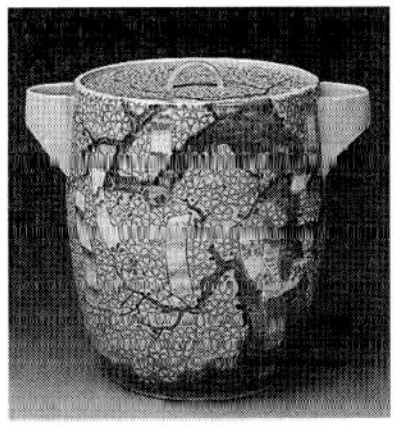

P316 「洲浜桜樹双鶴鏡」（重文）
鎌倉時代 一面 白銅 径30.3cm 西大寺蔵
Mirror with sands, cherry tree, and paired crane design,
Important Cultural Asset, Kamakura period, Saidaiji

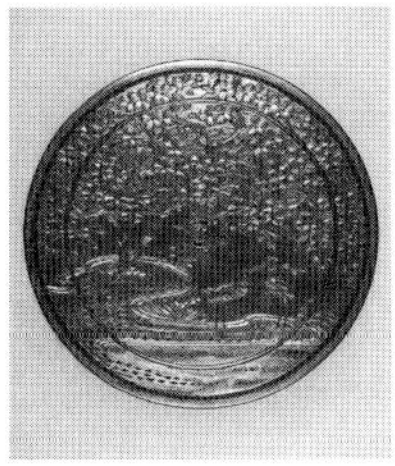

P318 「桜花散双鳥鏡」
南北朝時代（14世紀） 一面 9.2×0.5×0.2cm
京都国立博物館蔵
Mirror with cherry blossom and paired bird design,
Northern and Southern Courts period (14th century),
Kyoto National Museum

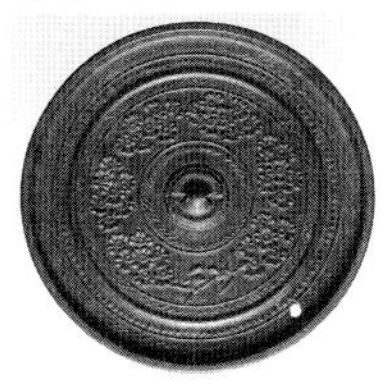

P320 「愛染明王桜花散双雀鏡」
室町時代 一面 青銅 11.5×1.0×0.5cm
東京藝術大学大学美術館蔵
Mirror with design of the Ragaraja guardian king,
cherry blossoms, and paired swallows, Muromachi period,
The University Art Museum, Tokyo University of Arts

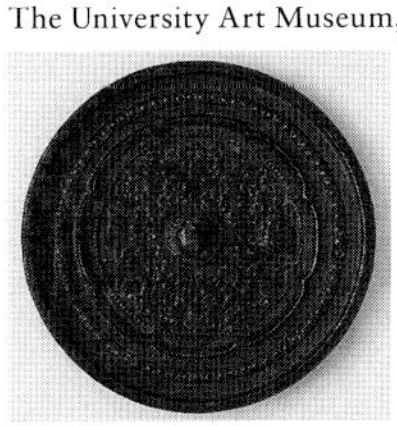

P321「桜花散双鶴柄鏡」
桃山時代　一面　青銅　9.2×0.5×10.3cm
東京藝術大学大学美術館蔵
Mirror with cherry blossom and paired crane design, Momoyama period, The University Art Museum, Tokyo University of Arts

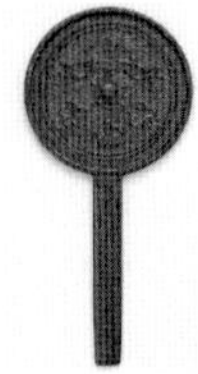

P322「隈桐片喰紋入枝垂桜鶺鴒柄鏡」
江戸時代　一面　青銅　14.9×0.4×9.5cm
東京藝術大学大学美術館蔵
Mirror with design of sorrel crest, weeping cherry tree, and wagtail, Edo period, The University Art Museum, Tokyo University of Arts

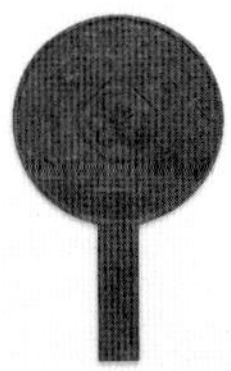

P323「霰地桜花紋柄鏡」
江戸時代　一面　青銅　15.1×0.4×9.7cm
東京藝術大学大学美術館蔵
Mirror with cherry blossom crest on hailstone motif background, Edo period, The University Art Museum, Tokyo University of Arts

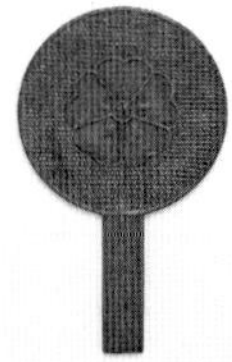

P324「朧銀桜花模様菓子器」
宮内庁三の丸尚蔵館蔵
Rogin silver-copper alloy dish for serving confections, with cherry blossom motif, Museum of the Imperial Collections

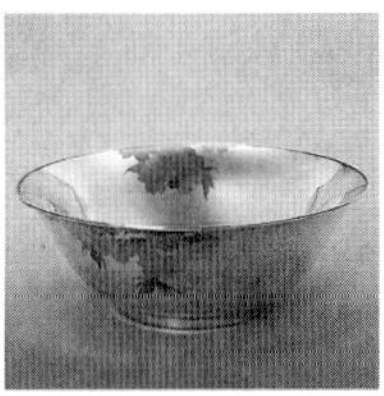

P326「桜花透鐔」銘江府住佐久間宣秀
江戸時代（17~19世紀）　一枚　京都国立博物館蔵
Cherry blossom sword guard, Edo period (17th-19th century), Kyoto National Museum

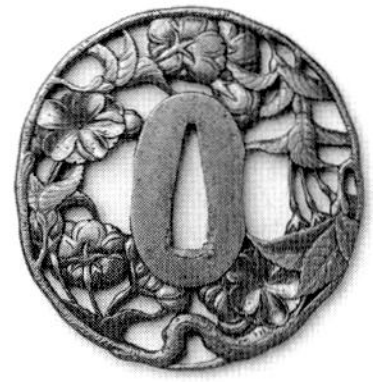

P327「桜鳳凰図譚」
明治3年（1870）　東京国立博物館蔵
Cherry blossom and Chinese phoenix sword guard, 1870, Tokyo National Museum

P328「金銅花卉文水滴」
鎌倉時代　底長径9.0cm　大和文華館蔵
Gilt bronze freshwater container with floral motif, Kamakura period, The Museum Yamatobunkakan

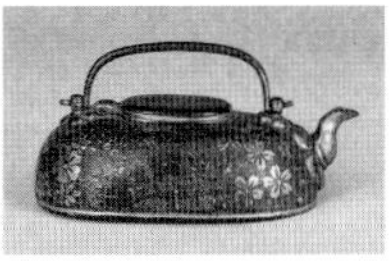

P330「桜と扇面散蒔絵鼈甲櫛」
江戸時代　一枚　京都国立博物館蔵
Tortoiseshell comb with cherry blossom and fan motif in makie, Edo period, Kyoto National Museum

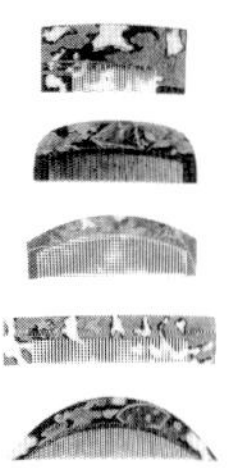

P331 「金地金貝桜樹蒔絵銀伏輪櫛」
江戸時代　一枚　横12.6cm　国立歴史民俗博物館蔵
Comb with cherry tree design on gold ground in makie,
Edo period, 12.6cm, National Museum of Japanese History

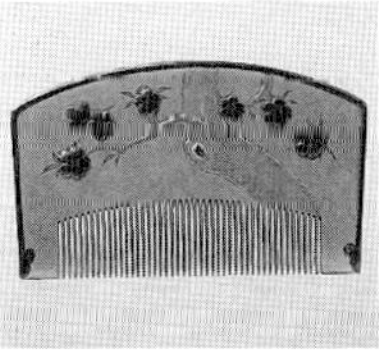

P332 「金地桜楓蒔絵櫛」
明治時代　一枚　横13.3cm　国立歴史民俗博物館蔵
Comb with cherry blossom and maple design on gold ground in makie, Meiji period, 13.3cm,
National Museum of Japanese History

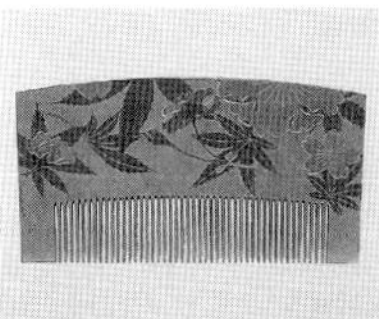

P333 「鼈甲桜蒔絵櫛」
江戸時代　一枚　横8.6cm　国立歴史民俗博物館蔵
Tortoiseshell comb with cherry blossom design in makie,
Edo period, 8.6cm, National Museum of Japanese History

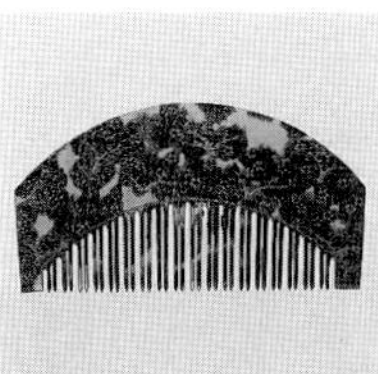

P334 「紋縮緬地流水桜文押絵しおり」
江戸時代　縦17.0　横4.7cm　国立歴史民俗博物館蔵
Fabric picture bookmark with flowing water and cherry blossom design on figured crepe ground, Edo period,
17.0×4.7cm, National Museum of Japanese History

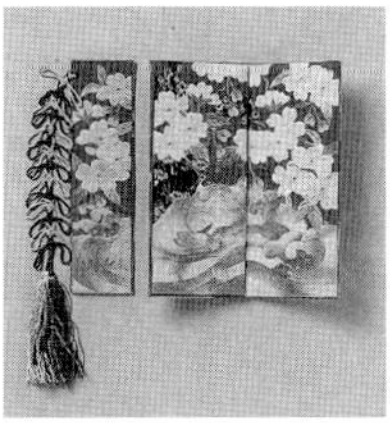

P336 「紅木綿地蝶桜文縫筥迫」
江戸時代　縦16.7　横7.8　高3.8cm　国立歴史民俗博物館蔵
Embroidered purse with butterfly and cherry blossom design on red cotton ground, Edo period, 16.7×7.8×3.8cm,
National Museum of Japanese History

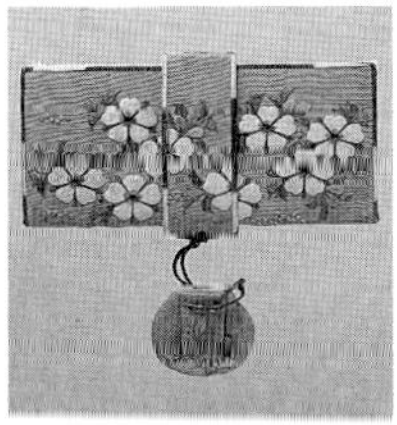

P338 「朧銀桜花文飾簪」
江戸時代　横5.5cm　国立歴史民俗博物館蔵
Rogin copper-silver alloy hairpin with cherry blossom design,
Edo period, 5.5cm, National Museum of Japanese History

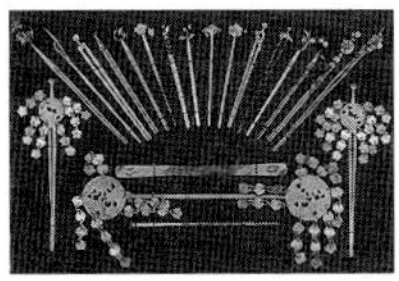

P340 「朧銀月桜短冊飾簪」
江戸時代　横11.7cm　国立歴史民俗博物館蔵
Rogin copper-silver alloy hairpin with moon, cherry blossom, and poem slip design, Edo period, 11.7cm,
National Museum of Japanese History

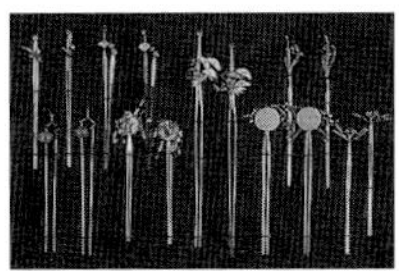

P342 「桜に蝶銀造り簪」
江戸時代　京都国立博物館蔵
Silver hairpin with cherry blossom and butterfly design,
Edo period, Kyoto National Museum

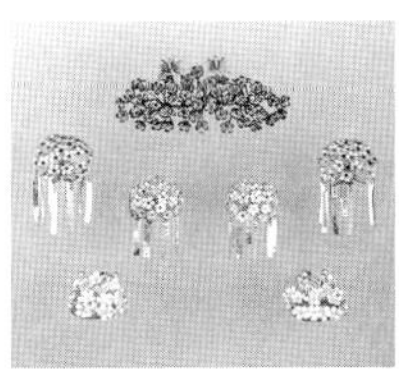

P344 「桜花」森山大道
昭和47年（1972）　ゼラチン・シルヴァー・プリント
23.3×34.3cm　山口県立美術館蔵
Cherry blossoms, Moriyama Daido, 1972, 23.3×34.3cm,
The Yamaguchi Prefectural Museum of Art

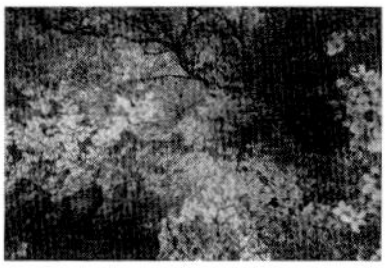

P346 「左近の桜　京都御所」中田昭
Sakon cherry trees, Kyoto Imperial Palace, Nakata Akira

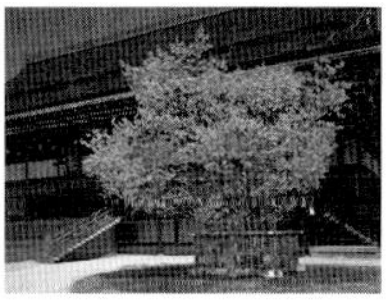

P348 「歓喜桜　雨宝院」中田昭
Kanki cherry trees, Uhoin, Nakata Akira

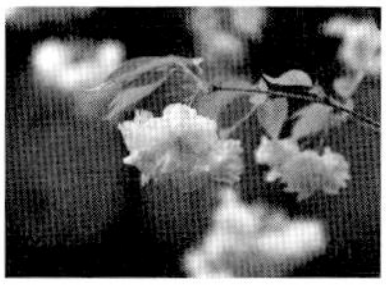

P349 「桜　平安神宮」中田昭
Cherry blossoms, Heian shrine, Nakata Akira

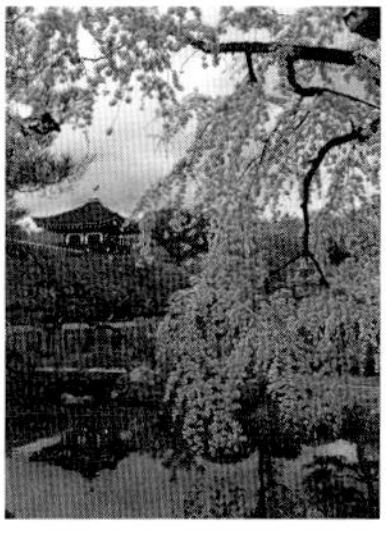

P350 「桜　十輪寺」中田昭
Cherry blossoms, Jyurinji, Nakata Akira

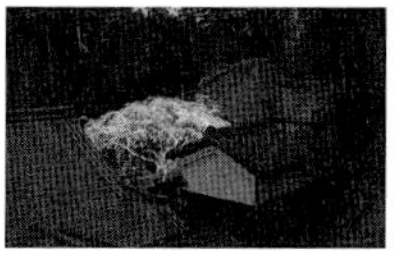

P352 「桜　勝持寺」中田昭
Cherry blossoms, Shojiji, Nakata Akira

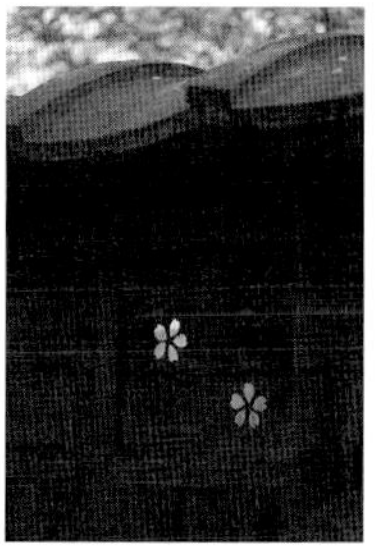

画家略伝

跡見玉枝（あとみ ぎょくし）
Atomi Gyokusi
安政6年～昭和18年（1859-1943）
　明治～昭和時代前期の日本画家。江戸に生まれる。本名は勝子。従姉の跡見花蹊（かけい）（天保11年～大正15年・1840-1926）や長谷川玉峰（ぎょくほう）について四条派を学び、その後に宮崎玉緒（たまお）から花鳥画を学び桜花図を得意とした。明治7年（1874）京都に移り各地を遊歴するが、同19年（1886）東京に移り神田に私塾を開設、子女の教育にあたる。内親王御用掛となり、皇居の桜の写生画を皇室に献上した。

池上秀畝（いけがみ しゅうほ）
Ikegami Shuho
明治7年～昭和19年（1874-1944）
　明治～昭和時代前期の日本画家。長野県に生まれる。本名は国三郎。東京に出て荒木寛畝（かんぽ）（天保2年～大正4年・1831-1915）に文人画を学ぶ。文展で大正5年（1916）から3年連続特選。同8年（1919）発足の帝展では無鑑査となる。昭和8年（1933）帝展審査員。とくに山水花鳥画を得意とした。代表作に「夕月」、「峻嶺雨後」などがある。

池田泰真（いけだ たいしん）
Ikeda Taishin
文政8年～明治36年（1825-1903）
　幕末～明治時代の蒔絵師。三河国（愛知県）西尾藩士の子。江戸に生まれる。幼名は七五郎、のち久三郎。11歳で蒔絵師・柴田是真（ぜしん）に入門し25年間工房で働きながら蒔絵を修得する。是真の青海波（せいがいは）塗などの研究にも力となる。安政6年（1859）独立、浅草薬研堀（やげんぼり）に一家を構え、薬研堀派と称せられた。是真の作風を受けて、蒔絵額面、漆絵といった作品を制作し、個性的ではなく、温厚な作品が多い。明治10年（1877）第1回内国勧業博で花紋賞、同14年（1881）第2回で妙技3等、同23年（1890）第3回で妙技２等を受賞する。同29年（1896）帝室技芸員。同33年（1900）パリ万国博で金牌受賞。シカゴ万国博にも「江之島蒔絵額」を出品、日本美術協会、日本漆工競技会でも受賞した。

伊藤仁三郎（いとう にざぶろう）
Ito Nizaburou
明治38年～平成13年（1905-2001）
　明治～昭和時代の日本画家。京都市に生まれる。本姓は大西。洋画家・伊藤久三郎の妹久子と結婚し伊藤姓を名乗る。京都市立絵画専門学校を卒業して、昭和2年（1927）土田麦僊の山南塾に入る。同13年（1938）要樹平（かなめじゅへい）、林司馬（しめ）、新見虚舟（しんみきょしゅう）らと「柏舟（はくしゅう）社」を結成し、同18年（1943）まで東京、大阪、名古屋、京都で展覧会を開催する。同20年（1945）「白の会」を主宰し、大阪梅田画廊で開催する。同43年（1968）難波香久三、藤田金之助との三人の会「INF展」を東京文藝春秋画廊で開催する。

稲垣仲静（いながき ちゅうせい）
Inagaki Chusei
明治30年～大正11年（1897-1922）
　大正時代の日本画家。京都に生まれる。本名は廣太郎。父は日本画家でのちに工芸図案家の稲垣竹埠（ちくほ）、そして染色家の稲垣稔次郎（としじろう）は実弟。大正9年（1920）京都市立絵画専門学校を卒業する。在学中の同8年第2回国画創作協会展に「猫」が入選する。この時期、中国院体画（宮廷画院の画家が描いた絵の様式）や洋風表現を研究し、「軍鶏」、「太夫」などを発表した。同11年（1922）堂本印象らと九名会に参加するが、同年6月腸疾患により急逝した。没後まもなく京都府立図書館で遺作展が開かれ、『仲静遺作集』が刊行された。

上村松園（うえむら しょうえん）
Uemura Shoen
明治8年～昭和24年（1875-1949）
　明治～昭和時代の女流日本画家。京都に生まれる。本名は津禰（つね）。明治20年（1887）京都府画学校に入学し鈴木松年（しょうねん）に師事したが、松年の辞任に従い翌年退学。次いで同26年（1893）

幸野楳嶺（こうのばいれい）、同28年竹内栖鳳（せいほう）に師事。この間、同23年（1890）第3回内国勧業博覧会で「四季美人」が1等褒状、その後日本美術協会、日本青年絵画共進会などに出品を続け独自の優雅な作風の美人画の境地を開いていった。昭和16年（1941）帝国芸術院会員、同19年（1944）帝室技芸員となり、同23年（1948）女性初の文化勲章を受章。代表作に「焔（ほのお）」、「娘深雪（むすめみゆき）」、「母子」、「序の舞」、「雪月花」、「夕暮」、「晩秋」など、著作に『青眉抄』がある。

歌川豊国（3代）→ **歌川国貞**（うたがわ くにさだ）
Utagawa Kunisada
天明6年～元治元年（1786-1864）

江戸時代後期の浮世絵師。江戸に生まれる。姓は角田（すみだ）、通称は庄蔵のちに肖蔵という。一雄斎、五渡亭（ごとてい）、香蝶楼、一陽斎などと号す。幼くして画才を認められ、初代歌川豊国（明和6年～文政8年・1769-1825）の門人となる。のち弘化元年（1844）先師の名跡（みょうせき）を継いで3代豊国を襲名する。幕末の浮世絵界では最大の勢力を形成し、生涯に描いた作品数も浮世絵師中最多の作品を残した。美人画、役者絵、風景画に特色を持つ。代表作に「大当狂言内（おおあたりきょうげんのうち）」、「星の霜当世風俗」などがある。

歌川国直（うたがわ くになお）
Utagawa Kuninao
寛政7年～安政元年（1795-1854）

江戸時代後期の浮世絵師。信濃（しなの・長野県）に生まれる。姓は吉川（きっかわ）または芳川といい、俗称を鯛蔵、のちに四郎兵衛と改めた。別号に一楊斎、柳烟楼、浮世庵、独酔舎、写楽翁、一鳳斎などがある。初代歌川豊国の門人。作画期は文化（1804-18）から天保（1830-44）頃にかけてで、風景画、美人画、役者絵などのほかに、合巻、滑稽（こっけい）本などの挿絵や肉筆美人画も描いた。

歌川国芳（うたがわ くによし）
Utagawa Kuniyoshi
寛政9年～文久元年（1797-1861）

江戸時代後期の浮世絵師。神田の染物業柳屋吉右衛門の子として生まれる。本姓は井草、通称は孫三郎。別号に一勇斎、朝桜楼など。文化8年（1811）15歳で初代歌川豊国の門下となる。文政10年（1827）頃から版行され始めた錦絵のシリーズ『通俗水滸伝豪傑百八人之壱個』により人気を博し、武者絵の国芳と呼ばれた。風景画、役者絵、花鳥画、風刺画、肉筆画と画域も広く、代表作に『東都名所』、『唐土二十四孝』、『荷宝蔵（にたからぐら）壁のむだ書』などがある。

歌川豊国（うたがわ とよくに）
Utagawa Toyokuni
明和6年～文政8年（1769-1825）

江戸時代中・後期の浮世絵師。江戸芝神明前の人形師、倉橋五郎兵衛の子として生まれ、通称熊吉、一陽斎と号す。歌川豊春の門人で、役者絵や美人画を得意とし、初代歌川国貞、歌川国芳らを育て、歌川派隆盛のもとをつくった。代表作に、版本では寛政11年（1799）刊行の『俳優楽室通（やくしゃがくやつう）』、享和4年（1804）刊行の『役者相貌鏡（あわせかがみ）』があり、錦絵では美人画に「風流七小町略（やつし）姿絵」、「風流三幅対」、「今様美人合せ」などのシリーズが知られ、役者絵は「役者舞台之姿絵」のほか大首絵（おおくびえ）に優品が多い。

歌川広重（うたがわ ひろしげ）
Utagawa Hirosige
寛政9年～安政5年（1797-1858）

江戸時代後期の浮世絵師。江戸八代洲（やよす・八重洲）河岸定火消（じょうびけし）組同心・安藤源右衛門の長男として生まれる。幼名を徳太郎、通称を重右衛門、のち徳兵衛といい、一遊斎、一立斎（いちりゅうさい）と号す。文化6年（1809）家職を継ぎ、同8年歌川豊広に入門し、狩野派を岡島林斎に、南画を大岡雲峰に学ぶ。天保3年（1832）幕府八朔（はっさく・家康江戸入府の記念日）の御馬献上行列に随行し、東海道を京都に上った折々の写生をもとに描いた同4年の保永堂版『東海道五拾三次』(全55枚) で人気を得て、一躍風景画家としての地位を確立した。この頃から天保末年(1844) にかけて『近江八景』(全8枚)、『江戸近郊八景』(全8枚)、『木曾海道六拾九次』(全70枚) などのシリーズを発表、広重の芸術的絶頂期を極めた。

歌川広重 (3代) (うたがわ ひろしげ)

Utagawa Hiroshige

天保13年〜明治27年(1842-94)

明治時代の浮世絵師。江戸に生まれる。初代歌川広重の門人。本姓は後藤、のち安藤。通称は寅吉、別号に重寅、重政、一立斎(いちりゅうさい)。はじめ重政と号したが、慶応元年(1865) 2代広重が師家と離縁してのち、代わって同家に入り婿し安藤徳兵衛を名乗り、3代広重を襲名した。慶応年間(1865-68)以降から明治初期にかけて、開港地横浜の新風俗を描いた横浜絵や、文明開化の社会事象を伝える開化絵を描いた代表的絵師として知られる。

大岡春卜 (おおおか しゅんぼく)

Ooka Shunboku

延宝8年〜宝暦13年(1680-1763)

江戸時代中期の画家。大坂に生まれる。名は愛翼、愛董(あいとう)。別号に雀叱、一翁など。号は春朴とも書く。師につかず独学で狩野派や明清(みんしん) 画の画風を学ぶ。大覚寺性応門主の庇護を得て京都で活躍、享保20年(1735) 法眼(ほうげん・絵師らに与えられた称号で、法印に次ぐ) となる。代表作は妙心寺霊雲院の障壁画などがある。絵本作家としても知られ、版本『明朝紫硯 (みんちょうしけん)』は初期の色摺(いろずり) 版画として重要である。ほかに『画本手鑑』などがある。

尾形月耕 (おがた げっこう)

Ogata Gekko

安政6年〜大正9年(1859-1920)

明治〜大正時代の画家。江戸京橋に生まれる。本名は鏡正之助。尾形光哉の養子となる。谷文晁(ぶんちょう)、菊池容斎に私淑、独学で絵を学び、明治初年(1868-) 輸出用七宝(しっぽう) 焼の下絵や、挿絵、錦絵を描く。明治20年 (1887) 前後「絵入朝野 (ちょうや) 新聞」など多くの新聞、雑誌に挿絵、口絵などを制作する。同31年 (1898) 日本美術院の創立に参加、正員となった。大正元年(1912) 文展で「山王祭」が3等賞を受賞した。

岡村宇太郎 (おかむら うたろう)

Okamura Utaro

明治32年〜昭和46年(1899-1971)

大正〜昭和時代の日本画家。京都府に生まれる。旧姓は初坂、号は隆生、青空。京都市立絵画専門学校を卒業する。同期生に堂本印象がいた。大正8年(1919) 第2回国画創作協会展に「牡丹」が初入選、樗牛(ちょぎゅう) 賞を受賞する。土田麦僊(ばくせん)、村上華岳(かがく)、入江波光(はこう) らに師事。また白樺派の活躍と岸田劉生(りゅうせい) の芸術運動に刺戟され、西洋美術に興味を持つ。同15年(1926) 第5回国画創作協会展に「花鳥」(二曲一双屏風) を出品し同会会員となる。昭和3年 (1928) 国画創作協会日本画部解散となり、新樹社を設立する。麦僊からは帝展へ、速水御舟 (ぎょしゅう) からは院展へ勧誘されたがいずれへも出品せず孤高の道を歩む。また老荘儒仏に興味を持ち、妙心寺の加藤晦堂師に師事する。代表作に、「漁夫の習作」、「日没頃」がある。

織田瑟々 (おだ しつしつ)

Oda Shitsushitsu

安永8年〜天保3年(1779-1832)

江戸時代後期の女流画家。近江(おうみ・滋賀県) に生まれる。名は政江(まさえ)。三熊露香(みくまろこう) に絵を学び、桜花を描くのが巧みであった。17歳のころ画家として画壇に登場するが、露香が他界後の10年ほどは画業も途絶えていた。一時は京都で作画活動をしていたが、故郷の川合寺に戻り仏門に入り尼となった。妹の八千代とともに寺を守り、画壇の名声とは無縁の尼僧画家としてひっそり桜の絵を描き続けた。

小原祥邨（おはら しょうそん）

Ohara Shoson

明治10年～昭和20年（1877-1945）

明治～昭和時代の版画家。金沢に生まれる。本名は小原又雄。鈴木華邨（かそん）（安政7年～大正8年・1860-1919）に師事する。明治時代フェノロサの指導のもと、版元の滑稽堂から主に輸出用の花鳥画を制作する。写生に基づいた写実的な作品で、落ち着いた色合いの作風であった。その後、大黒屋を版元に多くの花鳥画を制作した。大正元年（1912）からは号を祥邨と改め、版元・渡辺庄三郎のもとで制作、晩年は豊邨を名乗り生涯を通し花鳥画や動物画の制作に精力的に取り組んだ。

蠣崎波響（かきざき はきょう）

Kakizaki Hakyo

明和元年～文政9年（1764-1826）

江戸時代後期の画家。蝦夷（えぞ）松前藩士。藩主松前資広（すけひろ）の五男で、蠣崎家の養子となる。名は広年、字（あざな）は世祐、通称は将監（しょうげん）。波響または十春亭花隠と号した。初め江戸に出て、俳人・国学者・小説家としても有名な南蘋（なんぴん）派の建部綾足（たけべあやたり）、宋紫石（そうしせき）に絵を学ぶ。寛政3年（1791）京に上り円山応挙に師事する。また同じ武士出身の画家・長沢蘆雪（ろせつ）とも友好があった。家老として陸奥（むつ）梁川（やながわ・福島県）に転封された藩主の松前復帰に努めた。代表作に「夷酋列像（いしゅうれつぞう）」、「釈迦涅槃図（しゃかねはんず）」などがある。

狩野永徳（かのう えいとく）

Kano Eitoku

天文12年～天正18年（1543-90）

安土桃山時代を代表する画家。京都山城に生まれる。狩野松栄（しょうえい）直信（なおのぶ）の長男。名は州信（くにのぶ）、通称は源四郎。狩野派宗家5代。幼年より祖父元信（もとのぶ）に学ぶ。永禄9年（1566）父直信とともに弱冠24歳にして大徳寺聚光院（じゅこういん）方丈の障壁画を制作、水墨襖絵「琴棋（きんき）書画図」、「花鳥図」を描く。壮麗な桃山障壁画の開幕を告げる記念碑的な大作である。天正2年（1574）織田信長から上杉謙信に贈る「洛中洛外図屛風」（上杉家）を描き、同4年着工した安土城の障壁画を数年間にわたり制作した。同10年（1582）の「唐獅子図屛風」（御物）は金地に巨岩と唐獅子2頭を相対して捉えた豪快な大画面に描いている。このような永徳の華麗でダイナミックな表現様式により、狩野派の黄金期をもたらした。

狩野永悳（かのう えいとく）

Kano Eitoku

文化11年～明治24年（1814-91）

江戸時代後期～明治時代の画家。江戸木挽町（こびきちょう）に生まれる。名は立信、別号に晴雪。木挽町狩野家第6代狩野栄信（ながのぶ）の次男、狩野派中橋宗家14代狩野祐清の養子となりその跡を継ぐ。安政4年（1857）法眼（ほうげん・絵師らに与えられた称号で、最高位法院に次ぐ）となる。明治11年（1878）来日したフェノロサに鑑定法を教授。内国勧業博覧会などの審査員を務める。明治宮殿に揮毫（きごう）し、同22年（1889）全国宝物取調局臨時監査掛、同23年帝室技芸員となる。

狩野惟信（かのう これのぶ）

Kano Korenobu

宝暦3年～文化5年（1753-1808）

江戸時代中期～後期の画家。江戸に生まれる。号は養川院、玄之斎。狩野栄川（えいせん）（元禄9年～享保16年・1696-1731）の長男。父の跡をうけ、木挽町（こびきちょう）狩野家を継ぐ。のち法印（仏師、絵師などに与えられ最高位の総称）となる。江戸城の障壁画や京都御所造営の絵事を多く手がけた。

狩野宗秀（かのう そうしゅう）

Kano Soshu

天文20年～慶長6年（1551-1601）

安土桃山時代の画家。京都に生まれる。狩野松栄の次男。名は甚之丞（じんのじょう）、季信（すえのぶ）。兄狩野永徳のよき協力者で、永徳一門の安土城障壁画制作の留守中は宗家を預かったという。天正18年（1590）永徳とともに御所の障壁画を描き、慶長4年（1599）桂宮家新殿の障壁画制作にたずさわる。狩野派の様式を継いで豪放で荒々しい作風の作品を描いた。代表作に「四季花鳥画屏風」、「一遍上人絵伝」絵巻（光明寺）などがある。

鏑木清方（かぶらき きよかた）

Kaburaki Kiyokata

明治11年～昭和47年（1878-1972）

明治～昭和時代の日本画家。東京神田佐久間町に生まれる。幕末の文人条野採菊（じょのさいぎく）の子で、母方の鏑木姓を継いだ。本名は健一。明治24年（1891）水野年方（としかた）に入門、早くから新聞・雑誌に挿絵を描くほか、泉鏡花や田口掬汀（きくてい）、島崎藤村の作品の挿絵や口絵も描いた。同34年（1901）烏合会（うごうかい）結成に参加し、翌年の第2回展に「一葉女史の墓」を出品する。大正5年（1916）結城素明（そめい）、松岡映丘（えいきゅう）らと金鈴（きんれい）社を結成。同8年（1919）の帝展発足以降、審査員を務め、その後も官展を中心に活躍した。代表作に「築地明石町」（昭和2年・1927）、「三遊亭円朝像」（同5年・1930）、「一葉」（同15年・1940）などがある。帝室技芸員、芸術院会員となり、昭和29年（1954）に文化勲章を受章した。著書に『清方随筆選集』（昭和19年・1944）、『こしかたの記』（昭和36年・1961）などがある。

川合玉堂（かわい ぎょくどう）

Kawai Gyokudo

明治6年～昭和32年（1873-1957）

明治～昭和時代の日本画家。愛知県に生まれる。本名は芳三郎、別号に偶庵。明治20年（1887）京都に出て望月玉泉（ぎょくせん）に、ついで幸野楳嶺（こうのばいれい）、橋本雅邦（がほう）に師事して四条派を学ぶ。明治28年（1895）第4回内国勧業博で3等賞、同40年（1907）東京勧業博覧会で「二日月」が一等賞を受賞する。大正4年（1915）東京美術学校教授、同6年帝室技芸員、同8年（1919）帝国美術院会員。昭和15年（1940）文化勲章受章。作品に「行く春」（大正5年・1916）、「彩雨」（昭和15年・1940）などがある。また歌人としても知られ歌集『多摩の草屋』がある。晩年を過ごした東京青梅（おうめ）市御岳（みたけ）の旧居は、玉堂美術館として公開されている。

河鍋暁翠（かわなべ きょうすい）

Kawanabe Kyosui

明治元年～昭和10年（1868-1935）

明治～昭和時代前期の日本画家。河鍋暁斎の長女。本名はとよ。幼少より父・暁斎について絵を習い、明治17年（1884）には第2回内国絵画共進会に「暁辰（きょうしん）」の号で出品するまでになっている。父没後も展覧会には出品し、同35年（1902）頃から数年間は創設期の女子美術学校（現在の女子美術大学）で教鞭をとった。

川端玉章（かわばた ぎょくしょう）

Kawabata Gyokusho

天保13年～大正2年（1842-1913）

江戸時代後期・明治時代の画家。京都の蒔絵師佐兵衛の子として生まれる。本名は滝之助。別号に敬亭、璋翁。11歳で円山派の中島来章（らいしょう）（寛政8年～明治4年・1796-1871）に師事、画論を小田海僊（かいせん）（天明5年～文久2年・1785-1862）に学ぶ。慶応2年（1866）江戸に移り、一時高橋由一（ゆいち）について洋画も学んでいる。明治15年（1882）第1回内国絵画共進会、同17年第2回でともに銅賞受賞。同22年（1889）開校早々の東京美術学校に円山派写生画の教官として迎えられた。同29年（1896）帝室技芸員、同31年日本美術院会員。同42年（1909）に川端画学校を設立、翌年東京美術学校教授を辞した。門下から結城素明（ゆうきそめい）、平福百穂（ひらふくひゃくすい）らが出ている。写生を基本とした作風は親しまれ、「墨堤春暁図」、「桜花鶏図」、「雨後山水」などの作品がある。

川辺御楯（かわべ みたて）

Kawabe Mitate

天保9年～明治38年（1838-1905）

幕末～明治時代の日本画家。筑後（ちくご・福岡県）柳川に生まれる。別号に花陵、墨流亭など。初め父川辺正胤や三善真琴に絵を、有職（ゆうそく）故実を西原晁樹（ちょうじゅ）に学ぶ。維新後、太政官に出仕、伊勢神宮の権禰宜（ごんねぎ）などを務める。明治17年（1884）第2回内国絵画共進会で銀賞受賞。また東洋絵画会結成に参加し、日本美術協会でも受賞。大和絵の歴史画制作に専念した。作品に「南北朝合戦図」などがある。

岸岱（がん たい）

Gan Tai

天明2/5年～慶応元年（1782/85-1865）

江戸時代後期の画家。岸駒（がんく）の長男として生まれる。本名は佐伯昌岱、字（あざな）は君鎮、別号は卓堂（たくどう）、虎岱（こたい）、虎頭館（ことうかん）など。父に画を学び、岸派の2代となる。文化6年（1809）父にしたがって金沢城内の障壁画を描く。作風は岸駒の筆法を受け継ぎ、虎をはじめ鳥獣の絵を得意とした。また伝統的な大和絵の画題である「加茂競馬」や「子日遊（ねのひのあそび）」を描くなど幅広い画風を示した。安政度御所造営では、御常御殿（おつねごてん）二の間、御学問所中段の間、皇后御常御殿（こうごうおつねごてん）御寝（ぎょしん）の間、御花御殿北の間を担当した。

菊池芳文（きくち ほうぶん）

Kikuchi Hobun

文久2年～大正7年（1862-1918）

明治～大正時代の日本画家。大坂に生まれる。本姓は三原、本名は常次郎。滋野芳園に学び、明治14年（1881）四条派の幸野楳嶺（こうのばいれい）（天保15年～明治28年・1844-95）に師事する。竹内栖鳳（せいほう）（元治元年～昭和17年・1864-1942）らとともに楳嶺門下の四天王と称された。内国絵画共進会や内国勧業博などで受賞を重ね、京都画壇で活躍した。文展では1回展より審査員を務めた。明治27年（1894）より京都市美術学校教諭となり、また京都市立絵画専門学校の創立に尽力した。大正6年（1917）帝室技芸員。オランダのハーグの平和殿にかける壁掛けの大作も桜花を主題に選び、その制作に晩年の3年間を捧げたといわれる。

岸竹堂（きし ちくどう）

Kishi Chikudo

文政9年～明治30年（1826-97）

幕末～明治時代の日本画家。近江（おうみ・滋賀県）彦根に生まれる。本名は昌禄、通称は八郎。狩野永岳（えいがく）（寛政2年～慶応3年・1790-1867）に学び次いで岸連山（れんざん）（文化元年～安政6年・1804-59）に師事し、その養子となる。有栖川宮（ありすがわのみや）家に仕えるが、維新後は友禅下絵などを描く。明治23年（1890）第3回内国勧業博で2等銀牌を受賞、同29年（1896）帝室技芸員となった。鳥獣画、とくに虎を得意とした。作品に「孔雀図」（明治28年・1895）、「月下猫児図」（明治29年・1896）などがある。

北野恒富（きたの つねとみ）

Kitano Tsunetomi

明治13年～昭和22年（1880-1947）

明治～昭和時代の日本画家。石川県金沢市に生まれる。本名は富太郎、夜雨庵と号す。明治25年（1892）木版画版下業の西田助太郎のもとで、版下技術と南画を学ぶ。同30年（1897）大阪へ出て木版彫り師伊勢庄太郎のもとで版下画を描く。同31年（1898）月岡芳年（よしとし）の弟子で歌川派の稲野年恒に師事する。同43年（1910）文展で「すだく虫」が初入選、翌年写実的な現代美人画の「日照雨（そばえ）」で3等賞を受賞する。土田麦僊（ばくせん）、小野竹喬（ちくきょう）らの新しい芸術運動ル・マルスにも参加する。大正3年（1914）の第1回再興院展に出品し、以後大阪における院展の中心的存在として独特の美人画を描いた。同6年（1917）日本美術院同人、また大正美術会、大阪美術会を結成した。

木村武山（きむら ぶざん）

Kimura Buzan

明治9年～昭和17年（1876-1942）

明治～昭和時代前期の日本画家。茨城県笠間に生まれる。本名は信太郎。川端玉章（ぎょくしょう）（天保13年～大正2年・1842-1913）に師事ののち、東京美術学校を卒業。岡倉天心の新美術運動に参加、日本美術院副員となり、茨城県五浦（いづら）への移転にしたがう。明治40年(1907)第1回文展で「阿房劫火(あぼうごうか)」が3等賞。大正3年(1914)日本美術院の再興につくした。晩年は仏画を多く描いた。

清水六兵衛(5代)(きよみず ろくべえ)

Kiyomizu Rokube

明治8年〜昭和34年(1875-1959)

明治〜昭和時代の陶芸家。4代清水六兵衛の長男。幼名は栗太郎。号は祥嶺、のち六和。大正2年(1913)家業の京都清水焼を継ぐ。釉薬(ゆうやく)の化学的研究に打ち込み、洋画家の浅井忠(ちゅう)(安政3年〜明治40年・1856-1907)らと新しい意匠を開発するなど京焼の近代化につくした。芸術院会員。

渓斎英泉(けいさい えいせん)

Keisai Eisen

寛政3年〜嘉永元年(1791-1848)

江戸時代後期の浮世絵師。江戸星ヶ岡に生まれる。本姓は松本のちに池田、俗称を善次郎。名を茂義(しげよし)、のちに義信(よしのぶ)と改名。画号には渓斎のほかに国春楼などを用い、戯作(げさく)には一筆庵可候(いっぴつあんかこう)、随筆には无名翁(むめいおう)などと号した。初め狩野白珪斎(はくけいさい)に師事し、また造花業の菊川英二方に身を寄せ、その子英山について浮世絵師となる。作画期は文化年間(1804-18)中期から没年に及び、作例のほとんどが美人画であった。首をすぼめ背を丸めたいわゆる「猫背猪首(ねこぜいくび)」スタイルである。やや大きな顔につり上がった切れ長の目を、離れ気味に配置した面貌などに退廃的な雰囲気を漂わせ、独自の美意識を表した。代表作は歌川広重とともに描いた「木曾海道六拾九次」のシリーズや、蘭字(らんじ・オランダ語)の枠を持つ洋風風景画などがある。また、天保4年(1833)には浮世絵考証本である従来の『浮世絵類考』に加筆して『无名翁随筆』を編み、浮世絵の文献としても今なお評価が高い。

幸野楳嶺(こうの ばいれい)

Kono Bairei

天保15年〜明治28年(1844-95)

明治時代の日本画家。京都に生まれる。本名は安田直豊。嘉永5年(1852)に円山派の中島来章(らいしょう)(寛政8年〜明治4年・1796-1871)、塩川文麟(ぶんりん)(文化5年〜明治10年・1808-77)に師事し、一方で中西耕石(文化4年〜明治17年・1807-84)ら南画家との交遊もあり漢籍を学んだ。望月玉泉(ぎょくせん)と共に京都府画学校の設立を建議し、明治13年(1880)の同校開設にあたり、北宗(ほくしゅう・中国の宮廷画院を中心とする職業画家の流れで、文人画を中心とする南宗画に対する)の教員を務めた。同19年(1886)京都青年絵画研究会を主宰、同23年(1890)には京都美術協会の設立に尽力した。同26年(1893)帝室技芸員となる。作品に「群魚図」(明治9年・1876)、「帝釈試三獣図」(明治18年・1885)、著作に『百鳥画譜』(明治14年・1881)、『千種の花』(明治22年・1889)などがある。

呉春(ご しゅん)

Go Shun

宝暦2年〜文化8年(1752-1811)

江戸時代中・後期の画家。四条派の祖。京都に生まれる。金座年寄役松村匡程の子。名は豊昌、字(あざな)は伯望、通称は文蔵、月渓と号す。初め大西酔月(すいげつ)に絵を、与謝蕪村(よさぶそん)(享保元年〜天明3年・1716-83)に俳諧と絵を学んだ。天明元年(1781)36歳のときに摂津(せっつ)池田(呉服里・くれはのさと)に滞在する。その地で春を迎えたことにより呉春と改名。8年間の池田時代を経て京都に戻り、円山応挙(おうきょ・享保18年〜寛政7年・1733-95)らと交流を深め、その写生画風の影響を受け、独自の画風を確立した。京都市四条東洞院(ひがしのとういん)に住し、弟子も大く集まったためその一派は四条派と呼ばれた。代表作に「木芙蓉鵁鶄(もくふようこうせい)図」(西宮市・黒川古文化研究所)、「梅林図」(池田市・逸翁美術館)、「群山露頂図」などがある。

木島桜谷（このしま おうこく）

Konoshima Okoku

明治10年～昭和13年（1877-1938）

明治～昭和時代の日本画家。京都に生まれる。本名は文治郎。字（あざな）は文質、別号に竜池草堂主人など。今尾景年（けいねん）に師事し、山本谿愚に漢詩を学ぶ。文展で明治40年（1907）の第1回展出品の「しぐれ」から第6回展出品の「寒月」まで連続受賞する。大正4年（1915）京都市立絵画専門学校の教授となる。晩年は画作から離れ詩書に親しんだ。平明で親しみのある画風をつくり、山水、花鳥、人物、とくに動物の描写が得意であった。作品に「若菜の山」（明治44年・1911）などがある。

小林清親（こばやし きよちか）

Kobayashi Kiyochika

弘化4年～大正4年（1847-1915）

明治～大正時代の版画家。幕府御蔵方組頭小林茂兵衛の子として江戸本所御蔵屋敷に生まれる。幼名は勝之助。維新にあたり大坂、静岡などを転々とするが、明治7年（1874）上京し、下岡蓮杖（れんじょう）に写真術を、英国人チャールズ・ワーグマンに油絵を学ぶ。河鍋暁斎（かわなべきょうさい）に日本画を、柴田是真（ぜしん）に漆絵を習い、浮世絵師として出発する。光線と影を取り入れた新様式の洋風版画は「光線画」の名で人気を博した。同14年（1881）の両国大火後は「光線画」から遠ざかり「団団珍聞（まるまるちんぶん）」などの新聞に「清親ポンチ」を描く。その後錦絵の衰退により肉筆画を多く描くようになる。代表作に「小梅曳船夜図」、「新大橋雨中図」、「内国勧業博覧会瓦斯館」などがある。

酒井抱一（さかい ほういつ）

Sakai Hoitsu

宝暦11年～文政11年（1761-1828）

江戸時代後期の画家。江戸に生まれる。酒井忠仰（ただもち）の次男。播磨（はりま・兵庫県）姫路藩主酒井忠以（ただざね）の弟。名は忠因（ただなお）、字（あざな）は暉真。号は鶯村（おうそん）、軽挙道人、通称は栄八。37歳で出家し、のち文化6年（1809）江戸根岸に雨華庵を結ぶ。絵は初め狩野高信（たかのぶ）から狩野風を学び、南蘋（なんぴん）派の花鳥画、浮世絵、円山派、土佐派など広く学び、のち尾形光琳（こうりん）（万治元年～享保元年・1658-1716）の作品に接し深く傾倒する。文化12年（1815）には光琳百年忌を催し、『光琳百図』、『尾形流略印譜』を刊行する。代表作は光琳筆の「風神・雷神図屏風」の裏面に描いた「夏秋草図」（東京国立博物館）、「花鳥十二ヶ月図」（宮内庁）、「秋草鶉図屏風」などがある。

坂本浩雪（さかもと こうせつ）

Sakamoto Kosetsu

寛政12年～嘉永6年（1800-53）

江戸時代後期の医師、本草家。名は直大、字（あざな）は桜宇。通称は浩然（こうねん）。別号に永斎、香邨（こうそん）、純沢など。紀伊（きい）和歌山藩医の父・坂本純庵（じゅあん）の長男。父に医術と本草学を、曽占春（そうせんしゅん）に本草学を学び、摂津（大阪府）高槻（たかつき）藩に仕える。多くの写生画を残し、菌類を分類し図説した『菌譜』や、父との共著『百花図纂』、『桜草勝花品』（天保6年・1835）などで知られる。とくに桜の絵を得意とした。

柴田晩葉（しばた ばんよう）

Shibata Banyo

明治18年～昭和17年（1885-1942）

明治～昭和時代の日本画家。滋賀県大津市に生まれる。本名は成教、号は蘆村。京都市立絵画専門学校を卒業、山元春挙（しゅんきょ）に師事した。春挙の画塾「早苗会」で活躍する。大正元年（1912）第6回文展に「湖畔の春」が初入選する。その後文展・帝展で入選を重ねた。

島成園（しま せいえん）

Shima Seien

明治25年～昭和45年（1892-1970）

大正～昭和時代の女流日本画家。大阪府堺市に生まれる。本名は成栄。明治37年（1904）堺高等小学校卒業後、一家をあげて大阪に移る。父、兄も画を生業とした家庭で、独習して大正元年（1912）第6回文展に出品した「宗右衛門町の夕」が初入選し褒状を受ける。その後、大阪で北野恒富(つねとみ)、野田九浦(きゅうほ)に師事、上村松園、池田蕉園(しょうえん)と共に三園と並び称される美人画家となる。同10年(1921)結婚して夫の海外への転勤で画壇をはなれる。昭和20年(1945)大阪に戻り再び絵筆を執り、同35年(1960)大阪高島屋での浪華女子展に参加したり、東京大丸で個展を開催した。作品に「春宵」、「稽古のひま」などがある。

嶋田雅喬(しまだ がきょう)

Shimada Gakyo

生没年不詳

江戸時代後期の日本画家。字(あざな)を子秀、号を桃嶺、越前大掾(えちぜんだいじょう)と称した。このとき京都の釜座夷川(かまんざえびすがわ)下に住んでいた。『平安人物志』には、文政13年(1830)から記載され、慶応3年(1867)までその名が見出せる。

下村観山(しもむら かんざん)

Shimomura Kanzan

明治6年〜昭和5年(1873-1930)

明治〜大正時代の日本画家。和歌山県に生まれる。本名は晴三郎。明治14年(1881)東京に移り、祖父の友人藤島常興に絵の手ほどきを受け、次いで狩野芳崖(ほうがい)(文政11年〜明治21年・1828-88)、橋本雅邦(がほう)(天保6年〜明治41年・1835-1908)に師事。同22年(1889)この年に開校した東京美術学校に入学、岡倉天心(てんしん)(文久2年〜大正2年・1862-1913)の薫陶を受ける。とくに仏画、大和絵(やまとえ)などの手法を研究、卒業制作に「熊野観花(ゆやかんか)」がある。明治31年(1898)日本美術院創立に正員として加わる。明治36年(1903)イギリスに留学。同40年(1907)第1回文展で審査員を務め、「木の間の秋」を発表。大正6年(1917)帝室技芸員。作品に「白狐」(大正3年・1914)、「弱法師(よろぼし)」(大正4年・1915)などがある。

庄田鶴友(しょうだ かくゆう)

Shoda Kakuyu

明治12年〜昭和23年(1879-1948)

明治〜昭和時代前期の日本画家。奈良県に生まれる。本名は常喜、別号は暁観。明治31年(1898)京都市立美術工芸学校を卒業する。山元春挙(しゅんきょ)(明治4年〜昭和8年・1871-1933)に師事。同40年(1907)文展に「海辺」が入選、以後も「暮雪」、「耶馬渓(やばけい)の朝」などが褒状を受賞する。同43年(1910)京都市立絵画専門学校助教授、のち教授。大正8年(1919)井口華秋、池田桂仙、上田萬秋、林文塘らと自由な制作を目指して「日本自由画壇」を結成した。

鈴木瑞彦(すずき ずいげん)

Suzuki Zuigen

弘化5年〜明治34年(1848-1901)

明治時代の日本画家。京都に生まれる。号は文昇、松夢斎など。名は「みずひこ」とも読む。四条派の塩川文麟(ぶんりん)(文化5年〜明治10年・1808-77)に師事する。明治24年(1891)京都市美術学校教授となる。山水・花鳥画を得意とし内国絵画共進会などで受賞する。

高島北海(たかしま ほっかい)

Takashima Hokkai

嘉永3年〜昭和6年(1850-1931)

明治〜大正時代の日本画家。長門(ながと・山口県)に生まれる。本名は得三。幼少の頃から絵を描くことが好きで、後に徳山(山口県周南市)出身の大庭学僊(おおばがくせん)に学ぶ。明治新政府の技官として工部省鉱山寮に出仕、明治18年(1885)よりフランスのナンシー水利林業学校に3年間留学して植物地誌学を学ぶ。当時のナンシーではアール・ヌーヴォーのガラス工芸家であるエミール・ガレが活躍中で、折からのジャポニスム・ブームもあって影響を与えたといわれる。帰国後は農商務省林務官となるが、同32年(1899)退官。日本美術協会などに山岳画を出品し、山岳画家となる。同40年(1907)東京勧業博覧会で1等を受賞する。また文展審査員を務めた。作品に画冊『北海山水百種』(明治39年・1906)

があり、著作に『写山要訣』などがある。

鳥文斎栄之（ちょうぶんさい えいし）
Chobunsai Eishi
宝暦6年〜文政12年（1756-1829）

江戸時代中・後期の浮世絵師。江戸に生まれる。家禄五百石の旗本細田時行の長男。本名は時富（ときとみ）、通称は民之丞、のち弥三郎。安永元年（1772）家督を継ぎ、天明元年（1781）より御小納戸（おこなんど）役、西城御小納戸役を務めるが、同3年（1783）寄合（よりあい）となり、寛政元年（1789）家督を子に譲って隠居した。絵は初め狩野栄川院典信（えいせんいんみちのぶ）に学び、のち鳥居文龍斎に浮世絵を学んだといわれる。美人画の錦絵、黄表紙や絵入狂歌本の挿絵などを描く。寛政年間（1789-1801）には肉筆画のみを制作し、人気絵師として活躍した。代表作に「青楼美人六花仙」、「青楼芸者撰」、「略六花撰」などがある。

沈寿官（ちん じゅかん）
Chin Jyukan
天保6年〜明治39年（1835-1906）

幕末〜明治時代の陶工。慶長年間（1596-1615）に帰化した韓人沈当吉（チムダンギル）が薩摩（さつま・鹿児島県）に開窯（かいよう）した薩摩焼の12代。玉光山と号す。安政4年（1857）薩摩苗代（なえしろ）川の鹿児島藩窯陶器方主取となるが、廃藩にともない失職する。明治6年（1873）独立開業、ウィーン万国博覧会に錦手（にしきで）大花瓶を出品する。薩摩の土と釉料（ゆうりょう）を用いた白ひび焼、錦手、透彫（すかしぼり）などを制作した。西南戦争後、玉光山製陶所を設立し、苗代川薩摩焼の復興につくした。

都路華香（つじ かこう）
Tsuji Kako
明治3年〜昭和6年（1870-1931）

明治〜昭和時代前期の日本画家。京都市に生まれる。本名は辻宇之助。明治13年（1880）幸野楳嶺（こうのばいれい）（天保15年〜明治28年・1844-95）に入門する。内国勧業博覧会や新古美術品展、全国絵画共進会などで受賞を重ね、大正5年（1916）「埴輪（はにわ）」が特選。明治32年（1899）より建仁寺の黙雷禅師に参禅し、明治末年より波の研究をする。大正13年（1924）京都市立絵画専門学校教授、同15年（1926）同校校長および京都市立美術工芸学校校長となり、14年には帝国美術院会員となった。竹内栖鳳（せいほう・天治元年〜昭和17年・1864-1942）らとともに楳嶺門下の四天王に数えられ、門下には冨田溪仙らがいる。

土佐光清（とさ みつきよ）
Tosa Mitsukiyo
文化2年〜文久2年（1805-1862）

江戸時代後期の画家。幼名を繁松丸、字（あざな）は子纓、号を鏡水といった。土佐派の分家土佐光孚（みつざね）の長男。禁裏絵所（きんりえどころ）を務めた。文化11年（1814）に従六位上（じゅろくいのじょう）、豊前介（ぶぜんのすけ）、伊勢守、土佐守を歴任、嘉永7年（1854）に従四位下。画法を父に学び、さらに土佐派の古画を研究し画風を刷新した。安政度御所造営の際の障壁画制作に関わり、清涼殿をはじめ、御常御殿（おつねごてん）剣璽（けんじ）の間、御学問所の障壁画を描いた。

土佐光信（とさ みつのぶ）
Tosa Mitsunobu
生年不詳〜大永2年頃（?-1522頃）

室町時代後期の画家。中務丞（なかつかさのじょう）光弘の子。文明元年（1469）から大永2年（1522）頃に没するまで、宮廷絵所預（えどころあずかり）となり、また室町幕府の絵師も務め、明応5年（1496）刑部大輔（ぎょうぶのたいふ）、文亀3年（1503）従四位下（じゅしいのげ）まで上がり、土佐派の栄位を確立した。その制作範囲は幅広く、屏風、絵巻、障屏画（しょうへいが）、肖像画や仏画をはじめ、工芸品の下絵までを描いた。光信は正統的な大和絵の継承者であったが、漢画や中国画からも影響を受け作風に取り入れようとしたことが残された作品からうかがえる。主要作品には「桃井直詮（もものいなおあき）像」（東京国立博物館）、「十王図」（浄福寺）、「後円融天皇影」（雲竜院）、「石山寺縁起絵巻」（石山寺）、「狐草紙絵」、「北野天神縁起絵巻」(北野天満宮)、「清水寺縁起絵巻」(東京国立博物館)などがある。

冨田溪仙 (とみた けいせん)

Tomita Keisen

明治12年～昭和11年(1879-1936)

明治～昭和時代の日本画家。福岡県に生まれる。12歳で狩野派を学び、明治29年(1896)京都に出て、都路華香(つじかこう)の書生になり四条派を学ぶ。同32年(1899)絵画共進会に「鯉」が初入選する。友禅の図案で生計を立て、奈良平安の仏画や中国画を研究する。また老子思想にひかれ富岡鉄斎を訪問する。文展出品作「鵜舟」などが横山大観に認められ院展に参加する。昭和10年(1935)帝国美術院会員、翌年会員を辞退する。代表作に大正4年(1915)第2回院展出品作「宇治川の巻」、昭和8年(1933)第20回院展出品作「御室(おむろ)の桜」などがある。

中島来章 (なかじま らいしょう)

Nakajima Raisho

寛政8年～明治4年(1796-1871)

幕末維新の画家。近江(おうみ・滋賀県)大津に生まれる。並河源章の子。字(あざな)は子慶、別号は鵁江(とうこう)、春分斎、通神堂など。京都に住み、初め渡辺南岳(なんがく)に学び、のち円山応瑞(おうずい)に師事する。幕末の円山派の大家で、山水、人物、花鳥画を得意とした。横山清暉(せいき)、岸連山、塩川文麟(ぶんりん)とともに平安四名家と称された。門下に幸野楳嶺(こうのばいれい)らがいる。

並河靖之 (なみかわ やすゆき)

Namikawa Yasuyuki

弘化2年～昭和2年(1845-1927)

明治～大正時代の七宝(しっぽう)工芸家。京都に生まれる。本姓は高岡で、のちに並河靖全の養子になる。明治5年(1872)尾張(おわり・名古屋)の桃井儀三郎英升が京都に起こした七宝に曾我義三郎とともに取り組み、尾張の有線七宝に金銀線を加えるなどの新案を生み出し、東京の無線七宝と並び称される。明治23年(1890)第3回内国勧業博で妙技1等賞を受賞するなど内外の博覧会で受賞を重ね、七宝の分野で初めて明治29年(1896)帝室技芸員に任命された明治の名工であった。

西浦円治 (にしうら えんじ)

Nishiura Enji

文化3年～明治17年(1806-84)

明治時代の陶業家。美濃(みの・岐阜県)多治見(たじみ)村の庄屋。通称は五郎兵衛。明治維新後、加藤五輔に美濃焼を製作させる。西浦焼の名称で美濃焼の高級化と販路拡大につくした。

西村五雲 (にしむら ごうん)

Nishimura Goun

明治10年～昭和13年(1877-1938)

明治～昭和時代の日本画家。京都に生まれる。本名は源次郎。明治23年(1890)岸竹堂(ちくどう)に入門、竹堂没後は同32年(1899)竹内栖鳳(せいほう)に師事する。同26年(1893)第6回日本美術協会展で「菊花図」が褒状を受け、同40年(1907)第1回文展の「咆哮(ほうこう)」で3等賞を受賞する。大正13年(1924)京都市立絵画専門学校教授、昭和8年(1933)帝国美術院会員、同12年(1937)帝国芸術院会員となる。画塾晨鳥(しんちょう)社を主宰して、山口華楊(かよう)らを育てた。代表作に「日照雨(そばえ)」、「秋茄子」などがある。

庭山耕園 (にわやま こうえん)

Niwayama Koen

明治2年～昭和17年(1869-1942)

明治～昭和時代前期の日本画家。播磨(はりま・兵庫県)に生まれる。本名は慶蔵。初め大阪の上田耕冲(こうちゅう)に学び、師の没後は鈴木松年(しょうねん)(嘉永元年～大正7年・1848-1918)に師事する。明治28年(1895)と同36年(1903)の内国勧業博覧会、同30年(1897)の第1回全国絵画共進会で褒状を受ける。巽画会会員。また大阪美術会顧問などを努め、大阪画学校の開設に尽力した。

仁阿弥道八（にんあみ どうはち）

Ninami Dohachi

天明3年～安政2年（1783-1855）

江戸時代後期の陶工。初代高橋道八の次男。名は光時。陶法は父および宝山文蔵（ほうざんぶんぞう）、陶器焼造を奥田穎川（えいせん）などに学んだ。野々村仁清（にんせい）や尾形乾山（けんざん）などに影響を受け、茶碗の写しも多く試み、ことに琳派風の彫塑的な置物に秀作がある。文政8年（1825）仁和寺（にんなじ）から法橋（ほっきょう・僧や絵師、陶工などに与えられた称号）と「仁」の字を、醍醐三宝院から「阿弥」の号を賜り、以後「法橋仁阿弥」と称した。幕末和風京焼の名工として知られた。

野長瀬晩花（のながせ ばんか）

Nonagase Banka

明治22年～昭和39年（1889-1964）

大正～昭和時代の日本画家。和歌山県に生まれる。本名は弘男。中川蘆月（ろげつ）、谷口香嶠（こうきょう）に師事し、明治42年（1909）京都市立絵画専門学校に入学するが、翌年退学する。反官展を標榜し、大正7年（1918）土田麦僊（ばくせん）らと国画創作協会の結成に参加する。昭和3年（1928）国画創作協会の日本画部解散後は画壇を離れ、実業面に携わる。作品に「初夏の流れ」（大正7年・1918）、「水汲みに行く女」（大正15年・1926）などがある。

野々村仁清（ののむら にんせい）

Nonomura Ninsei

生没年不詳

江戸時代前期の陶工。丹波国（たんばのくに・京都府）野々村（現南丹市）の出身と伝えられ、本名は清右衛門。初め瀬戸に赴き陶業を学び、のち京都に上り作陶を始める。茶人の金森宗和（かなもりそうわ）の推挙で洛西の御室（おむろ）仁和寺（にんなじ）門前に開窯（かいよう）する。門跡から仁和寺の「仁」と清右衛門の「清」をとった「仁清」の号を賜り、以後これを銘印とした。蒔絵の趣を応用した独特の色絵陶器を得意とし、梅月・藤・吉野山・若松・芥子などの茶壺、梅・牡丹・菊水などの水指（みずさし）、雉子（きじ）や法螺貝（ほらがい）の香炉などが著名で、国宝や重要文化財の指定も多い。寛文・延宝期（1661-81）が円熟期と推定される。作品に「色絵藤花文（とうかもん）茶壺」（MOA美術館）などがある。元禄8年（1695）には、2代に家督を譲っていた。

野村文挙（のむら ぶんきょ）

Nomura Bunkyo

嘉永7年～明治44年（1854-1911）

明治時代の日本画家。京都に生まれる。字（あざな）は子融、別号に石泉。塩川文麟（ぶんりん）（文化5年～明治10年・1808-77）や森寛斎（かんさい）（文化11年～明治27年・1814-94）らに学び、山水画を得意とした。京都府画学校や学習院で教え、のち日本画会の結成に参加した。作品に「月下渓流図」、「耶馬渓（やばけい）・松島」などがある。

萩尾九皐（はぎお きゅうこう）

Hagio Kyuko

明治時代の日本画家。筑後（ちくご・福岡県）柳川藩の絵師である諸藤実斎に狩野派を学んだのち、京都に出て幸野楳嶺（ばいれい・天保15年～明治28年・1844-95）に四条派を学ぶ。一時期四国に住むが、明治31年（1898）から大阪に定住した。同36年（1903）第5回内国勧業博覧会開催に際し、全国書画倶楽部を結成してその指導にあたり、同42年（1909）新古美術品展では大阪絵画協会から選ばれて監査役になるなどの画歴が知られる。

原在照（はら ざいしょう）

Hara Zaisho

文化10年～明治4年（1813-71）

江戸時代後期～明治時代の画家。字（あざな）は子写。別号に観瀾、夕鷺。山科家雑掌（ざっしょう）小林家に生まれる。原在明（ざいめい）の娘・幸の婿となり原家3代をつぐ。安政度の御所造営には、御常御殿（おつねごてん）御寝（ぎょしん）の間、東御縁座敷杉戸、御学問所下段の間などを担当した。万延元年（1860）の和宮の婚儀に際して屏風を描き、また慶応3年（1867）の明治天皇即位式には曲水宴の屏風を描いた。

菱田春草（ひしだ しゅんそう）
Hishida Shunso
明治7年～明治44年（1874-1911）

明治時代の日本画家。筑摩県（長野県）飯田に生まれる。本名は三男治（みなじ）。明治22年（1889）に上京し結城（ゆうき）正明に師事し、東京美術学校を卒業する。同30年（1897）第2回絵画共進会で「拈華微笑（ねんげみしょう）」が銀牌、第3回展で「水鏡」（東京藝術大学大学美術館）が銅牌を受賞する。下村観山、横山大観とともに、その才能を岡倉天心に認められ、同31年（1898）日本美術院創立に参加、横山大観らと没線（もっせん）描法を試み、「菊慈童」、「雲中放鶴」（共に明治33年・1900）を発表したが、朦朧体（もうろうたい・輪郭線を描かない手法）の悪評を受ける。同40年（1907）第1回文展で「賢首菩薩」が2等賞受賞する。同41年視力に異常をきたし帰京する。同42年文展で「落葉」（永青文庫）が2等賞受賞。同43年（1910）審査員になり「黒き猫」（永青文庫）を出品した。春草の作品は、その鋭敏な感覚による知的で清澄な詩情をたたえており、多くの人々に愛されている。

平福百穂（ひらふく ひゃくすい）
Hirafuku Hyakusui
明治10年～昭和8年（1877-1933）

明治～昭和時代前期の日本画家。歌人。四条派の画家・平福穂庵（すいあん）の四男として秋田県角館（かくのだて）に生まれる。本名は貞蔵。明治27年（1894）上京して川端玉章（ぎょくしょう）の塾に入り、同30年（1897）東京美術学校日本画科に編入学する。同33年（1900）川端塾で親しくなった結城素明（そめい）ら6人と自然主義を唱えて无声（むせい）会を結成した。このころ伊藤左千夫（さちお）、長塚節（たかし）、斎藤茂吉らと知り合って短歌を始め、同人誌の「アララギ」、そのほか「馬酔木（あしび）」、「ホトトギス」などの表紙絵も描いた。大正5年（1916）結城素明、鏑木清方（かぶらききよかた）、吉川霊華（きっかわれいか）、松岡映丘（えいきゅう）らと金鈴（きんれい）社を結成する。昭和5年（1930）ヨーロッパを旅行。この年帝国美術院会員にあげられ、同7年（1932）から東京美術学校の教授を務めた。代表作に「七面鳥」、「荒磯（あらいそ）」、「堅田（かたた）の一休」、「小松山」などがある。またアララギ派の歌人としても知られ歌集『寒林』（昭和2年・1927）がある。

広瀬花隠（ひろせ かいん）
Hirose Kain
生没年不詳

江戸時代後期の画家。京都・聖護院（しょうごいん）に住み、名を自勝（じしょう）という。別号に睡足園。初め絵を狩野派に学んだ後、三熊花顛（みくまかてん）（享保15年～寛政6年・1730-94）に師事し、花顛とおなじく桜花の絵を得意とした。また文学や和歌にも堪能であった。花隠の「桜画」は画面裏側に墨や藍を薄く掃いて着彩する「裏彩色」と呼ばれる技法が使われ、独自の画風を築き上げた。文政7年（1824）に京都から江戸に来たという記録が残っている。

福田翠光（ふくだ すいこう）
Fukuda Suiko
明治28年～昭和48年（1895-1973）

明治～昭和時代の日本画家。京都府に生まれる。本名は稔。京都市立美術工芸学校を卒業する。西山翠嶂（すいしょう）、徳岡神泉（しんせん）に学ぶ。昭和元年（1926）「鷹図」で帝展に初入選する。同6年（1931）帝展特選、同11年（1936）秋の文展招待展、新文展にも無鑑査出品を重ね、花鳥画の名手として知られる。同15年（1940）奉祝日本画大展に招待出品する。戦後は同24年（1949）から日展に依嘱出品する。日展会員、審査員を務めた。

藤井松林（ふじい しょうりん）
Fujii Shorin
文政7年～明治27年（1825-94）

幕末～明治時代の画家。備後（びんご・広島県）福山藩士。名は好文、字（あざな）は士郁、別号に清遠、百斎。藩の重役・吉田東里らに学んだあと、京都で円山派の中島来章（らいしょう）（寛政8年～明治4年・1796-1871）に師事する。帰藩後は絵図師となり花鳥画や人物・山水画のいずれにも優れた作品を残した。

不動立山（ふどう りつざん）

Fudo Ritsuzan

明治19年～昭和50年（1886-1975）

明治～昭和時代の日本画家。兵庫県淡路島に生まれる。本名は定一（さだいち）。京都市立絵画専門学校卒業。大正元年（1912）文展に初入選。以後も官展を中心に出品する。西山翠嶂（すいしょう）に師事し青甲社創設に参加する。代表作に「夕立」、「劫火」などがある。

松岡映丘（まつおか えいきゅう）

Matsuoka Ekyu

明治14年～昭和13年（1881-1938）

大正～昭和時代の日本画家。兵庫県に生まれる。民俗学者柳田国男は兄。明治22年（1889）に上京、初め橋本雅邦（がほう）に学んだが、のちに住吉派の山名貫義（つらよし）に入門し大和絵を研究する。同37年（1904）東京美術学校を卒業。卒業後同校の助教授、昭和10年（1935）まで教授を務めた。大正5年（1916）に結城素明（ゆうきそめい）、平福百穂（ひらふくひゃくすい）らと金鈴（きんれい）社を結成。同10年（1921）に新興大和絵会を創立し大和絵の復興運動を展開した。昭和5年（1930）帝国美術院会員、同12年（1937）帝国芸術院会員。代表作に「住吉詣」、「伊香保の沼」、「富岳茶園」、「右大臣実朝」などがある。

松林桂月（まつばやし けいげつ）

Matsubayashi Keigetsu

明治9年～昭和38年（1876-1963）

明治～昭和時代の日本画家。山口県萩に生まれる。本名は篤、旧姓は伊藤。女流画家の松林雪貞（せってい）と結婚して松林姓になる。明治26年（1893）に上京、翌年野口幽谷（ゆうこく）に入門し南宗画（なんしゅうが・中国の文人画の流れ）を学ぶ。師没後はほとんど独学する。同39年（1906）山岡米華（べいか）らと日本南宗画会を結成する。同44年から大正3年（1911-14）にかけて文展で3等賞を連続受賞する。帝展で審査員を務め、昭和7年（1932）帝国美術院会員、同19年（1944）帝室技芸員となる。同23年（1948）日本美術協会理事長、同33年（1958）文化勲章受章。同35年（1960）日本南画院を創立して会長となる。代表作に「春宵花影（しゅんしょうかえい）」、「長門峡」、「夏橙（かとう）」など、また著作に『南画の書き方』、『桜雲洞詩鈔（おううんどうししょう）』などがある。

松村景文（まつむら けいぶん）

Matsumura Keibun

安永8年～天保14年（1779-1843）

江戸時代後期の画家。京都に生まれる。松村月渓（呉春）の異母弟。通称は要人、字（あざな）は士藻（しそう）、号は華渓（かけい）。京都四条に住み、妙法院宮の近侍を努めた。兄の松村月渓（呉春）に絵を学び、優麗で瀟洒な花鳥画を得意とした。兄亡き後、岡本豊彦（とよひこ）（安永2年～弘化2年・1773-1845）とともに四条派の中心的存在として活躍した。文政12年（1829）祇園会の長刀鉾（なぎなたぼこ）の天井裏に「群鳥図」を描いた。代表作に「花卉蔬菜（かきそさい）図巻」（大阪市立美術館）、「夏汀葦魚（かていいぎょ）図」（逸翁美術館）などがある。

案本一洋（まつもと いちよう）

Matsumoto Ichiyo

明治26年～昭和27年（1893-1952）

大正～昭和時代の日本画家。京都に生まれる。本名は謹之助。山元春挙（しゅんきょ）、川村曼舟（まんしゅう）に師事、早苗会に入る。歴史画を得意とし、新興大和絵の作家として活躍する。文展、帝展の審査員を務める。昭和11年（1936）から母校京都市立絵画専門学校の教授。同18年（1943）から耕人社を主宰する。代表作に「蟬丸」、「餞春」などがある。

松本楓湖（まつもと ふうこ）

Matsumoto Fuko

天保11年～大正12年（1840-1923）

明治～大正時代の日本画家。常陸（ひたち・茨城県）に生まれる。本名は敬忠（たかただ）、別号に洋峨（ようが）、永峨。江戸琳派の沖一峨（おきいちが）、文晁（ぶんちょう）派の佐竹永海（えいかい）に学び、維新後は菊池容斎（ようさい）に師事する。七宝（しっぽう）焼の下絵描きなどののち、明治17年（1884）東宮殿襖絵を揮毫(きごう)する。同28年(1895)第4回内国勧業博覧会に「蒙古襲来・碧蹄館(へきていかん)」を出品。同31年(1898)岡倉天心らの日本美術院創立に正員として参加した。同40年(1907)開設の文展でも開設時から審査員を務める。大正8年(1919)帝国美術院会員となる。代表作に「名和長年奉帝図(なわながとしほうていず)」(明治40年・1907)、「小楠公於四条畷奮戦(しょうなんこうしじょうなわてにふんせんす)」(明治42年・1909)などの歴史画がある。

円山応挙(まるやま おうきょ)

Maruyama Okyo

享保18年～寛政7年(1733-95)

江戸時代中期の画家。円山派の祖。丹波国桑田郡穴太(あのう)村(京都府亀岡市)に円山藤左衛門の次男として生まれる。幼名は岩次郎、通称は主水(もんど)、字(あざな)は仲選。明和3年(1766)応挙と改名する。幼い頃より絵が好きで、早くから上洛して玩具商に奉公、絵は初め狩野探幽(たんゆう)の流れをくむ鶴沢派の石田幽亭(ゆうてい)に入門し学んだが、狩野派の形式化した画風に飽き足らず、近江(おうみ・滋賀県)円満院の門主祐常(ゆうじょう)に見いだされ、写生を基本とした写実的作風に傾き、独自の画風を形成した。代表作には「雨林風林図屛風」(円光寺)、「藤花図屛風」(根津美術館)、「雪松図」、「四季草花図」(袋中庵)などがある。また但馬(たじま・兵庫県)香住(かすみ)の大乗寺、金刀比羅宮(ことひらぐう)などに多くの障壁画が残されている。

武藤彰(むとう あきら)

Muto Akira

大正2年～平成18年(1913-2006)

昭和～平成時代の日本画家。岐阜県関市に生まれる。昭和12年(1937)京都市立絵画専門学校を卒業し、宇田荻邨(うだてきそん)に師事する。同20年(1945)京都市立絵画専門学校の助教授となる。同33年(1958)京都御所内小御所(こごしょ)の襖絵「春の野」を描く。同47年(1972)京都府企画の「京の百景」に「龍安寺」を制作する。同50年(1975)英国エリザベス女王陛下への献上画「新緑の石庭」を制作する。同55年(1980)東大寺華厳経扉絵に「山桜」を描く。同56年龍安寺新築仏殿の天井画「龍」を描く。平成2年(1990)観世流杉浦家の能舞台に「松」、「竹」を描く。

村上華岳(むらかみ かがく)

Murakami Kagaku

明治21年～昭和14年(1888-1939)

大正～昭和時代の日本画家。大阪に生まれる。旧姓は武田、本名は震一。明治37年(1904)村上家の養子となる。京都市立美術工芸学校専攻科を経て同42年(1909)京都市立絵画専門学校を卒業し、竹内栖鳳(せいほう)に師事する。同期に榊原紫峰(しほう)、入江波光(はこう)、土田麦僊(ばくせん)、小野竹喬(ちくきょう)らがいた。卒業制作の「二月の頃」が第5回文展で褒賞を受賞、また大正5年(1916)第10回文展で「阿弥陀之図」が特選を受賞した。同7年(1918)に麦僊、紫峰、竹喬らと国画創作協会を結成する。第1回展「聖者の死」、第2回展「日高河清姫図」(東京国立近代美術館)、第3回展「裸婦」(山種美術館)などを発表し、近代性を加味した香り高い新画風で特異な存在感を示した。この頃より持病の喘息(ぜんそく)が悪化し、同12年(1923)京都を離れ芦屋に隠棲する。昭和3年(1928)国画創作協会解散後は、山水画、密教的な仏画を主にした水墨画を描き、清新にして神秘的な日本画を描いた。代表作には「夜桜之図」、「秋柳図」、「太子樹下禅那図」、「観世音菩薩立像」などがあり、著書に『画論』(昭和16年・1941)がある。

森山大道(もりやま だいどう)

Moriyama Daido

昭和13年～(1938-)

昭和時代後期～平成時代の写真家。大阪府池田町(池田市)に生まれる。本名は大道(ひろみち)。昭和35年(1960)岩宮武二(いわみやたけじ・大正9年～平成元年・1920-89)のスタジオに入り写真の道に進む。同36年写真のセルフ・エージェンシー集団「VIVO」を頼って上京し、細江英公(えいこう)の助手になり、細江の写真集『薔薇刑』(昭和38年・1963)に立ち会う。同38年(1963)からフリーランスで活躍し、写真家中平卓馬(たくま)や歌人寺山修司と出会う。同42年(1967)大衆芸能を撮った「にっぽん劇場」が「カメラ毎日」誌に発表され、このシリーズにより日本写真批評家協会新人賞を受賞する。粗い粒子と強いコントラストによる表現で1970年代の写真界に大きな影響を与えた。

安田靫彦（やすだ ゆきひこ）

Yasuda Yukihiko

明治17年～昭和53年（1884-1978）

大正～昭和時代の日本画家。東京日本橋に生まれる。本名は新三郎。明治31年（1898）に小堀鞆音（ともと）（慶応元年～昭和6年・1865-1931）に入門、紫紅（しこう）会（のち紅児会）を結成する。東京美術学校中退。同40年（1907）東京勧業博覧会で「最手（ほて）」が2等賞、第1回文展「豊公（ほうこう）」が3等賞を受賞する。大正元年（1912）第6回文展に「夢殿」（東京国立博物館）を出品して注目を集めた。それは大和絵の伝統を独自の世界に広げたもので、これを機に新たな歴史画を中心とする新古典主義と呼ばれる高雅な画風の作品を発表した。大正2年（1913）紅児会を解散、翌年日本美術院再興に同人として加わり、第1回展に「御産の禱（いのり）」を出品した。昭和9年（1934）帝室技芸員、同10年帝国美術院会員。代表作に「五合庵の春」、「孫子勒姫兵（そんしろくきへい）」、「黄瀬川の陣」などがある。

山口雪溪（やまぐち せっけい）

Yamaguchi Sekkei

正保元年～享保17年（1644-1732）

江戸時代中期の画家。京都に生まれる。名は宗雪、号は梅庵、白隠と称した。雪溪の名は雪舟と牧谿（もっけい）の筆意を学び合わせたので、自ら雪溪と号したと伝えられる。また狩野永納や長谷川左近に師事したともいわれる。花卉（かき）を描くことに秀でたほか、水墨の人物図も描いている。作品に「涅槃（ねはん）図」（清水寺）、「桜楓（おうふう）図屏風」（醍醐寺）がある。

山村耕花（やまむら こうか）

Yamamura Koka

明治19年～昭和17年（1886-1942）

大正～昭和時代前期の日本画家。東京に生まれる。本名は豊成。尾形月耕（げっこう）（安政6年～大正9年・1859-1920）に師事し、東京美術学校に学ぶ。風俗人物画を得意とし、文展や院展で活躍する。また版画や舞台美術も手がけた。作品に「業火と寂光（じゃっこう）の都」、「うんすん歌留多（かるた）」などがある。

結城素明（ゆうき そめい）

Yuki Somei

明治8年～昭和32年（1875-1957）

明治～昭和時代の日本画家。東京に生まれる。本名は貞松。明治24年（1891）川端玉章（ぎょくしょう）の天真画塾に学び、翌年東京美術学校に入学、同30年（1897）に卒業する。同33年（1900）平福百穂（ひらふくひゃくすい）、福井江亭（こうてい）らと无声（むせい）会を結成し写実表現を追求した。また大正5年（1916）には鏑木清方（かぶらききよかた）、吉川霊華（きっかわれいか）、松岡映丘（えいきゅう）らと金鈴（きんれい）社を結成した。これは官展の保守的な傾向に飽き足らず、自由な表現を目指したものとされている。同14年（1925）帝国美術院会員。昭和12年（1937）川崎小虎（しょうこ）、青木大乗（だいじょう）らと大日本美術院を創立した。代表作は「囀（さえずり）」（明治44年・1911）、「薄光（はくこう）」、「炭窯（すみがま）」（昭和9年・1934）などがある。また『東京美術家墓所誌』（昭和11年・1936）など著作も多い。

渡辺省亭（わたなべ せいてい）

Watanabe Seitei

嘉永4年～大正7年（1851-1918）

明治～大正時代の日本画家。江戸神田に生まれる。名は義復、通称は良吉。菊池容斎（ようさい・天明8年～明治11年・1788-1878）に師事し、洋風を加味した独自の花鳥画を得意とした。明治10年（1877）第1回内国勧業博で花紋賞、同14年（1881）第2回展で妙技3等、同11年パリ万国博で銅牌を受賞した。柴田是真（ぜしん・文化4年～明治24年・1807-91）に私淑し、また七宝焼図案、挿絵、木版画も手がけた。作品に「雪中群鶏図」（明治26年・1893）などがある。

写真・資料掲載協力（敬称略）

愛知県陶磁資料館
石川県立美術館
板橋区立美術館
茨城県近代美術館
馬の博物館
海の見える杜美術館
大阪市立美術館
河鍋暁斎記念美術館
岐阜県美術館
京都国立近代美術館
京都国立博物館
京都市美術館
京都文化博物館
宮内庁京都事務所
宮内庁三の丸尚蔵館
熊本県立美術館
高台寺・掌美術館
国立国会図書館
国立歴史民俗博物館
西大寺
埼玉県立近代美術館
佐賀県立九州陶磁文化館
佐久市立近代美術館
滋賀県立近代美術館
四天王寺
下関市立美術館
泉屋博古館分館
醍醐寺
東京藝術大学大学美術館
東京国立近代美術館
東京国立博物館
豊田市美術館
名古屋市美術館
奈良県立美術館
奈良国立博物館
新潟県立近代美術館・万代島美術館
西宮市笹部桜コレクション
日本美術家連盟
練馬区立美術館
白鹿記念酒造博物館
姫路市立美術館
福岡県立美術館
福岡市美術館
ふくやま美術館
文化庁
市立函館博物館
北海道立近代美術館
宮城県美術館
山口県立萩美術館・浦上記念館
山口県立美術館
大和文華館
横浜美術館

石井よし子
清水六兵衛
根本章雄
福田紀子
不動茂弥
堀章子
松林明
三好作子
本尾久子
安田建一

Image: TNP Image Archives
Source: http: //TnmArchives.jp/

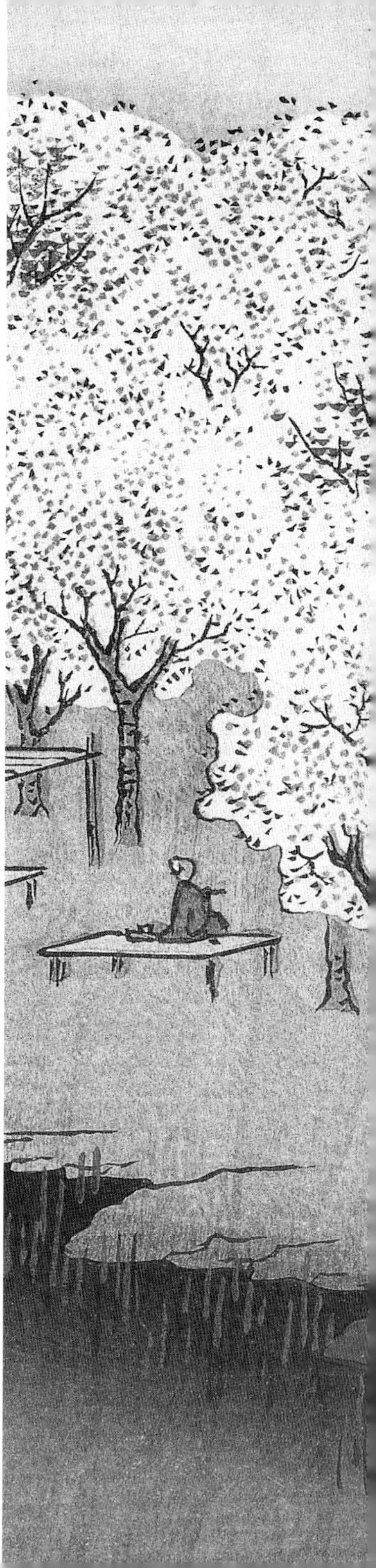

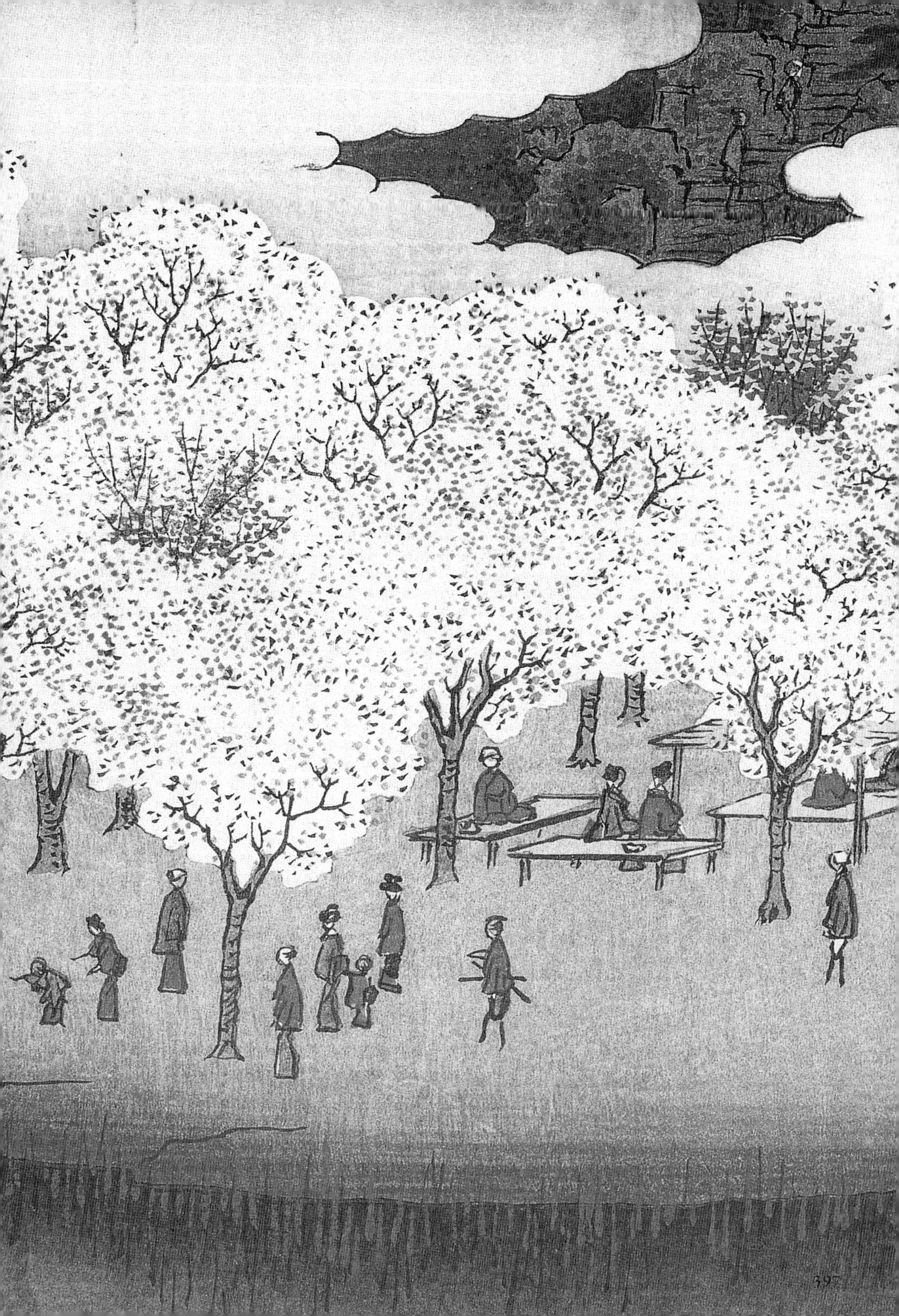

参考文献

『桜Ⅰ Ⅱ』有岡利幸　法政大学出版局
『日本の美Ⅱ　さくら』美術年鑑社
『日本の文様　花鳥1』淡交新社
『日本の文様4　桜』小学館
『日本の意匠4　桜』京都書院
『皇室の至宝 御物』毎日新聞社
『花鳥画の世界』学習研究社
『図説 鳥名の由来辞典』柏書房
『新潮世界美術辞典』新潮社
『新潮日本人名辞典』新潮社
『近代日本美術事典』講談社
『日本美術全史』講談社
『日本美術辞典』東京堂
『朝日日本歴史人物事典』朝日新聞社
『コンサイス日本人名事典』三省堂
「日本の美術に見る展覧会『桜』」朝日新聞社
「明治・大正・昭和　桜をめぐる情景展」星野画廊
「京都御所障壁画」京都国立博物館
「岸竹堂」滋賀県立近代美術館
「歌川広重《名所江戸百景》のすべて」
東京藝術大学大学美術館
「所蔵品選集」馬の博物館
「別冊太陽　浮世絵師列伝」平凡社

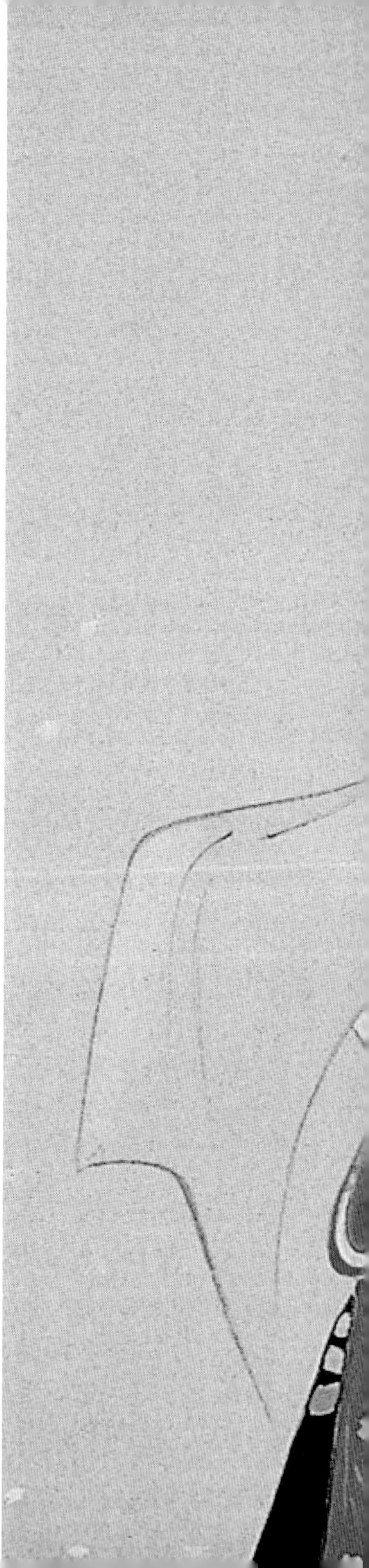

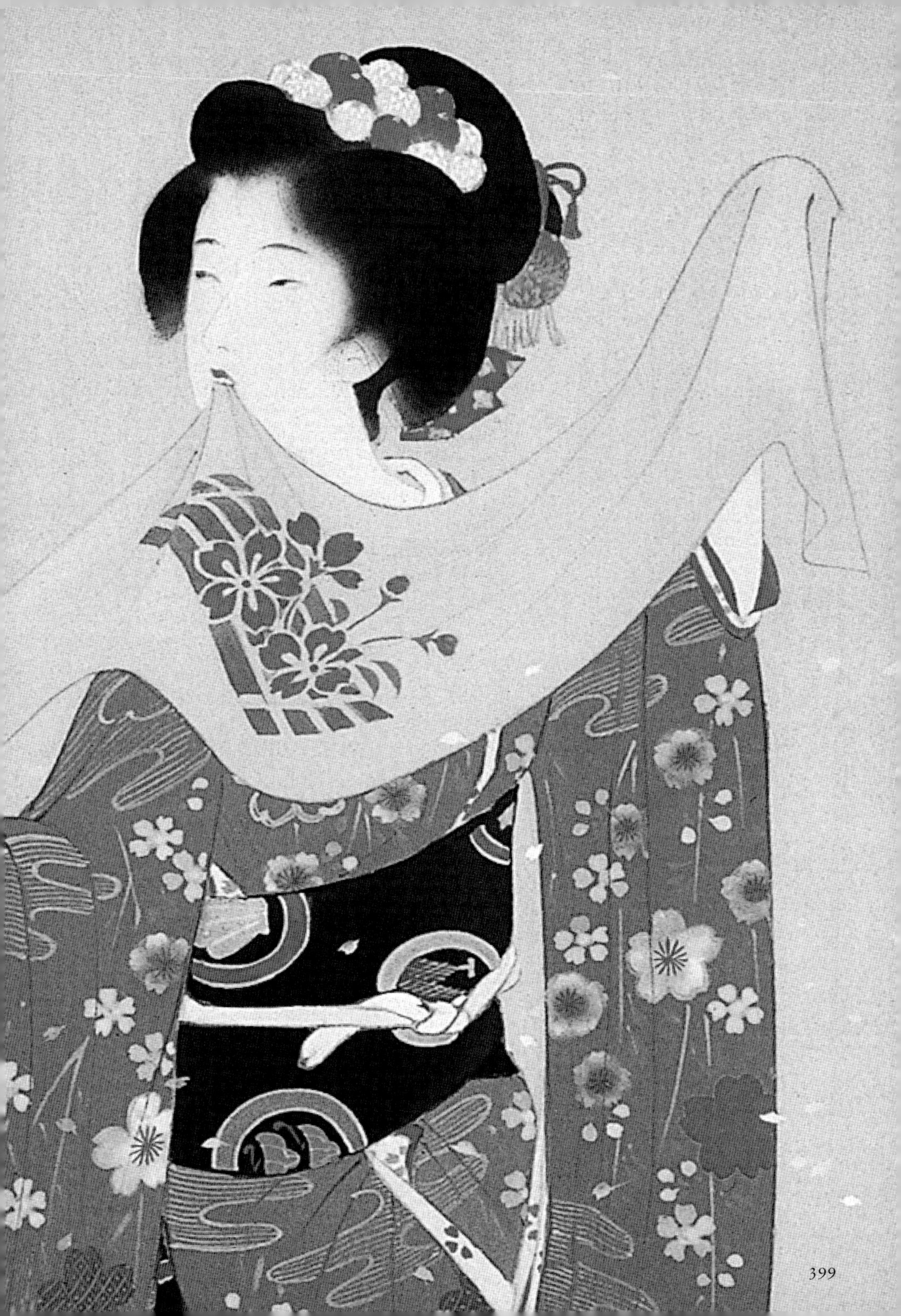

日本の図像
櫻 さくら

Cherry Blossoms
Traditional Patterns in Japanese Design

2009年1月7日　初版第1刷発行

企画・編集：濱田信義（編集室　青人社）
解説：狩野博幸（同志社大学教授）
翻訳：マクレリー　ルシー（ザ・ワード・ワークス）
デザイン：津村正二　山本昌子（ツムラグラフィーク）
制作進行：関本康弘（ピエ・ブックス）
発行人：三芳伸吾

Text by Seijinsha and Kano Hiroyuki
Designed by Tsumura Shoji and Yamamoto Masako
Translated by The Word Works

発行所：ピエ・ブックス
〒170-0005 東京都豊島区南大塚2-32-4
編集
tel:03-5395-4820　fax:03-5395-4821
editor@piebooks.com
営業
tel:03-5395-4811　fax:03-5395-4812
sales@piebooks.com

PIE BOOKS
2-32-4, Minami-Otsuka, Toshima-ku, Tokyo
170-0005 Japan
tel:+03-5395-4811　fax:+03-5395-4812
sales@piebooks.com
http://www.piebooks.com

印刷・製本：図書印刷株式会社

Printed in Japan
ISBN978-4-89444-748-6 C0072